民事訴訟法判例インデックス

慶應義塾大学大学院法務研究科教授 中島弘雅
弁護士・慶應義塾大学大学院法務研究科教授 岡 伸浩 編著

a precedent index

商事法務

は　し　が　き

　民事訴訟法は、私法上の実体権の存否を判断する民事訴訟手続を規律する法律であり、裁判例を通じて、裁判所における審理の場面で具体的事案においていかなる判断がなされたかを知ることは、民事訴訟法学の学習の要諦であるということができます。

　本書は、民事訴訟法に関する重要で不可欠な裁判例271個（249項目）を選び抜き、読者が民事訴訟法学の高い学習効果を得られるよう編集したものです。読者諸氏が重要な裁判例の内容や射程を理解し、その後の学習を深めるための道案内となるように原則見開き2頁として、「概要」、「事実関係」、「判決（決定）要旨」、「本判決（決定）の位置づけ・射程範囲」という各項目を盛り込み、「さらに理解を深める」ために参考文献・関連判例を紹介しています。かねてより株式会社商事法務から出版されている判例インデックスシリーズの一環として位置づけることができます。

　当初、株式会社商事法務より本書の執筆を依頼された時点では、編者の1人である岡伸浩の単独執筆を予定していました。しかし、岡が半数を超える140個の裁判例について解説を執筆した段階で、続々と新たな重要判例が登場し、それらを網羅し、さらに深化した理論を展開し、これを精緻かつコンパクトにまとめ上げるという本書のコンセプトを実現するためには、民事訴訟法学の研究者の方々や民事裁判の現場で審理を担当されている裁判官諸氏に協力を仰ぎ、多角的に考察を加えるべきであると考えるに至りました。そこで、岡の慶應義塾大学における同僚である中島も新たに本書の編集作業に加わるとともに、岡と司法研修所で同期（45期）の大阪高等裁判所島岡大雄裁判官にもご協力をお願いし、広く研究者、裁判官諸氏に本書の執筆にご参画いただくことにしました。その後、中島と岡とで鋭意、編集会議を繰り返し、岡がすでに執筆した裁

判例の解説のうち82個を掲載し、他の裁判例の解説については、実務と研究の第一線でご活躍されている研究者と裁判官、そして、弁護士諸氏に分担執筆をお願いすることにしました。執筆者は、総勢83名にのぼり、その内訳は、全国の民事訴訟法学の研究者39名、裁判官13名、弁護士31名となります。本書の内容が充実したものとなりましたのは、ひとえに執筆者の皆様のご協力の賜物です。こうして完成した本書は、研究者、裁判官、弁護士の総力を結集した理論と実務を架橋する書籍として、判例学習の中心的役割を担い、読者の民事訴訟法学習の礎となるものと確信しております。

最後になりますが、本書にご協力いただいた執筆者各位にまずは心からの感謝を申し上げます。また、本書刊行の機会を与えていただきました株式会社商事法務、とりわけ本書の企画を立案し、本書が世に出る機会を与えていただいた浅沼亨氏、本書を完成まで導いてくださった岩佐智樹氏、多くの執筆者と真摯にご対応いただき本書の進行を力強く推進していただいた水石曜一郎氏、丹念に原稿を読み込みプロフェッションとしての力量で本書の質を最大限向上していただいた木村太紀氏にこの場をお借りして心から感謝申し上げます。また、校正の段階で中田吉昭弁護士（第一東京弁護士会・岡綜合法律事務所）と秘書の見世薫氏（岡綜合法律事務所）に多大なるご協力をいただきました。この場をお借りして御礼を申し述べたいと思います。

様々な方々のご協力のもとで完成した本書が、民事訴訟法の学習を志す多くの読者に恵まれることを心より願っています。

平成26年10月

　　　　　　　　　　慶應義塾大学大学院法務研究科教授　　中島弘雅
　　　　　　　　弁護士・慶應義塾大学大学院法務研究科教授　　岡　伸浩

目　次

第1章　民事訴訟の対象

1　法人の内部紛争──銀閣寺事件 ··· 2
　　──最一判昭和44・7・10（民集23巻8号1423頁）
2　前提問題としての住職たる地位の審判──種徳寺事件 ················ 4
　　──最三判昭和55・1・11（民集34巻1号1頁）
3　檀徒の地位の確認訴訟 ··· 6
　　──最三判平成7・7・18（民集49巻7号2717頁）
4　宗教団体に対する寄付金返還請求訴訟──板まんだら事件 ············ 8
　　──最三判昭和56・4・7（民集35巻3号443頁）
5　前提問題としての僧籍剥奪処分の審判──蓮華寺事件 ················ 10
　　──最二判平成元・9・8（民集43巻8号889頁）
6　宗教法人の役員の地位の確認訴訟──日蓮正宗管長事件 ············ 12
　　──最三判平成5・9・7（民集47巻7号4667頁）
7　訴訟と非訟──夫婦同居の審判 ······································ 14
　　──最大決昭和40・6・30（民集19巻4号1089頁）

第2章　民事訴訟制度の現代的課題

8　弁護士費用の賠償請求──不法行為 ·································· 16
　　──最一判昭和44・2・27（民集23巻2号441頁）
9　紛争管理権 ·· 18
　　──最二判昭和60・12・20（判時1181号77頁）
10　国際裁判管轄──否定すべき特段の事情 ···························· 20
　　──最三判平成9・11・11（民集51巻10号4055頁）
11　国際裁判管轄──離婚事件 ·· 22
　　──最二判平成8・6・24（民集50巻7号1451頁）

第3章　訴　え

12　訴え提起と不法行為──訴訟上の権能の濫用 ······················ 24
　　──最三判昭和63・1・26（民集42巻1号1頁）
13　重複する訴え──債務不存在確認請求訴訟と手形訴訟 ············ 26
　　──大阪高判昭和62・7・16（判時1258号130頁）

| 14 | 境界確定訴訟における取得時効の主張 …………………………… 28
　　——最一判昭和43・2・22（民集22巻2号270頁）
| 15 | 境界確定訴訟と不利益変更禁止原則 ……………………………… 30
　　——最三判昭和38・10・15（民集17巻9号1220頁）
| 16 | 境界確定訴訟と処分権主義 ………………………………………… 32
　　——大判大正12・6・2（民集2巻345頁）
| 17 | 境界確定訴訟と当事者適格 ………………………………………… 34
　　——最三判平成7・3・7（民集49巻3号919頁）
| 18 | 請求の特定——東海道新幹線訴訟 ………………………………… 36
　　——名古屋高判昭和60・4・12（下民集34巻1号〜4号461頁）
| 19 | 口頭弁論を経ずに訴えを却下する場合の訴状の送達 …………… 38
　　——最三判平成8・5・28（判時1569号48頁）
| 20 | 付郵便送達の適法性 ………………………………………………… 40
　　——最一判平成10・9・10（判時1661号81頁）
| 21 | 補充送達の効力と再審事由 ………………………………………… 42
　　——最三決平成19・3・20（民集61巻2号586頁）
| 22 | 債務不存在確認訴訟の訴訟物 ……………………………………… 44
　　——最二判昭和40・9・17（民集19巻6号1533頁）
| 23 | 損害賠償請求訴訟の訴訟物 ………………………………………… 46
　　——最一判昭和48・4・5（民集27巻3号419頁）
| 24 | 一時金請求に対する定期金判決 …………………………………… 48
　　——東京高判平成15・7・29（判時1838号69頁）
| 25 | 引換給付判決 ………………………………………………………… 50
　　——①最一判昭和33・3・13（民集12巻3号524頁）
　　　②最一判昭和46・11・25（民集25巻8号1343頁）
| 26 | 債務不存在確認訴訟の訴えの利益 ………………………………… 52
　　——最一判平成16・3・25（民集58巻3号753頁）
| 27 | 相殺と重複起訴(1) …………………………………………………… 54
　　——東京高判平成8・4・8（判タ937号262頁）
| 28 | 相殺と重複起訴(2) …………………………………………………… 56
　　——最三判平成3・12・17（民集45巻9号1435頁）
| 29 | 相殺と重複起訴(3) …………………………………………………… 58
　　——最二判平成18・4・14（民集60巻4号1497頁）
| 30 | 請求棄却の主張と時効取得の中断 ………………………………… 60
　　——最大判昭和43・11・13（民集22巻12号2510頁）
| 31 | 訴訟上の権利の濫用——訴権の濫用 ……………………………… 62
　　——最一判昭和53・7・10（民集32巻5号888頁）

第4章　裁判所

- 32　天皇に対する民事裁判権 64
  ——最二判平成元・11・20（民集43巻10号1160頁）
- 33　外国国家と民事裁判権 66
  ——最二判平成18・7・21（民集60巻6号2542頁）
- 34　移送申立てと裁判所の裁量 68
  ——最二決平成20・7・18（民集62巻7号2013頁）
- 35　管轄選択権の濫用 70
  ——札幌高決昭和41・9・19（高民集19巻5号428頁）
- 36　裁量移送 72
  ——①東京高決平成10・10・19（判時1674号78頁）
  　　②東京高決平成15・5・22（判タ1136号256頁）
- 37　前審関与と除斥事由 74
  ——最三判昭和39・10・13（民集18巻8号1619頁）
- 38　裁判官・訴訟代理人の縁戚関係と忌避事由 76
  ——最二判昭和30・1・28（民集9巻1号83頁）
- 39　忌避申立ての簡易却下 78
  ——札幌高決昭和51・11・12（判タ347号198頁）

第5章　当事者

- 40　当事者の確定と表示の訂正 80
  ——大阪地判昭和29・6・26（下民集5巻6号949頁）
- 41　当事者の確定——氏名冒用訴訟 82
  ——大判昭和10・10・28（民集14巻1785頁）
- 42　当事者の確定——死者を当事者とする訴訟 84
  ——大判昭和11・3・11（民集15巻977頁）
- 43　訴状提出後送達前の被告の死亡 86
  ——最一判昭和41・7・14（民集20巻6号1173頁）
- 44　当事者の確定——法人格の濫用 88
  ——最二判昭和48・10・26（民集27巻9号1240頁）
- 45　当事者適格——相続財産管理人 90
  ——最一判昭和47・11・9（民集26巻9号1566頁）
- 46　民法上の組合の当事者能力 92
  ——最三判昭和37・12・18（民集16巻12号2422頁）
- 47　権利能力なき社団と登記 94
  ——最二判昭和47・6・2（民集26巻5号957頁）

| 48 | ゴルフクラブの当事者能力 | 96 |

　　──最二判平成14・6・7（民集56巻5号899頁）

| 49 | 意思能力を欠く者の訴訟行為 | 98 |

　　──最二判昭和29・6・11（民集8巻6号1055頁）

| 50 | 訴訟行為の追認 | 100 |

　　──最二判昭和55・9・26（判時985号76頁）

| 51 | 入会団体の当事者適格 | 102 |

　　──最三判平成6・5・31（民集48巻4号1065頁）

| 52 | 遺言執行者の当事者適格(1) | 104 |

　　──最二判昭和51・7・19（民集30巻7号706頁）

| 53 | 遺言執行者の当事者適格(2) | 106 |

　　──最二判平成10・2・27（民集52巻1号299頁）

| 54 | 法人内部紛争の原告適格 | 108 |

　　──最三判平成7・2・21（民集49巻2号231頁）

| 55 | 任意的訴訟担当 | 110 |

　　──最大判昭和45・11・11（民集24巻12号1854頁）

| 56 | 離婚訴訟と特別代理人 | 112 |

　　──最二判昭和33・7・25（民集12巻12号1823頁）

| 57 | 法人代表者と表見代理 | 114 |

　　──最三判昭和45・12・15（民集24巻13号2072頁）

| 58 | 業務停止の懲戒処分と弁護士の訴訟行為 | 116 |

　　──最大判昭和42・9・27（民集21巻7号1955頁）

| 59 | 弁護士法25条違反の訴訟行為 | 118 |

　　──最大判昭和38・10・30（民集17巻9号1266頁）

| 60 | 訴訟代理人の和解権限 | 120 |

　　──①最一判昭和38・2・21（民集17巻1号182頁）
　　　②最二判平成12・3・24（民集54巻3号1126頁）

| 61 | 登記簿上の支配人と訴訟代理権 | 122 |

　　──仙台高判昭和59・1・20（下民集35巻1〜4号7頁）

| 62 | 給付訴訟における原告適格 | 124 |

　　──最三判平成23・2・15（判時2110号40頁）

第6章　審理の対象

| 63 | 口頭弁論終結後の訴訟要件の具備 | 126 |

　　──①最二判昭和42・6・30（判時493号36頁）
　　　②最三判昭和46・6・22（判時639号77頁）

| 64 | 給付の訴えの利益 | 128 |

　　──最二判昭和41・3・18（民集20巻3号464頁）

| 65 | 将来の給付の訴えの要件——大阪国際空港事件 ················· 130
   ——最大判昭和56・12・16（民集35巻10号1369頁）
| 66 | 推定相続人の提起した売買無効確認の訴えの利益 ············· 132
   ——最三判昭和30・12・26（民集9巻14号2082頁）
| 67 | 国籍確認の訴えの利益 ·· 134
   ——最大判昭和32・7・20（民集11巻7号1314頁）
| 68 | 遺言無効確認の訴えの利益 ·· 136
   ——最三判昭和47・2・15（民集26巻1号30頁）
| 69 | 学校法人の理事会決議無効確認の訴えの利益 ····················· 138
   ——最一判昭和47・11・9（民集26巻9号1513頁）
| 70 | 賃貸借契約継続中の敷金返還請求権確認の訴えの利益 ········ 140
   ——最一判平成11・1・21（民集53巻1号1頁）
| 71 | 将来の法律関係の確認——雇用者たる地位の確認 ············· 142
   ——東京地判平成19・3・26（判時1965号3頁）
| 72 | 遺言者の生存中に提起された遺言無効確認の訴えの利益 ···· 144
   ——最二判平成11・6・11（家月52巻1号81頁）
| 73 | 遺産確認の訴えの利益(1) ·· 146
   ——最一判昭和61・3・13（民集40巻2号389頁）
| 74 | 遺産確認の訴えの利益(2) ·· 148
   ——最二判平成22・10・8（民集64巻7号1719頁）
| 75 | 父母または子の死亡後の親子関係確認の訴えの利益 ··········· 150
   ——最大判昭和45・7・15（民集24巻7号861頁）
| 76 | 取締役退任後の選任決議取消しの訴えの利益 ····················· 152
   ——最一判昭和45・4・2（民集24巻4号223頁）
| 77 | 株主総会決議不存在確認の訴えの利益 ································ 154
   ——最一判平成11・3・25（民集53巻3号580頁）
| 78 | 遺留分減殺請求訴訟と確認の訴えの利益 ··························· 156
   ——最二判平成21・12・18（民集63巻10号2900頁）
| 79 | 土地賃貸借の確認請求における訴訟物と地代額 ················· 158
   ——最三判平成24・1・31（集民239号659頁）

第7章　審理の過程

| 80 | 当事者の主張の要否——権利抗弁 ······································· 160
   ——最一判昭和27・11・27（民集6巻10号1062頁）
| 81 | 当事者の主張の要否——所有権の喪失事由 ························ 162
   ——最一判昭和55・2・7（民集34巻2号123頁）
| 82 | 当事者の主張の要否——代理人による契約締結 ················· 164
   ——最三判昭和33・7・8（民集12巻11号1740頁）

| 83 | 当事者の主張の要否——**公序良俗**······166
——最一判昭和36・4・27（民集15巻4号901頁）
| 84 | 当事者からの主張の要否······168
——大判大正5・12・23（民録22輯2480頁）
| 85 | 相手方の援用しない自己に不利益な事実の陳述······170
——①最一判昭和41・9・8（民集20巻7号1314頁）
　　②最一判平成9・7・17（判時1614号72頁）
| 86 | 過失の自認の効力······172
——東京地判昭和49・3・1（下民集25巻1〜4号129頁）
| 87 | 当事者の主張の要否——**過失相殺**······174
——最三判昭和43・12・24（民集22巻13号3454頁）
| 88 | 釈明権の範囲······176
——最一判昭和45・6・11（民集24巻6号516頁）
| 89 | 釈明義務の範囲(1)······178
——最二判昭和39・6・26（民集18巻5号954頁）
| 90 | 釈明義務の範囲(2)······180
——最三判昭和44・6・24（民集23巻7号1156頁）
| 91 | 信義則違反の主張と釈明義務······182
——最一判平成22・10・14（判時2098号55頁）
| 92 | 法的観点指摘義務······184
——最三判昭和41・4・12（民集20巻4号548頁）
| 93 | 訴訟行為の追完······186
——最三判昭和55・10・28（判時984号68頁）
| 94 | 公示送達の不知と追完······188
——最二判昭和42・2・24（民集21巻1号209頁）
| 95 | 弁論の再開······190
——最一判昭和56・9・24（民集35巻6号1088頁）
| 96 | 攻撃防御方法の提出と信義則······192
——最三判昭和51・3・23（判時816号48頁）
| 97 | 和解終了と建物買取請求権の帰すう······194
——東京地判昭和45・10・31（判時622号92頁）
| 98 | 訴訟上の相殺の抗弁に対し訴訟上の相殺を再抗弁として
主張することの許否······196
——最一判平成10・4・30（民集52巻3号930頁）
| 99 | 責問権の喪失······198
——①最三判昭和31・6・19（民集10巻6号665頁）
　　②最一判昭和29・2・11（民集8巻2号429頁）
| 100 | 時機に後れた攻撃防御方法······200
——最二判昭和46・4・23（判時631号55頁）

| 101| 弁論の併合と証拠調べの結果の援用 ································· 202
    ——最三判昭和41・4・12（民集20巻4号560頁）
| 102| 裁判外の訴え取下げ合意の効力 ··································· 204
    ——最二判昭和44・10・17（民集23巻10号1825頁）
| 103| 証拠制限契約の有効性 ··· 206
    ——東京地判昭和42・3・28（判タ208号127頁）
| 104| 他人の可罰行為による訴えの取下げ ······························· 208
    ——最二判昭和46・6・25（民集25巻4号640頁）

第8章　証　明

| 105| 証人尋問終了後における証人尋問申出撤回の可否 ··················· 210
    ——最三判昭和32・6・25（民集11巻6号1143頁）
| 106| 民訴法248条の適用による損害額の算定 ··························· 212
    ——最三判平成20・6・10（判時2042号5頁）
| 107| 訴訟上の証明の意義 ··· 214
    ——最二判昭和50・10・24（民集29巻9号1417頁）
| 108| 損害賠償額の算定 ··· 216
    ——東京地判平成18・4・28（判時1944号86頁）
| 109| 過失の概括的認定 ··· 218
    ——最三判昭和39・7・28（民集18巻6号1241頁）
| 110| 過失の一応の推定 ··· 220
    ——最三判昭和43・12・24（民集22巻13号3428頁）
| 111| 無断録音テープの証拠能力 ······································· 222
    ——東京高判昭和52・7・15（判時867号60頁）
| 112| 自白と先行自白 ··· 224
    ——最二判昭和35・2・12（民集14巻2号223頁）
| 113| 権利自白 ··· 226
    ——最三判昭和30・7・5（民集9巻9号985頁）
| 114| 間接事実の自白 ··· 228
    ——最一判昭和41・9・22（民集20巻7号1392頁）
| 115| 自白の撤回の要件 ··· 230
    ——大判大正4・9・29（民録21輯1520頁）
| 116| 書証の成立の真正についての自白の裁判所に対する拘束力 ··········· 232
    ——最二判昭和52・4・15（民集31巻3号371頁）
| 117| 自白の撤回 ··· 234
    ——最三判昭和25・7・11（民集4巻7号316頁）
| 118| 擬制自白 ··· 236
    ——最一判昭和43・3・28（民集22巻3号707頁）

| 119 | 概括的認定──過失の一応の推定 ··· 238
　　　──最二判昭和32・5・10（民集11巻5号715頁）
| 120 | 証拠共通の原則 ··· 240
　　　──最一判昭和28・5・14（民集7巻5号565頁）
| 121 | 証明責任の分配──準消費貸借契約 ··· 242
　　　──最二判昭和43・2・16（民集22巻2号217頁）
| 122 | 証明妨害 ·· 244
　　　──東京高判平成3・1・30（判時1381号49頁）
| 123 | 証明責任の分配──安全配慮義務 ·· 246
　　　──最二判昭和56・2・16（民集35巻1号56頁）
| 124 | 主張立証責任の分配──虚偽表示における第三者の善意 ··············· 248
　　　──最三判昭和35・2・2（民集14巻1号36頁）
| 125 | 証明責任の分配（背信行為と認めるに足りない特段の事情） ········· 250
　　　──最一判昭和41・1・27（民集20巻1号136頁）
| 126 | 証明責任の分配──債務不履行責任 ··· 252
　　　──最一判昭和34・9・17（民集13巻11号1412頁）
| 127 | 認知の訴えにおける父子関係の証明 ·· 254
　　　──最三判昭和32・12・3（民集11巻13号2009頁）
| 128 | 反対尋問の保障 ··· 256
　　　──最二判昭和32・2・8（民集11巻2号258頁）
| 129 | 窃取された文書の証拠能力 ·· 258
　　　──神戸地判昭和59・5・18（判時1135号140頁）
| 130 | 他に主張立証はない旨の当事者の陳述と唯一の証拠方法の
　　　取調の要否 ··· 260
　　　──最一判昭和53・3・23（判時885号118頁）
| 131 | 企業秘密を理由とする証言拒絶権 ·· 262
　　　──大阪高決昭和48・7・12（下民集24巻5〜8号455頁）
| 132 | 報道関係者の取材源に関する証言拒絶権 ··· 264
　　　──最三決平成18・10・3（民集60巻8号2647頁）
| 133 | 「技術又は職業の秘密」の意義 ·· 266
　　　──最一決平成12・3・10（民集54巻3号1073頁）
| 134 | 磁気テープの証拠調べ ·· 268
　　　──大阪高決昭和53・3・6（高民集31巻1号38頁）
| 135 | 文書の真正の推定 ·· 270
　　　──最三判昭和39・5・12（民集18巻4号597頁）
| 136 | 模索的証明 ··· 272
　　　──大阪地決昭和61・5・28（判時1209号16頁①事件）
| 137 | 文書の一部についての提出命令 ·· 274
　　　──最一決平成13・2・22（判時1742号89頁）

| 138 | 貸出稟議書の提出義務·· 276
　　　──①最二決平成11・11・12（民集53巻8号1787頁）
　　　　②最一決平成12・12・14（民集54巻9号2709頁）
　　　　③最二決平成13・12・7（民集55巻7号1411頁）
| 139 | 文書提出命令──調査報告書································· 280
　　　──最二決平成16・11・26（民集58巻8号2393頁）
| 140 | 文書提出命令──社内通達文書・自己査定資料①②③········ 282
　　　──①最二決平成18・2・17（民集60巻2号496頁）
　　　　②最二決平成19・11・30（民集61巻8号3186頁）
　　　　③最三決平成20・11・25（民集62巻10号2507頁）
| 141 | 文書提出命令──金融機関の顧客情報······················· 286
　　　──最三決平成19・12・11（民集61巻9号3364頁）
| 142 | 文書提出命令──刑事訴訟記録等···························· 288
　　　──①最三決平成16・5・25（民集58巻5号1135頁）
　　　　②最二決平成19・12・12（民集61巻9号3400頁）
| 143 | 労災事故の災害調査復命書······································ 290
　　　──最三決平成17・10・14（民集59巻8号2265頁）
| 144 | 文書提出命令に対する即時抗告権者··························· 292
　　　──最一決平成12・12・14（民集54巻9号2743頁）
| 145 | 文書提出命令の不遵守··· 294
　　　──東京高判昭和54・10・18（下民集33巻5〜8号1031頁）
| 146 | 文書提出命令──医療事故報告書····························· 296
　　　──東京高決平成23・5・17（判時2141号36頁）
| 147 | 弁護士会綱紀委員会議事録と自己利用文書··················· 298
　　　──最三決平成23・10・11（判時2136号9頁）
| 148 | 調査嘱託の結果を証拠とする方法······························ 300
　　　──最一判昭和45・3・26（民集24巻3号165頁）
| 149 | 主張・立証の必要性──事案解明義務························ 302
　　　──最一判平成4・10・29（民集46巻7号1174頁）
| 150 | 診療録の証拠保全の要件··· 304
　　　──広島地決昭和61・11・21（判時1224号76頁）
| 151 | 情報の収集──弁護士法23条の2の照会···················· 306
　　　──最三判昭和56・4・14（民集35巻3号620頁）

第9章　当事者の行為による訴訟の終了

| 152 | 訴訟上の和解と錯誤··· 308
　　　──最一判昭和33・6・14（民集12巻9号1492頁）

| 153 | 訴訟上の和解と解除 ··· 310
　　　――最一判昭和43・2・15（民集22巻2号184頁）
| 154 | 選定当事者の権限 ··· 312
　　　――最三判昭和43・8・27（判時534号48頁）
| 155 | 訴えの取下げと時効中断効 ··································· 314
　　　――最三判昭和50・11・28（民集29巻10号1797頁）
| 156 | 訴えの取下げと再訴禁止効 ··································· 316
　　　――最三判昭和52・7・19（民集31巻4号693頁）
| 157 | 固有必要的共同訴訟――訴えの取下げ ······················· 318
　　　――最一判昭和46・10・7（民集25巻7号885頁）

第10章　終局判決とその効力

| 158 | 既判力の縮減 ··· 320
　　　――最二判平成9・3・14（判時1600号89頁）
| 159 | 一部請求と既判力 ··· 322
　　　――①最二判昭和37・8・10（民集16巻8号1720頁）
　　　　　②最二判昭和32・6・7（民集11巻6号948頁）
| 160 | 一部請求と訴訟上の信義則 ··································· 324
　　　――最二判平成10・6・12（民集52巻4号1147頁）
| 161 | 一部請求と既判力――明示があるとされた事例 ··············· 326
　　　――最一判平成20・7・10（判時2020号71頁）
| 162 | 時効の中断 ··· 328
　　　――最二判昭和45・7・24（民集24巻7号1177頁）
| 163 | 民事調停成立後の拡大損害 ··································· 330
　　　――最一判昭和43・4・11（民集22巻4号862頁）
| 164 | 一部請求と残部債権による相殺の抗弁 ······················· 332
　　　――最三判平成10・6・30（民集52巻4号1225頁）
| 165 | 訴訟上の信義則と後訴遮断 ··································· 334
　　　――最一判昭和51・9・30（民集30巻8号799頁）
| 166 | 確定判決後の事情変更 ······································· 336
　　　――最一判昭和61・7・17（民集40巻5号941頁）
| 167 | 基準時後の形成権行使――取消権 ····························· 338
　　　――最一判昭和55・10・23（民集34巻5号747頁）
| 168 | 基準時後の形成権行使――建物買取請求権 ··················· 340
　　　――最二判平成7・12・15（民集49巻10号3051頁）
| 169 | 基準時後の形成権行使――白地補充権 ······················· 342
　　　――最三判昭和57・3・30（民集36巻3号501頁）

| 170 | 争点効理論の否定 ································· 344
       ——最三判昭和44・6・24（判時569号48頁）
| 171 | 既判力に準ずる効力 ································· 346
       ——最二判昭和49・4・26（民集28巻3号503頁）
| 172 | 基準時後の形成権行使——相殺権 ······················ 348
       ——最二判昭和40・4・2（民集19巻3号539頁）
| 173 | 請求の目的物の所持人 ······························ 350
       ——大阪高判昭和46・4・8（判時633号73頁）
| 174 | 口頭弁論終結後の承継人 ···························· 352
       ——最一判昭和48・6・21（民集27巻6号712頁）
| 175 | 債権者代位と訴訟担当 ······························ 354
       ——大阪地判昭和45・5・28（下民集21巻5・6号720頁）
| 176 | 既判力の主観的範囲——法人格否認の法理 ·············· 356
       ——最一判昭和53・9・14（判時906号88頁）
| 177 | 訴え却下判決の既判力 ······························ 358
       ——最二判平成22・7・16（民集64巻5号1450頁）
| 178 | 既判力の主観的範囲(1)——反射効 ····················· 360
       ——最一判昭和53・3・23（判時886号35頁）
| 179 | 既判力の主観的範囲(2) ····························· 362
       ——最二判昭和31・7・20（民集10巻8号965頁）
| 180 | 既判力の主観的範囲(3) ····························· 364
       ——最一判昭和51・10・21（民集30巻9号903頁）
| 181 | 確定判決の騙取（不当取得） ························ 366
       ——①最三判昭和44・7・8（民集23巻8号1407頁）
　　　　②最三判平成22・4・13（集民234号31頁）
| 182 | 訴え却下判決の既判力と基準時後の判例変更 ············ 368
       ——東京地判平成23・10・28（判時2157号60頁）

第11章　既判力の時的範囲・客観的範囲

| 183 | 基準時後の事情変更——後遺症 ························ 370
       ——最三判昭和42・7・18（民集21巻6号1559頁）

第12章　請求の複数——複数請求訴訟

| 184 | 訴えの変更と相手方の同意 ·························· 372
       ——最二判昭和39・7・10（民集18巻6号1093頁）
| 185 | 控訴審における訴えの交換的変更 ······················ 374
       ——最一判昭和32・2・28（民集11巻2号374頁）

| 186 | 訴えの変更と移送 · 376
　　　──最一判平成5・2・18（民集47巻2号632頁）
| 187 | 占有訴訟における本権に基づく反訴 · 378
　　　──最一判昭和40・3・4（民集19巻2号197頁）
| 188 | 控訴審における反訴に対する相手方の同意の要否 · · · · · · · · · · · · · · · · 380
　　　──最一判昭和38・2・21（民集17巻1号198頁）

第13章　当事者の複数──多数当事者訴訟

| 189 | 共同訴訟参加と当事者適格 · 382
　　　──最二判昭和36・11・24（民集15巻10号2583頁）
| 190 | 通常共同訴訟──共同相続事案 · 384
　　　──最二判昭和43・3・15（民集22巻3号607頁）
| 191 | 固有必要的共同訴訟の成否──共同相続人の1人による訴え · · · · · · · 386
　　　──最一判昭和31・5・10（民集10巻5号487頁）
| 192 | 固有必要的共同訴訟──遺産確認訴訟事案 · 388
　　　──最三判平成元・3・28（民集43巻3号167頁）
| 193 | 類似必要的共同訴訟──住民訴訟事案 · 390
　　　──最大判平成9・4・2（民集51巻4号1673頁）
| 194 | 類似必要的共同訴訟と上訴──株主代表訴訟事案 · · · · · · · · · · · · · · · · 392
　　　──最二判平成12・7・7（民集54巻6号1767頁）
| 195 | 固有必要的共同訴訟──入会権訴訟事案 · 394
　　　──最二判昭和41・11・25（民集20巻9号1921頁）
| 196 | 固有必要的共同訴訟における非同調者の扱い · · · · · · · · · · · · · · · · · · · 396
　　　──①最三判平成11・11・9（民集53巻8号1421頁）
　　　　②最一判平成20・7・17（民集62巻7号1994頁）
| 197 | 固有必要的共同訴訟──訴訟告知による補完の可否 · · · · · · · · · · · · · · 398
　　　──最一判昭和46・12・9（民集25巻9号1457頁）
| 198 | 固有必要的共同訴訟と不利益変更禁止 · 400
　　　──最三判平成22・3・16（民集64巻2号498頁）
| 199 | 通常共同訴訟──入会権訴訟事案 · 402
　　　──最一判昭和57・7・1（民集36巻6号891頁）
| 200 | 訴えの主観的予備的併合の許否 · 404
　　　──最二判昭和43・3・8（民集22巻3号551頁）
| 201 | 訴えの主観的追加的併合の許否 · 406
　　　──最三判昭和62・7・17（民集41巻5号1402頁）
| 202 | 独立当事者参加の要件 · 408
　　　──最三判平成6・9・27（判時1513号111頁）

203	法定訴訟担当――債権者代位権 · 410
	――大判昭和14・5・16（民集18巻557頁）
204	債権者代位訴訟における債務者の独立当事者参加の可否 · · · · · · · · · · · · · 412
	――最三判昭和48・4・24（民集27巻3号596頁）
205	独立当事者参加訴訟における訴えの取下げ · 414
	――最二判昭和60・3・15（判時1168号66頁）
206	独立当事者参加――不利益変更禁止の原則 · 416
	――最二判昭和48・7・20（民集27巻7号863頁）
207	独立当事者参加――上訴審における地位 · 418
	――最一判昭和50・3・13（民集29巻3号233頁）
208	独立当事者参加における二当事者間での和解 · 420
	――仙台高判昭和55・5・30（下民集33巻9号1546頁）
209	共同訴訟人の1人の相手方への補助参加 · 422
	――最三判昭和51・3・30（判時814号112頁）
210	「当然の補助参加」論 · 424
	――最一判昭和43・9・12（民集22巻9号1896頁）
211	補助参加の要件 · 426
	――東京高決昭和49・4・17（下民集25巻1～4号309頁）
212	補助参加肯定例――株主代表訴訟事案 · 428
	――最一決平成13・1・30（民集55巻1号30頁）
213	補助参加の効力――参加的効力 · 430
	――最一判昭和45・10・22（民集24巻11号1583頁）
214	補助参加の利益 · 432
	――東京高決平成20・4・30（判時2005号16頁）
215	参加的効力の客観的範囲 · 434
	――最三判平成14・1・22（判時1776号67頁）
216	通常の補助参加か共同訴訟的補助参加か · 436
	――最一判昭和63・2・25（民集42巻2号120頁）
217	訴訟告知と補助参加(1) · 438
	――仙台高判昭和55・1・28（高民集33巻1号1頁）
218	訴訟告知と補助参加(2) · 440
	――東京高判昭和60・6・25（判時1160号93頁）
219	当事者の死亡と訴訟の終了 · 442
	――①最三判昭和51・7・27（民集30巻7号724頁）
	――②最大判昭和45・7・15（民集24巻7号804頁）
220	訴訟承継の承継原因 · 444
	――最三判昭和41・3・22（民集20巻3号484頁）
221	権利承継――権利譲渡人からの引受申立て · 446
	――東京高決昭和54・9・28（下民集30巻9～12号443頁）

| 222 | 仮処分の当事者恒定効 ································· 448
　　　──最一判昭和46・1・21（民集25巻1号25頁）
| 223 | 多数当事者訴訟と上訴期間 ····························· 450
　　　──①最二判昭和37・1・19（民集16巻1号106頁）
　　　　　②最一決平成15・11・13（民集57巻10号1531頁）
| 224 | 民訴法38条後段の共同訴訟と同法9条の適用 ················ 452
　　　──最二決平成23・5・18（民集65巻4号1755頁）

第14章　上　訴

| 225 | 違式の裁判に対する上訴と上訴審の審判の範囲 ············· 454
　　　──最一判平成7・2・23（判時1524号134頁）
| 226 | 一部請求と上訴の利益 ································· 456
　　　──名古屋高金沢支判平成元・1・30（判時1308号125頁）
| 227 | 予備的請求認容判決に対する被告の控訴と審判の対象 ······· 458
　　　──最三判昭和58・3・22（判時1074号55頁）
| 228 | 判決理由への不満と上訴の利益 ························· 460
　　　──最三判昭和31・4・3（民集10巻4号297頁）
| 229 | 全部勝訴した当事者と附帯控訴 ························· 462
　　　──最一判昭和58・3・10（判時1075号113頁）
| 230 | 公示送達と控訴の追完 ································· 464
　　　──最三判平成4・4・28（判時1455号92頁）
| 231 | 弁論の更新と第1審で主張されなかった事実 ··············· 466
　　　──最一判昭和61・12・11（判時1225号60頁）
| 232 | 相殺の抗弁と不利益変更禁止原則 ······················· 468
　　　──最一判昭和61・9・4（判時1215号47頁）
| 233 | 一部請求に係る判決と不利益変更禁止原則 ················ 470
　　　──最三判平成6・11・22（民集48巻7号1355頁）
| 234 | 財産分与の裁判と不利益変更禁止の原則 ·················· 472
　　　──最二判平成2・7・20（民集44巻5号975頁）
| 235 | 経験則違反と上告・上告受理申立て ······················ 474
　　　──最三判昭和36・8・8（民集15巻7号2005頁）
| 236 | 審理不尽という上告理由 ······························· 476
　　　──最一判昭和35・6・9（民集14巻7号1304頁）
| 237 | 弁論に関与しない裁判官の判決関与と上告理由、
　　　理由不備と上告理由 ··································· 478
　　　──①最二判昭和32・10・4（民集11巻10号1703頁）
　　　　　②最三判平成11・6・29（判時1684号59頁）

238 上告受理の要件と原審の審査の範囲‥‥‥‥‥‥‥‥‥‥‥‥‥‥‥‥‥‥ 480
　　──最一決平成11・3・9（判時1672号67頁）
239 口頭弁論を経ない破棄判決‥‥‥‥‥‥‥‥‥‥‥‥‥‥‥‥‥‥‥‥‥‥ 482
　　──①最三判平成14・12・17（判時1812号76頁）
　　　　②最二判平成18・9・4（判時1948号81頁）
　　　　③最三判平成19・1・16（判時1959号29頁）
240 破棄判決の拘束力──他の法的論点‥‥‥‥‥‥‥‥‥‥‥‥‥‥‥‥‥‥ 486
　　──最三判昭和43・3・19（民集22巻3号648頁）
241 抗告審における手続保障と憲法32条‥‥‥‥‥‥‥‥‥‥‥‥‥‥‥‥‥‥ 488
　　──最三決平成20・5・8（判時2011号116頁）
242 類似必要的共同訴訟における二重上告‥‥‥‥‥‥‥‥‥‥‥‥‥‥‥‥‥ 490
　　──最一決平成23・2・17（判時2120号6頁）
243 仮執行宣言付判決に基づく強制執行と控訴審の判断‥‥‥‥‥‥‥‥‥‥‥ 492
　　──最二判平成24・4・6（民集66巻6号2535頁）

第15章　特別上訴と再審

244 再審の補充性‥‥‥‥‥‥‥‥‥‥‥‥‥‥‥‥‥‥‥‥‥‥‥‥‥‥‥‥ 494
　　──最一判平成4・9・10（民集46巻6号553頁）
245 再審事由と有罪判決の確定‥‥‥‥‥‥‥‥‥‥‥‥‥‥‥‥‥‥‥‥‥‥ 496
　　──①最一判昭和43・8・29（民集22巻8号1740頁）
　　　　②最三判平成11・11・30（判時1697号55頁）
246 再審事由と除斥期間‥‥‥‥‥‥‥‥‥‥‥‥‥‥‥‥‥‥‥‥‥‥‥‥‥ 498
　　──①最二判昭和52・5・27（民集31巻3号404頁）
　　　　②最三判平成6・10・25（判時1516号74頁）
247 再審原告適格‥‥‥‥‥‥‥‥‥‥‥‥‥‥‥‥‥‥‥‥‥‥‥‥‥‥‥‥ 500
　　──①最一判昭和46・6・3（判時634号37頁）
　　　　②最二判平成元・11・10（民集43巻10号1085頁）
248 再審事由と上告受理‥‥‥‥‥‥‥‥‥‥‥‥‥‥‥‥‥‥‥‥‥‥‥‥‥ 502
　　──最二判平成15・10・31（判時1841号143頁）
249 詐害判決であることを再審事由とする第三者再審の可否‥‥‥‥‥‥‥ 504
　　──最一決平成25・11・21（民集67巻8号1686頁）

凡　例

1　法令名の略語

会　　社	会社法
家　　事	家事事件手続法
家　事　規	家事事件手続規則
憲	憲　法
裁	裁判所法
商	商　法
人　　訴	人事訴訟法
非　　訟	非訟事件手続法
不　　登	不動産登記法
不　登　令	不動産登記令
弁　　護	弁護士法
民	民　法
民　　執	民事執行法
民　　訴	民事訴訟法
民　　調	民事調停法
民　　保	民事保全法

2　判例引用の略語

大　判（決）	大審院判決（決定）
最○判（決）	最高裁判所第○小法廷判決（決定）
最大判（決）	最高裁判所大法廷判決（決定）
高　判（決）	高等裁判所判決（決定）
地　判（決）	地方裁判所判決（決定）
支　判（決）	支部判決（決定）
簡　判（決）	簡易裁判所判決（決定）

3　判例集の略語

民　　録	大審院民事判決録
民　　集	大審院民事判例集・最高裁判所民事判例集
刑　　集	大審院刑事判例集・最高裁判所刑事判例集
集　　民	最高裁判所裁判集民事
高　民　集	高等裁判所民事判例集
下　民　集	下級裁判所民事裁判例集
家　　月	家庭裁判月報

訟　　月	訟務月報
裁　　時	裁判所時報
東高民時報	東京高等裁判所判決時報（民事）
判　　時	判例時報
判　　タ	判例タイムズ
金　　法	金融法務事情
金　　判	金融・商事判例
新　　聞	法律新聞
判決全集	大審院判決全集

4　文献引用の略語
〈雑　誌〉

重　　判	重要判例解説（ジュリスト臨時増刊）
主判解	主要民事判例解説（判例タイムズ臨時増刊・別冊判例タイムズ）
ジュリ	ジュリスト
曹　　時	法曹時報
判　　評	判例評論（判例時報掲載の判例評釈）
法　　協	法学協会雑誌
法　　教	法学教室
法　　時	法律時報
法セミ	法学セミナー
民　　商	民商法雑誌
民　　訴	民事訴訟雑誌
リマークス	私法判例リマークス（法律時報別冊）

〈単行本〉

百選4版	高橋宏志＝高田裕成＝畑瑞穂編『民事訴訟法判例百選〔第4版〕』（有斐閣、2010年）
百選3版	伊藤眞＝高橋宏志＝高田裕成編『民事訴訟法判例百選〔第3版〕』（有斐閣、2003年）
百選Ⅰ補正版	新堂幸司＝青山善充＝高橋宏志編『民事訴訟法判例百選Ⅰ（新法対応補正版）』（有斐閣、1998年）
百選Ⅱ補正版	新堂幸司＝青山善充＝高橋宏志編『民事訴訟法判例百選Ⅱ（新法対応補正版）』（有斐閣、1998年）
百選2版	新堂幸司＝青山善充編『民事訴訟法判例百選〔第2版〕』（有斐閣、1982年）
続百選	新堂幸司編『続民事訴訟法判例百選』（有斐閣、1972年）
百　　選	中田淳一＝三ケ月章編『民事訴訟法判例百選』（有斐閣、1965年）
医事法百選2版	甲斐克則＝手嶋豊編『医事法判例百選〔第2版〕』（有斐閣、2014年）
医事法百選	宇都木伸＝町野朔＝平林勝政＝甲斐克則編『医事法判例百選』（有斐閣、2006年）

医事百選	唄孝一＝成田頼明編『医事判例百選』（有斐閣、1976年）
家族百選5版	久貴忠彦＝米倉明編『家族法判例百選〔第5版〕』（有斐閣、1995年）
家族百選新版増補	加藤一郎＝太田武男編『家族法判例百選〔新版・増補〕』（有斐閣、1975年）
国際私法百選2版	櫻田嘉章＝道垣内正人編『国際私法判例百選〔第2版〕』（有斐閣、2012年）
執行・保全百選2版	上原敏夫＝長谷部由紀子＝山本和彦編『民事執行・保全判例百選〔第2版〕』（有斐閣、2012年）
宗教百選2版	芦部信喜＝若原茂雄編『宗教判例百選〔第2版〕』（有斐閣、1991年）
損害保険百選2版	鴻常夫＝竹内昭夫＝江頭憲治郎＝山下友信編『損害保険判例百選〔第2版〕』（有斐閣、1996年）
地方自治百選4版	磯部力＝小幡純子＝斎藤誠編『地方自治判例百選〔第4版〕』（有斐閣、2013年）
手形小切手百選6版	落合誠一＝神田秀樹編『手形小切手判例百選〔第6版〕』（有斐閣、2004年）
民執百選	竹下守夫＝伊藤眞編『民事執行法判例百選』（有斐閣、1994年）
民法百選Ⅰ6版	中田裕康＝潮見佳男＝道垣内弘人編『民法判例百選Ⅰ〔第6版〕』（有斐閣、2009年）
民法百選Ⅱ6版	中田裕康＝潮見佳男＝道垣内弘人編『民法判例百選Ⅱ〔第6版〕』（有斐閣、2009年）
民法百選Ⅰ2版	星野英一＝平井宜雄編『民法判例百選Ⅰ〔第2版〕』（有斐閣、1982年）
最判解民事篇	『最高裁判所判例解説〔民事篇〕』（法曹会）
基本判例2版補訂	上原敏夫＝池田辰夫＝山本和彦『基本判例民事訴訟法〔第2版補訂〕』（有斐閣、2010年）
アルマ2版	山本弘＝長谷部由起子＝松下淳一『民事訴訟法〔第2版〕』（有斐閣、2013年）
伊藤4版補訂版	伊藤眞『民事訴訟法〔第4版補訂版〕』（有斐閣、2014年）
上田7版	上田徹一郎『民事訴訟法〔第7版〕』（法学書院、2011年）
梅本4版	梅本吉彦『民事訴訟法〔第4版〕』（信山社、2009年）
岡2版	岡伸浩『民事訴訟法の基礎〔第2版〕』（法学書院、2008年）
新堂5版	新堂幸司『新民事訴訟法〔第5版〕』（弘文堂、2011年）
高橋（上）2版補訂版	高橋宏志『重点講義民事訴訟法（上）〔第2版補訂版〕』（有斐閣、2013年）
高橋（下）2版補訂版	高橋宏志『重点講義民事訴訟法（下）〔第2版補訂版〕』（有斐閣、2014年）
中野ほか2版補訂2版	中野貞一郎＝松浦馨＝鈴木正裕編『新民事訴訟法講義〔第2版補訂2版〕』（有斐閣、2008年）
藤田・講義3版	藤田広美『講義民事訴訟〔第3版〕』（東京大学出版会、2013年）

藤田・解析 2 版	藤田広美『解析民事訴訟〔第 2 版〕』（東京大学出版会、2013年）
松本＝上野 7 版	松本博之＝上野泰男『民事訴訟法〔第 7 版〕』（弘文堂、2012年）
三木ほか	三木浩一＝笠井正俊＝垣内秀介＝菱田雄郷『民事訴訟法（LEGALQUEST）』（有斐閣、2013年）
三木＝山本 4 版	三木浩一＝山本和彦編『ロースクール民事訴訟法〔第 4 版〕』（有斐閣、2014年）
和　　田	和田吉弘『基礎からわかる民事訴訟法』（商事法務、2012年）
注　釈⑴	新堂幸司＝小島武司編『注釈民事訴訟法⑴裁判所・当事者⑴』（有斐閣、1991年）
注　釈⑵	上田徹一郎＝井上治典編『注釈民事訴訟法⑵当事者⑵・訴訟費用』（有斐閣、1992年）
注　釈⑷	鈴木正裕＝青山善充編『注釈民事訴訟法⑷裁判』（有斐閣、1997年）
注　釈⑸	新堂幸司＝福永有利編『注釈民事訴訟法⑸訴え・弁論の準備』（有斐閣、1998年）
注　釈⑹	谷口安平＝福永有利編『注釈民事訴訟法⑹証拠⑴』（有斐閣、1995年）
注　釈⑻	鈴木正裕＝鈴木重勝編『注釈民事訴訟法⑻上訴』（有斐閣、1998年）
コンメⅠ 2 版追補版	秋山幹男＝伊藤眞＝加藤新太郎＝高田裕成＝福田剛久＝山本和彦『コンメンタール民事訴訟法Ⅰ〔第 2 版追補版〕』（日本評論社、2014年）
コンメⅡ 2 版	秋山幹男＝伊藤眞＝加藤新太郎＝高田裕成＝福田剛久＝山本和彦『コンメンタール民事訴訟法Ⅱ〔第 2 版〕』（日本評論社、2006年）
コンメⅢ	秋山幹男＝伊藤眞＝加藤新太郎＝高田裕成＝福田剛久＝山本和彦『コンメンタール民事訴訟法Ⅲ』（日本評論社、2008年）
コンメⅣ	秋山幹男＝伊藤眞＝加藤新太郎＝高田裕成＝福田剛久＝山本和彦『コンメンタール民事訴訟法Ⅳ』（日本評論社、2010年）
コンメⅤ	秋山幹男＝伊藤眞＝加藤新太郎＝高田裕成＝福田剛久＝山本和彦『コンメンタール民事訴訟法Ⅴ』（日本評論社、2012年）
笠井＝越山 2 版	笠井正俊＝越山和広編『新・コンメンタール民事訴訟法〔第 2 版〕』（日本評論社、2013年）
条解 2 版	兼子一原著、松浦馨＝新堂幸司＝竹下守夫＝高橋宏志＝加藤新太郎＝上原敏夫＝高田裕成『条解民事訴訟法〔第 2 版〕』（弘文堂、2011年）
争　　点	伊藤眞＝山本和彦編『民事訴訟法の争点（ジュリスト増刊 新・法律学の争点シリーズ 4 ）』（有斐閣、2009年）

民事訴訟法判例インデックス

第1章　民事訴訟の対象　　　　　　　　　　　　　　　　　　　　　　　岡　伸浩

1　法人の内部紛争――銀閣寺事件

最高裁昭和44年7月10日第一小法廷判決
　事件名等：昭和41年（オ）第805号責任役員等確認請求事件
　掲載誌：民集23巻8号1423頁、判時569号44頁、判タ239号147頁

概要　本判決は、宗教法人内部の代表者の地位をめぐる争いにおいて、辞任した元代表者が代表者を選任した任命権者及び新たに代表者として選任された者を被告として、自己が代表者の地位にあることの確認を求める訴訟は不適法であり、宗教法人を被告とすべきであるとしたものである。

事実関係　Xは訴外宗教法人A寺の住職であり、A寺の寺院規則により同法人の責任役員・代表役員を兼ねていた。Xは、任命権者であるA寺の包括宗教法人Y₁宗派の管長に対して、これらの職を辞任する旨の意思表示をした。Y₁が新たにY₂をA寺の特命住職に任命したところ、Y₂はA寺の寺院規則により責任役員・代表役員に就任した。その後、Xは、上記辞任の意思表示は真意に基づくものではなく無効であると主張して、Y₁及びY₂を被告として、自らがA寺の住職・責任役員・代表役員の地位にあることの確認を求めて訴えを提起した。第1審は、Xの請求を棄却。第2審は、第1審判決を取り消した上、住職たる地位の確認を求める部分については当事者適格を欠くとの理由で訴えを却下し、責任役員・代表役員たる地位の確認を求める部分については、Xの請求を認容した。Y₁及びY₂が上告。

判決要旨　一部棄却、一部破棄自判。「Xは、本訴において、宗教法人A寺を相手方とすることなく、Y₁らに対し、Xが同宗教法人の代表役員および責任役員の地位にあることの確認を求めている。しかし、このように、法人を当事者とすることなく、当該法人の理事者たる地位の確認を求める訴を提起することは、たとえ請求を認容する判決が得られても、その効力が当該法人に及ばず、同法人との間では何人も右判決に反する法律関係を主張することを妨げられないから、右理事者の地位をめぐる関係当事者間の紛争を根本的に解決する手段として有効適切な方法とは認められず、したがって、このような訴は、即時確定の利益を欠き、不適法な訴として却下を免れないことは、当裁判所の判例の趣旨とするところである（最高裁昭和39年（オ）第554号同42年2月10日第二小法廷判決民集21巻1号112頁、同39年（オ）第1435号同43年12月24日第三小法廷判決裁判集民事93号登載予定参照）。法人の理事者が、当該法人を相手方として、

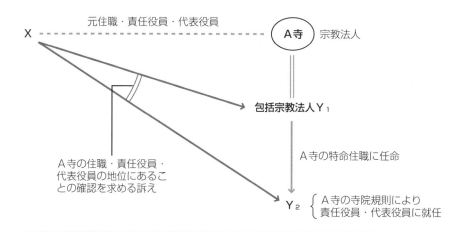

> 理事者たる地位の確認を訴求する場合にあっては、その請求を認容する確定判決により、その者が当該法人との間においてその執行機関としての組織法上の地位にあることが確定されるのであるから、事柄の性質上、何人も右権利関係の存在を認めるべきものであり、したがって、右判決は、対世的効力を有するものといわなければならない。それ故に、法人の理事者がこの種の訴を提起する場合には、当該法人を相手方とすることにより、はじめて右理事者の地位をめぐる関係当事者間の紛争を根本的に解決することができることとなる。」

本判決の位置づけ・射程範囲

本判決は、法人に内部紛争が生じた場面で、自らが代表者や理事者であると主張する者が自己の地位の確認の訴えを提起する場合は、当該法人が被告適格を有することを明らかにした点に意義がある。

学説では、この種の訴訟では、法人自身は紛争の主体ではないとした上で、判決効を第三者に拡張するには、訴訟の結果につき最も密接な利害関係を有し、最も充実した防御活動を期待できるものを被告とすべきであり、それは自らが当該法人の正当な代表者ないし理事者であると主張して争っている者であると主張する立場がある。

本判決は、法人の理事者が当該法人を相手方として代表者たる地位の確認請求をする訴訟では、事柄の性質上、その判決は対世的効力を有するのであり、法人を被告とすることによって、判決の効力は第三者にも及び、関係当事者間をめぐる紛争を根本的に解決することができることを理由に、当該法人の被告適格を根拠づけている。

さらに理解を深める **百選4版15事件〔日比野泰久〕**、百選Ⅰ補正版50事件〔中島弘雅〕、最判解民事篇昭和44年度（下）751頁〔柳川俊一〕、伊藤4版補訂版168頁、新堂5版271頁、松本＝上野7版80頁、中野ほか2版補訂2版135頁、高橋（上）2版補訂版310頁、三木ほか347頁、和田160頁、藤田・解析2版214頁　**関連判例**　最二判昭和42・2・10民集21巻1号112頁、最三判昭和43・12・24集民93号859頁

第1章 民事訴訟の対象

安西明子

② 前提問題としての住職たる地位の審判
　　——種徳寺事件

最高裁昭和55年1月11日第三小法廷判決
　事件名等：昭和51年（オ）第958号罷免無効確認、損害賠償、不動産等引渡請求事件
　掲載誌：民集34巻1号1頁、判時956号55頁、判タ410号94頁、金法925号39頁、金判590号50頁

概要　本判決は、寺院の住職たる地位の確認は単に宗教上の地位の確認を求めるものにすぎず裁判所の審判権の範囲外として訴えを不適法却下した一方、住職の地位の存否が、他の具体的権利又は法律関係をめぐる紛争につき、その当否判断の前提問題になっている場合には、その判断の内容が宗教上の教義の解釈にわたらない限り、住職たる地位の存否についても裁判所の審判対象となるとしたものである。

事実関係　YはX寺の住職であり、住職が宗教法人であるXの代表役員になるとする充て職制により代表役員でもあったが、Xを包括する宗教法人Z宗から住職罷免処分を受けた。そこでYはZに対し、X代表役員の確認請求等の訴えを提起した。第1審はZを被告とした訴えはその利益を欠くとして訴えを却下したので、Yは控訴審で新たに住職たる地位の確認を求めた（①事件）。他方、XはYに対して、Xの本堂、庫裡等の不動産明渡し、仏像等の動産引渡しの請求訴訟を提起したところ、第1審は請求認容判決を下したので、これに対してもYは控訴した（②事件）。控訴審は二事件の弁論を併合して審理し、①事件で確認対象とされた住職の地位は宗教上の地位であって法律上の規律対象でないとして訴えを却下し、②事件については原判決を是認してYの控訴を棄却した。Yが上告。

判決要旨　上告棄却。①事件の住職の地位確認については訴え却下の原判決を是認したが、②事件につき、「Xの住職たる地位にあったYがその包括団体であるZの管長によって右住職たる地位を罷免されたことにより右事件第1審判決別紙物件目録記載の土地、建物及び動産に対する占有権原を喪失したことを理由として、所有権に基づき右各物件の引渡を求めるものであるから、Yが住職たる地位を有するか否かは、右事件におけるXの請求の当否を判断するについてその前提問題となるものであるところ、住職たる地位それ自体は宗教上の地位にすぎないからその存否自体の確認を求めることが許されないことは前記のとおりであるが、他に具体的な権利又は法律関係をめぐる紛争があり、その当否を判定する前提問題として特定人につき住職たる地位の存否を判断する必要があ

> る場合には、その判断の内容が宗教上の教義の解釈にわたるものであるような場合は格別、そうでない限り、その地位の存否、すなわち選任ないし罷免の適否について、裁判所が審判権を有するものと解すべきであり、このように解することと住職たる地位の存否それ自体について確認の訴を許さないこととの間にはなんらの矛盾もないのである。」

本判決の位置づけ・射程範囲

①事件に関する判断の通り、住職の地位そのものは宗教上の地位であり、それ自体の確認が不適法とされていることは、本判決が引用する先例（最一判昭和44・7・10 本書1事件）の通りである。本件のように住職の地位が宗教法人である寺院の代表役員の地位の基本資格となるときは、当事者にとってそれこそが紛争の根本であろうが、本判決は住職の地位確認は不適法であるとした。これに対し、②事件に対する判断では、明渡（引渡）請求という具体的な権利、法律関係を訴訟物としている場合には、その前提として宗教上の地位の存否に関する判断が求められたとしても、裁判所の審判権が及ぶとした。この点は、本判決が最高裁の新判断を示したものとされる。

この判断は、その後、最一判昭和55・4・10 関連判例（本門寺事件）によって追認された。すなわち、代表役員の地位確認請求において、訴訟物の判断の前提問題として宗教上の地位につき裁判所が判断することは、その判断が宗教上の教義に関わらない限り適法であるとした。その上で、宗教上の教義に関わる実体面ではなく、住職の選任の手続上の準則に従って選任されたかどうかという手続面に限って審査した結果、請求認容の本案判決を下したのである。なお、本件①事件の第1審で代表役員の地位確認についての却下理由は、被告適格の欠缺であり（最一判昭和44・7・10 本書1事件）、YがXに対して代表役員の地位確認請求をしていれば、本案判決が可能であったことになる。

このように、住職の地位確認を許さない判例理論の背景として、それに代わって代表役員等の組織上の地位確認が許されることが重要であると考えられる。そのため、宗教上の地位確認であっても、それに代わる確認対象がなく、その地位が経済的地位、財産的権利の基礎となっている場合や、宗教法人の組織上の地位とみなされる場合（最三判平成7・7・18 本書3事件）には、裁判所の審判対象とされている。

さらに理解を深める

百選4版1事件〔伊藤眞〕　宗教百選2版29事件〔渋谷秀樹〕、高橋（上）2版補訂版331頁、新堂幸司『民事訴訟法学の基礎』（有斐閣、1998年）247頁、最判解民事篇昭和55年度1頁〔吉井直昭〕、住吉博・法セミ313号146頁、新堂幸司・判タ439号215頁　関連判例　最一判昭和55・4・10判時973号85頁

第1章 民事訴訟の対象　　　　　　　　　　　　　　　　　　　安西明子

③ 檀徒の地位の確認訴訟

最高裁平成7年7月18日第三小法廷判決
事件名等：平成4年（オ）第1260号檀徒の地位確認請求事件
掲載誌：民集49巻7号2717頁、判時1542号64頁、判タ888号130頁

概要　本判決は、宗教法人内部で除名処分を受けた檀徒が、処分は無効であるから依然として檀徒の地位にあるとの確認を求めた訴えにつき、法律上の争訟でないとして訴えを却下した原判決を覆し、檀徒の地位は法律上の地位に当たるとしたものである。宗教法人における信者の地位が法律上の地位に当たるかどうかについて、最高裁が初めて基本的判断枠組みを示した。

事実関係　Xは宗教法人Y寺の檀徒であったが、Yの住職に対し中傷を加える等したため、Yは規則に基づき、Xを、寺院の威信を傷つけ、その維持経営を妨害したという理由で離檀（除名）処分にした。そこでXは、この処分は無効であると主張して、Y檀徒の地位を有することの確認を求めて、Yに対し訴えを提起した。第1審は、檀徒は宗教法人法上の「信者その他の利害関係人」に該当し、単なる社会生活上の地位を超えた、宗教法人としてのYの存立そのもの又はその財産関係に影響を及ぼしうる法律上の地位であるとした上で、本件処分自体は有効として請求棄却判決を下した。Xが控訴したところ、控訴審は、檀徒は単なる宗教団体内の地位にすぎず、それ以上の法律関係を含むとは認められないので、本件処分の効力の有無をめぐる紛争は具体的な権利・法律関係に関する紛争とはいえないとして、第1審判決を取り消し、本件訴えを不適法として却下した。これに対し、X上告。

判決要旨　破棄差戻し。「檀徒等の信者の地位が具体的な権利義務ないし法律関係を含む法律上の地位ということができるかどうかは、当該宗教法人が同法〔宗教法人法〕12条1項に基づく規則等において檀徒等の信者をどのようなものとして位置付けているかを検討して決すべきこととなる」としてY寺規則を検討した結果、「以上によれば、Yにおいては、檀信徒名簿が備え付けられていて、檀徒であることがYの代表役員を補佐する機関である総代に選任されるための要件とされており、予算編成、不動産の処分等のYの維持経営に係る諸般の事項の決定につき、総代による意見の表明を通じて檀徒の意見が反映される体制となっており、檀徒によるYの維持経営の妨害行為が除名処分事由とされているのであるから、Yにおける檀徒の地位は、具体的な権利義務ないし法律関係

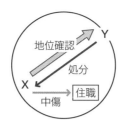

を含む法律上の地位ということができる。」

本判決の位置づけ・射程範囲

信教の自由（憲20条）や団体の自治・自律（憲21条）の観点から、司法権が及ぶ対象は法律上の争訟（裁3条）に限定される。寺院の住職の地位といった宗教上の地位そのものの確認は不適法とされる一方で、宗教法人の代表役員といった組織上の地位は法律上の地位として、その確認は適法と認められる（最三判昭和55・1・11 本書2事件 ）。本判決は、宗教法人の信者の地位が法律上の地位に当たるか、その確認が法律上の争訟と認められるかにつき基本的判断枠組みを示した。その上で、寺院の檀徒につき法律上の争訟性を認める事例判断を示したものとされる。

第1審判決が信者の法律上の地位の根拠を宗教法人法に求めたのに対し、本判決は、宗教法人法は信教の自由の観点からその規律対象を宗教団体の財産関係に限定し信者の地位を規定しておらず、信者の地位の位置付けを各宗教法人の自治・自律に委ねていると解した。その上で、宗教法人Yにおける信者の位置付けを検討し、檀徒の地位が代表役員とも関係する組織上の地位である、法人の維持経営上の重要事項に檀徒の意見も反映される仕組みとなっている等の4点を挙げ、その組織上の地位、宗教法人の運営に参加する利益を法律上の地位と認め、その地位確認を法律上の争訟に当たるとしたのである。

判例理論によれば、宗教上の地位が訴訟物とされていても、それから直ちに法律上の地位、法律上の争訟でないとされるわけではなく、その地位が一般市民法秩序における権利義務・法律関係を含む場合はその確認は適法とされる。本件では、Yの檀徒の地位につき、墓地使用等の宗教生活上の利益でなく、上記の組織上の利益を認めることにより、宗教的側面に立ち入ることを避けつつ、宗教団体紛争に介入する積極的姿勢を示した。ただし、本判決が代表役員の地位と結びつけることにより檀徒の地位を位置づけた点では、学説の批判がある。すなわち、宗教団体の規則上の形式的地位の判断では、信者の組織上の地位が明記されていない場合に問題が生じるから、原告の寺院運営への関与につき実質的に判断する必要がある。

さらに理解を深める

最判解民事篇平成7年度814頁〔田中豊〕、高地茂世・判評447号209頁（判時1558号）、八田卓也・法協114巻7号870頁、酒井一・法教185号114頁、本間靖規・民商116巻2号77頁、平成7年度重判憲法1事件〔木村俊夫〕

第1章　民事訴訟の対象

安西明子

4　宗教団体に対する寄付金返還請求訴訟
　　──板まんだら事件

最高裁昭和56年4月7日第三小法廷判決
　事件名等：昭和51年（オ）第749号寄附金返還請求事件
　掲 載 誌：民集35巻3号443頁、判時1001号9頁、判タ441号59頁、
　　　　　　金判629号34頁

概　要　本判決は、訴訟が具体的な権利義務ないし法律関係に関する紛争の形式をとるものであっても、信仰の対象の価値ないし宗教上の教義に関する判断が請求の当否を決するについての前提問題として必要不可欠のものであり、それが紛争の核心となっている場合には、法律上の争訟に当たらない、としたものである。

事実関係　宗教法人Y会の会員であったXらは、Y会の本尊（板まんだら）を安置する建物の建設費用に充てる目的で、この建物建設は広宣流布（教義が広まること）達成の時期に当たると言われて約541万円を寄付した。しかし、Xは、Yが後に広宣流布不達成と言うようになった、本尊も偽物と判明したとして、寄付は錯誤により無効であると主張し、不当利得に基づき寄付金の返還を求めて訴えを提起した。第1審は、本件は給付訴訟であるが、その前提問題となるX主張の錯誤無効の内容は信仰に直接関わるから裁判所の審判権の範囲外であるとして訴えを却下した。これに対し、控訴審は、錯誤に基づき交付した金員の返還を求めるという本訴請求は裁判所の審判対象となるとして原判決を取り消し、実体審理を尽くさせるために事件を地裁に差し戻した。つまり、不当利得返還請求権の存否が審判対象であるから、紛争が宗教上の行為から生じていても、法律上の争訟に該当しないとはいえないとしたのである。Y上告。

判決要旨　破棄自判。「本件訴訟は、具体的な権利義務ないし法律関係に関する紛争の形式をとっており、その結果信仰の対象の価値又は宗教上の教義に関する判断は請求の当否を決するについての前提問題であるにとどまるものとされてはいるが、本件訴訟の帰すうを左右する必要不可欠のものと認められ、また、記録にあらわれた本件訴訟の経過に徴すると、本件訴訟の争点及び当事者の主張立証も右の判断に関するものがその核心となっていると認められることからすれば、結局本件訴訟は、その実質において法令の適用による終局的な解決の不可能なものであって、裁判所法3条にいう法律上の争訟にあたらないものといわなければならない。」
　寺田裁判官の意見「裁判所は、当該宗教上の問題に関するXらの錯誤の主張を

肯認して本件金銭の給付が無効であるとの判断をすることはできないこととなる……から、該給付の無効を前提とするXらの本訴請求を理由がないものとして請求棄却の判決をすべきものである。」(第1審判決を取消し請求棄却判決をすべきところ、Yの控訴がないため、不利益変更禁止の法理により第1審判決の結論維持)。

本判決の位置づけ・射程範囲

　裁判所の審判対象は、法律上の争訟(裁3条)、すなわち当事者間の具体的権利義務ないし法律関係の存否に関する紛争であって、かつそれが法令の適用により終局的に解決できるものに限られている。Xらの主張する錯誤に関しては、信仰対象についての宗教上の価値ないし教義に関わる判断を要するから、裁判所の審判対象でないとする点では、異論がない。ただ、本件では、不当利得返還請求という、あくまで具体的な権利・法律関係が訴訟物とされていたため、宗教上の教義が関わるのは訴訟物の前提問題に過ぎないとして本案判決が可能な法律上の争訟と見るのか、それとも審判権の範囲外とするのかが問題とされた。本判決多数意見は、宗教教義判断が請求判断の前提問題にとどまるにしても、訴訟の帰すうを決する必要不可欠のもの、訴訟の争点及び当事者の主張立証の核心となっている場合には、訴訟は「その実質において」法適用により終局的に解決できる法律上の争訟には当たらないとして後者を採った。この立場を、学説は、前提問題に宗教上の教義等が関わらない限り法律上の争訟に当たるとして本案判断に至った最三判昭和55・1・11 本書2事件 や、とくにその関連判例である最一判昭和55・4・10判時973号85頁とは異質のものと位置付けている。

　これに対し、寺田意見は前者の立場を採り、給付訴訟である以上は本案判決へ進む。その方法としては、錯誤無効の主張については審判権が及ばないから主張立証がないものとして扱い、請求棄却判決を下すべきとする。X敗訴としては同じでも、訴えを却下する多数意見より既判力をもって不当利得返還請求権の存否を確定できる点を評価する学説も有力である。

　また上記三判例を併せて、判例理論は、まず訴訟物自体について、次に争点、前提問題について法律上の争訟と認められるかどうかを検討する二段審理方式を採っていると分析される。訴訟物自体が明渡請求のような具体的な権利・法律関係であれば原則として適法であるが、表面的には法的請求であっても不適法とされる場合として本件が位置付けられる。

さらに理解を深める

百選2版1事件〔中野貞一郎〕　高橋(上)2版補訂版335頁、新堂幸司『民事訴訟法学の基礎』(有斐閣、1998年)254頁、最判解民事篇昭和56年度212頁〔篠田省二〕、昭和56年度重判民訴1事件〔住吉博〕

第1章 民事訴訟の対象

岡　伸浩

5　前提問題としての僧籍剥奪処分の審判
　　　——蓮華寺事件

最高裁平成元年9月8日第二小法廷判決
　事件名等：昭和61年（オ）第943号建物明渡、代表役員等地位確認請求事件
　掲載誌　：民集43巻8号889頁、判時1329号11頁、判タ711号80頁、
　　　　　　金判833号37頁

概要　本判決は、宗教法人が宗教団体内部で住職を罷免された僧侶に対して寺院建物の明渡しを請求した事案で、具体的な権利義務ないし法律関係に関する訴訟でも、宗教法人内部における懲戒処分の効力を前提問題とするものは、裁判所法3条の「法律上の争訟」には該当しない旨を判示したものである。

事実関係　原告X寺（蓮華寺）は、訴外宗教法人Aの被包括宗教法人であり、被告YはX寺の住職に任命され、責任役員・代表役員に就任した。Yは、Aとその檀徒の団体であるBとの間に生じた教義や宗団のあり方をめぐる紛争の中で、Aの本尊観及び血脈相承観に関する自己の所説を明らかにした。

　Yは、上記所説はAの法規に違反する異説であるとして、A側から訓戒処分を受けた後もその所説を改めなかったため、A側はYを擯斥（僧籍剥奪）処分とした。

　X寺は、Yが住職・責任役員・代表役員としての地位を失ったことにより、X寺所有の建物の占有権原を喪失したことを理由に、Yを被告として当該建物の明渡しを求めて訴えを提起した（第1事件）。これに対し、Yは、自らがXの責任役員・代表役員の地位にあることの確認を求める訴えを提起し（第2事件）、両事件は併合審理された。第1審はXの請求を認容したが、第2審は本事件は法律上の争訟とはいえないとして、第1事件及び第2事件を不適法却下とした。X及びYの双方が上告。

判決要旨　上告棄却（以下は、第1事件に関する上告審判決である）。「当事者間の具体的な権利義務ないし法律関係に関する訴訟であっても、宗教団体内部においてされた懲戒処分の効力が請求の当否を決する前提問題となっており、その効力の有無が当事者間の紛争の本質的争点をなすとともに、それが宗教上の教義、信仰の内容に深くかかわっているため、右教義、信仰の内容に立ち入ることなくしてその効力の有無を判断することができず、しかも、その判断が訴訟の帰趨を左右する必要不可欠のものである場合には、右訴訟は、その実質において法令の適用による終局的解決に適しないものとして、裁判所法3条にいう『法律上の争訟』に当たらないというべきである（前記昭和56年4月7日第三

第1章　民事訴訟の対象　11

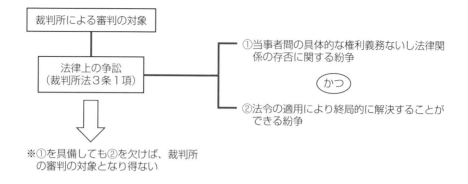

※①を具備しても②を欠けば、裁判所の審判の対象となり得ない

> 小法廷判決〔民集35巻3号443頁〕参照)。」
> 「結局、本件訴訟の本質的争点である本件擯斥処分の効力の有無については裁判所の審理判断が許されないものというべきであり、裁判所が、Xないし日蓮正宗の主張、判断に従ってYの言説を『異説』であるとして本件擯斥処分を有効なものと判断することも、宗教上の教義、信仰に関する事項について審判権を有せず、これらの事項にかかわる紛議について厳に中立を保つべき裁判所として、到底許されないところである。したがって、本件訴訟は、その実質において法令の適用により終局的に解決することができないものといわざるを得ず、裁判所法3条にいう『法律上の争訟』に該当しないというべきである。」

本判決の位置づけ・射程範囲

　民事訴訟は、具体的権利義務の存否をめぐる紛争を解決するための手続である。したがって、紛争の対象が具体的権利義務の存否をめぐるものと認められない場合は、裁判所による本案判決の対象となり得ない。このことは、裁判所法3条1項にいう「法律上の争訟」に該当するか否かという形で争われる。本判決は、最三判昭和56・4・7 本書4事件 を挙げて、裁判所法3条1項の「法律上の争訟」は、当事者間の具体的権利義務ないし法律関係の存否に関する紛争であって、かつ、法令の適用により終局的に解決することができるものに限られ、具体的な権利義務ないし法律関係に関する紛争であっても法令の適用による終局的解決に適しないものは、裁判所の審判の対象となり得ないという判断枠組みを採用した。

　その上で、具体的な権利義務ないし法律関係に関する訴訟でも、その請求の当否の判断に不可欠な前提問題が宗教上の教義等に深く関わり、宗教団体の内部事項が争われる場合には、法令の適用による終局的解決に適さないとして法律上の争訟性を欠き、不適法却下となるものと判示した点に意義がある。

さらに理解を深める

百選Ⅰ補正版1事件〔谷口安平〕　最判解民事篇平成元年度286頁〔魚住庸夫〕、伊藤4版補訂版169頁、新堂5版253頁、松本=上野7版81頁、中野ほか2版補訂2版16頁、高橋（上）2版補訂版338頁、三木ほか347頁、和田161頁 関連判例 最三判昭和55・1・11 本書2事件 、最一判昭和55・4・10判時973号85頁

第1章　民事訴訟の対象　　　　　　　　　　　　　　　　　　　安西明子

6　宗教法人の役員の地位の確認訴訟
　　――日蓮正宗管長事件

最高裁平成5年9月7日第三小法廷判決
　事件名等：昭和61年（オ）第531号代表役員等地位不存在確認請求事件
　掲載誌：民集47巻7号4667頁、判時1503号34頁、判タ855号90頁

概要　本判決は、特定の者が宗教法人の代表役員の地位にないことの確認を求める訴訟で、その宗教団体において宗教活動上の最高権威者が宗教法人の代表役員となるとする充て職制が採られており、その者の宗教上の地位の存否を審理判断するには、その宗教団体の教義・信仰の内容に立ち入って審理・判断することが必要不可欠である場合には、その訴えは法律上の争訟に当たらないとしたものである。

事実関係　宗教団体Y₁宗の住職であるXら156名は、Y₁、Y₂に対して、Y₂がY₁の代表役員及び管長の地位にないことの確認を求める訴えを提起した。Y₁においては、その宗制・宗規により、代表役員は管長の職にある者を充て、管長は法主の地位にある者をもって充てるとされている。法主とは、Y₁の宗教上の最高権威者の呼称であり、宗教活動上の地位である。第1審は、本件訴訟は代表役員等の地位の不存在確認という形式をとってはいるが、その地位の存否判断には法主の選任につき宗教上の教義に関わる判断を要するから法律上の争訟に当たらないとして訴えを却下した。控訴審は、第1審では認められていたXらの原告適格を否定して、訴え却下の第1審判決を維持し、控訴を棄却した。Xらが上告。

判決要旨　上告棄却。「特定の者が宗教団体の宗教活動上の地位にあることに基づいて宗教法人である当該宗教団体の代表役員の地位にあることが争われている場合には、裁判所は、原則として、右の者が宗教活動上の地位にあるか否かを審理、判断すべきものであるが、他方、宗教上の教義ないし信仰の内容にかかわる事項についてまで裁判所の審判権が及ぶものではない（最高裁昭和52年（オ）第177号同55年4月10日第一小法廷判決・裁判集民事129号439頁参照）。したがって、特定の者の宗教活動上の地位の存否を審理、判断するにつき、当該宗教団体の教義ないし信仰の内容に立ち入って審理、判断することが必要不可欠である場合には、裁判所は、その者が宗教活動上の地位にあるか否かを審理、判断することができず、その結果、宗教法人の代表役員の地位の存否についても審理、判断することができないことになるが、この場合には、特定の者の宗教法人の代表役員の地位の存否の確認を求める訴えは、裁判所が法令の適用によって

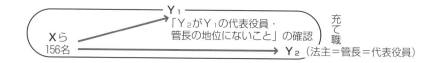

終局的な解決を図ることができない訴訟として、裁判所法3条にいう『法律上の争訟』に当たらないというほかない。」大野裁判官の反対意見がある。

本判決の位置づけ・射程範囲

判例によれば、具体的権利・法律関係をめぐる紛争につき請求の当否判断の前提問題に宗教上の教義が関わる場合、裁判所は教義の解釈にわたらない限り前提問題にも審判権を有するが（最三判昭和55・1・11 本書2事件、最一判昭和55・4・10判時973号85頁）、前提問題の審理・判断が教義の解釈に関わり、訴訟の帰趨を左右する必要不可欠なもの、紛争の核心・本質的争点となっている場合には、当該訴訟は法律上の争訟と認められない（最三判昭和56・4・7 本書4事件、最二判平成元・9・8 本書5事件）。本件訴訟も法的地位の消極的確認ではあるが、宗教上の最高権威者＝法主の選任をめぐる対立が当事者間の紛争の根本である。本判決多数意見は、宗教上の地位が前提問題とはいえ訴訟物と表裏一体の関係にあると見て、司法審査の対象外としたのである。本判決は、同じ地位確認である前掲昭和55・4・10最判を引用しているが、学説によれば、むしろ前掲の昭和56年最判、平成元年最判の系統に位置付けられる。

一方、大野反対意見は、代表役員等の地位確認である以上、本件訴訟が法律上の争訟性を欠くとは言えないとし、紛争解決の必要性、宗教団体の自主性尊重の観点からも、本案判決を導こうとする。その方法として、選任の直接事実は宗教事項で審判権は及ばないが、選任を推認させる間接事実としての社会的事実（責任役員らによる承認、新法主による儀式の挙行と列席者の承認等）の存否を判断することにより、裁判所はY_2がY_1の代表役員であるか否かを判定できるとする。そうして原判決を破棄し、第1審判決を取り消して本件を第1審に差し戻すべきと述べた。

前掲平成元年最判以降、宗教団体の内部紛争に対する判例の消極的姿勢が決定的となっているが（最二判平成14・2・22判時1779号22頁、最三判平成21・9・15判時2058号62頁）、学説の批判が強い。本件Y_1（Y_2）が本件訴訟を提起した住職らを懲戒処分したことに端を発した関連訴訟でも、本判決の大野意見と同様の少数意見が付されていた。これら少数意見は、本案判決を志向する立場のうち、宗教団体の自律的決定を受容する説（いわゆる自律結果受容論）と位置付けられる。本案判決説のうち主張立証責任説は、最三判昭和56・4・7 本書4事件 の寺田意見に示されている。

さらに理解を深める

憲法百選5版204事件〔笹田栄司〕 最判解民事篇平成5年度72頁〔滝澤孝臣〕、新堂幸司・リマークス1995（上）140頁、平成5年度重判憲法2事件〔石川健治〕、坂原正夫・法学研究67巻10号89頁、大石眞・法教163号102頁

第1章 民事訴訟の対象　　　　　　　　　　　　　　　岡　伸浩

7 訴訟と非訟——夫婦同居の審判

最高裁昭和40年6月30日大法廷決定
　事件名等：昭和36年（ク）第419号夫婦同居審判に対する抗告棄却決定に対する特別抗告事件
　掲載誌：民集19巻4号1089頁、判時413号3頁、判タ178号203頁

概要　本決定は、夫婦同居の審判に関する旧家事審判法の規定は、憲法32条、82条に反せず合憲であるとした上で、夫婦の同居義務等を前提とする審判が確定した場合でも上記同居義務等自体について別に訴えを提起することを妨げるものではないとしたものである。

事実関係　X女はY男と婚姻し、Y方で同居していたが、Yと不仲になり自己の実家に戻った。その後、Xは自己の非を認め、Yとの同居を求めたが受け入れられなかった。そこで、Xが家庭裁判所に夫婦同居の審判（民752条、旧家事審判法9条1項乙類1号）を申し立てたところ、裁判所はこれを認容し、「相手方〔Y〕はその住居で申立人〔X〕と同居しなければならない。」旨の審判をした。これに対して、Yが即時抗告した。原審は、YがXとの同居を拒むことをやむをえないと認めるに足る理由がないとして抗告を棄却した。Yは、夫婦同居請求は訴訟事件であるにもかかわらず、公開の法廷における対審及び判決によらないでこれを処理することができるとした旧家事審判法の規定及びこれに基づく本件審判は、憲法32条、82条に違反すると主張して、最高裁判所に特別抗告した。

決定要旨　抗告棄却。「憲法82条は『裁判の対審及び判決は、公開法廷でこれを行ふ』旨規定する。そして如何なる事項を公開の法廷における対審及び判決によって裁判すべきかについて、憲法は何ら規定を設けていない。しかし、法律上の実体的権利義務自体につき争があり、これを確定するには、公開の法廷における対審及び判決によるべきものと解する。」

「〔本件〕審判は夫婦同居の義務等の実体的権利義務自体を確定する趣旨のものではなく、これら実体的権利義務の存することを前提として、例えば夫婦の同居についていえば、その同居の時期、場所、態様等について具体的内容を定める処分であり、また必要に応じてこれに基づき給付を命ずる処分であると解するのが相当である。けだし、民法は同居の時期、場所、態様について一定の基準を規定していないのであるから、家庭裁判所が後見的立場から、合目的の見地に立っ

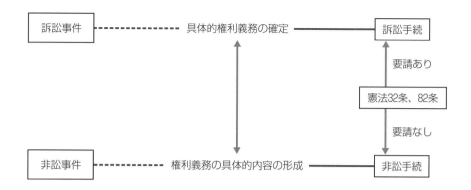

て、裁量権を行使してその具体的内容を形成することが必要であり、かかる裁判こそは、本質的に非訟事件の裁判であって、公開の法廷における対審及び判決によって為すことを要しないものであるからである。」

「審判確定後は、審判の形成的効力については争いえないところであるが、その前提たる同居義務等自体については公開の法廷における対審及び判決を求める途が閉ざされているわけではない。従って、同法の審判に関する規定は何ら憲法82条、32条に牴触するものとはいい難く、また、これに従って為した原決定にも違憲の廉はない。」

本決定の位置づけ・射程範囲

訴訟と非訟は、ともに私人間の法律関係に関する裁判を目的とする手続であり、裁判所において行われ、公権的な判断を示す点で共通する。もっとも、両者は、①争訟性の程度、②審理の対象が実体法上の権利義務を確定するものか（訴訟）、裁判所が裁量的に権利義務を形成するものか（非訟）、③審理の方式として憲法82条1項にいう対審、すなわち公開の法廷における口頭弁論を開いて行わなければならないか否かといった点で異なる。

本決定は、訴訟事件は公開の法廷における対審及び判決によらなければならないが、非訟事件は必ずしもこれによる必要はないとしている。さらに本決定は、非訟事件の裁判が確定してもその前提となる権利義務自体については、別途公開の法廷で対審及び判決による裁判を求めることができる点を指摘し、夫婦同居の審判に関する旧家事審判法の規定を合憲であると判示した。なお、平成25年の家事事件手続法の施行に伴い家事審判法は廃止されたが、家事事件手続法（別表第2第1項参照）の下でも本決定は妥当すると考えられる。

さらに理解を深める

百選4版2事件〔佐上善和〕 最判解民事篇昭和40年度201頁〔宮田信夫〕、伊藤4版補訂版10頁、新堂5版27頁、松本＝上野7版13頁、中野ほか2版補訂2版11頁、三木ほか17頁、和田201頁 **関連判例** 最一決昭和55・7・10判時981号65頁、最大決昭和35・7・6民集14巻9号1657頁、最大決昭和40・6・30民集19巻4号1114頁

第2章　民事訴訟制度の現代的課題　　　　　　　　　　　　　勝亦康文

8　弁護士費用の賠償請求──不法行為

最高裁昭和44年2月27日第一小法廷判決
  事件名等：昭和41年（オ）第280号抵当権設定登記抹消登記手続等請求事件
  掲載誌：民集23巻2号441頁、判時548号19頁、判タ232号247頁、
　　　　　金判152号2頁

概　要　本判決は、不法行為の被害者が、訴訟提起した場合の弁護士費用は、事案の難易、請求額、認容された額、その他諸般の事情を斟酌して相当と認められる額の範囲内のものにかぎり、不法行為と相当因果関係に立つ損害というべきであるとしたものである。

事実関係　Xの実母AとAの夫は、第三者Yから融資を受けるため、Xから代理権を授与されていないにもかかわらず、Xに無断でX所有の土地建物（以下「本件不動産」という）に根抵当権を設定し、停止条件付代物弁済契約を締結し、根抵当権設定登記及び所有権移転登記をした。第三者Yは、Aらから債務の弁済がなかったため、X所有の本件不動産の所有権移転登記を具備した。その後、XはYに対して、代物弁済契約の無効を理由として訴えを提起し、請求認容判決を受けた。その後、判決は確定したものの、Yは代物弁済契約と同一機会になされた根抵当権に基づいて、本件不動産の競売手続の申立てを行った。

これを受けて、XはYに対して、根抵当権設定登記抹消登記手続、弁護士費用13万円及び慰謝料5万円の賠償を求めて訴えを提起した。第1審は、根抵当権設定登記抹消登記手続請求及び弁護士費用の賠償請求を認容した。これに対して、Yは控訴したものの、控訴は棄却された。Yが上告。

判決要旨　上告棄却。「わが国の現行法は弁護士強制主義を採ることなく、訴訟追行を本人が行なうか、弁護士を選任して行なうかの選択の余地が当事者に残されているのみならず、弁護士費用は訴訟費用に含まれていないのであるが、現在の訴訟はますます専門化され技術化された訴訟追行を当事者に対して要求する以上、一般人が単独にて十分な訴訟活動を展開することはほとんど不可能に近いのである。従って、相手方の故意又は過失によって自己の権利を侵害された者が損害賠償義務者たる相手方から容易にその履行を受け得ないため、自己の権利擁護上、訴を提起することを余儀なくされた場合においては、一般人は弁護士に委任するにあらざれば、十分な訴訟活動をなし得ないのである。そして現在においては、このようなことが通常と認められるからには、訴訟追行を弁

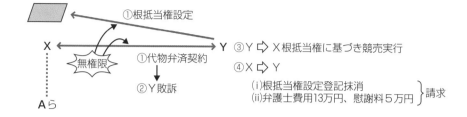

護士に委任した場合には、その弁護士費用は、事案の難易、請求額、認容された額その他諸般の事情を斟酌して相当と認められる額の範囲内のものに限り、右不法行為と相当因果関係に立つ損害というべきである。

ところで、本件の場合、Xが弁護士……に本件訴訟の追行を委任し、その着手金（手数料）として支払った13万円が本件訴訟に必要な相当額の出捐であったとの原審の判断は、その挙示する証拠関係および本件記録上明らかな訴訟経過に照らし是認できるから、結局、右出捐はYの違法な競売申立の結果Xに与えた通常生ずべき損害であるといわなければならない。したがって、これと同趣旨の原審の判断は正当である。」

本判決の位置づけ・射程範囲

大判明治32・10・7民録5輯9巻58頁は弁護士費用は訴訟費用に含まれないとして弁護士費用を損害に含めて賠償請求することを否定する立場を採用していた。

学説では、不法行為と被害者が弁護士費用を支出することとなったこととの間に因果関係があるかについて、肯定説、否定説に分かれていた。

本判決は、訴訟提起した場合の弁護士費用は、事案の難易、請求額、認容された額、その他諸般の事情を斟酌して相当と認められる額の範囲内のものに限り、不法行為と相当因果関係に立つ損害というべきであることを明らかにした点に意義がある。

なお、最一判昭和48・10・11 関連判例 は、上告人が被上告人に対して手形金等の支払いを求める訴訟を提起し、利息・遅延損害金に加えて取立てのための弁護士費用を請求した事案で、民法419条によれば、金銭を目的とする債務の履行遅滞による損害賠償の額は、法律に別段の定めがある場合を除き、約定または法定の利率により、債権者はその損害の証明をする必要がないとされているが、その反面、それ以上の損害が生じたことを立証しても、その賠償を請求することはできないことを理由に、債務者に対し金銭債務の不履行による損害賠償として、弁護士費用その他の取立費用を請求することはできないと判示している。このように金銭債務の不履行に基づく損害賠償請求と不法行為に基づく損害賠償請求とでは異なる扱いがなされている。

さらに理解を深める

百選2版27事件〔小島武司〕 基本判例2版補訂10事件、伊藤4版補訂版582頁、梅本4版20頁、新堂5版984頁、中野ほか2版補訂2版443頁、松本＝上野7版873頁 関連判例 最一判昭和48・10・11判時723号44頁

第2章　民事訴訟制度の現代的課題　　　　　　　　　　　　　　　　岡　伸浩

9　紛争管理権

最高裁昭和60年12月20日第二小法廷判決
　事件名等：昭和56年（オ）第673号火力発電所建設差止め請求事件
　掲載誌：判時1181号77頁、判タ586号64頁、金判739号43頁

概要　本判決は、一定の地域住民の代表として火力発電の操業の差止め等の訴えを提起した者について、当事者適格を欠くとして訴えを却下したものであり、紛争管理権説（訴訟提起前の紛争の過程で相手方と交渉を行い、紛争原因の除去につき持続的に重要な役割を果たした第三者は、訴訟物たる権利関係についての法的利益や管理処分権を有しない場合にも、いわゆる紛争管理権を取得し当事者適格を有するという見解）を採用しないとしたものである。

事実関係　Y電力会社は、豊前市の一部海域を埋め立てて火力発電所を建設する計画を立て、埋立てを完了し火力発電所1号機の操業を開始した。地域住民のXらは、豊前海の汚濁、海水浴場等の喪失、大気汚染等の公害の発生を理由に、地域住民の代表として火力発電所の操業の差止めと埋立区域の原状回復を求めて訴えを提起した。第1審、第2審ともに、本件請求が審判の対象としての資格を欠く不適法なものとして訴えを却下した。Xらが上告。

判決要旨　上告棄却。「Xらの本件訴訟追行は、法律の規定により第三者が当然に訴訟追行権を有する法定訴訟担当の場合に該当しないのみならず、記録上右地域の住民本人らからの授権があったことが認められない以上、かかる授権によって訴訟追行権を取得する任意的訴訟担当の場合にも該当しないのであるから、自己の固有の請求権によらずに所論のような地域住民の代表として、本件差止等請求訴訟を追行しうる資格に欠けるものというべきである。なお、講学上、訴訟提起前の紛争の過程で相手方と交渉を行い、紛争原因の除去につき持続的に重要な役割を果たしている第三者は、訴訟物たる権利関係についての法的利益や管理処分権を有しない場合にも、いわゆる紛争管理権を取得し、当事者適格を有するに至るとの見解がみられるが、そもそも法律上の規定ないし当事者からの授権なくして右第三者が訴訟追行権を取得するとする根拠に乏しく、かかる見解は、採用の限りでない。また、Xらの主張、裁判所の釈明命令に対するXらの応答その他本件訴訟の経過に照らし、Xらが他になんらかの自己固有の差止請求権に基づいて本件訴訟を追行し、当該権利主張に基づき当事者適格を有するものと解すべき余地もなく、結局、Xらは、本件差止等請求訴訟につき当事者適格

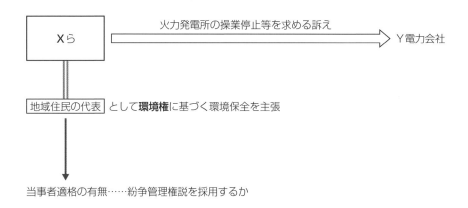

を欠くというに帰着し、Ｘらの本件訴えは、不適法として却下すべきものとするほかない。」

本判決の位置づけ・射程範囲

　本判決は、Ｘらが地域住民の代表として環境権に基づき環境の保全を図るためＹ電力会社の火力発電所の操業の差止め等を求めて訴えを提起したものである。

　第１審、第２審は、原告らの環境権に基づく本件請求は、実体法上是認しうる特定の具体的権利又は法律関係の主張ではないという点を理由に民事訴訟の審判対象としての資格を欠くとして訴えを却下した。第２審までの中心的な争点は、環境権に基づく差止請求権が実体法上特定され民事訴訟における審判対象となりうるかという点であった。これに対して、上告審である本判決は、民事訴訟の審判対象としての資格の有無ではなく、原告らの訴訟追行は法律上当然に第三者が当事者適格を有する法定訴訟担当に該当しないこと、さらに住民からの授権に基づく任意的訴訟担当の場合にも該当しないことを理由に原告らは本件差止等請求訴訟を追行する当事者適格を欠くとして上告を棄却した。

　本判決は、第三者が当事者適格を有するか否かは、法定訴訟担当や任意的訴訟担当といった第三者の訴訟担当の場合であるという伝統的な当事者適格論に依拠して判断するものとした上で、法的利益や管理処分権の有無とは別に紛争過程における地位に着目して当事者適格を付与するという紛争管理権説については、法律上の規定ないし当事者からの授権なくして訴訟追行権を取得するとする根拠に乏しいとして、これを採用しない点を明らかにした。

さらに理解を深める　**百選３版18事件〔佐藤鉄男〕**　伊藤４版補訂版191頁、新堂５版288頁、中野ほか２版補訂２版149頁、高橋（上）２版補訂版294頁、三木ほか375頁、和田180頁　**関連判例**　最大判昭和45・11・11**本書55事件**、札幌地判昭和55・10・14判時988号37頁

第2章　民事訴訟制度の現代的課題　　　　　　　　　　　　　芳賀雅顯

10　国際裁判管轄──否定すべき特段の事情

最高裁平成9年11月11日第三小法廷判決
　事件名等：平成5年（オ）第1660号預託金請求事件
　掲載誌：民集51巻10号4055頁、判時1626号74頁、判タ960号102頁

概要　本判決は、日本の国際裁判管轄は、民事訴訟法が定める土地管轄原因が日本にある場合には原則として認められるが、日本で訴訟手続を行うことが当事者の公平に反するなど特段の事情が認められる場合にはこれを否定すべきであるとしたものである。

事実関係　X（日本法人、原告、控訴人、上告人）は、ドイツ在住のY（日本人、被告、被控訴人、被上告人）との間で、ヨーロッパで中古車の買い付けに関する委託契約をドイツで締結した。そして、Y指定のドイツにおける銀行口座に送金した。その後、Yの預金管理に不安を感じたXは、信用状での代金決済に切り替えて、預託金の返還を求めたがYはこれを拒否したため、Xが訴えを提起した。第1審及び第2審は、我が国の国際裁判管轄を否定したため、Xは上告した。

判決要旨　上告棄却。「どのような場合に我が国の国際裁判管轄を肯定すべきかについては、国際的に承認された一般的な準則が存在せず、国際的慣習法の成熟も十分ではないため、当事者間の公平や裁判の適正・迅速の理念により条理に従って決定するのが相当である」。「そして、我が国の民訴法の規定する裁判籍のいずれかが我が国内にあるときは、原則として、我が国の裁判所に提起された訴訟事件につき、被告を我が国の裁判権に服させるのが相当であるが、我が国で裁判を行うことが当事者間の公平、裁判の適正・迅速を期するという理念に反する特段の事情があると認められる場合には、我が国の国際裁判管轄を否定すべきである。」本件契約は、ドイツ連邦共和国内で締結され、Yに同国内における種々の業務を委託することを目的とするものであり、日本を履行地としたり日本法を準拠法とするものでもないから、日本で訴えを提起することはYの予測可能性を損なう。また、Yはドイツ国内に生活および営業上の本拠を有しており証拠方法はドイツに集中している。他方、Xはドイツから自動車などを輸入している業者であるから、ドイツの裁判所に訴えを提起させることがXに過大な負担となることはない。したがって、「本件については、我が国の国際裁判管轄を否定すべき特段の事情があるということができる。」

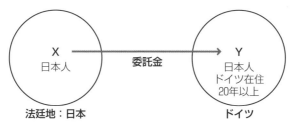

契約締結地：ドイツ
契約目的：ドイツでの中古車買取業務委託
被告の営業本拠地：ドイツ
履行地：日本ではない
準拠法：日本法ではない。非明示

本判決の位置づけ・射程範囲

国際裁判管轄の決定基準については、平成23年民訴法改正までは争いがあった。そもそも国際裁判管轄について民訴法はルールを予定していたかどうかについても議論があったが、通説・判例は、民訴法には国際裁判管轄に関するルールはないことを前提としていた。

そこで、解釈によって国際裁判管轄に関するルールを決することとなった。学説では、民訴法が定める国内土地管轄規定から類推する逆推知説、国際的な裁判権限の分配という観点から判断する管轄配分説などが主張されていた。最高裁は昭和56年のマレーシア航空事件判決（最二判昭和56・10・16 関連判例 ）でこの点について基準を示し、それによると、「当事者間の公平、裁判の適正・迅速を期するという理念により条理にしたがって決定するのが相当であ」るとしたが、具体的には「民訴法の規定する裁判籍のいずれかがわが国内にあるときは、……条理に適う」とした。この判決は前段では管轄配分説に近い立場を示したものの、その後段では逆推知説を採用することを明言したため、学説から様々な批判を浴びた。特に、土地管轄規定をそのまま国際裁判管轄に用いることについては、渉外事案の特殊性を考慮することができない、といった批判があった。その後、このような批判を承ける形で、下級審裁判例では、特段の事情論が広まることとなった。すなわち、民訴法の定める国内土地管轄規定が日本にある場合には原則として日本の国際裁判管轄が認められるが、日本の国際裁判管轄を肯定することによって当事者の公平など民事訴訟の基本理念に反する事態が生ずるような特段の事情が生ずる場合には日本の国際裁判管轄を否定するというものである。この特段の事情論は、国内土地管轄規定を用いている点で基準としての明確性を確保すると共に、特段の事情という一般条項を用いることで、個別事案の特性を考慮して日本の国際裁判管轄の有無を判断することを可能にした。この特段の事情論が最高裁で認められたのが、本判決である。

平成23年の民訴法改正によって、3条の2以下で国際裁判管轄に関する規定が定められ、特段の事情も3条の9でルール化された。

さらに理解を深める 国際私法百選2版89事件〔中野俊一郎〕 関連判例 マレーシア航空事件・最二判昭和56・10・16民集35巻7号1224頁

第2章　民事訴訟制度の現代的課題　　　　　　　　芳賀雅顯

11　国際裁判管轄——離婚事件

最高裁平成8年6月24日第二小法廷判決
事件名等：平成5年（オ）第764号離婚等請求事件
掲載誌：民集50巻7号1451頁、判時1578号56頁、判タ920号141頁

概要　本判決は、外国離婚判決が、民訴法118条の定める承認要件を欠くとして日本での効力が認められない場合、被告が日本に住所を有していなくても、離婚の国際裁判管轄が我が国に認められる場合があるとしたものである。

事実関係　日本人Xは、昭和57年にドイツでドイツ人Yと婚姻し、ドイツに居住していた。そして、同59年には長女が生まれた。昭和63年以降、夫婦はベルリンに居住していたが、平成元年1月になってYがXとの同居を拒んだため、Xは4月に旅行名目で長女を連れて来日し、以後、Xと長女は日本で居住していた。そこで、平成元年7月8日に、Yは、Xを相手にベルリンの家庭裁判所に離婚訴訟を提起した。しかし、Xの所在が不明なため訴状などは公示送達によってなされた。このドイツでの離婚請求訴訟は認容され、長女の親権者はYと定められた（判決は平成2年5月8日に確定した）。他方、平成元年7月26日に、Xは、Yを相手に日本で離婚請求訴訟を提起し、Xを長女の親権者と指定することと慰謝料の支払いを求めた（Yへの送達は平成2年9月20日になされた）。第1審は訴えを却下したが、控訴審は国際裁判管轄を肯定した。そこで、Yが上告を提起した。

判決要旨　上告棄却。「離婚請求訴訟においても、被告の住所は国際裁判管轄の有無を決定するに当たって考慮すべき重要な要素であり、被告が我が国に住所を有する場合に我が国の管轄が認められることは、当然というべきである。しかし、被告が我が国に住所を有しない場合であっても、原告の住所その他の要素から離婚請求と我が国との関連性が認められ、我が国の管轄を肯定すべき場合のあることは、否定し得ないところであり、どのような場合に我が国の管轄を肯定すべきかについては、国際裁判管轄に関する法律の定めがなく、国際的慣習法の成熟も十分とは言い難いため、当事者間の公平や裁判の適正・迅速の理念により条理に従って決定するのが相当である。そして、管轄の有無の判断に当たっては、応訴を余儀なくされることによる被告の不利益に配慮すべきことはもちろんであるが、他方、原告が被告の住所地国に離婚請求訴訟を提起することにつき法律上又は事実上の障害があるかどうか及びその程度をも考慮し、離婚を

①訴訟：ドイツにおける離婚訴訟
　　　　送達が公示送達によってなされたため、日本では承認されない（民訴118条2号）
そこで、②訴訟提起の可否が問題となった

求める原告の権利の保護に欠けることのないよう留意しなければならない。」本件では、ドイツで離婚判決が下されその効力が生じているものの、「我が国においては、右判決は民訴法200条2号〔現民訴118条2号〕の要件を欠くためその効力を認めることができず、婚姻はいまだ終了していないといわざるを得ない。このような状況の下では、仮にXがドイツ連邦共和国に離婚請求訴訟を提起しても、既に婚姻が終了していることを理由として訴えが不適法とされる可能性が高く、Xにとっては、我が国に離婚請求訴訟を提起する以外に方法はないと考えられるのであり、右の事情を考慮すると、本件離婚請求訴訟につき我が国の国際裁判管轄を肯定することは条理にかなうというべきである。」

本判決の位置づけ・射程範囲

我が国に離婚の国際裁判管轄がどのような場合に認められるのかについては、明文の規定がないため、判断基準につき議論がある（平成23年民訴法改正によって3条の2以下に国際裁判管轄規定が設けられたが、離婚訴訟はその対象となっていない）。この点について、最高裁は昭和39年に2つの判決を下し、原則として被告が日本に住所を有している必要があるが、例外的に、①原告が遺棄された場合、②被告が行方不明の場合、③その他これに準ずる場合、には被告の住所が日本にない場合でも、日本の国際裁判管轄を肯定することができるとの判断枠組みを示した（最大判昭和39・3・25 関連判例 は管轄を肯定、最一判昭和39・4・9 関連判例 は管轄を否定）。

本件の事案は、外国で下された離婚判決が、民訴法118条が定める外国判決承認要件を満たさないため（2号の要件を欠く）、日本では外国離婚判決の効力が承認されない。そのため、外国では婚姻解消となっているものの日本では依然として婚姻継続の状態にある。そこで、日本で離婚訴訟を提起することができるかが問題となった。最高裁は、本件は昭和39年判決とは事案を異にするとして、39年ルールの適用はないとした上で、日本の国際裁判管轄を肯定した。本件は、いわゆる緊急管轄を認めたものと解する見解が多数を占める。なお、離婚訴訟につき国籍が管轄原因となるか否かについては、最高裁の判断は出されていない。

さらに理解を深める

国際私法百選2版104事件〔櫻田嘉章〕　平成8年度重判国際私法6事件〔多喜寛〕、最判解民事篇平成8年度458頁〔山下郁夫〕

関連判例　最大判昭和39・3・25民集18巻3号486頁、最一判昭和39・4・9集民73号51頁

第3章 訴え　　　　　　　　　　　　　　　　　　　　岡　伸浩

12　訴え提起と不法行為——訴訟上の権能の濫用

最高裁昭和63年 1 月26日第三小法廷判決
　事件名等：昭和60年（オ）第122号損害賠償請求事件
　掲載誌：民集42巻 1 号 1 頁、判時1281号91頁、判タ671号119頁、
　　　　　金法1199号23頁、金判800号 3 頁

概要　本判決は、訴え提起行為が不法行為となるかという点について、訴えの提起が裁判制度の趣旨目的に照らして著しく相当性を欠くと認められるときに限られる旨を判示したものである。

事実関係　Ｘは土地家屋調査士であり、ＡからＡＹ間の土地売買の際の当該土地の測量の依頼を受けた。Ｙは、独自にＸ以外の専門業者に依頼して測量したところ、当該測量ではＸの測量よりも面積が多かった。そこで、Ｙは実際の面積より不足する分の土地代金の支払いを受けておらず、同額の損害を被ったとして、Ｘに対して損害賠償を求めて訴えを提起した（前訴）。第 1 審でＹ敗訴の判決が言い渡され、確定した。Ｘは、Ｙから理由のない不当な訴えの提起により弁護士費用の支払いを余儀なくされ、かつ、精神的被害を被ったとして、Ｙに対して不法行為による損害賠償を求めて訴えを提起した（本訴）。第 1 審は、Ｙの故意・過失を否定して、Ｘの請求を棄却した。第 2 審は、Ｘの測量結果が実際の面積よりも少なかったからといって、契約上の責任・不法行為上の責任を問い得ないことは明らかであるところ、Ｙは測量図等が作成される経過事実を把握することは容易であったにもかかわらず、これを怠って訴えを提起したものでありこのことはＹのＸに対する不法行為を構成するとして、Ｘの請求を認容した。Ｙが上告。

判決要旨　破棄自判。「法的紛争の当事者が当該紛争の終局的解決を裁判所に求めうることは、法治国家の根幹にかかわる重要な事柄であるから、裁判を受ける権利は最大限尊重されなければならず、不法行為の成否を判断するにあたっては、いやしくも裁判制度の利用を不当に制限する結果とならないよう慎重な配慮が必要とされることは当然のことである。したがって、法的紛争の解決を求めて訴えを提起することは、原則として正当な行為であり、提訴者が敗訴の確定判決を受けたことのみによって、直ちに当該訴えの提起をもって違法ということはできないというべきである。一方、訴えを提起された者にとっては、応訴を強いられ、そのために、弁護士に訴訟追行を委任しその費用を支払うなど、

第3章 訴え

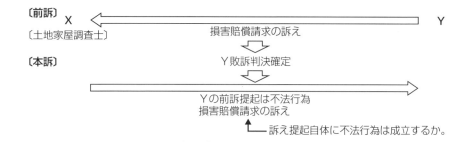

経済的、精神的負担を余儀なくされるのであるから、応訴者に不当な負担を強いる結果を招くような訴えの提起は、違法とされることのあるのもやむをえないところである。

以上の観点からすると、民事訴訟を提起した者が敗訴の確定判決を受けた場合において、右訴えの提起が相手方に対する違法な行為といえるのは、当該訴訟において提訴者の主張した権利又は法律関係（以下「権利等」という。）が事実的、法律的根拠を欠くものであるうえ、提訴者が、そのことを知りながら又は通常人であれば容易にそのことを知りえたといえるのにあえて訴えを提起したなど、訴えの提起が裁判制度の趣旨目的に照らして著しく相当性を欠くと認められるときに限られるものと解するのが相当である。けだし、訴えを提起する際に、提訴者において、自己の主張しようとする権利等の事実的、法律的根拠につき、高度の調査、検討が要請されるものと解するならば、裁判制度の自由な利用が著しく阻害される結果となり妥当でないからである。」

本判決の位置づけ・射程範囲

本判決は、訴えの提起自体が不法行為となるのはどのような場合かという問題について、その要件を最高裁判所が初めて明らかにした点に意義がある。本来、訴えを提起して訴訟制度を利用することは、憲法上の裁判を受ける権利（憲法32条）の保障の下にある。本判決は、訴え提起自体が不法行為となる場合を限定してとらえ、訴えを提起した者が主張した権利又は法律関係が事実的、法律的根拠を欠くものである上、そのことを知りながら又は通常人であれば容易にそのことを知りえたといえるのに、あえて訴えを提起した等、訴えの提起が裁判制度の趣旨目的に照らして著しく相当性を欠くと認められる場合に限られると判断した。

なお、本判決の提示した基本的な判断枠組みは、弁護士法58条1項に基づく懲戒請求を構成するのはいかなる場合かという問題について判断した最三判平成19・4・24民集61巻3号1102頁に踏襲されている。

さらに理解を深める

百選4版36事件〔西川佳代〕　最判解民事篇昭和63年度1頁〔瀬戸正義〕、伊藤4版補訂版327頁、新堂5版263頁、松本＝上野7版75頁、三木ほか151頁、和田33頁、藤田・解析2版22頁　関連判例　大判昭和18・11・2民集22巻1179頁、最三昭和43・12・24 本書110事件、最二判平成21・10・23判時2063号6頁

第3章 訴え　　　　　　　　　　　　　　　　　　　　　　壽原友樹

13 重複する訴え
──債務不存在確認請求訴訟と手形訴訟

大阪高裁昭和62年7月16日判決
　事件名等：昭和62年（ネ）第594号約束手形金請求控訴事件
　掲載誌：判時1258号130頁、判タ664号232頁、金法1204号42頁

概要　本判決は、手形金債務不存在確認請求訴訟の係属中に手形金請求訴訟を提起することは、民訴法142条の重複起訴の禁止に抵触しないと判示したものである。

事実関係　Y_1及びY_2はXに対して、Y_1が振り出し、Y_2が手形保証していた約束手形に係る手形金及びその利息について債務不存在確認請求訴訟（別件訴訟）を提起した。その後、XはY_1及びY_2に対して、上記約束手形のうち5000万円の手形金とその利息の支払いを求める手形訴訟（本件訴訟）を提起した。原審は、本件訴訟は別件訴訟と訴訟物たる権利関係が同一であり、かつ、別件訴訟の反訴としてではなく、別訴として提起されたものであるため、旧民訴法231条（現民訴142条）の重複起訴の禁止に抵触し、不適法であるとして却下した。これに対して、Xは控訴を提起した。

判決要旨　原判決取消、差戻し。「別件の訴のうち手形金債務不存在確認を求める請求に関する部分と本件の訴は、いずれも同一当事者間において、本件手形金債権につき、前者が消極的にその不存在の確認を求め、後者が積極的にその存在を前提として手形金及び利息の支払を求めるものであって、両請求にかかる判決の既判力の範囲は同一であるから、同一の事件に当るといわなければならず、したがって控訴人が右支払を求める請求を別件の訴に対する反訴の形式をもってすることなく、独立の訴の提起によってすれば、民訴法231条〔現民訴142条〕の規定が防止しようとしている審理判断の重複による不経済、既判力抵触の可能性及び被告の応訴の煩という弊害が生じることがあるのは避け難いところである。
　ところで、本件の訴は手形訴訟によるものであるところ、手形訴訟は厳格な証拠制限が存する点において通常訴訟と異なる訴訟手続であると解されるから、手形金債務不存在確認請求訴訟において手形金支払請求の反訴を提起するには、手形訴訟によることは許されず、通常訴訟の方式によらざるを得ない。そうすると、一に摘記した原裁判所の判断に従えば、手形金債務不存在確認請求訴訟が先に裁判所に係属した場合にはもはや手形債権者は、手形訴訟を提起することができな

いことになる。しかし、かかる場合に手形訴訟手続利用の途を閉ざすことは、手形訴訟が手形債権者に対して通常訴訟によるより格段に簡易迅速に債務名義を取得させ、かつ、強制執行による満足を得せしめるとともに、これにより手形の経済的効用を維持するのに資することを目的とする制度であることを考えると、手形債権者に著しい不利益を与えるばかりでなく、手形債務者において先制的に手形金債務不存在確認請求の訴を提起して手形債権者からの手形訴訟の提起を封殺することを可能にし、不当に手形金支払の引き延ばしを図ることにより、手形訴訟制度を設けた趣旨を損なうおそれもある。このような事態に至るのは避けるべきであり、手形債権者が通常訴訟とは手続を異にする手形訴訟を選び、簡易迅速な審判を求めるならば、その手続の利用によって受ける利益を保護する必要があるから、手形金債務不存在確認請求訴訟の係属中に手形訴訟を提起することは、民訴法231条〔現民訴142条〕の重複起訴の禁止に抵触しないと解するのが相当である。」

本判決の位置づけ・射程範囲

同一の請求権に関する給付請求訴訟と消極的確認請求訴訟が民訴法142条が禁止する重複起訴となるか否かについて、学説上、①重複起訴となると解する見解、②給付請求の棄却は必ずしも請求権の不存在を理由とするとは限らないため、給付請求訴訟と消極的確認請求訴訟とは訴訟物が異なり、重複起訴とはならないと解する見解、③手形訴訟による手形金支払請求と手形金債務不存在確認請求訴訟については、手形訴訟の特殊性又は独自性を重視して重複起訴とはならないと解する見解に分かれていた。

本判決は、上記③の見解に依拠して、本件訴訟と別件訴訟は旧民訴法231条（現民訴142条）にいう「同一の事件」に当たるとしつつ、手形債権者が手形訴訟制度を利用する途を閉ざすことは著しい不利益を与えるばかりでなく、手形債務者が手形金債務不存在確認請求訴訟を提起し、不当に手形金支払いの引延しを図ることにより手形訴訟制度を設けた趣旨を損なうおそれがあるとして、手形債権者の手形訴訟の利用によって受ける利益を保護するため、手形金債務不存在確認請求訴訟の係属中に手形訴訟を提起することは重複起訴の禁止に抵触しないと判示したものである。

さらに理解を深める **百選4版37事件〔北村賢哲〕** 昭和63年度主判解278頁〔上杉晴一郎〕、伊藤4版補訂版219頁、上田7版145頁、梅本4版271頁、岡2版179頁、新堂5版226頁、高橋（上）2版補訂版130頁、中野ほか2版補訂2版163頁、松本＝上野7版215頁、三木＝山本4版3頁　**関連判例**　大阪地判昭和49・7・4判時761号106頁、東京地判平成3・9・2判時1417号124頁

第3章 訴え

中田吉昭

14 境界確定訴訟における取得時効の主張

最高裁昭和43年2月22日第一小法廷判決
　事件名等：昭和42年（オ）第718号境界確定請求事件
　掲載誌：民集22巻2号270頁、判時514号47頁、判タ219号84頁

概要　本判決は、境界確定訴訟は公法上の境界を確定するものであり、所有権の範囲を確認することを目的とするものではないから、所有権の帰属にかかわる取得時効の抗弁の当否は、境界確定には無関係であると判示したものである。

事実関係　Xは甲土地の所有者であり、Yは乙土地の所有者である。甲土地及び乙土地は隣接した土地である。Xは、甲土地と乙土地の境界は直線アイを結ぶ直線であると主張したところ、Yがこれを争ったため、両土地の境界線をX主張のとおり確定することを求めて訴えを提起した。

第1審は、X主張のとおり両土地の境界線をアイを結ぶ直線であることを確定する判決を下した。Yが控訴。控訴審でYは、両土地の境界はウエを結ぶ直線であると主張するとともに、仮にこの主張に理由がないとしても、Yはアイエウアの各点を結ぶ直線で囲まれた本件土地の所有権を時効によって取得したので、両土地の境界線はY主張のとおりであると主張した。

原審は、両土地の境界線は直線アイを結ぶ直線であると認定した上で、「当事者双方は時効取得の成否を争っているが、取得時効の成否の問題は所有権の帰属に関する問題で、相隣接する土地の境界の確定とはかかわりのない問題であるから判断を加えない」と判示して、Yの控訴を棄却した。Yが上告。

判決要旨　上告棄却。「境界確定の訴は、隣接する土地の境界が事実上不明なため争いがある場合に、裁判によって新たにその境界を確定することを求める訴であって、土地所有権の範囲の確認を目的とするものではない。したがって、Y主張の取得時効の抗弁の当否は、境界確定には無関係であるといわなければならない。けだし、かりにYが……土地の一部を時効によって取得したとしても、これにより……各土地の境界が移動するわけのものではないからである。Yが、時効取得に基づき、右の境界を越えて……土地の一部につき所有権を主張しようとするならば、別に当該の土地につき所有権の確認を求めるべきである。それゆえ、取得時効の成否の問題は所有権の帰属に関する問題で、相隣接する土地の境界の確定とはかかわりのない問題であるとした原審の判断は、正当である。」

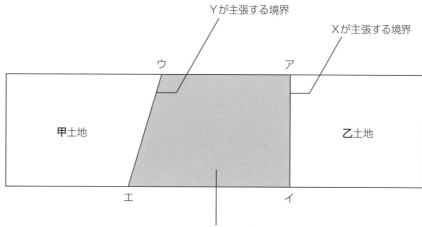

本判決の位置づけ・射程範囲

境界確定訴訟とは、隣接する土地の境界が不明な場合に裁判所によってその境界線を定めることを目的とする訴訟をいう。本件では、境界確定訴訟において境界に隣接する土地の一部について当事者から取得時効の主張がなされた場合、裁判所は取得時効の成否について審理・判断すべきかが問題となった。

本判決以前の判例は、境界確定訴訟が公法上の境界を確定するものであることを前提に、境界確定訴訟には処分権主義（民訴246条）の適用がなく、当事者間の相接する所有地相互の境界が不明又は争いのあることの主張がなされれば十分であって、原告は特定の境界線の存在を主張する必要はなく（最二判昭和41・5・20 関連判例 ）、裁判所は当事者の主張する特定の境界線とは異なる境界線を定めることができること（最三判昭和38・10・15 本書15事件 ）、当事者の合意によって境界線を決定した場合も裁判所を拘束せず、裁判所は判決によって当事者の合意とは異なる境界線を定めることができることを判示していた（最三判昭和42・12・26 関連判例 ）。

本判決は、境界確定訴訟は公法上の境界を確定するものであり、所有権の範囲の確認を目的とするものではないと判示した上で、取得時効の抗弁の当否は、境界確定には無関係であり、裁判所はその当否を審理判断する必要はないと判示し、従前の判例を踏襲している。

なお、境界確定訴訟の法的性質をめぐっては学説上、隣接する土地の所有権の確定を求める訴えと構成すべきであるという見解や、公法上の土地境界の確定と併せて土地の所有権の確定を目的とする特殊な訴訟であるとする見解が有力に主張されている。

さらに理解を深める　百選4版35事件〔永井博史〕 最判解民事篇昭和43年度（上）274頁〔鈴木重信〕、伊藤4版補訂版162頁、高橋（上）2版補訂版82頁、中野ほか2版補訂2版35頁、松本＝上野7版174頁　関連判例　最二判昭和41・5・20集民83号579頁、最三判昭和38・10・15 本書15事件 、最三判昭和42・12・26民集21巻10号2627頁

第3章 訴え　　　　　　　　　　　　　　　　　　　　　岡　伸浩

15 境界確定訴訟と不利益変更禁止原則

最高裁昭和38年10月15日第三小法廷判決
事件名等：昭和37年（オ）第938号土地境界確認等請求事件
掲載誌：民集17巻9号1220頁、判時355号46頁

概要　本判決は、境界確定訴訟の控訴裁判所は、第１審判決の定めた境界線を正当でないと認めたときは、正当と判断する線を境界と定めるべきであり、その結果が控訴人にとって不利であり、附帯控訴をしない被控訴人に有利な場合でも不利益変更禁止の原則の適用はないことを判示したものである。

事実関係　甲土地の所有者Xは、隣接する乙土地の所有者Yに対して、両土地の境界はA線であると主張し、その境界確定を求めて訴えを提起した。Yは両土地の境界はB線であると主張し、反訴としてB線を境界とする土地部分の引渡しと柵の除去を求めた。第１審は、境界はB線であるとし、Yの反訴を認容した。Xのみ控訴。第２審は、両土地の境界はC線（B線と一部一致）と認定しながら「右認定はYに有利に認定したわけであるが、Yが第１審判決に不服を申立てないので第１審判決を変更しない」として、Xの控訴を棄却した。Xが上告。

判決要旨　一部破棄差戻し、一部上告棄却。「境界確定訴訟にあっては、裁判所は当事者の主張に羈束されることなく、自らその正当と認めるところに従って境界線を定むべきものであって、すなわち、客観的な境界を知り得た場合にはこれにより、客観的な境界を知り得ない場合には常識に訴え最も妥当な線を見出してこれを境界と定むべく、かくして定められた境界が当事者の主張以上に実際上有利であるか不利であるかは問うべきではないのであり、当事者の主張しない境界線を確定しても民訴186条〔現民訴246条〕の規定に違反するものではないのである（大審院大正12年６月２日民事連合部判決、民集２巻345頁、同院昭和11年３月10日判決、民集15巻695頁参照）。されば、第１審判決が一定の線を境界と定めたのに対し、これに不服のある当事者が控訴の申立をした場合においても、控訴裁判所が第１審判決の定めた境界線を正当でないと認めたときは、第１審判決を変更して、自己の正当とする線を境界と定むべきものであり、その結果が控訴人にとり実際上不利であり、附帯控訴をしない被控訴人に有利であっても問うところではなく、この場合には、いわゆる不利益変更禁止の原則の適用はないものと解するのが相当である。以上によれば、前記のように、原審が第１

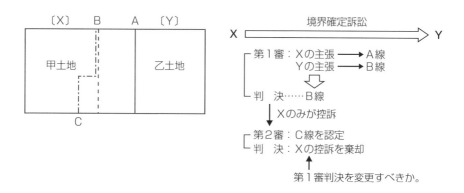

審判決と判断を異にし自ら本件両地の境界を認定しながらも、Yが不服を申立てていないから、第1審判決をYに有利に変更しないとしているのは正当でなく、原判決中の前記部分は、この点においても破棄を免れない。」

本判決の位置づけ・射程範囲

　境界確定訴訟とは、隣接する土地の境界が不明な場合に裁判所によってその境界線を定めることを目的とする訴訟をいう。本判決は、境界確定訴訟には、不利益変更禁止の原則（民訴304条1項）の適用はないことを明らかにした最高裁判所の判例として意義を有する。

　控訴審における審判の範囲は、移審した請求のうち不服申立ての対象となった範囲に限定され（民訴296条1項）、原裁判の取消し及び変更は、不服申立ての限度においてのみ認められる（民訴304条1項）。したがって、控訴人からすれば、控訴によって原判決以上に自己に不利益な判決はなされないのが原則となる。このような建前を不利益変更禁止の原則といい、処分権主義（民訴246条参照）の

控訴審における現れとされている。

　通説・判例は、境界確定訴訟は公法上の境界（筆界）を定める形式的形成訴訟であり、裁判所が判決をもって境界を創設する点では形成訴訟であるが、裁判所が自ら正当と認めるところに従って境界線を定めるものであるという点では非訟事件であるとする。なお、平成17年の不動産登記法の改正により筆界特定手続が創設された。これは、筆界特定登記官が筆界調査委員から提出された意見を踏まえて裁判によらずに筆界を特定する手続である。筆界特定には境界確定訴訟のように法的に筆界を確定する効力はなく、境界確定訴訟の判決が筆界特定の判断とは異なる内容で確定したときは、筆界特定は当該判決と抵触する範囲でその効力を失う（不登148条）。

さらに理解を深める

百選Ⅰ補正版A19事件〔薮口康夫〕　最判解民事篇昭和38年度263頁〔田中永司〕、伊藤4版補訂版163頁、新堂5版212頁、松本＝上野7版174頁、中野ほか2版補訂2版35頁、高橋（上）2版補訂版82頁、三木ほか37頁、和田37頁、藤田・解析2版131頁　関連判例　最二判昭和31・12・28民集10巻12号1639頁、最一判昭和43・2・22 本書14事件

第3章 訴え　　　　　　　　　　　　　　　　　　　　　　　岡　伸浩

16 境界確定訴訟と処分権主義

大審院大正12年6月2日連合部判決
　事件名等：大正11年（オ）第336号境界確認及杉木引渡請求事件
　掲載誌：民集2巻345頁

概要　本判決は、境界確定訴訟では、裁判所は当事者の主張に拘束されることなく境界線を確定することができるとして、同訴訟には処分権主義の適用がないことを判示したものである。

事実関係　甲土地を所有するXは乙土地を所有するYに対して、両土地の境界はイロハの各点を結ぶ線であると主張し、境界の確定及びその境界の北側の土地上の杉木の伐採禁止並びに伐木の引渡しを求めて訴えを提起した。

Yは両土地の境界はニホヘトチの各点を結ぶ線であると主張した。第1審は、Xの主張を認容した。第2審はYの主張を認めてY主張のとおり境界を確定した。Xが上告。

判決要旨　上告棄却。「本訴ノ如キ境界確定ノ訴訟ニ於テハ裁判所ハ当事者ノ主張セル境界線ニ羈束セラルルコトナク自ラ其ノ真実ナリト認ムル所ニ従ヒ境界線ヲ定ムヘキモノト為スヲ以テ相当ナリトス蓋シ此ノ種ノ境界確定ノ訴訟ハ両隣地間ニ於ケル境界ノ不明ニ基因スル争議ヲ根絶シ相隣者間ノ権利状態ヲ平安鞏固ナラシムルコトヲ目的トスルモノナルヲ以テ裁判所ハXノ主張スル境界線ヲ正当ナラスト認メタル場合ト雖其ノ請求ヲ棄却スヘキモノニ非ス自ラ進ンテ其ノ真実ナリト認ムル所ニ従ヒ境界線ヲ定ムルハ即訴訟ノ目的ニ適合スル所以ニシテ若シXノ主張ヲ正当ナラストシテ之ヲ棄却センカXハ其ノ主張スル所ノ境界線カ裁判所ノ真実ナリト認ムル境界線ニ符合スルニ至ル迄訴ヲ反復セサルヘカラサルニ至リ却テ争訟ヲ頻起シテ権利状態ヲ紛糾セシメ境界確定ノ訴ヲ認ムル精神ニ背馳スルニ至レハナリ故ニ此ノ訴訟ノ原因ハ両地ノ相隣接セルコト及其ノ境界ニ不明若ハ争ノ存スル事実アルヲ必要トシ且之ヲ以テ足ルモノニシテXハ縦令一定ノ境界線ヲ指示シテ申立ヲ為シタル場合ト雖是単ニ判決ノ資料タルヘキ事実上ノ陳述ニ過キサルモノト為スヘキニヨリ之カ変更ハ訴ノ原因ニ変更ヲ来タスモノニ非サルハ勿論裁判所カ当事者ノ指示セサル境界線ヲ確定スルモ民事訴訟法第231条第1項〔現民訴246条〕ノ規定ニ違反スルモノニ非ス」

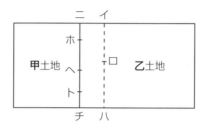

本判決の位置づけ・射程範囲

　本判決は、境界確定訴訟には処分権主義（民訴246条参照）が適用されず、裁判所は、原告の主張する境界線に拘束されることなく、自らの判断で境界線を定めることができることを明らかにした点に意義がある。

　境界確定訴訟とは、隣接する土地の境界が争われる場合に判決による境界線の確定を求める訴えをいう。境界確定訴訟の法的性質については争いがある。

　判例は、境界確定訴訟を公法上の境界を確定する形式的形成訴訟と解している。形式的形成訴訟とは、判決の確定によって法律関係の変動を生ぜしめる点では、形式的には形成訴訟であるが、形成の基準となる形成要件の定めがなく、裁判所は合目的的に裁量で法律関係の形成をしなければならない訴訟をいう。形式的形成訴訟には、共有物分割の訴え（民258条）、父を定める訴え（民773条、人訴2条2号）等がある。これに対して、境界確定訴訟を隣接する土地についての所有権確認の訴えと解する見解も有力に主張されている。

　判例は、境界確定訴訟が形式的形成訴訟であることを前提に、①境界確定訴訟には処分権主義の適用がなく、裁判所は当事者の申立てに拘束されず、自らの裁量的判断によって境界を確定することができる（本判決）、②控訴審でも不利益変更禁止の原則の適用がない（最三判昭和38・10・15 本書15事件 参照）、③裁判所は、審理の結果、境界の位置が不明であるとしても証明責任に基づいて請求棄却の判決をすることができず、合目的的な判断によって境界線を確定すべきである（大判昭和11・3・10民集15巻695頁）と解している。

さらに理解を深める

百選Ⅰ補正版A20事件〔藪口康夫〕　伊藤4版補訂版163頁、新堂5版212頁、松本＝上野7版174頁、中野ほか2版補訂2版35頁、高橋（上）2版補訂版82頁、三木ほか37頁、和田36頁 関連判例　最三判昭和38・10・15 本書15事件、最二判昭和31・12・28民集10巻12号1639頁、最一判昭和43・2・22 本書14事件、最三判昭和58・10・18民集37巻8号1121頁、最三判平成7・3・7 本書17事件

第3章　訴　え　　　　　　　　　　　　　　　　　　　　岡　伸浩

17　境界確定訴訟と当事者適格

最高裁平成7年3月7日第三小法廷判決
　事件名等：平成6年（オ）第1728号境界確定請求事件
　掲載誌：民集49巻3号919頁、判時1540号32頁、判タ885号156頁

概要　本判決は、境界確定訴訟における当事者適格について、境界の全部に接続する土地に時効取得が認められるとしても当該土地について境界を確定する必要があるとして、両土地の各所有者の当事者適格を肯定したものである。

事実関係　甲土地を所有するXらは、イロの各点を結ぶ線が乙土地との境界であると主張し、境界の確定を求めて訴えを提起した。Yは、ハニの各点を結ぶ線が両土地の境界であると主張するとともに、仮にイロの各点を結ぶ線が境界であるとしても、イロニハイの各点を結ぶ土地部分を時効取得したと主張した。第1審は、両土地の境界はイロの各点を結ぶ線であるとした上で、Yの時効取得の主張を認め、Xらの訴訟はYが所有する土地の内部の境界の確定を求めるものとなり不適法として訴えを却下とした。第2審は、両土地の境界はイロの各点を結ぶ線であるとした上で、境界確定訴訟は、土地所有権の確認を目的とするものではないため時効取得の主張の当否は無関係であり、境界に接する部分を隣接地所有者が時効取得した場合でも、両土地の所有者は当事者適格を失わないとして、第1審判決を取り消し、境界をイロの各点を結ぶ線であると確定する旨の本案判決をした。Yが上告。

判決要旨　上告棄却。「境界確定を求める訴えは、公簿上特定の地番により表示される甲乙両地が相隣接する場合において、その境界が事実上不明なため争いがあるときに、裁判によって新たにその境界を定めることを求める訴えであって、裁判所が境界を定めるに当たっては、当事者の主張に拘束されず、控訴された場合も民訴法385条の不利益変更禁止の原則の適用もない（最高裁昭和37年（オ）第938号同38年10月15日第三小法廷判決・民集17巻9号1220頁参照）。右訴えは、もとより土地所有権確認の訴えとその性質を異にするが、その当事者適格を定めるに当たっては、何ぴとをしてその名において訴訟を追行させ、また何ぴとに対し本案の判決をすることが必要かつ有意義であるかの観点から決すべきであるから、相隣接する土地の各所有者が、境界を確定するについて最も密接な利害を有する者として、その当事者となるのである。したがって、右の訴えにおいて、甲地のうち境界の全部に接続する部分を乙地の所有者が時効取得した場

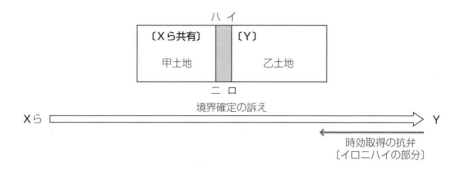

合においても、甲乙両地の各所有者は、境界に争いがある隣接土地の所有者同士という関係にあることに変わりはなく、境界確定の訴えの当事者適格を失わない。なお、隣接地の所有者が他方の土地の一部を時効取得した場合も、これを第三者に対抗するためには登記を具備することが必要であるところ、右取得に係る土地の範囲は、両土地の境界が明確にされることによって定まる関係にあるから、登記の前提として時効取得に係る土地部分を分筆するためにも両土地の境界の確定が必要となるのである（最高裁昭和57年（オ）第97号同58年10月18日第三小法廷判決・民集37巻8号1121頁参照）。」

本判決の位置づけ・射程範囲

本判決は、境界確定訴訟において、境界の全部に接続する土地について被告が時効取得の抗弁を主張し、時効取得が認められた場合でも、境界に争いがある隣接する土地の所有者同士という関係にあることに変わりはないことを理由に、両当事者の当事者適格は失われないことを明らかにした。

本件と類似して境界確定と時効取得が問題となった最三判昭和58・10・18 関連判例 が存在する。これは境界の一部に接続する土地について時効取得が認められた事案であるのに対して、本件は境界に接続する全部の土地について時効取得が認められた事案である点で両者は異なる。もっとも、いずれの判例も境界確定訴訟では隣接する土地の当事者同士が最も密接な利害関係を有することから、その者らの当事者適格を肯定すべきであるとする。

なお、判例は、一方の当事者が隣接地の全部を時効取得した事案では当事者適格を否定する（最三判平成7・7・18 関連判例 ）。この場合は、もはや隣接する土地の所有者相互という関係が消滅し、当事者適格を失うものと解されるためである。

さらに理解を深める

百選Ⅰ補正版A21事件〔籔口康夫〕 最判解民事篇平成7年度（上）325頁〔大橋弘〕、伊藤4版補訂版164頁、新堂5版212頁、松本＝上野7版250頁、中野ほか2版補訂2版35頁、高橋（上）2版補訂版83頁、三木ほか372頁、和田167頁 関連判例 最三判昭和58・10・18民集37巻8号1121頁、最三判平成7・7・18集民176号491頁、最二判平成11・2・26判時1674号75頁

第3章 訴え　　　　　　　　　　　　　　　　　　岡　伸浩

18　請求の特定——東海道新幹線訴訟

名古屋高裁昭和60年4月12日判決
　事件名等：昭和55年（ネ）第487号、昭和55年（ネ）第492号、昭和57年（ネ）第88号東海道新幹線騒音振動侵入禁止等請求控訴事件
　掲載誌：下民集34巻1号〜4号461頁、判時1150号30頁、判タ558号326頁

概要　本判決は、ある結果の到達を目的とする請求が常にその手段たる具体的な作為・不作為により特定されなければならないものではないこと、強制執行についても間接強制が認められていることから、いわゆる抽象的不作為を求める差止請求の訴えは不適法とはいえないとしたものである。

事実関係　東海道新幹線沿線住民であるXらは、Y（日本国有鉄道〔当時〕）を被告として、新幹線の走行に伴う騒音・振動により身体的被害や日常生活上の被害を被っているとして、過去及び将来の慰謝料請求とともに、差止請求（主位的請求として午前7時から午後9時までは騒音65ホン、振動毎秒0.5ミリメートル、その余の時間は騒音55ホン、振動毎秒0.3ミリメートルを超える侵入禁止、予備的請求として毎時110キロメートルを超える速度での走行禁止〔予備的請求は控訴審で追加〕）を求めて訴えを提起した。第1審は、Xらの請求のうち、過去の慰謝料を認め、差止請求は棄却し、将来の慰謝料の請求は却下した。これに対して、Xら及びYがともに控訴した。

判決要旨　一部変更。「実体法上は、一般に債権契約に基づいて、（手段方法は問わず）結果の実現のみを目的とする請求権を発生せしめ、これを訴求し得ることは疑いないところであるから、Yのいうようにある結果の到達を目的とする請求が常にその手段たる具体的な作為・不作為によって特定されなければならないものではない。そして、まさに、作為または不作為義務の強制執行につき代替執行により得ない場合に備えて間接強制がみとめられているのであるから、代替執行が許されないからといって直ちに執行が不可能であるというのは正当ではない。要するに、代替執行が可能であるように請求を構成しなければ訴訟上の請求として特定しないというべき根拠はないのである。」

「本件のごときいわゆる抽象的不作為判決は間接強制の方法によることができるから、かかる判決を求める申立も不適法ということはできず（Xらの申立は不作為義務の内容の特定については欠けるところはない）、Yの主張は採用できない。」

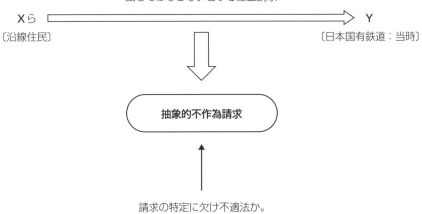

本判決の位置づけ・射程範囲

本件は、東海道新幹線による騒音・振動に対して沿線住民数百名が原告となり日本国有鉄道（当時）を被告として、騒音・振動の差止めと将来の慰謝料を求めて提訴したものである。論点は多岐にわたるが、本書では差止請求権の特定性について取り上げる。

第1審は、差止請求を棄却、慰謝料については過去分について原告の請求をほぼ認めたものの、将来分については不適法として却下した。控訴審において、被告は差止請求の適法性について、請求の趣旨に記載された原告の求める給付の内容では、被告が具体的にいかなる措置をとるべきかが全く示されておらず、請求は特定されていないため差止請求は不適法である旨を主張した。

そこで、差止請求を主張する原告の請求の趣旨として、このような抽象的不作為を求める命令で足りるのか、それとも一定の不作為を実現するためにいかなる行為をすればよいのかという具体的作為の内容まで示す必要があるかが問題となった。本判決は、抽象的不作為請求といえども間接強制の方法によることができ、不作為義務の内容の特定に欠けるものではないとして、被告の主張は採用できない旨を判示した。

実際上も、訴えによって差止請求を求める原告としては、被告側がいかなる具体的手段を採ることによって、いかなる効果が生じるかを特定することは知識的・技術的にみて困難であり、現実的でないという点を指摘することができよう。

さらに理解を深める **百選4版32事件〔原強〕** 伊藤4版補訂版195頁、新堂5版256頁、松本＝上野7版210頁 **関連判例** 名古屋地判昭和55・9・11判時976号40頁、最一判平成5・2・25判時1456号53頁

第3章 訴え　　　　　　　　　　　　　　　　　　　　　　　　　　岡　伸浩

19　口頭弁論を経ずに訴えを却下する場合の訴状の送達

最高裁平成8年5月28日第三小法廷判決
　事件名等：平成7年（行ツ）第67号判決無効確認並びに年金裁定請求事件
　掲　載　誌：判時1569号48頁、判タ910号268頁

概要　本判決は、裁判制度の趣旨からして、訴えの許されないことが明らかであって、当事者のその後の訴訟活動によって訴えを適法とすることが全く期待できない場合には、口頭弁論を開かずに訴えを却下し、当該却下判決に対する控訴を棄却することが認められ、訴状・控訴状・判決正本のいずれも送達を要しないとしたものである。

事実関係　XはY（国）に対して、年金額の変更を求めて訴えを提起した（❶）。第1審は請求棄却、第2審は控訴棄却、上告審も上告棄却した（❷）。Xは再度、Yに対して、上記最高裁判決の無効確認と年金額の変更を求めて訴えを提起した（❸）。第1審は、口頭弁論を経ずに訴えを却下し、訴状及び判決正本をYに送達しなかった。第2審も口頭弁論を経ずに控訴を棄却し、控訴状及び判決正本をYに送達しなかった（❹）。Xは上告し、上記送達をしなかったことは旧民訴法193条、202条、229条（現民訴255条、140条、138条）に違反すると主張した。

判決要旨　上告棄却。「確かに、訴えが不適法な場合であっても、当事者の釈明によっては訴えを適法として審理を開始し得ることもあるから、そのような可能性のある場合に、当事者にその機会を与えず直ちに民訴法202条〔現民訴140条〕を適用して訴えを却下することは相当とはいえない。しかしながら、裁判制度の趣旨からして、もはやそのような訴えの許されないことが明らかであって、当事者のその後の訴訟活動によって訴えを適法とすることが全く期待できない場合には、被告に訴状の送達をするまでもなく口頭弁論を経ずに訴え却下の判決をし、右判決正本を原告にのみ送達すれば足り、さらに、控訴審も、これを相当として口頭弁論を経ずに控訴を棄却する場合には、右被告とされている者に対し控訴状及び判決正本の送達をすることを要しないものと解するのが相当である。けだし、そのような事件において、訴状や判決を相手方に送達することは、訴訟の進行及び訴えに対する判断にとって、何ら資するところがないからである。」

「最高裁判所まで争って判決が確定した後、更に右判決の無効確認を求める訴

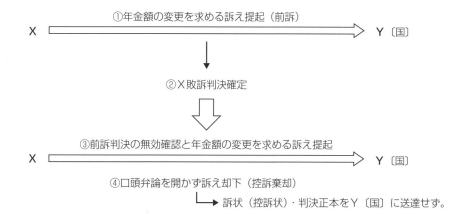

えは、民事訴訟法上予定されていない不適法な訴えであって、補正の余地は全くないから、このような訴えにつき、訴状において被告とされている者に対し、訴状を送達することなく口頭弁論を経ないで訴えを却下し、その判決を右被告に送達しなかった第1審裁判所の判断及び措置並びに同様に控訴状の送達をせずに口頭弁論を経ないで控訴を棄却し、その判決を被控訴人とされている者に送達しなかった原審の判断及び措置は、いずれもこれを正当として是認することができる。」

本判決の位置づけ・射程範囲

本件は、原告が年金額の変更を求めて提起した訴えについての最高裁判決に対して、原告が再度、国を被告として判決の無効及び年金額の変更を求めた行政訴訟である。

本判決は、裁判制度の趣旨から、訴えが不適法なことが明らかであって、当事者のその後の訴訟活動によって訴えを適法とすることが全く期待できず、口頭弁論を経ずに訴えを却下し、又は控訴を棄却する場合には、訴状(控訴状)及び判決正本を被告に送達する必要がないことを明らかにした点に意義がある。

訴状(控訴状)や判決正本を被告に対して送達する趣旨が被告の防御権を保障し、本案判決を求める地位を確保する点にあることからすれば、その後の訴訟活動によって訴えを適法とすることが全く期待できないような場合には、もはや被告(被控訴人)に対して訴状(控訴状)や判決正本を送達すること自体不要であると判断したものといえよう。他方で、当事者が訴訟活動の機会を失う事態は回避すべきであり、裁判制度の趣旨から訴えが不適法なことが明らかであって、当事者のその後の訴訟活動によって訴えを適法とすることが全く期待できない場合に該当するか否かは、慎重に判断すべきであるといえよう。

さらに理解を深める 百選I補正版A23事件〔石田秀博〕 伊藤4版補訂版198頁、新堂5版223頁、松本=上野7版212頁、三木ほか44頁

関連判例 東京高決昭和38・9・16東民時報14巻9号251頁

第3章 訴え

岡 伸浩

20 付郵便送達の適法性

最高裁平成10年9月10日第一小法廷判決
　事件名等：平成5年（オ）第1211号損害賠償請求事件
　掲載誌：判時1661号81頁、判タ990号138頁、金法1540号51頁、
　　　　　金判1065号32頁

概要　本判決は、原告からの誤った回答に基づいて、受訴裁判所の書記官が被告の就業場所が不明であるとして実施した訴状等の付郵便送達手続について、受送達者の就業場所の認定に必要な資料の収集は担当書記官の裁量に委ねられているとして、適法であるとしたものである。

事実関係　Y_1（信販会社）はXに対して、クレジットカード利用による貸金及び立替金の残金等の支払いを求めて訴えを提起した（❶）。受訴裁判所の担当書記官は、Xの住所地への訴状等の送達がX不在により不奏功となったため、Y_1にXの就業場所等を照会した（❷）。Y_1の担当者は、Xの勤務先がA社であることを知っていたが、就業場所とは現実に労務に従事している場所を指すという理解を前提に、当時Xは長期出張中であったことから、Xの就業場所は不明であると回答した（❸）。書記官はこの回答を受け、Xの就業場所が不明であると判断し、A社に問合せをすることなく、Xの住所宛に訴状等の付郵便送達を実施した（❹）。その結果、X欠席のままY_1の請求を認容する判決が言い渡され、Xからの控訴がないまま確定した（❺）。

そこで、XはY_1に対して、本来Xの就業場所をA社とすべきところを不明であるとした点で、誤った回答をしたことについて民法709条に基づく損害賠償を求め（❻）、Y_2（国）に対して、付郵便送達の実施に過失があったとして国家賠償法1条1項に基づく損害賠償を求めて訴えを提起した（❼）。第1審はXの請求を棄却し、第2審は、Y_1に対する請求を一部認容した。XとY_1がそれぞれ上告。

判決要旨　上告棄却。「民事訴訟関係書類の送達事務は、受訴裁判所の裁判所書記官の固有の職務権限に属し、裁判所書記官は、原則として、その担当事件における送達事務を民訴法の規定に従い独立して行う権限を有するものである。受送達者の就業場所の認定に必要な資料の収集については、担当裁判所書記官の裁量にゆだねられているのであって、担当裁判所書記官としては、相当と認められる方法により収集した認定資料に基づいて、就業場所の存否につき判断すれば足りる。担当裁判所書記官が、受送達者の就業場所が不明であると判

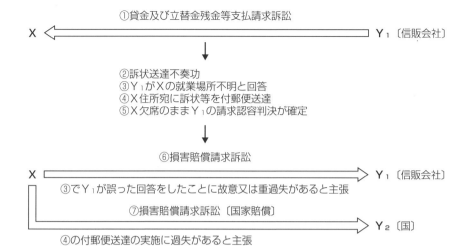

断して付郵便送達を実施した場合には、受送達者の就業場所の存在が事後に判明したときであっても、その認定資料の収集につき裁量権の範囲を逸脱し、あるいはこれに基づく判断が合理性を欠くなどの事情がない限り、右付郵便送達は適法であると解するのが相当である。」

本判決の位置づけ・射程範囲

民訴法は、送達の方式について種々の規定を用意しているが、本件で問題となった付郵便送達とは、裁判所書記官が民訴法107条1項各号に定める場所にあてて、書類を書留郵便等によって発送する方式をいう（民訴107条1項）。付郵便送達は、本来の送達場所及び就業場所における交付送達、補充送達、差置送達等の先行する送達ができなかった場合に認められ（同条1項）、書類の到達にかかわりなく、書留郵便等に付して発送した時に送達があったものとみなされる点に特色がある（同条3項）。

本判決は、送達事務は受訴裁判所書記官の固有の職務権限に属し、受訴裁判所書記官が送達事務を独立して行う権限を有する地位にあることを確認した上で、受送達者の就業場所の認定に必要な資料の収集は、担当裁判所書記官の裁量に委ねられていることを明らかにした点に意義がある。なお、本判決に先立つ釧路地決昭和61・10・17 関連判例 は、裁判所に支払命令を申し立てた債権者が債務者の就業場所を知りながら就業先不明を理由とする付郵便送達の上申をした事案で、債務者の住所にあててなされた仮執行宣言付支払命令の付郵便送達は違法であると判示した。

さらに理解を深める　百選4版39事件〔山本研〕　伊藤4版補訂版244頁、新堂5版439頁、松本＝上野7版383頁、高橋（上）2版補訂版726頁、三木ほか166頁　関連判例　釧路地判昭和61・10・17判タ639号236頁、那覇地判平成元・12・26判タ733号166頁

第3章 訴え

岡 伸浩

21 補充送達の効力と再審事由

最高裁平成19年3月20日第三小法廷決定
　事件名等：平成18年（許）第39号再審請求棄却決定に対する抗告棄却決定
　　　　　　に対する許可抗告事件
　掲載誌：民集61巻2号586頁、判時1971号125頁、判タ1242号127頁

概要　本決定は、受送達者と同居者等の間に事実上の利害関係の対立があるにすぎない場合には当該同居者等への補充送達も有効であるとした上で、受送達者宛ての訴訟関係書類の交付を受けた同居者等がその訴訟に関して事実上の利害関係の対立がある受送達者に対して当該書類を交付しなかったため、受送達者が訴訟提起されていることを知らないまま判決がなされたときは、再審事由が認められるとしたものである。

事実関係　貸主Yは、借主A及びその連帯保証人Xを被告として、貸金返還請求訴訟を提起した（前訴）。Aは、自身を受送達者とする訴状等の送達書類の交付を受けるとともに、Xの同居者としてXを受送達者とする送達書類の交付を受けた。X及びAは、前訴の第1回口頭弁論期日に欠席し、答弁書その他の準備書面を提出しなかったため、Yの請求を認容する判決が言い渡された。

X及びAに対する前訴判決書に代わる調書は、受送達者不在のため住所における送達はできず付郵便送達が行われた。ただし、受送達者不在のため、配達できず裁判所に返還された。X及びAは控訴せず、前訴判決は確定した。

Xは、前訴判決確定の約2年後に、連帯保証はAがXの氏名・印章を冒用したものであること、Aから事情を一切聞いておらず、前訴に関してXとAとの間には利害対立が生じていたことから、前訴の訴状等の送達は補充送達としての効力は生じていないとして、民訴法338条1項3号の再審事由の存在を理由とする再審の訴えを提起した。

決定要旨　破棄差戻し。「受送達者あての訴訟関係書類の交付を受けた同居者等が、その訴訟において受送達者の相手方当事者又はこれと同視し得る者に当たる場合は別として（民法108条参照）、その訴訟に関して受送達者との間に事実上の利害関係の対立があるにすぎない場合には、当該同居者等に対して上記書類を交付することによって、受送達者に対する送達の効力が生ずるというべきである。」

「本件訴状等の送達が補充送達として有効であるからといって、直ちに民訴法

第3章 訴え 43

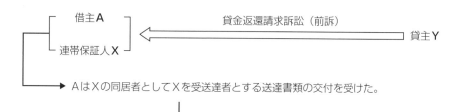

補充送達として有効か。再審事由に該当するか。

　338条1項3号の再審事由の存在が否定されることにはならない。同事由の存否は、当事者に保障されるべき手続関与の機会が与えられていたか否かの観点から改めて判断されなければならない。

　すなわち、受送達者あての訴訟関係書類の交付を受けた同居者等と受送達者との間に、その訴訟に関して事実上の利害関係の対立があるため、同居者等から受送達者に対して訴訟関係書類が速やかに交付されることを期待することができない場合において、実際にもその交付がされなかったときは、受送達者は、その訴訟手続に関与する機会を与えられたことにならないというべきである。そうすると、上記の場合において、当該同居者等から受送達者に対して訴訟関係書類が実際に交付されず、そのため、受送達者が訴訟が提起されていることを知らないまま判決がされたときには、当事者の代理人として訴訟行為をした者が代理権を欠いた場合と別異に扱う理由はないから、民訴法338条1項3号の再審事由があると解するのが相当である。」

本決定の位置づけ・射程範囲

　民訴法は、送達場所において名宛人に出会わないときは、使用人その他の従業者、又は同居者で書類の受領について相当のわきまえのある者に対して書類を交付する補充送達を認めている（民訴106条）。本決定は、受送達者と同居者等の間に事実上の利害関係の対立があるにすぎない場合には、同居者等の送達受領権限を認め、訴訟関係書類が交付された場合は補充送達の効力が生じるとした。

　もっとも、再審事由の存否については、当事者に手続関与の機会が付与されていたか否かの観点から改めて判断すべきであるとして、同居者等から受送達者に対して訴訟関係書類が実際に交付されず、受送達者が訴訟提起されていることを知らないままに判決がなされた場合は、民訴法338条1項3号の再審事由に該当することを判示した。

さらに理解を深める　**百選4版40事件〔松下淳一〕**　最判解民事篇平成19年度（上）225頁〔三木素子〕、伊藤4版補訂版243頁、新堂5版442頁、松本＝上野7版382頁、中野ほか2版補訂2版57頁、三木ほか165頁、和田605頁　**関連判例**　最一判平成4・9・10**本書244事件**

第3章 訴え　　　　　　　　　　　　　　　　　　　　　　　　　坂田　宏

22　債務不存在確認訴訟の訴訟物

最高裁昭和40年9月17日第二小法廷判決
事件名等：昭和39年（オ）第987号債務額確定等請求事件
掲載誌：民集19巻6号1533頁、判時425号29頁、判タ183号99頁

概要　本判例は、債務が一定額を超えて存在しないことの確認を求める訴訟における申立ての範囲（訴訟物）に関し、債務の上限額が当事者により主張されている場合について、当該上限額より当該一定額を控除した残額債務額の不存在確認であるとしたものであり、確定判例とされている。

事実関係　被告Yから金銭を借り入れた訴外Aの相続人X_1ないしX_{11}は、請求の趣旨として「原告Xの被告Yに対する債務の残存元本は金14万6,465円を超えて存在しないことを確認する。その余の原ら（X_2〜X_{11}）の被告Yに対する債務の不存在を確認する」と記載して債務不存在確認訴訟を提起した。原審は、利息制限法違反の利息であっても既済分については救済ができずXら主張の金額を超える残元本があるから、一定金額を超えて債務が存在しないことを確認する請求も認容できないとして請求を棄却した。これに対して、最高裁は、一定金額を超える債務の不存在確認請求は、貸金債権額中一定金額を控除した残額の不存在確認を求めるものと解すべきであり、また、利息制限法所定の率を超過する利息を任意に支払ったときは、制限を超える部分は元本充当されるとして、破棄差戻しをした。

判決要旨　原判決破棄・差戻し。「本件請求の趣旨および請求の原因ならびに本件一件記録によると、上告人らが本件訴訟において本件貸金債務について不存在の確認を求めている申立の範囲（訴訟物）は、上告人X_1については、その元金として残存することを自認する金14万6,465円を本件貸金債権金110万円から控除した残額金95万3,535円の債務額の不存在の確認であり、その余の上告人らにおいては、右残額金95万3,535円の債務額について相続分に応じて分割されたそれぞれの債務額の不存在の確認であることが認められる。」「したがって、原審としては、右の各請求の当否をきめるためには、単に、前記(イ)の弁済の主張事実の存否のみならず、(ロ)および(ハ)の弁済の各主張事実について審理をして本件申立の範囲（訴訟物）である前記貸金残額の存否ないしその限度を明確に判断しなければならないのに、ただ単に、前記(イ)の弁済の主張事実が全部認められない以上、本件貸金の残債務として金14万6,465円以上存在することが明ら

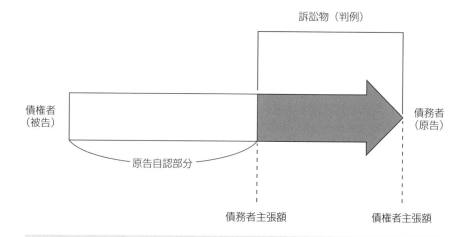

かである旨説示したのみで、前記㈹および㈺の弁済の主張事実について判断を加えることなく、残存額の不存在の限度を明確にしなかったことは、上告人らの本件訴訟の申立の範囲（訴訟物）についての解釈をあやまり、ひいては審理不尽の違法をおかしたものというべく、論旨は、結局、理由あるに帰する」。

本判決の位置づけ・射程範囲

本判決は、残存債務が14万6,465円を超えて存在しないことを確認する訴訟において、請求の趣旨及び請求の原因並びに本件一件記録によって、その訴訟物を元本総額110万円より残存元本債務として原告X_1（債務者）が自認する14万6,465円を控除した残額金95万3,535円の債務額の不存在の確認であると判示した。金銭債権・債務に関する訴訟物の特定に際して必要とされる債権総額（債務の上限額）を解釈によって補充するとともに、訴訟物を債務の下限額から上限額に至るまでの「債務額の確認」としたものである。このことにより、債務者の自認する債務については訴訟物ではないこととなる。自認部分について既判力が生じない

とするならば問題である。請求の放棄・認諾として処理するものと考えるか、争点効・信義則による拘束力を付与する解釈があり得よう。

視点を変えてみると、本件では、自認額を超える債務額の確定が容易であったにもかかわらず、原審が単なる棄却判決をしており、審理不尽の問題として捉えることも可能であった。この点、交通事故について症状が固定していない状況で債務不存在確認訴訟が提起された場合とは異なるものと考えられる。

なお、自認部分についての通説的解釈は、既判力の双面性の例外として捉えられる。これについては、債権者（被告）側からの給付訴訟で対応するしかない。その意味で、この問題は、一部請求論と共通した問題を有していると言える。

さらに理解を深める 百選4版77事件〔栂善夫〕
関連判例 最二判昭和37・8・10 本書159①事件

第3章 訴え　　　　　　　　　　　　　　　　　　　　坂田　宏

23 損害賠償請求訴訟の訴訟物

最高裁昭和48年4月5日第一小法廷判決
事件名等：昭和43年（オ）第943号損害賠償請求事件
掲載誌：民集27巻3号419頁、判時714号184頁、判タ299号298頁

概要 不法行為の基づく損害賠償請求訴訟における訴訟物は、財産上の損害（民709条）と精神上の損害が併せて求められていたとしても、加害行為が1個であり、被侵害利益を共通にするものとして1個である。財産上の損害につき、請求額よりも認定額が多額であっても、訴訟物の範囲内であるときに民訴法246条違反は生じない。

事実関係 原告Ｘ（被上告人）は、自ら運転する自動車と訴外Ａ運転の自動車との衝突により右上腕切断等の傷害を負ったことを理由として、Ａの使用者であり、かつ、Ａ車の所有者である訴外Ｂの実質上の親会社である被告Ｙを相手取り、その運行供用者責任（自賠法3条）を主張して、以下の損害賠償を求めて訴えを提起した。すなわち、療養費29万6,266円、逸失利益1,128万3,651円の内金150万円、及び、慰籍料金200万円、合わせて金379万6,266円とこれに対する遅延損害金の支払を求めた。控訴審裁判所（原審）において、Ｘは、逸失利益を916万614円、総額1,145万円余とした上で、附帯控訴により請求の拡張をし、422万円余の請求を加えた。原審は、療養費・逸失利益の損害額をＸ主張のとおり認定した上で7割の過失相殺を施し（283万7,064円）、慰謝料70万円を加え、既済の保険金10万円を差し引いた343万7,064円の支払を命じ、その余の請求を棄却した。これに対し、Ｙは上告をし、民訴法186条（現民訴246条）及び訴訟物の解釈に関する法令違反を主張した。

判決要旨 上告棄却。「右の経過において、第1審判決がその認定した損害の各項目につき同一の割合で過失相殺をしたものだとすると、その認定額のうち慰藉料を除き財産上の損害（療養費および逸失利益。以下同じ。）の部分は、（保険金をいずれから差し引いたかはしばらく措くとして。）少なくとも239万6,266円であって、被上告人Ｘの当初の請求中財産上の損害として示された金額をこえるものであり、また、原判決が認容した金額のうち財産上の損害に関する部分は、少なくとも（保険金について右と同じ。）273万7,064円であって、右のいずれの額をもこえていることが明らかである。しかし、本件のような同一事故により生じた同一の身体傷害を理由とする財産上の損害と精神上の損害とは、

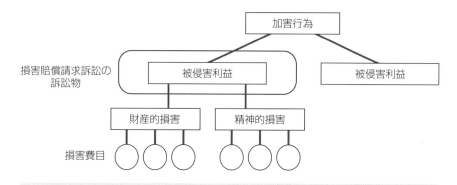

> 原因事実および被侵害利益を共通にするものであるから、その賠償の請求権は1個であり、その両者の賠償を訴訟上あわせて請求する場合にも、訴訟物は1個であると解すべきである。したがって、第1審判決は、被上告人Xの1個の請求のうちでその求める全額を認容したものであって、同被上告人Xの申し立てない事項について判決をしたものではなく、また、原判決も、右請求のうち、第1審判決の審判および上告人Yの控訴の対象となった範囲内において、その一部を認容したものというべきである。そして、原審における請求拡張部分に対して主張された消滅時効の抗弁については、判断を要しなかったことも、明らかである。」

本判決の位置づけ・射程範囲

不法行為に基づく損害賠償を求める訴えにおける訴訟物を特定する基準として、最高裁は、1つの不法行為から生じた財産的損害と精神的損害とは、「原因事実および被侵害利益を共通にするものであるから」、実体法上の損害賠償請求権は1個であり、訴訟上両者の賠償を併せて請求する場合にも訴訟物は1個であるとする立場を採った。訴訟物は、請求の趣旨及び請求の原因（民訴133条2項2号）により、一定の実体法上の権利又は法律関係として特定されなければならないが、一般不法行為責任（709条）から見ると、(1)加害行為、(2)権利・利益侵害（被侵害利益）、(3)損害等のいずれで特定するのかが問題であった。損害費目・項目ごとに訴訟物を捉える考え方から、全損害を包括して1個の訴訟物が成立するのみであるとする損害1個説まで考えられるところである。本判決の立場については、被侵害利益1個説と評価される。

なお、判例の考え方は、実務において、当事者の主張する金額と裁判所の認定額に差があった場合に損害項目・費目間で流用・補完を可能とする、損害賠償請求訴訟の特殊性に立脚した訴訟法的考慮を表しているものといえよう。また、ここまでの議論は、訴訟物レベルの議論であり、処分権主義（民訴246条）が妥当する。しかし、事実の主張段階においては、弁論主義の問題として、各損害項目の主張は必要である。

さらに理解を深める　百選4版75事件〔堤龍弥〕

第3章 訴え

村上正子

24 一時金請求に対する定期金判決

東京高裁平成15年7月29日判決
　事件名等：平成14年（ネ）第5039号損害賠償請求控訴事件
　掲載誌：判時1838号69頁

概要　本判決は、損害賠償請求権者が一時金賠償方式による支払いを請求している場合でも、判決において定期金賠償方式による支払いを命ずることができる旨判示したものである。

事実関係　Xは、Yの酒酔い運転及び前方不注視の過失を原因とする交通事故により植物状態に陥ったことを理由として、Yに対して自賠法3条及び民法709条に基づき、逸失利益、介護費用及び慰謝料等の損害賠償の支払いを求めて訴えを提起した。第1審は、Xの推定余命年数を平均余命年数として後遺障害逸失利益及び将来の介護費用を算出し、Xが自ら一時金の支払いを求めていることや貨幣価値の変動等の事情変更があった場合の対処方法がないこと等の事情を考慮し、定期金賠償方式を採用すべきではないとして、一時金による賠償を命じた。これに対してYが控訴。

判決要旨　一部変更、一部控訴棄却（確定）。「推定余命年数を前提として一時金に還元して介護費用を賠償させた場合には、賠償額は過多あるいは過少となってかえって当事者間の公平を著しく欠く結果を招く危険がある。このような危険を回避するためには、余命期間にわたり継続して必要となる介護費用という現実損害の性格に即して、現実の生存期間にわたり定期的に支弁して賠償する定期金賠償方式を採用することは、それによることが明らかに不相当であるという事情のない限り、合理的といえる。」「一時金による将来介護費用の損害賠償を命じても、賠償義務者にその支払能力がない危険性も大きいし、賠償義務者が任意に損害保険会社と保険契約を締結している場合には、保険会社が保険者として賠償義務を履行することになるから、不履行の危険性は少なくなるものといい得る。」Yが任意に損害保険契約を締結している訴外Aは、「経営状況が安定しているとはいい難く、近年は保険自由化が進み、保険会社間の競争も激化し、下位の損害保険会社の中には倒産したものがあったことが認められるが、訴外Aが将来破産など倒産するとまで予測することはできない。そうであれば、Xの将来介護費用の損害賠償債権は、その履行の確保という面では一時金方式であっても定期金賠償方式であっても合理性を欠く事情があるとはいえないし、民

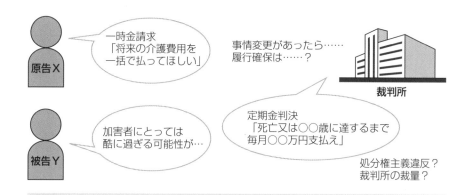

事訴訟法117条の活用による不合理な事態の回避も可能であるから、将来の介護費用損害に定期金賠償方式を否定すべき理由はない」。「以上によれば、Xの将来の介護費用損害については、Xの請求する将来の介護費用損害を超えない限度で、Yに対し、定期金による賠償を命ずるのが相当である。」

本判決の位置づけ・射程範囲

本判決は、原告である損害賠償請求権者が一時金賠償方式を申し立てている場合でも、裁判所が定期金による賠償を命ずることができるとするものである。将来の介護費用等を一時金賠償方式で算定する場合、推定余命年数を前提とした擬制の積み重ねによらざるを得ず、加害者に酷な結果を強いることもある。定期金賠償によればこのリスクを減らすことはできるが、他方で貨幣価値の変動等によって支払額が不適切になる危険や義務者の資力の悪化の危険を被害者が負わされるという問題点があった。最高裁も、損害賠償請求権者が訴訟上一時金による支払いを求めている場合には、定期金による支払いを命ずることはできないとしていた(最二判昭和62・2・6 関連判例)。

しかし平成8年の民訴法改正において、定期金による賠償を命じた確定判決の変更を求める訴え（民訴117条）が新設されたことを契機に、定期金賠償の合理性がより説得力をもつようになると、被害者が一時金賠償を求めている場合でも、裁判所が定期金賠償を命ずることができるかが、問題の中心となってきたのである。

この問題については、一時金請求と定期金請求との質的差異を理由に民訴法246条違反を指摘する考え方がある一方で、原告の合理的意思を黙示の申立てという形で探求しようとする立場や、給付の方法の選択の問題と捉え、民訴法248条の類推適用により裁判所の裁量を認める立場なども主張されている。定期金賠償を採用した際の履行確保の問題ともあわせて、今後さらに議論が展開されていくことが期待される。

さらに理解を深める 百選4版A25事件〔河野憲一郎〕 平成15年度重判民訴2事件〔菱田雄郷〕、春日偉知郎・法学研究（慶應義塾大学）78巻3号85頁 関連判例 最二判昭和62・2・6判時1232号100頁、東京地判平成8・12・10判時1589号81頁

第3章 訴 え　　　　　　　　　　　　　　　　　　　　　　　坂田　宏

25 引換給付判決

①最高裁昭和33年3月13日第一小法廷判決
　事件名等：昭和31年（オ）第966号家屋明渡請求事件
　掲載誌：民集12巻3号524頁、判時147号22頁

②最高裁昭和46年11月25日第一小法廷判決
　事件名等：昭和41年（オ）第1005号店舗明渡請求事件
　掲載誌：民集25巻8号1343頁、判時651号68頁、判タ271号173頁、
　　　　　金判293号6頁

概要　通常の引換給付判決は、被告からの権利抗弁が提出されたときになされるが、立退料の支払との引換給付判決は、原告の意思の表明によって可能となる。

事実関係　①**事件**：原告X（被上告人）は、本件建物を被告Y（上告人）に賃貸していたが、本件賃貸借契約の期間満了による終了、賃料不払又は無断転貸を理由とする契約解除等を主張して、Yを相手取り、建物明渡等を求めて訴えを提起した。第1審、原審ともに建物についての有益費たる金員と引き換えに本件建物を明け渡す旨の判決をした。Yより上告がされた。
②**事件**：原告X（被上告人）は、賃貸借契約の解約を理由として、被告Y（上告人）を相手取り、本件店舗の明渡し及び賃料相当損害金の支払を求めて訴えを提起し、その係属中に300万円の立退料の支払と引き換えの店舗明渡請求を予備的に追加した。第1審は、予備的請求を認め引換給付判決をしたが、控訴裁判所（原審）は、これを変更し、500万円の支払と引き換えに本件店舗の明渡しを命じた。Yは、500万円という立退料を認定したことに違法性があるとして上告した。

判決要旨　①**事件**：上告棄却。「留置権は、物の占有者がその物に関して生じた債権の弁済を受けるまでその物を留置することを得るに過ぎないものであって、物に関して生じた債権を他の債権に優先して弁済を受けしめることを趣旨とするものではない。従って、裁判所は、物の引渡請求に対する留置権の抗弁を理由ありと認めるときは、その引渡請求を棄却することなく、その物に関して生じた債権の弁済と引換に物の引渡を命ずべきものと解するを相当とする。」
②**事件**：上告棄却。「原審の確定した諸般の事情のもとにおいては、XがYに対して立退料として300万円もしくはこれと格段の相違のない一定の範囲内で裁判所の決定する金員を支払う旨の意思を表明し、かつその支払と引き換えに本件係

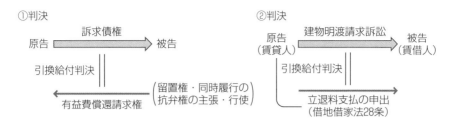

争店舗の明渡を求めていることをもって、Xの右解約申入につき正当事由を具備したとする原審の判断は相当である。所論は右金額が過少であるというが、右金員の提供は、それのみで正当事由の根拠となるものではなく、他の諸般の事情と総合考慮され、相互に補充しあって正当事由の判断の基礎となるものであるから、解約の申入が金員の提供を伴うことによりはじめて正当事由を有することになるものと判断される場合であっても、右金員が、明渡によって借家人の被るべき損失のすべてを補償するに足りるものでなければならない理由はないし、また、それがいかにして損失を補償しうるかを具体的に説示しなければならないものでもない。」

本判決の位置づけ・射程範囲

①事件：判決は、建物賃貸人である原告が、建物賃借人である被告に対し、建物明渡請求訴訟を提起している場合において、被告が建物について有益費を支出しており、当該有益費償還請求権に基づいて原告から当該金員の支払を受けるまで建物を留置するとの抗弁を提出したときは、建物明渡請求を棄却することなく、建物に関して生じた債権の弁済と引き換えに建物の引渡しを命ずるべきであると解釈した。このような引換給付判決は、留置権（民法295条。最一判昭和27・11・27 本書80事件）のみならず、同時履行の抗弁権（民法533条）が行使されたときに、質的な一部認容判決としてなされるものであり、これらを権利抗弁と呼んでいる。

②事件：判決は、賃貸借契約の更新拒絶の要件を補強する「建物の賃貸人が……建物の明渡しと引換えに建物の賃借人に対して財産上の給付をする旨の申出をした場合におけるその申出」（借地借家法28条。同法6条参照）、すなわち立退料と引き換えに建物の明渡しを命ずる判決である。この判決がなされるのは、被告側の抗弁権行使によるのではなく、立退料を原告が支払う意思を表明したことによる。これは①判決と異なる。原告の申立額を超える立退料の支払との引換給付判決が許されるかが問題であるが、②判決は、「立退料として300万円もしくはこれと格段の相違のない一定の範囲内で裁判所の決定する金員を支払う旨の意思」と解釈し、これを肯定している。

さらに理解を深める　百選4版76事件〔我妻学〕 関連判例 東京高判平成10・9・30判時1677号71頁ほか。借地借家紛争の非訟的な性格から考えるものとして、百選Ⅱ補正版138事件〔近藤崇晴〕がある。

第3章 訴　え　　　　　　　　　　　　　　　　　　　　坂田　宏

26 債務不存在確認訴訟の訴えの利益

最高裁平成16年3月25日第一小法廷判決
　事件名等：平成13年（オ）第734号・平成13年（受）第723号保険金請求、
　　　　　　債務不存在確認請求本訴、同反訴事件
　掲載誌：民集58巻3号753頁、判時1856号150頁、判タ1149号294頁、
　　　　　金法1714号105頁、金判1194号2頁

概要　先行する債務不存在確認訴訟に対して、反訴として給付訴訟が提起された場合、当該反訴が提起されている以上、もはや確認の利益を認めることはできないとして、債務不存在確認を求める訴えの利益は否定され、当該訴えは、不適法として却下を免れない。

事実関係　Aが代表取締役を務めるX₁会社の経営状態は厳しかった。X₁とその妻X₂は、平成6年6月、生命保険会社7社（Y₁会社ないしY₂会社）と多額かつ複数の死亡保険契約を締結した。平成7年10月31日、Aが転落死したため、X₁・X₂は、それぞれにY₁会社ないしY₄会社・Y₅会社ないしY₇会社を相手取り、保険金請求訴訟を提起した（第1事件）。その後、Y₁会社らは、X₁らを相手取って、平成7年5月に締結した別の契約に基づく保険金支払義務が存在しないことの確認を求める訴えを提起した（第2事件）。これに対して、X₁らは、平成7年契約に基づく保険金支払を求めて反訴を提起した（第3訴訟）。控訴審裁判所（原審）では、すべての事件につきX側敗訴、Y側勝訴の判決をした。これに対して、X₁らが上告及び上告受理申立てをした（結果として、1年内自殺免責特約が有効とされ、この点については一部破棄差戻しとなった）。

判決要旨　一部破棄差戻し、（本主題について）一部破棄自判、一部上告棄却。
「職権により判断するに、第2事件の平成7年契約関係被上告人5社の上記保険金支払債務の不存在確認請求に係る訴えについては、第3事件の上告人らの平成7年契約に基づく保険金等の支払を求める反訴が提起されている以上、もはや確認の利益を認めることはできないから、平成7年契約関係被上告人5社の上記訴えは、不適法として却下を免れないというべきである。
　したがって、原判決主文第2項のうち、上記保険金支払債務の不存在確認請求に関する部分は、破棄を免れず、同部分につき第1審判決を取り消して、同請求に係る訴えを却下することとする。

```
原告（債務者） ─── 保険金支払債務不存在確認訴訟 ──→ 被告（債権者）
                          ↑
                       訴えの利益否定
              ←─── 保険金支払請求反訴 ───
```

……第2項及び第3項に関する訴訟の総費用については、民訴法62条の規定を適用し、上告人らの負担とする。」

本判決の位置づけ・射程範囲

本判決は、債務不存在確認訴訟が債務者（原告・反訴被告）から先行して提起され、これに対する反訴として給付訴訟が債権者（被告・反訴原告）から提起された場合に、当該「反訴が提起されている以上、もはや確認の利益を認めることはできないから」、当該「訴えは、不適法として却下を免れない」との立場を明らかにした最初の最高裁判決である。

債務不存在確認訴訟（消極的確認訴訟）は、給付訴訟の反対形相であるといわれている。すなわち、訴訟物も当該債務＝債権であって同一であり、また、債務不存在確認訴訟に対する判決の既判力も、実質上給付訴訟の既判力と重なる。したがって、両訴訟が並び立った場合を想起すれば、執行力を求める給付訴訟の訴えの利益が優ることとなって、債務不存在確認訴訟の訴えの利益は否定されるという論理は、至極当然のことと考えられる。

しかし、両訴訟が現実に並び立つ場合として、先行する債務不存在確認訴訟に対して、別訴で給付訴訟が提起されたときは、重複訴訟の禁止（民訴142条）に当たるとされ、後行の給付訴訟が不適法となり、訴えの利益は問題とならない。反訴という訴訟内訴訟において初めて後行の給付訴訟は重複訴訟の禁止という制約を免れるが、その場合に本訴請求である債務不存在確認訴訟の訴えの利益が議論の俎上に上ることはなかった。おそらく、本訴・反訴が併合された訴訟において、弁論終結の時（訴えの利益の判断基準時）に至るまで給付訴訟が期限未到来である可能性があることから、反訴が提起された時点で債務不存在確認の訴えの利益を判断することが避けられていたのではないかと思うが（大判昭和7・9・22 関連判例 ）、本判決によって、本訴請求である債務不存在確認の訴えの利益が欠けるとする実務上の取扱いが主流となるであろう。

なお、この判断が、先行して提起された債務不存在確認訴訟と、別訴で提起された後行の給付訴訟との関係にまで及ぶかについては、重複訴訟の禁止（民訴142条）の規律が先行するものとして、否定的に捉えられよう。

さらに理解を深める　百選4版29事件〔小林秀之〕　関連判例　大判昭和7・9・22民集11巻1989頁

第3章　訴　え　　　　　　　　　　　　　　　　　　永野達也

27 相殺と重複起訴(1)

東京高裁平成8年4月8日判決
　事件名等：平成7年（ネ）第4829号建物明渡等、不当利得返還請求各控訴事件
　掲載誌：判タ937号262頁

【概要】　本判決は、相殺の抗弁の自働債権として主張した債権について、別訴により行使することは許されないとしたものである。

【事実関係】　Xは、Yとの間で締結していたビルの賃貸借契約を解除し、Yに対して、建物明渡し及び未払賃料等の支払いを求める訴えを提起した（以下、「甲事件」という）。Yは、甲事件において、AのXに対する貸金債務の連帯保証人としてXに弁済したところ343万6518円の過払金が生じたとして、YのXに対する不当利得返還請求権を自働債権、XのYに対する未払賃料請求権等を受働債権とする相殺の意思表示をした。

　その後、Yは、Xに対して、上記過払金が703万6518円であったと主張し、その返還を求める訴えを提起した（以下、「乙事件」という）。甲事件と乙事件は併合審理された。

　第1審は、Yの主張を認めるに足りる証拠がないとして甲事件を全部認容、乙事件を全部棄却した。そこで、Yが控訴。

【判決要旨】　甲事件につき一部棄却、乙事件につき一部却下、一部棄却。「このように既に相殺の抗弁の自働債権として主張した債権につき、別訴をもってこれを行使することは、民事訴訟法231条〔現民訴142条〕の趣旨に照らし許されないものと解すべきである。すなわち、相殺の抗弁の自働債権の存否についての判断については既判力が生ずるのであるから、これについて別訴を許すことは、裁判所の判断の矛盾抵触を招くおそれがあり、訴訟経済にも反するから、許されないものというべきであり、右2つの訴訟の弁論が併合されている場合についても、将来において両訴訟の弁論が分離されることがあり得ないといえない以上、別異に解すべき理由はない（本件の事案とは逆に、債権行使のための訴えを提起したのち、別訴において当該債権を相殺の自働債権として主張することができないことにつき最高裁平成3年12月17日判決・民集45巻9号1435頁参照）。」

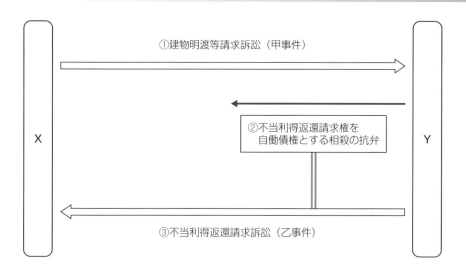

本判決の位置づけ・射程範囲

相殺の抗弁は、審理判断されると既判力が生じる（民訴114条2項）。そこで、ある訴訟で相殺の反対債権に供した債権を訴求債権として別訴提起すると、既判力の矛盾衝突のおそれが生じることから、重複起訴禁止（民訴142条）に抵触するかが問題となる。

この問題は、一般的に①先行訴訟で訴求した債権を別訴で相殺の抗弁に供する場合（訴え先行型）、②相殺の抗弁に供した債権を訴求債権として別訴提起する場合（抗弁先行型）に分けて検討される。本判決は、②抗弁先行型に属する裁判例である。

②抗弁先行型について判示した最高裁判例は存在しない。また、従来、裁判例は、②抗弁先行型について、重複起訴禁止に抵触しないと判示するものが多かった（東京地判昭32・7・25 [関連判例] 等）。しかし、①訴え先行型について重複起訴禁止に抵触すると判示した判例（最三判平成3・12・17 [本書28事件]）の後は、②抗弁先行型についても、重複起訴禁止に抵触すると判示する裁判例が現れている（大阪地判平成8・1・26 [関連判例]）。

通説は、②抗弁先行型の場合、前訴で相殺の抗弁の審理に入るかは不確実であるから、同一の債権を訴求債権として後訴を提起しても重複審理の危険性は小さいこと等を理由に、重複起訴禁止に抵触しないとする。これに対し、②抗弁先行型の場合、前訴被告は前訴において反訴を提起すればよく、わざわざ別訴を提起する必要性は乏しいとして、重複起訴禁止に抵触すると考える見解も有力である。

さらに理解を深める

平成9年度主判解182頁〔佐藤陽一〕、本間靖規・リマークス1998（上）127頁、高橋（上）2版補訂版140頁、中野ほか2版補訂2版166頁、松本＝上野7版329頁　[関連判例]　東京地判昭和32・7・25下民集8巻7号1337頁、最三判平成3・12・17 [本書28事件]、大阪地判平成8・1・26判時1570号85頁

第3章 訴え

岡　伸浩

28　相殺と重複起訴(2)

最高裁平成3年12月17日第三小法廷判決
　事件名等：昭和62年（オ）第1385号契約金等請求事件
　掲載誌：民集45巻9号1435頁、金法1332号40頁、金判906号3頁

概要　本判決は、係属中の別訴において訴訟物となっている債権を自働債権として相殺の抗弁を主張することは、重複起訴禁止の趣旨に照らして許されないとしたものである。

事実関係　XはYに対して、Xの納入した輸入バドミントン用具の残代金の支払いを求めて訴えを提起した（本訴）。本訴の第1審は、Yの不法行為に基づく損害賠償請求権との相殺の抗弁〔相殺の抗弁①〕を認めず、Xの請求を一部認容した。本訴の第1審に先立ち、YはXに対して、売買代金等を求めて訴えを提起していたところ（別訴）、別訴の第1審はYの請求を一部認容した。

本訴の第2審で、Yは別訴で一部認容された売買代金等債権を自働債権として相殺する旨の抗弁〔相殺の抗弁②〕を新たに主張した。本訴と別訴は控訴審で併合された後に分離されたが、上記相殺の抗弁②は併合中に主張されたものである。本訴の第2審はYの相殺の抗弁を認めず、Yの控訴を棄却した。Yが上告。

判決要旨　上告棄却。「係属中の別訴において訴訟物となっている債権を自働債権として他の訴訟において相殺の抗弁を主張することは許されないと解するのが相当である（最高裁昭和58年（オ）第1406号同63年3月15日第三小法廷判決・民集42巻3号170頁参照）。すなわち、民訴法231条〔現民訴142条〕が重複起訴を禁止する理由は、審理の重複による無駄を避けるためと複数の判決において互いに矛盾した既判力ある判断がされるのを防止するためであるが、相殺の抗弁が提出された自働債権の存在又は不存在の判断が相殺をもって対抗した額について既判力を有するとされていること（同法199条2項〔現民訴114条2項〕）、相殺の抗弁の場合にも自働債権の存否について矛盾する判決が生じ法的安定性を害しないようにする必要があるけれども理論上も実際上もこれを防止することが困難であること、等の点を考えると、同法231条〔現民訴142条〕の趣旨は、同一債権について重複して訴えが係属した場合のみならず、既に係属中の別訴において訴訟物となっている債権を他の訴訟において自働債権として相殺の抗弁を提出する場合にも同様に妥当するものであり、このことは右抗弁が控訴審の段階で初めて主張され、両事件が併合審理された場合についても同様である。」

```
                        〔別訴〕売買代金等支払請求訴訟
X  ←──────────────────────────────────────────── Y

                        〔本訴〕売買代金等支払請求訴訟
X  ────────────────────────────────────────────→ Y

                                    ←────────────
                                    不法行為に基づく損害賠償請求権
                                    〔相殺の抗弁①〕

                                    ←────────────
                                    別訴で一部認容された売買代金等債権
                                    〔相殺の抗弁②〕
                                    ※相殺の抗弁②提出当時、本訴と別訴
                                     は、控訴審で併合審理されていた。
```

本判決の位置づけ・射程範囲

相殺の抗弁と重複起訴の禁止（民訴142条）をめぐる問題は、ある訴訟で相殺の抗弁として主張している債権について、これを訴訟物として別訴を提起する場合（抗弁先行型）と、ある訴訟で訴求中の債権を別訴で相殺の抗弁として主張する場合（抗弁後行型）に整理して検討されている。

本件は抗弁後行型の事案であり、本訴被告が別訴原告として本訴原告に対して請求中の債権を本訴で相殺の抗弁として主張することが許されるか否かが問題となった。本判決は、旧民訴法231条（現民訴142条）の趣旨が妥当することから別訴の訴訟物である債権を本訴で自働債権として相殺の抗弁を主張することは許されない旨を判示した。

さらに、本判決は、相殺の抗弁が控訴審で初めて主張され、しかも、本訴と別訴が控訴審で併合審理された場合も同様に、重複起訴の禁止の趣旨が妥当すると判示した。なお、併合審理の有無との関係では、「控訴審において、両事件が併合審理され同一裁判所が同時に判決をする場合には、その審級における判断の抵触を避けることができるであろうが、しかし、両事件がその後の審級において必ず併合審理されるという保証はなく、ある審級における併合審理の一事をもって直ちに既判力の抵触回避が可能であるとは断言できないのである」との指摘が参考になるといえよう（最判解民事篇平成3年度516頁以下〔河野信夫〕）。

さらに理解を深める　百選4版38①事件〔本間靖規〕　最判解民事篇平成3年度511頁〔河野信夫〕、伊藤4版補訂版222頁、新堂5版228頁、松本＝上野7版329頁、中野ほか2版補訂2版162頁、高橋（上）2版補訂版141頁、三木ほか522頁、和田57頁、藤田・講義3版144頁、藤田・解析2版149頁　**関連判例**　最三判昭和63・3・15民集42巻3号170頁、最三判平成10・6・30**本書164事件**、最二判平成18・4・14**本書29事件**

第3章 訴　え　　　　　　　　　　　　　　　　　　　　岡　伸浩

29 相殺と重複起訴(3)

最高裁平成18年4月14日第二小法廷判決
事件名等　平成16年（受）第519号損害賠償等請求本訴、請負代金等請求反訴事件
掲載誌　民集60巻4号1497頁、判時1931号40頁、判タ1209号83頁、
　　　　金法1781号61頁、金判1251号35頁

［概要］ 本判決は、本訴及び反訴が係属する事案において、反訴原告（本訴被告）が反訴請求債権を自働債権とし、本訴請求債権を受働債権として相殺の抗弁を主張した場合、反訴原告の異なる意思表示がない限り、従前の反訴は、反訴請求債権につき本訴において相殺の自働債権として既判力ある判断が示された場合には、その部分については反訴請求としない趣旨の予備的反訴に変更されることになると解するのが相当であるとして、当該相殺の抗弁の主張は、重複起訴の禁止に反しないとしたものである。

［事実関係］ Xは、建築業者Aにマンションの新築工事を注文し、Aから完成したマンションの引渡しを受けた。ところが、マンションに瑕疵があったため、XはAに対して瑕疵修補に代わる損害賠償の支払いを求めて訴訟を提起した（本訴）。AはXに対して、請負残代金の支払いを求めて反訴を提起した（反訴）。第1審係属中にAが死亡し、Aの相続人Yらが本件訴訟を承継した。Yらは、第1審の口頭弁論期日において、Yらが相続によって取得した反訴で訴求中のXに対する請負残代金債権を自働債権とし、XのYらに対する損害賠償債権を受働債権として対当額で相殺する旨の意思表示をし、本訴における抗弁として主張した。第1審、第2審ともに相殺を認めた上で、Xの請求を一部認容した。Yらが上告。本判決は、Yらの上告理由を判断する前提として、Yらの相殺の主張の適法性を判断した。

［判決要旨］ 破棄自判。「本件相殺は、反訴提起後に、反訴請求債権を自働債権とし、本訴請求債権を受働債権として対当額で相殺するというものであるから、まず、本件相殺と本件反訴との関係について判断する。
　……係属中の別訴において訴訟物となっている債権を自働債権として他の訴訟において相殺の抗弁を主張することは、重複起訴を禁じた民訴法142条の趣旨に反し、許されない（最高裁昭和62年（オ）第1385号平成3年12月17日第三小法廷判決・民集45巻9号1435頁）。
　……しかし、本訴及び反訴が係属中に、反訴請求債権を自働債権とし、本訴請

第3章 訴え　59

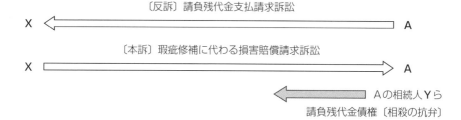

求債権を受働債権として相殺の抗弁を主張することは禁じられないと解するのが相当である。この場合においては、反訴原告において異なる意思表示をしない限り、反訴は、反訴請求債権につき本訴において相殺の自働債権として既判力ある判断が示された場合にはその部分については反訴請求としない趣旨の予備的反訴に変更されることになるものと解するのが相当であって、このように解すれば、重複起訴の問題は生じないことになるからである。そして、上記の訴えの変更は、本訴、反訴を通じた審判の対象に変更を生ずるものではなく、反訴被告の利益を損なうものでもないから、書面によることを要せず、反訴被告の同意も要しないというべきである。本件については、前記事実関係及び訴訟の経過に照らしても、上告人らが本件相殺を抗弁として主張したことについて、上記と異なる意思表示をしたことはうかがわれないので、本件反訴は、上記のような内容の予備的反訴に変更されたものと解するのが相当である。」

本判決の位置づけ・射程範囲

本判決は、最三判平成3・12・17 本書28事件 を前提とした上で、本訴及び反訴が係属中に本訴で被告が相殺を主張した場合には、反訴原告（本訴被告）が異なる意思表示をしない限り、従前の反訴は予備的反訴に変更されたものと解されることから、重複起訴の禁止に抵触しない旨を判示した。

本判決は、平成3年判決と整合した解決を図るべく、本訴及び反訴が係属中に反訴請求債権を自働債権とし、本訴訴求債権を受働債権とする相殺の主張がなされた場合に、無条件の反訴から予備的反訴への訴えの変更を推定したものと考えられる（後掲・平成18年度重判民訴1事件〔三木浩一〕参照）。さらに、本判決は上記訴えの変更は審判対象の変更を生ずるものでなく反訴被告の利益を損なわないから、書面によることを要せず、反訴被告の同意も要しないとした点に意義がある。

さらに理解を深める
百選4版A12事件〔村田典子〕　最判解民事篇平成18年度（上）525頁〔増森珠美〕、平成18年度重判民訴1事件〔三木浩一〕、伊藤4版補訂版222頁、新堂5版228頁、松本＝上野7版332頁、中野ほか2版補訂2版168頁、高橋（上）2版補訂版146頁、三木ほか522頁、和田456頁、藤田・講義3版430頁

関連判例
最三判昭和63・3・15民集42巻3号170頁、最三判平成10・6・30 本書164事件 、最三判平成3・12・17 本書28事件

第3章 訴え　　　　　　　　　　　　　　　　　　　岡　伸浩

30 請求棄却の主張と時効取得の中断

最高裁昭和43年11月13日大法廷判決
事件名等：昭和41年（オ）第984号土地建物所有権確認所有権取得登記抹消登記手続請求事件
掲載誌：民集22巻12号2510頁、判時536号16頁、判タ230号156頁、金法531号30頁、金判151号12頁

概要　本判決は、土地建物の所有権に基づく登記手続請求訴訟において、被告が自己に所有権があることを主張して請求棄却の判決を求め、その主張が判決によって認められた場合には、当該主張は裁判上の請求に準ずるものとして、原告のための取得時効を中断する効力を生ずるとしたものである。

事実関係　Xらは、本件土地建物の所有者であったXらの父親A及びその相続人である母親Bの死亡により、本件土地建物の所有権を取得したことを主張して、本件土地建物の登記簿上の所有名義人Yに対して、所有権移転登記手続等を求めて訴えを提起した。Xらは、予備的に取得時効（Aから本件土地建物の占有を承継し20年間占有）による本件土地建物の所有権取得を主張した。

Yらは、Aから本件土地建物の所有権を適法に取得したと主張した。また、時効取得について、時効完成前である本訴訟の第1審でXらの主張を争う答弁書をYらが陳述した時点で時効中断があったと主張した。第1審及び第2審は、Yらの答弁書の陳述は、裁判上の請求に該当し、時効中断の効力があると判示して、Xらの請求を棄却した。Xが上告。

判決要旨　上告棄却。「Yらの右答弁書による所有権の主張は、その主張が原審で認められた本件においては、裁判上の請求に準ずるものとして民法147条1号の規定によりXらの主張する20年の取得時効を中断する効力を生じたものと解すべきである。けだし、原判決は、本件係争物件につき、Xらに所有権（共有権）に基づく所有権移転登記請求権がないことを確定しているに止まらず、進んでYらにその所有権（共有権）があることを肯定していると解されるのであるから、時効制度の本旨にかんがみ、Yらの前示主張には、時効中断の関係においては、所有権そのものに基づく裁判上の請求に準じ、これと同じ効力を伴うものとするのが相当であるからである。」

第3章　訴え　61

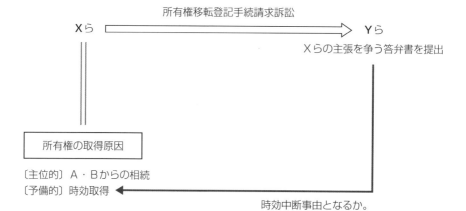

本判決の位置づけ・射程範囲

　民法は、裁判上の請求が時効中断の効力を有することを定める（民147条1号・149条）。裁判上の請求としては、原告が時効の対象となる権利自体を訴訟物として訴えを提起する場合がその典型である。

　本件のような不動産登記手続請求訴訟の訴訟物は所有権に基づく登記請求権であり、目的不動産の所有権そのものではないと解されている。そこで、時効中断の対象となる権利は訴訟物自体でなければならないかが問題となる。

　本判決は、時効中断効が認められる裁判上の請求に関して、時効中断効が認められる範囲は必ずしも訴訟物自体に限定されず、判断の前提となる権利関係に関して主張がなされた場合は裁判上の請求に準ずるものとして、時効中断の効力が認められる場合があることを明らかにした。

　本判決と同様に訴訟物たる権利関係自体に限らず、攻撃防御方法について時効中断の効力を認めた裁判例として、請求異議訴訟で、被告が債権の存在を主張した場合（大判昭和17・1・28 関連判例 ）、動産の引渡請求訴訟で、被告が留置権の抗弁として被担保債権の存在を主張した場合（最大判昭和38・10・30 関連判例 ）、抵当権設定登記抹消登記手続請求訴訟で、被告が被担保債権の存在を主張した場合（最一判昭和44・11・27 関連判例 ）等がある。

　なお、時効中断効の根拠をめぐっては、学説上、権利者による権利行使がなされたことに求める権利行使説と権利の存在が判決等によって確定され、これによって継続した事実状態が法的に否定されることに求める権利確定説の対立がある。本判決は、いずれの立場に立脚するかを明確にせず、「時効制度の本旨」にその根拠を求めている。

さらに理解を深める　百選3版44①事件〔早田尚貴〕　最判解民事篇昭和43年度（下）1037頁〔小倉顕〕、伊藤4版補訂版224頁、新堂5版231頁、松本＝上野7版224頁、中野ほか2版補訂2版173頁、藤田・解析2版45頁　関連判例　大判昭和17・1・28民集21巻37頁、最大判昭和38・10・30民集17巻9号1252頁、最一判昭和44・11・27民集23巻11号2251頁

第3章 訴え　　　　　　　　　　　　　　　　　　　　　岡　伸浩

31　訴訟上の権利の濫用──訴権の濫用

最高裁昭和53年7月10日第一小法廷判決
事件名等：昭和52年（オ）第1321号社員総会決議不存在確認請求事件
掲載誌：民集32巻5号888頁、判時903号89頁、判タ370号66頁、
　　　　金判557号13頁

概要　本判決は、有限会社の経営の実権を握っていた者が第三者に対して自己の持分全部を相当の代償を受けて譲渡することにより、事実上経営を当該第三者に委ねたという事案で、当該持分の譲渡人が相当長期の期間を経過した後に、譲渡の当時、社員総会を開いて持分譲渡の承認を受けることがきわめて容易であったにもかかわらず、持分譲渡の承認及びこれを前提とする役員選任等に関する社員総会決議の不存在確認を求める訴えを提起することは、訴権の濫用に該当し許されないとしたものである。

事実関係　有限会社Yは、Xとその娘Aを中心として薬局を営む同族会社であった。Xらは経営に行き詰まったため、社員らの持分総計220口のうちXの持分を含む200口をBC夫婦に有償で譲渡した。この持分譲渡以後はB及びCがY社の経営にあたっていた。

持分譲渡から約3年経過した後に、XはY社を被告として、上記持分譲渡の承認とこれを前提とする旧役員の辞任及び新役員の選任等に関する社員総会決議不存在の確認を求めて訴えを提起した。第1審及び第2審は、Xの請求を認容した。Y社が上告。

判決要旨　破棄自判。「Xは、相当の代償を受けて自らその社員持分を譲渡する旨の意思表示をし、Y社の社員たる地位を失うことを承諾した者であり、右譲渡に対する社員総会の承認を受けるよう努めることは、Xとして当然果たすべき義務というべきところ、当時娘Aと共に一族の中心となってY社を支配していたXにとって、社員総会を開いて前記Xらの持分譲渡について承認を受けることはきわめて容易であったと考えられる。このような事情のもとで、Xが、社員総会の持分譲渡承認決議の不存在を主張し、Y社の経営が事実上BC夫婦の手に委ねられてから相当長年月を経たのちに右決議及びこれを前提とする一連の社員総会の決議の不存在確認を求める本訴を提起したことは、特段の事情のない限り、Xにおいて何ら正当な事由なくY社に対する支配の回復を図る意図に出たものというべく、Xのこのような行為はBC夫婦に対し甚しく信義を欠き、道義上是認しえないものというべきである。ところで、株式会社における株主総

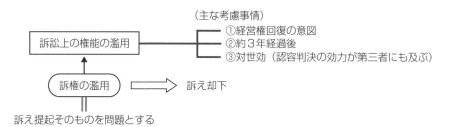

　会決議不存在確認の訴は、商法252条〔現会社830条2項に相当〕所定の株主総会決議無効確認の訴の一態様として適法であり、これを認容する判決は対世効を有するものと解されるところ……、右商法252条の規定は有限会社法41条により有限会社の社員総会に準用されているので、右社員総会の決議の不存在確認を求めるXの本訴請求を認容する判決も対世効を有するものというべきである。そうすると、前記のようにXの本訴の提起がBC夫婦に対する著しい信義違反の行為であること及び請求認容の判決が第三者であるBC夫婦に対してもその効力を有することに鑑み、Xの本件訴提起は訴権の濫用にあたるものというべく、右訴は不適法たるを免れない。」

本判決の位置づけ・射程範囲

　本判決は、期日指定権や忌避申立権といった個々の訴訟上の権能ではなく、訴え提起そのものを問題として私人が裁判所に対して訴えを提起して判決を求める権能、すなわち訴えの提起自体が権利の濫用に該当し、不適法であるとした最高裁判例として意義を有する。

　学説上は、訴権の濫用は訴訟上の信義則（民訴2条）の一類型であると位置づけられている。

　本判決は、訴権の濫用についての判断にあたって、Xは娘AとともにY社の持分の大半を保有し、Y社を支配していたものであり、社員総会を開いて持分譲渡について承認を得ることはきわめて容易であったこと、自ら社員持分の譲渡の意思表示をして、その代償を取得してY社の経営をBC夫婦に委ねたにもかかわらず、約3年経過後に社員総会決議の不存在確認の訴えを提起してY社の経営権を取り戻そうとすることはBC夫婦に対する関係で信義則に反するものであること、株主総会決議不存在確認の訴えの認容判決は対世効を有し（旧有限会社法41条による商法旧252条の準用）、直接的にBC夫婦に対して法的効力を及ぼすものであることを考慮している。

さらに理解を深める

百選4版31事件〔山城崇夫〕　最判解民事篇昭和53年度295頁〔加茂紀久男〕、伊藤4版補訂版327頁、新堂5版264頁、松本＝上野7版136頁、中野ほか2版補訂2版28頁、高橋（下）2版補訂版23頁、三木ほか151頁、和田159頁、藤田・解析2版21頁　関連判例　最一判昭和51・9・30〔本書165事件〕、最三判昭和63・1・26〔本書12事件〕、最三判平成6・4・19判時1504号119頁、最二判平成18・7・7民集60巻6号2307頁

第4章 裁判所　　　　　　　　　　　　　　　　　　　　　岡　伸浩

32　天皇に対する民事裁判権

最高裁平成元年11月20日第二小法廷判決
　事件名等：平成元年（行ツ）第126号住民訴訟による損害賠償請求事件
　掲載誌：民集43巻10号1160頁、判時1338号104頁、判タ719号124頁、
　　　　　　金判836号42頁

概要　本判決は、天皇には民事裁判権が及ばないとして、天皇を被告とする訴訟を不適法として却下したものである。

事実関係　千葉県の住民Xは、千葉県知事が昭和天皇の病気の快癒を願う県民記帳所を設置し、そのための公金を支出したことは違法であると主張し、上記設置費用相当額を昭和天皇が不当に利得し、その不当利得返還債務を現在の天皇が相続したことを理由に、地方自治法242条の2第1項4号に基づき千葉県に代位して千葉県知事に対して損害賠償を請求し、天皇に対して不当利得返還を請求する住民訴訟を提起した。

　第1審は当初、天皇は民事裁判の当事者たりえず、本件の訴状は補正の余地がないものとして、訴状を却下した。Xが即時抗告し、抗告審は、訴状却下命令を取り消した。そこで、第1審は改めて、民事裁判権の及ばない相手方を被告とする訴えであり、不適法却下とすべきと判示した。第2審は、「天皇に対しても民事裁判権が及ぶとするなら、民事及び行政の訴訟において、天皇といえども、被告適格を有し、また証人となる義務を負担することになるが、このようなことは、日本国の象徴であり日本国民統合の象徴であるという、天皇の憲法上の地位とは全くそぐわないものである」として、天皇に対しては民事裁判権が及ばず、本件訴えを不適法と判示し、第1審の判断を維持した。Xが上告。

判決要旨　上告棄却。「天皇は日本国の象徴であり日本国民統合の象徴であることにかんがみ、天皇には民事裁判権が及ばないものと解するのが相当である。」

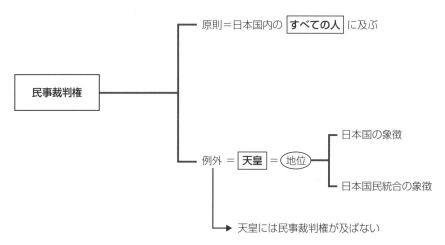

本判決の位置づけ・射程範囲

　民事裁判権とは、裁判所が司法権の一作用として、私人間の権利義務や法律関係についての争いを解決するために行使する権能を意味する。具体的には、訴状をはじめとする訴訟関係書類の送達、口頭弁論期日への呼出し、判決の言渡し等がある。わが国における民事裁判権は、わが国の主権の及ぶ範囲と一致し、日本国内にいる全ての人に及ぶのが原則である。

　本件は、千葉県の住民が原告となって天皇に対して不当利得返還を求めた住民訴訟であり、民事裁判権が天皇に及ぶかという点が問題となった。この点について学説では、民事裁判権は原則としてわが国にいる全ての人に及び、天皇もその例外ではないとする積極説と、天皇は民事裁判権に服しないとする消極説の立場が主張されているが、積極説が多数説であるとされている。

　本判決は、天皇には民事裁判権が及ばないことを明らかにした初めての最高裁判決であるが、その根拠としては「天皇が日本国の象徴であり日本国民統合の象徴であることにかんがみ」とのみ判示し、それ以上に具体的な理由を述べていない。

　原審の東京高判平成元・7・19は、「天皇は日本国憲法において、主権者である日本国民の総意に基づく、日本国民統合の象徴という地位にあるとされているから、主権者である一般の国民とは異なる法的地位にあると解される。……仮に、天皇に対しても民事裁判権が及ぶとするなら、民事及び行政の訴訟において、天皇といえども、被告適格を有し、また証人となる義務を負担することになるが、このようなことは、日本国の象徴であり日本国民統合の象徴であるという、天皇の憲法上の地位とは全くそぐわないものである」と判示している。本判決もこの原審判決の判断枠組みに沿うものであるといえる。

さらに理解を深める

百選Ⅰ補正版6事件〔長谷部恭男〕　最判解民事篇平成元年度397頁〔岩渕正紀〕、伊藤4版補訂版38頁、新堂5版91頁、松本＝上野7版78頁、中野ほか2版補訂2版70頁、三木ほか341頁　**関連判例**　東京高決昭和51・9・28東高民時報27巻9号217頁

第4章 裁判所　　　　　　　　　　　　　　　　　　　　河野憲一郎

33 外国国家と民事裁判権

最高裁平成18年7月21日第二小法廷判決
　事件名等：平成15年（受）第1231号貸金請求事件
　掲載誌：民集60巻6号2542頁、判時1954号27頁、判タ1228号119頁、
　　　　　金判1259号56頁

概要　本判決は、外国国家は、私法的ないし業務管理的な行為については、特段の事情がない限り、我が国の民事裁判権を免除されないこと、私人との間の書面による契約に含まれた明文の規定によって当該契約から生じた紛争について我が国の裁判権に服することを約している場合には、原則として、当該紛争について我が国の民事裁判権を免除されないことを判示したものである。

事実関係　日本企業であるXらは、Y国の代理人であるA社との間で、高性能コンピューター等を売り渡す売買契約を締結し、商品を引き渡した後、売買代金債務を消費貸借の目的とする旨の準消費貸借契約を締結した（❶）と主張して、Yに対し、当該貸金の支払いを求める訴えを提起した（❷）。なお、記録によれば、前記売買におけるA社名義の注文書には、売買契約に関して紛争が生じた場合には、Yは日本の裁判所で裁判手続を行うことに同意する旨の条項が記載され、それが準消費貸借契約にも準用されていた。

　第1審では、Xの請求を認容する判決がされた。Yは控訴して、裁判権免除を主張して訴えの却下を求めたところ（❸）、原審はその主張を認め、第1審判決を取り消し、本件訴えを却下した。Xらより上告受理の申立て。

判決要旨　破棄差戻し。「今日においては、外国国家は主権的行為について法廷地国の民事裁判権に服することを免除される旨の国際慣習法の存在については、これを引き続き肯認することができるものの……、外国国家は私法的ないし業務管理的な行為についても法廷地国の民事裁判権から免除される旨の国際慣習法はもはや存在しないものというべきである。」「外国国家は、その私法的ないし業務管理的な行為については、……特段の事情がない限り、我が国の民事裁判権から免除されないと解するのが相当である。」

　また、「外国国家は、……私人との間の書面による契約に含まれた明文の規定により当該契約から生じた紛争について我が国の民事裁判権に服することを約することによって、我が国の民事裁判権に服する旨の意思を明確に表明した場合にも、原則として、当該紛争について我が国の民事裁判権から免除されないと解するのが相当である。」

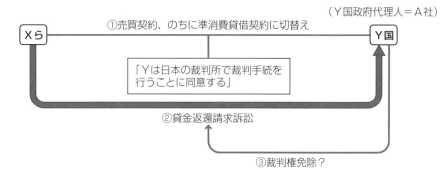

本判決の位置づけ・射程範囲

外国国家に対する民事裁判権免除に関しては、いわゆる〈絶対免除主義〉が伝統的な国際慣習法であった。我が国でも、中華民国代理公使の振り出した約束手形の支払請求がなされた事案についての大決昭和3・12・28 関連判例 が、外国国家は、不動産に関する訴訟など特別の理由がある場合を除いて、原則として、我が国の民事裁判権には服さない、また、外国国家は、自ら進んで我が国の裁判権に服する旨の意思表示をした場合には、例外的にこれに服するが、この意思表示は常に国家から国家に対してすることを要するとの判示をして以来、判例はこの立場であった。もともとこのような絶対免除主義は、国家が経済活動にかかわることが少なかったことを背景とするものであった。しかし、20世紀に入ると、国家の活動範囲は飛躍的に拡大し、国家の私法的ないし業務管理的な行為についてまで民事裁判権を免除するのは相当ではないとする〈制限免除主義〉が台頭し、これが次第に世界的趨勢になった。こうした移行を背景に、近時は下級審裁判例の判断も分かれていたところ、最二判平成14・4・12〔横田基地訴訟〕関連判例 は、アメリカ合衆国軍隊の航空機の横田基地における夜間離発着による騒音によって人格権を侵害されているとして、同国に対して夜間の航空機の離発着の差止めと損害賠償が請求された事案につき、今日では制限免除主義に関する国家実行が積み重ねられているという現状に言及して、制限免除主義への判例変更を示す画期的な説示をした。ただし、この事案は、絶対免除主義と制限免除主義のいずれを採用したとしても被告に民事裁判権免除が認められるものであったため、上記説示部分はあくまでも傍論にとどまっていた。本件は、いずれの立場を採用するかによって結論が異なりうる事案において、最高裁が、前記大審院決定を78年ぶりに変更して制限免除主義を採用することを明らかにしたものである。もっとも、外国等に対する我が国の民事裁判権に関する法律（平成21年4月24日法律第24号）が施行されている今日では、もはや本判決の法理の適用によるのではなく、同法の規定の解釈適用によって事案の解決が図られることになる。

さらに理解を深める 国際法百選2版22事件〔平覚〕 最判解民事篇平成18年度〔三木素子〕 関連判例 大決昭和3・12・28民集7巻1128頁、最二判平成14・4・12民集56巻4号729頁、最二判平成21・10・16民集63巻8号1799頁

第4章　裁判所　　　　　　　　　　　　　　　　　　　　　　　岡　伸浩

34 移送申立てと裁判所の裁量

最高裁平成20年7月18日第二小法廷決定
事件名等：平成20年（許）第21号移送申立て却下決定に対する抗告審の取消決定に対する許可抗告事件
掲載誌：民集62巻7号2013頁、判時2021号41頁、判タ1280号118頁、金法1853号66頁

概要　本決定は、地方裁判所にその管轄区内の簡易裁判所の管轄に属する訴訟が提起された後、被告から同簡易裁判所への移送の申立てがあった場合、同申立てを却下するか否かの判断は、民訴法16条2項の趣旨にかんがみ地方裁判所の合理的な裁量に委ねられる旨を判示したものである。

事実関係　Xは貸金業者であるYに対して、過払金についての不当利得返還請求訴訟を自らの住所地を管轄する大阪地裁に提起した（❶）。Yは、Xとの間で大阪簡裁を専属的管轄とする合意が成立していると主張し、民訴法16条1項に基づき本訴訟を大阪簡裁に移送することを求めた（❷）。これに対し、Xは、専属的管轄の合意の成立及び効力を争うとともに、本訴訟は、大阪地裁において裁判するのが相当であると主張した。第1審は、本訴訟は大阪地裁において自ら審判する（自庁処理）のが相当であるとして、Yの移送申立てを却下する決定をした。第2審は、第1審を取り消して本訴訟を大阪簡裁に移送する旨の決定をした（❸）。Xが許可抗告を申し立てた。

決定要旨　破棄自判。「民訴法16条2項の規定は、簡易裁判所が少額軽微な民事訴訟について簡易な手続により迅速に紛争を解決することを特色とする裁判所であり（裁判所法33条、民訴法270条参照）、簡易裁判所判事の任命資格が判事のそれよりも緩やかである（裁判所法42条、44条、45条）ことなどを考慮して、地方裁判所において審理及び裁判を受けるという当事者の利益を重視し、地方裁判所に提起された訴訟がその管轄区域内の簡易裁判所の管轄に属するものであっても、地方裁判所が当該事件の事案の内容に照らして地方裁判所における審理及び裁判が相当と判断したときはその判断を尊重する趣旨に基づくもので、自庁処理の相当性の判断は地方裁判所の合理的な裁量にゆだねられているものと解される。そうすると、地方裁判所にその管轄区域内の簡易裁判所の管轄に属する訴訟が提起され、被告から同簡易裁判所への移送の申立てがあった場合においても、当該訴訟を簡易裁判所に移送すべきか否かは、訴訟の著しい遅滞を避

第4章　裁判所　69

　　　　　　　　　不当利得返還請求訴訟　　　　　　　貸金業者
X ─────────────────────────────────▶ Y

　①大阪 地方 裁判所〔Xの住所地〕に提起

　②Y：専属的合意管轄の成立を理由に大阪 簡易 裁判所への移送の申立て
　　　　　　　　　↓
　③第2審は大阪 簡易 裁判所に移送する旨の決定

けるためや、当事者間の衡平を図るという観点（民訴法17条参照）からのみではなく、同法16条2項の規定の趣旨にかんがみ、広く当該事件の事案の内容に照らして地方裁判所における審理及び裁判が相当であるかどうかという観点から判断されるべきものであり、簡易裁判所への移送の申立てを却下する旨の判断は、自庁処理をする旨の判断と同じく、地方裁判所の合理的な裁量にゆだねられており、裁量の逸脱、濫用と認められる特段の事情がある場合を除き、違法ということはできないというべきである。このことは、簡易裁判所の管轄が専属的管轄の合意によって生じた場合であっても異なるところはない（同法16条2項ただし書）。」

本決定の位置づけ・射程範囲

　地方裁判所は、その管轄区域内の簡易裁判所の管轄に属する訴訟が提起された場合、その簡易裁判所の専属管轄に属するものを除いて、当該訴訟を簡易裁判所に移送せずに自ら審理及び裁判をすることができる（民訴16条2項）。本件では、地方裁判所にその管轄区域内の簡易裁判所の管轄に属する訴訟が提起され、被告から専属的合意の合意に基づいて同簡易裁判所への移送申立てがなされた場合に、地方裁判所が民訴法16条2項により当該訴訟について自ら審理及び裁判することを相当と認めて、移送の申立てを却下した判断の当否が争われた。

　本決定は、このような場合に移送申立てを却下する判断は、民訴法16条2項の趣旨に照らして広く当該事件の事案の内容にかんがみ地方裁判所における審理及び裁判が相当であるかどうかという観点からされるべきであり、地方裁判所の合理的な裁量に委ねられると判断した。また、このことは、簡易裁判所の管轄が専属的管轄の合意によって生じた場合でも異ならないとしている。

さらに理解を深める　百選4版3事件〔藤本利一〕　最判解民事篇平成20年度424頁〔田中秀幸〕、平成20年度重判民訴1事件〔濱田陽子〕、伊藤4版補訂版91頁、新堂5版125頁、松本＝上野7版285頁、三木ほか77頁、和田23頁、藤田・解析2版168頁　**関連判例**　東京高決平成22・1・26判タ1319号270頁、最二決平成23・5・18 **本書224事件**

第4章 裁判所　　　　　　　　　　　　　　　　岡　伸浩

35 管轄選択権の濫用

札幌高裁昭和41年9月19日決定
　事件名等：昭和41年（ラ）第32号移送申立却下決定に対する即時抗告事件
　掲 載 誌：高民集19巻5号428頁、判時470号45頁、判タ196号125頁

概　要　本決定は、訴訟当事者が本来管轄のない請求について、自己に便利な裁判所に管轄を生じさせるためだけの目的で、訴訟追行する意思のないその裁判所の管轄に属する請求を併合提起することは、管轄選択権の濫用に該当し、許されないとしたものである。

事実関係　約束手形の所持人Xは、約束手形の振出人Y_1、第1裏書人Y_2及び第2裏書人Y_3に対する手形金の支払を求めて訴訟を併合提起した。その際、Y_1及びY_2に対する請求は、手形の支払地であり、Y_1及びY_2の住所地でもある大船渡市を管轄する盛岡地裁に管轄を有したが、釧路に居住するXは、Xと同様に釧路に居住するY_3の住所地を管轄する釧路地裁を選択した。Xは第1回口頭弁論期日において、訴状の陳述をしないままY_3に対する訴えを取り下げた。Y_1は管轄違いを理由に盛岡地裁への移送を申し立てたが、釧路地裁はこれを却下したため、Y_1が即時抗告をした。

決定要旨　原決定取消し。本訴を盛岡地裁に移送する。「民事訴訟法第21条〔現民訴7条〕は、約束手形の振出人に対する請求と、裏書人に対する償還請求とをするためこれらを共同被告として提起する主観的併合の場合にも適用があると解すべきである。」

「管轄は、起訴の時を標準として定まるものである（法第29条）〔現民訴15条〕から、共同訴訟人であるY_3に対する訴が原裁判所の管轄に属したることにより、法第21条により抗告人Y_1についても管轄が生じたりとすれば、起訴後同人Y_3に対する訴が取り下げられたことによって、一旦生じた抗告人Y_1についての管轄を失うものではない。」

「然し乍ら、外形上、法第21条の要件を充たす場合であっても、当事者（原告X）が、本来管轄のない請求について自己に便利な裁判所へ管轄を生じさせるためだけの目的で、本来訴訟を追行する意思のないその裁判所の管轄に属する請求を併せてしたと認められるような場合は、法第21条によって与えられる管轄選択権の濫用として、これを許容することができないものと解すべきである。」

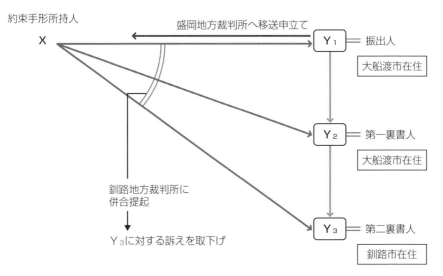

本決定の位置づけ・射程範囲

本件では、①ある請求について管轄権を有する場合には他の請求について管轄権を有しなくとも、当該裁判所に請求を併合して提起できる旨を定めた旧民訴法21条（現民訴7条）が訴えの主観的併合の場合に適用があるか、②併合裁判籍を取得後に訴えの取下げがあった場合、併合請求の裁判籍は消滅するか、③自己に有利な裁判所に管轄権を取得するために便宜的に訴えを併合提起した場合、どのように取り扱うべきかという点が問題となった。

①について、旧法下において、旧民訴法21条が訴えの客観的併合の場合に適用されることに争いはなかったが、訴えの主観的併合の場合に適用があるか否かについては法文上明確でなく、肯定説、否定説のほか、共同訴訟人に対する請求相互の関連性の有無により、旧民訴法21条の適用を判断する折衷説の対立があった。現行民訴法は折衷説の立場を取り入れ、現行民訴法38条前段に定める場合に限り現行民訴法7条の適用を認めて、併合請求における管轄の発生を認めることを明らかにすることにより、立法的に解決した（現民訴7条ただし書）。

②について、本決定は、共同訴訟において併合裁判籍を取得する際にこれを基礎づけた請求が取り下げられたとしても、あくまでも管轄は訴え提起の時を標準として定める（現民訴15条）以上、その後に併合請求の基礎とされた1つの訴えが取り下げられても併合請求の裁判籍は影響を受けないと判断した。

③について、Xの訴訟態度からみて、当初から明らかにY₃に対する訴訟追行の意思を持っていなかったことを認定して、管轄選択権の濫用であり、許されないとした上で、旧民訴法30条（現民訴16条）に基づく移送を認めた。

さらに理解を深める 百選3版A2事件〔高田賢治〕 新堂5版116頁、松本＝上野7版134頁、中野ほか2版補訂2版77頁、和田271頁 **関連判例** 名古屋地決昭和55・10・18判時1016号87頁

第4章　裁判所　　　　　　　　　　　　　　　　　　　河野憲一郎

36　裁量移送

①東京高裁平成10年10月19日決定
　事件名等：平成10年（ラ）第2336号移送決定に対する抗告事件
　掲載誌：判時1674号78頁、判タ1039号268頁
②東京高裁平成15年5月22日決定
　事件名等：平成15年（ラ）第794号移送申立却下決定に対する即時抗告事件
　掲載誌：判タ1136号256頁

概要　①事件：本決定は、民訴法17条の「その他の事情」には、高度の専門知識を有する裁判所が処理するのが適切な種類の事件で、移送先の裁判所にその種類の事件を処理する専門部があることも含まれると判示したものである。
②事件：本決定は、銀行支店の取引に基づき発生した債権が債権回収会社に譲渡され、この者が自己の住所地に提起した訴訟について、当該銀行の取引支店を管轄する裁判所への移送が認められた事例である。

事実関係　①事件：X株式会社（本店長野県飯田市）は、Y₁株式会社（本店大阪市）が製造しY₂株式会社（本店新潟県白根市）が購入使用している機械について、Xの有するノウハウを不正に使用したものであるとして、不正競争防止法に基づいて製造使用等の差止めと損害賠償を長野地方裁判所飯田支部に求めた。これに対して、Y₁が民訴法17条に基づいて大阪地方裁判所への移送を申し立て、原審は同地裁へ移送する旨の決定をした。Xより即時抗告。

②事件：A銀行は、Y₁に対して手形貸付をし、その債務につきY₂が連帯保証をしていた。A・Y₁間の銀行取引約定書には、Aの本店又は奈良支店の所在地を管轄する裁判所を管轄裁判所とする旨の合意があった。その後、Aが上記貸付債権をX社に譲渡、XはY₁、Y₂に対して、東京地方裁判所に上記債権の支払いを求めて訴えを提起した。Y₁らは奈良地方裁判所への移送を申し立てたが、原審で却下されたので、即時抗告。

決定要旨　①事件：抗告棄却。「民事訴訟法17条……にいう『その他の事情』には、当該事件がその処理に高度の専門的知識を有する裁判所が処理するのが適切な種類の事件であり、移送先とされる裁判所がその種類の事件を処理する専門部を有していることも含まれるものと解するのが相当である……。
　けだし、その処理に高度の専門的知識を有する裁判所が処理するのが適切な類の事件をその種類の事件を処理する専門部で処理することが、同条に具体的に挙

げられた証拠調上の便宜と同様に、訴訟の著しい遅滞を避けるために必要な場合があるものと考えられるからである。」

②事件：取消し移送。〔Xの住所地を管轄する東京地方裁判所が義務履行地の管轄権を有することになるが、他方で、A・Y_1間での銀行取引約定書による（付加的な）管轄合意によって管轄裁判所として奈良地方裁判所が予定されていたとした上で、次のように述べる。〕「本件の主たる争点は、Y_2の保証責任の有無であると考えられる」ところ、「Y_2はもちろん、証人予定者〔であるA銀行奈良支店の担当者ら〕も奈良市あるいはその周辺に住所を有すると考えられ……、本案事件の審理の便宜という面では、東京地方裁判所よりも奈良地方裁判所の方が優っている」。「また、債権譲渡に伴い、その義務履行地が新債権者の住所地に変更されるとみるべき」であるが、「銀行取引をする者にとっては、通常、その銀行の取引店舗あるいは本店を履行場所として考えるのが一般であ」り、そうすると「新債権者の住所地が債務の弁済場所とされ、このような義務履行地に基づいて管轄裁判所が決定されることは予想外の事態であり、それによって、債務者の被る不利益は多大なものがある……。……このような不利益をYらが甘受すべき合理的理由は乏しい。」したがって、「本件について、東京地方裁判所に管轄権があるとしても、……Yらの住所を管轄する奈良地方裁判所に移送する必要がある」。

本決定の位置づけ・射程範囲

1つの訴訟について管轄裁判所が競合する場合に、原告はそのうちの1つを任意に選んで起訴することができる。しかし、その結果、訴訟の進行が著しく遅れ、又は当事者間の衡平を害することもあるため、民訴法17条は、他の管轄裁判所への移送ができるようにしている。①事件は、民訴法17条にいう「その他の事情」には、当該事件がその処理に高度の専門知識を有する裁判所が処理するのが適切な種類の事件であり、移送先とされる裁判所がその種類の事件を処理する専門部を有していることも含まれるとの判断を示した上で、大阪地方裁判所には知的財産権事件処理の専門部が設けられているとの事情を考慮して、同裁判所への移送を相当としたものである。また、②事件は、銀行等の金融機関が、回収の困難になった債権を債権回収会社に譲渡し、この者がその債権の履行場所（民訴5条1号）として、自己の住所地を管轄する裁判所に訴えを提起するという近時少なからず見受けられる事案に関するものである。民訴法16条による移送の可否も問題となるところ、本決定は、詳細にその理由を判示して、民訴法17条に基づく移送を認めた。近時増加しつつある同種事例の処理に当たり、大いに参考になろう。

さらに理解を深める

コンメⅠ2版追補版205頁、条解2版126頁〔新堂幸司＝高橋宏志＝高田裕成〕、三宅省三ほか編『新民事訴訟法大系(1)』（青林書院、1997年）148頁〔山下孝之〕

第4章 裁判所　　　　　　　　　　　　　　　　　　岡　伸浩

37 前審関与と除斥事由

最高裁昭和39年10月13日第三小法廷判決
　事件名等：昭和39年（行ツ）第28号行政処分無効確認請求事件
　掲載誌：民集18巻8号1619頁、判時394号64頁、判タ169号131頁

概要　本判決は、第1審の準備手続に関与していた裁判官が原審の判決に関与したことは、旧民訴法35条6号（現民訴23条1項6号）の「前審の裁判に関与した」に該当するとはいえず、旧民訴法395条1項2号（現民訴312条2項2号）の絶対的上告理由に該当しないとしたものである。

事実関係　岡山県の公務員であったXは県知事より免職処分を受けたため、同県の人事委員会Yに対して免職処分の審査を請求した。この審査手続の係属中にXはYに対して、審査手続に関する人事委員会議事録の閲覧を請求したが、Yに却下された。そこで、XはYの却下処分の無効確認等を求めて訴えを提起した。第1審はXの請求を棄却し、第2審は訴えを却下した。第2審の判決に関与した裁判官Aは第1審の準備手続にも関与していた。そこで、Xは、除斥されるべき裁判官が関与しており、旧民訴法35条6号（現民訴23条1項6号）に該当し違法であるから、旧民訴法395条1項2号（現民訴312条2項2号）の絶対的上告理由に該当すると主張して、上告した。

判決要旨　上告棄却。「裁判官が事件につき不服を申し立てられた前審の裁判に関与したときは法律上その職務の執行から除斥されるべきことは、民訴法35条6号〔現民訴23条1項6号〕の規定するところである。しかし、同法条にいう前審の『裁判ニ関与シタ』とは、裁判という国家意思の形成に関与したこと、より具体的にいえば、その評決および裁判書の作成に関与したことの謂であって、裁判の準備的行為にとどまる準備手続または準備的口頭弁論を行なったというがごときことは、これに含まれないものと解すべきである。従って、裁判官Aは、本件第1審の準備手続を行なったとしても、そのことの故に、原審において職務の執行から除斥されるべきいわれはない。」

閲覧請求却下処分無効確認等の訴え

X ────────────────────────→ Y

第2審の判決に関与した裁判官A
が第1審の準備手続にも関与

旧民訴法35条6号（現民訴23条1項6号）
「前審の裁判に関与した」に該当するか。

本判決の位置づけ・射程範囲

　除斥とは、法定された除斥原因がある裁判官が法律上当然に職務執行ができなくなる場合をいう。除斥は、忌避や回避とともに公正な裁判を実現し裁判に対する国民の信頼を確保することを目的とする。民事訴訟法は、除斥事由として裁判官の公正さを疑わせる定型的な事由を列挙している（民訴23条1項各号）。

　民訴法23条1項6号は、「裁判官が事件について仲裁判断に関与し、又は不服を申し立てられた前審の裁判に関与したとき」を規定する。これは、すでに前審の裁判に関与した裁判官が上級審の裁判に関与すると公正で中立な裁判が実現できず、審級制度の意義を没却するためこれを防止する趣旨である。したがって、「前審」には、原審の終局判決のみならず、中間判決や上級審の判断を受ける中間的な裁判を含むと解されている。

　本件では、控訴審において判決に関与した裁判官が前審で準備手続を行っていたことが、同号の「前審の裁判に関与した」に該当するか否かが争われた。本判決は、「前審の裁判に関与した」の意義について、裁判という国家意思の形成に関与したことを意味し、具体的には、その評決及び裁判書の作成に関与したことをいうのであって、裁判の準備的行為にとどまる準備手続又は準備的口頭弁論を行ったような場合は、これに含まれないことを明らかにした点に意義があるといえる。

さらに理解を深める　**百選3版8事件〔永井博史〕** 最判解民事篇昭和39年度367頁〔渡部吉隆〕、伊藤4版補訂版102頁、新堂5版474頁、松本＝上野7版87頁、中野ほか2版補訂2版65頁、三木ほか82頁　**関連判例**　最二判昭和36・4・7民集15巻4号706頁、最三判昭和30・3・29民集9巻3号395頁、最二判昭和28・6・26民集7巻6号783頁、最二判昭和34・7・17民集13巻8号1095頁

第4章　裁判所　　　　　　　　　　　　　　　　　岡　伸浩

38　裁判官・訴訟代理人の縁戚関係と忌避事由

最高裁昭和30年1月28日第二小法廷判決
事件名等：昭和28年（オ）第277号立木売買契約存在確認請求事件
掲載誌：民集9巻1号83頁、判タ46号29頁

概要　本判決は、裁判官が当事者の一方の訴訟代理人の女婿であることは、旧民訴法37条（現民訴24条）の忌避事由に該当しないとしたものである。

事実関係　XはY組合に対して、XY間の立木の売買契約が存在することを確認する訴えを提起した。

第1審はXの請求を一部認容した。X及びYが控訴したところ、第2審はXの請求を棄却した。Xは、原判決に法令適用等の誤りがあること及び原審の裁判長AがYの訴訟代理人の女婿であることを理由に上告した。Xは上告理由の中で、原審の裁判長AはYの訴訟代理人の女婿であり、旧民訴法43条（現民訴規12条）により職務の執行を回避すべきであったにもかかわらず、Xに対しこの事実を全く知らせずに審理に及び、この事情は原審の陪席裁判官及びY側も当然知っていたことであり、Xの立場としては裁判の公正を害されたと言わざるを得ず、このような回避すべき裁判官が関与してなされた違法がある旨を主張した。

判決要旨　上告棄却。「原審における裁判長たる裁判官が、原審における被上告組合の訴訟代理人の女婿であるからといって、右の事実は民訴35条〔現民訴23条1項〕所定事項に該当せず、又これがため直ちに民訴37条〔現民訴24条〕にいわゆる裁判官につき裁判の公正を妨ぐべき事情があるものとはいえないから、所論は理由がない。」

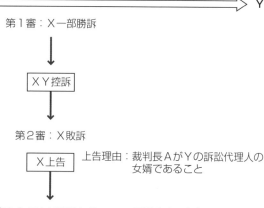

本判決の位置づけ・射程範囲

忌避とは、除斥原因以外の原因で、裁判官に職務執行の公正を疑わせるに足りる事情が存在する場合に、当事者の申立てにより個別に裁判による裁定をまって裁判官を職務執行から排除することをいう（民訴24条1項）。忌避の申立てに際して、申立人は忌避原因を疎明しなければならない（民訴規10条1項・3項）。忌避の裁判は、決定でなされる（民訴25条1項）。

本判決は、裁判長たる裁判官が原審における相手方の訴訟代理人の女婿であったからといって、旧民訴法35条（現民訴23条1項）所定の除斥事由に該当するものではないこと、また、このことから直ちに旧民訴法37条（現民訴24条）の裁判官につき裁判の公正を妨げるべき事情があるものとはいえないことを判示した。

通説は、忌避事由の「裁判の公正を妨げるべき事情」（民訴24条1項）とは、通常人の判断を基準として、裁判官と事件との関係から不公平な裁判がなされるであろうという懸念を当事者に抱かせるに足りる客観的な事情をいうと解する。このような立場からみれば、裁判官が当事者の代理人と一親等の姻族関係にあることは裁判の公正を害し、裁判に対する国民の信頼を損なうおそれがあるといえるため、学説の多くは本判決に反対する。

これに対して、証拠申出を却下したことや相手方に有利な釈明を求めたこと等の裁判官の訴訟指揮に関する事項は、原則として「裁判の公平を妨げるべき事情」に含まれず、忌避事由に該当しないと解されている。そこで、訴訟指揮については、訴訟指揮に対する異議権（民訴150条）や控訴裁判所の判断を受ける裁判（民訴283条）によるべきこととなる。

さらに理解を深める 百選4版4事件〔木川裕一郎〕 最判解民事篇昭和30年度6頁〔大場茂行〕、伊藤4版補訂版103頁、新堂5版86頁、松本＝上野7版87頁、中野ほか2版補訂2版66頁、三木ほか83頁、和田27頁 **関連判例** 神戸地決昭和58・10・28判時1109号126頁、名古屋高決昭和63・7・5判夕669号270頁、東京地決平成7・11・29判夕901号254頁

第4章 裁判所　　　　　　　　　　　　　　　　　　　　　　岡　伸浩

39 忌避申立ての簡易却下

札幌高裁昭和51年11月12日決定
事件名等：昭和51年（行ス）第3号裁判官忌避申立却下決定に対する即時抗告申立事件
掲載誌：判タ347号198頁

概要　本決定は、忌避の申立てが忌避権の濫用に該当することが明らかな場合には、忌避原因ありと主張された裁判官自らが当該忌避の申立てを却下することが許されるとしたものである。

事実関係　裁判所は、採否留保中であったX（抗告人）らの申請した人証等につき採用しないものとして申請を却下して弁論を終結し、判決言渡期日を指定した。Xらは、弁論は終結していないとして期日指定を求めた。
　判決言渡期日にXらは、判決言渡しに先立ち裁判所がXらの期日指定の申立てに応答しないことやXらの申請する証拠を取り調べないこと等が不公正であるとして裁判官を忌避する旨を申し立てた。
　裁判所は、訴訟指揮の不公正の指摘はそれ自体忌避の原因とならず、忌避権の濫用であるとして即時に申立てを却下した。X_1を除くXらは、却下決定を忌避の原因として2回目の忌避の申立てをしたが、裁判所は同じく即時に申立てを却下した。X_2は、忌避の当否は忌避を申し立てられた裁判官以外の裁判官が判断すべきところ、1回目の却下決定は忌避を申し立てられた裁判官自身が判断したとして3回目の忌避申立をしたが、裁判所は即時に申立てを却下した。Xらは、1回目の忌避却下決定に対して即時抗告を申し立てた。

決定要旨　抗告棄却。「ところで右〔現民訴26条〕の訴訟法上の効果は、これを無制限に考えれば、当事者の一方は忌避を申立てる旨の意思を表示しさえすれば、申立の理由如何に拘らず、要急行為を除き現に進行中の訴訟手続をいつでも恣意的に停止せしめて、訴訟の進行を支配し得ることとなり、右申立が、当該裁判の公正確保の公益目的から逸脱し、専ら訴訟進行を支配してその遅延を企図し、あるいは徒らに裁判の威信を害なう目的をもってなされる等明らかに濫用にわたる場合でも結果において常にこれを許すことにならざるを得ないが、かくては審理の適正、公平、迅速を旨とする民事訴訟の理念に背馳するのみならず、裁判所が権利の濫用を容認することとなり、到底、許容できないものといわなければならない。そうであれば、忌避の申立が忌避理由の疎明をまたず、

第4章 裁判所

```
忌避の申立て ⟹ 裁判の公正の確保
                      ↓
旧民訴法40条（現民訴25条3項）：忌避の申立てを受けた裁判官自身は関与できない
                      ↓
忌避の申立ての濫用に該当することが明らかな場合
                      ⇩
忌避の申立てを受けた裁判官自身も却下できる
〔簡易却下：刑訴24条参照〕
```

> 申立の時期、態様、主張される忌避事由等からその主張自体において本来の忌避目的を逸脱してなされていると客観的に認め得る場合、すなわち申立が忌避権の濫用に当ると明らかに認め得る場合には、前記法第40条〔現民訴25条3項〕の適用を認める実益も必要もなく、前記民事訴訟の理念及びこれに基づく手続上の信義則が裁判所のみならずこれに関する者にも及ぶものであることからみて裁判制度の有効且つ健全な維持運営のために右適用はむしろ否定されると解するのを相当とし、この場合には同条の規定に拘らず忌避原因ありと主張された裁判官自らにおいても当該忌避の申立を却下することが要請されているものというべきである（刑事訴訟法第24条参照。）。」

本決定の位置づけ・射程範囲

忌避の申立てがなされた場合、急速を要する行為（要急行為）を除いて、その申立てについての裁判が確定するまで訴訟手続は停止する（民訴26条）。そこで、当事者は忌避の申立てを行うことにより進行中の訴訟手続をいつでも停止することが可能となり得る。当事者の一方が忌避権を濫用した場合（訴訟を遅延させることを目的として理由のない忌避申立てを繰り返した場合等）、裁判所はどのように対処すべきか、刑訴法は忌避権の濫用に対して簡易却下の制度を有するが（刑訴24条）、民訴法は同様の規定を設けていないために問題となる。

本決定は、忌避の申立てが忌避理由の疎明を待たずとも、申立ての時期、態様、主張される忌避事由等からその主張自体において本来の忌避目的を逸脱してなされると客観的に認め得る場合、すなわち忌避権の濫用に該当すると明らかに認められ得る場合には、民訴法の理念や信義則の観点から旧民訴法40条（現民訴25条3項）の適用の実益はないとして、忌避原因ありと主張された裁判官自らが当該忌避の申立てを却下することができると判示した。

さらに理解を深める　百選Ⅰ補正版10事件〔青山善充＝奥博司〕　伊藤4版補訂版106頁、松本＝上野7版89頁、中野ほか2版補訂2版68頁　関連判例　東京高決昭和39・1・16下民集15巻1号4頁、高松高決昭和39・12・10高民集17巻8号603頁

第5章 当事者　　　　　　　　　　　　　　　　　　　　岡　伸浩

40　当事者の確定と表示の訂正

大阪地裁昭和29年6月26日判決
　事件名等：昭和28年（ワ）第588号約束手形金請求事件
　掲載誌：下民集5巻6号949頁

概要　本判決は、訴状全般の記載の意味を客観的に解釈して誰が当事者であるかを決するべきであるとした上で、訴え提起後に原告が被告の表示を新商号の会社に訂正した場合は当事者を変更する訴えの変更に該当しないとして当事者の表示の訂正を適法と認めたものである。

事実関係　Xは、「Y社代表取締役A」が振り出した約束手形に係る手形金について、振出人Y社と裏書人Bを共同被告として訴えを提起しようとしたところ、Y社が本店を移転し、商号をY'社に変更していたことから資格証明を得ることができなかった。そこで、Xは、Y社は存在しないものと判断して、やむを得ず訴状の当事者欄に被告Y社について「Y社ことA」と表示した上で訴えを提起した。その後、Y社の本店移転及び商号変更の事実が判明したため、Xは被告の表示を法人である「Y'社代表取締役A」と訂正する旨を申し立てた。

この申立てに対して、Y側の訴訟代理人は、個人を被告とした訴えを人格を異にする法人である会社を被告とした訴えに変更することは、当事者を変更する訴えの変更であって許されるべきでないとして争った。

判決要旨　請求認容。「当事者の変更と当事者の表示の訂正とはこれを区別しなければならない。前者は確定された当事者を変更する場合に生じ、後者はその前提たる当事者の確定の問題である。すなわち、当事者の表示の訂正は確定された当事者をより適正な表示に更正するにすぎない場合に生ずるもので、同一人格者間の問題であるに反し、当事者の変更は別人格者間に生ずる問題である。而して具体的に当該訴訟において何人が当事者であるかをいかなる標準によってこれをきめるか。この点については原告又は裁判所の意思によって定まるとする意思説、訴訟上当事者として振舞い又は取扱われた者が当事者であるとする行動説或は訴状の記載により定めるべしとする表示説等が相対立しているが、当裁判所は最後の見解を最も妥当なものと解する。すなわち、訴状全般（単に当事者の表示欄のみでなく請求の趣旨原因その他）の記載の意味を客観的に解釈して何人が原告であり、被告であるかを決するを相当とすべく、従ってもし右規準によって確定した当事者が当事者能力を有しない場合（例えば死者、虚無人）は

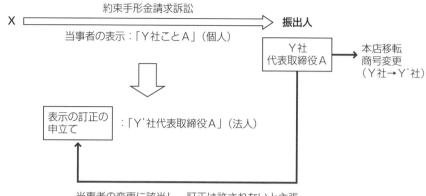

　その訴は却下を免れず、又当事者として氏名を冒用している場合は、被冒用者が当事者であって（被冒用者は再審上訴により裁判を取消しうる）冒用者は当事者でない。而して右の場合当事者が実在するか否か、或は冒用者か被冒者かを決するについても論理的には当事者の確定がその先決問題でありこの先決問題が決って而る後にこれらの問題が定まるのである。」

　「今当事者の表示を甲より乙に訂正する場合に、それが単に訂正に止るか、或は当事者の変更を来すかを判定するにも、当事者の確定がその先決問題である。かくして確定された被告が甲である場合、これを乙に変更することは当事者の変更であって許さるべきではないが、もしかくして確定された被告が乙である場合、訴状の被告の表示に誤りがあってこれを乙と訂正することは、当事者に変更を来さないから許さるべきである。」

本判決の位置づけ・射程範囲

　本判決は、訴状全般（単に当事者の表示欄のみでなく請求の趣旨や請求の原因その他）を客観的に解釈して、訴訟上の当事者を決すべきであるとして、実質的表示説の立場によることを明らかにした点に意義がある。

　本件では、当初の訴状の当事者は個人として表示されていたものの、実質をふまえて当初より原告が会社を被告とする意思を有していたことはもちろん、訴状の記載上も商号変更後の会社を被告としたものと解されるとして、被告の同一性があると認めている。その上で、訴状の被告の表示に誤りがあり、これを訂正することは当事者を変更する訴えの変更ではなく表示の訂正であるとして、当事者の表示の訂正を適法と認めた。

さらに理解を深める

百選4版A4事件〔田村陽子〕 伊藤4版補訂版116頁、新堂5版141頁、松本＝上野7版98頁、中野ほか2版補訂2版92頁、高橋（上）2版補訂版170頁、和田82頁　**関連判例**　東京地判昭和31・3・8下民7巻3号559頁、名古屋高判昭和50・11・26判時812号72頁、東京地判平成6・12・6判時1558号51頁

第5章 当事者　　　　　　　　　　　　　　　　　　　　岡　伸浩

41　当事者の確定──氏名冒用訴訟

大審院昭和10年10月28日第一民事部判決
　事件名等：昭和7年（オ）第2872号株金払込請求再審事件
　掲載誌：民集14巻1785頁

概要　本判決は、氏名が冒用された訴訟の判決の効力は氏名を冒用された者（被冒用者）に及ぶことを前提として、被冒用者は再審の訴えを提起することができるとしたものである。

事実関係　A社の破産管財人Yは、XらがA社の株主であると称して、Xらを被告として株金の払込請求の訴えを提起したところ、裁判所はY勝訴の判決を言い渡し、判決は確定した（❶）。Yは、この勝訴判決に基づいてXら所有の動産の強制執行に及んだ（❷）。しかし、XらはYから強制執行を受けて初めて判決が言い渡されていたことを知った。そこで、前訴はCがXらの委任状を偽造し、Xらの名義を冒用してBを訴訟代理人に選任して訴訟行為をさせたものであるところ、XらがBに訴訟委任したことはないとして、Xらは再審の訴えを提起した（❸）。原審は、氏名冒用訴訟の判決の効力はXらには及ばないため、Xらに訴訟手続上の救済方法を講ずる必要はないこと、氏名冒用訴訟が再審事由に定められていないことを理由に、被冒用者であるXらによる再審請求を却下した。Xらが上告。

判決要旨　破棄差戻し。「他人ノ氏名ヲ冒用シテ訴訟ヲ為ス者アル場合ニ於テ訴訟行為カ冒用者ノ行為トシテ為サレ訴訟ノ判決カ其ノ冒用者ニ対シテ言渡サレタルトキハ其ノ効力ハ冒用者ノミニ及ヒ被冒用者ニ及フコトナシト雖モ訴訟当事者ノ氏名ヲ冒用シ当事者名義ノ委任状ヲ偽造シテ訴訟代理人ヲ選任シ被冒用者名義ヲ以テ訴訟行為ヲ為サシメ裁判所カ之ニ気付カスシテ被冒用者ニ対シ判決ヲ言渡シタルトキハ其ノ被冒用者ハ訴訟当事者トナリタルモノナレハ判決ノ既判力ハ冒用者ニ及ハスシテ被冒用者ニ及フモノト謂ハサルヲ得ス従テ被冒用者ハ判決ノ確定前ニ在テハ上訴ニ依リテ之カ取消ヲ求ムルコトヲ得ヘク確定後ニ在テハ民事訴訟法第420条第3号〔現民訴338条1項3号〕ニ依リ再審ノ訴ヲ起スコトヲ得ヘキモノトス」

第5章　当事者　83

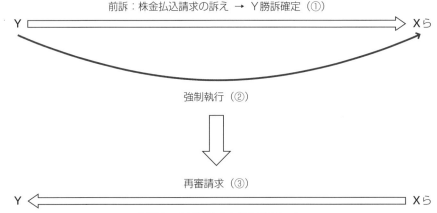

本判決の位置づけ・射程範囲

　ある者が他人の氏名を冒用した事実に気づかないまま、裁判所が判決を言い渡して確定した場合、判決の効力は誰に対して及ぶか。仮に被冒用者に対して判決の効力が及ぶとした場合、被冒用者にはいかなる救済手段があるかが問題となる。

　このような問題について、当事者の確定基準をめぐり表示説、行動説、意思説、規範分類説といった学説が対立する。当事者として行動している者を当事者とすべきとする行動説を前提とすれば、氏名冒用訴訟における判決の効力は冒用者に及び、被冒用者には及ばないことになる。その結果、判決が確定しても被冒用者は再審手続によることなく、当該判決の無効を主張しうることになる。規範分類説でも同様の結論になると考えられる。

　これに対して、訴状における当事者欄の表示を基準とする表示説では、被冒用者に判決の効力が及ぶことになり（民訴115条1項1号）、被冒用者は判決確定前であれば上訴（民訴312条2項4号）、確定後であれば再審（民訴338条1項3号）によって救済を求めることになる。

　本判決は、前段では行動説を前提とするかのような表現をしながら、後段では被冒用者に判決の効力が及ぶことを前提として被冒用者に再審の原告適格を認めており、表示説を採用したとみられる表現をする。被冒用者の立場からすれば、全く自己の知らないところで氏名が冒用され、判決が言い渡されたからといって上訴や再審の手続を経なければ判決の効果を排斥できないことは、負担となる側面は否定できない。しかし、実際に氏名が冒用されたという事実を証明した上でなければ無効の主張は認められない以上、上訴・再審によるべきと解する方が法的安定性確保の要請に合致するということができるといえよう。

さらに理解を深める　**百選4版5事件〔村上正子〕**　伊藤4版補訂版114頁、新堂5版138頁、松本＝上野7版101頁、中野ほか2版補訂2版89頁、高橋（上）2版補訂版162頁、和田87頁　**関連判例**　大判大正4・6・30民録21輯1165頁、大判昭和2・2・3民集6巻13頁

第5章 当事者　　　　　　　　　　　　　　　　　　　岡　伸浩

42　当事者の確定──死者を当事者とする訴訟

大審院昭和11年3月11日第四民事部判決
　事件名等：昭和10年（オ）第2149号短期清算取引損失立替金支払請求事件
　掲載誌：民集15巻977頁

概要　本判決は、原告が訴え提起時に既に死亡している者を被告とする訴訟を提起した場合には、当該訴訟の実質上の被告は死者の相続人であり、単に表示を誤ったにすぎないといえることから、表示を訂正した上で訴訟手続を進行させるべきであるとしたものである。

事実関係　Xは既に死亡しているYを被告と表示して、Yの株取引の立替金の支払いを求めて訴えを提起した。第1審は、Yが口頭弁論期日に出頭しないため擬制自白が成立したとしてXの請求を認容した。その後、第1審の判決送達時にYが既に死亡していることが判明し、判決の送達が不能となった。

そこで、XはYを家督相続していたZに対して訴訟手続の受継を求めるとともに、第1審の判決の取消し及びZに対する訴訟手続を行うために第1審へ差し戻す旨の判決を求めて控訴した。第2審は、死者を相手とする訴えは訴訟関係が成立しないため、Zが訴訟を受継することはできないとして、第1審判決を取り消し、訴え却下の判決を言い渡した。Xは訴状の補正のために事件を第1審に差し戻すべきであるとして上告した。

判決要旨　原判決破棄、第1審判決取消し、第1審差戻し。「本訴ハX力訴状ニYヲ被告トシテ表示シ昭和9年3月13日広島区裁判所ニ提起シタルモノナル処Yハ是ヨリ先昭和7年4月12日死亡シテZ其ノ家督相続ヲ為シタルモノナルヲ以テ本訴ニ於ケル実質上ノ被告ハ即Zニシテ只其ノ表示ヲ誤リタルニ過キサルモノト解スルヲ相当トス故ニ同裁判所ハ宜シク民事訴訟法第352条第224条第228条〔現民訴270条、133条2項、137条〕ニ則リ訴状ニ於ケル被告ノ表示ヲZト訂正セシメ尚同人ハ未成年者ナルヲ以テ其ノ法定代理人ヲ記載セシメタル上訴訟手続ヲ進行セシムヘキモノナルニ拘ラス事茲ニ出テス被告ヲYトシテ審理判決ヲ為シタルハ違法タルヲ免レストモ雖右ノ如ク被告ノ表示ヲ誤リタルカ為本訴ハ実質上訴訟関係ノ不成立ヲ来シタルモノト謂フヘカラス」。

第5章　当事者　85

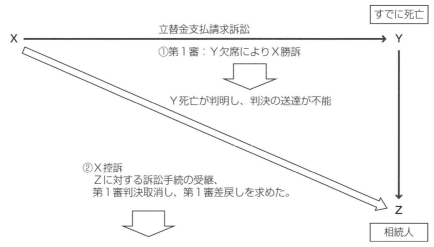

本判決の位置づけ・射程範囲

死者を被告とした訴訟は、当事者の実在という訴訟要件を欠き訴え却下となるのが原則である。本件では、XがYに対して訴訟を提起したところ、既にYが死亡していたが、その事実が手続上判明しないまま、Yが欠席しXが勝訴する旨の判決が言い渡された。その後、当該判決の送達の際にY死亡の事実が判明し送達が不能となった。そこで、XはYの相続人Zに対して訴訟手続の受継の申立てを行うとともに原審への差戻しを求めて控訴し、その後上告した。上告審は、本訴訟における実質上の被告は被上告人である相続人Zであり、表示を誤ったにすぎないと解するのを相当であると判示した。

当事者確定の基準として、主に意思説、行動説、表示説、規範分類説が対立する。本判決を意思説（当事者の確定につき原告の意思内容を基準とする）によるものと評価する立場がある。仮に意思説に立った判例と位置づけた場合、本件におけるXの意思をどのように解するかが問題となるが、Yの死亡とZへの相続という事実を知っていたならば、Xは、相続人Zを被告とする意思を有すると解される。行動説（当事者として行動しているか否かを基準とする）の立場からは、さらに訴状の送達に際しての具体的行動の内容や相続によって控訴審段階から相続人Zが本訴訟に関与していた点を重視することになると考えられる。

他方、表示説（当事者の確定につき訴状の記載を基準とする）を維持しながら訴状の記載全体から実質的に当事者を確定すべきとする見解（実質的表示説）に立ち、相続人Zが当事者と認められる場合には、死者Yから相続人Zへの表示の訂正が認められると考えられる。

さらに理解を深める　百選4版6事件〔上田竹志〕　伊藤4版補訂版114頁、新堂5版140頁、松本＝上野7版101頁、中野ほか2版補訂2版90頁、高橋（上）2版補訂版164頁、和田90頁、藤田・講義3版147頁

関連判例　最一判昭和41・7・14（本書43事件）、大判昭和16・3・15民集20巻191頁

第5章 当事者　　　　　　　　　　　　　　　　　　　岡　伸浩

43 訴状提出後送達前の被告の死亡

最高裁昭和41年7月14日第一小法廷判決
　事件名等：昭和39年（オ）第1403号家屋明渡請求事件
　掲載誌：民集20巻6号1173頁、判時455号40頁、判タ196号109頁

概要　本判決は、訴状に被告として表示された者が、原告の裁判所に対する訴状の提出後、その送達前に死亡した場合において、相続人らが異議を述べずに訴訟を受継する手続をとり、第1審、第2審を通じて全ての訴訟手続を遂行した以上、上告審において、相続人らが本訴訟の被告は死者であるとして自らの訴訟行為の無効を主張することは信義則上許されないとしたものである。

事実関係　家屋の賃貸人Xは、自己の所有する家屋を賃借人Yに賃貸した。Yは当該家屋で旅館を営んでいたが、YはY$_4$〜Y$_9$の6名に対して当該家屋の各部屋を転貸した。そこで、XはYに対して、無断転貸を理由として賃貸借契約解除の意思表示をし、Yに対して家屋の明渡し及び賃料相当額の遅延損害金の支払いを求め、Y$_4$〜Y$_9$に対して各部屋の明渡しを求めて訴えを提起した。しかし、当該訴状がYに送達される前にYが死亡した。

裁判所は、Yとの関係では第1回口頭弁論期日を開かず、期日を追って指定とする旨の措置をとった。その後、Yの相続人Y$_1$〜Y$_3$がYの訴訟を受継する旨の申立てをしたため、裁判所は受継を許可し、Y$_1$〜Y$_3$が本訴訟を遂行した。

第1審、第2審はいずれもX勝訴の判決を言い渡した。Y$_1$〜Y$_9$が上告。上告理由においてはじめて、Y$_1$〜Y$_3$は自らの訴訟受継は不適法であると主張した。すなわち、Yは訴状送達の時点で既に死亡していたのであるから、訴訟当事者ではあり得ず、Y$_1$〜Y$_3$は受継の申立てを行うことはできない以上、原審は本案審理に立ち入るまでもなく、訴え却下の判決をすべきであったにもかかわらず、実体判決をしたことは違法である旨を主張した。

判決要旨　上告棄却。「以上の訴訟の経過にもとづいて、本件を検討するに、Y$_1$〜Y$_3$の3名は、前記のとおり、みずから被告たるYの訴訟を承継する手続をとりこれを承継したものとして、本件訴訟の当初からなんらの異議を述べずにすべての訴訟手続を遂行し、その結果として、Xの本訴請求の適否について、第1、2審の判断を受けたものである。このように、第1、2審を通じてみずから進んで訴訟行為をした前記上告人3名が、いまさら本件訴訟の当事者（被告）が死者であるYであったとしてみずからの訴訟行為の無効を主張す

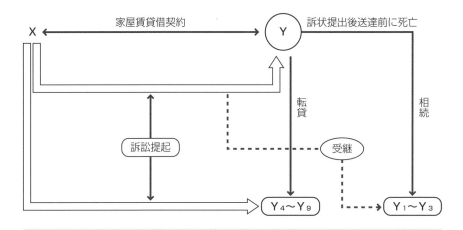

ことは、信義則のうえから許されないものと解するのが相当である」。

本判決の位置づけ・射程範囲

本件では、訴状に被告として表示されている者が訴状が送達される前に既に死亡していた。このような場合、誰を訴訟上の当事者とすべきかが問題となる。

民訴法における当事者の確定基準については、表示説、行動説、意思説、規範分類説等の争いがある。通説的立場である実質的表示説によれば、訴状の当事者欄の記載を中心に当事者を判断すべきことになる。したがって、本件の場合には死亡したYが当事者となるのが原則となり、相続人Y_1〜Y_3との関係では任意的当事者変更の問題となる余地がある。

また、本件では訴状に記載されたYが死亡したのが訴状の送達前であったとしても、Yの死亡が訴訟係属の前か後かが問題となる。通説的立場は、訴訟係属の時期について、被告に対する訴状送達時を基準とする。この時点で二当事者対立構造が生じるからである。したがって、訴状が送達される前の段階でのYの死亡は、すなわち訴訟係属の効果が生ずる前に被告が死亡していた場合となり、本件でこの論理を貫けば訴訟要件を欠き、訴え却下の判決をすべきであったとも考えられる。

本判決はこれらの点について特段言及することなく、相続人らが自ら訴訟を受継する手続をとり、何ら異議を述べることなく第1審、第2審を通じて全ての訴訟手続を遂行し、その結果として、Xの請求の適否について裁判所の判断を受けているという実態を重視して、上告審に至って自らの訴訟行為の無効を主張することは信義則に反し許されないと判断した点に特色があるといえよう。

さらに理解を深める **百選Ⅰ補正版13事件〔長谷部由起子〕** 最判解民事篇昭和41年度330頁〔奈良次郎〕、伊藤4版補正版115頁、松本＝上野7版101頁、中野ほか2版補訂2版88頁、三木ほか151頁、和田91頁、藤田・講義3版147頁、藤田・解析2版199頁 **関連判例** 最一判昭和34・3・26民集13巻4号493頁、大判昭和16・3・15民集20巻191頁

第5章　当事者　　　　　　　　　　　　　　　　　　　　　　岡　伸浩

44　当事者の確定──法人格の濫用

最高裁昭和48年10月26日第二小法廷判決
　事件名等：昭和45年（オ）第658号居室明渡等請求事件
　掲載誌：民集27巻9号1240頁、判時723号37頁、判タ302号145頁、
　　　　　金法705号42頁、金判393号11頁

概要　本判決は、株式会社の代表取締役が債務を免れるために会社の商号を変更した上、旧会社と実質的に同一の新会社を設立した行為は、債務免脱を目的とした会社制度の濫用であり、新会社の代表者として新会社と旧会社は法人格を異にするとの実体法上及び訴訟法上の主張をすることは信義則に反して許されず、新会社は旧会社の債務について責任を負うとしたものである。

事実関係　X社はA社に対してビルの居室を賃貸していたが、A社の賃料不払いを理由に賃貸借契約を解除し、占有移転禁止の仮処分を経た。その後、A社代表取締役Bは、未払賃料及び賃料相当損害金を支払う約束をしながら支払いをすることなく、A社の商号を「N開発株式会社」から「I地所株式会社」に変更して登記手続を済ませた。また、A社の旧商号「N開発株式会社」と同一の商号を用いてY社を設立したが、その代表取締役、監査役、本店所在地、営業所、什器備品、従業員はA社と同一であり、営業目的もA社とほとんど同一であった。

　Xは、A社の商号変更及びY社設立を知らぬままに、A社の旧商号でありY社の商号である「N開発株式会社」を訴状の被告欄に表示して、居室の明渡し、未払賃料の支払い等を求めて訴えを提起した。Bは、原審での1年以上にわたる審理期間中、商号変更とY社設立の事実について何ら主張せず、Xからの賃借や賃料額等を自白し、口頭弁論は終結した。その後、Bが弁論再開の申立てを行い、Y社設立の事実を明らかにした上で、A社とY社は別個の法人格であると主張し、自白を撤回する旨を主張した。Xは、自白の撤回に異議を述べ、A社とY社が別人格であることを否認し、Y社に対して債務の履行を請求した。原判決が控訴を棄却したため、Y社が上告した。

判決要旨　上告棄却。「株式会社が商法の規定に準拠して比較的容易に設立されうることに乗じ、取引の相手方からの債務履行請求手続を誤まらせ時間と費用とを浪費させる手段として、旧会社の営業財産をそのまま流用し、商号、代表取締役、営業目的、従業員などが旧会社のそれと同一の新会社を設立したような場合には、形式的には新会社の設立登記がなされていても、新旧両会

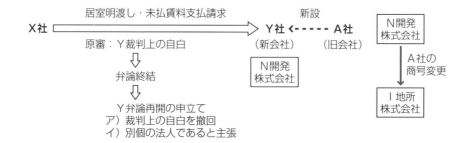

　社の実質は前後同一であり、新会社の設立は旧会社の債務の免脱を目的としてなされた会社制度の濫用であって、このような場合、会社は右取引の相手方に対し、信義則上、新旧両会社が別人格であることを主張できず、相手方は新旧両会社のいずれに対しても右債務についてその責任を追求することができるものと解するのが相当である」。

　「Yは、昭和42年11月17日前記のような目的、経緯のもとに設立され、形式上は旧会社と別異の株式会社の形態をとってはいるけれども、新旧両会社は商法のみならずその実質が前後同一であり、新会社の設立は、Xに対する旧会社の債務の免脱を目的としてなされた会社制度の濫用であるというべきであるから、Yは取引の相手方であるXに対し、信義則上、Yが旧会社と別異の法人格であることを主張しえない筋合にあり、したがって、Yは前記自白が事実に反するものとして、これを撤回することができず、かつ、旧会社のXに対する本件居室明渡、延滞賃料支払等の債務につき旧会社とならんで責任を負わなければならない」。

本判決の位置づけ・射程範囲

　本判決は、Y社代表取締役BのY社が旧会社A社と別法人であるという主張を信義則を根拠に排斥したものである。

　民事訴訟における当事者確定との関係で本判決をどのように位置づけるべきであるかが問題となる。通説的立場である実質的表示説によれば、あくまでも訴状の記載を尊重することとなり、Xが訴訟提起から原審における口頭弁論再開に至るまでA社の商号変更やY社設立を知らなかった以上は、A社が被告であったと解する余地が生じることになろう。

　本判決は、事実認定において新会社の設立は旧債務の免脱を目的とした会社制度の濫用であるとして、会社は取引の相手方に対して、信義則上、別法人であることを主張できないという論法で、相手方から新旧両会社のいずれに対しても当該債務についての責任を追及可能であるとした点に特色がある。

さらに理解を深める
百選4版7事件〔堀野出〕　最判解民事篇昭和48年度45頁〔東條敬〕、新堂5版143頁、松本＝上野7版99頁、中野ほか2版補訂2版91頁、高橋（上）2版補訂版165頁、三木ほか96頁、和田94頁　関連判例　最一判昭和44・2・27民集23巻2号511頁、福岡高判昭和43・10・16判時551号82頁、最二判平成17・7・15民集59巻6号1742頁

第5章 当事者　　　　　　　　　　　　　　　　　　　　岡　伸浩

45 当事者適格——相続財産管理人

最高裁昭和47年11月9日第一小法廷判決
　事件名等：昭和47年（オ）第585号貸金請求事件
　掲載誌：民集26巻9号1566頁、判時689号71頁、判タ286号219頁

概要　本判決は、相続財産管理人（民936条1項）は相続人全員の法定代理人として相続財産につき管理・清算を行うものであり、相続財産管理人が選任された場合でも相続人は相続財産に関する訴訟について当事者適格を有し、相続財産管理人の資格では当事者適格を有しないとしたものである。

事実関係　被相続人AはYに対して金員を貸し付けていたところ、Aが死亡したため、相続によりAの相続人らはAのYに対する貸金返還請求権を取得した。そこで、相続人らの中から選任された相続財産管理人XはYに対して貸金の返還を求めてXの名で訴えを提起した。第1審は、Xの請求を認容した。第2審は、共同相続人全員が原告となりXはその法定代理人として訴訟追行すべきであるとして第1審判決を取り消し、訴えを却下した。Xが上告。

判決要旨　上告棄却。「民法936条1項の規定により相続財産管理人が選任された場合には、同人が相続財産全部について管理・清算をすることができるのであるが、この場合でも、相続人が相続財産の帰属主体であることは単純承認の場合と異なることはなく、また、同条2項は、相続財産管理人の管理・清算が『相続人のために、これに代わって』行なわれる旨を規定しているのであるから、前記の相続財産管理人は、相続人全員の法定代理人として、相続財産につき管理・清算を行うものというべきである。したがって、相続人は、同条1項の相続財産管理人が選任された場合であっても、相続財産に関する訴訟につき、当事者適格を有し、前記の相続財産管理人は、その法定代理人として訴訟に関与するものであって、相続財産管理人の資格では当事者適格を有しないと解するのを相当とする。」

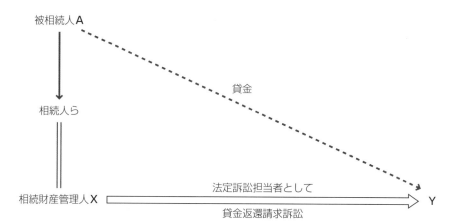

本判決の位置づけ・射程範囲

相続人が数人である場合、相続人全員が共同してのみ限定承認をすることができ（民923条）、この場合には相続人の中から相続財産管理人が選任され（民936条1項）、相続財産管理人が相続財産の管理継続義務を負う（民936条3項、926条1項）。

本判決は、相続財産管理人は法定代理人又は法定訴訟担当として当事者適格を有するかという問題につき、相続財産管理人は相続人全員の法定代理人であり相続財産に関する訴訟の当事者適格を有さず、相続人が当事者適格を有することを明らかにした点に意義がある。

学説では、本判決と同様に相続財産管理人を相続人全員の法定代理人と位置づける見解（代理人説）、相続財産管理人が選任されると相続人は相続財産の管理処分権を失い、相続財産管理人に付与されると考え、相続財産管理人は自ら訴訟当事者となるべきであるとする見解（訴訟担当説）が主張されている。

近時は、相続財産管理人の地位を代理人と当事者のいずれと解しても、相続財産管理人が訴訟追行する点で実質上は差異はなく、形式違背を理由に上訴を認めることは手続の安定を害し訴訟経済に反することを理由に、相続財産管理人が相続人の代理人か当事者かを選択できるとする見解が有力に主張されている。

本判決は、相続財産管理人が選任された場合には、相続財産管理人は相続財産全部について管理・清算することができるが、この場合でも相続人が相続財産の帰属主体であることは異ならないこと、民法936条2項が文言上、相続財産管理人の管理・清算が「相続人のため、これに代わって行う」旨を規定していることを理由として、相続財産管理人は相続人全員の法定代理人であると判示した。

さらに理解を深める 百選4版A6事件〔和田直人〕 最判解民事篇昭和47年度688頁〔柳川俊一〕、伊藤4版補訂版136頁、新堂5版172頁、松本＝上野7版104頁、中野ほか2版補訂2版153頁、高橋（上）2版補訂版369頁、三木ほか125頁、和田173頁 **関連判例** 最三判昭和43・12・17判時545号63頁、最一判昭和47・7・6民集26巻6号1133頁

第5章　当事者　　　　　　　　　　　　　　　　　　　　　　岡　伸浩

46　民法上の組合の当事者能力

最高裁昭和37年12月18日第三小法廷判決
事件名等：昭和34年（オ）第130号売掛代金等請求事件
掲載誌：民集16巻12号2422頁、金法335号13頁

概要　本判決は、共通の会社に対して債権を有する複数の銀行がその会社の経営再建と自己の債権の保全回収のために組織した債権管理委員会について、代表者の定めのある民法上の組合に該当し、民事訴訟上の当事者能力が認められるとしたものである。

事実関係　A社に対して債権を有していたB、C、Dの銀行3行は、A社を経営管理して再建整備を図るとともに、A社に対する債権の保全回収を目的として、民法上の任意組合であるX債権管理委員会を組織した。XはA社の経営管理の方法として、A社の有する一切の債権を譲り受け、その取立金から経費を控除した剰余金を各銀行の債権額に応じて配当するという手法を採用した。その一環として、XはA社のYに対する売掛債権を譲り受けた。また、Xは、A社内に事務所を設けて代表者Eを選任し業務執行に関する一切の権限を委任していた。

XはYに対して、当該売掛債権の支払いを求めて訴えを提起した。第1審は、Xは3銀行各自の債権回収を目的とした申合せ機関にとどまり、個人的利益を離れた独自の目的を有するわけでなく、また、構成員の脱退がXそのものを消滅せしめるため、「法人ニ非サル社団」（旧民訴46条〔現民訴29条〕）に該当せず、当事者能力を有しないとして訴えを却下した。第2審は、Xは構成員たる3銀行個々の本来の目的を超えた客観的目的のために組織された社団的実体を有するとして、当事者能力を肯定し、第1審判決を取り消して差し戻した。Yが上告。

判決要旨　上告棄却。「原審は、Xを以って、訴外A社に対して債権を有するB銀行大阪支店、C銀行新町支店及びD銀行道頓堀支店の三者が、それぞれの有する右債権を出資し同会社の経営を管理してその営業の再建整備を図ると共に、協力して三者それぞれの有する右債権を保全回収するため、民法上の任意組合として結成しEを代表者とした三者の協同組織である旨認定判断して居るものと解すべきである。」

「かかる組合は、民訴46条〔現民訴29条〕所定の『権利能力なき社団にして代表者の定あるもの』として訴訟上の当事者能力のあることは、累次の大審院判例

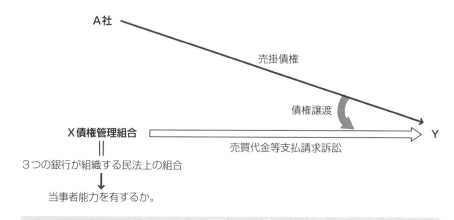

の趣旨とする所であって、現在維持せられて居る。(昭和10年（オ）第295号、同年5月28日大審民事部判決、大審民集14巻1191頁、昭和15年（オ）第304号同15年7月20日大審民事部判決、大審民集19巻1210頁参照)」

本判決の位置づけ・射程範囲

民訴法29条は、「法人でない社団」について一定の場合に当事者能力を認めている。この趣旨は、実体法上法人格を有していない団体でも現実に社会活動を営むことから、その種の団体との間に紛争が発生した場合は、率直に当該団体に訴訟上の当事者能力を認めて紛争を解決するのが便宜であるという点にある。本件では、民法上の組合が「法人でない社団」（民訴29条）に該当するかが問題となった。

積極説は、組合と社団の峻別は実際上困難であること、民訴法29条の趣旨は民法上の組合にも当てはまること等を根拠に、民訴法29条の適用を肯定する。消極説は、社団は構成員とは別個の存在であるのに対して民法上の組合は構成員の契約関係であって、両者は質的に異なること、組合の場合は構成員の個性が強く、組合自体に当事者能力を認めると構成員にとって不利益となること等を根拠に、民訴法29条の適用を否定する。

大審院は、代表者の定めのある民法上の組合に当事者能力を肯定している（大判昭和10・5・28 関連判例 、大判昭和15・7・20 関連判例 ）。本判決はこれを踏襲した上で、代表者の定めのある民法上の組合について、「法人でない社団」で「代表者の定めのあるもの」（民訴29条）に該当するとして、当事者能力を肯定した最高裁判例として意義を有する。

さらに理解を深める

百選4版10事件〔名津井吉裕〕 最判解民事篇昭和37年度497頁〔真船孝允〕、伊藤4版補訂版122頁、新堂5版147頁、松本＝上野7版230頁、中野ほか2版補訂2版99頁、高橋（上）2版補訂版178頁、三木ほか379頁、和田102頁、藤田・講義3版149頁、藤田・解析2版178頁 関連判例 大判昭和10・5・28民集14巻1191頁、大判昭和15・7・20民集19巻1210頁、最一判昭和39・10・15民集18巻8号1671頁、最一判昭和42・10・19民集21巻8号2078頁

第5章 当事者　　　　　　　　　　　　　　　　　　　岡　伸浩

47 権利能力なき社団と登記

最高裁昭和47年6月2日第二小法廷判決
　事件名等：昭和45年（オ）第232号所有権移転登記請求事件
　掲載誌：民集26巻5号957頁、判時673号3頁、判タ282号164頁、
　　　　　金法662号22頁

概要　本判決は、権利能力なき社団の代表者が交替した場合、新代表者は旧代表者に対して社団の資産である不動産について自己の個人名義に所有権移転登記手続をすることを求めることができるとしたものである。

事実関係　権利能力なき社団であるA連合会は、資産として本件土地建物を所有していた。A連合会には法人格がなく登記実務上A連合会名義の登記が認められなかったため、本件土地建物については、当時の会長Yの個人名義で登記していた。その後、Yが会長を辞任し、Xが新会長に選任された。そこで、XはYに対して、A連合会の代表者の交替を理由として本件土地建物の所有権移転登記手続を求めて訴えを提起した。

第1審、第2審ともにXの請求を認容した。これに対してYは上告し、権利能力なき社団の代表者が交替した場合に代表者個人名義の移転登記手続を求める訴えは、権利能力なき社団を原告とすべきであること、権利能力なき社団の資産である不動産の公示方法として登記するにあたっては、旧不法36条1項2号・3号（現不登令3条1号ないし3号。ただし規定内容は一部変更）の規定を準用し、登記簿に社団の名称、事務所を記載して、代表者の氏名住所を併記する方法を認めるべきであり、代表者個人名義の登記を許すべきではないことを主張した。

判決要旨　上告棄却。「本件訴訟において権利能力なき社団たる訴外連合会がみずから原告となるのが相当であるか、その代表者の地位にある者が個人として原告となるのが相当であるかは、権利能力なき社団の資産たる不動産につき公示方法たる登記をする場合に何びとに登記請求権が帰属するかという登記手続請求訴訟における本案の問題にほかならず、たんなる訴訟追行の資格の問題にとどまるものではない。」

「社団構成員の総有に属する不動産は、右構成員全員のために信託的に社団代表者個人の所有とされるものであるから、代表者は、右の趣旨における受託者たるの地位において右不動産につき自己の名義をもって登記することができるものと解すべきであり、したがって、登記上の所有名義人となった権利能力なき社

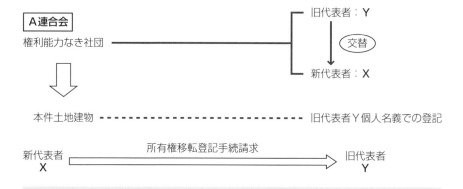

「団の代表者がその地位を失ってこれに代る新代表者が選任されたときは、旧代表者は右の受託者たる地位をも失い、新代表者においてその地位を取得し、新代表者は、信託法の信託における受託者の更迭の場合に準じ、旧代表者に対して、当該不動産につき自己の個人名義に所有権移転登記手続をすることの協力を求め、これを訴求することができるものと解するのが相当である。」

本判決の位置づけ・射程範囲

本件では、権利能力なき社団は、総有的に所有する不動産について登記手続請求訴訟を提起することができるか、仮にこれを否定する場合は、代表者が交代した場合に新代表者は旧代表者に対して権利能力なき社団の代表者個人名義で登記されている不動産について、個人名義による所有権移転登記手続を求めて訴えを提起することができるかが問題となった。

本判決は、権利能力なき社団の資産である不動産については、代表者個人名義で登記すべきであり、社団名義の登記や社団の代表者である旨の肩書を付した代表者個人名義の登記は許されないことを明らかにして、従来の登記実務の取扱いを肯定した。

また、本判決は、代表者個人名義の登記を前提として、移転登記手続請求訴訟の原告は代表者個人であると解すべきと判断した。具体的な理論構成としては、権利能力なき社団の総有に属する不動産は、権利能力なき社団の構成員全員のために信託的に代表者個人の所有とされるものとした上で、代表者が信託における受託者の地位において当該不動産を自己名義に登記することができるとした。

さらに、新代表者は旧代表者に対して、信託法の信託における受託者の更迭の場合に準じて、新代表者が自己の個人名義に所有権移転登記手続を求めることができるとして、代表者個人が原告となることを認めた。

さらに理解を深める

百選4版9事件〔田邊誠〕 最判解民事篇昭和47年度614頁〔吉井直昭〕、伊藤4版補訂版121頁、新堂5版150頁、松本=上野7版231頁、中野ほか2版補訂2版97頁、高橋（上）2版補訂版178頁、三木ほか379頁、和田98頁、藤田・講義3版150頁、藤田・解析2版178頁 **関連判例** 最三判平成6・5・31 **本書51事件**、最三判平成22・6・29民集64巻4号1235頁

第5章 当事者 　　　　　　　　　　　　　　　　　　　　　　　岡　伸浩

48　ゴルフクラブの当事者能力

最高裁平成14年6月7日第二小法廷判決
　事件名等：平成13年（受）第1697号書類等閲覧等請求事件
　掲載誌：民集56巻5号899頁、判時1789号68頁、判タ1095号105頁、
　　　　　金法1661号34頁、金判1157号3頁

概要　本判決は、民訴法29条の「法人でない社団」の要件のうち財産的側面について、固定資産ないし基本的財産を有することは不可欠の要件ではなく、団体として収入を得る仕組みが確保されており、その収支を管理する体制が備わっていること等、他の諸事情とあわせて総合的に観察して、「法人でない社団」として当事者能力が認められる場合があるとしたものである。

事実関係　預託金会員制ゴルフ場の運営会社Yの元役員による会員権の不正売却を契機として、ゴルフクラブXはYとの間で協約書を締結した。当該協約書には、Yは会員の快適なプレーの実現に努力する義務を負い、この目的達成に必要な限りで、Xの理事会の指示に基づきその財務委員会関係者に限りYの経理内容の調査権限を与える旨の記載があった。XはYに対して、上記協約書に基づき計算書類等の各謄本の交付を求めて訴えを提起した。Xに当事者能力が認められるか否かが争点となったが第1審及び第2審はともに、X固有の財産が存在するとはいえず、Xの会計業務はすべてYが行っていること、XはYの計算に基づきその財政的基盤の上に成り立っており、それ自体独立した権利義務の主体たるべき社団としての財政的基盤を欠くことを理由に、Xの当事者能力を否定して訴えを却下した。Xが上告。

判決要旨　原判決破棄、第1審判決取消し、第1審差戻し。「民訴法29条にいう『法人でない社団』に当たるというためには、団体としての組織を備え、多数決の原則が行われ、構成員の変更にかかわらず団体そのものが存続し、その組織において代表の方法、総会の運営、財産の管理その他団体としての主要な点が確定していなければならない（最高裁昭和35年（オ）第1029号同39年10月15日第一小法廷判決・民集18巻8号1671頁参照）。これらのうち、財産的側面についていえば、必ずしも固定資産ないし基本的財産を有することは不可欠の要件ではなく、そのような資産を有していなくても、団体として、内部的に運営され、対外的に活動するのに必要な収入を得る仕組みが確保され、かつ、その収支を管理する体制が備わっているなど、他の諸事情と併せ、総合的に観察して、同条にいう『法人でない社団』として当事者能力が認められる場合があるというべきである。」

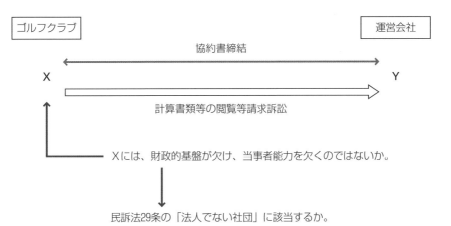

本判決の位置づけ・射程範囲

　当事者能力とは、民事訴訟において当事者となることのできる一般的な資格をいう。当事者能力は民法上の権利能力に対応する一般的な訴訟要件である。民訴法は、法人格のない団体のうち、社団又は財団で代表者又は管理人の定めがあるものについては当事者能力を認めている（民訴29条）。

　本判決の引用する昭和39年判決は、権利能力のない社団の成立要件に関するリーディングケースであり、①団体としての組織を備えること、②多数決の原則が行われること、③構成員の変更にもかかわらず団体そのものが存続すること、④その組織において代表の方法、総会の運営、財産の管理その他団体としての主要な点が確定していることの4要件を成立要件として挙げている。④の要件について、構成員の財産から分別されて管理されているかという財産的独立性を要するか否かは必ずしも明確ではなく、学説上争いがあった。必要説は、民訴法29条の社団とは、人の結合体であり、その団体の活動から生じた債務の引当てに供しうるように構成員から独立して管理される独自の財産を有するものをいうと主張する。これに対しては、団体の債権者が債務の履行を求めて団体を訴える場合以外に、財産的独立性を要求する意義があるのかという批判がなされていた。

　本判決は、固定資産ないし基本的財産を有することは不可欠の要件ではなく、団体として内部的に運営され、対外的活動に必要な収入を得る仕組みが確保され、かつその収支を管理する体制が備わっているなど、他の諸事情とあわせ、総合的に観察して「法人でない社団」として当事者能力が認められる場合があるとして、不要説の立場に親和性を有する判断を示したといえよう。

さらに理解を深める　百選3版13事件〔山本弘〕　最判解民事篇平成14年度444頁〔髙部眞規子〕、伊藤4版補訂版122頁、新堂5版147頁、松本＝上野7版230頁、中野ほか2版補訂2版95頁、高橋（上）2版補訂版181頁、三木ほか378頁、和田96頁、藤田・講義3版149頁、藤田・解析2版176頁　関連判例　最一判昭39・10・15民集18巻8号1671頁、最一判昭42・10・19民集21巻8号2078頁、最二判昭55・2・8民集34巻2号138頁

第5章 当事者　　　　　　　　　　　　　　　　　　　岡　伸浩

49 意思能力を欠く者の訴訟行為

最高裁昭和29年6月11日第二小法廷判決
事件名等：昭和27年（オ）第9号動産及び不動産引渡等請求事件
掲載誌：民集8巻6号1055頁

概要　本判決は、成年後も12、3才の児童と同程度の精神能力しかない者の行った控訴の取下げは無効であるが、控訴の提起は有効であることを妨げないとしたものである。

事実関係　XはYに対して、旅館営業用動産の引渡し、電話加入権の名義変更、貸金の返還、建物の所有権移転登記とその引渡し等を求めて訴えを提起した。YはAを訴訟代理人として応訴したが、第1審はXの請求をほぼ全面的に認容した。Yが控訴。Yは成人であるが精神上の障害を有し、精神能力は12、3才の児童と同程度であった。Yは控訴取下げ後に準禁治産宣告を受け、Yの姉Bの夫Cが保佐人に選任されている。Yは、控訴を取り下げれば身が立つように配慮してやるというXの訴訟代理人Dの言葉を信じて、AやB夫婦に相談することなく、Dの用意した控訴の取下書に署名押印してDに交付し、Dがこれを裁判所に提出した。このような事情の下で、Yの訴訟代理人Aは、Yの行った控訴の取下げは無効であると主張した。第2審は、中間判決により控訴の取下げは無効であるとして、第1審の判決を変更し、Xの請求の一部のみを認容した。Xは上告して、Yの控訴の取下げが無効であるとすれば、Yの控訴の提起及び訴訟委任も無効とされるべきであると主張した。

判決要旨　上告棄却。「Yは、相手方Xの訴求した、家屋の所有権移転登記とその引渡、電話加入名義の変更申請手続、動産の引渡等をなすべき旨の第一審判決を受け、右判決に対し控訴したものであって、右控訴を取下げれば前記敗訴判決が確定し、その執行を受ける関係にあったことが明らかである。そして、……もし右判決が執行せられるときは、YがB夫婦によって経営していたT旅館の経営に支障を来し、Yの生活の根拠が脅かされる結果となることは明らかであるに拘らず、Yは本件控訴取下の当時、すでに成年を過ぎ、且未だ準禁治産宣告を受けてもいなかったけれども、生来、医学上いわゆる精神薄弱者に属する軽症痴愚者であって、その家政、資産の内容を知らず、治産に関する社会的知識を欠き、思慮分別判断の能力が不良で、その精神能力は12、3才の児童に比せられる程度にすぎず、しかも、その控訴取下はB夫婦や訴訟代理人〔A〕に相談

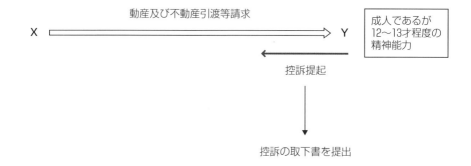

せずなされたこと、そのためYは、控訴取下によって前記の如き重大な訴訟上並に事実上の結果を招来する事実を十分理解することができず、控訴取下の書面を以て、漠然相手方〔X〕に対する紛争の詫状の程度に考え、本件控訴取下をなしたものであること、以上の如き事実が認められるから、Yのなした本件控訴取下は、ひっきよう意思無能力者のなした訴訟行為にあたり、その効力を生じないものと解すべきである。これに反して、控訴の提起自体は、単に一審判決に対する不服の申立たるに過ぎず、かつ敗訴判決による不利益を除去するための、自己に利益な行為である関係上、Yにおいても、その趣旨を容易に理解し得たものと認められるから、本件控訴の提起はこれを有効な行為と解するを妨げない」。

本判決の位置づけ・射程範囲

意思能力とは、自己の行為の法的な結果を判断することのできる能力をいう。個々の訴訟行為について意思能力を欠く場合には、その訴訟行為は無効となる。意思能力の有無に関する一般的な判断基準は存在しないため、意思能力の有無は、当該訴訟行為の性質や結果の重大性、精神能力の程度、訴訟行為のなされた当時の状況等を具体的に検討して判断すべきこととなる。

本判決は、控訴の取下げはYにとって訴訟上、事実上の重大な結果を招来するものであるにもかかわらず、Yはその事実を十分に理解することなく行ったものであり、意思能力を欠き、無効とした。他方で、控訴の提起は第１審判決に対する不服申立てにすぎないこと、不利益を除去するために行われる自己に利益な行為であること、Y本人もその趣旨を容易に理解し得たものと認められることを理由に有効な行為であるとした。同一人の行った訴訟行為について控訴の取下げと控訴の提起の有する訴訟上の意味に着目してそれぞれ判断した点に特色がある。

さらに理解を深める　百選４版16事件〔小田司〕　最判解民事篇昭和29年度85頁〔北村良一〕、伊藤４版補訂版125頁、新堂５版154頁、松本＝上野７版234頁、中野ほか２版補訂２版100頁、高橋（上）２版補訂版197頁、三木ほか108頁、和田104頁　**関連判例**　東京高判昭和55・2・27判時960号51頁、東京地判平成3・7・25判タ777号229頁、東京地判昭和62・6・16判時1267号96頁、東京地判昭和58・3・4判時1072号124頁

第5章 当事者　　　　　　　　　　　　　　　　勝亦康文

50　訴訟行為の追認

最高裁昭和55年9月26日第二小法廷判決
　事件名等：昭和54年（オ）第879号所有権移転登記手続再審請求事件
　掲載誌：判時985号76頁、判タ429号99頁

概要　本判決は、無権代理人がした訴訟行為の追認について、ある審級における手続が終了した後においては、当該審級における訴訟行為を一体として不可分的にすべきものであって、すでに終了した第2審における訴訟行為のうち控訴提起行為のみを選択して追認することは許されないとしたものである。

事実関係　Yは、Xらに対して所有権移転登記手続請求の訴えを提起した（前訴）。Xらは第1審で敗訴し、控訴したが第2審でも敗訴した。その後、Xらは、前訴の第1審におけるXらの訴訟行為は、Xらの委任した訴訟代理人によって適法にされたが、第2審におけるXらの訴訟行為は、Xらの委任しない無権代理人によってされた無効なものであると主張し、再審の訴えを提起した（本訴）。Xらは、前訴の第2審における訴訟行為のうち控訴提起行為のみを追認し、改めて、第1審の敗訴判決を取り消してYの請求を棄却する判決を求めた。原審は、Xらの再審請求を棄却した。Xら上告。

判決要旨　上告棄却。「訴訟行為は、通常、相互に関連をもちながら手続を形成し、審級ごとに終局的判断を経ながら発展して完結に至るものであるから、無権代理人がした訴訟行為を追認する場合には、ある審級における手続がすでに終了したのちにおいては、その審級における訴訟行為を一体として不可分的にすべきものであって、Xらが主張するように、すでに終了した控訴審における訴訟行為のうち控訴提起行為のみを選択して追認することは許されないものと解するのが相当である。
　したがって、本件において、前訴の控訴審における訴訟行為のうち控訴提起行為のみの追認は許されないものとした原審の判断は正当であり、論旨は、採用することができない。」

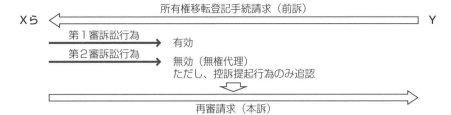

本判決の位置づけ・射程範囲

民訴法338条1項3号（旧民訴420条1項3号）は、「法定代理権、訴訟代理権又は代理人が訴訟行為をするのに必要な授権を欠いたこと」を再審事由とする。Xらは、前訴の第2審の訴訟行為が無権代理人によって行われた無効なものであることを理由に第2審判決に対して再審を申し立てた。

訴訟行為が無権代理人によりなされた場合に、その一部のみを追認することが許されるか否かに関して、上告の提起行為のみの追認を許した裁判例（大判大正8・12・12 関連判例）、控訴の提起行為のみの追認を許した裁判例（名古屋高判昭和33・3・12 関連判例）等がある。これらの裁判例は、第1審から訴訟行為が無権代理人により行われた事案に関するものであり、下級審における無権代理人による訴訟行為の瑕疵を是正することにより、当事者の権利保護を図ろうとしたものと位置づけることが可能である。

これに対し、本件は、前訴の敗訴当事者が、前訴の第1審の訴訟行為は適法な委任を受けた訴訟代理人によって有効に行われており、第2審における訴訟行為のみが無権代理人によってされた無効なものであるとして、第2審の手続が終了し判決が確定した後に第2審における訴訟行為のうち控訴提起行為のみを追認し、第1審の敗訴判決を取り消して前訴の勝訴当事者の請求を棄却する判決を求めたものである。

学説では、訴訟行為の一部の追認について、控訴提起のように性質上可分な訴訟行為については、訴訟行為の追認を積極に解する見解も存在する（斎藤秀夫ほか編著『注解民事訴訟法(2)〔第2版〕』（第一法規出版、1991年）426頁〔伊藤彦造＝高島義郎〕）。

本判決は、訴訟行為は、相互に関連をもちながら手続を形成し、審級ごとに終局的判断を経ながら発展して完結に至るものであることを理由に、ある審級における手続がすでに終了した後は、当該審級における訴訟行為を一体として不可分的にすべきものであって、すでに終了した第2審における訴訟行為のうち控訴提起行為のみを選択して追認することは認められないとした点に意義がある。

判例は、個々の訴訟行為の性質、目的、訴訟の時期等の事情を考慮し、訴訟行為の一部の追認の可否を判断する立場であるといえる。

さらに理解を深める

基本判例2版補訂68事件、昭和56年度主判解231頁〔花村治郎〕、高橋（上）2版補訂版198頁、中野ほか2版補訂2版104頁、244頁、松本＝上野7版131頁　関連判例　大判大正8・12・12民録25輯2286頁、名古屋高判昭和33・3・12高民集11巻3号183頁

第5章　当事者　　　　　　　　　　　　　　　　　　　　　　　　　岡　伸浩

51 入会団体の当事者適格

最高裁平成6年5月31日第三小法廷判決
　事件名等：平成3年（オ）第1724号所有権確認等請求事件
　掲載誌：民集48巻4号1065頁、判時1498号75頁、判タ854号62頁

概要　本判決は、入会権者である村落住民が形成した入会団体が権利能力なき社団に該当する場合には、当該入会団体は構成員全員の総有に属する不動産に関する総有権確認請求訴訟を追行する原告適格を有するとしたものである。

事実関係　A村落の住民は、共同財産の管理や収益の方法について慣習を形成し、慣習を確認した規約書を作成した。共同財産の所有者としての資格を有する住民は、転入者の増加等による共同財産の管理の混乱を防止するため、A村落の当時の戸主全員の合意によって共有財産管理組合規約を制定し、X組合を設立した。本件土地には、A村落の戸主24名全員を共有者とする所有権移転登記がなされていたが、その1名であるBにつき数次の相続が発生し、Cが共有持分24分の1の所有名義人となった。Cの相続人であるY₁及びY₂は本件土地につき共有持分を有することを主張して、本件土地がX組合の構成員全員の総有に属することを争っていた。そこで、X組合は、総会における構成員全員一致の議決をもって、Y₁及びY₂を被告として本件土地がX組合の構成員全員の総有に属することの確認を求めて総有権確認請求訴訟を提起した。

判決要旨　破棄差戻し。「入会権は権利者である一定の村落住民の総有に属するものであるが（最高裁昭和34年（オ）第650号同41年11月25日第二小法廷判決・民集20巻9号1921頁）、村落住民が入会団体を形成し、それが権利能力のない社団に当たる場合には、当該入会団体は、構成員全員の総有に属する不動産につき、これを争う者を被告とする総有権確認請求訴訟を追行する原告適格を有するものと解するのが相当である。けだし、訴訟における当事者適格は、特定の訴訟物について、誰が当事者として訴訟を追行し、また、誰に対して本案判決をするのが紛争の解決のために必要で有意義であるかという観点から決せられるべき事柄であるところ、入会権は、村落住民各自が共有におけるような持分権を有するものではなく、村落において形成されてきた慣習等の規律に服する団体的色彩の濃い共同所有の権利形態であることに鑑み、入会権の帰属する村落住民が権利能力のない社団である入会団体を形成している場合には、当該入会団体が当事者として入会権の帰属に関する訴訟を追行し、本案判決を受けることを認

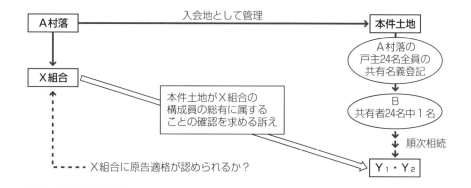

めるのが、このような紛争を複雑化、長期化させることなく解決するために適切であるからである。」

「そして、権利能力のない社団である入会団体の代表者が構成員全員の総有に属する不動産について総有権確認請求訴訟を原告の代表者として追行するには、当該入会団体の規約等において当該不動産を処分するのに必要とされる総会の議決等の手続による授権を要するものと解するのが相当である。けだし、右の総有権確認請求訴訟についてされた確定判決の効力は構成員全員に対して及ぶものであり、入会団体が敗訴した場合には構成員全員の総有権を失わせる処分をしたのと事実上同じ結果をもたらすことになる上、入会団体の代表者の有する代表権の範囲は、団体ごとに異なり、当然に一切の裁判上又は裁判外の行為に及ぶものとは考えられないからである。」

本判決の位置づけ・射程範囲

入会権とは、一定の村落共同体の住民が入会地と呼ばれる山林原野に立ち入り、薪を集める等の収益をする慣習法上の権利をいう。民法は、共有の性質を有する入会権について各地方の慣習に従うほか共有の規定を適用する旨を定め（民263条）、共有の性質を有しない入会権について各地方の慣習に従うほか地役権の規定を適用する旨を定める（民294条）。

本判決は、入会団体が権利能力なき社団に該当する場合には、当該入会団体は構成員全員の総有に属する不動産に関する総有権確認請求訴訟の原告適格を有すること、入会団体が敗訴した場合には総有権を処分したのと事実上同様の結果が生じることから、入会団体の代表者が確認請求訴訟を追行するためには当該入会団体の規約等で当該不動産を処分するのに必要とされる総会決議等の手続による授権を要することを明らかにした。

さらに理解を深める　**百選4版11事件〔山本和彦〕**　最判解民事篇平成6年度394頁〔田中豊〕、伊藤4版補訂版121頁、新堂5版150頁、松本＝上野7版108頁、中野ほか2版補訂2版96頁、高橋（上）2版補訂版187頁、三木ほか380頁、和田99頁、藤田・講義3版150頁、藤田・解析2版179頁　**関連判例**　最二判昭和55・2・8民集34巻2号138頁

第5章 当事者

岡　伸浩

52 遺言執行者の当事者適格(1)

最高裁昭和51年7月19日第二小法廷判決
　事件名等：昭和51年（オ）第17号所有権移転仮登記抹消登記手続本訴、所有権移転登記抹消登記手続反訴請求事件
　掲載誌：民集30巻7号706頁、判時839号69頁、判タ340号153頁、金法802号32頁、金判517号16頁

概要　本判決は、遺言の執行として不動産が受遺者に遺贈され、遺贈に基づいて受遺者に所有権移転仮登記がなされている場合、相続人が当該登記の抹消登記手続を求めて訴えを提起するときは、遺言執行者ではなく受遺者を被告とすべきとしたものである。

事実関係　本件土地を所有していたXの養父Aは、「本件土地をBに遺贈する、遺言執行者をY及びCとする」旨の公正証書遺言を行った後に死亡した。Y、C及びBは、本件土地について遺贈を原因として、B名義の所有権移転仮登記を行った。Xは本件土地について相続を原因とする所有権移転登記を行った後、Yを被告として、上記公正証書遺言はAの意思に基づかずに作成されたものであるとして、主位的に遺言無効確認及び所有権移転仮登記抹消登記手続を、予備的に取得時効による所有権移転仮登記抹消登記手続を求めて訴えを提起した。Yは、遺言の成立の真正を主張するとともに、Xに対する所有権移転登記抹消登記手続を求めて反訴を提起した。原審は、XのYに対する所有権移転仮登記抹消登記請求について、遺言執行者Yは仮登記抹消登記手続に関する登記義務者ではなく、登記簿上の権利者Bに対して抹消登記手続請求すべきと判示し、Xの本訴請求を棄却した。なお、Yの反訴請求については、Xによる本件土地の時効取得を認めて請求を棄却した。Xが上告。

判決要旨　上告棄却。「遺言執行者は、遺言の執行に必要な一切の行為をする権利義務を有し（民法1012条）、遺贈の目的不動産につき相続人により相続登記が経由されている場合には、右相続人に対し右登記の抹消登記手続を求める訴を提起することができるのであり、また遺言執行者がある場合に、相続人は相続財産についての処分権を失い、右処分権は遺言執行者に帰属するので（民法1013条、1012条）、受遺者が遺贈義務の履行を求めて訴を提起するときは遺言執行者を相続人の訴訟担当者として被告とすべきである（最高裁昭和42年（オ）第1023号、同43年5月31日第二小法廷判決・民集22巻5号1137頁）。更に、

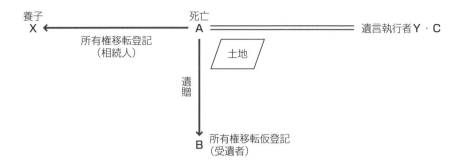

相続人は遺言執行者を被告として、遺言の無効を主張し、相続財産について自己が持分権を有することの確認を求める訴を提起することができるのである（最高裁昭和29年（オ）第875号、同31年9月18日第三小法廷判決・民集10巻9号1160頁）。右のように、遺言執行者は、遺言に関し、受遺者あるいは相続人のため、自己の名において、原告あるいは被告となるのであるが、以上の各場合と異なり、遺贈の目的不動産につき遺言の執行としてすでに受遺者宛に遺贈による所有権移転登記あるいは所有権移転仮登記がされているときに相続人が右登記の抹消登記手続を求める場合においては、相続人は、遺言執行者ではなく、受遺者を被告として訴を提起すべきであると解するのが相当である。けだし、かかる場合、遺言執行者において、受遺者のため相続人の抹消登記手続請求を争い、その登記の保持につとめることは、遺言の執行に関係ないことではないが、それ自体遺言の執行ではないし、一旦遺言の執行として受遺者宛に登記が経由された後は、右登記についての権利義務はひとり受遺者に帰属し、遺言執行者が右登記について権利義務を有すると解することはできないからである。」

本判決の位置づけ・射程範囲

本判決は、遺言の執行として不動産が受遺者に遺贈され、当該遺贈を原因として受遺者に所有権移転仮登記がなされた場合、相続人が遺言の無効を主張して当該所有権移転仮登記の抹消登記手続を求めて訴えを提起した事案で、遺言執行者ではなく受遺者を被告とすべきと判断した。その理由は、①当該不動産の遺贈について既に遺言執行は終了し、その登記の保持自体は遺言の執行行為ではないこと、②一旦遺言の執行として受遺者宛てに登記がなされている以上、この登記についての権利義務は受遺者に帰属し、遺言執行者に帰属しないことにあるとする。本判決は、具体的な請求との関係で遺言執行者が被告適格を有する範囲を限定した点に意義があると考えられる。

さらに理解を深める

百選4版12事件〔笠井正俊〕　最判解民事篇昭和51年度278頁〔田尾桃二〕、新堂5版296頁、松本＝上野7版244頁、中野ほか2版補訂2版153頁、高橋（上）2版補訂版273頁、和田174頁　関連判例　最二判昭和43・5・31民集22巻5号1137頁、最二判平成10・2・27 本書53事件

第5章 当事者　　　　　　　　　　　　　　　　山木戸勇一郎

53 遺言執行者の当事者適格(2)

最高裁平成10年2月27日第二小法廷判決
事件名等：平成7年（オ）第1993号土地賃借権確認、借地権確認請求事件
掲載誌：民集52巻1号299頁、判時1635号60頁、判タ970号106頁、
　　　　金法1515号42頁、金判1043号27頁

概要　特定の相続人に相続させる旨の遺言の目的となった特定の不動産上の賃借権確認訴訟の被告適格者は、遺言執行者がある場合においても、遺言において当該不動産の管理及び引渡しが遺言執行者の職務とされている等の特段の事情のない限り、当該不動産を相続した相続人（受益相続人）である。

事実関係　亡Aが公正証書遺言によって、二男Yを遺言執行者に指定し、本件土地の持分のそれぞれ2分の1を長男B及び三男Xに相続させ、また、別の土地建物をYに相続させる旨の遺言をした。Aの死亡後、Xは本件土地上に賃借権を有している旨を主張したが、Yがこれを争ったために、XがYを被告として本件土地上の賃借権存在確認の訴えを提起した。

判決要旨　破棄自判。「特定の不動産を特定の相続人に相続させる趣旨の遺言をした遺言者の意思は、右の相続人に相続開始と同時に遺産分割手続を経ることなく当該不動産の所有権を取得させることにあるから（最高裁平成……3年4月19日第二小法廷判決・民集45巻4号477頁参照）、その占有、管理についても、右の相続人が相続開始時から所有権に基づき自らこれを行うことを期待しているのが通常であると考えられ、右の趣旨の遺言がされた場合においては、遺言執行者があるときでも、遺言書に当該不動産の管理及び相続人への引渡しを遺言執行者の職務とする旨の記載があるなどの特段の事情のない限り、遺言執行者は、当該不動産を管理する義務や、これを相続人に引き渡す義務を負わないと解される。そうすると、遺言執行者があるときであっても、遺言によって特定の相続人に相続させるものとされた特定の不動産についての賃借権確認請求訴訟の被告適格を有する者は、右特段の事情のない限り、遺言執行者ではなく、右の相続人であるというべきである。」

本判決の位置づけ・射程範囲

本判決は、相続させる遺言（特定の相続財産を特定の相続人に相続させる旨の遺言）の目的となった不動産上の権利関係に関する確認の訴えの被告適格を、遺言執行者と受益相続人のいずれに認めるべきか——遺言執行者と受益相続人のい

ずれを被告にすれば確認の利益が認められるか——という点が問題となった事案である。

本判決の意義の第1は、遺言執行者は、相続させる遺言の目的不動産の管理・引渡義務を原則として負わないとした点である。受益相続人の所有権の取得と同時に、受益相続人に当該不動産の占有・管理を開始させるのが遺言者の通常の意思に合致する、というのがその根拠である。なお、遺言執行者は、相続させる遺言の目的不動産の所有権移転登記に関しても登記義務を負わないから（登記原因は遺贈ではなく相続となるため、遺言受益者の単独申請になる〔不登63条2項〕。最一判平成11・12・16 関連判例 参照）、本判決を前提とすると、相続させる遺言に関する遺言執行者の職務は極めて限られたものになろう。

本判決の意義の第2は、遺言執行者が相続させる遺言の目的不動産の管理・引渡義務を負わないことを理由に、当該不動産上の賃借権確認訴訟についての遺言執行者の被告適格（確認の利益）を否定した点である。この点は、以下のように説明することができよう。すなわち、遺言執行者は遺言の執行に必要な一切の行為をする権利義務を有することから（民1012条）、仮に遺言執行者が遺言の執行として占有を移転する義務を負うとすると、例えば不法占有者がいる場合は、その義務の履行のためにその占有を排除する必要があるため、遺言執行者は遺言の執行の一環として目的物の占有関係に介入する一定の権利義務を有することになる。そうすると、遺言執行者との関係で目的物の占有関係を巡る紛争が生じ得ることになるから、遺言執行者を被告として占有正権原の存否などを確認することは有効適切である（確認の利益を認めることができる）ことになる。これに対して、本判決の立場のように、遺言執行者が占有を移転する義務を負わないとすると、上記の場合とは異なって、遺言執行者は当該目的物の占有関係に関して何らの権利義務を有しないことになる。そのため、遺言執行者との関係で目的物の占有関係を巡る紛争が生じることはないから、遺言執行者を被告として占有正権原の存否などを確認することは無意味である（確認の利益を認めることはできない）ことになる。

さらに理解を深める　最判解民事篇平成10年度（上）212頁〔野山宏〕、平成10年度主判解172頁〔竹下史郎〕、平成10年度重判民訴2事件〔畑瑞穂〕、八田卓也・法政研究（九州大学）66巻3号415頁、福永有利・リマークス1999（下）76頁。遺言執行者の当事者適格に関する近年の論考として、高橋（上）2版補訂版271頁以下、山本弘「遺言執行者の当事者適格に関する一考察」谷口安平先生古稀祝賀『現代民事司法の諸相』（成文堂、2005年）11頁以下、八田卓也「遺言執行者の原告適格の一局面」井上治典先生追悼論文集『民事紛争と手続理論の現在』（法律文化社、2008年）370頁以下　関連判例　最三判昭和31・9・18民集10巻9号1160頁、最二判昭和43・5・31民集22巻5号1137頁、最二判昭和51・7・19 本書52事件 、最一判昭和62・4・23民集41巻3号474頁、最一判平成11・12・16民集53巻9号1989頁

第5章 当事者

岡　伸浩

54 法人内部紛争の原告適格

最高裁平成7年2月21日第三小法廷判決
　事件名等：平成3年（オ）第1503号地位不存在確認等請求事件
　掲載誌：民集49巻2号231頁

概要　本判決は、宗教法人である神社の代表役員たる地位の存否の確認を求める訴えについて訴えの利益、原告適格が認められるためには、組織上、その宗教法人の代表役員の任免に関与する等代表役員の地位に影響を及ぼすべき立場にあるか、又は自らが代表役員によって任免される立場にある等代表役員の地位について法律上の利害関係を有していることを要するとしたものである。

事実関係　Y宗教法人（Y神社）は、Y神社の維持運営を目的として設立登記され、Y神社の宮司Aが設立と同時に代表役員に就任した。Aは、その任期満了前に総代会を招集、開催した上、総代会から責任役員の選考を一任されたとして、新責任役員を選任した。また、AはZを宮司に任命されたい旨の宮司具申書を作成し、新責任役員の署名捺印を得た後、県神社庁を経て、神社本庁に提出した。その結果、神社本庁統理がZをY神社の宮司に任命し、ZはYの代表役員に就任したとしてその旨の登記手続を行った。これに対して、Y神社の氏子であるXらは、YにおけるZの代表役員選任の過程に瑕疵があったとして、ZがYの代表役員の地位にないことの確認及びZの代表役員就任登記の抹消登記手続を求めて訴えを提起した。第1審及び第2審はともに、Xら全員について原告適格を認め、Xらの請求を認容した。ZがYの補助参加人として上告。

判決要旨　一部破棄自判、一部棄却。「本件訴えは、Xらが、自らの地位ないし権利関係についての確認等を請求するものではなく、ZがYの代表役員の地位にないことの確認及びこれを前提に前記登記の抹消をそれぞれ請求するものであるから、その訴えの利益、また、したがって原告適格を肯定するには、組織上、XらがYの代表役員の任免に関与するなど代表役員の地位に影響を及ぼすべき立場にあるか、又は自らが代表役員によって任免される立場にあるなど代表役員の地位について法律上の利害関係を有していることを要するものというべきである。」

　「宗教法人法及び本件神社規則によれば、Yの責任役員は、代表役員の任免に直接関与する立場にあり、また、氏子総代も、総代会の構成員として責任役員を選考し、ひいては代表役員の地位に影響を及ぼすべき立場にあるということがで

第5章　当事者　109

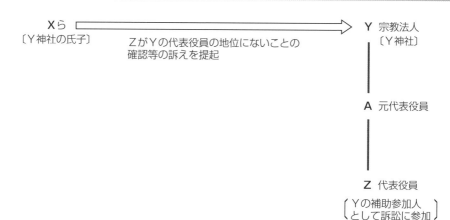

> きるから、Yの責任役員及び氏子総代は、いずれもYの代表役員の地位の存否の確認等を求める訴えの原告適格を有するというべきである。しかしながら、氏子は、Yの機関ではなく、代表役員の任免に関与する立場にないのみならず、自らが代表役員によって任免される立場にもないなど代表役員の地位について法律上の利害関係を有しているとはいえないから、右確認等を求める訴えの原告適格を有しないというべきである。」

本判決の位置づけ・射程範囲

Xらは、自らの地位ないし権利関係について確認等を求めるのではなく、第三者である代表役員Zの地位の不存在の確認等を求めている。そこで、宗教団体の氏子らは、当該宗教団体を被告として宗教法人の代表役員たる地位の不存在の確認を求める訴えの利益、原告適格を有するかが問題となった。

本判決は、「組織上、XらがYの代表役員の任免に関与するなど代表役員の地位に影響を及ぼすべき立場にあるか、又は自らが代表役員によって任免される立場にあるなど代表役員の地位について法律上の利害関係を有していることを要するものというべきである」という一般的基準を提示し、第三者の原告適格を限定した。その上で、単なる氏子はYの機関ではなく、役員等の選任に関与しないものであるとして、原告適格を否定した。他方、Yの責任役員と氏子総代については、責任役員は代表役員の任免に直接関与する立場にあること、氏子総代は総代会の構成員として責任役員を選考し、代表役員の地位に影響を及ぼすべき立場にあるとして、原告適格を肯定した。

さらに理解を深める

百選4版14事件〔徳田和幸〕　最判解民事篇平成7年度（上）85頁〔西謙二〕、伊藤4版補訂版182頁、松本＝上野7版240頁、高橋（上）2版補訂版342頁　関連判例　最二判平成8・6・24判時1575号50頁、最三判平成5・9・7 本書6事件、最二判平成2・10・29判時1366号46頁、最一判平成6・10・13判時1558号27頁

第5章 当事者　　　　　　　　　　　　　　　　　　　岡　伸浩

55 任意的訴訟担当

最高裁昭和45年11月11日大法廷判決
事件名等：昭和42年（オ）第1032号立替金請求事件
掲載誌：民集24巻12号1854頁、判時611号19頁、判タ255号129頁、金法601号25頁

概要　本判決は、民法上の組合において、組合規約に基づき自己の名で組合財産を管理し、対外的業務を執行する権限を与えられた業務執行組合員は、組合財産に関する訴訟について任意的訴訟担当として当事者適格を有するとしたものである。

事実関係　民法上の組合であるA建設工業共同企業体は、Y県との間で工事請負契約を締結し、工事を開始した。Aの規約上、Xは建設工事の施工に関しAを代表して発注者及び監督官庁等と折衝する権限並びに自己の名で請負代金の請求・受領及びAに属する財産を管理する権限を有していた。工事の途中でYはAに対して工事中止を命じ、残工事を他の業者に発注した。そこで、Xは自己の名でYに対して、契約の一方的な打切りによりAが被った損害の賠償を求めて訴えを提起した。原審は、本件はAが構成員Xに任意に訴訟追行権を与えたいわゆる任意的訴訟信託の関係にあるが、旧民訴法47条（現民訴30条）のような法的規制によらない任意的訴訟信託は許されないとして、Xは本訴訟の当事者適格を有しない旨を判示し、第1審判決を取り消して、Xの訴えを却下した。Xが上告。

判決要旨　破棄差戻し。「任意的訴訟信託については、民訴法上は、同法47条〔現民訴30条〕が一定の要件と形式のもとに選定当事者の制度を設けこれを許容しているのであるから、通常はこの手続によるべきものではあるが、同条は、任意的な訴訟信託が許容される原則的な場合を示すにとどまり、同条の手続による以外には、任意的訴訟信託は許されないと解すべきではない。すなわち、任意的訴訟信託は、民訴法が訴訟代理人を原則として弁護士に限り、また、信託法11条〔現信託10条〕が訴訟行為を為さしめることを主たる目的とする信託を禁止している趣旨に照らし、一般に無制限にこれを許容することはできないが、当該訴訟信託がこのような制限を回避、潜脱するおそれがなく、かつ、これを認める合理的必要がある場合には許容するに妨げないと解すべきである。」

「そして、民法上の組合において、組合規約に基づいて、業務執行組合員に自己の名で組合財産を管理し、組合財産に関する訴訟を追行する権限が授与されている場合には、単に訴訟追行権のみが授与されたものではなく、実体上の管理権、

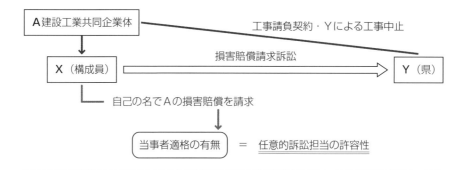

> 「対外的業務執行権とともに訴訟追行権が授与されているのであるから、業務執行組合員に対する組合員のこのような任意的訴訟信託は、弁護士代理の原則を回避し、または信託法11条の制限を潜脱するものとはいえず、特段の事情のないかぎり、合理的必要を欠くものとはいえないのであって、民訴法47条による選定手続によらなくても、これを許容して妨げないと解すべきである。」

本判決の位置づけ・射程範囲

任意的訴訟担当とは、権利関係の主体が訴訟追行権を第三者に授与して、第三者がその授権に基づいて当事者適格を取得する場合をいう。学説上は、法律に規定がない限り権利の帰属主体が任意に訴訟追行権を第三者に授与することはできないという法定説、正当な業務上の必要性があれば任意的訴訟担当を許容すべきであるという正当業務説、より広く必要性や弊害等を実質的に考慮すべきであるという実質関係説が主張されている。

本判決は、任意的訴訟担当を無制限に認めることはできないとしつつも、弁護士代理の原則や訴訟信託の禁止を回避、潜脱するおそれがなく、かつ、これを認める合理的必要がある場合には許容することができるという基準を定立した点に意義を有する。

本判決後に任意的訴訟担当を否定した事例として、東京高判平成8・3・25判タ936号249頁がある。これは、損害保険の保険契約者が被保険者に代わり、任意的訴訟担当として保険会社に対して保険金請求をした事案である。同裁判例は、原告と被保険者との間に、社会的、経済的に一体のものとみるべき特別の関係があるような場合は格別、そのような関係がないにもかかわらず、保険金請求について任意的訴訟担当を許すとすれば、被保険者を特定しその損害を填補することを目的とする損害保険契約の趣旨を逸脱する結果となるとして、任意的訴訟担当を許容する合理的必要を欠く旨を判示して訴えを不適法却下とした。

さらに理解を深める 百選4版13事件〔松原弘信〕 最判解民事篇昭和45年度（下）813頁〔宇野栄一郎〕、伊藤4版補訂版189頁、新堂5版149頁、松本=上野7版245頁、中野ほか2版補訂2版154頁、高橋（上）2版補訂版180頁、三木ほか131頁、和田177頁、藤田・講義3版98頁、藤田・解析2版213頁 **関連判例** 最三判平成6・5・31 本書51事件

第5章 当事者　　　　　　　　　　　　　　　　　　　　　　岡　伸浩

56 離婚訴訟と特別代理人

最高裁昭和33年7月25日第二小法廷判決
　事件名等：昭和28年（オ）第1389号離婚請求事件
　掲載誌：民集12巻12号1823頁、判時156号8頁

概要　本判決は、妻が心神喪失の常況にあるものの禁治産宣告（現行民法上の後見開始の審判）を受けていない状況の下で、夫が妻に対して離婚訴訟を提起する場合、特別代理人の選任に関する旧民訴法56条（現民訴35条）は適用されず、禁治産宣告を申請し、その宣告を得て禁治産者の後見監督人又は後見人を被告として訴えを提起すべきとしたものである。

事実関係　Xの妻Yは精神分裂病（統合失調症）に罹患し入院していた。Xは子の養育等の事情からYとの離婚を決意し、Yを相手方とし、Yの実兄Zを利害関係人として離婚調停を申し立てた。本調停はYの不出頭により不調となった。そこで、XはYとの離婚及び3人の子の親権者指定を求めて訴えを提起した。本訴訟では、Xの申請により旧民訴法56条（現民訴35条）の特別代理人が選任された。本訴訟に補助参加人として参加したZは、Yが心神喪失の常況にあるのであれば、Xは禁治産宣告（現行民法上の後見開始の審判）を申請し、後見監督人を被告として訴えを提起すべきであると主張した。第1審及び第2審はともに、特別代理人による訴訟追行を許容してXの請求を認容した。Zが上告。

判決要旨　破棄差戻し。「およそ心神喪失の常況に在るものは、離婚に関する訴訟能力を有しない、また、離婚のごとき本人の自由なる意思にもとづくことを必須の要件とする一身に専属する身分行為は代理に親しまないものであって、法定代理人によって、離婚訴訟を遂行することは人事訴訟〔手続〕法のみとめないところである。同法4条〔現人訴14条〕は、夫婦の一方が禁治産者であるときは、後見監督人又は後見人が禁治産者のために離婚につき訴え又は訴えられることができることを規定しているけれども、これは後見監督人又は後見人が禁治産者の法定代理人として訴訟を遂行することを認めたものではなく、その職務上の地位にもとづき禁治産者のため当事者として訴訟を遂行することをみとめた規定と解すべきである。離婚訴訟は代理に親しまない訴訟であること前述のとおりであるからである。」

　「翻って、民訴56条〔現民訴35条〕は、『法定代理人ナキ場合又ハ法定代理人カ代理権ヲ行フコト能ハサル場合ニ』未成年者又は禁治産者に対し訴訟行為をし

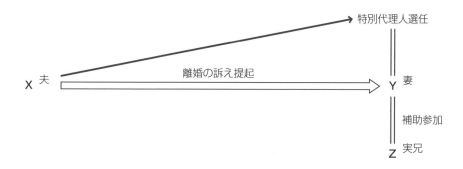

ようとする者のため、未成年者又は禁治産者の『特別代理人』を選任することをみとめた規定であるが、この『特別代理人』は、その訴訟かぎりの臨時の法定代理人たる性質を有するものであって、もともと代理に親しまない離婚訴訟のごとき訴訟については同条は、その適用を見ざる規定である。そしてこの理は心神喪失の状況に在って未だ禁治産の宣告を受けないものについても同様であって、かかる者の離婚訴訟について民訴56条を適用する余地はないのである。」

「従って、心神喪失の状況に在って、未だ禁治産の宣告を受けないものに対し離婚訴訟を提起せんとする夫婦の一方は、先づ他方に対する禁治産の宣告を申請し、その宣告を得て人訴4条により禁治産者の後見監督人又は後見人を被告として訴を起すべきである。」

本判決の位置づけ・射程範囲

法定代理人がない場合又は法定代理人が代理権を行使できない場合、未成年又は成年被後見人に対して訴訟行為をしようとする者は、遅滞のため損害を受けるおそれがあることを疎明して、受訴裁判所の裁判長に特別代理人の選任を申し立てることができる（民訴35条1項）。

本判決は、離婚訴訟は代理に親しまず、当該訴訟限りの訴訟法上の特別代理人を相手方とすべきではないという点を根拠に、旧民訴法56条（現民訴35条）は適用されないことを明らかにし、夫婦の一方が離婚訴訟を提起する場合には、配偶者の禁治産宣告（現行民法上の後見開始の審判）を求めて、選任された後見監督人又は後見人を被告として訴訟追行すべきであり、特別代理人による訴訟追行は許されない旨を判示した点に意義がある。

なお、東京高決昭和62・12・8 関連判例 は、第三者が被告間の婚姻無効確認の訴えを提起した事案で、被告の一方が精神上の障害により心神喪失の常況にあるが禁治産宣告を受けていない場合でも、旧民訴法56条（現民訴35条）の準用により特別代理人の選任を求めることができると判断した。

さらに理解を深める　百選4版17事件〔大橋眞弓〕　最判解民事篇昭和33年度223頁〔三淵乾太郎〕、伊藤4版補訂版129頁、新堂5版174頁、松本＝上野7版105頁、中野ほか2版補訂2版114頁、高橋（上）2版補訂版213頁、和田116頁
関連判例　東京高決昭和62・12・8判時1267号37頁

第5章 当事者　　　　　　　　　　　　　　　　　　岡　伸浩

57 法人代表者と表見代理

最高裁昭和45年12月15日第三小法廷判決
　事件名等：昭和45年（オ）第112号売買代金請求事件
　掲載誌：民集24巻13号2072頁、判時617号85頁、判タ257号132頁、
　　　　　金判248号2頁

概要　本判決は、会社を訴訟上代表する権限を有する者を定めるにあたって、表見代理について定めた民法109条、商法262条（会社354条）は適用されないとしたものである。

事実関係　Xは有限会社Y社に対して売買代金等の支払いを求めて訴えを提起する際、訴状にY社の代表者を商業登記簿上の代表取締役Aと表示した。訴状副本は、当初Y社の本店宛に送達されたが、送達不能となったためA個人の住所宛に送達された。AはY社の代表取締役に就任したことはなく、その就任を承諾したこともないため、本訴訟は不適法であると主張した。第1審は、会社を相手方として訴えを提起するには登記されている代表者を相手方たる当該会社の代表者として表示すれば足りるとして、本訴訟は適法であると判断し、Xの請求を認容した。第2審は、Y社の議事録上は、Aが代表取締役に選任されているが、Aは決議のなされた社員総会に出席しておらず、代表取締役への就任を承諾したこともないとして、原判決を取り消し、訴えを却下した。Xが上告。

判決要旨　破棄差戻し。「民法109条および商法262条〔会社354条〕の規定は、いずれも取引の相手方を保護し、取引の安全を図るために設けられた規定であるから、取引行為と異なる訴訟手続において会社を代表する権限を有する者を定めるにあたっては適用されないものと解するを相当とする。この理は、同様に取引の相手方保護を図った規定である商法42条1項〔現商24条・会社13条〕が、その本文において表見支配人のした取引行為について一定の効果を認めながらも、その但書において表見支配人のした訴訟上の行為について右本文の規定の適用を除外していることから考えても明らかである。したがって、本訴において、AにはY社の代表者としての資格はなく、同人を被告たるY社の代表者として提起された本件訴は不適法である旨の原審の判断は正当である。」

　「代表権のない者に宛てた送達をもってしては、適式な訴状送達の効果を生じない」から「裁判所としては、民訴法229条2項、228条1項〔現民訴138条2項、137条1項〕により、Xに対し訴状の補正を命じ、また、Y社に真正な代表者の

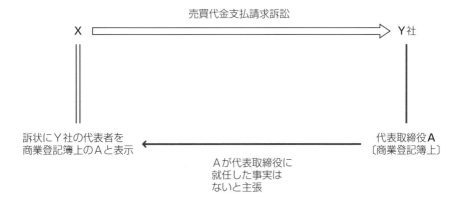

ない場合には、Xよりの申立に応じて特別代理人を選任するなどして、正当な権限を有する者に対しあらためて訴状の送達をすることを要するのであって、Xにおいて右のような補正手続をとらない場合にはじめて裁判所はXの訴を却下すべきものである。そして、右補正命令の手続は、事柄の性質上第1審裁判所においてこれをなすべき」である。

本判決の位置づけ・射程範囲

訴訟当事者である法人の真の代表者が登記簿上の代表者と異なる場合、登記簿上の外観を信頼した原告が善意・無過失であれば、登記簿上の代表者を相手方とする訴訟行為は有効と認められるかに関して、法人の代表者を確定するために表見代理の規定を適用ないし類推適用することが認められるかが問題となる。

学説上は、相手方が法人の代表者を了知する資料としては通常登記簿の記載しかないことを重視して、これを肯定する立場も有力に主張されている。しかし、本判決は、表見代理の規定（民109条、会社354条）は、取引の相手方保護のための規定であり、取引行為とは異なる訴訟手続において会社を代表する権限を有する者を定める場面では適用されないと解すべきこと、表見支配人に関する商法旧42条1項（現商24条、会社13条）は裁判上の行為を除外していることを理由に、表見代理の規定の適用を明確に否定した。

また、本判決は、控訴裁判所が被告代表者の代表権限の欠缺を看過してなされた第1審判決を取り消す場合には、原告に対し訴状の補正を命じさせるため、事件を第1審に差し戻すべきであり、直ちに訴えを不適法として却下すべきではない旨を明らかにした点にも意義を有するといえる。

さらに理解を深める **百選3版23事件〔松本博之〕** 最判解民事篇昭和45年度（下）703頁〔宇野栄一郎〕、伊藤4版補訂版143頁、新堂5版180頁、松本＝上野7版109頁、中野ほか2版補訂2版121頁、高橋（上）2版補訂版235頁、三木ほか113頁、和田121頁、藤田・講義3版157頁、藤田・解析2版190頁 **関連判例** 最二判昭和41・9・30民集20巻7号1523頁

第5章 当事者　　　　　　　　　　　　　　　　　　岡　伸浩

58 業務停止の懲戒処分と弁護士の訴訟行為

最高裁昭和42年9月27日大法廷判決
　事件名等：昭和40年（オ）第620号貸金請求事件
　掲載誌：民集21巻7号1955頁、判時494号16頁、判タ211号192頁

概要　本判決は、所属弁護士会から業務停止の懲戒処分を受けた弁護士が当該懲戒処分に違反して行った訴訟行為は有効であるとしたものである。

事実関係　XはA、B、C及びYを共同被告として、約束手形金債務及び根保証債務の履行を求める訴えを提起した。第1審はXのBとCに対する請求は棄却し、XのAとYに対する請求は認容した。Yのみが控訴したところ、第2審はXの請求を棄却した。Xは上告し、Yの訴訟代理人である弁護士Aは第2審係属中にAの所属弁護士会（神戸弁護士会）から3か月の業務停止の懲戒処分を受けており、当該懲戒処分に違反して行われた第2審の訴訟行為は無効であると主張した。

判決要旨　上告棄却。「〔旧弁護士〕法57条2号〔現弁護57条1項2号〕に定める業務の停止は、一定期間、弁護士の業務に従事してはならない旨を命ずるものであって、この懲戒の告知を受けた弁護士は、その告知によって直ちに当該期間中、弁護士としての一切の職務を行なうことができないことになると解する。したがって、この禁止に違背したときは重ねて懲戒を受けることがあるばかりでなく、禁止に違背してなされた職務上の行為もまた、違法であることを免れないというべきである。そうである以上、業務停止期間中、訴訟行為をすることが許されないのはもちろんであって、もし裁判所が右のような懲戒の事実を知ったときは、裁判所は、当該弁護士に対し、訴訟手続への関与を禁止し、これを訴訟手続から排除しなければならない。」

　「しかし、裁判所が右の事実を知らず、訴訟代理人としての資格に欠けるところがないと誤認したために、右弁護士を訴訟手続から排除することなく、その違法な訴訟行為を看過した場合において、当該訴訟行為の効力が右の瑕疵によってどのような影響を受けるかは自ら別個の問題であって、当裁判所は、右の瑕疵は、当該訴訟行為を直ちに無効ならしめるものではないと解する。」

　「弁護士に対する業務停止という懲戒処分は、弁護士としての身分または資格そのものまで剥奪するものではなく、したがって、その訴訟行為を、直ちに非弁護士の訴訟行為たらしめるわけではないのみならず、このような場合には、訴訟

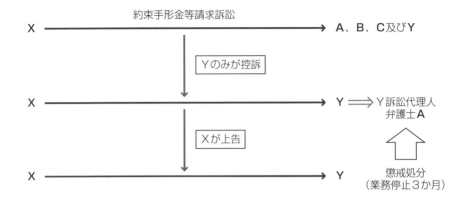

関係者の利害についてはもちろん、さらに進んで、広く訴訟経済・裁判の安定という公共的な見地からの配慮を欠くことができないからである。」

「要するに、弁護士業務を停止され、弁護士活動をすることを禁止されている者の訴訟行為であっても、その事実が公にされていないような事情のもとにおいては、一般の信頼を保護し、裁判の安定を図り、訴訟経済に資するという公共的見地から当該弁護士のした訴訟行為はこれを有効なものであると解すべきである。」

本判決の位置づけ・射程範囲

本判決は、弁護士が業務停止の懲戒処分に違反して行った訴訟行為は有効であることを明らかにした最高裁判決として意義を有する。その理由として、懲戒処分を無視した事実は弁護士会で対応すべきこと、業務停止処分は弁護士資格そのものをはく奪するわけではないこと、弁護士の懲戒手続は公開されずその処分も広く一般に周知徹底が図られているわけではないので、業務停止中の弁護士によって訴訟行為が行われたからといって無効となるとすると、依頼者はもちろん相手方にも不測の損害を与え、裁判の安定を害し訴訟経済に反することを挙げる。

学説では、弁護士会が秩序と職責のために公益的見地から懲戒処分を行った以上、これに違反したときは、公益性を無視する悪質な違法行為であるとして、当該行為は絶対的に無効であるとする見解（絶対的無効説）も主張されている。

なお、本判決には、弁護士が業務停止の懲戒処分に違反して行った訴訟行為を一種の無権代理と位置づけて、旧民訴法54条（現民訴34条2項）の類推により、業務停止期間後の黙示の追認により有効になると解すべきであるという少数意見が付されている。

さらに理解を深める　百選4版A9事件〔村田典子〕　最判解民事篇昭和42年度399頁〔奈良次郎〕、新堂5版189頁、中野ほか2版補訂2版123頁、高橋（上）2版補訂版227頁、三木ほか117頁、和田129頁　関連判例　最二判昭和43・6・21民集22巻6号1297頁、大阪高判昭和27・5・30高民集5巻7号292頁

第5章 当事者　　　　　　　　　　　　　　　　　　岡　伸浩

59 弁護士法25条違反の訴訟行為

最高裁昭和38年10月30日大法廷判決
事件名等：昭和35年（オ）第924号貸金請求事件
掲載誌：民集17巻9号1266頁、判時352号6頁、判タ155号169頁

概要　本判決は、弁護士法25条1号違反の訴訟行為であっても、相手方がこれを知り又は知り得たにもかかわらず異議を述べることなく訴訟手続を進行させ、第2審の口頭弁論が終結したときは、相手方は後日その無効を主張することは許されないとしたものである。

事実関係　XはYに対して、貸金の返還を求めて訴えを提起した。第1審及び第2審はともにXの請求を認容した。Yは上告し、第1審及び第2審を通じてXの訴訟代理人として訴訟を追行していた弁護士Aは、本件訴訟事件につきYより依頼を受けこれを承諾していたにもかかわらず、その後第1審の第1回口頭弁論期日までの間にXから本件訴訟事件を受任し、以後訴訟を追行しており、弁護士法25条1号に違反するものであるから、Aの訴訟行為はすべて無効であると主張した。

判決要旨　上告棄却。「前記法条〔弁護25条1号〕は弁護士の品位の保持と当事者の保護とを目的とするものであることは前述のとおりであるから、弁護士の遵守すべき職務規定に違背した弁護士をして懲戒に服せしめることは、固より当然であるが、単にこれを懲戒の原因とするに止め、その訴訟行為の効力には何らの影響を及ぼさず、完全に有効なものとすることは、同条立法の目的の一である相手方たる一方の当事者の保護に欠くるものと言わなければならない。従って、同条違反の訴訟行為については、相手方たる当事者は、これに異議を述べ、裁判所に対しその行為の排除を求めることができるものと解するのが相当である。
　しかし、他面相手方たる当事者において、これに同意し又はその違背を知り若しくは知り得べかりしにかかわらず、何ら異議を述べない場合には、最早かかる当事者を保護する必要はなく、却って当該訴訟行為を無効とすることは訴訟手続の安定と訴訟経済を著しく害することになるのみならず、当該弁護士を信頼して、これに訴訟行為を委任した他の一方の当事者をして不測の損害を蒙らしめる結果となる。従って、相手方たる当事者が弁護士に前記禁止規定違反のあることを知り又は知り得べかりしにかかわらず何ら異議を述べることなく訴訟手続を進行せ

第5章 当事者

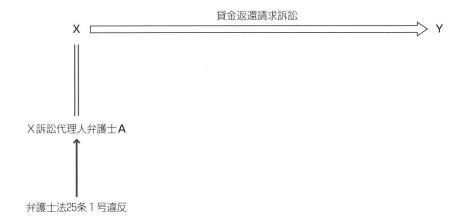

しめ、第2審の口頭弁論を終結せしめたときは、当該訴訟行為は完全にその効力を生じ、弁護士法の禁止規定に違反することを理由として、その無効を主張することは許されないものと解するのが相当である。」

本判決の位置づけ・射程範囲

弁護士法は、弁護士が職務を行い得ない事件として「相手方の協議を受けて賛助し、又はその依頼を承諾した事件」を挙げる（弁護25条1号）。この規定に違反して訴訟行為が行われた場合の効力について、学説では見解の対立がある。

弁護士法25条を訓示規定として位置づける有効説、弁護士の職務の公益性を強調する絶対的無効説、弁護士法25条違反を無権代理行為として位置づける追認説、相手方当事者の保護を重視して、事実審の口頭弁論終結時までの相手方の異議の申出により無効となるとする異議説が主張され、異議説が通説的見解であると位置づけられている。

本判決は、弁護士法25条1号違反の訴訟行為について、相手方たる当事者は、異議を述べ裁判所に対して当該行為の排除を求めることができるという異議説の立場に立つことを明らかにした点に意義がある。また、本判決は、相手方当事者が弁護士法25条1号違反に同意し、又は違反を知り若しくは知り得べきであったのに、何ら異議を述べない場合は、このような当事者を保護する必要はなく、訴訟手続の安定と訴訟経済を害するのみならず、当該弁護士を信頼して、これに訴訟行為を委任した他の一方当事者に不測の損害を被らせるとして、もはや無効を主張することはできないという点を明らかにした。

さらに理解を深める

百選4版20事件〔三谷忠之〕 最判解民事篇昭和38年度271頁〔宮田信夫〕、伊藤4版補訂版153頁、新堂5版170頁、松本＝上野7版115頁、中野ほか2版補訂2版128頁、高橋（上）2版補訂版227頁、三木ほか118頁、和田130頁 **関連判例** 最一判昭和41・9・8民集20巻7号1341頁、最一判昭和44・2・13民集23巻2号328頁

60 訴訟代理人の和解権限

①最高裁昭和38年2月21日第一小法廷判決
事件名等：昭和35年（オ）第480号和解契約無効確認等請求事件
掲載誌：民集17巻1号182頁

②最高裁平成12年3月24日第二小法廷判決
事件名等：平成8年（オ）第2177号損害賠償請求事件
掲載誌：民集54巻3号1126頁、判時1708号110頁、判タ1027号101頁、金判1100号3頁

概要

①事件：本判決は、貸金請求事件における被告の訴訟代理人の和解の権限に、当該貸金債権の担保のため被告所有の不動産について原告との間で抵当権設定契約を締結する権限も包含されるとしたものである。

②事件：本判決は、契約に基づく請求権について訴訟上の和解をすることの委任を受けた弁護士は、同契約の債務不履行に基づく損害賠償請求権について和解をすることの具体的委任を受けていなくても、当該損害賠償請求権を含めて和解をする権限を有するとしたものである。

事実関係

①事件：Yの父AはXに対し、貸金返還請求訴訟を提起した（以下、「前事件」という）。Xは、前事件に応訴するためB弁護士を訴訟代理人に選任した。Bは、Xが和解に応じない旨明言していたにもかかわらず、和解がXにとって妥当な解決であると考えて、債務弁済のためX所有不動産に抵当権設定行為を行うことを骨子とする裁判上の和解を成立させた。そこで、XはYに対し、当該和解契約の無効確認及び強制執行の排除を求めて訴訟を提起した。第1審、第2審ともにXの請求を棄却したところ、Xが上告。

②事件：B社は、Yから本件保養所を賃借すること等を内容とする契約（以下、「本件契約」という）を締結し、C基金に対し本件保養所を利用させる契約を締結した。しかし、YがC基金との間で本件保養所の利用契約を直接締結したため、C基金はB社との契約更新を拒絶した。YとB社は、本件契約に基づく債務の履行を請求する訴訟を相互に提起し、清算条項を含む裁判上の和解をした（B社はA弁護士を代理人に選任した）。Xは、B社のYに対する本件契約の債務不履行に基づく損害賠償請求権を譲り受けたとして、Yに対し損害賠償請求訴訟を提起した。YはB社との裁判上の和解により当該請求権は放棄され消滅したと主張した。これに対して、XはA弁護士は和解において当該請求権を放棄する権限を有していなかったため放棄は無効であると主張した。第1審はXの請求を棄却したが、第2審は第1審判決を取り消し、差し戻すと判示した。Yが上告。

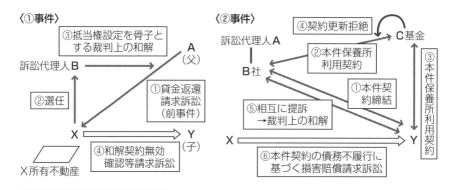

判決要旨

①事件：上告棄却。「前事件は、前事件原告（本件被上告人先代）Aから前事件被告（本件控訴人、上告人）に対する金銭債権に関する事件であり、この弁済期日を延期し、かつ分割払いとするかわりに、その担保として上告人所有の不動産について、被上告人先代のために抵当権の設定がなされたものであって、このような抵当権の設定は、訴訟物に関する互譲の一方法としてなされたものであることがうかがえるのである。しからば、右のような事実関係の下においては、前記B弁護士が授権された和解の代理権限のうちに右抵当権設定契約をなす権限も包含されていたものと解するのが相当であ」る。

②事件：原判決破棄・控訴棄却。「本件請求権と前訴における各請求権とは、いずれも、本件保養所の利用に関して同一当事者間に生じた一連の紛争に起因するものということができる。そうすると、A弁護士は、B社から、前訴事件について訴訟上の和解をすることについて委任されていたのであるから、本件請求権について和解をすることについて具体的に委任を受けていなかったとしても、前訴事件において本件請求権を含めて和解をする権限を有していたものと解するのが相当である。」

本判決の位置づけ・射程範囲

訴訟代理人が訴訟上の和解について特別授権を受けた場合に、訴訟物以外の権利義務を含めて訴訟上の和解をすることができるかについて、①訴訟代理人の代理権限は訴訟物又はこれと同一性を有するものに限定されるとする見解（厳格説）、②訴訟代理人の代理権限に限界はないとする見解（無制限説）、③訴訟代理人の代理権限は取引観念等により一定の制限を受けるとする見解（中間説）が主張されている。①事件及び②事件が上記いずれの見解かは明らかでないが、②無制限説又は③中間説の立場に近いと考えられる。

さらに理解を深める

百選4版19事件〔二羽和彦〕　最判解民事篇昭和38年度50頁〔中島恒〕、最判解民事篇平成12年度（上）323頁〔長沢幸男〕、百選Ⅰ補正版56事件〔栗田陸雄〕、平成12年度重判民訴5事件〔垣内秀介〕、百選3版25事件〔垣内秀介〕　関連判例　東京地判平成2・7・30金判872号27頁

第5章 当事者　　　　　　　　　　　　　　　　　　　　　　　岡　伸浩

61　登記簿上の支配人と訴訟代理権

仙台高裁昭和59年1月20日判決
　事件名等：昭和58年（ネ）第124号求償金請求控訴事件
　掲載誌：下民集35巻1～4号7頁、判時1112号84頁、判タ520号149頁、
　　　　　金判695号33頁

概要　本判決は、弁護士代理の原則を潜脱するために実質的には支配人でない従業員を支配人として登記し、訴訟代理人として訴えを提起させていた場合には、当該訴え提起及びその後の訴訟行為は無効であり、追認することはできないとして訴えを却下したものである。

事実関係　信販会社XはYに対して、X仙台支店支配人Aの名で作成した訴状により、求償金の支払いを求めて訴えを提起した。第1回口頭弁論期日にはAが出席し、第2回口頭弁論期日以後はAの選任した弁護士BがXの訴訟代理人として訴訟追行した。第1審は、Xの請求を認容した。Yが控訴し、Aは支配人として登記されているが、営業について包括的代理権を与えられておらず実質的には支配人ではないから、Aによる訴訟行為は弁護士法72条に違反し無効であり、Aから委任を受けたBの訴訟行為も訴訟代理権を欠き無効であると主張した。Xは、Aが支配人としての実質を有すると主張したほか、仮にAが支配人ではないとしても後にXの代表取締役から改めてBに訴訟を委任し、Bが従前の訴訟行為を追認したと反論した。

判決要旨　原判決取消し、訴え却下。「AはX東北地区本部に所属する従業員であって、X仙台支店の従業員ではないのであるから、同支店の支配人とはいえないことは明白である。……Xは商法38条〔現会社11条〕の規定が支配人に裁判上の代理権を付与していることを奇貨として、訴訟によって債権の回収を図る案件の多い自己の営業に関し、弁護士法72条の趣旨に違反するとの非難をかわし、民事訴訟法79条1項〔現民訴54条1項〕の禁止を潜脱し、その従業員をして訴訟活動をさせる目的をもって、実質的に支配人でない従業員を支配人として選任した旨の登記申請をして、その旨の登記を受け、もって、当該従業員が支配人であるかのような外観を作出したうえ、これらの者をして、自己を当事者とする訴訟につき訴訟代理人として訴訟行為を追行させているものと判断せざるを得ない。……してみると、……X仙台支店代理人支配人Aの名をもってなされた本件訴は、支配人でない者が支配人を潜称して提起した訴として、無効とい

```
         信販会社                求償金請求訴訟
            X ━━━━━━━━━━━━━━━━━━━━━━━━━━━━▶ Y
            ‖
            ‖
         〔訴状記載〕
        ┌──────────┐
        │ X仙台支店  │ ◀── 民事訴訟法79条1項〔現民訴54条1項〕・
        │ 支配人A    │      弁護士法72条違反
        └──────────┘
```

わなければならない。」

　「Xの民事訴訟法87条、54条〔現民訴59条、34条2項〕による……訴訟代理権欠缺の追認は、授権者に訴訟能力、法定代理権又は訴訟行為をなすに必要な授権の欠缺があって、これによる訴訟代理権の授与行為に瑕疵がある場合の追認であるところ、本件の場合、X自身にはなんらこれらの瑕疵がなく、ただ、Xが訴訟代理権を付与した相手方に適正な訴訟代理人たる資格がなかっただけであるから、前記法条の適用はなく、Xは前記Aのした無効な訴の提起及びその後の訴訟行為を追認することができないというべきである。」

本判決の位置づけ・射程範囲

　民訴法は、法令による訴訟代理人を除いて、弁護士でなければ原則として訴訟代理人となることができないと定める（弁護士代理の原則。民訴54条1項本文）。法令による訴訟代理人とは、法令により一定の地位にある者に訴訟代理権の付与が認められる場合をいい、その例として支配人がある（商21条1項、現会社11条1項）。本件では、実質的には支配人でない者が支配人として登記され、本人たる信販会社の訴訟代理人として訴訟追行することは弁護士代理の原則を定めた旧民訴法79条1項（現民訴54条1項）、弁護士法72条に違反し、無効となるかが問題となった。本判決は、Aが商法旧38条（現会社11条）に定める支配人に該当しないにもかかわらず、XはAが支配人であるかのような外観を作出して、Aを訴訟代理人として訴えを提起し、Aの選任した弁護士Bをして訴訟を追行させたものであり、このような訴えは無効であると判示した。また、X自身に何らの瑕疵がなく、代理権を付与したAに訴訟代理人としての資格がなかったことを理由に訴訟行為の追認を認めないと判断した。

　なお、金融業者の従業員である訴訟業務支配人が行った訴訟行為を無効としながら、弁護士による追認を認めた事案として、千葉地判平成14・3・13〔関連判例〕がある。

さらに理解を深める　百選4版A8事件〔和田直人〕　伊藤4版補訂版146頁、新堂5版196頁、松本＝上野7版113頁、中野ほか2版補訂2版129頁、高橋（上）2版補訂版231頁、三木ほか121頁、和田118頁、注釈(2)337頁〔中島弘雅〕

関連判例　千葉地判平成14・3・13判タ1088号286頁、仙台高秋田支判昭和59・12・28判タ550号256頁

第5章 当事者

山木戸勇一郎

62 給付訴訟における原告適格

最高裁平成23年2月15日第三小法廷判決
事件名等：平成21年（受）第627号損害賠償等請求事件
掲載誌：判時2110号40頁、判タ1345号129頁、金法1944号123頁

概要 給付の訴えにおいては、自らがその給付を請求する権利を有すると主張する者に原告適格がある。

事実関係 権利能力のない社団であるマンション管理組合Xは、本件マンションの区分所有者Yが、本件マンションの管理規約に違反して本件マンションの共用部分の改造工事を行ったと主張して、Yに対して管理規約所定の原状回復義務に基づく工作物の撤去及び管理規約所定の違約金の支払を求め、また、XY間で締結された共用部分の使用契約の終了後も使用を継続していると主張して、Yに対して共用部分の使用料相当損害金の支払等を求める給付の訴えを提起した。原審は、共用部分の侵害を理由とする請求権は、共用部分の共有者である各区分所有者によって行使されるべきものであり、Xはこのような請求権について訴訟担当として訴訟を追行する権限を有しないから、当事者適格が認められないとしてXの請求を却下した。

判決要旨 破棄差戻し。「給付の訴えにおいては、自らがその給付を請求する権利を有すると主張する者に原告適格があるというべきである。本件各請求は、Xが、Yに対し、X自らが本件各請求に係る工作物の撤去又は金員の支払を求める権利を有すると主張して、その給付を求めるものであり、Xが、本件各請求に係る訴えについて、原告適格を有することは明らかである。」

本判決の位置づけ・射程範囲

当事者適格とは、訴訟物たる特定の権利又は法律関係について、当事者として訴訟追行をして本案判決を求めることができる資格のことであり、訴訟要件の一つである。

給付の訴えに関して、当事者適格（以下では原告適格を念頭に記述する）の有無が特に問題とされてきたのは、第三者に帰属すると主張する請求権を自己の名で訴訟上行使する場面（原告の主張によれば第三者に帰属していることになる請求権を訴訟物とする訴え）についてである。このような場面で当事者適格（訴訟追行権）が認められる場合——いわゆる訴訟担当——に関しては、古くから議論が積み重ねられてきているのは周知のと

```
マンション                                    区分所有者
管理組合
  X ─────────────────────────────────────→  Y
              共用部分の原状回復請求
              違約金支払請求
```

おりである。

　これに対して、自己に帰属すると主張する請求権を自己の名で訴訟上行使する場面（原告の主張によれば原告に帰属していることになる請求権を訴訟物とする訴え）については、特に問題なく原告に当事者適格が認められるというのが一般的な理解である。本判決は、このような理解に従ったものである。

　マンション管理組合に関係する訴訟においては、原告が誰であるか（管理組合自身か管理組合の理事長か）、誰に帰属する請求権を訴訟上行使するのが原告の意思なのか（管理組合に帰属するものか、各区分所有者に帰属するものか）、などについて混乱が生じることが少なくないと言われる。本件の訴訟経過もその例外ではないが、本判決によって破棄された原判決は、X自身が原告であるという認定を前提に、①Xが訴訟物として設定した各請求権は、各区分所有者に帰属すべきものであるとした上で、②各区分所有者に帰属する各請求権について、Xが当事者適格（訴訟追行権）を有するか、という問題設定の下で判断をしている。

　しかし、自己に帰属すると主張する請求権を自己の名で訴訟上行使する場面において、当該請求権が原告に帰属していないことが判明した場合には、訴訟物として設定された当該請求権が存在しないということになるだけであるから、請求棄却の本案判決がなされるべきである（原告に帰属しないことが訴状の記載上明らかである場合には、例外的に却下判決をすべきであるとする説もある）。そうすると、本件の事案において、上記各請求権がX自身に帰属するものとXによって主張されているとするならば（本判決はこれを前提にしている）、本来は①の判断によって請求棄却の判決がなされるべきであった。これに対して、①の判断を前提に②の問題を設定することは、Xが各区分所有者に帰属する請求権を訴訟物として設定しているわけではないにもかかわらず、これを訴訟物として審理・判断することになるため、処分権主義に違反することになる。

　本案の問題であるか、それとも当事者適格の問題であるかについて、的確に判別するために重要なことは、訴訟物として設定された請求権が誰に帰属すると原告によって主張されているかという点であって、訴訟物として設定された請求権が誰に帰属すべきものであるかという点ではないことには注意が必要である。

さらに理解を深める　平成23年度重判民訴２事件〔河野憲一郎〕　椙村寛道・NBL961号71頁、堤龍弥・民商145巻２号237頁、安達栄司・法の支配164号69頁、工藤敏隆・法学研究（慶應義塾大学）85巻５号49頁、八田卓也・リマークス2012（上）122頁、堀野出・速報判例解説９号137頁、上田竹志・法セミ682号132頁、花房博文・市民と法72号18頁、名津井吉裕・判例セレクト2011(Ⅱ)28頁

第6章　審理の対象　　　　　　　　　　　　　　　　　　　　　　　壽原友樹

63　口頭弁論終結後の訴訟要件の具備

①最高裁昭和42年6月30日第二小法廷判決
　事件名等：昭和41年（オ）第1045号所有権確認等請求事件
　掲　載　誌：判時493号36頁

②最高裁昭和46年6月22日第三小法廷判決
　事件名等：昭和46年（オ）第95号第2封鎖預金調整勘定利益分配金請求事件
　掲　載　誌：判時639号77頁

概　要

①事件：本判決は、当事者能力の有無の判断の基準時について、当事者能力は事実審の口頭弁論終結の時に存在することを要し、裁判所はその時に当事者能力の有無を判断すれば足りる旨を判示したものである。

②事件：本判決は、会社を当事者とする訴えを提起した者の代表権の有無の判断の基準時について、代表権は事実審の口頭弁論終結の時に存在することを要する旨を判示したものである。

事実関係

①事件：Aは法人格を有しない財団であるX寺の主管者代理として、Yら22名に対して、所有権確認等を求める訴えを提起した。原審は、AはXの代表者でも管理人でもない単なる事実上の管理者（堂宇の留守番役）にすぎず、Xについて代表者又は管理人の定めがあるとはいえないとして、Xの当事者能力を否定し、訴えを却下した。これに対して、Xは原審の口頭弁論終結後判決言渡しまでの間に、信徒総会を開いて寺院規則を定め、Aを代表役員に選任したとして、弁論の再開を求めていたが、原審が弁論の再開をしなかったため、原審が弁論を再開して当事者能力の有無を再審査しなかったのは違法であると主張して、上告した。

②事件：AはX社の清算人として、Xを代表して、Y社に対して金銭支払請求の訴えを提起した。第1審及び原審は、AにはXを代表する権限がなかったと判断して、訴えを却下した。Aは、原審判決後にXの代表清算人に選任され代表権を取得したと主張して、上告した。

判決要旨

①事件：上告棄却。「当事者能力は、事実審口頭弁論終結の時に存在することを要し、裁判所は、その時において当事者能力の有無を判断すれば足りるのであって、その判断にあたっては、その時以後に生じた事実を斟酌する必要は存しない。」

②事件：上告棄却。「会社を当事者とする訴を提起した者にその会社を代表する権限があることは、その訴につき本案判決をするための要件であって、おそくと

〈①事件〉

X寺（法人格を有しない財団）——所有権確認等請求訴訟——→ Yら
A（X寺の主管者代理）

〈②事件〉

X社 ——金銭支払請求訴訟——→ Y社
A（X社の清算人）

も事実審の口頭弁論の終結当時にこれを具備していなければならないものと解すべきであるから、裁判所は、右訴提起者の代表権限の存否の認定にあたっては、事実審の口頭弁論の終結時を基準としてこれを判断すれば足り、その後に生じる事情の変動を斟酌することを要しないものである。したがって、原審の口頭弁論の終結当時本訴の提起者であるAにX社を代表する権限がなかった以上、かりに、所論のとおり、同人がその後代表清算人に選任され、X社を代表する権限を取得するに至ったとしても、そのために本訴が適法になると解すべきではない。」

本判決の位置づけ・射程範囲

訴訟要件の存否の判断の基準時は、訴訟要件が本案判決の前提要件であり、本案判決は事実審の口頭弁論終結時前の資料に基づいて行われることを理由に、管轄の標準時を除いて（民訴15条）、事実審の口頭弁論終結時であるとするのが通説である。通説の立場では、訴え提起時に訴訟要件を具備していても事実審の口頭弁論終結時に具備していなければ訴えは却下され、逆に訴え提起時に訴訟要件を具備していなくても事実審の口頭弁論終結時に具備していれば本案判決の言渡しを受けることができる。これに対して、訴訟要件の存否の判断の基準時を上告審の口頭弁論終結時とする見解が存在する。

①事件の判決は、当事者能力の有無の判断の基準時について、②事件の判決は、会社を当事者とする訴えを提起した者の代表権の有無の判断の基準時について、いずれも事実審の口頭弁論終結時とする旨を判示したものであり、通説の立場に依拠している。

さらに理解を深める

①事件：**昭和41＝42年度重判民訴１事件〔上田徹一郎〕** 基本判例２版補訂85事件、上田徹一郎・ジュリ398号388頁　②事件：基本判例２版補訂86事件　①、②事件：伊藤４版補訂版165頁、上田７版205頁、梅本４版299頁、岡２版98頁、新堂５版239頁、高橋（下）２版補訂19頁、中野ほか２版補訂２版426頁、松本＝上野７版297頁　関連判例　大判昭和13・３・19判決全集５輯８号362頁、大判昭和16・５・３判決全集８輯18号617頁、最二判昭和27・２・15民集６巻２号88頁、最一判昭和29・10・７集民16号19頁

第6章　審理の対象　　　　　　　　　　　　　　　　　　岡　伸浩

64　給付の訴えの利益

最高裁昭和41年3月18日第二小法廷判決
　事件名等：昭和38年（オ）第160号登記抹消請求事件
　掲　載　誌：民集20巻3号464頁、判時445号31頁、判タ190号121頁

概　要　本判決は、所有権保存登記及びその後順次経由された所有権移転登記の抹消登記手続請求訴訟において、最終登記名義人を被告とする請求について敗訴の判決がなされた場合でも、その余の被告らに対する請求は訴えの利益を欠くものではないとしたものである。

事実関係　Xは、本件建物を建築してその所有権を取得した。その際、XはY₁の名義を借りて融資を受けたため、本件建物につきY₁名義の所有権保存登記がなされた。その後、Y₁はY₂と共謀して登記名義をY₁からY₂へ移転し、さらにY₂からY₃へ移転した。Xは本件建物の実質上の所有者は自分であると主張して、Y₁、Y₂及びY₃を共同被告として、各登記の抹消を求めて訴えを提起した。第1審は、Xの請求を認容した。第2審は、XのY₁及びY₂に対する請求を認容したが、民法94条2項を類推適用し、XはY₂が本件建物の所有権を有しないことにつき善意のY₃に対抗できないとして、Y₃に対する請求を棄却した。Y₁及びY₂が上告し、第2審判決は、本件建物の所有権がY₃に帰することを認める以上、Y₁及びY₂に対して抹消登記手続を求めることは全く無意味であって、その抹消を求める実質上の利益を欠くと主張した。

判決要旨　上告棄却。「不動産登記の抹消登記手続を求める請求は、被告の抹消登記申請という意思表示を求める請求であって、その勝訴の判決が確定すれば、それによって、被告が右意思表示をしたものとみなされ（民訴法736条〔民執174条1項〕）、その判決の執行が完了するものである。したがって、抹消登記の実行をもって、右判決の執行と考える必要はないから、右抹消登記の実行が可能であるかどうかによって、右抹消登記手続を求める請求についての訴の利益の有無が左右されるものではない。これを本件についてみるに、Xに対し、Y₁が本件建物について経由された自己名義の所有権保存登記の抹消登記手続を、Y₂が本件建物について経由された右Y₁からの所有権移転請求権保全仮登記および所有権移転登記の抹消登記手続を、それぞれする義務がある以上、XのY₁・Y₂に対する右各登記の抹消登記手続を求める請求は、認容されるべきであり、たとえ、本件建物について右Y₂からY₃への所有権移転登記が経由されており、

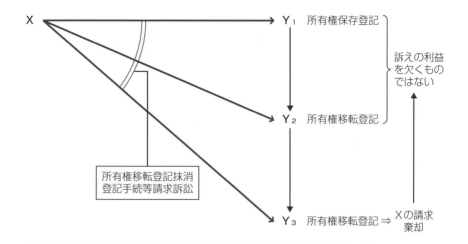

> Xの右Y₃に対する右所有権移転登記の抹消登記手続請求が認容されず、したがって、Y₁・Y₂の経由した前記各登記の抹消登記の実行も不可能であっても（不動産登記法146条1項〔現不登68条〕参照）、それがため、XのY₁・Y₂に対する前記各登記の抹消登記手続請求が、訴の利益を欠き、不適法となるわけではない。」

本判決の位置づけ・射程範囲

XのY₁及びY₂に対する抹消登記手続請求が認容された場合、Y₁及びY₂の抹消登記申請という意思表示が擬制され、Xは確定判決をもって単独で抹消登記申請を行うこととなる（民執174条1項）。もっとも、登記実務では、本件のように順次所有権移転登記がなされている場合、XはY₂からY₃に対する登記を抹消しなければ、Y₁からY₂に対する移転登記の抹消もY₁名義の保存登記の抹消もできないとされている。

本件では、XのY₃に対する抹消登記手続請求が棄却されている以上、XはY₁及びY₂名義の各登記の抹消登記を実行できず、XのY₁及びY₂に対する抹消登記手続請求は訴えの利益を欠くのではないかが問題となる。

本判決は、不動産登記の抹消登記手続請求は、被告の抹消登記申請という意思表示を求める請求であり、その勝訴判決の確定により執行が完了するのであって、抹消登記の実行を当該判決の執行と考える必要はなく、抹消登記の実行可能性を考慮して訴えの利益の有無を考える必要はないとして、XのY₁及びY₂に対する各登記の抹消登記手続請求は訴えの利益を欠くものではないと判断した。

さらに理解を深める　**百選4版21事件〔萩澤達彦〕**　最判解民事篇昭和41年度111頁〔豊水道祐〕、伊藤4版補訂版172頁、新堂5版266頁、松本＝上野7版145頁、中野ほか2版補訂2版137頁、高橋（上）2版補訂版350頁、三木ほか354頁、和田141頁、藤田・講義3版118頁　**関連判例**　最一判昭和42・11・30民集21巻9号2528頁

第6章 審理の対象　　　　　　　　　　　　　　　　　　　岡　伸浩

65　将来の給付の訴えの要件──大阪国際空港事件

最高裁昭和56年12月16日大法廷判決
　事件名等：昭和51年（オ）第395号大阪国際空港夜間飛行禁止等請求事件
　掲載誌：民集35巻10号1369頁、判時1025号39頁、判タ455号171頁

概要　本判決は、将来継続することが予測される不法行為に基づく損害賠償請求の訴えの請求適格について、一定の判断枠組みを示したものである。

事実関係　大阪国際空港の拡張、航空機のジェット化・大型化、飛行便数の増大等による騒音の増大について、周辺住民XらはY（国）を被告として、人格権及び環境権に基づいて夜9時から翌朝7時までの夜間飛行の差止め、過去の損害賠償及び将来の損害賠償を求めて訴えを提起した。第1審は、夜10時以降の差止めと過去の損害賠償の一部を認容し、第2審は、夜9時以降の差止めと過去及び将来の損害賠償の一部を認容した。Yが上告。

判決要旨　一部棄却、一部破棄自判、一部破棄差戻し。「民訴法226条〔現民訴135条〕はあらかじめ請求する必要があることを条件として将来の給付の訴えを許容しているが、同条は、およそ将来に生ずる可能性のある給付請求権のすべてについて前記の要件のもとに将来の給付の訴えを認めたものではなく、主として、いわゆる期限付請求権や条件付請求権のように、既に権利発生の基礎をなす事実上及び法律上の関係が存在し、ただ、これに基づく具体的な給付義務の成立が将来における一定の時期の到来や債権者において立証を必要としないか又は容易に立証しうる別の一定の事実の発生にかかっているにすぎず、将来具体的な給付義務が成立したときに改めて訴訟により右請求権成立のすべての要件の存在を立証することを必要としないと考えられるようなものについて、例外として将来の給付の訴えによる請求を可能ならしめたにすぎないものと解される。このような規定の趣旨に照らすと、継続的不法行為に基づき将来発生すべき損害賠償請求権についても、例えば不動産の不法占有者に対して明渡義務の履行完了までの賃料相当額の損害金の支払を訴求する場合のように、右請求権の基礎となるべき事実関係及び法律関係が既に存在し、その継続が予測されるとともに、右請求権の成否及びその内容につき債務者に有利な影響を生ずるような将来における事情の変動としては、債務者による占有の廃止、新たな占有権原の取得等のあらかじめ明確に予測しうる事由に限られ、しかもこれについては請求異議の訴えによりその発生を証明してのみ執行を阻止しうるという負担を債務者に課しても

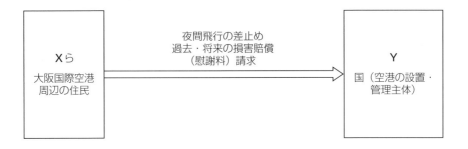

格別不当とはいえない点において前記の期限付債権等と同視しうるような場合には、これにつき将来の給付の訴えを許しても格別支障があるとはいえない。しかし、たとえ同一態様の行為が将来も継続されることが予測される場合であっても、それが現在と同様に不法行為を構成するか否か及び賠償すべき損害の範囲いかん等が流動性をもつ今後の複雑な事実関係の展開とそれらに対する法的評価に左右されるなど、損害賠償請求権の成否及びその額をあらかじめ一義的に明確に認定することができず……事情の変動を専ら債務者の立証すべき新たな権利成立阻却事由の発生としてとらえてその負担を債務者に課するのは不当であると考えられるようなものについては……本来例外的にのみ認められる将来の給付の訴えにおける請求権としての適格を有するものとすることはできない」

本判決の位置づけ・射程範囲

将来の給付の訴えは、口頭弁論終結時に履行すべき状態にない給付請求権を主張する訴えであり、あらかじめその請求をする必要がある場合に限り認められる（民訴135条）。本判決は、将来継続することが予測される不法行為に基づく損害賠償請求は、本来例外的にのみ認められるという認識のもとで、①請求権の基礎となるべき事実関係及び法律関係が既に存在し、その継続が予測されること、②請求権の成否及びその内容につき債務者に有利な影響を生ずるような将来における事情の変動としては、あらかじめ明確に予測しうる事由に限られること、③これについて、請求異議の訴え（民執35条）によりその発生を証明してのみ執行を阻止しうるという負担を債務者に課しても格別不当とはいえない場合に、請求適格が認められるという判断枠組みを提示した点に意義がある。本判決は、本件では損害の変動状況を把握することは困難であるとして、Ｘらの請求のうち将来の損害賠償（原審の口頭弁論終結後に生ずべき損害賠償）を求める部分は、権利保護の要件を欠き、訴えを却下すべきであると判断した。

さらに理解を深める　**百選４版22事件〔長谷部由起子〕**　最判解民事篇昭和56年度659頁〔加茂紀久男〕、伊藤４版補訂版174頁、新堂５版269頁、松本＝上野７版149頁、中野ほか２版補訂２版139頁、高橋（上）２版補訂版356頁、三木ほか356頁、和田142頁、藤田・解析２版243頁　**関連判例**　最三判平成19・5・29判時1978号7頁

第6章 審理の対象　　　　　　　　　　　　　　　　　　　　岡　伸浩

66 推定相続人の提起した売買無効確認の訴えの利益

最高裁昭和30年12月26日第三小法廷判決
　事件名等：昭和27年（オ）第683号売買無効確認並びに所有権取得登記抹消
　　　　　　手続請求事件
　掲　載　誌：民集9巻14号2082頁、金法126号28頁

概要　本判決は、被相続人が所有財産を第三者に仮装売買したとしても、単にその推定相続人であるというだけでは、当該売買の無効（売買契約より生じた法律関係の不存在）の確認を求めることはできないとしたものである。

事実関係　XはY₁の養子であり、X夫婦とY₁は同居していた。Xは、Xの妻の行為が原因でY₁と不仲になった。そこで、Y₁はX夫婦を追い出そうと考え、同居する居宅を含む自己所有の本件不動産をY₂に仮装売買し、その登記名義をY₂に移した。Xは、Y₁の推定相続人であるとして、Y₁とY₂の間の売買の無効確認とY₁からY₂に対する所有権移転登記の抹消登記手続を求めて訴えを提起した。第1審はXの請求を棄却し、第2審はXの請求を認容した。Y₁及びY₂が上告。

判決要旨　破棄自判。「Xの本訴請求中、確認請求に関する部分は、要するに、Xは、Y₁の推定相続人であるところ、Y₁は同人所有の本件不動産についてY₂と通謀して虚偽仮装の売買をなし、所有権移転登記を経由したので、Xは自己の相続権に基づき、本訴において右売買の無効（売買契約より生じた法律関係の不存在）確認を求めるという趣旨であることが記録上明白である。しかるに、確認の訴は、即時確定の利益がある場合、換言すれば、現に、原告の有する権利または法律的地位に危険または不安が存在し、これを除去するため被告に対し確認判決を得ることが必要かつ適切な場合に限り、許されるものであることはいうまでもない。しかるに、推定相続人は、単に、将来相続開始の際、被相続人の権利義務を包括的に承継すべき期待権を有するだけであって、現在においては、未だ当然には、被相続人の個々の財産に対し権利を有するものではない。それ故単に被相続人たるY₁の所有に属する本件不動産について、たとえX主張の如き売買および登記がなされたとしても、法律上は、まだ現にXの権利または法律的地位に危険または不安が生じ、確認判決をもってこれを除去するに適する場合であるとはいい難く、その他本件において、Xが本件不動産の売買に関し即時確定の利益を有するものとは認められない。」

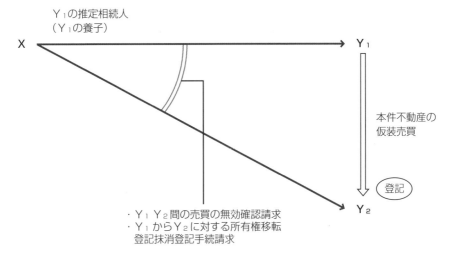

本判決の位置づけ・射程範囲

本件は、原告Xが自己の権利又は法律関係ではなく、生存中の被相続人Y_1と第三者Y_2の間の売買契約より生じた法律関係の不存在の確認を求めた事案であり、Xに訴えの利益が認められるかが問題となった。

確認の訴えを提起する場合、訴えの利益の内容として、原告が被告との間で法律関係の存否を即時に確定することにつき法律上の利益を有することが必要となる。これを即時確定の利益という。即時確定の利益は、原告の権利又は法的地位に不安が現存し、これを解消するために確認判決によってその法律関係の存否を確定しておくことが有効かつ適切であることを意味する。

原審は、XはY_1の養子であり、推定相続人であることを理由にY_1の死亡により、将来Y_1の権利義務を包括承継すべき期待権を有しており、この期待権がY_1とY_2の間の仮装売買とこれを原因とする本件不動産の所有権移転登記によって侵害されつつあるとして、Xは本件不動産の売買の無効確認を求める確認の利益を有すると判断した。

本判決は、推定相続人は被相続人がなした仮装売買について無効確認を求める訴えの利益があるかについて、単に推定相続人であるというだけでは本件不動産の売買につき即時確定の利益を有するとはいえず、仮装売買の無効による法律関係の不存在の確認を求めることはできないと判断した。本判決は、推定相続人には法的保護に値する期待権といった権利は認められず、それゆえ本件不動産の売買によって法律上の権利を害されたということはできず、当該売買の無効確認請求の訴えの利益は認められないことを明らかにした点に意義があるといえる。

さらに理解を深める　**百選Ⅰ補正版63事件〔右田堯雄〕**　最判解民事篇昭和30年度262頁〔土井王明〕、伊藤4版補訂版178頁、新堂5版278頁、松本=上野7版156頁、中野ほか2版補訂2版144頁、高橋（上）2版補訂版382頁、三木ほか357頁
関連判例　最一判昭和31・10・4民集10巻10号1229頁、最二判平成11・6・11**本書72事件**

第6章 審理の対象

岡　伸浩

67 国籍確認の訴えの利益

最高裁昭和32年7月20日大法廷判決
事件名等：昭和25年（オ）第318号国籍関係確認請求事件
掲載誌：民集11巻7号1314頁、判時119号7頁

概要　本判決は、原告が国を被告として、出生による日本国籍を現に引き続き有することの確認を求めて訴えを提起した事案において、訴え提起時に原告が日本国籍を有すること自体に争いがない場合でも、その国籍取得が日本国籍離脱後の国籍回復許可によるものではなく、日本人を父として出生したことによるものであると主張するときは、戸籍の訂正をするには戸籍法上確定判決を必要とする点から、確認を求める法律上の利益を有するとしたものである。

事実関係　Xはアメリカ合衆国で日本人を父（A）として出生し日米両国の国籍を取得した。Xの父Aは内務大臣に対して、A名義でXの日本国籍を離脱する届出をした（❶）。その後、Xは日本に帰国し、日本に居住することとなったため、日本国籍回復の許可を申請し、許可を受けた後、国籍回復の届出をした（❷）。国籍回復の許可により日本国籍を取得した場合には、アメリカ国籍法によりアメリカ国籍を喪失するため（❸）、XはY（国）を被告として、Aによる日本国籍の離脱の届出はXの意思を問わずなされたものであり無効であるとして、出生による日本国籍を現に引続き有することの確認を求めて訴えを提起した（❹）。原審は、Xの請求を認容した。Yが上告し、Xは確認の訴えの利益を欠くと主張した。

判決要旨　上告棄却。「Xの国籍離脱の届出がX主張の如く、Xの意思にもとづかず、かつ、父Aの名義をもって為された事実は原判決の確定するところであるから、前記Xの国籍離脱の届出は無効であり、かつ、その後、右国籍離脱を前提として為された前記国籍回復に関する内務大臣の許可もまた無効である」

「Xの戸籍簿には、現に、右国籍の離脱ならびに回復に関する記載のなされていることは、原判決の確定するところであり、かかる戸籍の訂正をするには戸籍法116条によって、確定判決を必要とすることはあきらかであるから、Xは、少くともこの点において、本訴確認の判決を求める法律上の利益を有するものというべきである。」

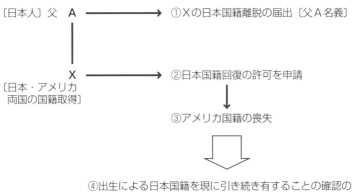

本判決の位置づけ・射程範囲

本件は、原告XがY（国）を被告として、過去に父A名義でなされた日本国籍を離脱する届出は無効であり、自己が現に日本国籍を有するのは、日本国籍離脱後の日本国籍回復許可に基づくものではなく、日本人を父として出生したことによるものであるとして、出生による日本国籍を現に引き続き有することの確認を求めて訴えを提起した事案である。

原審は、「Xの有する日本国籍が出生によるものであればXは北米合衆国の国籍を依然として保有するが、これに反し国籍回復の許可によるものとすれば北米合衆国の国籍法によって同国の国籍は失われると謂う関係にあって、そのいずれによるものであるかはXが北米合衆国の市民権を有するか否かと謂う現在の身分に直接関係があるのみならず、……Xの国籍取得の原因が前記のように国籍回復の許可によるものでなく出生によるものとすれば、Xとしては少くとも判決によって戸籍の訂正をする必要があるから……Xは出生によって取得した日本の国籍を現に有するものであることを即時に確定する法律上の利益を有する」として確認の利益があることを認めて、Xが出生による日本の国籍を現に引き続き有することを確認すると判示した。

これに対して、Yが、Xは確認の利益を欠くと主張して上告した。上告審である本判決は、戸籍の訂正をするには戸籍法によって確定判決を必要とすることは明らかであるという理由で、Xには少なくともこの点において確認判決を求める法律上の利益を有するとして、Yの上告を棄却した。

同種の訴訟について、最三判昭和24・12・20 関連判例 は、このような訴えは過去の事実の確認を求める訴えであるとして許されないと判示したが、本判決はこれを変更した趣旨であると考えられる。

さらに理解を深める 百選I補正版60事件〔吉村徳重〕 最判解民事篇昭和32年度168頁〔田中真次〕、伊藤4版補訂版175頁、新堂5版274頁、中野ほか2版補訂2版140頁、高橋（上）2版補訂版371頁、三木ほか361頁、和田151頁 関連判例 最三判昭和24・12・20民集3巻12号507頁

第6章 審理の対象　　　　　　　　　　　　　　　　　　　　岡　伸浩

68 遺言無効確認の訴えの利益

最高裁昭和47年2月15日第三小法廷判決
事件名等：昭和43年（オ）第627号遺言無効確認請求事件
掲載誌：民集26巻1号30頁、判時656号21頁

概要　本判決は、遺言無効確認の訴えは、形式上、過去の法律行為の確認を求めることとなるが、遺言が有効であるとすれば、それから生ずべき現在の特定の法律関係が存在しないことの確認を求めるものと解される場合で、原告がかかる確認を求める法律上の利益を有するときは、適法として許容されるとしたものである。

事実関係　Aは自筆証書による遺言を作成した後に死亡した。Aの自筆証書遺言は、土地・家屋等の財産を特定の相続人のみに与えようとするものであったが、誰に相続するかは明記されていなかった。Aの長男B（Aより先に死亡）の子XらとＡ他の相続人Yらとの間で遺産分割調停が行われたが、不調に終わったため、遺産分割審判が係属した。その後、XらはYらを被告として、Aの遺言が全財産を共同相続人の一人のみに与えようとすることは憲法24条に違反すること、相続人が不明であり権利関係が不確定であることを理由として、Aの遺言が無効であることの確認を求めて訴えを提起した。原審は、遺言は一種の法律行為であり、その有効・無効に関して法律判断を包含していないわけではないが、法律関係そのものではなく、法律効果発生の要件たる前提事実にすぎず、現在かつ特定の法律関係とは認め難いことから、本件確認の訴えは主張自体不適法であるとして訴えを却下した。Xらが上告。

判決要旨　破棄差戻し。「いわゆる遺言無効確認の訴は、遺言が無効であることを確認するとの請求の趣旨のもとに提起されるから、形式上過去の法律行為の確認を求めることとなるが、請求の趣旨がかかる形式をとっていても、遺言が有効であるとすれば、それから生ずべき現在の特定の法律関係が存在しないことの確認を求めるものと解される場合で、原告がかかる確認を求めるにつき法律上の利益を有するときは、適法として許容されうるものと解するのが相当である。けだし、右の如き場合には、請求の趣旨を、あえて遺言から生ずべき現在の個別的法律関係に還元して表現するまでもなく、いかなる権利関係につき審理判断するかについて明確さを欠くことはなく、また、判決において、端的に、当事者間の紛争の直接的対象である基本的法律行為たる遺言の無効の当否を判示することによって、確認訴訟のもつ紛争解決機能が果たされることが明らかだからである。」

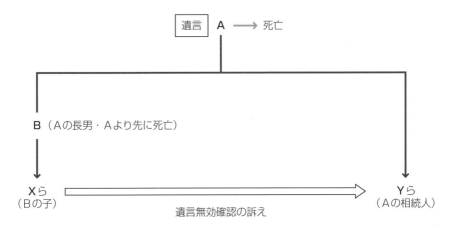

本判決の位置づけ・射程範囲

　確認の訴えの対象は、原則として現在の法律関係でなければならず、過去の権利又は法律関係を確認する訴えには、原則として訴えの利益が認められない。過去の法律関係を確認しても、時間の経過とともに常に変動する可能性があり、現在の法律関係上の地位の危険や不安を除去することにならないためである。

　遺言無効確認の訴えは、過去の法律行為である遺言が現在効力を有しないことの確認を求めるものである。そこで、遺言が現在効力を有しないことを主張する者は、遺言が無効であることを確認するという請求の趣旨を掲げて訴えを提起することができるか、それとも、遺言が有効であるとすれば、それによって影響を受ける現在の特定の法律関係が存在しないことを確認するという請求の趣旨とすべきかが問題となる。

　本判決は、遺言が無効であるとすれば、それから生ずべき現在の特定の法律関係が存在しないことの確認を求めるものと解される場合で、原告がそのような確認を求めることについて法律上の利益を有するときは、請求の趣旨を現在の個別的法律関係に還元して表現し直す必要はないとする。当事者間の紛争の直接的な対象である基本的法律関係である遺言の有効・無効を判断すれば、確認訴訟のもつ紛争解決機能が果たされると判断したものであるといえる。

　学説上の多数説は、本判決と同様に、現在の派生的な法律関係の確認を求めるよりも過去の基本的な法律関係を確定することが紛争の抜本的解決になる場合には、例外的に確認の利益が認められると解する立場であるといえよう。

さらに理解を深める　百選4版23事件〔坂原正夫〕　最判解民事篇昭和47年度300頁〔柴田保幸〕、伊藤4版補訂版177頁、新堂5版275頁、松本＝上野7版154頁、中野ほか2版補訂2版142頁、高橋（上）2版補訂版368頁、三木ほか359頁、和田151頁、藤田・講義3版120頁、藤田・解析2版248頁

関連判例　最一判昭和61・3・13 本書73事件、最二判昭和56・9・11民集35巻6号1013頁

第6章 審理の対象　　　　　　　　　　　　　　　　　村田典子

69　学校法人の理事会決議無効確認の訴えの利益

最高裁昭和47年11月9日第一小法廷判決
　事件名等：昭和44年（オ）第719号理事会、評議員会の決議無効確認等請求事件
　掲載誌：民集26巻9号1513頁、判時687号51頁、判タ286号220頁、
　　　　　金法671号54頁、金判344号2頁

概要　本判決は、学校法人Y大学の理事会及び評議員会の決議無効確認の訴えは、現に存する法律上の紛争の直接かつ抜本的な解決のため適切かつ必要と認められる場合には、適法な訴えとして許容される旨を判示したものである。

事実関係　Xらは、昭和32年4月24日に学校法人Y大学の理事に就任した。Yの寄附行為には、理事の任期は4年であること、役員は任期満了後も後任者が選任されるまではなおその職務を行うことが定められていた。Xらは、後任理事を選任した昭和34年11月16日以降の一連のY法人の理事会及び評議員会の決議はいずれも無効であり、したがって自らが未だYの理事であることの確認を求めるとともに、昭和34年11月16日から昭和39年3月24日までに開かれた理事会及び評議員会の決議（合計10回）はいずれも無効であることの確認を求めて訴えを提起した。決議無効確認の訴えの適法性について、第1審は次のように述べてXの訴えを不適法として却下し、控訴審もそれを支持した。すなわち、「確認の訴は……原則として現在の権利または法律関係に関してのみ許されるのであって、特別の規定のない限り単なる事実の確認または過去の法律関係の存否の確認はこれを求める利益がないものとして許されない」。そして、学校法人の理事会または評議員会の決議は法律効果発生の要件事実たるにすぎず、しかも、私立学校法には、商法252条〔現会社830条〕のような決議の無効確認の訴えを認める規定はないから、抽象的、総括的にしかも過去の決議にまで遡ってその無効確認を求めることはこれを求める利益がないものとして許されないと。X上告。

判決要旨　上告棄却。「確認の利益は、判決をもって法律関係の存否を確定することが、その法律関係に関する法律上の紛争を解決し、当事者の法律上の地位の不安、危険を除去するために必要かつ適切である場合に認められる。このような法律関係の存否の確定は、右の目的のために最も直接的かつ効果的になされることを要し、通常は、紛争の直接の対象である現在の法律関係について個別にその確認を求めるのが適当であるとともに、それをもって足り、その前提となる法律関係、とくに過去の法律関係に遡ってその存否の確認を求めることは、その利益を欠くものと解される。しかし、ある基本的な法律関係から生じ

た法律効果につき現在法律上の紛争が存在し、現在の権利または法律関係の個別的な確定が必ずしも紛争の抜本的解決をもたらさず、かえって、これらの権利または法律関係の基本となる法律関係を確定することが、紛争の直接かつ抜本的な解決のため最も適切かつ必要と認められる場合においては、右の基本的な法律関係の存否の確認を求める訴も、それが現在の法律関係であるか過去のそれであるかを問わず、確認の利益があるものと認めて、これを許容すべきものと解するのが相当である。」理事等の選任等を内容とする学校法人の理事会または評議員会の決議の効力に疑義が存するときは、「右決議に基づくこれら役員の地位について争いを生じ、ひいては、その後の理事会等の成立、他の役員の資格、役員のした業務執行行為および代表行為の効力等派生する法律関係について連鎖的に種々の紛争が生じうるのであって、このような場合には、基本となる決議自体の効力を確定することが、紛争の抜本的解決のため適切かつ必要な手段であ」る。したがって、「学校法人の理事会または評議員会の決議の無効の確認を求める訴は、現に存する法律上の紛争の解決のため適切かつ必要と認められる場合には、許容されるものと解するのが相当である。」

本判決の位置づけ・射程範囲

法人の意思決定機関である会議体の決議が無効であることの確認を求める訴えが、商法252条（現会社830条）の株主総会決議無効確認の訴えを明文で準用していない各種法人・団体の場合にも許容されるかどうかについてはかねてより議論があった。かかる訴えは、単なる要件事実ないし過去の法律関係の確認を求めるものであって、現在の具体的権利又は法律関係の確定を求めるものではないから、特別にこれを認める規定がない限り認められないとする考えがあり、本件の第1審・控訴審もこれによっていた。本判決は、過去の法律関係の確認は認められないとする画一的な処理を排して、紛争の直接かつ抜本的解決のため最も適切かつ必要であるかという観点から確認の訴えの許容性を弾力的に判断する立場をとり、営利を目的としない学校法人についても、その会議体である理事会及び評議員会の決議の無効確認訴訟が許される旨を判示した初めての最高裁判決である。本判決は、紛争解決のために適切かつ必要かどうかという観点から死者との間の親子関係の確認を認めた最大判昭和45・7・15 本書75事件 の立場を踏襲するものといえる。さらに、最高裁は、社団たる医療法人の社員総会決議不存在確認の訴えについて（最二判平成16・12・24判時1890号46頁）、また、宗教法人の責任役員及び代表役員を選任する壇信徒総会決議の不存在確認の訴えについて（最三判平成17・11・8判時1915号19頁）、本判決を参照しながら具体的な確認の利益の有無の判断を行っている。

さらに理解を深める 百選4版A11事件〔村田典子〕 高橋（上）2版補訂版369頁、最判解民事篇昭和47年度579頁〔野田宏〕、井上治典・判タ292号86頁、上田徹一郎・民商68巻6号74頁、長谷部茂吉・判評176号123頁（判時712号）、昭和48年度重判民訴3事件〔石川明〕、上原敏夫・法協91巻4号130頁など。

第6章 審理の対象　　　　　　　　　　　　　　　　　岡　伸浩

70 賃貸借契約継続中の敷金返還請求権確認の訴えの利益

最高裁平成11年1月21日第一小法廷判決
　事件名等：平成7年（オ）第1445号債権確認請求事件
　掲載誌：民集53巻1号1頁、判時1667号71頁、判タ995号73頁、
　　　　　金法1551号41頁、金判1072号28頁

概　要　本判決は、建物賃貸借契約継続中に賃借人が賃貸人に対して敷金返還請求権の存在確認を求める訴えを提起した場合の訴えの利益の有無が問題となった事案で、賃貸人が賃借人の敷金交付の事実を争って敷金返還義務を負わないと主張しているときは、訴えの利益があるとしたものである。

事実関係　建物の賃借人Xは、賃貸借契約を締結する際に、前賃貸人Aに保証金の名目で敷金の性質を有する金員400万円を差し入れた（❶）と主張して、Aから本件建物を譲り受けて賃貸人の地位を承継した（❷）Yに対して、賃貸借契約の継続中に敷金（保証金）返還請求権が存在することの確認を求めて訴えを提起した（❸）。Yは、本訴訟以前にXらに対して賃料増額の調停を申し立て、調停手続においてXがAに敷金を差し入れた事実を争っていた。
　第1審は、敷金（保証金）返還請求権は未だ具体的内容が確定していない抽象的な権利にすぎないとして、即時確定の利益を欠くことを理由に不適法却下とした。第2審は、Yは敷金（保証金）返還義務の存否自体を争っていたのであり、Xはこの点を確定しておく必要があったとして訴えの利益を肯定し、第1審判決を取り消して第1審に差し戻した。Yが上告。

判決要旨　上告棄却。「建物賃貸借における敷金返還請求権は、賃貸借終了後、建物明渡しがされた時において、それまでに生じた敷金の被担保債権一切を控除しなお残額があることを条件として、その残額につき発生するものであって（最高裁昭和46年（オ）第357号同48年2月2日第二小法廷判決・民集27巻1号80頁）、賃貸借契約終了前においても、このような条件付きの権利として存在するものということができるところ、本件の確認の対象は、このような条件付きの権利であると解されるから、現在の権利又は法律関係であるということができ、確認の対象としての適格に欠けるところはないというべきである。また、本件では、Yは、Xの主張する敷金交付の事実を争って、敷金の返還義務を負わないと主張しているのであるから、X・Y間で右のような条件付きの権利の存否を確定すれば、Xの法律上の地位に現に生じている不安ないし危険は除去される

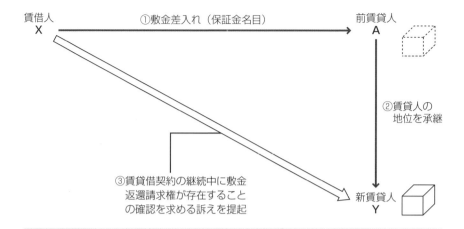

といえるのであって、本件訴えには即時確定の利益があるということができる。」

本判決の位置づけ・射程範囲

本判決は、賃貸借契約の継続中に敷金返還請求権が存在することの確認を求める訴えは、確認の利益を有するかという問題について、確認の訴えの対象選択の適格性と即時確定の利益の観点から検討し、確認の利益を肯定した。

敷金返還請求権は、実体法上、賃貸借契約終了後、家屋明渡し時にそれまでに生じた敷金の被担保債権一切を控除し、なお残額があることを条件として、その残額について発生する停止条件付権利と解されている（最二判昭和48・2・2民集27巻1号80頁参照）。このような敷金返還請求権の法的性質に照らせば、賃貸借契約の継続中はいまだ停止条件が成就しておらず、将来、敷金返還請求権が発生するか否か、発生するとして具体的金額はいくらかを確定できないため、対象選択の適格性を有するかが問題となる。

本判決は、敷金返還請求権は、賃貸借契約終了前においても停止条件付きの権利として存在しているものであり、将来の権利又は法律関係ではなく、現在の権利又は法律関係であると位置づけて、確認の訴えにおける対象選択の適格性を認めた点に意義がある。

また、即時確定の利益について、本件ではYがXの主張するXのAに対する敷金交付の事実を争い、敷金の返還義務を負わないと主張している点に照らして、敷金返還請求権の存否を確定すれば、Xの法律上の地位に現に生じている不安ないし危険が除去されると認められることを理由に、即時確定の利益を肯定している。

さらに理解を深める **百選4版27事件〔佐藤鉄男〕** 最判解民事篇平成11年度（上）1頁〔大坪丘〕、伊藤4版補訂版178頁、新堂5版279頁、松本＝上野7版153頁、中野ほか2版補訂2版142頁、高橋（上）2版補訂版366頁、三木ほか364頁、和田152頁、藤田・講義3版120頁、藤田・解析2版249頁

関連判例 最二判平成21・12・1 **本書78事件**

第6章 審理の対象　　　　　　　　　　　　　　　　中島弘雅

71 将来の法律関係の確認——雇用者たる地位の確認

東京地裁平成19年3月26日判決
　事件名等：平成18年（ワ）第2001号・第15394号・第16906号各地位確認請求事件
　掲載誌：判時1965号3頁、判タ1238号130頁

概要　従来の判例・通説は、将来の権利・法律関係の確認を求める利益は認められないと解してきた。これに対し、本判決は、下級審裁判例ながら、将来の権利・法律関係についても確認の利益が認められる場合があることを正面から認めた注目すべき裁判例である。

事実関係　Yは、損害保険業等を主たる業務とする株式会社である。Xら（46名）は、Yにおいて損害保険の募集業務等に従事する外勤の正規従業員たる契約係社員（Yではこれを「リスクアドバイザー」または「RA」と呼んでいる）である。Yは、平成17年10月17日、Xらに対し、①RA制度を平成19年7月までに廃止し、②RAの処遇については、代理店開業を前提に退職の募集を行う一方、継続雇用を希望する者に対しては、職種を変更した上で継続雇用するという方針を文書で提案・通知した。

これに対し、Xらは、XらとYとの間の労働契約は従事すべき職種がRAとしての業務に限定された契約であるところ、RA制度の廃止は、労働契約に違反し、かつ、RAの労働条件を合理性・必要性がないのに不利益に変更する無効であると主張して、Yに対し、RA制度が廃止されるとされている平成19年7月以降も、XらがRAの地位にあることの確認を求めて提訴したのが本件である。本訴の口頭弁論終結時にはまだRA制度が廃止されていなかったため、確認の利益の有無が問題となった。

判決要旨　請求認容。「確認の訴えにおける確認対象は、原則として、現在の権利又は法律関係であるのが通常である。しかし、将来の法律関係であっても、発生することが確実視できるような場合にまで、確認の訴えを否定するのは相当ではない。すなわち、権利又は法律的地位の侵害が発生する前であっても、侵害の発生する危険が確実視できる程度に現実化しており、かつ、侵害の具体的発生を待っていたのでは回復困難な不利益をもたらすような場合には、将来の権利又は法律関係も、現在の権利又は法律関係の延長線上にあるものということができ、かつ、当該権利又は法律的地位の確認を求めることが、原告の権利又は法律的地位に対する現実の不安・危険を除去し、現に存する紛争を直接か

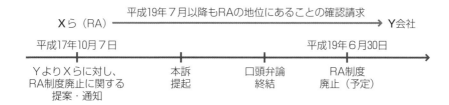

つ抜本的に解決するため必要かつ最も適切であると考えることができる。そのような場合には、確認訴訟が有する紛争の予防的救済機能を有効かつ適切に果たすことができるといえるので、将来の権利又は法律関係であっても、確認の対象として許容する余地があるというべきである。」

本判決の位置づけ・射程範囲

確認の利益の有無は、①確認訴訟によることの適否、②確認対象選択の適否、③即時確定の利益という3つの観点から判断されるという見解が有力であるが、伝統的な見解は、②の点につき、確認の訴えの対象となるのは、原則として、現在の権利・法律関係に限られ、過去または将来の権利・法律関係は確認の訴えの対象とはならないと解してきた。しかし、このうち、過去の権利・法律関係の確認につき、近時の判例・学説は、現在の権利・法律関係の個別的な確定が必ずしも紛争の抜本的解決をもたらさず、かえって現在の権利・法律関係の基礎にある過去の法律関係を確定することが、現に存する紛争の直接かつ抜本的な解決のため最も適切かつ必要と認められる場合には、当該法律関係がたとえ過去の法律関係であっても、確認の対象となり得ることがあり、その場合、確認の利益の有無は、③の即時確定の利益の観点から判断されるという立場をとっている。

これに対し、将来の権利・法律関係が確認については、将来変動が生じ得るものであり、一般に将来その問題が現実化したときに提訴すればよいことを理由に、確認の対象となり得ないとするのが、判例（もっとも、後掲最一判平成11・1・21 本書70事件 参照）・通説である。しかし、近時の学説では、むしろ過去の権利・法律関係の確認に関する判例理論を将来の権利・法律関係にも及ぼし、将来の権利・法律関係の確認が紛争を抜本的かつ適切に予防する効果を有する場合には、確認の対象となりうるとする見解が有力となりつつある。本判決は、そのような状況下において、将来の権利・法律関係が確認の対象となり得ること、および（紙幅の制約上、判決要旨には掲げていないが）そのためには即時確定の利益が重要であることを示したものであり、高く評価することができる。

さらに理解を深める 百選4版28事件〔野村秀敏〕 百選3版34事件〔山本和彦〕 条解2版772頁以下〔竹下守夫〕、中野貞一郎『民事訴訟法の論点Ⅱ』（判例タイムズ社、2001年）56頁以下、中野ほか2版補訂2版142頁〔福永有利〕、野村秀敏『予防的権利保護の研究』（千倉書房、1995年）217頁以下、三木ほか362頁 **関連判例** 最大判昭和45・7・15 本書75事件、最二判平成11・6・11 本書72事件、最一判平成11・1・21 本書70事件

第6章 審理の対象　　　　　　　　　　　　　　　　　　　　岡　伸浩

72 遺言者の生存中に提起された遺言無効確認の訴えの利益

最高裁平成11年6月11日第二小法廷判決
　事件名等：平成7年（オ）第1631号遺言無効確認請求事件
　掲載誌：家月52巻1号81頁、判時1685号36頁、判タ1009号95頁、
　　　　　金法1564号68頁、金判1075号20頁

概要　本判決は、遺言者の生存中に推定相続人が提起した遺贈を内容とする遺言無効確認の訴えは、たとえ遺言者が心神喪失の常況にあり、回復する見込みがないとしても確認の訴えの対象となる権利又は法律関係に該当せず、不適法として訴えを却下したものである。

事実関係　Y₁の養子で、唯一の推定相続人Xは、Y₁がその所有する土地建物の持分をY₂に遺贈する旨の遺言について、Y₁及びY₂を被告として、当該遺言はY₁の意思能力を欠いた状態で、かつ、公正証書遺言の方式に違反して作成されたものであり無効であるとして、当該遺言の無効確認を求める訴えを提起した。
　第1審は、Xが確認を求める利益・地位は将来のものであり、現在保護する必要はないとして訴えを却下した。Xが控訴したところ、第2審は、遺言者が生存中に遺言の無効確認を求める訴えは原則として不適法とした上で、遺言者が遺言を取り消し、変更する可能性がないことが明白な場合には、生存中であったとしても例外的に遺言の無効確認を求めることができるとして、第1審判決を取り消し、事件を第1審に差し戻す判決を下した。Y₁及びY₂が上告。

判決要旨　破棄自判。「本件において、Xが遺言者であるY₁の生存中に本件遺言が無効であることを確認する旨の判決を求める趣旨は、Y₂が遺言者であるY₁の死亡により遺贈を受けることとなる地位にないことの確認を求めることによって、推定相続人であるXの相続する財産が減少する可能性をあらかじめ除去しようとするにあるものと認められる。」
　「ところで、遺言は遺言者の死亡により初めてその効力が生ずるものであり（民法985条1項）、遺言者はいつでも既にした遺言を取り消すことができ（同法1022条）、遺言者の死亡以前に受遺者が死亡したときには遺贈の効力は生じない（同法994条1項）のであるから、遺言者の生存中は遺贈を定めた遺言によって何らの法律関係も発生しないのであって、受遺者とされた者は、何らかの権利を取得するものではなく、単に将来遺言が効力を生じたときは遺贈の目的物である権

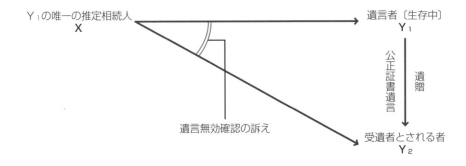

利を取得することができる事実上の期待を有する地位にあるにすぎない（最高裁昭和30年（オ）第95号同31年10月4日第一小法廷判決・民集10巻10号1229頁参照）。したがって、このような受遺者とされる者の地位は、確認の訴えの対象となる権利又は法律関係には該当しないというべきである。遺言者が心神喪失の常況にあって、回復する見込みがなく、遺言者による当該遺言の取消し又は変更の可能性が事実上ない状態にあるとしても、受遺者とされた者の地位の右のような性質が変わるものではない。」

「したがって、Xが遺言者であるY₁生存中に本件遺言の無効確認を求める本件訴えは、不適法なものというべきである。」

本判決の位置づけ・射程範囲

本件は、遺言者の生存中に、推定相続人が原告となり、遺言者と受遺者を被告として遺言の無効確認を求める訴えを提起した事案である。

遺言は遺言者の死亡時から効力を生じるものであり（民985条1項）、遺言者の生存中は遺贈を定めた遺言による受遺者の権利は未だ発生していない。そこで、推定相続人Xが遺言者Y₁の生存中に提起した遺言無効確認の訴えは、確認対象としての適格性を有し、確認の利益が認められるかが問題となる。

本判決は、遺言によって受遺者とされた者は、遺言者の生存中は何らかの権利を取得する者ではなく、将来遺言が効力を生じたときは遺贈の目的物である権利を取得できる事実上の期待を有するにすぎないため、この者の地位は確認の訴えの対象となる権利又は法律関係には該当しないと判断した。また、遺言者が心神喪失の常況にあって回復する見込みがなく、遺言者による当該遺言の取消し又は変更の可能性が事実上ない状態にあるとしても、受遺者とされた者の地位の性質が変わるものではないとして、推定相続人Xが遺言者Y₁の生存中に提起した遺言無効確認の訴えについて、訴えの利益を否定した。

さらに理解を深める　百選4版26事件〔宇野聡〕　伊藤4版補訂版178頁、新堂5版279頁、松本＝上野7版157頁、中野ほか2版補訂2版144頁、高橋（上）2版補訂版387頁、三木ほか364頁、和田156頁

関連判例　最三判昭和30・12・26 本書66事件、最一判昭和31・10・4民集10巻10号1229頁

第6章　審理の対象　　　　　　　　　　　　　　　　　　　岡　伸浩

73 遺産確認の訴えの利益(1)

最高裁昭和61年3月13日第一小法廷判決
　事件名等：昭和57年（オ）第184号遺産確認請求事件
　掲　載　誌：民集40巻2号389頁、判時1194号76頁、判タ602号51頁、
　　　　　　　金法1129号85頁、金判746号12頁

概要　本判決は、共同相続人間において、特定の財産が被相続人の遺産に属することの確認を求める遺産確認の訴えは適法であるとしたものである。

事実関係　被相続人Aが死亡し、Xら10名、Y_1及びY_2が共同相続人となった。Y_1が本訴訟に先立って申し立てた遺産分割調停では、XらはY_2名義の本件不動産をAの遺産に加えるべきであるとして争ったため、同調停は不調となった。同調停は審判に移行したものの審判手続も事実上進行しなかった。そこで、XらはY_1及びY_2に対して、本件不動産がAの遺産に属することの確認を求めて訴えを提起した。

第1審及び第2審はともに、Xらの遺産確認の訴えについて確認の利益を認めた上で、Xらの請求を一部認容した。Y_1及びY_2が上告。

判決要旨　上告棄却。「本件のように、共同相続人間において、共同相続人の範囲及び各法定相続分の割合については実質的な争いがなく、ある財産が被相続人の遺産に属するか否かについて争いのある場合、当該財産が被相続人の遺産に属することの確定を求めて当該財産につき自己の法定相続分に応じた共有持分を有することの確認を求める訴えを提起することは、もとより許されるものであり、通常はこれによって原告の目的は達しうるところであるが、右訴えにおける原告勝訴の確定判決は、原告が当該財産につき右共有持分を有することを既判力をもって確定するにとどまり、その取得原因が被相続人からの相続であることまで確定するものでないことはいうまでもなく、右確定判決に従って当該財産を遺産分割の対象とされた遺産分割の審判が確定しても、審判における遺産帰属性の判断は既判力を有しない結果（最高裁昭和39年（ク）第114号同41年3月2日大法廷決定・民集20巻3号360頁参照）、のちの民事訴訟における裁判により当該財産の遺産帰属性が否定され、ひいては右審判も効力を失うこととなる余地があり、それでは、遺産分割の前提問題として遺産に属するか否かの争いに決着をつけようとした原告の意図に必ずしもそぐわないこととなる一方、争いのある財産の遺産帰属性さえ確定されれば、遺産分割の手続が進められ、当該

第6章　審理の対象　147

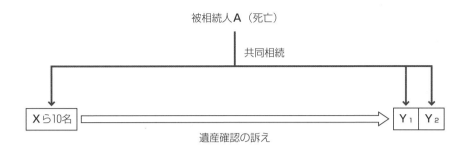

財産についても改めてその帰属が決められることになるのであるから、当該財産について各共同相続人が有する共有持分の割合を確定することは、さほど意味があるものとは考えられないところである。これに対し、遺産確認の訴えは、右のような共有持分の割合は問題にせず、端的に、当該財産が現に被相続人の遺産に属すること、換言すれば、当該財産が現に共同相続人による遺産分割前の共有関係にあることの確認を求める訴えであって、その原告勝訴の確定判決は、当該財産が遺産分割の対象たる財産であることを既判力をもって確定し、したがって、これに続く遺産分割審判の手続において及びその審判の確定後に当該財産の遺産帰属性を争うことを許さず、もって、原告の前記意思によりかなった紛争の解決を図ることができるところであるから、かかる訴えは適法というべきである。」

本判決の位置づけ・射程範囲

遺産確認の訴えとは、特定の財産が被相続人の遺産に属することの確認を求める訴えをいう。本判決は、ある財産が被相続人の遺産に属するか否かについて争いがある場合に、当該財産が被相続人の遺産に属することの確定を求めて当該財産につき自己の法定相続分に応じた共有持分確認の訴えを提起することはもとより許されるとした上で、共有持分確認の訴えにおける原告勝訴の確定判決は、原告が当該財産につき共有持分を有することを既判力をもって確定するにとどまるため、遺産分割の前提問題として遺産に属するか否かの争いに決着をつけようとした原告の意図に必ずしもそぐわないと指摘した。その上で、遺産確認の訴えには、当該財産が被相続人の遺産に属することを既判力をもって確定し、その後の審判手続及び審判の確定後に遺産帰属性を争うことを許さないという機能を存することを示し、原告の意思にかなった紛争解決機能を実現するという点に着目して、遺産確認の訴えは適法であると判断した点に本判決の意義がある。

さらに理解を深める　**百選4版24事件〔加藤哲夫〕**　最判解民事篇昭和61年度142頁〔水野武〕、伊藤4版補訂版177頁、新堂5版275頁、松本＝上野7版161頁、中野ほか2版補訂2版142頁、高橋（上）2版補訂版370頁、三木ほか359頁、和田156頁、藤田・講義3版120頁、藤田・解析2版248頁

関連判例　最三判昭和47・2・15 **本書68事件**、最三判平成元・3・28 **本書192事件**

第6章　審理の対象　　　　　　　　　　　　　　　　　　　　　　中島弘雅

74　遺産確認の訴えの利益(2)

最高裁平成22年10月8日第二小法廷判決
　事件名等：平成21年（受）第565号遺産確認請求事件
　掲載誌：民集64巻7号1719頁、判時2098号51頁、判タ1337号114頁、
　　　　　　金法1915号99頁、金判1360号38頁

概要　本判決は、共同相続した財産中の定額郵便貯金債権が、被相続人の遺産に属するか否かにつき共同相続人間に争いがある場合につき、最高裁が、本件定額郵便貯金債権が被相続人の遺産に属することの確認を求める訴えの利益（遺産確認の利益）を肯定した裁判例である。

事実関係　本件訴訟の当事者であるXらとY_1・Y_2は被相続人Aの子であり、他に法定相続人はいない。本件定額郵便貯金は、Aがその妹Bからの相続によって取得した預貯金を原資としてA名義で預け入れられたものであったが、遺産分割協議においてY_1がBから死因贈与を受けたと主張したこと等を原因として、本件定額郵便貯金債権が、Aの相続財産に属するか否かをめぐり争いが生じた。そこで、Xらが、Y_1・Y_2を被告として、本件定額郵便貯金債権その他の財産がAの遺産に属することの確認を求めて提訴したのが本件である。第1審および原審は、本件定額郵便貯金債権につき、遺産確認の利益を認めた。そこで、Yから上告受理申立てがなされたのに対して、最高裁は、以下のように判示して、確認の利益を認めた。

判決要旨　一部上告棄却、一部上告却下。「共同相続人間において、定額郵便貯金債権が現に被相続人の遺産に属することの確認を求める訴えについては、その帰属に争いがある限り、確認の利益があるというべきである。」

本判決の位置づけ・射程範囲

本判決は、郵便貯金法（7条1項）が分割払戻しを禁止している定額郵便貯金債権について、①それが相続により可分債権になるとすると、郵便貯金法が定額郵便貯金にかかる事務の定型化、簡素化を図ろうとした趣旨に反すること、および、②分割払戻し禁止の条件が付されている以上、共同相続人は共同して全額の払い戻しを求めざるをえず、単独で払戻しを求める余地がないことを根拠として、その帰属は、遺産分割手続を経て決せられるものであるから、その帰属につき共同相続人間に争いがある限り、本件定額郵便貯金債権が被相続人の遺産に属する

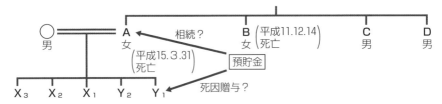

ことの確認を求める訴えの利益があることを明らかにした。本判決は、実体法的には、定額郵便貯金債権が遺産分割の対象となることを最高裁が初めて明らかにした点に、訴訟法的には、定額郵便貯金債権の帰属に争いがある限り、遺産確認の訴えの利益があることを最高裁が初めて明らかにした点に、先例としての意義が認められる。

確かに、本件で遺産確認の利益がないと判断された場合には、遺産分割協議は暗礁に乗り上げ、遺産分割手続は閉塞状況に至ることになりかねない。また仮に遺産分割審判がなされても、本件定額郵便貯金債権が被相続人の遺産に帰属することが既判力をもって確定されるわけではないから、後日、その判断に不満を持つ共同相続人により不当利得返還請求訴訟等が提起されるおそれがあり、本件相続をめぐる紛争が蒸し返される可能性がある。これに対し遺産確認の利益が肯定され、本件定額郵便貯金債権の遺産への帰属が既判力をもって確定されれば、それを前提に遺産分割協議や遺産分割審判が行われるから、本件相続をめぐる現在の紛争の一挙的解決が可能となる。その意味で、本判決が遺産確認の利益を認めたその結論自体には、異論はない。

ただ、本判決は、その結論を、当該定額郵便貯金債権が可分債権であるか、不可分債権であるかによって、遺産分割の対象となるか否かを区別するという理論的立場に立った上で、本件債権は不可分債権であり、遺産分割の対象になるから、本件遺産確認の訴えには確認の利益があるという論理を用いて導いている。その前提には、本件遺産確認の訴えは、実質的に、本件定額郵便貯金債権が現に共同相続人に帰属しているという、現在の法律関係の確認の訴えであるという理解が存在していると思われる。

しかし、確認の利益の判断基準に関する近時の判例（最二判平成16・12・24 関連判例）・通説の理解を前提にすると、本件でも、本件定額郵便貯金債権が、不可分債権であるかどうか、遺産分割の対象となるかどうかに関係なく、共同相続人間に、当該債権が被相続人の遺産に属するかどうかをめぐって現に争いがあり、その点を確認することが、遺産分割をはじめとする共同相続人間の現在の紛争の解決や、さらには今後派生的に生じる可能性のある将来の様々な紛争の予防に役立つのであれば、その点を理由に、本件定額郵便貯金債権が被相続人の遺産に属することの確認の訴えの利益を肯定すべきであったのではなかろうか。

さらに理解を深める 川嶋四郎・法セミ689号128頁、金亮完・速報判例解説9号97頁、髙部眞規子・金判1369号8頁、松川正毅・判評634号162頁（判時2127号）、堤龍弥・リマークス2011（下）118頁、中島弘雅・法学研究（慶應義塾大学）86巻6号151頁 **関連判例** 最二判平成16・12・24判時1890号46頁

第6章　審理の対象　　　　　　　　　　　　　　　　　　岡　伸浩

75　父母または子の死亡後の親子関係確認の訴えの利益

最高裁昭和45年7月15日大法廷判決
　事件名等：昭和43年（オ）第179号母子関係存在確認請求事件
　掲載誌：民集24巻7号861頁、判時597号64頁、判タ251号160頁

概要　本判決は、父母の両者又は子のいずれか一方が死亡した後でも、生存する一方は検察官を被告として、死亡した一方との間の親子関係の存否確認の訴えを提起し、これを追行することができるとしたものである。

事実関係　Aは戸籍上は出生時に父Bと母Cの庶子（婚外子）としてBの戸籍に入籍され、その後BとCの婚姻によりその嫡出子とされた。XはAが実際にはCの養女であるXとDの間に出生した子であると主張し、A、B及びCが既に死亡していたことから、Y（検察官）を被告としてXA間の親子関係確認の訴えを提起した。第1審は、Aは既に死亡しているため、本訴訟はXA間の親子関係という過去の法律関係の確認を求める不適法な訴えであり、かつ、検察官に被告適格を認める成文法上の根拠を欠くため、人事訴訟手続法2条3項〔現人訴12条3項〕を準用ないし類推適用することはできないとして、訴えを却下した。第2審もXの控訴を却下したため、Xが上告。

判決要旨　破棄差戻し。「父母と子との間の親子関係存否確認の訴は、右三者がいずれも生存している場合はもとより、父母のいずれか一方が死亡した場合においても、その生存者と子との間において親子関係存否確定の利益がある以上、人事訴訟手続法、ことに第二章親子関係に関する手続規定を類推適用して右訴を認めるべきことは、当裁判所の判例とするところである（当裁判所昭和24年（オ）第97号、同25年12月28日第二小法廷判決、民集4巻13号701頁参照）。」

「親子関係は、父母の両者または子のいずれか一方が死亡した後でも、生存する一方にとって、身分関係の基本となる法律関係であり、それによって生じた法律効果につき現在法律上の紛争が存在し、その解決のために右法律関係につき確認を求める必要がある場合があることはいうまでもなく、戸籍の記載が真実と異なる場合には戸籍法116条により確定判決に基づき右記載を訂正して真実の身分関係を明らかにする利益が認められるのである。人事訴訟手続法で、婚姻もしくは養子縁組の無効または子の認知の訴につき、当事者の一方が死亡した後でも、生存する一方に対し、死亡した当事者との間の右各身分関係に関する訴を提起し、

第6章 審理の対象　151

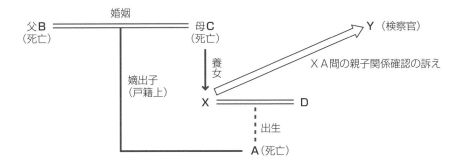

　これを追行することを認め、この場合における訴の相手方は検察官とすべきことを定めている（人事訴訟手続法2条3項、24条、26条、27条、32条等〔人訴12条3項、4条1項〕）のは、右の趣旨を前提としたものと解すべきである。したがって、父母の両者または子のいずれか一方が死亡した後でも、右人事訴訟手続法の各規定を類推し、生存する一方において死亡した一方との間の親子関係の存否確認の訴を提起し、これを追行することができ、この場合における相手方は検察官とすべきものと解するのが相当である。この点について、当裁判所がさきに示した見解（昭和28年（オ）第1397号、同34年5月12日第三小法廷判決、民集13巻5号576頁）は変更されるべきものである。」

本判決の位置づけ・射程範囲

　父母の両者又は子のいずれか一方が死亡した後に検察官を相手方として提起した親子関係存否確認の訴えについて、本判決が引用する最三判昭和34・5・12民集13巻5号576頁は、「過去の法律関係の確認を求める不適法な訴であり、検察官を相手方となし得るものとする人事訴訟手続法2条3項〔現人訴12条3項〕を類推適用すべき根拠のないものである」と判示していた。本判決は、このような判例理論を明示的に変更し、父母の両者又は子のいずれか一方が死亡した後でも、生存する一方は、死亡した一方との間の親子関係存否確認の訴えを提起することができ、その場合の相手方は検察官とすべきであるという判断を示した点に意義がある。

　なお、本判決には大隅裁判官の補足意見があり、同意見は、過去の法律関係の存否の確認を求める訴えでも、現在の法律関係の基礎にある過去の基本的な法律関係を確定することが、現に存する紛争の直接かつ抜本的な解決のために最も適切かつ必要と認められる場合には、確認の利益を認めてこれを許容すべきであるとして、本判決を支持している。

[さらに理解を深める]　**百選4版A10事件〔村田典子〕**　最判解民事篇昭和45年度（下）643頁〔野田宏〕、伊藤4版補訂版177頁、新堂5版273頁、松本＝上野7版160頁、中野ほか2版補訂2版141頁、高橋（上）2版補訂版369頁、三木ほか362頁
[関連判例]　最二判平成7・7・14民集49巻7号2674頁、最三判平成7・3・7民集49巻3号893頁

第6章 審理の対象　　　　　　　　　　　　　　　　　　　　岡　伸浩

76 取締役退任後の選任決議取消しの訴えの利益

最高裁昭和45年4月2日第一小法廷判決
　事件名等：昭和44年（オ）第1112号株主総会決議取消、株主総会決議無効確認請求事件
　掲載誌：民集24巻4号223頁、判時592号86頁、判タ248号126頁、金法582号24頁

概要　本判決は、役員選任の株主総会決議取消しの訴えの係属中、取消しの対象である決議に基づいて選任された役員全員が任期満了により退任し、その後の株主総会決議によって新たな役員が選任されたときは、特別の事情がない限り訴えの利益を欠くとしたものである。

事実関係　XはY社の株主であり、Y社の取締役であった。Y社の定時株主総会（以下「本件定時総会」という）において、Aほか6名を取締役に、Bほか1名を監査役に選任する決議がなされ、Xは取締役として再任されなかった（❶）。Xは、本件定時総会が取締役会の決議なくして行われたため、旧商法231条（会社296条3項）及びY社の定款に違反すること等を主張して、株主総会決議取消しの訴えを提起した（❷）。第1審は、本件定時総会は招集手続に違法があったことからXの請求を認容した。第2審は、本件定時総会の選任決議に基づく役員は任期満了により退任し、現存していないことから（❸）、本件決議取消しの訴えは訴えの利益を欠くとして、訴えを却下した。Xが上告。

判決要旨　上告棄却。「形成の訴は、法律の規定する要件を充たすかぎり、訴の利益の存するのが通常であるけれども、その後の事情の変化により、その利益を欠くに至る場合がある（当裁判所昭和33年（オ）第1097号同37年1月19日第二小法廷判決、民集16巻1号76頁参照）。しかして、株主総会決議取消の訴は形成の訴であるが、役員選任の総会決議取消の訴が係属中、その決議に基づいて選任された取締役ら役員がすべて任期満了により退任し、その後の株主総会の決議によって取締役ら役員が新たに選任され、その結果、取消を求める選任決議に基づく取締役ら役員がもはや現存しなくなったときは、右の場合に該当するものとして、特別の事情のないかぎり、決議取消の訴は実益なきに帰し、訴の利益を欠くに至るものと解するを相当とする。」

「Xらの取消を求める株主総会の決議によって選任された取締役らは、いずれもすべて任期終了して退任しているというのであるところ、所論は、取消し得べき決議に基づいて選任された取締役の在任中の行為について会社の受けた損害を

②の訴えの利益は消失するか。

> 回復するためには、今なお当該決議取消の利益があるものと主張し、そのいうところは、本件取消の訴は、会社の利益のためにすると主張するものと解されるところがある。しかして、株主総会決議取消の訴は、単にその訴を提起した者の個人的利益のためのみのものでなく、会社企業自体の利益のためにするものであるが、Xは、右のごとき主張をするにかかわらず本件取消の訴が会社のためにすることについて何等の立証をしない以上、本件について特別事情を認めるに由なく、結局本件の訴は、訴の利益を欠くに至ったものと認める外はない。」

本判決の位置づけ・射程範囲

株主総会決議取消しの訴え（会社831条）は、形成の訴えである。形成の訴えとは、形成判決によって訴訟の目的たる権利関係を変動させる訴えであり、法律の規定する要件（形成原因）を充足する限り訴えの利益が認められるのが原則である。しかし、訴訟係属中に事実関係の変動によって当該権利関係が現存しなくなり、形成判決をしても実益がないという場合には、例外的に訴えの利益が失われることになる。

本判決は、取締役ら役員の選任を内容とする株主総会決議取消しの訴えにおいて、訴訟係属中に当該取締役ら役員全員の任期が満了して退任し、現在の取締役が新たな別個の選任決議によって就任したことを理由に、株主総会決議取消しの訴えは訴えの利益を欠くと判断した。

本判決は、形成の訴えにおける訴えの利益が訴訟係属後の事情の変化により、特別の事情がない限り訴えの利益を欠くに至る場合があることを示した点に意義があるといえよう。

さらに理解を深める

百選4版30事件〔田頭章一〕　最判解民事篇昭和45年度（下）721頁〔後藤静思〕、伊藤4版補訂版179頁、新堂5版282頁、松本＝上野7版170頁、中野ほか2版補訂2版146頁、高橋（上）2版補訂版391頁、三木ほか366頁、和田157頁、藤田・解析2版251頁　**関連判例**　最三判昭和58・6・7民集37巻5号517頁、最一判平成4・10・29民集46巻7号2580頁

第6章　審理の対象　　　　　　　　　　　　　　　　　　　田頭章一

77 株主総会決議不存在確認の訴えの利益

最高裁平成11年3月25日第一小法廷判決
　事件名等：平成10年（オ）第1183号株主総会決議不存在確認等請求事件
　掲載誌：民集53巻3号580頁、判時1672号136頁、判タ999号221頁、
　　　　　金判1068号22頁

概要　本判決は、取締役等を選任する先行総会決議の不存在確認請求に、同決議の不存在を理由とする後任取締役等の選任に係る後行株主総会決議の不存在確認請求が併合されている場合につき、後行決議がいわゆる全員出席総会であるなどの特段の事情のない限り、先行決議の不存在についての確認の利益を認めたものである。

事実関係　Xは、Xを取締役に選任しなかった株主総会決議（第1決議）には著しい手続上の瑕疵があるとしてその不存在確認を求めて訴えを提起した。その後、この訴訟の控訴審口頭弁論終結までに同様の役員選任決議が数次にわたってなされた。上記のすべての決議について、全員出席総会であったとの事情はない。

　Xは、第1決議は不存在であるから、それ以後の各決議は無権限者の招集に係る株主総会で行われたものとなり、いずれも不存在であるとして、当初請求に、それ以後の決議不存在の確認を求める各請求を追加した。

　原判決は、最後の決議について請求を棄却するとともに、それ以外の決議に関する各請求は確認の利益（訴えの利益）を欠くとして訴えを却下した。Xが上告。

判決要旨　上告棄却。「取締役を選任する先の株主総会の決議が存在するものとはいえない場合においては、その総会で選任されたと称する取締役によって構成される取締役会の招集決定に基づき右取締役会で選任された代表取締役が招集した後の株主総会において新たに取締役を選任する決議がされたとしても、その決議は、いわゆる全員出席総会においてされたなどの特段の事情がない限り、法律上存在しないものといわざるを得ず、この瑕疵が継続する限り、以後の株主総会において新たに取締役を選任することはできないこととなる」（最三判平成2・4・17 関連判例①を引用）。

　「右のような事情の下で瑕疵が継続すると主張されている場合においては、後行決議の存否を決するためには先行決議の存否が先決問題となり、その判断をすることが不可欠である。先行決議と後行決議がこのような関係にある場合におい

```
┌─────────────────────────────────────┐
│ 第1決議（昭和59年）：Xは選任されず  │
└─────────────────────────────────────┘
                 ↓
┌─────────────────────────────────────┐
│ Xが第1決議不存在確認の訴え提起（昭和60年）│
└─────────────────────────────────────┘
                 ↓
┌─────────────────────────────────────┐
│ 原審口頭弁論終結までに、数次にわたって後任役│
│ 員選任決議。全員出席総会でなされた事情はない。│
└─────────────────────────────────────┘
                 ↓
┌─────────────────────────────────────┐
│ Xは、後行決議の不存在確認請求を追加    │
└─────────────────────────────────────┘
```

```
        Y社
         │
    X：かつての取締役

原判決：最後の決議の不存在請求
       棄却、残りの請求に係る
       訴えはすべて却下
```

て、先行決議の不存在確認を求める訴えに後行決議の不存在確認を求める訴えが併合されているときは、後者について確認の利益があることはもとより、前者についても、民訴法145条1項の法意に照らし、当然に確認の利益が存するものとして、決議の存否の判断に既判力を及ぼし、紛争の根源を絶つことができるものと解すべきである。」（したがって、後行決議の存否確定についての先決関係に立たない一部決議に係る部分を除いて、請求は棄却すべきであるが、不利益変更禁止の原則に従い、上告を棄却する〔原審の訴え却下判決が確定〕にとどめる。）

本判決の位置づけ・射程範囲

　本判決は、取締役選任決議が不存在と判断されるときは、その者をメンバーとする取締役会の決議に基づいて招集された株主総会における取締役選任決議（後行決議）は、その決議が全員出席総会でなされたなど特段の事情がない限り不存在であるとするいわゆる「瑕疵連鎖説」（関連判例①参照）を前提にして、また、中間確認の訴え（民訴145条1項）の法意を参照しつつ、後行決議不存在確認の訴えと併合された先行決議不存在確認の訴えの確認の利益を認めた（本判決と同旨の判例として、最三判平成13・7・10 関連判例②がある）。下級審裁判例には、決議の不存在の主張は、それを前提とする別の訴訟で行うことができることを理由に、先行決議の不存在（または無効）の確認の利益を否定するもの（東京高判昭和62・4・8判時1239号139頁等）もあったが、本判決は先行決議の不存在を既判力をもって確定することによる紛争解決機能を強調して確認の利益を肯定した。

　先行決議が（不存在確認ではなく）取消訴訟の対象となっている場合についても、最高裁は、計算書類等の承認決議とそれ以降の期のそれとの関係に関して、瑕疵連鎖説を採用するかのように判示する（最三判昭和58・6・7民集37巻5号517頁）。しかし、それを採用しないように見える判断（最一判昭和45・4・2 本書76事件）もあり、その整合性については問題が残っている（高橋（上）2版補訂版394頁参照）。

さらに理解を深める

最判解民事篇平成11年度（上）294頁〔八木一洋〕、東京地方裁判所商事研究会編『類型別会社訴訟Ⅰ〔第3版〕』（判例タイムズ社、2011年）381頁　関連判例　①最三判平成2・4・17民集44巻3号526頁、②最三判平成13・7・10金法1638号40頁

第6章　審理の対象

田頭章一

78 遺留分減殺請求訴訟と確認の訴えの利益

最高裁平成21年12月18日第二小法廷判決
　事件名等：平成21年（受）第35号債務不存在確認等、遺言無効確認等請求事件
　掲載誌：民集63巻10号2900頁、判時2069号28頁、判タ1317号124頁、
　　　　　　金法1908号82頁

概要　本判決は、遺留分権利者から遺留分減殺請求を受けた受遺者が、価額弁償（民1041条）の意思表示をしたが、遺留分権利者からは現物返還請求も価額弁償請求もされていない状況で提起した弁償額の確定を求める訴えにつき、一定の要件の下で、確認の利益を認めたものである。

事実関係　X、Y_1及びY_2は、亡Aの子であったが、Yらは、Xに対し、Aの遺言がYらの遺留分を侵害しているとして、遺留分減殺請求をした。そこで、Xは、Y_2がXに対して有する遺留分減殺請求権は2770万3582円を超えて存在しないことの確認を求める旨を訴状に記載して訴えを提起した（Y_1に対する請求等については省略）。

Xは、遅くとも本件訴訟の提起をもって、Y_2に対し、本件遺言がY_2の遺留分を侵害する限度で民法1041条所定の価額を弁償する旨の意思表示をしたが、履行の提供はしていなかった。また、Y_2は、Xに対し、遺留分減殺に基づく目的物の返還請求も価額弁償請求も行っていなかった。

原審は、本件訴えは確認の利益を欠くと判断した。

判決要旨　（本件訴えを却下した部分につき）破棄差戻し。受遺者等が、遺留分権利者に帰属した目的物の価額を弁償し、又はその履行の提供をすることを解除条件として負う遺留分目的物の返還義務は確認対象としての適格を有する。

また、弁償すべき額が裁判所の判断により確定されることは、受遺者等の法律上の地位に現に生じている不安定な状況を除去するために有効、適切であり、民法1041条の規定の趣旨にも沿う。

「そして、受遺者等が弁償すべき額が判決によって確定されたときはこれを速やかに支払う意思がある旨を表明して、上記の額の確定を求める訴えを提起した場合には、受遺者等がおよそ価額を弁償する能力を有しないなどの特段の事情がない限り、通常は上記判決確定後速やかに価額弁償がされることが期待できるし、他方、遺留分権利者においては、速やかに目的物の現物返還請求権又は価額弁償

「請求権を自ら行使することにより、上記訴えに係る訴訟の口頭弁論終結の時と現実に価額の弁償がされる時との間に隔たりが生じるのを防ぐことができるのであるから、価額弁償における価額算定の基準時は現実に弁償がされる時であること〔最二判昭和51・8・30 関連判例①参照〕を考慮しても、上記訴えに係る訴訟において、この時に最も接着した時点である事実審の口頭弁論終結の時を基準として、その額を確定する利益が否定されるものではない。」

本判決の位置づけ・射程範囲

遺留分減殺請求がなされると、その効力が認められる限度で目的財産上の権利は遺留分権者に復帰し（物権的効果）、現物返還請求権が生ずるが、民法1041条１項は、受遺者等は、減殺を受けるべき限度において、遺贈等の目的の価額を遺留分権者に弁償して返還の義務を免れることができると規定する。

本判決は、受遺者等（本件では、遺産分割の方法の指定が遺留分減殺の対象となった特定の相続人）が、価額弁償額は一定額を超えないことの確認を求める訴えを提起した場合につき、①価額弁償を解除条件とする受益者等の現物返還義務を確認対象と解した上で、②受遺者等が民法1041条所定の弁償額が判決によって確定されたときは速やかに支払う意思がある旨を表明している等の要件があるときは、③受遺者等の弁償能力欠如など特段の事情がない限り、確認の利益があると判示した。

本判決が確認対象を上記①のような解除条件付現物返還義務と解した点については、より直接的に、将来弁償すべき額が一定額を超えないことを確認対象として認めるべきであったという指摘もある（条解２版774頁〔竹下守夫〕）。また、本件のY₂に対する訴訟の性格につき、形式的形成訴訟として位置づけるべきことも論じられている（徳田和幸・民商142巻２号203頁等参照）。

さらに理解を深める　平成22年度重判民訴１事件〔渡部美由紀〕　最判解民事篇平成21年度（下）1023頁〔市川多美子〕　関連判例　①最二判昭和51・8・30民集30巻７号768頁、②最三判昭和54・7・10民集33巻５号562頁、③最三判平成9・2・25民集51巻２号448頁

第6章　審理の対象　　　　　　　　　　　　　　　　　　　　　　　田頭章一

79　土地賃貸借の確認請求における訴訟物と地代額

最高裁平成24年1月31日第三小法廷判決
　事件名等：平成21年（受）第1766号建物収去土地明渡等請求及び賃借権確認請求独立当事者参加事件
　掲　載　誌：集民239号659頁

概　要　本判決は、当事者が土地賃借権自体の確認のみを求めている場合において、地代額の確認をも求めているものとして主文で地代額を確認することは、当事者が申し立てていない事項について判決をしたものとして、違法であるとしたものである。

事実関係　本件土地の賃貸人亡A（承継前被上告人）は、Yに対し、建物収去土地明渡請求訴訟（本件被参加訴訟）を提起したところ、Zは、本件土地の賃借人であると主張して、Aを相手方として独立当事者参加の申出をした（本件参加訴訟）。その参加申出書（本件申出書）の請求の趣旨においては、Zが本件土地の賃借権を有することを確認すると記載され、請求原因として、①Bが、Aとの間で期間を20年、地代を年額で固定資産評価額の1000分の60に相当する金額とする上記賃貸借契約を締結したこと、②Bの死亡により、Zが本件土地の賃借権を相続により承継したことなどが記載されていた。第1審における本件参加訴訟では、ZがBから本件土地の賃借権を相続したかが争点となり、地代額が争点となることはなかったが、判決は、主文において、Zが、地代を上記①の額とする賃借権を有することを確認した。

　この判決に対して、Zは、第1審においては単に賃借権の確認を求めたのであって、地代額の確認は求めていなかったなどと主張して控訴し、原審において、地代を年額6万8160円（この額は、第1審口頭弁論終結時の本件土地の固定資産評価額の1000分の60より低額）とする賃借権を有することの確認を求める旨の訴えの変更の申立てをした。

　原審は、第1審判決はZの請求を全部認容したのであるから、控訴の利益が認められないとして、Zの控訴を却下した。Zが上告受理の申立て。

判決要旨　破棄差戻し。「土地賃借権を有すると主張する者は、土地所有者に対し、地代額の確認を求めずに、土地賃借権そのものを有することの確認のみを求めることができるところ〔最一判昭和44・9・11 関連判例①を参照〕、本件申出書における請求の趣旨の記載に加え、第1審における審理の経過等を併せ考慮すると、Zは、第1審において、本件土地の賃借権そのものを有することの確認を求めたのであって、地代額の確認まで求めたものとはいえ」ない。

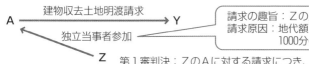

第1審判決：ZのAに対する請求につき、地代額をZの主張通りとするZの賃借権の存在確認。X控訴
原審判決：Zの控訴の利益を否定し、控訴却下。Z上告受理申立て

「しかるに、第1審判決の『事実及び理由』中の『参加人の請求』及び『参加人の主張（請求原因）』には、Zが本件土地につき地代を年額で固定資産評価額の1000分の60に相当する金額とする賃借権の確認を求める旨の記載がされているのであって、第1審は、Zが上記地代額の確認をも求めているものとして、Zの請求を認容する判決をしたと認められ、第1審判決の主文に記載された地代額に係る部分が、係争法律関係に関してされた判断ではないということはできない。
したがって、第1審判決には、当事者が申し立てていない事項について判決をした違法があ」る。

本判決の位置づけ・射程範囲

本判決は、原告（本件では参加人）の賃借権確認訴訟における申立事項（民訴246条参照）について、賃料額、存続期間等によって特定されない賃借権自体の確認の申立ての可能性を認めた上で（本判決が引用する 関連判例① のほか、最一判昭和32・1・31 関連判例② 参照。ただし、昭和32年判決には抽象的賃借権の確認は無意味であり、具体的契約内容の特定が必要との真野毅裁判官の少数意見が付されており、それに賛成する説もある〔長谷部・後掲論文17頁以下〕）、本件におけるZの申立てには賃料額の確定申立ては含まれないにもかかわらず、賃料額を確定した第1審の判決には処分権主義違反があるとして、それを看過してなされた控訴審判決を破棄（差戻し）した。

賃料額及び存続期間は賃貸借契約の本質的要素であるが、賃借権自体の確認判決によっても相当程度の紛争解決機能は期待でき、当事者がそれを求めるのであれば（この意思の確認に際しては、裁判所の釈明が重要になる）確認の利益を肯定してよいであろう。なお、本判決が「第1審判決の主文に記載された地代額に係る部分が、係争法律関係に関してされた判断ではないということはできない」とするのは、関連判例② 判決が、地代を主文に掲記した原判決につき、「係争法律関係の存否に関してなされた判示ではない」という理由で、処分権主義違反の主張を排斥したことを意識したものである。この点に関する 関連判例② の趣旨は必ずしも明確ではなく、既判力の内容が判決主文だけでは確定できないという問題も残るから（平澤・後掲論文54頁等参照）、本判決の判断が妥当と評価すべきであろう。

さらに理解を深める　平成24年度重判民訴2事件〔酒井一〕越山和広・民商147巻1号92頁、最判解民事篇昭和32年16頁〔長谷部茂吉〕、平澤雄二・判タ363号50頁　関連判例　①最一判昭和44・9・11判時572号23頁、②最一判昭和32・1・31民集11巻1号133頁

第7章　審理の過程　　　　　　　　　　　　　　　　　　　　　岡　伸浩

80　当事者の主張の要否——権利抗弁

最高裁昭和27年11月27日第一小法廷判決
事件名等：昭和27年（オ）第545号家屋収去土地明渡請求事件
掲載誌：民集6巻10号1062頁、判タ26号40頁

概要　本判決は、留置権のごとき権利抗弁は、抗弁権取得の事実関係が訴訟上主張されていたとしても、権利者においてその権利を行使する意思を表明しない限り、裁判所はこれを斟酌することができないとしたものである。

事実関係　Xは、本件土地をAに賃貸し、Aは本件土地上の本件建物を所有していた。本件建物はAからB、BからYへと譲渡された。Xは、本件建物がXに無断で譲渡されたことにより、XA間の賃貸借契約に基づくAの借地権は消滅したと主張して、Yに対して本件建物の収去及び本件土地の明渡しを求めて訴えを提起した。

第1審は、Xの請求を全部認容した。第2審において、Yは借地権譲渡についてXの承諾があったと主張し、予備的に借地法10条（借地借家14条）に基づく本件建物の買取りを請求した。Xは、Yの建物買取請求の主張は時機に後れたものであり却下されるべきであると主張し、予備的に本件土地及び本件建物の明渡しを請求した。第2審は、Yの建物買取請求権の行使を認め、Xの主位的請求である建物収去土地明渡請求を棄却し、予備的請求を認容した。Yが上告。Yは、建物買取請求の意思表示をし、YがXの予備的請求の棄却を求めたことは、本件建物の代金の支払いがあるまでは本件建物を留置することを申し立てる旨を包含すると主張した。また、第2審裁判所が同時履行の抗弁権又は留置権の存否及び行使につき釈明を求めるべきであったと主張した。

判決要旨　上告棄却。「原審でYはXに対し所論のように借地法10条〔借地借家14条〕による建物買収請求の意思表示をしたことは認め得るけれど、その代金の支払あるまで当該建物を留置する旨の抗弁を主張したことを認むべき証跡は存在しない。さればたとい右建物の買収請求によりYとXとの間に当該建物につき売買契約をしたのと同様の法律上の効果を生じ、建物の所有権はXに移転し、YはXに対しこれが引渡義務を、またXはYに対しこれが代金支払義務をそれぞれ負担することとなり、従って当然YにおいてXがその代金の支払をなすまで右建物の上に留置権を取得するに至ったとしても、前説示のようにYにおいて該権利を行使した形跡のない以上、原審がこれを斟酌しなかったのはむしろ当然であり原判決には所論第1点のような違法があるとはいえない。けだし、

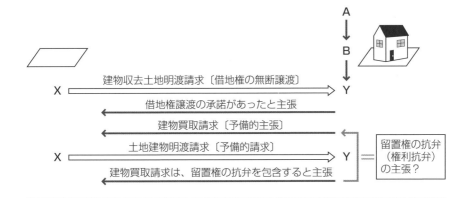

> 権利は権利者の意思によって行使されその権利行使によって権利者はその権利の内容たる利益を享受するのである。それ故留置権のような権利抗弁にあっては、弁済免除等の事実抗弁が苟くもその抗弁を構成する事実関係の主張せられた以上、それが抗弁により利益を受ける者により主張せられたると、その相手方により主張せられたるとを問わず、常に裁判所においてこれを斟酌しなければならないのと異なり、たとい抗弁権取得の事実関係が訴訟上主張せられたとしても権利者においてその権利を行使する意思を表明しない限り裁判所においてこれを斟酌することはできないのである（民訴186条〔現民訴246条〕参照）。そしてまた当事者の一方が或る権利を取得したことを窺わしめるような事実が訴訟上あらわれたに拘わらず、その当事者がこれを行使しない場合にあっても、裁判所はその者に対しその権利行使の意思の有無をたしかめ、或はその権利行使を促すべき責務あるものではない。」

本判決の位置づけ・射程範囲

権利抗弁とは、取消権や相殺権等の形成権、留置権や同時履行の抗弁権を行使して原告の主張する権利の消滅等をはかる抗弁をいう。本判決は、権利抗弁につき、当事者が権利抗弁の基礎となる事実を主張するだけでは足りず、権利抗弁を行使する意思を表明しない限り、裁判所においてこれを斟酌することはできないことを明らかにした点に意義がある。

また、権利抗弁について権利行使の意思の表明がない場合、裁判所は、権利者に権利行使の意思の有無を確認し、これを促すべき義務を負うものではないと判断した。

実務上は、権利抗弁の基礎となる事実が弁論に現れている場合には、裁判所は、権利抗弁の行使について釈明権を行使して訴訟上の争点となるか否かについて明確化することにより、両当事者の手続保障を充足すべきであるといえよう。

さらに理解を深める　百選4版51事件〔酒井一〕　伊藤4版補訂版299頁、新堂5版496頁、松本＝上野7版317頁、高橋（上）2版補訂版446頁、和田263頁　**関連判例**　最三判昭和43・12・24〔本書87事件〕、最一判昭和45・6・11〔本書88事件〕

第7章 審理の過程　　　　　　　　　　　　　　　　　　岡　伸浩

81 当事者の主張の要否──所有権の喪失事由

最高裁昭和55年2月7日第一小法廷判決
　事件名等：昭和52年（オ）第1144号遺留分減殺請求事件
　掲載誌：民集34巻2号123頁、判時960号40頁、判タ412号82頁、
　　　　　金法928号30頁

概　要　本判決は、原告Xらの被告Yに対する所有権移転登記手続請求訴訟において、Xらが、Xらの父BがAから本件土地を買い受け、Bの死亡により原告Xらが本件土地を共同相続した旨を主張し、被告Yが、Yの夫CがAから本件不動産を買い受け、Cの死亡により被告Yが相続した旨を主張した事案で、裁判所が、本件不動産はBがAから買い受けた後にCに死因贈与したとの事実を認定することは弁論主義違反となるとしたものである。

事実関係　XらはC、DとともにBの相続人であった。Xらは、父Bが生前Aから購入した本件土地につき、登記名義人となっていたCの相続人であるYを被告として、C名義の登記は税金対策にすぎず、XらはBの死亡により本件土地の各共有持分を5分の1の割合で相続したと主張し、共有持分権に基づき又は遺留分減殺請求として所有権移転登記手続請求の訴えを提起した。

　原審は、Aから本件土地を購入したのはBであるが、BはCに本件土地を死因贈与したものであると認定し、Xらの請求を棄却した。Xらが上告。Xらは、Yが死因贈与の主張をしていないにもかかわらずこれを認めた点で弁論主義違反があること等を主張した。

判決要旨　破棄差戻し。「相続による特定財産の取得を主張する者は、(1)被相続人の右財産所有が争われているときは同人が生前その財産の所有権を取得した事実及び(2)自己が被相続人の死亡により同人の遺産を相続した事実の2つを主張立証すれば足り、(1)の事実が肯認される以上、その後被相続人の死亡時まで同人につき右財産の所有権喪失の原因となるような事実はなかったこと、及び被相続人の特段の処分行為により右財産が相続財産の範囲から逸出した事実もなかったことまで主張立証する責任はなく、これら後者の事実は、いずれも右相続人による財産の承継取得を争う者において抗弁としてこれを主張立証すべきものである。これを本件についてみると、Xらにおいて、BがAから本件土地を買い受けてその所有権を取得し、Bの死亡によりXらがBの相続人としてこれを共同相続したと主張したのに対し、Yは、前記のとおり、右Xらの所有権取得を

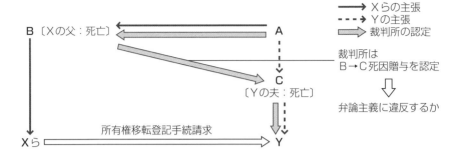

争う理由としては、単に右土地を買い受けたのはBではなくCであると主張するにとどまっているのであるから（このような主張は、Bの所有権取得の主張事実に対する積極否認にすぎない。）、原審が証拠調の結果Aから本件土地を買い受けてその所有権を取得したのはBであってCではないと認定する以上、XらがBの相続人としてその遺産を共同相続したことに争いのない本件においては、Xらの請求は当然認容されてしかるべき筋合である。しかるに、原審は、前記のとおり、Yが原審の口頭弁論において抗弁として主張しないCがBから本件土地の死因贈与を受けたとの事実を認定し、したがって、Xらは右土地の所有権を相続によって取得することができないとしてその請求を排斥しているのであって、右は明らかに弁論主義に違反するものといわなければならない。」

本判決の位置づけ・射程範囲

本件では、Xらが本件土地の所有権移転経過につき、「A→B→Xら」と主張したのに対し、Yは「A→C→Y」と反論したところ、原審は「A→B→C→Y」と認定して、Xらの請求を棄却した。そこで、当事者の主張していない不動産の所有権移転経過である「BがCに対して本件土地を死因贈与した事実」を裁判所が認定したことは弁論主義に違反するかという点が問題となった。本判決は、BがCに対して本件土地を死因贈与した事実は、Xらの所有権を喪失させる事由として抗弁に該当することを前提に、Yが主張していないにもかかわらず、裁判所がこれを認定してXらの請求を棄却することは弁論主義に違反すると判断した。

本件に関連して、最三判昭和57・4・27 関連判例 は、相続による特定財産の所有権取得を原因とする登記手続請求訴訟において、被相続人が死亡時までに死因贈与により当該財産の所有権を喪失したという抗弁が提出された場合、裁判所が当該死因贈与の主張に生前贈与の主張を包含するものと解して生前贈与による所有権喪失を認定しても弁論主義に違反しないと判断した。

さらに理解を深める　百選4版46事件〔山田文〕　最判解民事篇昭和55年度79頁〔榎本恭博〕、伊藤4版補訂版298頁、新堂5版481頁、松本＝上野7版424頁、高橋（上）2版補訂版436頁、和田268頁、藤田・講義3版48頁、藤田・解析2版269頁
関連判例　最三判昭和33・7・8 本書82事件 、最三判昭和57・4・27判時1046号41頁

第７章　審理の過程　　　　　　　　　　　　　　　　　岡　伸浩

82　当事者の主張の要否──代理人による契約締結

最高裁昭和33年7月8日第三小法廷判決
　事件名等：昭和31年（オ）第764号契約金請求事件
　掲載誌：民集12巻11号1740頁

概要　本判決は、契約の履行を求める訴訟において、当事者が当該契約は当事者間で締結されたと主張している場合に、裁判所が当該契約は一方当事者の代理人と他方当事者本人との間で締結したと認定しても、弁論主義に違反しないとしたものである。

事実関係　XはYとの間で、Yが買い受ける黒砂糖をXが斡旋し、Xが斡旋した数量に応じてYから斡旋料の支払いを受けることを約したと主張して、Yに対して斡旋料の支払いを求めて訴えを提起した。第１審は、Xの請求を認容した。第２審は、証拠調べの結果、XはYの代理人Aとの間で、Xが主張する黒砂糖買付けの斡旋に関する契約を締結し、Xが当該契約に基づいて黒砂糖の買付けをYに斡旋した事実を認定して、Xの請求を認容した。Yが上告。Yは、原審がXの主張していない代理人Aとの間の契約締結を認定したことは、当事者が申し立てていない事項に基づく判決をした点で弁論主義に違反する違法があると主張した。

判決要旨　上告棄却。「民訴186条〔現民訴246条〕にいう『事項』とは訴訟物の意味に解すべきであるから、本件につき原審が当事者の申立てざる事項に基いて判決をした所論の違法はない。なお、斡旋料支払の特約が当事者本人によってなされたか、代理人によってなされたかは、その法律効果に変りはないのであるから、原判決がXとY代理人Aとの間に本件契約がなされた旨判示したからといって弁論主義に反するところはなく、原判決には所論のような理由不備の違法もない。」

第1審：ＸＹ間の契約成立を認定
　　　→Ｘの請求認容

第2審：ＸＡ〔Ｙの代理人〕間の契約成立を認定〔Ｘの主張なし〕
　　　→Ｘの請求認容

弁論主義に違反するか。

本判決の位置づけ・射程範囲

　代理による法律効果の帰属を主張する当事者は、①代理人による意思表示、②顕名、③①に先立つ代理権授与を主張立証しなければならない（民99条）。弁論主義の第一テーゼ（裁判所は、当事者の主張しない事実を基礎として判決をしてはならない）に照らすと、裁判所は、これらの事実につき当事者から主張がない限り判決の基礎とすることはできないはずである。そこで、本件では、代理に関する主要事実が主張されていないにもかかわらず、原審がこれを認定したことが弁論主義に違反しないかが問題となった。

　本判決は、代理人による代理行為の効果に着目して、契約の締結が当事者本人によってなされたか、代理人によってなされたかによって、その法律効果に変わりはなく、ＸとＹ代理人Ａとの間で契約が締結されたことを認定しても、弁論主義に違反するものではないとした点に特色がある。

　しかし、本人による法律行為か代理人による法律行為かは、攻撃防御の対象としての具体的事実が異なる以上、単に法律効果の同一性といった観点のみを重視することは、弁論主義の不意打ち防止機能を害するといえ、疑問である。

　ただし、本件は、代理人Ａが証人として尋問され証拠調べ手続を経ており、この点を重視すれば、Ｙとしても代理人Ａによる契約の締結を認定される可能性を予測できた事案であった。その意味で訴訟の全過程に照らして、当事者に不意打ちを与えるおそれがない場合であったということができる。

　裁判所による適正な釈明権の行使が期待された場面であり、当事者による契約締結の事実の有無が主要な争点として審理されていながら、何ら主張がない代理人による契約締結の事実が認定された場合は当事者に不意打ちを与えるものであり、不公平であるとの感覚を抱くというのが実務的感覚に合致するといえよう。

 百選4版47事件〔萩屋昌志〕　最判解民事篇昭和33年度197頁〔三淵乾太郎〕、伊藤4版補訂版298頁、新堂5版483頁、松本＝上野7版49頁、高橋（上）2版補訂版426頁、和田241頁、藤田・講義3版47頁　**関連判例**　最一判昭和55・2・7 **本書81事件** 、大判大正5・12・23 **本書84事件** 、最二判昭和39・11・13判時396号40頁、東京高判昭和51・9・21判時838号43頁

第7章　審理の過程　　　　　　　　　　　　　　　　　　　　　　岡　伸浩

83　当事者の主張の要否――公序良俗

最高裁昭和36年4月27日第一小法廷判決
　事件名等：昭和33年（オ）第619号不動産所有権移転登記手続等請求事件
　掲載誌：民集15巻4号901頁

概要　本判決は、当事者が民法90条の公序良俗違反による無効を主張しなくとも同条違反に該当する事実を陳述した場合には、裁判所が公序良俗違反により無効であるとの判断をすることは、弁論主義に違反しないとしたものである。

事実関係　Xは本件山林をAから買い受けたが、A及びAを家督相続したY₁が所有権移転登記手続に応じなかったため、本件山林の登記名義はY₁のままとなっていた。Y₂は本件山林がX名義となっていないことを奇貨として、Y₁との間で本件山林の売買契約を締結した。Xは本件山林につき処分禁止の仮処分を申し立て、仮処分命令を得るとともに、Y₁に対して所有権移転登記手続を求めて訴えを提起した。Y₂はY₁の氏名を冒用し、上記仮処分取消しを申し立て、仮処分取消決定を受け、本件山林につき所有権移転登記を得た。その2日後、Y₂はY₃から120万円を借り受け、本件山林に抵当権を設定し、その旨を登記した。その後、Y₁及びY₂は共謀して本件山林を横領したとして、刑事訴追された。Xが仮処分取消決定の取消しを求めて再審を申し立てたところ、仮処分取消決定を取り消す旨の裁判がなされ、確定した。本訴訟では、Xは、Y₁に対する請求のほか、Y₂に対して所有権移転登記の抹消登記手続等を請求し、Y₃に対して抵当権設定登記の抹消登記手続を請求した。第1審及び第2審はともに、Xの請求を認容した。Y₂及びY₃は、第2審は当事者が主張していないにもかかわらず、Y₁・Y₂間の売買が公序良俗に違反し無効であるとしたことは弁論主義に違反するとして、上告した。

判決要旨　上告棄却。「裁判所は当事者が特に民法90条による無効の主張をしなくとも同条違反に該当する事実の陳述さえあれば、その有効無効の判断をなしうるものと解するを相当とする。そして、Xは、1審以来Y₁とY₂は共謀の上本件不動産を横領して刑事訴追をうけその他原判示のごとき仮処分に関する不法行為をした旨の主張をしていることが明らかであるから、原審が判示事実認定の下にこれを公の秩序、善良の風俗に反し無効であると判断したからといって、所論の違法あるということはできない。」

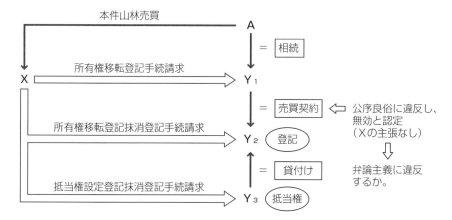

本判決の位置づけ・射程範囲

　過失や正当事由、あるいは本件で問題となった公序良俗違反のように規範的評価を前提とした要件（規範的要件）の主要事実とは何かが問題となる。

　この点について、規範的要件そのものを主要事実とし、これを基礎づける具体的事実は間接事実であるとする立場（間接事実説）と、規範的要件そのものではなく、これを構成する具体的事実（評価根拠事実や評価障害事実）を主要事実とする立場（主要事実説）が主張され、後者が通説的見解とされている。主要事実説からは、評価の前提となる具体的事実が主要事実として弁論主義の適用を受けることになる。もっとも、公序良俗違反の場合を過失や正当事由といった他の一般条項と同様に解すべきかについては主要事実説のなかでも争いがある。学説上は、権利濫用や信義則は、当事者の利益保護を主たる目的とする法理であるから、その基礎となる事実については弁論主義

の適用があるが、公序良俗違反の評価は高度の公益性を含むものであるから、その内容たる事実が弁論において主張されていないときでも、裁判所は他の事実から主要事実の存在を推認し、公序良俗違反を認定しうるとする立場が有力に主張されている。

　本判決は、上記学説のうちいずれを採用したかは必ずしも明らかではないものの、当事者が民法90条（公序良俗違反）による無効の主張をしなくとも、同条違反に該当する事実の陳述さえあれば、裁判所が公序良俗違反により無効であるとの判断をしても弁論主義に違反しないと判断した。

　たとえ公序良俗違反に該当しうる事実が弁論に顕出されていたとしても、当事者が公序良俗違反と評価されうることを自覚していないこともありうる。実務的にみれば、裁判所が法的観点に関する釈明を適正に行うべき場面であるといえよう。

さらに理解を深める　**百選4版48事件〔水元宏典〕**　最判解民事篇昭和36年度138頁〔右田堯雄〕、新堂5版474頁、松本＝上野7版50頁、中野ほか2版補訂2版199頁、高橋（上）2版補訂版457頁　**関連判例**　名古屋高判昭和52・3・28下民集28巻1～4号318頁

第7章　審理の過程　　　　　　　　　　　　　　　　　　　　岡　伸浩

84　当事者からの主張の要否

大審院大正5年12月23日第三民事部判決
　事件名等：大正5年（オ）第653号建物所有権登記抹消請求ノ件
　掲　載　誌：民録22輯2480頁

概要　本判決は、XのYに対する建物所有権登記の抹消登記手続請求において、Xの前主AとYの間で、本件家屋の家屋税はA（X）が負担する旨を約定した事実について、裁判所は当事者の主張に基づいて確定しなければならないとしたものである。

事実関係　Xは、本件家屋の所有権を主張して、登記名義人であるYに対して、建物所有権登記の抹消登記手続を求めて訴えを提起した。Yは、Xが本件家屋の所有権を取得していないことを推認させる事実として、本件家屋の家屋税をYが支払ってきたことを主張した。原審は、本件家屋の家屋税は形式上Yが支払ってきたが、その原資はXが負担していた旨を認定した。もっとも、家屋の所有権とは別の事柄として、Aが本件家屋の所有権がYにあることに鑑み、Xの前主AとYとの間の特約により、家屋税の事実上の負担者をAと定めることは可能であり、本件ではこのような特約があったと推認できるとして、本件家屋の所有者をYと認定した上でXの請求を棄却した。

　Xが上告。Xは、AY間において、本件家屋の家屋税の事実上の負担者をAとし、AがYに家屋税相当額を支払う旨を約定した事実は当事者の主張にも訴訟資料にも出ておらず、原審は当事者の主張していない事実を証拠もなく認定した点に違法があると主張した。

判決要旨　破棄差戻し。「元来家屋税ナルモノハ家屋ノ所有者ニ於テ負担スヘキモノナルカ故ニ茲ニ家屋ノ所有権ニ付キ甲乙両者間ニ争アリテ甲者カ常ニ家屋税ノ支払ヲ為シ来リタル事実アリトセハ此事実ハ其所有権ノ所在ニ付キ甲者ノ利益ニ於テ一ノ有力ナル推定ヲ生スルモノトス若シ此場合ニ於テ尚乙者ヲ以テ所有者トシ所有者ニアラサル甲者ニ於テ現実其租税ヲ負担シタルモノトセハ甲乙両者間ニ契約其他特別ナル法律関係ノ存セル事実アルコトヲ要シ而カモ此事実ハ裁判所ニ於テ当事者ノ申立ニ基キ之ヲ確定セサルヘカラス」

第7章 審理の過程

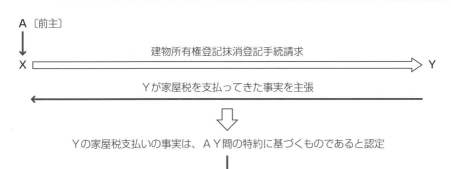

本判決の位置づけ・射程範囲

弁論主義（判決の基礎をなす事実の確定に必要な資料の提出を当事者の権能及び責任とする建前）の第一テーゼによれば、裁判所は、当事者の主張しない事実を判決の基礎とすることはできない。通説は、ここにいう「事実」とは権利の発生・消滅・変更といった法律効果を判断するために直接必要な主要事実を意味するとしている。このような理解を厳格に貫けば、間接事実については、当事者の主張がなくとも裁判所はこれを判決の基礎とすることができることとなる。

本件で、Ｘが本件家屋の家屋税の原資を負担していた事実は、本件家屋の所有権がＸに帰属することを推認させる間接事実である。また、Ｘの前主ＡとＹとの間における「本件家屋の家屋税はＡ（Ｘ）が負担する」旨の約定（以下「本件特約」という）の存在は、かかる間接事実を否定する事実であり、やはり間接事実に該当する。そこで、裁判所は間接事実についても、当事者の主張がなければこれを判決の基礎とすることができないかが問題となる。

原判決は、Ｘが家屋税の原資を支払ってきた事実は明らかであるが、所有権とは別の事柄として、家屋税の事実上の負担者をＸの前主ＡとＹとの間の特約によりＡと定めることは可能であり、本件ではこのような特約があったと推認できるとして、本件家屋の所有者をＹと認定した。これに対して、本判決は、本件特約の存在は当事者の主張に基づいて確定すべき事実であるところ、原審では、Ｙはこのような特約の存在を主張していないし、Ｙに釈明したこともないことから、当事者の主張に基づかずに確定した点に違法があるとして、原判決を破棄した。

本件は、原判決のように当事者の主張を待たずに本件特約の存在を認定して被告を勝訴させれば、原告にとって不意打ちとなる事案であったといえる。このように本判決は、ある事実が訴訟の帰趨を決する重要な間接事実である場合には、当事者が主張しなければ、裁判所は当該間接事実を判決の基礎としてはならないことを判示したものと理解することができるといえよう。

さらに理解を深める

百選4版49事件〔中西正〕 新堂5版484頁、高橋（上）2版補訂版426頁、三木ほか208頁 **関連判例** 最三判昭和33・7・8

本書82事件

第7章　審理の過程　　　　　　　　　　　　　　　　　　　　　中田吉昭

85 相手方の援用しない自己に不利益な事実の陳述

①最高裁昭和41年9月8日第一小法廷判決
　事件名等：昭和38年（オ）第1227号土地所有権移転登記手続家屋収去土地
　　　　　　引渡請求事件
　掲載誌：民集20巻7号1314頁、判時462号25頁、判タ198号126頁

②最高裁平成9年7月17日第一小法廷判決
　事件名等：平成7年（オ）第1562号建物所有権確認等請求事件
　掲載誌：判時1614号72頁、判タ950号113頁、金法1504号44頁、
　　　　　金判1031号19頁

概要　本判決は、当事者の一方が自己に不利益な陳述をした場合、相手方がこれを援用しなくても、裁判所は当該事実を斟酌した上で請求の当否を判断すべきであると判示したものである。

事実関係

①**事件**：YはX（Yの妹）に対して、本件宅地の所有権移転登記手続を求め、XはYに対して、本件宅地上にある建物の収去及び土地明渡しを求めて、それぞれ訴えを提起した。その後、両訴訟は併合審理された。Yは、本件宅地は元々亡A（X及びYの父）所有の土地であったが、相続又は時効取得により、Yが所有権を取得したと主張した。Xは、本件宅地は元々A所有であったが、AからB、BからXに所有権が移転したものであり、Xは使用貸借契約によりYに本件宅地を使用させていたが、YがXの所有権を否認し信義則に反することを理由に訴状により同契約を解除したと主張した。

②**事件**：Xは、本件土地の賃借権及び本件建物の所有権を有すると主張して、本件建物の登記名義を有し居住するY₁に対して、本件建物の所有権移転登記手続及び明渡しを求め、Y₁～Y₄に対して、本件土地の賃借権及び本件建物の所有権の確認を求めて訴えを提起した。

Xは、亡A（X及びY₁～Y₄の父）を代理人として、XがBから本件土地を賃借し、本件建物を建築したと主張した。これに対して、Yらは、Bから本件土地を賃借し、本件建物を建築したのは亡Aであり、遺産分割によりその妻亡C（Y₁～Y₄の母）がこれを取得したものであるから、本件賃借権及び本件建物はCの遺産に属する旨を主張した。

判決要旨　①事件：一部棄却、一部破棄差戻し。「Xの本訴請求については、XがYに対し本件宅地の使用を許したとの事実は、元来、Yの主張立証すべき事項であるが、Yにおいてこれを主張しなかったところ、かえってXにおいてこれを主張し、原審がXのこの主張に基づいて右事実を確定した以上、

〔①事件〕
原告Xの主張
XがYに対して本件宅地の使用を許した
⇩
被告Yの抗弁事実に該当

〔②事件〕
被告Yらの主張
Aが本件土地を賃借し、本件建物を建築した
⇩
原告Xの予備的請求原因事実に該当

YにおいてXの右主張事実を自己の利益に援用しなかったにせよ、原審は右本訴請求の当否を判断するについては、この事実を斟酌すべきであると解するのが相当である。しからば、原審はすべからく、右使用貸借が終了したか否かについても審理判断したうえ、右請求の当否を判断すべきであったといわねばならない。」
②事件：一部破棄差戻し、一部上告棄却。「Xが、本件建物の所有権及び本件土地の賃借権の各9分の1の持分を取得したことを前提として、予備的に右持分の確認等を請求するのであれば、Aが本件土地を賃借し、本件建物を建築したとの事実がその請求原因の一部となり、この事実についてはXが主張立証責任を負担する。本件においては、Xがこの事実を主張せず、かえってY₁らがこの事実を主張し、Xはこれを争ったのであるが、原審としては、Y₁らのこの主張に基づいて右事実を確定した以上は、Xがこれを自己の利益に援用しなかったとしても、適切に釈明権を行使するなどした上でこの事実をしんしゃくし、Xの請求の一部を認容すべきであるかどうかについて審理判断すべきものと解するのが相当である（最高裁昭和38年（オ）第1227号同41年9月8日第一小法廷判決・民集20巻7号1314頁〔①事件〕参照）。」

本判決の位置づけ・射程範囲

①事件は、本来抗弁事実として被告が主張すべき事実を原告が先行自白した事案である。これに対して、②事件は、原告の予備的請求原因事実に該当する事実を被告らが積極否認として先行して主張した事案である。いずれの事件でも、当事者の一方が自己に不利益な事実を陳述した後、相手方がこれを援用しない場合に、裁判所は当該事実を判決の基礎とすべきかが問題となった。

①事件は、相手方が当該事実を自己の利益に援用しない場合でも、裁判所は請求の当否を判断するについて、当該事実を斟酌すべきであることを明らかにした。

②事件は、①事件の判決を引用し、原告の予備的請求原因となるべき事実を被告が請求原因事実の積極否認として主張した場合に、原告がこれを自己の利益に援用しなかったときでも、裁判所は適切に釈明権を行使するなどした上で当該事実を斟酌すべきであることを明らかにした。

さらに理解を深める

①事件：**百選Ⅰ補訂版108事件〔河野正憲〕**　②事件：**百選4版50事件〔松村和德〕**　平成9年度重判民訴1事件〔池田辰夫〕　①、②事件：伊藤4版補訂版295頁、高橋（上）2版補訂版485頁、中野ほか2版補訂2版291頁、松本＝上野7版319頁　関連判例　最二判平成12・4・7判時1713号50頁、最二判平成16・2・13判時1895号35頁

第7章　審理の過程　　　　　　　　　　　　　　　　　　　　岡　伸浩

86　過失の自認の効力

東京地裁昭和49年3月1日判決
　事件名等：昭和47年（ワ）第11129号損害賠償請求事件
　掲載誌：下民集25巻1〜4号129頁、判時737号15頁、判タ312号224頁

概要　本判決は、不法行為に基づく損害賠償請求において、原告が被告の過失の態様について具体的に主張したのに対して、被告が原告主張の過失を否認しつつ、本件事故の発生につき過失があったことを認める旨の陳述をした場合、当該陳述が事実の認識とその正しい法的評価の能力をもって裁判の基礎とする趣旨でなされたときは、事実に関する裁判上の自白として拘束力を有するとしたものである。

事実関係　全日空のジェット旅客機が、自衛隊員が搭乗する訓練機と接触し、これが原因となって墜落した。Xらは墜落により死亡した乗客の遺族であり、Y（国）を被告として不法行為に基づく損害賠償を求めて訴えを提起した。Xらは自衛隊員の過失として、①訓練飛行禁止区域に侵入した過失、②教官の指示義務違反、③教官の適切な助言を与える注意義務違反、④自衛隊員の四囲の状況を注視して操縦する注意義務違反を具体的に主張した。Yは、X主張の過失を否認しつつ、「本件事故の発生につき自衛隊機に過失があったことを認める」旨を陳述した。

判決要旨　一部認容、一部棄却。「おもうに、過失とは、加害行為者がその加害行為に基因する損害発生の結果に対する注意義務に違反したことに対する法的な評価であるが、注意義務違反なる評価は、加害行為がなされた当該状況において法が望ましいものとして加害者に要請する行為（以下結果回避行為という。）に出なかったことに対する批難にほかならない。それ故、訴訟において過失を主張する一方当事者は、注意義務違反の評価を導く加害者の具体的加害行為およびそれがなされた当該状況の主張（事実関係の主張）と加害者のとるべき特定の結果回避行為の提示（過失における法的評価の提示）をするのである。そして、右結果回避行為は、加害行為と当該状況、すなわち事実関係が具体的であればあるほどに、それと相関的に、時刻・場所・行為の態様等の標識によって特定化され、且つ具体的内容を備える。本件Xらの主張もまさにそのような内容のものであることが明らかである。これに対し、Yの前記陳述とその基本にある弁論態度は、Xら主張の事実関係をその具体的内容の細部にまで亘って真実であるとするかどうか、又Xら主張の特定の結果回避行為が本件の場合に妥当するか

どうかはともかく、自衛隊機2機が有視界気象状態における安全確認（見張り）措置をとらなかったことおよびこれが注意義務に違反するものであることを認めるというにあり、これは、およそ人は他人の生命の安全を侵害しないよう振舞うべきであるのに、これを怠ったという過失の抽象的観念にほど近い内容であって、いわばかなりに抽象的な次元において、Xらの過失の主張と符合する陳述をしたことに帰着する。Yが本件第3回口頭弁論期日において、右陳述の釈明として『Yは本件自衛隊機の包括的、一般的過失を認める。』と述べたことも、右陳述をそのように理解する支えとなるであろう。」「しかし、当裁判所は、……Yが本件事故の状況につき、詳細且つ周到に事前調査を行って事実を認識し、その事実につき正しく法的評価をなし得る能力を有し、もとより陳述の内容を正当に理解しており、自衛隊機2機の有過失という結論のみを裁判の基礎となすべき意味において前記陳述をなしたものと認められる本件においては、前記陳述は事実の自白に該当し、裁判上の自白の拘束力を有するものと判断する。」

本判決の位置づけ・射程範囲

当事者の一方が過失の存在を認める陳述をした場合、当該陳述に裁判上の自白の拘束力が認められるかが問題となる。この点は、過失のような抽象的概念について主要事実をいかに捉えるかに関わる。

かつての通説は、過失そのものを主要事実であると捉えていた。この考え方によれば、過失を基礎づける具体的事実は間接事実にすぎず、当事者の主張がなくても裁判所は証拠上認定することができる余地が生じ、不意打ち防止の観点から妥当でない。そこで、主要事実を審理の対象となり証明・証拠調べの対象となりうる具体的事実であると捉えて、過失の判断の基礎となる事実を主要事実と考える立場が有力に主張されている。

本判決は、被告が事故の状況を調査・認識し、その事実を正しく法的評価しうる能力を有し、陳述の内容を正当に理解していたという事情の下で、被告である国が飛行中の安全確認義務に違反するところがあった旨の自らの過失を認める陳述をした場合は、当該陳述は事実の自白に該当し、裁判上の自白としての拘束力を有すると判断した。

さらに理解を深める　百選4版A19事件〔河野憲一郎〕　伊藤4版補訂版338頁、新堂5版590頁、松本＝上野7版322頁、中野ほか2版補訂2版294頁、高橋（上）2版補訂版511頁、和田291頁　関連判例　最三判昭和30・7・5　本書113事件

第7章　審理の過程　　　　　　　　　　　　　　　　　　　　岡　伸浩

87　当事者の主張の要否——過失相殺

最高裁昭和43年12月24日第三小法廷判決
　事件名等：昭和43年（オ）第650号請求異議事件
　掲載誌：民集22巻13号3454頁、判時547号37頁、判タ230号170頁

概要　本判決は、和解調書に基づく強制執行に対して債務者が当該強制執行の不許を求めた請求異議事件において、民法418条による過失相殺は、債務者の主張がなくても裁判所が職権ですることができるとした上で、債権者の過失となるべき事実は、債務者が立証責任を負うとしたものである。

事実関係　XとYとの間には、XがYに対して元本金150万円とこれに対する遅延損害金の支払義務を負うことを認め、これをYの訴訟代理人に分割弁済する旨の和解調書が存在した。Yは当該和解調書に基づく強制執行を申し立てた。これに対して、XはYを被告として、和解成立後の遅延損害金が増大したことについて、本件和解成立後、Yから支払いの催告が一度もなく、Yの訴訟代理人が住所を変更しながらその通知をしなかったため、Xとしてもそれを知ることができなかったというY側の過失によるものであるとして、過失相殺を主張し、請求異議の訴えを提起した。第1審及び第2審はともに、Xの請求を棄却した。Xが上告。

判決要旨　上告棄却。「民法418条による過失相殺は、債務者の主張がなくても、裁判所が職権ですることができるが、債権者に過失があった事実は、債務者において立証責任を負うものと解すべきである。しかるに、本件にあっては、債務者であるXの債務不履行に関し債権者であるYに過失があった事実については、Xにおいてなんらの立証もしていないことは、本件記録に徴し明らかである。されば、原審が本件について民法418条を適用しなかったのは当然であって、原判決には所論の違法はない。」

・債務者Xは過失相殺を主張
・債権者Yに過失があった事実については立証していない。

本判決の位置づけ・射程範囲

本判決は、民法418条による過失相殺は、債務者の主張がなくても裁判所が職権でなしうることを認めた上で、その場合に債権者の過失を構成する事実は債務者において立証責任を負うことを明らかにした点に意義がある。

民法418条の過失相殺の訴訟上の取扱い、特に主張責任との関係については、以下の3説がある。第1の見解は、債務者が債権者の過失を構成する事実を主張し、かつ、抗弁として過失相殺の権利主張を必要とする立場である。第2の見解は、債務者が債権者の過失を構成する事実を主張すれば足り、抗弁として過失相殺の権利主張をすることは必要でないとする立場である。第3の見解は、債務者が債権者の過失を構成する事実を主張することも、抗弁として過失相殺の権利主張をすることも要せず、裁判所は職権で過失相殺をすることができるとする立場である。この立場は、裁判所は、証拠共通の原則によって証拠調べの結果に基づいて債権者の過失を構成する事実を認定した場合は、職権で過失相殺ができるとするものである。

本判決は、第3の見解を採用したものであると位置づけられている。もっとも、弁論主義の要請である不意打ち防止の観点からは、少なくとも過失相殺を構成する事実の主張を要すると考えるべきであろう。

次に、本判決は、過失相殺と立証責任との関係について、債権者の過失となるべき事実の立証責任は債務者が負担することを明らかにしている。このことは、債権者の過失となるべき事実の存否について裁判所が心証を得られなかった場合、債務者の側が過失相殺を認められないという不利益を負担することを意味する。本判決は、債権者に過失があった事実は、債務者が立証責任を負うとした上で、この点について立証がないことを理由に、原審が本件について民法418条を適用しなかったのは当然であり、原判決に違法はないと判断した。

さらに理解を深める 　**百選4版A18事件**〔園田賢治〕　最判解民事篇昭和43年度（下）994頁〔豊水道祐〕、伊藤4版補訂版299頁、新堂5版475頁、松本＝上野7版51頁、中野ほか2版補訂2版199頁、高橋（上）2版補訂版459頁、和田243頁、藤田・講義3版49頁　**関連判例**　最一判昭和27・11・27 **本書80事件**

第7章 審理の過程　　　　　　　　　　　　　　　　　岡　伸浩

88 釈明権の範囲

最高裁昭和45年6月11日第一小法廷判決
　事件名等：昭和45年（オ）第52号売掛代金請求事件
　掲載誌：民集24巻6号516頁、判時597号92頁、判タ251号181頁

概要　本判決は、裁判所の釈明権の行使について、訴訟の経過やすでに明らかになった訴訟資料、証拠資料からみて別個の法律構成に基づく事実関係が主張されれば、原告の請求を認容することができ、当事者間の紛争の根本的解決が期待できるのにもかかわらず、原告がそのような主張をせず、かつ、主張をしないことが明らかに原告の誤解又は不注意と認められるようなときは、その釈明の内容が別個の請求原因にわたる結果となる場合でも、裁判所が釈明することは許されるとしたものである。

事実関係　Xは、Y_1の依頼を受けてAとの間でAに木箱類を販売する売買契約を締結し、Y_1及びY_2（Y_1の代表取締役）がAのXに対する売買代金債務を連帯保証したとして、Aに対して売買代金の支払いを求め、Y_1及びY_2に対して保証債務の履行を求めて訴えを提起した。第1審は、XA間に売買契約は成立していないとしてAに対する請求を棄却したが、Y_1及びY_2に対する請求は認容した。Y_1及びY_2が控訴。第2審では、Xは、裁判所の釈明権の行使を受けて、請求原因を変更し、「木箱類の納入はY_1名義でなし、Xに対する代金の支払義務は、Y_1において負担する約定であり、Y_2は右債務について連帯保証をした」として、当該約定に基づいて代金支払いを請求した。第2審は、Xの新たな請求原因を認定し、Y_1及びY_2の控訴を棄却した。Y_1及びY_2が上告し、第2審裁判所は第2回口頭弁論期日で上記請求原因を示唆し、Xの訴訟代理人は「そのとおりである」と陳述したにとどまるが、かかる裁判所の釈明権の行使は著しく公正を欠き、釈明権の範囲を逸脱したものであると主張した。

判決要旨　上告棄却。「釈明の制度は、弁論主義の形式的な適用による不合理を修正し、訴訟関係を明らかにし、できるだけ事案の真相をきわめることによって、当事者間における紛争の真の解決をはかることを目的として設けられたものであるから、原告の申立に対応する請求原因として主張された事実関係とこれに基づく法律構成が、それ自体正当ではあるが、証拠資料によって認定される事実関係との間に喰い違いがあって、その請求を認容することができないと判断される場合においても、その訴訟の経過やすでに明らかになった訴訟資

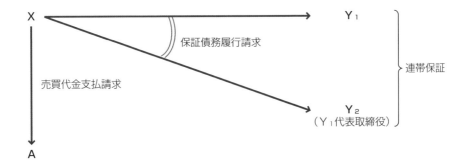

料、証拠資料からみて、別個の法律構成に基づく事実関係が主張されるならば、原告の請求を認容することができ、当事者間における紛争の根本的な解決が期待できるにかかわらず、原告においてそのような主張をせず、かつ、そのような主張をしないことが明らかに原告の誤解または不注意と認められるようなときは、その釈明の内容が別個の請求原因にわたる結果となる場合でも、事実審裁判所としては、その権能として、原告に対しその主張の趣旨とするところを釈明することが許されるものと解すべきであり、場合によっては、発問の形式によって具体的な法律構成を示唆してその真意を確めることが適当である場合も存するのである。」

本判決の位置づけ・射程範囲

本判決は、裁判所による請求原因の変更を伴う釈明権の行使について、原告の請求原因の主張と証拠との間に食い違いがある場合に、裁判所が他の請求原因を示唆して釈明し、これによって原告が請求原因を変更して、結果として勝訴したとしても、具体的な訴訟の経過に照らして許されるとした点に意義がある。

Xは、裁判所の釈明を受けて請求原因を変更し、本件売買契約はY₁とAを当事者として成立したことを前提とし、XとY₁との間で同契約に基づきY₁がなすべき目的物の納入をXが代わって行い、Y₁はその代金相当額をXに支払うという一種の請負契約が成立したとして、Y₁に対しては右請負代金の支払いを求め、Y₂に対しては右請負代金についての連帯保証債務の履行を求めた。

本判決は、具体的な訴訟の経過を慎重に検討した上で、裁判所の釈明権の行使に違法はないとの判断に至ったものである。本判決の射程範囲を理解するに当たっては、本判決は、請求原因の変更を伴う釈明権の行使を一般的に違法ではないと判断したものではない点に注意すべきであろう。

さらに理解を深める 百選4版52事件〔大濱しのぶ〕 最判解民事篇昭和45年度（上）288頁〔吉井直昭〕、伊藤4版補訂版307頁、新堂5版496頁、松本＝上野7版56頁、中野ほか2版補訂2版205頁、高橋（上）2版補訂版444頁、三木ほか218頁、和田249頁、藤田・解析2版38頁 関連判例 最一判昭和27・11・27 本書80事件、最三判昭和44・6・24 本書90事件、最一判昭和51・6・17民集30巻6号592頁

第7章 審理の過程

岡　伸浩

89　釈明義務の範囲(1)

最高裁昭和39年6月26日第二小法廷判決
　　事件名等：昭和37年（オ）第567号損害賠償並びに土地所有権確認請求事件
　　掲載誌：民集18巻5号954頁、判時378号20頁、判タ164号92頁

概要　本判決は、ある地域の所有者がその所有権に基づいて当該地域上の立木が不法に伐採されたことを理由とする損害賠償を請求した事案で、裁判所が当該地域の一部のみが請求者の所有に属するとの心証を得た場合には、請求者の所有に属する地域から伐採された立木の数量、価格等について、全く証拠のないことが明らかであるときを除き、当事者に対して立証を促すことを要し、これをすることなく請求を棄却することは釈明権の行使を怠り、審理不尽になるとしたものである。

事実関係　Xは、本件原野はXの所有であるところ、Yは本件原野上に生立する杉立木数十本を不法に伐採、搬出したとして、Yに対して本件原野の所有権確認及び伐採による損害の賠償を求めて訴えを提起した。第1審は、Xの請求を全部認容した。第2審は、本件原野のうち甲丙丁の各地域はXの所有であるが、乙地域はYの所有であることを認定し、YはXに対して伐採による損害を賠償する義務があるとした上で、乙丙の各地域をあわせた地域については、伐採立木の数量及び価格は証拠上明らかであるが、Y所有の乙地域を除くX所有の丙地域のみの損害額を認めるに足りる証拠がないとして、Xの請求を一部棄却した。Xは、裁判所が立証を促さなかった点に釈明義務違反があるとして上告した。

判決要旨　一部破棄差戻し、一部棄却。「ある地域を所有することを前提とし、同地域上に生立する立木の不法伐採を理由とする損害賠償の請求の当否を判断するに当り、当該地域の一部のみが請求者の所有に属するとの心証を得た以上、さらにその一部に生立する立木で伐採されたものの数量、価格等について審理すべきことは当然であり、この際右の点について、従来の証拠のほかに、さらに新たな証拠を必要とする場合には、これについて全く証拠方法のないことが明らかであるときを除き、裁判所は当該当事者にこれについての証拠方法の提出を促すことを要するものと解するのが相当である。けだし、当事者は裁判所の心証いかんを予期することをえず、右の点について立証する必要があるかどうかを知りえないからである。したがって、本件の場合、乙丙地域のうち後者のみがXの所有に属するとの判断に到達した以上、原審は、すべからく、同地域上の立木の伐採数量等についてXに立証を促すべきであったといわねばならない。とす

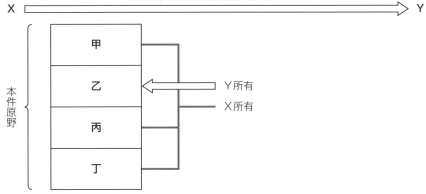

れば、原審がこのような措置に出ることなく、漫然証拠がないとしてＸの前記請求を排斥したのは、釈明権の行使を怠り、審理不尽の違法を犯したものというのほかなく、原判決中Ｘの損害賠償の請求を棄却した部分は破棄を免れない。」

本判決の位置づけ・射程範囲

　本判決は、釈明権の不行使が釈明義務違反として違法となり、上告審における破棄理由となる場合があることを示した最高裁判例として意義を有する。

　本件では、Ｘが乙丙の各地域がＸの所有に属することを前提に、乙丙地域の伐採された立木の損害額を一括して立証したところ、第１審は、Ｘの請求を全部認容した。このような中で、第２審が丙地域がＸの所有であること及び丙地域における損害の発生を認めながら、その損害額の立証が不十分であることを理由にＸに丙地域上の立木の伐採数量等について立証を促すことなくＸの請求を棄却したことは、釈明義務違反とならないかが問題となった。

　本判決は、第２審が丙地域に生立した立木のうちＹが伐採した立木の数量等についてＸに立証を促すべきであったにもかかわらず、このような措置を行うことなく証拠がないとしてＸの請求を排斥したことは、釈明権の行使を怠ったとして、審理不尽の違法があると判断した。

　第１審で全部認容判決を受けたＸとしては、すでに損害額の主張立証を全体として済ませたと考えていたことが予想され、Ｘが乙丙のいずれかの地域がＸの所有ではないことを前提に、各地域ごとの損害額を自発的に立証することは期待できなかったといえる。したがって、裁判所が何ら釈明せずに損害賠償の請求を棄却したことは、当事者に不意打ちとなり著しく公平を害する場面であったといえよう。

さらに理解を深める

百選４版53事件〔川嶋四郎〕　最判解民事篇昭和39年度197頁〔枡田文郎〕、新堂５版496頁、松本＝上野７版57頁、中野ほか２版補訂２版623頁、高橋（上）２版補訂版448頁、和田251頁、藤田・講義３版180頁

関連判例　最二判昭和36・12・22民集15巻12号2908頁

第7章 審理の過程　　　　　　　　　　　　　　　　　島岡大雄・西尾信員

90 釈明義務の範囲(2)

最高裁昭和44年6月24日第三小法廷判決
　事件名等：昭和43年（オ）第1267号農地所有権確認等請求事件
　掲　載　誌：民集23巻7号1156頁、判時564号49頁、判タ238号108頁

概　要　本判決は、当事者の主張が法律構成において欠けるところがある場合における裁判所の積極的釈明義務を認めたものである。

事実関係　Xは、自作農創設特別措置法（自創法）によってY₂（国）に本件農地を買収されたが（❶）、これは親族の一人であるY₁に売り渡され、Y₁が他者に売却して家の建築資金に充てることとされていた（❷）。しかし、売却について農地委員会の承認が得られず（❸）、X・Y₁らが協議した結果、Xの別件農地を本件農地と交換的に買収してもらい（ⓐ）、その買収代金をY₁に渡す代わりに（ⓑ）、Y₁は本件農地の売渡しを受けず、これをY₂（国）がXに売り渡すよう取り計らう（ⓒ）ことを了承し、農地委員会の了承も得た（❹）。

ところが、その後本件農地についてY₁のために保存登記がされ（❺）、Y₂はこれをXに売り渡さなかった。そこで、Xは、主位的に、Yらに対しXが本件農地を所有していることの確認と、Y₂に対し上記保存登記の抹消を求め、予備的に、Y₁に対し本件農地の返還約束を理由として知事の許可を条件とする本件農地の所有権移転登記手続を求めた。

原審は、Xの主張事実によって直ちに本件農地がXに売り渡されたことにはならないし、Y₁との間の返還約束も認められないとして、Xの主位的請求及び予備的請求をいずれも棄却した。Xが上告。

判決要旨　予備的請求部分につき破棄差戻し、その余の上告棄却。「Xの……主張事実を合理的に解釈するならば、……Y₁は」別件農地の「買収代金を対価として、後に売渡によって取得すべき本件農地の所有権をXに移転することを約した旨、換言すれば、将来売渡を受けることを条件とした本件農地の売買契約を締結したことを主張し、これに基づいて右移転のためにする…知事に対する許可申請手続および右許可のあった場合における…所有権移転登記申請手続を訴求しているものと解することができ……、……そのような事情を裏付けうる資料も存する……。

　……当事者の主張が、法律構成において欠けるところがある場合においても、その主張事実を合理的に解釈するならば正当な主張として構成することができ、当事者の提出した訴訟資料のうちにもこれを裏付けうる資料が存するときは、直

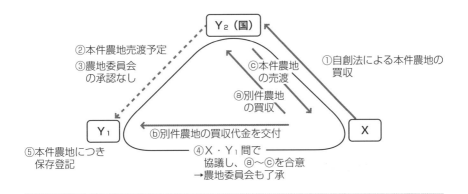

ちにその請求を排斥することなく、当事者またはその訴訟代理人に対してその主張の趣旨を釈明したうえ、これに対する当事者双方の主張・立証を尽くさせ、もって事案の真相をきわめ、当事者の真の紛争を解決することが公正を旨とする民事訴訟制度の目的にも合する」。

本判決の位置づけ・射程範囲

裁判所は、当事者の申立てや主張などの内容が不明瞭であったり、法律構成が不十分または不適切であったりする場合、適切に釈明権（民訴149条）を行使して、訴えの変更を促したり、主張等の不備を補正したりするなどの措置を講じることで、事案の真相を把握して審理を尽くし、公正・迅速な裁判をすることが期待されている。処分権主義及び弁論主義を形式的に適用してそのような措置を講じることなく裁判をすることは、裁判所に対する当事者ひいては国民の信頼を失墜させることになる。その意味で釈明権は、同時に釈明義務でもある。裁判所が釈明義務を怠ったときは、上告受理の申立ての理由となり（民訴318条1項）、高等裁判所に対する上告の理由となる（民訴312条3項）。

もっとも、処分権主義及び弁論主義の下では、請求の定立や訴訟資料・証拠資料の提供の責任は当事者に課せられているから、釈明権の不行使の全てが釈明義務違反と評価されるわけではない。特に、積極的釈明義務違反か否かの判断は、事案に応じて多面的な利益衡量を要し、判例の蓄積によってその合理的範囲を決せざるを得ない。学説では、勝敗の蓋然性、法律構成の難易、従来の訴訟資料・証拠資料の利用可能性、当事者の実質的公平などを考慮して、積極的に釈明義務違反の存否を判断すべきとするものなどがある。

本判決は、積極的釈明義務違反の範囲を検討する上で参考となる重要な最高裁判例である。

さらに理解を深める 最判解民事篇昭和44年度（下）916頁〔千種秀夫〕、伊藤4版補訂版307頁、新堂5版491頁、中野ほか2版補訂2版203頁、条解2版916頁〔新堂幸司＝上原敏夫〕 **関連判例** 最二判昭和39・6・26 **本書89事件**、最一判昭和45・6・11 **本書88事件**、最一判昭和45・8・20民集24巻9号1339頁、最一判昭和51・6・17民集30巻6号592頁、最大判平成22・1・20民集64巻1号1頁

第7章 審理の過程　　　　　　　　　　　　　　　住友隆行

91 信義則違反の主張と釈明義務

最高裁平成22年10月14日第一小法廷判決
事件名等：平成20年（受）第1590号雇用関係存在確認等請求事件
掲載誌：判時2098号55頁、判タ1337号105頁

概要 本判決は、控訴審が当事者双方ともに主張していない法律構成である信義則違反の判断をしたことには、釈明権の行使を怠った違法がある旨判示したものである。

事実関係 Yは大学を設置し学校教育を行っている学校法人、X（昭和16年12月生まれ）は昭和62年4月にYの助教授として雇用された後教授となった者である。Yには、教職員の定年を65歳とし、職員は定年に達した日の属する学年末に退職する旨を定めた定年規程があったが、現実には70歳を超えて勤務する教職員も相当数存在していた。Yの理事の1人は、昭和61年5月、Xに対して、定年規程はあるが、定年は実質はなきに等しく、80歳くらいまでは勤務することが可能であるとの趣旨の話をした（❶）。そのため、Yは、80歳くらいまでYに勤務することが可能であると認識していた。にもかかわらず、Yは、平成18年9月、Yの学長から、定年規程により満65歳で定年退職となる旨伝えられ（❷）、

平成19年3月31日、Yから、定年により職を解く旨の辞令を受けた（❸）。

そこで、Xは、Yに対して、Yとの間でXの定年を80歳とする旨の合意（以下、「本件合意」という）があったと主張して、Yに対し、雇用契約上の地位を有することの確認並びに未払賃金及び将来の賃金等の支払を求めて本件訴訟に及んだ。

第1審は、XY間に本件合意があったとは認められないとして、Xの請求を全部棄却した。これに対して、原審は、本件合意の存在は認められないとして、Xの地位確認請求は棄却したが、Yは定年退職の告知の時から1年を経過するまでは賃金支払義務との関係では、信義則上定年退職の効果を主張することはできないとして、その期間に係る賃金請求を認容した。Yより上告受理申立て。

判決要旨 上告人敗訴部分破棄差戻し。「信義則違反の点についての判断をするのであれば、原審としては、適切に釈明権を行使して、Xに信義則違反の点について主張するか否かを明らかにするよう促すとともに、Yに十分な反論及び反証の機会を与えた上で判断をすべきものである。とりわけ、原審の採った法律構成は、……従前の訴訟の経過等からは予測が困難であり、このような法律構成を採るのであれば、なおさら、その法律構成の適否を含め、Yに十分

```
  Y教授        ←――――――――        X学校法人
（S16.12生）
              ❶ S61.5     80歳まで勤務可能との話（本件合意の主張）
              ❷ H18.9     65歳定年告知
              ❸ H19.3.31  定年退職辞令
```

> な反論及び反証の機会を与えた上で判断をすべきものといわなければならない。
> ……原審が、……〔本件〕のような訴訟の経過の下において、上記……のような措置をとることなく前記……のような判断をしたことには、釈明権の行使を怠った違法があるといわざるを得ず、原審の判断には、判決に影響を及ぼすことが明らかな法令の違反がある。」

本判決の位置づけ・射程範囲

信義則違反等の規範的要件については、評価根拠事実が主張されていさえすれば、規範的評価自体について当事者から主張がなくても判決の基礎とすることは弁論主義違反とはならない。しかし、規範的評価と評価根拠事実の主張とは不可分の関係にあり、弁論に顕れている評価根拠事実について、当事者が明示的に主張していない規範的要件を適用して判決をしようとすると、当事者にとって不意打ちとなる可能性がある。そこで、このような場合には、裁判所は、当事者の気付いていない規範的要件の適用について、これを当事者に開示し、当事者に主張立証の機会を与える必要があるという考え方が唱えられるようになった。これは、現行法上は裁判所の釈明義務の一態様と位置づけられるが、特に「法的観点指摘義務」として議論されている問題の一場面である。

本判決の原審は、当事者間で明確に争点として意識されていなかったにもかかわらず、信義則違反を理由にXの請求を一部認容した。これに対し、本判決は、本件訴訟の経過の下においてはという限定付きではあるが、Xにその主張をするか否かを明らかにさせるとともに、Yに反論反証の機会を与えるべきであったとして、釈明義務違反を理由に原審を破棄してこれを差し戻している。本判決は、法的観点指摘義務を明示的に認めたものではなく、限定された事件内容と訴訟経過の下での信義則違反の適用に関する裁判所の釈明のあり方についての事例判断であって、規範的要件一般はもとより信義則違反一般についても及ぼされるものではなく、その射程範囲は限定されたものと解すべきである。しかし、最高裁判所が、この問題の一場面について一定の判断を示したものであり、今後の裁判実務とりわけ裁判所の釈明権行使のあり方の指針を示すものとして、重要である。

さらに理解を深める

平成22年度重判民訴2事件〔髙田昌宏〕　伊藤4版補訂版300頁、髙橋（上）2版補訂版457頁、杉山悦子・民商144巻4・5号550頁、阿多麻子・判タ1004号26頁、司法研修所編『民事訴訟における要件事実(1)』（法曹会、1985年）30頁　関連判例　名古屋高判昭和52・3・28判タ355号295頁（権利濫用について）、最一判昭和36・4・27 本書83事件 （公序良俗違反について）

第7章　審理の過程　　　　　　　　　　　　　　　　　岡　伸浩

92　法的観点指摘義務

最高裁昭和41年4月12日第三小法廷判決
　　事件名等：昭和38年（オ）第350号所有権移転登記等抹消請求事件
　　掲載誌：民集20巻4号548頁、判時452号37頁、判タ193号84頁

概要　本判決は、所有権に基づく所有権移転登記抹消手続訴訟において、被告らが原告は被告Y_1に対する代物弁済により土地の所有権を喪失したと主張していたところ、裁判所が、原告から被告Y_1への所有権移転のみならず、被告Y_1から原告への買戻し、原告から被告Y_2への譲渡担保による土地所有権の移転の事実を認定し、原告の請求を認めなかったことは弁論主義に反するとしたものである。

事実関係　Xは、本件土地の所有者であるとして、Y_1及びY_2に対して、XからY_1、Y_1からY_2への各所有権移転登記の抹消登記手続を求めて訴えを提起した。Xは、Y_1の父A（以下、Y_1と同視する）に対する借入金の代物弁済としてX所有の本件土地をY_1に移転した後、Y_2の父B（以下、Y_2と同視する）から借り入れた金銭で買い戻したと主張した（X→Y_1→X）。Y_1及びY_2は、①XがY_1に対して代物弁済により本件土地を移転した後、Y_1がY_2に売却した、②ただし、XがY_2に対して一定期間内に95万円を持参すればY_2がXに本件土地を売却する約定が付されていたが、Xはその期間内に金員を持参しなかったため、Y_2名義で登記したと反論した（X→Y_1→Y_2）。原審は、①代物弁済によりXからY_1に本件土地の所有権が移転したこと、②XがY_2から金銭を借り受けて本件土地を買い戻したこと、③その後にXがY_2に対して買戻特約付きで本件土地を譲渡担保に供したが、買戻期間の徒過によりXは本件土地の所有権を失ったことを認定し、Xの請求を棄却した（X→Y_1→X→Y_2）。Xは、上記③の事実認定は弁論主義に反すると主張して上告した。

判決要旨　一部破棄差戻し、一部棄却。「原判決は、Xにおいて本件土地をA〔Y_1〕より買い戻した旨を認定した以上、Xが現に本件土地所有権を有しないのは、XよりB〔Y_2〕へ本件土地を譲渡したという理由によるものであって、A〔Y_1〕がXより本件土地を代物弁済により取得したという理由によるものではないといわなければならない。しかるに、XよりB〔Y_2〕への本件土地譲渡の事実は、原審口頭弁論において当事者の主張のない事実であるから、原判決は、当事者の主張のない事実によりXの前記請求を排斥したものというべく、右の違法は判決に影響があること明らかであるから、原判決中前記請求

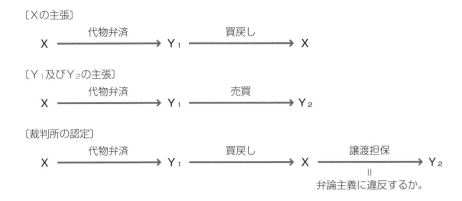

に関する部分は、その余の上告理由の当否について判断するまでもなく、この点において破棄差戻を免れない。」

本判決の位置づけ・射程範囲

弁論主義の下では、裁判所は、当事者の主張しない事実を判決の基礎として採用してはならない（第１テーゼ）。本件では、裁判所が当事者の主張する所有権の来歴経過とは異なる所有権の取得経緯を認定したことが弁論主義に違反するか否かが争われた。本判決は、ＸからＹ₂に対して本件土地が譲渡された事実は、当事者の主張しない事実であり、この事実を認定したことにつき弁論主義違反を認めた。

本判決は、所有権の移転経過（来歴経過）の認定について、それが相手方の所有権喪失という抗弁事実として位置づけられる場合には主要事実となり、弁論主義の適用を肯定すべきことを明らかにした点に意義がある。学説上も、所有権の帰属が争点とされる訴訟における所有権取得の経緯は、原告の所有権取得という法律効果を導く主要事実であり、弁論主義の適用があると解するのが一般であるといえる。

本判決に対しては、法的評価がなされる前の生の事実は弁論に出ており、それをどのように法的に評価・構成するかについて当事者と裁判所の間に差異が生じていたに過ぎず、弁論主義違反の問題ではないという見解が主張されている。この見解に立った場合、事実の法的評価は裁判所の専権であるものの、裁判所が同一の事実を前提に当事者とは異なる法的構成で法的判断をするときは、当事者の不意打ち防止の観点から、裁判所がその法的構成ないし法的観点を示した上で、攻撃防御の機会を付与すべきであるという法的観点指摘義務の問題が生じるものと考えられる。

さらに理解を深める　百選４版Ａ17事件〔園田賢治〕　最判解民事篇昭和41年度174頁〔坂井芳雄〕、伊藤４版補訂版300頁、新堂５版481頁、高橋（上）２版補訂版452頁、和田267頁、藤田・講義３版48頁

関連判例　最一判昭和55・2・7　**本書81事件**

第7章　審理の過程　　　　　　　　　　　　　　　　　　　　　岡　伸浩

93　訴訟行為の追完

最高裁昭和55年10月28日第三小法廷判決
　事件名等：昭和54年（オ）第613号土地所有権移転登記手続請求事件
　掲載誌：判時984号68頁、判タ428号60頁、金判614号42頁

概要　本判決は、控訴人の訴訟代理人の発送した控訴状が控訴期間経過後に裁判所に到着したという事案で、控訴状の配達の遅延は控訴代理人において予知することができない疑いがあったとして、控訴について追完事由があることを認めて追完を許した上で、適法な控訴の申立てとして取り扱う余地があったと判断して原判決を破棄し、差し戻したものである。

事実関係　XはYに対して、10年間の取得時効による本件土地の所有権取得を主張して、所有権移転登記手続請求訴訟を提起した。第1審は、Xの請求を棄却した。第1審の判決正本は昭和53年12月15日にXの訴訟代理人Aに送達された。AはXからの控訴提起の委任に基づいて、同月26日に長崎市内の郵便局から書留速達郵便物として本件控訴状を福岡高裁に宛てて発送した。しかし、本件控訴状が福岡高裁に到着したのは、控訴期間経過後の昭和54年1月1日であった。第2審は、「本件控訴は、控訴期間経過後に提起されたことが明白であり、該期間経過につきXの責に帰すべからざる事由の存したことをうかがい知る資料もない」として、Xの控訴を却下した。Xが上告。

判決要旨　破棄差戻し。「記録によれば、Xの第1審訴訟代理人Aは、昭和53年12月15日第1審判決正本の送達を受け、Xからの控訴提起の委任に基づき、同年12月26日本件控訴状を書留速達郵便物として長崎市長崎桜町郵便局に差し出したにもかかわらず、右郵便物が控訴期間経過後の昭和54年1月1日に原審に配達されたことを認めることができる。このような事実関係のもとにおいては、右期間不遵守が年末年始における郵便業務の渋滞しがちな特殊事情等から生じたとしても、本件控訴状の配達の遅延は控訴代理人において予知することのできない程度のものであった疑いがあり、本件控訴については、民訴法159条1項〔現民訴97条1項〕所定の追完事由のあることを認め、その追完を許したうえでこれを適法な控訴の申立として取り扱う余地があったものというべきである。……原審が、右追完の事由の存否について十分な職権調査を尽くすことなく、法定の控訴期間を経過したことにつきXの責に帰すべからざる事由の存したことをうかがい知る資料がないことを理由に本件控訴を不適法として却下したことは、

```
                    土地所有権移転登記手続請求訴訟
X ┌─────────────────────────────────────────────────────┐ Y
  └─────────────────────────────────────────────────────┘
            第1審：請求棄却判決
                    ↓
            昭和53年12月15日　判決正本送達
                    ↓
            昭和53年12月26日　控訴状を郵便にて発送
                    ↓ ←----[郵便業務の渋滞]
            昭和54年1月1日に到着〔控訴期間経過〕
                    └→[訴訟行為の追完の可否]
```

右の点につき審理を尽くさない結果理由不備の違法を犯したものといわざるをえない」。

本判決の位置づけ・射程範囲

民訴法は、当事者がその責めに帰することができない事由により不変期間を遵守することができなかった場合には、その事由が消滅してから1週間以内に限り、不変期間内にすべき訴訟行為の追完をすることを認める（民訴97条1項）。「当事者がその責めに帰することができない事由」とは、通常人の注意をもってしても回避できないと認められる事由をいい、必ずしも天災のような客観的不能・不可抗力に限られないと解される。

本判決は、控訴期間満了前に郵送した控訴状が控訴期間経過後に控訴審裁判所に到達したという事案で、期間の不遵守が年末年始における郵便業務の渋滞しがちな特殊事情等から生じたとしても、本件控訴状の配達の遅延は、控訴代理人が予知することができない程度のものであった疑いがあるとして、追完事由があることを認めた上で適法な控訴の申立てとして取り扱う余地があると判断して原判決の破棄差戻しをした。追完事由の有無につき、当事者（本件では、控訴代理人）を判断基準として個別具体的な事情を斟酌した上で判断するという態度を示したものと位置づけることができよう。

なお、本判決に関連して、訴訟代理人及びその補助者に過失がある場合に、訴訟当事者本人に過失がなくとも訴訟行為の追完が許されるかが問題となる。最二判昭和27・8・22 関連判例 は、弁護士Aの法律事務所に常勤し、Aの指揮命令を受けて法律事務に従事する弁護士Bが、判決正本の送達受領を託されたところ、BがAに送達を受けた旨を告げなかったために上告期間を徒過した事案で、たとえ裁判所書記官が訴訟代理人Aからの問合せに対して判決正本の未送達を思わせるような誤った言明をした場合でも、上告期間徒過につき当事者の責めに帰すべき事由があると判断した。

さらに理解を深める　百選3版47事件〔中山幸二〕　松本＝上野7版378頁、中野ほか2版補訂2版216頁、三木ほか158頁　関連判例　最一判昭和23・5・6民集2巻5号109頁、最二判昭和27・8・22民集6巻8号707頁、最二判昭和39・11・6集民76号7頁、最三判昭和39・9・15集民75号231頁、最二決昭和45・9・30集民100号559頁

第7章　審理の過程　　　　　　　　　　　　　　　　　　　　　岡　伸浩

94 公示送達の不知と追完

最高裁昭和42年2月24日第二小法廷判決
　事件名等：昭和41年（オ）第935号所有権移転登記請求同反訴請求事件
　掲載誌：民集21巻1号209頁、判時478号58頁、判タ205号89頁

概要　本判決は、原告が訴え提起前に被告の居住地を知りながら、訴状の受送達者の住所が不明であるとして公示送達の申立てをしたため、第1審判決正本の送達に至るまでの全書類が公示送達された場合に、被告が控訴期間経過後に初めて第1審判決正本の公示送達の事実を知り、直ちに控訴を提起したときは、旧民訴法159条（現民訴97条）により控訴は適法であるとしたものである。

事実関係　XはYに対して、売買契約に基づく本件土地の所有権移転登記を求めるために、Yが居住する住居（Yの居住地）を訪問し、Yの母A（Yの法定代理人）に面会の上、登記手続を任意に履行するよう交渉した。

しかし、Yの母Aがこれに応じなかったため、XはYを被告として、本件土地の所有権移転登記手続請求訴訟を提起した。その際、XはYの居住地を知りながら、Yの居住地とは異なる土地登記簿上の住所地かつYの本籍地を訴状に記載したため、Yに対する訴状副本は不送達となった。また、XはYの住所を土地売買契約書に表示された住所地（Yの居住地とは異なる）に補正したが、不送達となった。そこで、Xは受送達者の住所不明を理由に、Yに対する書類の送達につき公示送達を申し立てたところ、Y不出頭のまま第1審の審理が進み、昭和32年3月22日にX勝訴の判決が言い渡された。

Yは、本訴訟の控訴期間が経過した後もXの訴訟提起や判決言渡しの事実を知らなかったが、昭和35年6月頃、たまたま本件土地の登記簿を閲覧した際、判決を原因としてYからXに土地所有権移転登記がなされていることを発見したため、直ちに控訴した。第2審は、Yの控訴を適法と認めた上で、Xの請求を棄却した。Xが上告。

判決要旨　上告棄却。「Yは、本訴提起以前より法定代理人である母Aと共に判示の場所に住民登録をして居住していたところ、Xおよびその代理人B弁護士は、本訴提起前にYおよびその母Aがその本籍地に居住していないで判示の場所に居住していることを知り、昭和31年9月頃右住所に母Aを訪問し、本件土地所有権移転登記請求のことで折衝したが、同女が容易に承諾しなかったので、当時土地の登記簿上の住所地であった前示本籍地をもってYの住所地であると称してYに対し本訴を提起し、受送達者の住所が不明であるとしてYに対す

```
X ─────所有権移転登記手続請求訴訟─────→ Y〔法定代理人A〕
   X：Yの居住地にて交渉
          ↓
   Yの居住地とは異なる登記簿上の住所地等を訴状に記載
          ↓
   訴状不送達
          ↓
   公示送達  ⇒  X勝訴の判決言渡し
          ↓
   Y：控訴期間経過後、たまたま登記簿を閲覧して、 ←── 控訴の追完が認められるか。
      直ちに控訴提起
```

　る書類の送達につき公示送達の申立をなし、原審においてこれが許容されて公示送達の方法によりY不出頭のまま審理判決され、その判決の送達も前示のように公示送達の方法によってなされたというのである。この点につき原判決の証拠の採否を争う所論は採用できない。このような場合、Yの法定代理人Aが判示日時に判示の事情の下に漸く本件判決の公示送達の事実を知り、直ちに前記のように控訴提起に及んだ本件においては、Yがその責に帰することができない事由により不変期間を遵守することができなかった場合として本件控訴提起を適法と解すべきである。」

本判決の位置づけ・射程範囲

　公示送達は、当事者その他の送達名宛人の住所・居所等が不明であり、訴訟上の書類を送達することができない場合にも、訴訟手続ができることを確保するために設けられた制度である（民訴110条）。

　したがって、もともと公示送達制度は被告が訴訟手続に関与せずに訴訟手続が進行しうることを予定しているといえる。そこで、公示送達の受送達者がいかなる場合に、公示送達の不知を理由に控訴の追完をなし得るかは慎重に検討する必要がある。

　本件で、YはXの訴え提起の事実を知らないままに判決言渡しを受けたため、旧民訴法159条（現民訴97条）により、控訴の追完を求めた。本判決は、Xが受送達者Yの居住地を知りながら、これを隠して公示送達を利用し、Yが不出頭のままX勝訴の判決を取得したという事情を踏まえて、旧民訴法159条（現民訴97条）の「責めに帰することができない事由」に該当するとして、Yの控訴の追完を認めて、Yを救済したものであるといえよう。なお、学説では、公示送達の事実を知らずに訴訟行為をする機会を喪失した当事者を救済する方法として、控訴の追完のほかに名宛人たる当事者に再審の訴え（現民訴338条1項）を提起する方法を認めるべきであるという見解が主張されている。

さらに理解を深める　**百選3版49事件〔河野正憲〕**　最判解民事篇昭和42年度48頁〔坂井芳雄〕、伊藤4版補訂版236頁、新堂5版431頁、松本＝上野7版379頁、中野ほか2版補訂2版217頁、高橋（下）2版補訂版785頁、三木ほか464頁、和田194頁　**関連判例**　最三判昭和54・7・31判時944号53頁

第7章　審理の過程　　　　　　　　　　　　　　　　　　　　　　岡　伸浩

95　弁論の再開

最高裁昭和56年9月24日第一小法廷判決
　事件名等：昭和55年（オ）第266号土地所有権移転登記等抹消登記手続請求事件
　掲載誌：民集35巻6号1088頁、判時1019号68頁、判タ453号66頁、金法979号45頁、金判638号48頁

概要　本判決は、第2審の口頭弁論終結前に原告が死亡したが、原告に訴訟代理人が存在したため訴訟手続は中断されず、承継手続もとられないまま口頭弁論が終結した事案で、被告が原告の死亡を前提とした攻撃防御方法を提出すれば勝訴する可能性があり、後訴で権利の回復を図ることができないという事情の下で、弁論の再開をせずに被告敗訴の判決をすることは違法であるとしたものである。

事実関係　AはYに対して自己所有の本件不動産について、Yのためになされた所有権移転登記等の抹消登記手続を求めて訴えを提起した（❶）。Yは、本件各登記は、A又はAの養子Xから一切の権限を授与されていたBとの間で締結した譲渡担保設定契約等を原因とするものであり、有効であると主張した。第1審は、本件各登記はBがAの実印を冒用した委任状によるものであること、Xには本件不動産の処分権限がないこと等を理由にAの請求を認容した。第2審の口頭弁論終結前にAは死亡したが（❷）、Aに訴訟代理人が存在したため訴訟手続は中断されず、かつ、承継手続もとられないままAを当事者として訴訟手続が進められ、口頭弁論が終結した（❸）。Yは、口頭弁論終結後にA死亡の事実を知り弁論再開を求めたが（❹）、第2審は弁論を再開せずにXの請求を認容した。Yは上告し、Aの死亡により無権代理人Xが本人Aを相続しており、法律関係に重大な変化が生じていたものであるから、第2審は弁論を再開すべきであったと主張した。

判決要旨　破棄差戻し。「いったん終結した弁論を再開すると否とは当該裁判所の専権事項に属し、当事者は権利として裁判所に対して弁論の再開を請求することができないことは当裁判所の判例とするところである……。しかしながら、裁判所の右裁量権も絶対無制限のものではなく、弁論を再開して当事者に更に攻撃防禦の方法を提出する機会を与えることが明らかに民事訴訟における手続的正義の要求するところであると認められるような特段の事由がある場合には、裁判所は弁論を再開すべきものであり、これをしないでそのまま判決をするのは違法であることを免れないというべきである。……Yは、原審に対し、

```
A ————————①所有権移転登記等抹消登記手続請求訴訟————————→ Y
              ②第２審の口頭弁論終結前にA死亡
  ↓                      ⇩                                    ↓
  X         ③Aに訴訟代理人が存在したため、
(Aの養子)      訴訟手続は中断せず、口頭弁論終結          ④弁論再開の申立て
```

右事実に基づいてBの前記無権代理行為に関する民法109条ないし110条の表見代理の成否について更に審理判断を求める必要がある、というにあるものと解されるのである。右の主張は、本件において判決の結果に影響を及ぼす可能性のある重要な攻撃防禦方法ということができ、Yにおいてこれを提出する機会を与えられないままY敗訴の判決がされ、それが確定して本件各登記が抹消された場合には、たとえ右主張どおりの事実が存したとしても、Yは、該判決の既判力により、後訴において右事実を主張してその判断を争い、本件各登記の回復をはかることができないことにもなる関係にあるのであるから、このような事実関係のもとにおいては、自己の責に帰することのできない事由により右主張をすることができなかったYに対して右主張提出の機会を与えないままY敗訴の判決をすることは、明らかに民事訴訟における手続的正義の要求に反するものというべきであり、したがって、原審としては、いったん弁論を終結した場合であっても、弁論を再開してYに対し右事実を主張する機会を与え、これについて審理を遂げる義務があるものと解するのが相当である。」

本判決の位置づけ・射程範囲

裁判所は、いったん弁論が終結した後に当事者の主張や証拠を補充する必要があると認めた場合、弁論の再開を命じることができる（民訴153条）。弁論の再開は裁判所の裁量に委ねられ（最大判昭和35・12・7 関連判例）、当事者による弁論再開の申立ては裁判所の職権の発動を促すにすぎない。

本判決は、裁判所に与えられた弁論再開の裁量権は絶対無制限でなく、弁論を再開して当事者に更に攻撃防御の方法を提出する機会を与えることが明らかに民事訴訟における手続的正義の要求するところであると認められる特段の事由がある場合には、裁判所は弁論を再開すべきであり、このような特段の事由があるにもかかわらず弁論を再開しないでY敗訴の判決をした第２審の措置は違法であると判示した点に意義がある。

さらに理解を深める 百選４版41事件〔安西明子〕 最判解民事篇昭和56年度541頁〔遠藤賢治〕、伊藤４版補訂版281頁、新堂５版555頁、松本＝上野７版369頁、中野ほか２版補訂２版252頁、三木ほか160頁、和田213頁、藤田・講義３版270頁、藤田・解析２版278頁 関連判例 最二判昭和23・4・17民集2巻4号104頁、最大判昭和35・12・7民集14巻13号2964頁

第7章　審理の過程　　　　　　　　　　　　　　　　　　　　岡　伸浩

96　攻撃防御方法の提出と信義則

最高裁昭和51年3月23日第三小法廷判決
　事件名等：昭和50年（オ）第767号所有権移転登記手続再反訴請求事件
　掲　載　誌：判時816号48頁、金法796号76頁

概要　本判決は、被告が原告主張の事実を争って反訴請求をしたことから、原告が再反訴をなしたところ、これを受けた被告が一転して先行する反訴請求を放棄して、原告が従前主張した事実を抗弁として主張することは、信義則に著しく反し許されないとしたものである。

事実関係　XはYに対して売買契約の無効を主張するとともに、仮定的に売買契約の取消しの意思表示をし、当該売買契約に基づいて交付した手付金、内金等の返還を求めて訴えを提起した（❶）。また、Xは口頭弁論期日において、当該売買契約の解除の意思表示をした（❷）。YはXの無効、取消し、解除の主張を争い、当該売買契約の残金の支払いを求めて反訴を提起した（❸）。
　Xは、審理が継続している間に、従前の無効、取消し、解除の主張を撤回してYの反訴を認めるとともに（❹）、Yの反訴に応じた金員を適法に供託した上で、当該売買契約に基づき目的物引渡し及び所有権移転登記手続を求めて再反訴した（❺）。Yは、Xの再反訴請求を拒むために、反訴請求を放棄し、Xが本訴で主張した売買契約の取消し、解除を抗弁事実として主張した（❻）。第1審及び第2審がXの請求を認容したため、Yが上告。

判決要旨　上告棄却。「Xが、Yの主張に沿って、本件売買契約の無効、取消、解除の主張を撤回し、右売買契約上の自己の義務を完全に履行したうえ、再反訴請求に及んだところ、その後にYは、一転して、さきに自ら否認し、そのためXが撤回した取消、解除の主張を本件売買契約の効力を争うための防禦方法として提出したものであって、Yの右のような態度は、訴訟上の信義則に著しく反し許されないと解するのが、相当である。これと同旨の原審の判断は、正当として是認することができ、原判決に所論の違法はない。論旨は、ひっきょう、独自の見解を主張するか、原判決の結論に影響を及ぼさない部分を非難するものに帰し、採用することができない。」

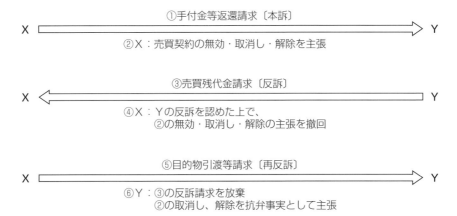

本判決の位置づけ・射程範囲

民事訴訟における信義則（民訴2条）は、①訴訟状態の不当形成の排除、②訴訟上の禁反言、③訴訟上の権利の失効、④訴訟上の権利濫用の禁止に類型化されている。

第2審は、訴訟上の攻撃防御方法として取消し、解除の意思表示がなされた場合に当該訴訟が判決に至らず撤回されて斟酌されなかった場合は、これらの意思表示は訴訟行為とともに効力を喪失し、私法上の効果も生じなかったものと解するとして、訴訟における形成権行使の効果についての議論も検討した上で、仮に私法上の効果が残存しているとしても訴訟上の信義則に反すると判断した。

本判決は、第2審の判断のうち訴訟上の信義則についての判断を取り入れて上告を棄却したものであり、先行する主張と矛盾する抗弁を提出した訴訟行為を訴訟上の信義則に反するとして排斥した。これは上記②に位置づけられ、Yの一連の態度は矛盾挙動に該当するとして、Yの主張を排斥したものと考えられる。

なお、本件ではYの反訴に対してXが再反訴を提起している。反訴に対する再反訴が認められるかについて民訴法上の規定は存在しない。再反訴の可否について手続が錯綜することを理由に否定する見解もあるが、これを禁止する規定は存在しないことから、反訴の要件を充足する限り、再反訴を認める見解が主張されている。東京地判昭和29・11・29 関連判例 は、再反訴の可否について「先ず反訴原告主張の本案前の抗弁について按ずるに、反訴原告は、再反訴は現行民事訴訟法上認められないから、本件再反訴は不適法であると主張するが、現行民事訴訟法においては再反訴を禁止する旨の規定がなく、反訴も一つの訴である以上現行民事訴訟法239条〔現民訴146条〕の解釈としては、これに対し反訴の要件を具備する限り、再反訴を提起しうるものとなさざるを得ない。」と判示して、再反訴を適法として認めている。

さらに理解を深める

百選4版42事件〔吉田直弘〕　伊藤4版補訂版328頁、新堂5版486頁、松本＝上野7版135頁、和田272頁　関連判例　最一判昭和34・3・26民集13巻4号493頁、最一判昭和41・7・14 本書43事件、東京地判昭和29・11・29下民集5巻11号1934頁

第7章 審理の過程　　　　　　　　　　　　　　　岡　伸浩

97 和解終了と建物買取請求権の帰すう

東京地裁昭和45年10月31日判決
　事件名等：昭和42年（ワ）第9995号土地建物賃借権確認等請求事件
　掲載誌：判時622号92頁、判タ259号255頁

概要　本判決は、建物収去土地明渡請求訴訟の被告である土地賃借権の譲受人が建物買取請求権を行使した事案で、当事者間で建物収去土地明渡しの条項を骨子とする裁判上の和解が成立した場合には、建物買取請求権行使の実体法上の効果は遡及的に消滅するが、その効果を援用して建物退去土地明渡請求を排斥できる立場にある建物賃借人が上記和解に同意しない限り、当該建物賃借人との関係では建物買取請求権行使の効果は消滅しないとしたものである。

事実関係　Yは、Y所有の甲土地の賃借権の無断譲渡を理由に、甲土地の賃借権及び甲土地上の乙建物の譲受人であるAに対して建物収去土地明渡しを求め、乙建物の賃借人Xに対して建物退去土地明渡しを求めて訴えを提起した（前訴）。同訴訟でAはYに対して、借地法10条（借地借家14条）に基づいて乙建物の建物買取請求権を行使したところ、YとAの間で「Aは乙建物を収去して甲土地を明け渡し、Yはその代償として750万円を支払う」旨の和解が成立した。他方、YのXに対する請求は、AのYに対する建物買取請求権の行使によってYがAのXに対する建物賃貸人たる地位を承継したとして棄却され、確定した。その後、YがXの乙建物の賃借権の存否を争ったため、XはYに対して、Xが乙建物の賃借権を有することの確認を求めて訴えを提起した（本訴）。

判決要旨　請求認容。「思うに、借地法10条〔借地借家14条〕の買取請求権は形成権であり、その意思表示が相手方に到達すると同時にその形成的効果を生ずるものである。しかし、かかる形成権が訴訟上の攻撃または防禦方法として主張された場合の効果については、別途考慮する必要があり、学説上も争いがある。この点については、当裁判所は、形成権が訴訟上の攻撃防禦方法として主張された場合には、……(1)その意思表示は訴訟上陳述されることを条件として、相手方に到達したときにその実体的効果を発生する。
　……(2)しかし、後日右訴訟が取下、和解等の事由のため、右意思表示について裁判所の実体的な判断を受けることなく訴訟が終了するに至った場合には、一旦発生したその実体的効果は、初めに遡って消滅する。
　……(3)形成権行使の意思表示はそれが訴訟上陳述された場合には、原則として

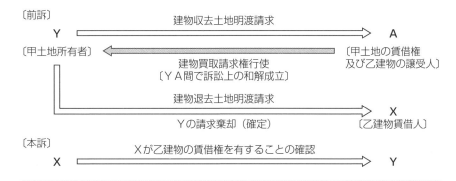

撤回の自由はないが、意思表示をうけた相手方の承諾があれば（訴訟上異議のない場合）、撤回もできる……と解する。」「これを本件について言えば、Aは……別件訴訟において、本件のYに対して訴訟上の防禦方法として買取請求権行使の意思表示をしたが、後に同じ訴訟内でYと前記趣旨の和解をしたのであるから、この両者の関係においては和解の成立時に右意思表示より生じた建物所有権の移転という効果が初めに遡って消滅したものというべきである。……問題は、Y……からAとともに共同被告として訴えられていた建物賃借人たるXに対する関係である。……相被告の建物買取請求権行使という事実により、土地所有者からの建物退去土地明渡の請求を排斥しうる共同被告のある場合には、たとい、買取請求権の行使者たる相被告が、その買取請求の意思表示の撤回をなし、あるいは、訴提起者たる土地所有者と裁判上の和解をして訴を終了させたとしても、建物賃借人たる共同被告（X）に対する関係においては、この者が、右主張の撤回、裁判上の和解に同意を与えないかぎりは、買取請求権行使の効果を払拭しえないものと解するのが相当である。」

本判決の位置づけ・射程範囲

本判決は、係属中の訴訟において土地の賃借権の譲受人Aが賃貸人Yに対して建物買取請求権を行使した後、Aが建物を収去し土地を明け渡す旨の和解が成立した場合、当該建物買取請求権の実体法上の効果は遡って消滅する旨を判示した。その上で、本件では共同被告である建物賃借人Xとの関係でも建物買取請求権行使の効果が消滅するかが問題となった。

本判決は、たとえ建物買取請求権の行使者Aが建物買取請求の意思表示の撤回をしたり、土地所有者Yと裁判上の和解をして訴訟を終了させたとしても、建物買取請求権の効果を援用してYからの建物退去土地明渡請求を排斥できる立場にある共同被告Xとの関係では、XがAによる建物買取請求の主張の撤回、裁判上の和解に同意しない限り、建物買取請求権行使の効果は消滅しないと判断した。

さらに理解を深める 百選4版43事件〔宮川聡〕 新堂5版370頁 **関連判例** 大判昭和9・7・11新聞3725号15頁

第7章 審理の過程　　　　　　　　　　　　　　　　　片山　健

98　訴訟上の相殺の抗弁に対し訴訟上の相殺を再抗弁として主張することの許否

最高裁平成10年4月30日第一小法廷判決
　事件名等：平成5年（オ）第789号貸金請求事件
　掲載誌：民集52巻3号930頁、判時1637号3頁、判タ977号48頁、
　　　　　金法1521号61頁、金判1049号41頁

概要　本判決は、訴訟上の相殺の抗弁に対し訴訟上の相殺を再抗弁として主張することは許されないと判示したものである。

事実関係　Xは、Yとの間で3口の継続的な金銭消費貸借取引を行い、各口とも二十数回にわたる貸付けが繰り返されたが、いずれも最終回の貸付金の弁済が遅滞した。Xは、それぞれの担保としてY振出しの手形3通の交付を受けたが、これらの手形も不渡りになったため、XとYは、うち2通の手形について手形金債権を目的とする準消費貸借契約を締結した。他方で、上記3口の取引における利息は、利息制限法所定の制限利率を超えており、超過利息を元本に充当すると、各取引について、最終回の貸付金の元本が減少するとともに、最終回よりも前の貸付けについては過払になり、YのXに対する不当利得債権が発生した（図1参照）。
　本件は、XがYに対し、準消費貸借債権1及び2（請求原因）に基づき貸金請求をした事案である（図2参照）。これに対し、Yは、準消費貸借債権1及び2を受働債権、不当利得債権1及び2を自働債権とする訴訟上の相殺をしたが（抗弁）、Xは、不当利得債権1及び2を受働債権、手形金債権3を自働債権とする訴訟上の相殺をした（再抗弁）。さらに、Yは、手形金債権3を受働債権、不当利得債権3を自働債権とする訴訟上の相殺をした（再々抗弁）。
　第1審は、Xの請求を棄却したが、控訴審は、抗弁の相殺を記載した準備書面より、再抗弁の相殺を記載した準備書面の方が弁論期日で先に陳述されたから、再抗弁の相殺が先に効力を生じると判断し、Xの請求を一部認容したため、Yが上告した。

判決要旨　原判決破棄。「被告による訴訟上の相殺の抗弁に対し原告が訴訟上の相殺を再抗弁として主張することは、不適法として許されない」
「けだし、（一）訴訟外において相殺の意思表示がされた場合には、相殺の要件を満たしている限り、これにより確定的に相殺の効果が発生するから、これを再抗弁として主張することは妨げないが、訴訟上の相殺の意思表示は、相殺の意思表示がされたことにより確定的にその効果を生ずるものではなく、当該訴訟におい

【図1】取引の概要　　　　　　　　　　　　　　　（最終貸付より前の過払）

金銭消費貸借取引1の最終貸付 → 手形金債権1 → 準消費貸借債権1 …… 不当利得債権1
金銭消費貸借取引2の最終貸付 → 手形金債権2 → 準消費貸借債権2 …… 不当利得債権2
金銭消費貸借取引3の最終貸付 → 手形金債権3 　　　　　　　　　　…… 不当利得債権3

【図2】本件訴訟の攻撃防御　　　　（抗弁）　　　　（再抗弁）　　　　（再々抗弁）

　　　　　　　準消費貸借債権1 ← 不当利得債権1
（請求原因）　　　　　　　　　　　　　　　　手形金債権3 ← 不当利得債権3
　　　　　　　準消費貸借債権2 ← 不当利得債権2

　　て裁判所により相殺の判断がされることを条件として実体法上の相殺の効果が生ずるものであるから、相殺の抗弁に対して更に相殺の再抗弁を主張することが許されるものとすると、仮定の上に仮定が積み重ねられて当事者間の法律関係を不安定にし、いたずらに審理の錯雑を招くことになって相当でなく、（二）原告が訴訟物である債権以外の債権を被告に対して有するのであれば、訴えの追加的変更により右債権を当該訴訟において請求するか、又は別訴を提起することにより右債権を行使することが可能であり、仮に、右債権について消滅時効が完成しているような場合であっても、訴訟外において右債権を自働債権として相殺の意思表示をした上で、これを訴訟において主張することができ……（三）また、民訴法114条2項……は判決の理由中の判断に既判力を生じさせる唯一の例外を定めたものであることにかんがみると、同条項の適用範囲を無制限に拡大することは相当でない」。

本判決の位置づけ・射程範囲

　訴訟上の相殺の法的性質としては、裁判所により相殺の判断がされることを停止条件として実体法上の効果が生じるとする折衷説（停止条件説）が判例・通説である。本判決は、停止条件説に立ちつつ、訴訟上の相殺の抗弁に対し訴訟上の相殺を再抗弁として主張することは許されないとした。

　本判決は、訴訟外で実体法上の相殺をしたことを理由とする再抗弁を妨げるものではない。しかし、訴訟上の相殺は、実体法上の相殺と異なり、停止条件付きの意思表示にすぎず、直ちに自己の債権の消滅という不利益を伴うものではないから、本件の再抗弁、再々抗弁のように安易に主張されて審理が複雑化する面は否定できず、本判決について、民訴法2条の精神に基づく訴訟政策的判断と評する見解もある。なお、学説には、審理の錯綜を招かない場合には本判決の射程は及ばないとする見解もあるが、判示の仕方からして、本判決は、広く一般的に訴訟上の相殺の再抗弁を許さない立場を採用したものといえる。

さらに理解を深める

百選4版44事件〔坂田宏〕　最判解民事篇平成10年度（上）497頁〔長沢幸男〕、コンメⅡ2版468頁、平成10年度主判解216頁〔佐藤陽一〕、中野貞一郎・リマークス1999（下）132頁

第7章　審理の過程　　　　　　　　　　　　　　　　　　　　西岡繁靖

99 責問権の喪失

①最高裁昭和31年6月19日第三小法廷判決
　事件名等：昭和27年（オ）第28号建物所有権移転登記手続請求事件
　掲載誌：民集10巻6号665頁
②最高裁昭和29年2月11日第一小法廷判決
　事件名等：昭和26年（オ）第878号所有権確認並びに所有権移転登記手続請求事件
　掲載誌：民集8巻2号429頁

概要　本判決は、訴えの変更は書面でし、これを相手方に送達する必要があるにもかかわらず、口頭で訴えの変更がされたとしても（①事件）、あるいは、宣誓をさせるべき証人について、宣誓させずに尋問を実施したとしても（②事件）、責問権の喪失によってその瑕疵は治癒されるとしたものである。

事実関係　①事件：Xが建物の登記名義人Yに対しX名義への所有権移転登記手続を求める訴えを提起した。Xは、第1審の口頭弁論期日において、口頭で、建物の所有権がYからA、AからXに移転したのであり、XのAに対する登記請求権を保全するため、AのYに対する登記請求権を代位行使する、したがって、請求の趣旨を「YはXに対し」から「YはAに対し」に訂正すると陳述し、Yも異議はないと述べ、口頭弁論期日調書にその旨が記載された。第1審は変更後のXの請求を認容し、控訴審もYの控訴を棄却したので、Yが上告し、訴えの変更は書面でし、これを相手方に送達する必要があるのに、それがなされなかったと主張した。

②事件：XがYに対し所有権確認等を求める訴えを提起し、第1審で同一証人について2回尋問が実施された。1回目は宣誓の上で尋問が実施され、2回目は別の期日に前回と別の尋問事項について尋問が実施されたが、その際、裁判長は、前回の宣誓の効力を維持する旨述べるのみであった。第1審はXの請求を認容し、控訴審は2回目の証言を事実認定の資料として控訴を棄却したので、Yが上告し、宣誓のない2回目の証言を事実認定の資料とすることは許されないと主張した。

判決要旨　①事件：上告棄却。「訴の変更についての書面の提出または送達の欠缺は、Yの責問権の喪失によって治癒されると解すべきである」。
②事件：上告棄却。「同一審級において同一証人を再び尋問する場合においても、尋問事項を異にする限り再び宣誓をなさしめることを要することは、所論のとお

【判例①】

【判例②】

りであるが、宣誓せしむべき証人を宣誓せしめずして尋問した場合と雖も、当事者が遅滞なく異議を述べないときは、責問権を失ったものというべきである。」

本判決の位置づけ・射程範囲

　当事者は、訴訟手続に関する規定に違反する訴訟行為に異議を述べて無効であると主張する権利（責問権）を有するが、いつまでもこれを行使できるとすると、手続が不安定になり、訴訟経済にも反する。そこで、当事者は、訴訟手続に関する規定の違反を知り又は知ることができた場合に、遅滞なく異議を述べないときは責問権を喪失するとされる（民訴90条本文）。責問権の喪失は、公益性の強い強行規定では認められず（同条ただし書）、主として当事者の訴訟追行上の利益の保障を目的とする任意規定について認められることになるが、どのようなものが認められるかは解釈に委ねられている。①事件では、口頭による訴えの変更が問題となった。訴えの変更は、審判対象の特定等の観点からその内容を明確にし、相手方にその内容を知らせておく必要があるため、書面で行い、これを相手方に送達する必要がある（民訴143条2項・3項）が、当事者がこうした利益を放棄できることに異論はない。②事件では、宣誓を欠く証人の証言が問題となった。宣誓（民訴201条）は、証言の真実性を担保し、裁判の公正を確保しようとするものであるが、真実性担保の一つの手段にすぎず、事実の認定は最終的に裁判所の自由な心証に委ねられていることを考慮すると、公益性の強い強行規定とはいえず、責問権の喪失が認められる。

さらに理解を深める

①事件：最判解民事篇昭和31年度91頁〔長谷部茂吉〕、②事件：最判解民事篇昭和29年度27頁〔大場茂行〕

第7章 審理の過程　　　　　　　　　　　　　　　　　　　　　岡　伸浩

100　時機に後れた攻撃防御方法

最高裁昭和46年4月23日第二小法廷判決
　事件名等：昭和45年（オ）第408号建物収去、土地明渡請求事件
　掲載誌：判時631号55頁

概要　本判決は、控訴審の第11回口頭弁論期日に至って初めてなされた借地法10条（現借地借家14条）に基づく建物買取請求権を行使するという主張は、旧民訴法139条1項（現民訴157条1項）により時機に後れた攻撃防御方法であるとして却下したものである。

事実関係　Y_1は、Xから本件土地を賃借し、その土地上に本件建物を所有していたAから本件土地の賃借権及び本件建物を買い受けるとともに本件建物をY_2に賃貸した。本件土地の所有者Xは上記賃借権譲渡を承諾せず、Y_1に対して建物収去及び土地明渡しを、Y_2に対して建物退去及び土地明渡しを、Y_1ら両名に対して不法占有による損害賠償を求めて訴えを提起した。第1審は、Y_1らがともに口頭弁論期日に出頭しなかったため、Xの請求を一部認容した。Y_1らが控訴。第2審では、Y_1らが抗弁として、Xの承諾を得て本件土地の賃借権の譲渡を受けたと主張したため、Xの賃借権譲渡の承諾の有無が争点となった。その後、第11回口頭弁論期日に至って初めてY_1は借地法10条（現借地借家14条）に基づく建物買取請求権を行使する旨の主張をした。第2審は、これを時機に後れた攻撃防御方法であるとして却下し、Y_1らの控訴を棄却した。Y_1らが上告（なお、Xは第2審の係属中に死亡し、X_1ら5名が受継した）。

判決要旨　上告棄却。「Y_1が第1審において口頭弁論期日に出頭せず、本件建物収去、土地明渡等を含む一部敗訴の判決を受けて控訴し、原審第2回口頭弁論期日（昭和42年9月21日）に、抗弁として、Y_1が前借地人から地上の建物を買い受けるとともに、賃貸人の承諾を得て本件土地の賃借権の譲渡を受けた旨主張したが、X_1ら先代においてこれを争っていたこと、その後証拠調等のため期日を重ねたが、……第11回口頭弁論期日にいたってようやく建物買取請求権行使の主張がなされるにいたった等本件訴訟の経過によってみれば、右主張は、少なくともY_1の重大な過失により時機におくれて提出されたものというべきである。原審においては2度和解の勧告がなされたが、口頭弁論期日もこれと平行して進められたのみならず、和解の試みが打ち切られたのちも、第8回以降の口頭弁論期日が重ねられ、Y_1において十分抗弁を提出する機会を有して

　いたことから考えると、和解が進められていたから前記主張が提出できなかったという所論は、にわかに首肯することができない。……所論建物買取請求権の行使に関する主張は、X_1らが借地法10条所定の時価として裁判所の相当と認める額の代金を支払うまで、Y_1らにおいて本件建物の引渡を拒むために、同時履行等の抗弁権を行使する前提としてなされたものであることを窺うことができるが、所論指摘の各証拠によっては到底右時価を認定するに足るものとは認められず、かくては右時価に関する証拠調になお相当の期間を必要とすることは見やすいところであり、一方、原審は、本件において、前述のように右主張を却下した期日に弁論を終結しており、さらに審理を続行する必要はないとしたのであるから、ひっきょう、Y_1の前記主張は、訴訟の完結を遅延せしめるものであるといわなければならない。」

本判決の位置づけ・射程範囲

　民訴法は、攻撃防御方法の提出につき適時提出主義を採用し（民訴156条）、当事者の故意又は重大な過失によって時機に後れて提出された攻撃防御方法は、これを審理すると訴訟の完結が遅延する場合には、裁判所は申立てにより又は職権で却下すると定める（民訴157条1項）。

　時機に後れた攻撃防御方法として却下するためには、①時機に後れて提出されたものであること、②それが当事者の故意又は重過失に基づくものであること、③その審理によって訴訟の完結が遅延することが要件となる。

　本判決は、第1審の口頭弁論期日に出頭せず、第2審の第11回口頭弁論期日において初めてなされたY_1の建物買取請求権の行使に関して、①②については、訴訟の経過に照らして重大な過失により時機に後れて提出されたものであることを認定した。また、③については、建物買取請求権が行使された時点で既に審理が尽くされていた中で、さらに建物の時価の証拠調べに相当の期間を要すると認定し、建物買取請求権の行使に関する主張は時機に後れた攻撃防御方法であるとして、Y_1の主張を却下した。

さらに理解を深める　百選4版45事件〔出口雅久〕　伊藤4版補訂版287頁、新堂5版528頁、松本＝上野7版368頁、中野ほか2版補訂2版230頁

関連判例　大判昭和6・11・4民集10巻865頁、最二判平成7・12・15**本書168事件**

第7章 審理の過程

岡　伸浩

101 弁論の併合と証拠調べの結果の援用

最高裁昭和41年4月12日第三小法廷判決
　事件名等：昭和38年（オ）第865号売買無効確認所有権移転登記抹消登記手続等請求事件
　掲載誌：民集20巻4号560頁、判時447号58頁、判タ191号75頁

概要　本判決は、弁論の併合前に各々の事件で行われた証拠調べの結果は、併合後の事件においても当初の証拠調べと同一の性質のまま証拠資料になるとしたものである。

事実関係　Xの娘婿Yは、Zに対して61万余円の支払債務を負うに至った。その支払方法として、①Zが借主となりA銀行より100万円の相互契約金の給付を受け、②Zの掛戻債務についてXが保証人となり、X所有の本件不動産に抵当権を設定する、③Yは当該給付金のうち61万余円に達するまで毎月A銀行所定の掛戻債務を負担する旨の約定が成立した。X所有の本件不動産につき抵当権設定登記がなされたが、Yは債務を弁済しなかった。そこで、Zは抵当権設定に際し、Yを通じて交付を受けていたXの売渡証及び白紙委任状等を用いて、XからY、YからZへの売買を原因とする所有権移転登記をした。これに対し、XはY及びZを被告として、売買無効確認等を求めて訴えを提起した。
　第1審では弁論が分離され、YがXの請求原因事実を全部認める旨を陳述したためXY間の訴訟の弁論が終結し（甲事件）、以後XZ間の訴訟につき証拠調べ等の手続が続行された（乙事件）。その後、甲事件の弁論が再開し、ZがXY両名を被告として本件不動産がZの所有であることの確認及びXに対して同不動産の明渡しを求める旨の参加申出をした（丙事件）ため、裁判所は乙事件に甲事件及び丙事件を併合した。併合後の訴訟でX及びZは乙事件での主張立証を援用する旨を陳述し、YはZの主張事実を全て否認する旨を陳述した。第1審は、Xの請求を認容した。第2審は、X及びZ出頭（Yは不出頭）の下で第1審の口頭弁論の結果が陳述され、その後Yの陳述が訂正されないまま各訴訟が分離されずに進められた結果、Xの請求を棄却し、Zの請求を認容した。Xが上告。

判決要旨　一部棄却、一部破棄差戻し。「数個の事件の弁論が併合されて、同一訴訟手続内において審理されるべき場合には、併合前にそれぞれの事件においてされた証拠調の結果は、併合された事件の関係のすべてについて、当初の証拠調と同一の性質のまま、証拠資料となると解するのが相当である。け

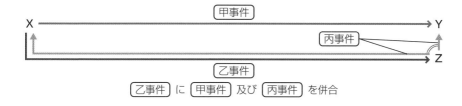

乙事件に甲事件及び丙事件を併合

> だし、弁論の併合により、弁論の併合前にされた各訴訟の証拠資料を共通の判断資料として利用するのが相当だからである。」「したがって、XとZ間の訴訟（乙事件）においてされた証拠調の結果が、併合された他の事件についても、前記認定の訴訟の経過のもとでそのまま証拠資料とすることができることを前提としてした原審の訴訟手続は相当であって、この点に違法はない。」

本判決の位置づけ・射程範囲

　弁論が併合された場合、併合前に各事件で行われた証拠調べの結果をいかに扱うべきかが問題となる。この問題について、併合前において各事件は別事件であったのであるから、各事件の証拠調べの結果は併合後に証拠調べ調書が書証として取り調べられることによって初めて証拠となるという見解が主張されている。この見解は、併合前の各訴訟は弁論が併合されても別訴訟であるという性質を全く失わないという前提に立脚する。

　これに対して、併合前の証拠調べの結果は当然には証拠とはならないと解するが、併合後の口頭弁論において当事者が援用することによって証拠となるという見解が主張されている。この見解は、弁論が併合された時点から各訴訟は一個の訴訟として扱われ、当事者の援用により従前の証拠調べの結果はそのままの性質で（証人の証言又は検証の結果として）証拠資料となると解するものである。さらに、弁論の併合により、各訴訟は当初から同一訴訟手続において併合訴訟として提起されたのと同視すべきと解し、弁論の併合自体の効果によって併合前の証拠調べの結果は当然に証拠となるという見解も主張されている。

　本判決は、弁論の併合前に各事件でなされた証拠調べの結果は、併合後の事件においても、当初の証拠調べと同一の性質のまま証拠資料となると判断した。

　なお、平成8年の民訴法改正は152条2項を新設し、裁判所は当事者を異にする事件について口頭弁論の併合を命じた場合、併合前に尋問をした証人について尋問の機会がなかった当事者が尋問の申出をしたときは、その尋問をしなければならないと定め、尋問の機会のなかった当事者の手続保障に配慮して、再尋問の機会を保障する旨を規定している（民訴152条2項）。

さらに理解を深める

百選Ⅱ補正版117事件〔小松良正〕 最判解民事篇昭和41年度137頁〔奈良次郎〕、伊藤4版補訂版283頁、新堂5版558頁、高橋（下）2版補訂版378頁、三木ほか361頁、和田212頁、藤田・講義3版421頁 **関連判例** 最三判昭和43・11・19民集22巻12号2692頁

第7章 審理の過程　　　　　　　　　　　　　　　　　　　北村治樹

102 裁判外の訴え取下げ合意の効力

最高裁昭和44年10月17日第二小法廷判決
　事件名等：昭和44年（オ）第770号建物所有権確認、建物保存登記抹消請求事件
　掲載誌：民集23巻10号1825頁、判時575号36頁、判タ241号71頁

概要　本判決は、裁判外で訴え取下げの合意が成立した場合には権利保護の利益を喪失したものとして、訴えを却下すべきであるとした事案である。

事実関係　Xは、本件建物について、事実上の婚姻関係にあったAから贈与を受け、後に自ら解体移築したものであって自己の所有であるところ、Aの娘であるYが本件建物の所有権保存登記をしてその所有権を主張しているとして、本件建物の所有権確認及び保存登記の抹消を求めて訴えを提起した。第1審は、Xの請求を認容する判決をしたが、原審では、Yは、「当事者間において、YがXに示談金を提供し、Xは、本件建物についての請求権を放棄し、本訴を取下げる旨の和解が成立し、Yは示談金を支払ったから、Xは本訴を取り下げるべきである。」と主張した。原審は、Yの主張を認め、訴訟外で当事者間に示談が成立し、訴え取下げの合意ができた場合、民訴法上明文の規定もないので、訴えをこれ以上実施する利益、必要のない、客観的要件を欠く場合の一種であるとして、訴えを却下するのが相当であると判示し、原判決を取り消した上、Xの本訴を却下した。これに対し、Xは、合意に基づく金員支払が未だ履行されていないとし、訴え取下げの合意に対するXの認否も反証も許さないで終結したのは審理不尽であるとして上告した。

判決要旨　上告棄却。「所論訴の取下の合意に関する原審の認定は、原判決挙示の証拠に照らして肯認することができる。そして、記録によれば、……その手続になんら所論の違法があるとはいえない。しかして、原判示のような訴の取下に関する合意が成立した場合においては、右訴のXは権利保護の利益を喪失したものとみうるから、右訴を却下すべきものであり、これと結論を同じくする原審の判断は相当である。」

本判決の位置づけ・射程範囲

　訴えの取下げは、原告がいったん裁判所に申し立てた紛争解決あるいは権利保護の要求の撤回であり、原告の一方的意思表示によってされ、その要件、方式、

①訴え提起

X ────────────────────────→ Y

②訴訟外で
訴え取下げの合意　→　効果は？

効果については法定されている（民訴261条・262条）。

他方、訴訟外で訴え取下げの合意をした場合については、明文の定めがない。訴訟上の合意について、管轄の合意（民訴11条）、不控訴の合意、飛躍上告の合意（民訴281条1項ただし書）等のように明文の定めがあるものもあるが、訴え取下げの合意のように明文の定めがない場合に、その効力について問題となる。

訴え取下げの合意の効力については、かつては、このような合意の効力を有効と認める訴訟法上の規定もなく、その強制手段もないとして、その効力を否定する立場もあった（大判大正12・3・10 関連判例）。しかし、現在では、訴訟係属中に期日外で訴えの取下げの合意をすることは、その内容も明確であり、訴訟手続を特に不安定にさせるわけではないから、適法であるとされている。

訴え取下げ合意の法的性質及び効果については、以下のとおり議論がある。まず、①訴え取下げの合意がされると、原告に訴えを取り下げるべき私法上の作為義務が生じ、その合意に違反して原告が訴えを取り下げないときは、被告が訴え取下げの合意の存在を主張、立証することにより、権利保護の利益が失われたとして、裁判所は、訴えを却下する判決をするという立場である（私法契約説）。

他方、②訴え取下げの合意は訴訟係属の消滅を目的とするものであり、訴え取下げ合意の効力が認められると、裁判所は合意により訴訟が終了した旨の宣言をする判決をすべき、あるいは、裁判所に訴え取下げの合意が成立したことを報告したときにその効力が生じ、裁判所はその旨の判決をすべきという立場がある（訴訟契約説）。また、③私法契約と訴訟契約とが併存すると考える立場もあり、この立場によると、訴え取下げの合意の場合、私法上の契約としては、原告が被告に対して訴え取下げという訴訟行為をなす義務を負担するが、同時に訴訟上の契約の効力として、訴訟係属消滅の効力が発生する。したがって、原告が訴え取下げの義務を履行しない場合であっても被告が合意の事実を主張・立証すれば、裁判所は、訴訟係属が消滅したものとして、訴訟終了宣言をなすことになる（併存説）。

本判決は、①の私法契約説の立場に立つことを明確にしたことに意義があるといえる。

さらに理解を深める　**百選4版93事件〔松下祐記〕**　最判解民事篇昭和44年度793頁〔千種秀夫〕、伊藤4版補訂版324頁、新堂5版346頁、中野貞一郎＝松浦馨＝鈴木正裕編『民事訴訟法講義〔第3版〕』（有斐閣、1995年）376頁、松本＝上野7版518頁、注釈(5)28頁〔伊藤眞〕、条解2版1440頁〔竹下守夫＝上原敏夫〕　**関連判例**　最三決平成23・3・9民集65巻2号723頁、大判大正12・3・10民集2巻91頁

第7章 審理の過程　　　　　　　　　　　　　　　　　安部祐志

103 証拠制限契約の有効性

東京地裁昭和42年3月28日判決
　事件名等：昭和40年（ワ）第7810号建物収去土地明渡請求事件
　掲載誌：判タ208号127頁

概要　本判決は、土地賃貸借契約における、借地上の建物を増改築するには、地主の書面による承諾を要する旨の特約は、証拠制限契約に該当するとした上で、証拠制限契約の有効性について判示したものである。

事実関係　原告Xは、訴外Aに対し、本件土地を賃貸したが、その際XA間において、「賃借人が本件土地上に工作物を新築し、または増改築をするに際しては、賃貸人の書面による承諾を受けねばならない。」旨の本件特約が成立した（❶）。Aは、本件土地上に本件建物を建築した（❷）。その後、Yは、Aより本件建物を購入し、その敷地たる本件土地の賃借権の譲渡を受け（❸）、Xはこれを追認した（❹）（ここまでの事実関係には争いはない）。

その後、Yは、Xの書面による承諾を得ることなく、浴室及び2階部分の増改築工事を行った（❺）。そこで、Xは、Yに対し、無断増改築を理由に、本件賃貸借契約を解除する旨の意思表示を行い（❻）、本件建物の収去及び本件土地の明渡しを求めて提訴した。

判決要旨　請求棄却。土地賃貸人が、賃借権の譲渡を承認する際、特に旧賃借人との間の賃借条件と異なる約定をしない限り、新賃借人は、旧賃借人と同一の賃借条件をそのまま承継するとした上で、本件特約の効力について、次のように判示した。

「右のように建物増改築禁止の特約があり、その承諾のあったことにつき必ず書面を必要とするとしたのは、将来無用の紛争の生ずるのを予防することを目的とするものであると認められるが、その趣旨とするところは、原告の承諾のあった事実は必ず書面をもって立証することを要し、他の証拠方法による立証を許さないことを意味するのであって、いわゆる証拠制限契約に該当するものとみられる。このように係争事実の確定方法について特定の証拠方法を提出することに限定し、それだけによって事実の証明をすべきであるとする当事者間の合意が有効であるかについては争いの存するところであるが、職権証拠調が原則的に許されない現行民事訴訟制度のもとにあっては、弁論主義が適用され当事者の自由処分が許される事項に限り、裁判所の自由心証主義に抵触しない範囲でこれを許容し

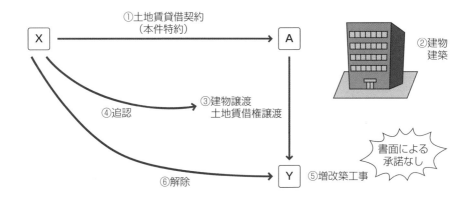

ても何ら妨げないから、その限度において右合意も適法かつ有効と解するを相当とするところ、原被告が前示のごとき特約をすることは当事者の自由処分に委ねられる事項であり、しかも右特約それ自体によって裁判所の自由心証が制約されることもないため、前示特約はこれを有効と解すべきである。」

もっとも、明渡請求の可否という結論においては、賃貸借当事者間において、いわゆる信頼関係の破壊は認められないとして、解除の効力を否定し、Xの請求を棄却した。

本判決の位置づけ・射程範囲

証拠制限契約とは、ある事実の証明の方法を書証のみに限定し、又は証人を特定人に限定するなど、証拠を一定のものに限定する当事者間の合意であり、証拠契約の一種である。

証拠制限契約の有効性について判示した大審院又は最高裁判所の判例は見当たらない。本判決以前の地裁裁判例には、証拠制限契約は、ある事実の有無の認定を一定の証拠による他は許さないとする点において、自由心証主義に反するから無効である旨判示したものも存在する。

しかし、弁論主義の下では、当事者に証拠の提出とその申出の撤回の自由が認められていること、証拠制限契約においても、制限の範囲内で提出された証拠方法については、裁判所が証拠を自由に評価して事実を認定することができるのであり、直ちに自由心証主義に反することにはならず有効とするのが学説の大勢である（下記各文献）。

これに対し、当事者が申し出た証拠から形成する裁判所の心証の対象を限定しようとしたり、取り調べが終了した証拠を後に用いないような当事者の合意は、いったん形成された裁判所の自由心証を制約することになるため、無効である。

証拠制限契約が有効である場合には、これに反する証拠の申出は、証拠能力がないものとして却下される。

| さらに理解を深める | **百選Ⅱ補正版119事件〔柳田幸三〕** 伊藤４版補訂版353頁、新堂５版601頁、コンメⅣ46頁 |

第7章 審理の過程　　　　　　　　　　　　　　　　　五十嵐章裕

104 他人の可罰行為による訴えの取下げ

最高裁昭和46年6月25日第二小法廷判決
　事件名等：昭和46年（オ）第243号認知請求事件
　掲　載　誌：民集25巻4号640頁、判時637号40頁、判タ265号138頁

概　要　本判決は、詐欺脅迫等明らかに刑事上罰すべき他人の行為によってなされた訴えの取下げは、民訴法420条1項5号（現民訴338条1項5号）の法意に照らし、無効と解すべきである旨判示したものである。

事実関係　XからYに対する認知請求訴訟において、第1審判決は、父子関係の存在を認めて請求を認容し、Yは控訴した。控訴審において、Yは、Xの法定代理人母Aが自動車を損傷したことについて、真実は告訴をする意思がないのにAを告訴すると脅迫し、畏怖したAをしてXの法定代理人として訴えの取下書に署名押印させ、同取下書は控訴審裁判所に提出された。Aは、その翌日、上記訴えの取下げはYの脅迫によるものであり、Aの真意に基づかないものであるから取り消す旨を記載した上申書を控訴審裁判所に提出し、その後開かれた口頭弁論期日でX訴訟代理人からも上記訴えの取下げが無効であるとの主張がされた。控訴審裁判所は、上記訴えの取下げは、Yの刑事上罰すべき強要行為によってなされたものであり、このような場合には、民訴法420条1項（現民訴338条1項5号）の精神に則り無効の主張を許すべきであると判断し、Yの控訴を棄却した。Yより上告。

判決要旨　上告棄却。「訴の取下は訴訟行為であるから、一般に行為者の意思の瑕疵がただちにその効力を左右するものではないが、詐欺脅迫等明らかに刑事上罰すべき他人の行為により訴の取下がなされるにいたったときは、民訴法420条1項5号〔現民訴338条1項5号〕の法意に照らし、その取下は無効と解すべきであり、また、右無効の主張については、いったん確定した判決に対する不服の申立である再審の訴を提起する場合とは異なり、同条2項〔現民訴338条2項〕の適用はなく、必ずしも右刑事上罰すべき他人の行為につき、有罪判決の確定ないしこれに準ずべき要件の具備、または告訴の提起等を必要としないものと解するのが相当である。」

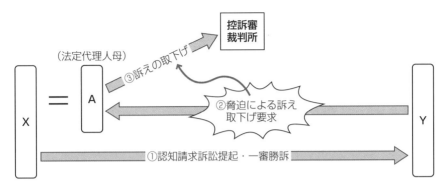

本判決の位置づけ・射程範囲

　訴訟行為に民法上の意思表示の瑕疵に関する規定が適用されるか否かについては、行為の明確と訴訟手続の安定を期するため、訴訟行為には表示主義・外観主義が支配するとして、原則としてこれを否定するのが伝統的通説であり、訴えの取下げも、この理が妥当するものとされている。

　本判決は、上記の原則を前提としつつ、訴えの取下げが他人の明らかな可罰行為によってされた場合には、その無効の主張が許されることを認めた上で、無効を主張するための要件としては、民訴法420条1項（現民訴338条1項5号）の事由、すなわち有罪判決の存在等は不要であることを示し、表意者の救済を図ったものであり、従来の通説もこれと同様である。

　他人の可罰行為による訴訟行為の効力を否定した裁判例としては、裁判上の自白に関する最一判昭和33・3・7 関連判例 などが本判決に先だって存在したが、本判決により、裁判上の自白のように再審事由（民訴338条1項5号）に明記されている場合でなくても、再審規定の法意から訴訟行為の効力を否定する余地が認められた。

　上記のように再審事由を顧慮する方法によって訴訟行為の効力を否定する考え方に対しては、無効主張が許される範囲が再審事由又はそれに準ずる場合に限定されると、錯誤や詐欺・脅迫行為のうち犯罪の成立には至らない場合の救済が不十分であるとの批判がある。また、訴訟行為といえども多様なものがあり、手続安定の考慮の必要性を一律に論じることはできない。最近の学説では、手続安定の考慮の必要性を訴訟行為ごとに検討し、訴えの取下げ、請求の放棄・認諾など、訴訟終了の効果が生じる訴訟行為については、民法95条・96条の類推適用を認めるべきであるとする見解が有力である。

　なお、最一判昭和44・9・18 関連判例 は、執行証書の執行受諾の意思表示につき、民法95条の適用があると判示しているが、同判決は、上記行為が訴訟手続を組成する一連の訴訟行為の一環として行われるものでなく、手続安定の考慮を要しないことを理由としている。

さらに理解を深める　百選4版92事件〔石渡哲〕　最判解民事篇昭和46年度（下）273頁〔野田宏〕、伊藤4版補訂版325、448頁、中野ほか2版補訂2版246頁　関連判例　最二判昭和33・3・7民集12巻3号469頁、最一判昭和36・10・5民集15巻9号2271頁、最一判昭和44・9・18民集23巻9号1675頁

第8章　証　明　　　　　　　　　　　　　　　　　　小畑英一

105　証人尋問終了後における証人尋問申出撤回の可否

最高裁昭和32年6月25日第三小法廷判決
　事件名等：昭和30年（オ）第883号契約保証金返還等請求事件
　掲載誌：民集11巻6号1143頁、判タ72号64頁

概要　本判決は、証人尋問が終了した後に申請当事者が当該証人尋問の申出を撤回したが、当該証人に係る証言を証拠資料とされたという事実関係の下で、証人尋問申出は当該尋問が終了した後はもはや撤回することができないとの判断を示した事案である。

事実関係　原審口頭弁論において、Xは証人Aの人証申請をし、同人の尋問が実施されたところ、原審はAの証言を一資料としてXを敗訴させた。Xは、次のとおり主張し、上告をした。
①人証申請後に証人Aが相手方と謀議して虚偽の証言をするおそれがあったことから、人証申請を取り止める趣旨で証人費用を予納しなかったにもかかわらず、原審はその費用を相手方に代納させて尋問を実施した点に手続上の違法がある。
②Aの尋問終了後にXがその申出を撤回したにもかかわらず原審がこの証言を証拠資料としたのは違法である。

判決要旨　上告棄却。「証人訊問の申請をした当事者が、その費用を予納しなかった場合、相手方が予納したときは、裁判所は、右証人訊問の手続を採り得ると解するのが相当である。
　なお、当事者の一方が適法に呼出を受けながら在廷しない場合においては、当該期日に証人訊問をなし得ることはいうまでもないし、またXは、所論証人訊問の終了後、右証人訊問の申請を撤回したのであるが、証人訊問終了後は、その申請を撤回することを得ない。」

本判決の位置づけ・射程範囲　本判決は、人証申請に係る証人がいわゆる敵性証人であることが判明し、人証申請の撤回がなされたが、そのような場合であっても、証人尋問実施後はもはや申請の撤回は認められないとの判断を示したものである。

　弁論主義の下においては、原則として証拠の提出は当事者自らの責任と判断の下でなすべきところ、いったん人証申請をした場合であっても、その証拠調べがなされるまでは、当該申請をした当事者がこれを撤回することは認められている。

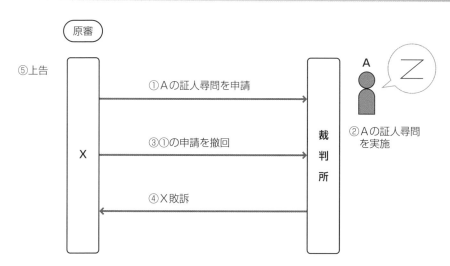

では、証拠調べが実施された後であってもかような撤回が認められるか、これが本件の論点である。

この点について、本判決は特段の理由を付していないが、消極に解しており、通説的見解はこれを支持する。

証拠調べが終了すれば、証拠申出の目的が達成されてしまっており、証拠申出の撤回はもはや許されず、実質的にも、事実認定において、いったん取り調べられた証拠は、申請当事者に有利にも不利にも作用するという証拠共通の原則の下では、証拠調べの結果が相手方に有利に働く可能性がある以上、その撤回を認めることは相手方の利益を害するおそれがあるからである。

他方、本件とは異なり、相手方の同意がある場合には、証人尋問実施後であっても人証申請を撤回できるか否かは争いがある。

この点について、証拠共通の原則の点からは問題がなくとも、撤回を認めた場合には、自由心証主義の下、証拠調べにより既に心証を形成した裁判官に対して不自然な心証形成を強いることになるとしてこれを消極に解する通説的見解に対して心証形成に影響を及ぼした証拠を排除することも可能であるとして、これを積極に解する反対説もある。

裁判実務においては、書証に関してではあるが、証拠調べが終了した後であっても相手方の同意があればこの撤回を認める例があるとの指摘もなされている（門口正人編代『民事証拠法大系(2)』（青林書院、2004年）141頁）。

本件では、証人尋問実施後の人証申請撤回の可否のほか、証人尋問に係る費用の予納（民事訴訟費用等に関する法律12条）について、人証申請を行った当事者ではない相手方当事者がこれをなしうるかも論点となっているが、この点についても、本判決は特段の理由を付すことなく積極に解している。

さらに理解を深める **百選4版A22事件〔吉田元子〕** 伊藤4版補訂版370頁、新堂5版623頁、高橋（下）2版補訂版94頁、条解2版1046頁〔松浦馨＝加藤新太郎〕

第8章　証　明　　　　　　　　　　　　　　　　　　　　　進士　肇

106　民訴法248条の適用による損害額の算定

最高裁平成20年6月10日第三小法廷判決
　事件名等：平成18年（受）第265号損害賠償請求事件
　掲載誌：判時2042号5頁、判タ1316号142頁

概要　採石権侵害の不法行為を理由とする損害賠償請求事件において、損害の発生を前提としながら、民訴法248条の適用について考慮することなく、損害額の算定ができないとして請求を棄却した原審の判断には法令違反があるとされた事案である。

事実関係　採石業を営むX社は、平成7年7月20日当時、本件土地1及び2の各土地につき、採石権（採石法4条）を有していた。Y₁社は、平成7年7月20日、ダイナマイトによる発破を掛けて、同月27日ころまでの間、本件各土地の岩石を採掘した。X社は平成7年7月27日、長崎地裁壱岐支部に対し、Y₁社を債務者として、本件各土地における採石の禁止等を求める仮処分を申し立て、同年8月8日、両者間で和解が成立した（本件和解）。本件和解で、①本件土地2を含む北側の一部についてはXに採石権がある、②本件土地1を含む南側の一部についてはY₁に採石権がある、③上記は、本件和解時までに発生した採石権の侵害等に基づく互いの損害についての賠償請求を妨げるものではない、ことが確認された。ところが、Y₁社は、本件和解の後である平成8年4月2日、本件土地2において採石をした。そこでXは、採石権侵害を理由に、Y₁社及び同社の代表者であるY₂個人が連帯して不法行為責任を負うとして、損害賠償請求した。

　原審（福岡高裁）は、Xの請求のうち、本件土地1における本件和解前の平成7年7月20日～27日ころまでの間に採石した量については、和解前後の採石量を区別し得る明確な基準を見出せないのでXの損害額を算定することが不可能であるとして、損害賠償請求を棄却した。X上告。

判決要旨　一部破棄差戻し、一部棄却。「Xは本件和解前には本件土地1についても採石権を有していたところ、Y₁は、本件和解前の平成7年7月20日から同月27日ころまでの間に、本件土地1の岩石を採石したというのであるから、上記採石行為によりXに損害が発生したことは明らかである。そして、Y₁が上記採石行為により本件土地1において採石した量と、本件和解後にY₁が採石権に基づき同土地において採石した量とを明確に区別することができず、損害額の立証が極めて困難であったとしても、民訴法248条により、口頭弁論の

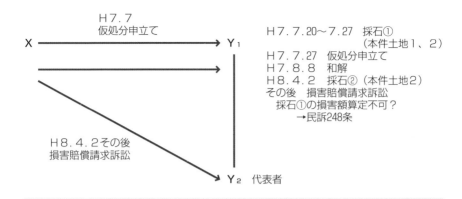

全趣旨及び証拠調べの結果に基づいて、相当な損害額が認定されなければならない。そうすると、Y₁の上記採石行為によってXに損害が発生したことを前提としながら、それにより生じた損害の額を算定することができないとして、Xの本件土地1の採石権侵害に基づく損害賠償請求を棄却した原審の上記判断には、判決に影響を及ぼすことが明らかな法令の違反がある。」

本判決の位置づけ・射程範囲

民訴法248条の法的性質については争いがある。事実認定するためには、原則的証明度（高度の蓋然性）が必要であるところ、同条は、認定すべき事実の性質を考慮して、損害額認定という限定された場面で、証明度を一定の範囲で軽減することを許容したものとする「証明度軽減説」と、同条は、損害額の評価については裁量的であることを許容したものであるとする「裁量評価説」とに大きく分かれるが、本判決は裁量評価説に立ったものと解される。

本判決は、損害額の立証が極めて困難なケースにおいて、民訴法248条が、裁判所に相当な損害額の認定を許容する行為規範としての機能を超えて、相当な損害額を認定せずに請求棄却すれば、判決に影響を及ぼすことが明らかな法令違反と評価されるとする評価規範として機能させ、本条の適用を裁判所に義務付けた、との指摘がある（加藤・後掲参照）。本条の適用事案は、不法行為事案における動産の滅失、経済的損害、談合による損害など多岐にわたるが、本条同旨の知財関係法における条項（特許105条の3、著作114条の5等）にも、本判決の射程が及ぶと思われる。

さらに理解を深める 平成20年度重判民訴6事件〔加藤新太郎〕 加藤新太郎・判タ1343号59頁、平成21年度主判解132頁〔山之内紀行〕、越山和広・速報判例解説4号119頁、三木浩一・リマークス2009（下）114頁、伊藤滋夫・判時1792号3頁、1793号3頁、1796号3頁、法務省民事局参事官室編『一問一答新民事訴訟法』（商事法務研究会、1996年）287頁、条解2版1387頁〔上原敏夫〕 **関連判例** 最三判平成18・1・24判時1926号65頁（国家賠償請求事案）、東京地判平成18・4・28（本書108事件）（談合事案）など多数。本判決の別個の争点につき、最一判昭和49・2・28判時735号97頁

第8章 証　明

武井洋一

107 訴訟上の証明の意義

最高裁昭和50年10月24日第二小法廷判決
　事件名等：昭和48年（オ）第517号損害賠償請求事件
　掲　載　誌：民集29巻9号1417頁、判時792号3頁、判タ328号132頁

概要　本判決は、幼児が下記のルンバール施術を受けた後、嘔吐、けいれんの発作等を起こし、右半身けいれん性不全麻痺、知能障害及び運動障害等の病変が生じた事案につき、全証拠を総合検討した結果、他に特段の事情がないかぎり、ルンバールと発作等及び病変との間の因果関係を否定するのは経験則に反するとして、これを否定した原審を破棄差戻しし、訴訟上の証明は、自然科学的証明ではなく、経験則に照らして高度の蓋然性を証明することであると判断した事案である。

事実関係　X（当時3才）は、化膿性髄膜炎のためY経営の病院へ入院して治療を受け軽快しつつあったが、ルンバール（腰椎穿刺による髄液採取とペニシリンの髄腔内注入）の施術を受けた15分ないし20分後に上記発作等を起し、その後退院したものの、知能障害、運動障害等の後遺症がある。そこで、Xは、各障害はルンバールのショックによる脳出血に起因し、施術した医師に過失があったとして、Yに対し、損害賠償を請求したが、原審は、下記①～⑤等の事実認定をしつつも、ルンバール施術と上記発作等及び病変との間の因果関係を否定し、請求を棄却した。①Xの化膿性髄膜炎の症状は、ルンバール施術直後、医師が採取した髄液を見て「すっかりよくなりましたね。」と述べ、また、本件発作後の髄液所見でも施術前より病状の好転を示していた。②もともと脆弱な血管の持主で出血性傾向が認められたXに対し、ルンバールを実施したことにより脳出血を惹起した可能性がある。③Xの発作等に対する臨床医的所見と、その脳波所見とを総合して観察すると、脳の異常部位が脳実質の左部にあると判断される。④Xの発作後退院まで、主治医は、その原因を脳出血によるものと判断し治療を行ってきた。⑤化膿性髄膜炎の再燃する蓋然性は通常低いものとされており、当時他にこれが再燃するような特別の事情も認められなかった。

判決要旨　破棄差戻し。(i)「訴訟上の因果関係の立証は、一点の疑義も許されない自然科学的証明ではなく、経験則に照らして全証拠を総合検討し、特定の事実が特定の結果発生を招来した関係を是認しうる高度の蓋然性を証明することであり、その判定は、通常人が疑を差し挟まない程度に真実性の確信を持ちうるものであることを必要とし、かつ、それで足りるものである。」

第8章　証明　215

証明度　高 ←――――――――――――――――――→ 低

| 一点の疑義を有しない自然科学的証明 | 高度の蓋然性の証明 | 証拠の優越 |

└―― 民事訴訟の因果関係の存在を認定 ――┘

(ⅱ)上記①～⑤等の事実認定を前提に、「以上の事実関係を、因果関係に関する前記一〔上記(ⅰ)〕に説示した見地にたって総合検討すると、他に特段の事情が認められないかぎり、経験則上本件発作とその後の病変の原因は脳出血であり、これが本件ルンバールに因って発生したものというべく、結局、Xの本件発作及びその後の病変と本件ルンバールとの間に因果関係を肯定するのが相当である。

原判決の挙示する証人……の各証言鑑定人……の各鑑定結果も……、右結論の妨げとなるものではない。」

本判決の位置づけ・射程範囲

本判決は、民事訴訟における因果関係の証明度（事実に関する争点につき、どの程度の証明がなされれば、裁判官が一定の事実が存するという心証を形成して事実認定をしてよいかを決する基準）について判旨(ⅰ)のとおり判示し、訴訟上の証明について、民事訴訟においても、刑事訴訟（最一判昭和23・8・5 関連判例）同様、自然科学における実験に基づく論理的証明ではなく、いわゆる歴史的証明であって、通常人が疑いを差し挟まない程度の「高度な蓋然性」の証明で足りる、と判断した先例的価値を有するものであり、学説上も通説となっている。

また、本判決を受けて、例えば最三判平成9・2・25 関連判例（薬剤投与と疾患発症との因果関係の証明）、最一判平成11・2・25 関連判例（診療の不作為と患者死亡の間の因果関係の証明）、最三判平成12・7・18 関連判例（被爆者の疾病等の原子爆弾による放射線起因性の証明）などにおいても、本判決と同様の判示がなされており、本判決は因果関係の証明にとどまらず、証明度についての一般的な基準（高度の蓋然性）を確立する重要な意義を有するものと評価されている。

これに対し、証明度としては、「高度の蓋然性」ではなく「証拠の優越」で足りるとする見解も有力に主張されているが、通説は、証拠の優越を基準とすると、事実認定が偶然の要素に大きく左右されてしまうこと、訴訟制度は原則として現状の保護に価値をおいており、公権力による強制的な権利実現となる判決は基礎が十分であるべきこと、などを根拠として「高度の蓋然性」を要求する。もっとも、通説においても、証明が事柄の性質上困難であることや実体法の規範の目的・趣旨に照らして証明困難な結果が著しい不正義を生じること等の要件が満たされれば、証明度の軽減が認められる場合もあると解している。

さらに理解を深める

百選4版57事件〔上原敏夫〕　最判解民事篇昭和50年度471頁〔牧山市治〕、百選3版65事件〔笠井正俊〕、百選Ⅱ補正版109事件〔鈴木俊光〕、医事百選58事件〔野村好弘〕、伊藤4版補訂版332頁、伊藤眞・判タ1098号4頁

関連判例　最一判昭和23・8・5刑集2巻9号1123頁、最三判平成9・2・25民集51巻2号502頁、最一判平成11・2・25民集53巻2号235頁、最三判平成12・7・18判時1724号29頁

第8章 証　明

町村泰貴

108　損害賠償額の算定

東京地裁平成18年4月28日判決
　事件名等：平成12年（行ウ）第203号損害賠償（住民訴訟）請求事件
　掲載誌：判時1944号86頁

概要　本件は、談合による損害額が民事訴訟法248条に基づき算定された事例である。

事実関係　地方公共団体の一部事務組合が発注したごみ処理施設建設工事について、入札に参加した企業がすべて談合に参加した結果、Y社（被告）が落札予定者とされ、入札予定価格159億余円に対して149億余円で落札した。これに対して住民が談合による損害38億余円の賠償を求め、住民監査請求棄却を経て、事務組合に代位して損害賠償等を求めたのが本件訴訟である。なお公正取引委員会は、本件入札参加企業が談合行為を行っていた疑いがあるとして排除勧告を行い、本件訴訟の口頭弁論終結時においては審判事件が係属中であった。本判決は、談合行為について詳細な認定に基づいてその存在を認め、また談合がなければ形成されたはずの想定落札価格に基づく契約金額と談合に基づく実際の契約金額との差額分について、本件組合に損害を与えたものと認定した。

判決要旨　請求一部認容。「想定落札価格は実在しない価格であり、また、健全な競争入札における落札価格は、当該具体的な工事の種類・規模・場所・内容、入札当時の経済情勢及び各社の財務状況、当該工事以外の工事の数・請負金額、当該工事に係る入札への参加者数、地域性等の多種多様な要因が複雑に絡み合って形成されるものであり、本件入札における想定落札価格を証拠に基づき具体的に認定することは困難であるものといわざるを得ない。
　したがって、本件においては、本件組合において損害が生じたことは認められるものの、損害の性質上その額を立証することが極めて困難であるから、民事訴訟法248条に基づき、口頭弁論の全趣旨及び証拠調べの結果に基づき、相当な損害額を認定すべきものである。」
　以上の観点から具体的な損害額については、「損害額の算定が困難な中において被告会社に損害賠償義務を負わせる以上、当該賠償額の算定に当ってはある程度手堅く控え目な金額をもって認定することもやむを得ない」として、種々の事情の総合考慮の上で、損害額は契約金額の5％に相当する12億余円と認めるのが相当である。

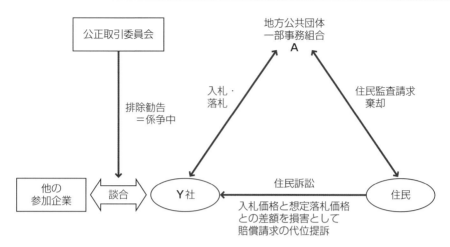

本判決の位置づけ・射程範囲

　民訴法248条は、平成8年の現行法において明文化された条文であり、損害の存在は認められるが、その額の立証が著しく困難な場合に、相当な損害額を認定することができると定める。この規定は自由心証主義（民訴247条）の前提として要求される証明度を軽減するものであり、自由心証主義の例外規定である。損害算定が困難な場合は請求を棄却するのではなく248条の適用をしなければならないと解されている（最三判平成18・1・24判時1926号65頁）。同種の規定は、特許法105条の3や不正競争防止法9条、著作権法114条の5など、知的財産諸法にある。

　本条を適用する裁判例は極めて多いが、類型的に大別するならば、主として住宅火災による動産の滅失のように個々の損害を積み上げることが現実的でない場合（東京地判平成11・8・31判時1687号39頁）と、多くの仮定的要素が損害額算定にあたって考慮されなければならないために算定が著しく困難と考えられる事例（競業避止義務違反や忠実義務違反により会社に与えた損害について民訴法248条を適用した大阪高判平成10・5・29判時1686号117頁、特許庁職員の過失により特許権の質権を取得できなかった場合の国賠請求に民訴法248条の適用をすべきとした前掲最三判平成18・1・24など）がある。本判決も、後者に属する。

　なお、旧民訴法時代には、いわゆる鶴岡灯油裁判上告審判決（最二判平成元・12・8民集43巻11号1259頁）において、不当な取引制限に当たる価格協定により消費者に与えた損害の算定に必要な要素を立証していないことをもって、不法行為に基づく損害賠償請求を棄却していた。本判決の判断枠組みによれば、ヤミカルテルによる消費者の損害の算定についても民訴法248条適用が考えられるところである。

さらに理解を深める　伊藤4版補訂版353頁以下、伊藤眞「民事訴訟法第248条再考」栂善夫先生・遠藤賢治先生古稀祝賀『民事手続における法と実践』（成文堂、2014年）495頁以下、藪口康夫・判夕868号40頁　**関連判例**　本文に挙げたもののほか、最三判平成23・9・13民集65巻6号2511頁

第8章　証　明　　　　　　　　　　　　　　　　　　　　　　　町村泰貴

109　過失の概括的認定

最高裁昭和39年7月28日第三小法廷判決
　事件名等：昭和38年（オ）第714号損害賠償請求事件
　掲載誌：民集18巻6号1241頁、判時380号26頁、判タ165号78頁

概　要　本件は、医師Yのした麻酔注射がXにブドウ状球菌感染症を引き起こしたとして、医療過誤の損害賠償を請求する訴えであり、ブドウ状球菌の感染が注射器具、施術者の手指又は注射部位のいずれかの消毒不完全によると認定したことが過失の認定事実として不完全とはいえないと判断したものである。

事実関係　本件は無痛分娩のために妊婦に麻酔注射をしたところ、妊婦の体内にブドウ状球菌が入って繁殖したため、硬膜外膿瘍、圧迫性脊髄炎にかかったという医療事故の事例である。医師Yの過失による不法行為として150万円の損害賠償が請求され、第1審では原告の請求が棄却されたが、控訴審は約60万円の賠償請求を認容した。そこでYが、過失認定について具体的認定を欠いている等の理由により上告を申し立てた。

判決要旨　上告棄却。「原判決は、前記注射に際し注射器具、施術者の手指あるいは患者の注射部位の消毒が不完全（消毒後の汚染を含めて）であり、このような不完全な状態で麻酔注射をしたのはYの過失である旨判示するのみで、具体的にそのいずれについて消毒が不完全であったかを明示していないことは、所論の通りである。
　しかしながら、これらの消毒の不完全は、いずれも、診療行為である麻酔注射にさいしての過失とするに足るものであり、かつ、医師の診療行為としての特殊性にかんがみれば、具体的にそのいずれの消毒が不完全であったかを確定しなくても、過失の認定事実として不完全とはいえないと解すべきである」。

本判決の位置づけ・射程範囲　本判決は、医療過誤事件における医師の過失を消毒の不完全として認定しつつ、いくつか可能性のある消毒不完全の事実を確定することなく、過失を認定した原審判決について、違法ではないと判示したものである。過失を基礎づける事実について選択的認定が許されると判示したものと位置づけられる。
　類似の先例としては最二判昭和32・5・10 本書119事件 がある。これも注射の際の過失が問題となった事例であるが、過失を基礎づける事実として注射液が不

第8章 証明　219

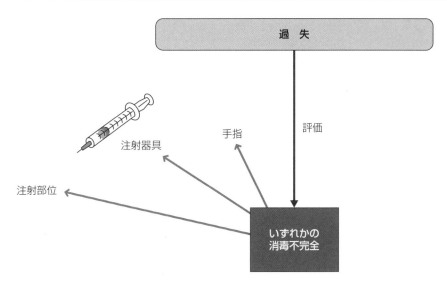

良であったか注射器の消毒が不完全であったか、いずれか確定することなく過失を認定した事例で、いずれの事実も過失となすに足るものである以上は、いずれかについて過失があったと推断しても適法であると判断したものである。従って本判決はこの先例の延長線上にあるといってよい。

なお昭和32年判決と比較して本判決は「医師の診療行為としての特殊性にかんがみれば」との一文が入っている。このことから本判決の射程は医療過誤事件にのみ限られると解する余地もあるが、必ずしもそのように限定的に捉える必要はなく、過失という評価概念との特徴から医療事故以外の事例でも同様の認定が考えられる。

一般に主要事実は社会生活上の具体的な事実を確定し、その存否をめぐる立証が行われ、また裁判所の事実認定もその確定された事実についてなされる。したがってA、B、Cいずれの事実が発生したかわからないという状態では、いずれの事実も発生したとの心証が形成されていないのであって、証明は尽くされていないと評価される。しかし、A、B、Cのいずれかが発生したことは確実で、そのいずれであっても要件を充足するという場合は、事実のいずれかを特定しなくても直接要件充足を認めてよい場合があろう。過失のような評価概念の場合のみならず、因果関係のような不確定概念が要件となっている場合も同様である。

ドイツ法上の表見証明は、定型的事象経過が認められる場合に、具体的事実を特定しなくとも何らかの過失を抽象的に認定することができる法理として紹介されているが、本判決の事案にも当てはまる理論である。

さらに理解を深める　百選4版59事件〔春日偉知郎〕　最判解昭和39年度285頁〔奈良次郎〕、伊藤眞＝加藤新太郎編『［判例から学ぶ］民事事実認定』（有斐閣、2006年）66頁〔垣内秀介〕、中野貞一郎『過失の推認〔増補版〕』（弘文堂、2004年）8頁以下　**関連判例**　最二判昭和32・5・10 **本書119事件**

第8章 証明　　　　　　　　　　　　　　　　　　　　　　町村泰貴

110 過失の一応の推定

最高裁昭和43年12月24日第三小法廷判決
　　事件名等：昭和43年（オ）第260号損害賠償、謝罪広告請求事件
　　掲載誌：民集22巻13号3428頁、判時547号40頁、判タ230号173頁、
　　　　　　　金判147号6頁

概要　本件は、会社を被申請人とする仮処分命令が、同会社に対しては被保全権利が存在しないとして取り消された場合においても、右会社の取締役が会社の営業と競合する事業を個人として営んでいたため、仮処分申請人が被申請人を右取締役個人とすべきであるにもかかわらず、これを右会社と誤認した等判示の事実関係のもとにおいては、右仮処分命令を取り消す判決が確定しても、この一事をもって、ただちに右申請人に過失があったものとすることはできないとしたものである。

事実関係　被申請会社Xは不動産売買・仲介を業としているところ、その代表取締役Aらが宅地造成した土地の隣接地所有者Yとの間で係争地の所有権争いが起こり、YはAらが行っている宅地造成をX社によるものと誤認してX社を相手方とする仮処分を申し立て、X社を被告とする本案訴訟も提起した。仮処分決定に基づく執行後に、仮処分異議審においてX社が施工業者であることの疎明がないとして仮処分命令は取り消され、本案訴訟でもX社が施工業者とは認定できないとしてYが敗訴した。そこでX社がYに対して、不当な仮処分による損害賠償等を求めたのが本訴である。原審は過失の一応の推定によりXの請求を認容したので、Yが上告した。

判決要旨　破棄差戻し。「仮処分命令が、その被保全権利が存在しないために当初から不当であるとして取り消された場合において、右命令を得てこれを執行した仮処分申請人が右の点について故意または過失のあったときは、右申請人は民法709条により、被申請人がその執行によって受けた損害を賠償すべき義務があるものというべく、一般に、仮処分命令が異議もしくは上訴手続において取り消され、あるいは本案訴訟において原告敗訴の判決が言い渡され、その判決が確定した場合には、他に特段の事情のないかぎり、右申請人において過失があったものと推認するのが相当である。しかしながら、右申請人において、その挙に出るについて相当な事由があった場合には、右取消の一事によって同人に当然過失があったということはできず、ことに、仮処分の相手方とすべき者が、会社であるかその代表者個人であるかが、相手側の事情その他諸般の事情により、

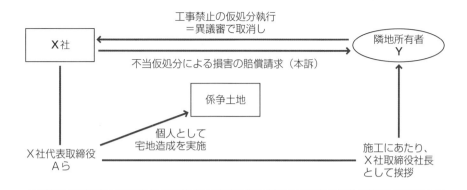

極めてまぎらわしいため、申請人においてその一方を被申請人として仮処分の申請をし、これが認容されかつその執行がされた後になって、他方が本来は相手方とされるべきであったことが判明したような場合には、右にいう相当な事由があったものというべく、仮処分命令取消の一事によって、直ちに申請人に過失があるものと断ずることはできない。」

本判決の位置づけ・射程範囲

　仮差押え及び仮処分が執行された後に、本案訴訟において被保全権利がないことが確定した場合、仮差押え及び仮処分は実体的に不当であったことになる。債務者が被った損害の賠償を求めるには民法709条の不法行為責任を追及することとなり、債権者の過失が必要とされる。しかし仮執行宣言が失効した場合に債務者が被った損害の賠償責任追及には無過失責任の規定（民訴260条2項）があるのに比して、均衡を失している。

　そこで判例は、早くから不当な仮差押え・仮処分により被った損害の賠償責任について過失の一応の推定を認めてきた（大判明治41・7・8民録14輯847頁）。

もっともこの判決の結論は本判決と同様に、相当の理由があるので過失は認められないとするものであった。その後、大判大正10・4・4民録27輯682頁、大判昭和13・5・7民集17巻867頁で特段の事情がない限り過失があると認められ、戦後の下級審裁判例にも引き継がれた。本判決は最高裁として初めて、不当仮処分の過失に「一応の推定」が認められること、そして特段の事情があれば過失の「推定」が覆ることを認めた例と位置づけられる。

　なお「一応の推定」は法律上の推定と同様に証明責任を転換するものかどうか、また過失という評価概念に関する「推定」の意義について、議論が分かれている。

さらに理解を深める　**百選4版60事件〔町村泰貴〕**　最判解民事篇昭和43年度（下）1392頁〔千種秀夫〕、坂原正夫・法研43巻7号113頁、川村俊雄・民商61巻5号838頁、中野貞一郎『過失の推認』（弘文堂、1978年）　**関連判例**　本文に挙げたもののほか、大判大正7・2・25民録24輯282頁、最二判昭和32・5・10**本書119事件**、最三判昭和39・7・28**本書109事件**。

第8章 証明

三森 仁

111 無断録音テープの証拠能力

東京高裁昭和52年7月15日判決
　事件名等：昭和47年（ネ）第2220号損害賠償等請求控訴事件
　掲載誌：判時867号60頁、判タ362号241頁

概要　本判決は、無断に録音されたテープに関し、証拠が、著しく反社会的な手段を用いて、人格権侵害を伴う方法によって採集されたものであるときは、その証拠能力が否定されると判示しつつ、当該録音テープについて、単に発言者の不知の間に録取したものにとどまるとして、その証拠能力を肯定したものである。

事実関係　仲介手数料等の取得を意図しテレビ映画の製作を企画した宣伝広告会社X（原告・控訴人）は、製薬会社Y（被告・被控訴人）との間で当該テレビ映画の製作放映に関する契約が成立したとして、Yに対し、同契約上の債務不履行に基づく損害賠償請求訴訟を提起したが、第1審で敗訴した。

Xの代表者Aは、知人を通じてその宣伝課広告係長であったBを酒席に招いて酒食を饗応したうえBから自己に有利な供述をなさしめてこれを秘かに録音テープに録ろうと企て、控訴提起前に、Bらを銀座の料亭に招待して酒食を饗応し、録音されていることを知らない同人らに本件の経緯について種々誘導的に質問してBには単に諾否を答えさせるような方法で会話を交し、その間襖を隔てた隣室でこの問答を録音テープに収録した。

その後、Xは、当該録音テープ及び反訳文書を証拠として控訴審に提出した。

判決要旨　控訴棄却。「民事訴訟法は、いわゆる証拠能力に関しては何ら規定するところがなく、当事者が挙証の用に供する証拠は、一般的に証拠価値はともかく、その証拠能力はこれを肯定すべき」であるところ、その「証拠が、著しく反社会的な手段を用いて、人の精神的肉体的自由を拘束する等の人格権侵害を伴う方法によって採集されたものであるときは、それ自体違法の評価を受け、その証拠能力を否定されてもやむを得ない」と判示しつつ、「話者の同意なくしてなされた録音テープは、通常話者の一般的人格権の侵害となり得ることは明らかであるから、その証拠能力の適否の判定に当つては、その録音の手段方法が著しく反社会的と認められるか否かを基準とすべきものと解するのが相当」であるとし、本件録音が、酒席におけるBらの発言供述を単に同人ら不知の間に録取したものにとどまり、いまだ同人らの人格権を著しく反社会的な手段方法で侵害したものということはできないとして、本件録音テープの証拠能

力を肯定した。なお、本件録音テープにかかるBの供述の証拠力・信憑性については、「誘導的発問に迎合的に行われた部分がないでもないと認められるので、……にわかに信用しがたい」として、これを否定している。

本判決の位置づけ・射程範囲

違法収集証拠、例えば、無断に録音されたテープの証拠能力について、判例多数説は、一定の要件のもとで証拠能力が否定されることを認める。もっとも、証拠能力を否定する根拠・考え方については、①人格権侵害ないし刑事上罰すべき行為の存在に根拠を求めるもの（森勇・判タ507号46頁以下、春日伊知郎『民事証拠法研究』（有斐閣、1991年）167頁、中野ほか2版補訂2版354頁、松本＝上野7版406頁、伊藤4版補訂版351頁）、②信義則違反を理由とするもの（条解2版1377頁〔竹下守夫〕、菊井維大＝松村俊夫『全訂民事訴訟法Ⅰ〔補訂版〕』（日本評論社、1993年）1165頁、門口正人編代『民事証拠法大系(2)』（青林書院、2004年）94頁）、③当事者間で妥当する論争ルール（違法収集証拠を武器として論争を試みることが許容されるかどうか）を基準とするもの（井上治典「証拠の収集(2)」新堂幸司ほか『演習民事訴訟法(2)』（有斐閣、1985年）155頁）、④証拠の重要性・必要性、審理の対象、収集行為の態様、被侵害利益などの要素を総合的に比較衡量して決定すべきとするもの（小林秀之『新証拠法〔第2版〕』（弘文堂、2003年）137頁）、⑤裁判を受ける権利から派生する当事者の証明権の内在的制約として証拠能力を原則として否定するもの（間淵清史・民商103巻4号630頁）など、多岐に分かれる。また、証拠能力の肯定・否定いずれを原則とみるかについても論者によって考え方が異なるようである。

本判決は、違法収集証拠について、民事訴訟法の規定を踏まえ原則として証拠能力を肯定すべきとの立場にあること（高橋（下）2版補訂版49頁参照）、また、無断録音テープの証拠能力を否定する要件について、上記①の考えに親和的な判断を示しつつ、証拠能力を否定するためには、単に一般的人格権侵害があるだけでなく、「手段方法が著しく反社会的と認められるか否か」を基準とすべきとした点に意義がある。なお、後者の点に関しては、本判決が反社会性の判断の中で総合考慮を行っている旨の指摘がある（百選3版71事件〔松本幸一〕）。

さらに理解を深める

百選3版71事件〔松本幸一〕 伊藤眞＝加藤新太郎編『［判例から学ぶ］民事事実認定』（有斐閣、2006年）91頁〔我妻学〕、門口正人編代『民事証拠法大系(2)』（青林書院、2004年）86頁以下。また、違法収集証拠の証拠能力を判断する際の具体的な考慮事情について、百選2版92事件〔池田粂男〕、百選Ⅱ補正版118事件〔小島武司〕 **関連判例** 無断録音テープに関する裁判例として、東京地判昭和46・4・26判時641号81頁、大分地判昭和46・11・8判時656号82頁、盛岡地判昭和59・8・10判時1135号98頁、所持者の同意なく提出された文書に関する裁判例として、名古屋高決昭和56・2・18判時1007号66頁、名古屋地判平成3・8・9判時1408号105頁、東京地判平成10・5・29判タ1004号260頁参照

第8章 証 明　　　　　　　　　　　　　　　　　　　　　　　　　　　近藤猛司

112 自白と先行自白

最高裁昭和35年2月12日第二小法廷判決
　事件名等：昭和33年（オ）第133号家屋一部明渡請求事件
　掲載誌：民集14巻2号223頁、判時218号23頁

概要　本判決は、所有権に基づく家屋明渡請求事件において、被告が占有権原として使用貸借を主張し、原告がこれを認めて自白が成立した後に、被告が使用貸借の主張を撤回し、家屋の前所有者との間の賃貸借を原告が承継したと主張しても、その撤回は自白の撤回に当たらないとしたものである。

事実関係　Yは、Aから本件家屋を賃借（❶）して居住していたが、AがXに本件建物を売却（❷）した後は、Xが居住するときには明け渡すとの使用貸借（❸）により、引き続き本件家屋に居住した。その後、Xは、Yに本件家屋の明渡しを求めて調停を申し立てたが、Yが応じないため、所有権に基づく返還請求として本件家屋の明渡しを求める訴えを提起（❹）した。第1審では、Yは占有権原をXとの使用貸借と主張したが、Xの請求が認容された。原審では、Xが、Yの占有権原が使用貸借であると主張し、YもXの主張を認めたが（❺）、その後Yが陳述を撤回し、占有権原はAとの賃貸借であり、それをXが承継したと主張（❻）した。原審は、Xが買い受けた後の占有権原が使用貸借であることをYが自白しており、この自白の取消しは許されないとして控訴を棄却した。そこで、Yが上告した。

判決要旨　破棄差戻し。「自白とは、自己に不利な事実の陳述をいうのであるから、以上の如き訴訟の経過に照らすと、本件において自白というべきものは、原審の判示した如くYの『本件家屋の占有は使用貸借に基くものである』との陳述ではなく、Xのなした『使用貸借の事実を認める』との陳述であり、その結果、Yとしては、使用貸借の事実については、立証を要しなくなったものにほかならない。したがって、Yが右主張を撤回し、新たに賃貸借の主張をするにいたったとすれば、立証を要しない主張を立証を要する主張に変更したにとどまり、これをいわゆる自白の取消ということはできない。されば、右主張の変更のためには、従前の主張が事実に反し且つ錯誤に基いたとの主張立証を要すると解すべきではなく、新たな主張が『故意又ハ重大ナル過失ニ因リ時機ニ遅レテ』なされ、それがために『訴訟ノ完結ヲ遅延セシム』るか否かによってその許否を決すべきものといわなければならない（〔旧〕民訴139条〔現民訴157条〕）。」

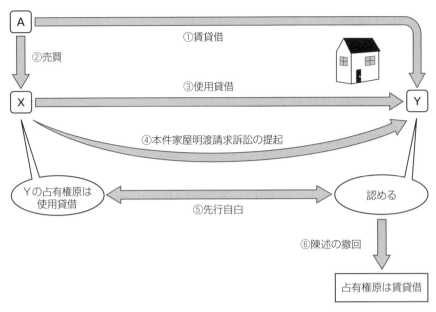

本判決の位置づけ・射程範囲

　裁判上の自白とは、当事者が、その訴訟の口頭弁論又は弁論準備手続においてする、相手方の主張と一致する自己に不利益な事実の陳述をいい、主張の一致は順序を問わないから、当事者が先行して自ら不利益な事実を主張し、それを相手方が援用したときにも自白が成立する（先行自白）。そして、自白した当事者は、自白内容に反する事実を主張できず、自白の撤回は制限されている（不可撤回効）。

　原審では、Xが、Yの占有が無権原でなく、使用貸借という占有権原に基づくとして自己に不利益な事実を先行主張し、それをYが認めたことで先行自白が成立した。このとき、Yの占有が使用貸借に基づくとの主張は、Yにとっては、賃貸借より弱い権利で、不利な要素があり得るとしても、権原に基づく占有であること自体が抗弁となる有利な主張であるのに対し、Xにとっては所有権に基づく返還請求が阻止される不利益な主張であるから、自白は、Yの占有が権原に基づくことを認めるXの陳述について成立し、不可撤回効を受ける当事者もXである。不利益性の内容については、敗訴可能性とする敗訴可能性説と相手方に証明責任があることとする証明責任説があるが、いずれの見解でも、本件の自白当事者はXとなり、Yによる使用貸借の主張の撤回は制限されない。攻撃防禦方法の構造を踏まえると、本判決の判断は当然の帰結といえよう。

さらに理解を深める　**百選Ⅰ補正版103事件〔田邊誠〕**　最判解民事篇昭和35年度34頁〔三淵乾太郎〕、伊藤４版補訂版337頁、高橋（上）２版補訂版468頁、福田剛久ほか編『民事証拠法大系(1)』（青林書院、2007年）138・150頁、コンメⅣ62頁
関連判例　東京地判昭和27・２・27下民集３巻２号230頁、大阪地判昭和36・８・16下民集12巻８号1910頁

第8章 証明

岡　伸浩

113　権利自白

最高裁昭和30年7月5日第三小法廷判決
事件名等：昭和28年（オ）第125号請求異議事件
掲載誌：民集9巻9号985頁

概要　本判決は、消費貸借の借主が貸主の主張する金額につき消費貸借が成立したことを認める旨を陳述したとしても、一方で消費貸借の成立に際して天引きが行われたことを主張していた場合には、その陳述を自白と認めることはできないとしたものである。

事実関係　XはYから13万円を借り受ける消費貸借契約を締結した。Yは、当該消費貸借契約について作成した公正証書を債務名義として、Xの動産に対して強制執行に及んだ。XはYに対して、上記13万円は既に弁済済みであるとして請求異議の訴えを提起した。第1審では、Xが13万円の消費貸借契約が成立したことを認める旨を陳述したところ、裁判所は13万円の消費貸借契約が成立したこと及び元金13万円に対するXからの2万円の内入弁済の事実を認定し、11万円及び遅延損害金を超える部分について強制執行の不許を言い渡した。第2審では、Xは13万円の貸付けにあたり1万9500円の天引きがなされたため、11万500円の消費貸借しか成立していない旨を主張した。第2審は、Xが13万円の消費貸借契約の成立を認めた後に、その成立を一部否認して11万500円の限度においてのみ消費貸借の成立を認めたことは自白の取消しに該当するとして、Xの主張を斥けて控訴を棄却した。Xが上告。

判決要旨　破棄差戻。「Xは第1審において、本件公正証書記載の金130,000円について消費貸借の成立を認めたが、第2審にいたり、消費貸借に際し、金19,500円を天引されたから、消費貸借は金110,500円につき成立したものと主張するにいたったこと、しかも右金19,500円が天引されたことについては、すでにXが第1審に提出し、陳述した訴状、昭和26年6月5日および同年9月10日附の各準備書面に記載されていることは、いずれも記録によって認めることができる。してみれば、X主張の事実は、本件消費貸借の額面は金130,000円になっているが、Xはその成立に際し金19,500円を天引され、金110,500円を受け取ったにすぎないというのであって、Xの第1審における金130,000円につき消費貸借の成立したことを認める旨の陳述も、第2審における金110,500円につき消費貸借が成立した趣旨の陳述も、ともに本件消費貸借が成立するに至った事実上の経過に基いてXが

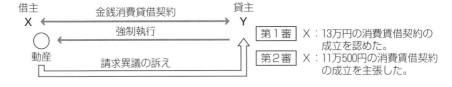

法律上の意見を陳述したものと認めるのが相当であって、これを直ちに自白と目するのは当らない。けだし消費貸借に際し、利息の天引が行われたような場合に、幾何の額につき消費貸借の成立を認めるかは、具体的な法律要件たる事実に基いてなされる法律効果の判断の問題であるから、天引が主張され、消費貸借の法律要件たる事実が明らかにされている以上、法律上の効果のみが当事者の一致した陳述によって左右されるいわれはないからである。従って法律上の意見の陳述が変更された場合、直ちに自白の取消に関する法理を適用することは許されない」。

本判決の位置づけ・射程範囲

権利自白とは、請求の当否の判断の前提をなす先決的な権利又は法律関係を直接の対象とする自白をいう。権利自白に自白の拘束力が認められるか否かについては学説上争いがある。これを否定する見解は、一方当事者に権利自白があると相手方は一応その権利主張を基礎づける必要はなくなるが（証明不要効）、裁判所及び当事者を拘束する効力はなく、裁判所がそれと異なった判断に達した場合にはその判断によることとしても違法ではないとする。この見解は、裁判上の自白の対象となるのは事実のみであり、権利関係の成否の判断は裁判所の職責であることを根拠とする。これに対して、肯定する見解は、裁判上の自白の対象が事実であるとされるのは法的三段論法の小前提に関してのみ自白が成立することを意味するから、事実ではなく法律関係が小前提となる場合にも自白が成立する余地があるとし、日常的に用いられており通常人が内容を正当に理解している程度の法律概念であることを前提に、小前提となる法律関係について自白の成立を認め、証拠を要せず法的推論の基礎として用いてよいと主張する（三ケ月章『民事訴訟法〔第3版〕（弘文堂、1992年）412頁）。

本判決は、利息の天引きがなされた場合にいくらの金額の消費貸借契約が成立したかについては利息制限法や判例の理解を必要とすることを前提に、原告が13万円の消費貸借契約が成立したことを認め、他方で利息天引後の11万500円の消費貸借契約の成立を認めた場合、いずれも法律上の意見を陳述したものと認めることが相当であり、直ちに自白とみることはできないとして、かかる場合には自白の撤回法理の適用が排除される旨を判断した。

さらに理解を深める　百選4版55事件〔齋藤哲〕　最判解民事篇昭和30年度88頁〔三淵乾太郎〕、伊藤4版補訂版338頁、新堂5版590頁、中野ほか2版補訂2版294頁、高橋（上）2版補訂版510頁、和田291頁、藤田・解析2版83頁

関連判例　大判昭和16・11・13法学11巻626頁、大判大正7・3・7民録24輯379頁

第8章 証明　　　　　　　　　　　　　　　　岡　伸浩

114　間接事実の自白

最高裁昭和41年9月22日第一小法廷判決
事件名等：昭和40年（オ）第574号貸金請求事件
掲載誌：民集20巻7号1392頁、判時464号29頁、判タ198号129頁

概要　本判決は、間接事実についての自白は、裁判所を拘束しないことはもちろん、自白した当事者を拘束しないと判断したものである。

事実関係　Xは、Y₁及びY₂に対する本件貸金債権をA（Xの父）から相続したため、Y₁らを被告として貸金の返還を求めて訴えを提起した。Y₁らは、AはBからB所有の本件建物を買戻特約付きで買い受けた際、譲渡代金の一部に対する支払いとしてY₁らに対する本件貸金債権をBに譲渡し、譲渡代金と本件貸金債権を対当額で相殺したと主張した。XはAがBに対して本件貸金債権を譲渡したことを否認し、AはBとの間で本件建物を買い受ける契約を締結したが、当該売買契約は合意解除されたと主張した。第1審は、AのBに対する本件貸金債権の譲渡を認め、Xの請求を棄却した。Xが控訴。第2審では、Xは、AがBから本件建物を買い受けた事実を認めたことは真実に反し、かつ錯誤に基づくものであるから取り消す、真実はAがBから40万円の貸付けの要請を受けて20万円を貸し付けた際に、本件建物を譲渡担保として所有権移転登記したものであり、AがBに本件貸金債権の証書を交付したのはBに本件貸金債権の取立てを委任したためであるが、取立委任は合意解除したと主張した。第2審は、Xの自白が真実に反し、かつ錯誤に基づくものであると認めるに足りる証拠はなく、自白の取消しは認められないとして、AのBに対する本件貸金債権の譲渡を認め、Xの控訴を棄却した。Xが上告。

判決要旨　破棄差戻し。「Y₁らの前記抗弁における主要事実は『債権の譲渡』であって、前記自白にかかる『本件建物の売買』は、右主要事実認定の資料となりうべき、いわゆる間接事実にすぎない。かかる間接事実についての自白は、裁判所を拘束しないのはもちろん、自白した当事者を拘束するものでもないと解するのが相当である。しかるに、原審は、前記自白の取消は許されないものと判断し、自白によって、AがBより本件建物を代金70万円で買い受けたという事実を確定し、右事実を資料として前記主要事実を認定したのであって、原判決には、証拠資料たりえないものを事実認定の用に供した違法がある」。

```
A ─────────────本件賃金債権──────────────┐
│                                              │
│相続         賃金返還請求訴訟                  ↓
↓                                           
X ──────────────────────────────────→ Y₁・Y₂
```

第1審　X：ＡＢ間の本件建物の売買契約締結の事実を認めた。
　　　　＝ 間接事実の自白
第2審　X： 間接事実の自白 の取消しを主張。

本判決の位置づけ・射程範囲

　間接事実とは、主要事実（法律効果の発生・変更・消滅を定める法規の構成要件に該当する事実）の存否を推認するのに役立つ事実をいう。一方当事者が間接事実について自白した場合、相手方当事者は証明を要しなくなり、裁判所は証拠調べを経ないで当該事実を認定してよいという証明不要効が生じる。

　問題となるのは間接事実の自白により裁判所は自白された事実に拘束され、それに反する事実を判決の基礎とすることを禁止されるという裁判所拘束力や、自白した当事者は自白した事実を自由に撤回することを禁止されるという当事者拘束力が生ずるかという点である。

　通説は、間接事実の自白について、主要事実の認定を裁判所の自由な判断に委ねる（自由心証主義。民訴247条）以上、裁判所が公知の事実や証拠調べ等から疑いを抱く間接事実を当事者の自白によって存在するものとし、これに基づいて心証を形成するように要求することは無理な注文であるとして、裁判所及び当事者に対する拘束力を否定する（兼子一『新修民事訴訟法体系〔増訂版〕』（酒井書店、1965年）248頁）。この立場によれば、裁判所は他の証拠調べから心証を得た場合には別の事実を認定することができ、当事者は間接事実についての自白を自由に撤回できることとなる。

　これに対して、自白された間接事実を前提としてこれを打ち消すに足りる別の間接事実が認められない限り、自白された間接事実から主要事実を推論することは無理な注文とはいえないとして、間接事実の自白に裁判所に対する拘束力を認める立場が主張されている。この立場は間接事実の自白に証明不要効を認めるものの、主要事実の自白とは異なり、裁判所は別の間接事実から主要事実の存否を自由心証によって認定することを妨げないとする。ただし、この立場は、自白した当事者は禁反言の作用により自白に反する主張は許されなくなると解すべきであるとする（新堂5版585頁）。

　本判決は、通説の立場から間接事実の自白は裁判所を拘束せず、自白した当事者を拘束しないと解するのが相当であると判断した。

さらに理解を深める　**百選4版54事件〔伊東俊明〕**　最判解民事篇昭和41年度377頁〔川嵜義徳〕、伊藤4版補訂版340頁、新堂5版585頁、松本＝上野7版308頁、中野ほか2版補訂2版290頁、高橋（上）2版補訂版492頁、三木ほか231頁、和田288頁、藤田・解析2版73頁　**関連判例**　最二判昭和31・5・25民集10巻5号577頁

第8章 証明　　　　　　　　　　　　　　　　　　　　植村京子

115 自白の撤回の要件

大審院大正4年9月29日第三民事部判決
　事件名等：大正3年（オ）第965号証拠金返還及利益金請求ノ件
　掲　載　誌：民録21輯1520頁、新聞1052号26頁

概要　本判決は、自白の取消し（撤回）方法について、民事訴訟法に規定はないが、明示の方法によって自白を取り消すことができることはもちろん、当事者の一方が明らかに取消しの意思表示をしない場合でも、口頭弁論期日において、自白に係る事実が真実ではないこと、及び、自白が錯誤によって出たことを主張し、それについて特に証明の方法を提出しない場合も、弁論の全趣旨によって立証があったと認められるときは、裁判所は自白について黙示の取消しがあったものとして自白の効果を排除することができると判断し、錯誤による自白の撤回の要件を初めて示したものである。

事実関係　本件の事実関係の詳細は不明であるが、X（原告・被控訴人・上告人）がY（被告・控訴人・被上告人）に対し、取引所における定期米売買の仲介（本件売買委託契約）にかかる証拠金の返還及び利益金の支払を求める訴えを提起した。第1審では、Yは、Xの主張するとおり、本件売買委託契約はXとYの間の契約であると自白し、Xの請求が認容された（名古屋控判大正3・11・28判例集不登載）。この判決に対してYが控訴し、控訴審では、Yが第1審段階の自白を援用したものの、反対の事実を主張したため、控訴審判決は、Yが自白を暗に取り消したものとして、Yの自白の効力を否定し、本件売買委託契約はXとAの間の契約であると認定し、第1審判決を取り消し、Xの請求を棄却した。そこで、Xが上告し、明示の自白は取り消すことができないことを原則とし、相手方の承諾があるとき、当事者もしくは双方の代理人の犯罪行為に基づくときに限り自白を取り消すことができるだけで、錯誤に基づいて自白を取り消すことはできず、この取消しの意思表示は明示にしなければならないと主張した。

判決要旨　上告棄却。自白の取消方法について、民事訴訟法にはなんら規定がないが、明示の方法によってこれを取り消すことができることは勿論、黙示の方法によってもこれを取り消すことができる。自白をした当事者の一方が明らかに取消しの意思を表示しなかった場合においても、口頭弁論において自白にかかる事実が真実ではないこと、並びに、自白が錯誤に出たものであったことを主張し、それを証明するについて、特に証拠方法を提出しなかった場合に

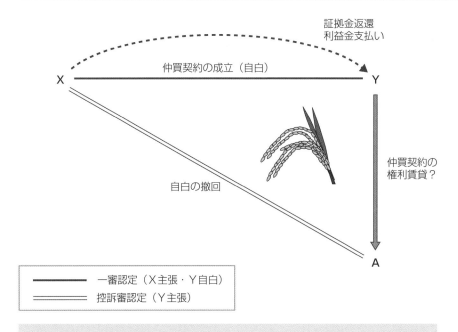

おいても、弁論の全趣旨に基づき、その立証があったものと認められるときは、裁判所は、黙示の取消しがあったものとして、自白の効果を排除することができる。

本判決の位置づけ・射程範囲

　裁判上の自白とは、口頭弁論又は弁論準備手続における、相手方主張の自己に不利益な事実の陳述をいう。当事者が自白した事実は、証明することを要しない（民訴179条）が、自白された事実は、証拠調べをすることなく、判決の基礎にしなければならない。民事訴訟法に明文の規定はないが、自白をした当事者は、原則として自白を撤回することはできないとされる。自白の撤回が許される場合とは、①相手方の同意がある場合または相手方が異議を述べない場合（最一判昭和34・11・19民集13巻12号1500頁等）、②自白が刑事上罰すべき他人の行為によりされた場合（大判昭15・9・21 関連判例 、最二判昭33・3・7民集12巻3号469頁等）、③自白した当事者が自白した事実が真実に適合せず、かつ、自白が錯誤に出たものであることを証明した場合である。本判決は、上記の③の「反真実と錯誤の証明」という要件を明らかにした最初の判例として意義がある。

さらに理解を深める　**百選４版56事件〔髙田賢治〕**　条解２版〔松浦馨＝加藤新太郎〕1036・1037頁、山本和彦・判タ1035号61頁、小林秀之・判タ674号14頁、宇野聡「裁判上の自白の不可撤回性について」鈴木正裕先生古稀祝賀『民事訴訟法の史的展開』（有斐閣、2002年）433頁、福永有利・民商92巻１号82頁以下　関連判例　大判昭和15・9・21民集19巻1644頁

第8章 証 明　　　　　　　　　　　　　　　　　　　　　　佐藤三郎

116　書証の成立の真正についての自白の裁判所に対する拘束力

最高裁昭和52年4月15日第二小法廷判決
　事件名等：昭和51年（オ）第1174号建物収去土地明渡請求事件
　掲載誌：民集31巻3号371頁、判時857号75頁、判タ352号180頁、
　　　　　金判526号7頁

概要　本判決は、代理権の存否を判断するに際し、書証として提出された委任状の成立の真正が争われた事案で、書証の成立の真正についての自白は裁判所を拘束しないと判示したものである。

事実関係　Yは、その所有する土地上に家屋を建て、建物を所有していた。昭和29年2月20日、訴外Aは、Yの代理人と称するBに対し、金200万円を貸し渡した。その際、Aは、担保としてY所有の本件土地につき抵当権の設定をし、かつ、弁済期に債務を履行しないときは代物弁済として本件土地を取得するとの停止条件付代物弁済契約を締結した。同月25日、本件土地につき抵当権設定登記及び所有権移転請求権仮登記が経由された。しかし、弁済期日である同年3月21日に弁済がなされなかったため、Aは、Bとの共同申請によって本件土地につき同日付代物弁済を原因とする仮登記の本登記を経由した。Xは、同年6月28日、Aから本件土地について金200万円で買い受け、その所有権を取得した。そこで、Xは、Yに対し、所有権に基づき本件土地上の建物を収去して本件土地を明け渡すよう求め、訴訟を提起した。

訴訟では、主としてBの代理権の存否が争われ、Xは、YがBに代理権を付与したことを立証するための書証として、Bを代理人とする旨のY作成名義の委任状を提出した。Yは、委任状の作成の成立を認めたが、B以外の者に交付した白紙委任状が、転々流通して白地部分が濫用して補充され、Bに交付されたものであるとして争った。第1審、第2審とも、YがBに代理権を与えたとは認められないとして、代理権の授与も、表見代理の成立も否定し、Xの請求を棄却した。Xは、Yが自白の撤回をしていないにもかかわらず、原審が委任状の成立の真正に関するYの自白の撤回を認め、書証の成立を認めなかったことについて、違法があるとして上告した。

判決要旨　上告棄却。「論旨は、所論の各書証の成立の真正についての被上告人の自白が裁判所を拘束するとの前提に立って、右自白の撤回を許した原審の措置を非難するが、書証の成立の真正についての自白は裁判所を拘束するものではないと解するのが相当であるから、論旨は、右前提を欠き、判決に

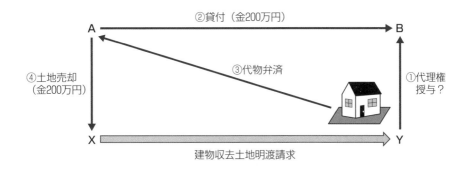

影響を及ぼさない点につき原判決を非難するに帰し、失当である。」

本判決の位置づけ・射程範囲

本判決は、書証の成立の真正についての自白は裁判所を拘束するものではないということを最高裁判所が明らかにした最初の判例である。

補助事実の一種である書証の成立の真正を相手方が裁判上認めれば、裁判所は証拠に基づかずにその成立の真正を認めることができるという意味において、自白が成立することは判例通説上争いがない。しかし、書証の成立の真正の自白があることにより、裁判所は証拠によっても書証の成立の真正を否定することができないか（自白の裁判所に対する拘束力）、当事者は一定の要件を充たさない限り任意に自白を撤回することができないか（自白の当事者に対する拘束力）については争いがある。

通説判例は、間接事実に関する自白の効力について、主要事実に関する自白とは異なり、必ずしも裁判所を拘束するものではないとする。その理由は、証拠資料と同じく主要事実を経験則によって認定するための資料に過ぎない間接事実に関する自白について、裁判所が拘束されるとすれば、主要事実の存否についての裁判所の自由心証を左右する権能を当事者に認めることになってしまうからである。したがって、補助事実に関する自白の効力についても、主要事実の存否を判断するために文書の実質的証拠力が裁判所の自由な心証に委ねられている以上、文書の形式的証拠力に関する書証の成立の真正に関する判断も裁判所の自由心証に服すべきであると考えられるからである。

なお、本件多数意見は、当事者に対する拘束力（自白の撤回の可否）については直接の判断を示していないが、学説においては、自白の撤回を無条件に認める積極説、主要事実についての自白の撤回と同一要件を具備した場合にのみ撤回を認める消極説がある。

さらに理解を深める

百選Ⅰ補正版105事件〔飯倉一郎〕　条解２版1034頁〔松浦馨＝加藤新太郎〕、コンメⅣ57頁、伊藤４版補訂版340頁、中野ほか２版補訂２版291頁、上田７版363頁、高橋（上）２版補訂版495頁・（下）２版補訂版133頁、藤田・講義３版252頁　関連判例　最二判昭和31・5・25民集10巻5号577頁、最一判昭和41・9・22 本書114事件

第8章 証 明

高田賢治

117 自白の撤回

最高裁昭和25年7月11日第三小法廷判決
　事件名等：昭和24年（オ）第219号約束手形金請求事件
　掲載誌：民集4巻7号316頁、判タ5号38頁

概　要　本判決は、自白の撤回の要件について、反真実と錯誤の証明という2つの要件を示しつつ、反真実の証明がある以上、自白は錯誤によるものと認めてよいとした最高裁判所の判例としての意義をもつ。

事実関係　Y（被告・控訴人・上告人）が振出した約束手形（本件手形）が満期日に支払場所に呈示されたが、支払が拒絶された。そこで、X（原告・被控訴人・被上告人）は、Yに対して手形金の支払請求訴訟を提起した。第1審は、Xが勝訴し、Yが控訴した。

原審（控訴審）におけるYの主張は、次の通りである。本件手形は、先にYが振出した4万6500円の小切手の残りである3万円の小切手（本件小切手）をXが決済したのに対してYが振出したものである。本件小切手は、不法原因給付等の理由により支払義務がないものであるから、本件手形の支払義務もない。

しかし、原審は、おおよそ次のように判断して、Yの控訴を棄却した。

当初、3万円の小切手は4万6500円の小切手の一部であるとXが陳述し、その点でYの主張事実を一部自白したような形でもあるが、この主張は錯誤に出たものであることが明らかであるから、その撤回は有効である。Yは4万6500円の小切手取引の以外にも小切手交換による資金の融通関係があったことが認められるから、本件手形の前身たる3万円の小切手はむしろ他の資金原因から振出されたものと解するのが相当である。したがって、Yは、本件手形の支払を拒むことはできない。

Yの上告理由は、おおよそ次の3つである。①錯誤であること及び自白の取消の主張があってはじめて自白の撤回の可否を判断すべきである。②自白した事実を表意するについて錯誤があったことが必要であり、自白した事実がその後に主張した事実と相違するという理由のみで錯誤があったとみるべきではない。③自白の撤回に関する錯誤の有無の見解について誤った判断をしている。

判旨は、①について、Xは、本件小切手について従前の主張を撤回し、これと相容れない事実を主張したことが明らかであるから、Xは、本件小切手についての自白の取消を主張したものと解すべきは当然である。そして原審においては、Xが前記主張を撤回したのは錯誤に出でたるものであることが明らかであると認定しており、その認定は相当であると認められるから、自白の取消について原審の判断に違法はないとした。②③については、以下の通り判断した。

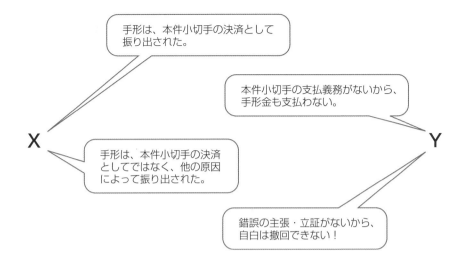

判決要旨 上告棄却。「当事者の自白した事実が真実に合致しないことの証明がある以上その自白は錯誤に出たものと認めることができるから原審においてXの供述其他の資料によりXの自白を真実に合致しないものと認めた上之を錯誤に基くものと認定したことは違法とはいえない。」

本判決の位置づけ・射程範囲

どのような場合に自白の撤回が許されるかについて、判例は、①相手方の同意がある場合、②刑事上罰すべき他人の行為によってされた自白の場合、③自白した事実が真実に適合せず、かつ自白が錯誤にでたものであることを証明した場合を挙げている（本書115事件参照）。

③の反真実及び錯誤の証明という要件は、判例（大判大正4・9・29 本書115事件）が早くから明らかにしていたが、反真実と錯誤との相互関係についての理解は統一されていなかった。従来の判例は、反真実の証明があれば錯誤を主張・立証することは必要ないと緩やかに解するもの（大判大正9・4・24 関連判例 など）がある一方で、反真実の証明では足りず、錯誤の証明も必要であるとする厳格な立場に立つもの（大判大正11・2・20 関連判例 など）があった。

そのような判例の状況において、本判決は、反真実の証明があればその自白が錯誤に出たものと認めることができるとして、前者の立場に立つことを明らかにした最高裁判所の判例と位置づけられる。本判決の理解は、現在の判例の立場として一般に理解されている。

さらに理解を深める 百選4版56事件〔高田賢治〕 長谷部由起子ほか『基礎演習民事訴訟法（第2版）』（弘文堂、2013年）86頁〔宇野聡〕、三木ほか241頁、高橋（上）2版補訂版491頁、松本＝上野7版370頁 関連判例 大判大正4・9・29 本書115事件、大判大正9・4・24民録26輯687頁、大判大正11・2・20民集1巻52頁

第8章 証明　　　　　　　　　　　　　　　　　　　　　　岡　伸浩

118　擬制自白

最高裁昭和43年3月28日第一小法廷判決
　事件名等：昭和42年（オ）第1357号売掛代金（本訴）損害賠償（反訴）請求事件
　掲載誌：民集22巻3号707頁、判時515号57頁、判タ221号127頁

概　要　本判決は、一方当事者が弁論期日に欠席し相手方の主張につき認否をしなかったとしても、当該当事者が訴訟を維持している等の事実があるときは、弁論の全趣旨に照らし、相手方の主張を争っていると認めるのが相当であるとして、擬制自白の成立を認めなかったものである。

事実関係　XはYに対して自己所有の松立木を売却した。Xは、Yが松立木の全部を伐採しながら代金の一部しか支払わないと主張して、Yを被告として残代金及び遅延損害金の支払いを求めて訴えを提起した。第1審は、Xの請求を認容した。第2審において、Yは、松立木の石数は6000石以上であるというXの言葉を信じて売買契約を締結したにもかかわらず、現実に伐採し得たのは2000石弱であり、Yの買受けの意思表示は錯誤により無効であるか、詐欺による意思表示として取り消したものであるという新たな主張を行った。Xは、再三にわたり弁論期日の指定を受けながら終始出頭することなく、答弁書その他の準備書面を提出せず、Yの主張に対して認否をしなかった。第2審は、Yの上記主張につきXの擬制自白の成立を認めず、Xの請求を一部認容した。Yが上告。

判決要旨　上告棄却。「原審においてYが、本件松立木の買受けの意思表示に要素の錯誤があるか、またはこれが詐欺による意思表示であって取り消された旨を主張したことは、所論のとおりである。しかし、Yの意思表示に所論の錯誤があれば、Xの本訴請求にかかる売渡代金債権はほんらい発生せず、またこれが詐欺による意思表示であれば、取消権の行使が本訴提起後であるにせよ、右権利の発生につき原始的な瑕疵が存することとなる筋合であるが、これに対し、Xの本訴請求は右売買契約が有効に成立したことを前提とするものであるから、Xが本訴を提起維持している等弁論の全趣旨に徴すれば、Yの原審における右の新たな主張をXにおいて争っているものと認め、民訴法140条3項〔現民訴159条3項〕の適用を否定した原審の判断は相当である。論旨引用の判例〔最三判昭和32・12・17 関連判例〕は事案を異にし、本件に適切でない。」

第2審　Y：錯誤無効・詐欺取消しの主張
　　　　X：弁論期日不出頭、準備書面不提出、認否せず。

擬制自白の成否

本判決の位置づけ・射程範囲

　擬制自白とは、当事者が口頭弁論又は弁論準備手続において相手方の主張した事実を争うことを明らかにせず、また弁論の全趣旨に照らしても争っているものと認められない場合に、この事実を自白したものとみなすことをいう（民訴159条1項、170条5項）。「弁論の全趣旨」とは、口頭弁論に現れた証拠調べの結果以外の一切の資料や状況を意味し、当事者の主張の内容・陳述態度、攻撃防御方法の提出の有無や時期等が含まれる。
　擬制自白の規定は、当事者が口頭弁論の期日に出頭しない場合に準用される（民訴159条3項本文）。ただし、その当事者が公示送達の方法による呼出しを受けた場合は除外される（同項ただし書）。かかる場合は相手方に主張事実を争う機会が保障されないためである。
　本件では、Xが勝訴した第1審判決後の第2審で、Yが買受けの意思表示は錯誤により無効であるか、詐欺による意思表示として取り消したものであると新たに主張したのに対して、Xは準備書面を提出せず認否すら行わず、終始弁論期日に欠席した。そこで、売買契約の錯誤無効又は詐欺取消しにつきXの擬制自白が成立するかという点が問題となった。
　本判決は、Xの請求は売買契約が有効に成立したことを前提とするものであり、Xが訴訟を維持している等の弁論の全趣旨からすれば、XはYによる錯誤無効及び詐欺取消しの主張を争っていると認められるとして擬制自白の成立を否定した。
　なお、本判決が事案を異にするとして斥けた最三判昭和32・12・17 関連判例 は、手形金請求訴訟の第1審で敗訴した被告が、第2審で被告の原告に対する損害賠償請求権を自働債権とする相殺を主張したが原告がこれに何らの認否をすることなく弁論期日に欠席した事案で、最高裁は原告が控訴審の弁論の全趣旨において被告からの相殺の主張を争った事情はなく擬制自白を適用すべきであると判断したものである。

さらに理解を深める　百選4版A20事件〔河野憲一郎〕　最判解民事篇昭和43年度（上）172頁〔可部恒雄〕、新堂5版588頁、松本＝上野7版793頁、中野ほか2版補訂2版295頁、高橋（下）2版補訂版626頁、和田210頁　関連判例　最三判昭和32・12・17民集11巻13号2195頁

第8章 証明

髙山崇彦

119 概括的認定
——過失の一応の推定

最高裁昭和32年5月10日第二小法廷判決
- **事件名等**：昭和30年（オ）第155号損害賠償請求事件
- **掲載誌**：民集11巻5号715頁、判タ72号55頁

概要 本判決は、医療過誤訴訟において、甲事実と乙事実の双方が診療行為上の過失となるものである以上、裁判所が甲又は乙のいずれかについて過誤があったものと推断しても、過失の事実認定として不明又は未確定というべきではないとしたものであり、医師の過失に該当する行為について選択的な認定を認めたリーディングケースである。

事実関係 Xは、Y医師から心臓性脚気の診断を受け、その治療として皮下注射等を施されていたが、数回目の皮下注射を受けた後に注射部分である右腕上膊部に疼痛を覚えて発熱するに至った。その後もXには十分な治療が施されず、Xの右腕上膊部は化膿して赤色に腫脹するなどしたため、Yは事の重大さに気付き、Xに対して小切開の手術を施したが、一向に快方に向かわずその病状は悪化していった。その後、Xは右切開部分が益々腫脹して疼痛が激しく耐えられない状態となったため、Yとは別の病院のA医師の切開手術等の治療を受け、漸く快方に向かった。しかし、Xは右腕に軽度の運動障害が残ったために重労働が不能となるに至り、それを原因として雇用先の鉱業所を解雇されたため、Yに対し、得べかりし労働所得と精神上の被害換算額の合計額の一部の支払いを求めて提訴した。第1審はXの請求の一部を認容し、原審も「被控訴人の右上膊部の本件疾患は控訴人が……注射をした際にその注射液が不良であったか、又は注射器の消毒が不完全であったかのいずれかの過誤があって、この原因に基いて発生したものであること、従ってそのいずれにしても控訴人がこの注射をなす際に医師としての注意を怠ったことに基因して生じたものである」などとして控訴を棄却したため、Yが上告した。

判決要旨 上告棄却。「原審は、挙示の証拠により『被控訴人（被上告人）の心臓性脚気の治療のため注射した際にその注射液が不良であったか、又は注射器の消毒が不完全であったかのいずれかの過誤があった』と認定したけれども、注射液の不良、注射器の消毒不完全はともに診療行為の過失となすに足るものであるから、そのいずれかの過失であると推断しても、過失の認定事実として、不明又は未確定というべきでない。」

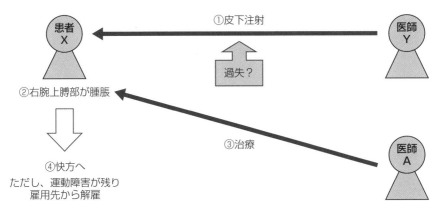

本判決の位置づけ・射程範囲

　本判決は、医師の過失を認定するに当たり、その具体的な過失の根拠事実を特定することなく「注射液の不良」又は「注射器の消毒の不完全」のいずれかがあったと認定することを認めた事案である。このように、裁判所が、「甲事実」若しくは「乙事実」のいずれか又は双方の事実が存在したとの心証を持ちながらこれを特定できない場合において、「甲事実」又は「乙事実」が存在したとの事実認定を行うことを選択的認定といい、いわゆる概括的認定の一つとされる。

　もっとも、選択的認定は、一般的に許容される事実認定の方法ではないと考えられる。なぜなら、証明の対象となる「甲事実」と「乙事実」のいずれにも十分な心証を形成していないにもかかわらず、その事実認定を認めることになりかねないからである。

　ただし、高度の蓋然性が認められる経験則に基づいて証明の対象となる事実を推定できる場合、すなわち「一応の推定」が認められる場合には、その推定過程においてこうした選択的認定の手法を用いることは許容され得ると考えられる。この場合には、前提事実の証明をもって推定事実は十分な証明に近い状態まで達しているといえるし、実質的にも、相手方（医師）に推定事実の不存在の証明責任を負わせることが相当であるからである。

　本件では、Yによる皮下注射の後に注射部分であるXの右腕上膊部が化膿して腫脹したという前提事実の証明をもって、注射の際にYに何らかの不注意な行動があったという過失の根拠事実は高度の蓋然性をもって推定されると考えられる。そうであれば、不注意な行動の具体的な内容につき、選択的認定の手法を用いて「注射液の不良」又は「注射器の消毒の不完全」のいずれかがあったと認定することも認められる。本判決は、こうした蓋然性の高い経験則に基づき、その推定過程で選択的認定を利用する場合に限って妥当するものとして捉えるべきである。

|さらに理解を深める| **百選３版68事件〔新堂幸司〕**　最判解民事篇昭和32年度96頁〔三淵乾太郎〕、中野貞一郎『過失の推認〔増補版〕』（弘文堂、2004年）３頁以下、注釈(4)64頁〔加藤新太郎〕、鈴木忠一＝三ケ月章監修『新・実務民事訴訟講座(5)』（日本評論社、1983年）295頁以下〔黒田直行〕

|関連判例|　最三判昭和39・７・28|本書109事件|、最三判昭和43・12・24|本書110事件|

第8章 証明

高田賢治

120 証拠共通の原則

最高裁昭和28年5月14日第一小法廷判決
　事件名等：昭和27年（オ）第60号貸金等請求事件
　掲載誌：民集7巻5号565頁、判タ30号42頁

概要　証拠共通の原則は、大審院判例において古くから承認されてきた。本判決の意義は、職権証拠調を原則として禁止した民事訴訟法の下において、自由心証主義に基づいて証拠共通の原則が承認されることを確認した最高裁判所の判例という点にある。

事実関係　詳細は不明であるが、上告理由によると次のようなものと考えられる。X（原告・被控訴人・上告人）とY（被告・控訴人・被上告人）との間で争いのある事実（売買契約成立の事実）について、原審において、Yの申請による証人について嘱託尋問が実施された。原審の最終口頭弁論期日において、Yは、期日変更申請をしつつ欠席したが、Xは、結審を求め、その際、裁判所の求めにより上記の嘱託証拠調べの結果を陳述した。口頭弁論調書にXが証拠調べの結果を利益に援用したとの記載がされていたところ、原審は、Xに不利な事実（売買契約の成立）を認定して、Xの請求を棄却した。これに対して、Xは、証拠調べの結果を演述したに過ぎないのであり、Xの利益にこれを援用した事実はない旨を主張して、上告したのが本件である。

判決要旨　上告棄却。「記録によると、所論嘱託証人訊問の結果については、原審最終の口頭弁論において適法に弁論がなされている。すなわち裁判長は該嘱託証人訊問の調書を当事者に掲示し、被控訴代理人はその証拠調の結果につき演述していることが認められる。従って、これによって右証拠調の結果は証拠として適法に顕出されたのである。それ故証拠共通の原則に従い、裁判所は自由な心証によってこれを事実認定の資料となすことができるのであって、必ずしもその証拠調の申出をなし、若しくはその証拠調の結果を援用する旨を陳述した当事者の利益にのみこれを利用しなければならないものではない。当事者は訴訟の実際において屡々一定の証拠を自己の利益に援用する旨を陳述することがあるけれども、それは裁判所が職責としてなす証拠判断につき、その注意を喚起する程の意義を有するに過ぎないのであって、裁判所はかかる陳述の有無を問わず、適法に提出されたすべての証拠については、当事者双方のために共通してその価値判断をなさなければならないのである。されば、所論は採ることを得ない。」

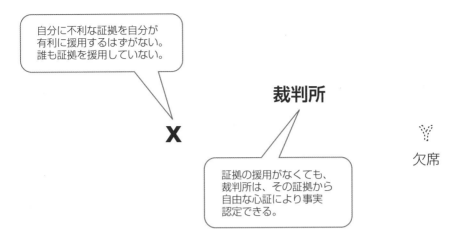

本判決の位置づけ・射程範囲

　当事者の一方が提出した証拠は、その当事者に有利な事実を認定するためだけではなく、相手方に有利な事実を認定するためにも利用することができる。しかも、相手方に有利な事実を認定するために、相手方がその証拠を援用する必要はない。これを証拠共通の原則という。判例は、自由心証主義を根拠に証拠共通の原則を古くから承認してきたが（大判明治41・4・18民録14輯453頁など）、いくつかの判例は、職権証拠調べが許されていることを根拠としていた。その後、昭和23年改正により旧民訴法261条が削除されて職権証拠調べが原則として禁止されることになった。このような民事訴訟法の下、本判決は、自由心証主義を根拠として証拠共通の原則が承認されることを確認した最高裁判所の判例としての意義がある。

　証拠共通の原則が認められると、証拠調べの開始後は、相手方の同意がない限り、証拠申出の撤回は許されなくなる。なお、証拠調べが終了すると、相手方の同意があっても、証拠申出の撤回は許されない。

　ところで、嘱託証人尋問は、裁判所外の証拠調べであるから、証拠調べの結果を公開して、当事者に弁論の機会を付与しなければならない。そのため、受訴裁判所が口頭弁論において当該尋問調書を提示すること（口頭弁論への顕出）が必要である。この点について、本判決は、裁判外の証拠調べの結果を証拠資料とするためには、口頭弁論への顕出のみで足りるとする立場に立つものであると考えられる。

さらに理解を深める　百選51事件〔井上正三〕　中野ほか2版補訂2版355頁、松本＝上野7版409頁、アルマ2版241頁　**関連判例**　最三判昭和23・12・21民集2巻14号491頁、東京高判昭和47・2・24判タ277号276頁

第8章 証明　　　　　　　　　　　　　　　　　　　　　　　岡　伸浩

[121] 証明責任の分配——準消費貸借契約

最高裁昭和43年2月16日第二小法廷判決
　事件名等：昭和42年（オ）第687号貸金請求事件
　掲載誌：民集22巻2号217頁、判時512号40頁、判タ219号81頁、
　　　　金法506号29頁、金判105号9頁

概要　本判決は、準消費貸借契約における旧債務の存在に関する立証責任は債権者が負担するのではなく、旧債務の不存在を理由に準消費貸借契約の効力を争う債務者が旧債務の不存在の事実につき立証責任を負担するとしたものである。

事実関係　AはYに対して数回にわたり金銭を貸し付け、貸金は合計98万円となった。AはYとの間で、当該貸金を一口にまとめて分割弁済する準消費貸借契約を締結し、証書を作成した（❶）。その後、XはAからYに対する貸金債権を譲り受け、Yとの間で分割弁済に係る新たな約定を定めた上で新証書を作成した（❷）。Xは、Yからの弁済が全額の一部にとどまったため、Yを被告として残金の支払いを求めて訴えを提起した（❸）。Yは、Aとの間で準消費貸借契約を締結した時点におけるAのYに対する貸金債権の残元本は7万円にすぎなかったと主張した。第1審は、Xの請求を認容した。第2審は、「Yは昭和38年6月9日現在金98万円の借受金債務のあることを認めてAとの間に前示準消費貸借を締結したのであるから、たとえ右準消費貸借の目的とせられた金98万円の債権の詳細が不明であるとしても、その不存在が証明せられない以上、右準消費貸借契約の効力に消長を来たすものではない」と判示して、控訴を棄却した。Yが上告。

判決要旨　上告棄却。「準消費貸借契約は目的とされた旧債務が存在しない以上その効力を有しないものではあるが、右旧債務の存否については、準消費貸借契約の効力を主張する者が旧債務の存在について立証責任を負うものではなく、旧債務の不存在を事由に準消費貸借契約の効力を争う者においてその事実の立証責任を負うものと解するを相当とするところ、原審は証拠によりAとY間に従前の数口の貸金の残元金合計98万円の返還債務を目的とする準消費貸借契約が締結された事実を認定しているのであるから、このような場合には右98万円の旧貸金債務が存在しないことを事由として準消費貸借契約の効力を争うYがその事実を立証すべきものであり、これと同旨の原審の判断は正当であり、論旨は理由がない。」

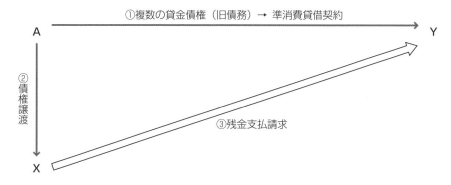

本判決の位置づけ・射程範囲

　準消費貸借契約は、金銭その他の物を給付する義務を負う者がある場合に、当事者が合意によりその物を消費貸借の目的とすることをいい（民588条）、旧債務が存在しなければその効力を生じない。

　本件では、準消費貸借契約が締結された場合に、旧債務の存否について債権者と債務者のいずれの当事者が立証責任を負うかが問題となった。

　立証責任の分配基準について、通説・判例は法律要件分類説に立ち、各当事者は自己に有利な法律効果の発生を定める法条の要件事実について立証責任を負うことを原則とする。法律要件分類説は、当事者間の公平を確保する観点から個別具体的に利益衡量の上、決するべきという利益衡量説からの批判を受け、立法趣旨や当事者間の公平の観点から修正を図っている。

　法律要件分類説によれば、準消費貸借契約の条文の規定（民588条）に照らし、旧債務の存在及び準消費貸借の合意が準消費貸借契約の成立要件であり、権利根拠事実として債権者が準消費貸借の合意のほか旧債務の存在について立証責任を負担するとも考えられる。しかし、本判決は、結論として旧債務の不存在を理由に準消費貸借契約の効力を争う債務者の側が旧債務の不存在について立証責任を負担することを明らかにした。

　本判決は結論に至る理由を明確にしてはいないが、債務者が旧債務の不存在について立証責任を負うと解すべき根拠としては、①準消費貸借契約が、貸主が旧債務を免除し借主が消費貸借上の債務を負担することにより法律関係を単純化するものであることから、貸主に旧債務の成立について立証責任を負担させることは妥当でないこと、②準消費貸借契約を締結する場合、旧債務に関する証拠は破棄されることが多いため旧債務の存在を立証することは実際上困難であり、貸主に立証責任を負担させることは公平でないこと、③準消費貸借の合意は旧債務の存在を前提として準消費貸借契約に変更するものであり、準消費貸借契約を締結する場合には旧債務が存在していた蓋然性は高いことといった点が考えられよう。

さらに理解を深める

百選Ⅱ補正版120事件〔森勇〕　伊藤４版補訂版360頁、松本＝上野７版431頁、中野ほか２版補訂２版374頁、高橋（上）２版補訂版554頁、三木ほか265頁、藤田・講義３版61頁、藤田・解析２版101頁　 関連判例　最一判昭和41・1・27 本書125事件

第8章　証　明　　　　　　　　　　　　　　　　　　　　林　昭一

122　証明妨害

東京高裁平成3年1月30日判決
　事件名等：平成2年（ネ）第2730号保険金請求控訴事件
　掲載誌：判時1381号49頁

概要　本判決は、証明妨害の法的効果として、要証事実の内容、証拠の内容や形態、他の証拠確保の難易、事案における証拠の重要性、経験則等を総合考慮して、主張事実を事実上推定するか、妨害の程度に応じ裁量的に真実として擬制するか、証明度の軽減を認めるか、証明責任の転換をするかを決すべきとしたものである。

事実関係　Xは、保険代理店Aを通じて保険会社Yとの間で自動車保険契約を締結したものの、やがて保険金の支払いを怠るようになったため、当該保険が保険休止状態になっていた。Xは、交通事故による自動車の全損を理由としてYに対して車両保険金の支払請求訴訟を提起した。保険事故の発生前に遅滞分割保険料等の支払いがあったかどうかが争われたところ、Aが遅滞分割保険料の弁済受領書に弁済日時を記載しなかったため、その証明が困難となった。第1審は、保険休止状態においては被保険者が保険事故の前に遅滞保険料を支払ったことを主張・立証することを要するとしつつ、保険者又はその代理人が、遅滞分割保険料等を受領した日時を記載しない弁済受領書を交付した場合には、保険者は、それがその故意又は過失に基づくものではないといえない限り、遅滞分割保険料等の支払いの日時について主張・立証責任を負う被保険者の立証を妨害したことになるとし、被保険者は、保険金を請求するためには、遅滞保険料等を支払ったのが保険事故の発生より前であることを主張・立証する必要はなく、保険者が遅滞分割保険料等の支払い前に保険事故が生じたことを主張・立証することを要するとして、証明妨害の効果として証明責任が転換される旨を述べた。もっとも、Xが保険事故の発生後に保険料の支払いをした事実が認定されたことで、Xの請求は棄却された。Xが控訴。

判決要旨　控訴棄却。「保険金を支払おうとする保険契約者の無知に乗じて保険の効力の及ぶ期間を曖昧にする等の故意で、あるいは、それと同視し得る程度の重大な過失によって、遅滞分割保険料等を受領した日時を記載しない弁済受領書を交付した場合には、保険者は、遅滞分割保険料等の支払日時について、被保険者の証明妨害をしたこととなるものと解すべきである。
　このような証明妨害があった場合、裁判所は、要証事実の内容、妨害された証

拠の内容や形態、他の証拠の確保の難易性、当該事案における妨害された証拠の重要性、経験則などを総合考慮して、事案に応じて、①挙証者の主張事実を事実上推定するか、②証明妨害の程度等に応じ裁量的に挙証者の主張事実を真実として擬制するか、③挙証者の主張事実について証明度の軽減を認めるか、④立証責任の転換をし、挙証者の主張の反対事実の立証責任を相手方に負わせるかを決すべきである。

　本件において、Yの代理人であったAが、Xから本件小切手等を受領した際、Xに受領日時の記載のない『分割払団体扱契約保険料領収書』を交付したことは当事者間に争いがないが、右の受領日時の記載がされないままに弁済受領書が交付されたことについて、Y又はAに前述のような故意、あるいは、重大な過失があったと判断すべき事実は、本件全証拠によっても認められない。

　したがって、Y側に、本件分割保険料の支払の日時について、証明妨害があったとはいえず、本件において証明妨害の効果を論ずる必要はない。」

本判決の位置づけ・射程範囲

　証明妨害の法理とは、証明責任を負わない当事者が挙証者の証明を有責的に妨害したため、証明すべき事実が真偽不明に陥った場合に、証明を妨害した者に事実認定上で不利益を課すなど、証明責任の分配ルールの形式的な適用によって生じる不都合を修正する法理である。民訴法上、一定の態様の証明妨害については明文の定めがあり（民訴法208条、224条、232条）、証明妨害の法理は、たとえば、作成義務に違反して文書を作成しない、あるいは、過失によって検証目的物を廃棄するなど、これらの明文規定が対象としない証明上の作為又は不作為を規制の対象とするものである。もっとも、その法的根拠、要件、効果については多様な考え方があり、法的根拠に関しては、実体法上の証拠保存義務を観念するもの、訴訟当事者間の信義則違反、又は、訴訟当事者の事案解明義務違反を根拠とするものがあり、要件については、故意又は重過失に加えて、過失まで含めるかどうかに争いがある。そして、法的効果については、本判決が述べるように、①事実上の推定説、②要証事実の真実擬制説、③証明度軽減説、そして、④証明責任の転換説などが提唱されている。本件事案では保険事故の発生が保険料の支払いの後であることが事実認定の上で明らかであり、証明妨害を論じる必要性はなかったため、本判決の先例的価値には疑問が呈されているが、証明妨害に対する法的効果のあり方について、裁判所がその自由な裁量に基づき事案に応じて適切な効果を選択することができるとした点では、重要な意義を有する。

さらに理解を深める　百選4版61事件〔薮口康夫〕　損害保険百選2版23事件〔山本弘〕、伊藤眞＝加藤新太郎編『[判例から学ぶ]民事事実認定』（有斐閣、2006年）25頁〔山本和彦〕　**関連判例**　東京地判平成2・7・24判時1364号57頁（本件原審）、東京地判平成6・3・30判時1523号106頁、東京高判平成21・3・27判タ1308号283頁

第8章 証 明

岡 伸浩

123 証明責任の分配——安全配慮義務

最高裁昭和56年2月16日第二小法廷判決
　事件名等：昭和54年（オ）第903号損害賠償請求事件
　掲載誌：民集35巻1号56頁、判時996号47頁、判タ440号93頁、
　　　　　　金判619号46頁

概　要　本判決は、安全配慮義務違反に基づく損害賠償請求において、原告が安全配慮義務の内容を特定し、かつ、安全配慮義務違反に該当する事実の主張立証責任を負うとしたものである。

事実関係　航空自衛隊員であったAは航空自衛隊所属のヘリコプターに搭乗していたところ、飛行中、ヘリコプターの後部回転翼1枚が飛散して墜落する事故に遭い死亡した。Aの父母であるXらはY（国）に対して、公務員の生命及び健康等を危険から保護するよう配慮すべき義務（安全配慮義務）に違反したとして、損害賠償を求めて訴えを提起した。第1審は、Xらの請求を棄却した。第2審において、XらはYの安全配慮義務の具体的内容として、Yが3年ごとの定期修理を怠ったこと、後部回転翼を固定していたソケットの検査要項や整備基準は不合理で不完全なものであったこと、ソケットは使用時間1500時間ごとに新品と交換しなければならないにもかかわらず交換しなかったこと等を主張した。第2審は、Xらの主張を全て認めず、Xらの請求を棄却した。Xらが上告。

判決要旨　上告棄却。「国が国家公務員に対して負担する安全配慮義務に違反し、右公務員の生命、健康等を侵害し、同人に損害を与えたことを理由として損害賠償を請求する訴訟において、右義務の内容を特定し、かつ、義務違反に該当する事実を主張・立証する責任は、国の義務違反を主張する原告にある、と解するのが相当である。しかるところ、本件記録及び原判決の判文によれば、Xらは右の法理に従って国の負担する具体的な安全配慮義務の内容及び右義務に違反する事実について主張をし、原審もまた、本件事故の原因を確定したうえ、右法理に従って、Yが本件のようなヘリコプターに搭乗して人員及び物資輸送の任務に従事する自衛隊員に対してヘリコプターの飛行の安全を保持し危険を防止するためにとるべき措置として、ヘリコプターの各部部品の性能を保持し機体の整備を完全にする義務のあることを明らかにし、この見地から、Xらの主張に基づき、Yにつき具体的に義務違反の事実の存否を判断し、その存在を肯認することができないとしたものであることが明らかである。したがって、原判決

には所論立証責任の法則を誤った違法があるとは認められない。」

本判決の位置づけ・射程範囲

本件は、航空機事故の被害者の遺族が安全配慮義務違反を理由に損害賠償請求をする場合に、いずれの当事者が安全配慮義務の内容を特定し、かつ義務違反に該当する具体的事実を主張立証する責任を負担するかが問題となった事案である。本判決は、安全配慮義務違反に基づく損害賠償請求では、原告が安全配慮義務の内容を特定し、かつ、義務違反に該当する事実の主張立証責任を負うと判断した。

安全配慮義務とは、ある法律関係に基づいて特別な社会的接触の関係に入った当事者において、当該法律関係の付随的義務として当事者の一方又は双方が相手方に対して信義則上負う、相手方の生命及び健康等を危険から保護するよう配慮すべき義務をいう（最三判昭和50・2・25〔関連判例〕）。一般に、不法行為責任とは別に安全配慮義務違反による債務不履行責任を認めることの意義は、時効及び過失の立証責任の点で被害者に有利となり、その保護に資する点にあるといえる。

しかし、本判決のように相手方の安全配慮義務違反を主張しようとする被害者である原告の側が安全配慮義務の内容を特定し、かつ、安全配慮義務違反に該当する事実を主張立証しなければならないとすれば、不法行為構成において過失を構成する具体的事実を主張立証するに等しく、必ずしも被害者に有利とはならないこととなる。特に、本件のように国と被害者が当事者となる事案では、当事者間の証拠収集能力に大きな差異があることや証拠資料が偏在することから、一律に被害者側に主張立証責任を負わせることは酷であるという批判がなされている。かかる立場からは、被害者側が安全配慮義務の前提となる法律関係と被害者側に傷害を負わせた事故の存在を主張立証した場合には、相手方が具体的に安全配慮義務を尽くしたことを主張立証すべき責任を負うとして、当事者間の公平に配慮すべきであると主張されている（百選Ⅱ補正版121事件〔小林秀之〕）。

さらに理解を深める

百選Ⅱ補正版121事件〔小林秀之〕　最判解民事篇昭和56年度50頁〔吉井直昭〕、伊藤4版補訂版360頁、松本＝上野7版431頁、中野ほか2版補訂2版373頁、高橋（上）2版補訂版548頁、三木ほか265頁　関連判例　最三判昭和50・2・25民集29巻2号143頁

第8章 証明

森倫洋・加藤貴裕

124 主張立証責任の分配
―― 虚偽表示における第三者の善意

最高裁昭和35年2月2日第三小法廷判決
事件名等：昭和32年（オ）第335号不動産売買無効等確認事件
掲載誌：民集14巻1号36頁

概要　本判決は、第三者が民法94条2項の保護を受けるためには、自己が善意であったことを主張立証しなければならない、としたものである。

事実関係　A所有名義の本件不動産につき、AからY₁に対して所有権移転登記がなされ、更に、Y₂の抵当権設定登記がなされた。

A死亡後、Aの配偶者で相続人であるXは、Y₁に対し、所有権移転登記の抹消登記手続を、Y₂に対し、抵当権設定登記の抹消登記手続をそれぞれ請求し、その請求原因の1つとして、所有権移転登記の登記原因であるAとY₁との間の不動産売買契約は通謀虚偽表示による無効なものであり、抵当権設定登記もまた無効である旨主張した。

原審は、上記売買契約は通謀虚偽表示であり、上記所有権移転登記は無効であることを認定したが、他方、Y₂としては、AとY₁との売買契約が通謀虚偽表示であることは「知らなかったものであり、これを知っていたと認むべき証拠は存しないところであるから」、当該無効は「これを以て善意の第三者であるY₂に対抗することはできないものというべ」きとして、Xの請求を棄却した。Xより上告。

判決要旨　原判決破棄差戻し。「Y₂が民法94条2項の保護をうけるためには、同人において、自分が善意であったことを主張、立証しなければならないのである（昭和17年（オ）第520号、同年9月8日大審院第5民事部判決参照）。しかるに、Y₂は、原審において、前記売買が虚偽表示によることを否認しているだけで、善意の主張をしていないにかかわらず、原審は、Y₂は右所有権移転行為が通謀虚偽表示であることを知らなかったのであり、これを知っていたと認むべき証拠はない旨判示し、Xの請求を排斥したものであって、原判決は、主張責任のある当事者によって主張されていない事実につき判断をした違法があるといわなければならない。のみならず、論旨摘録の証拠によれば、Y₂が善意であったものとは、いまだにわかに断定しえないものがあるのであって、原判決はまた、重要な証拠に対する判断を遺脱した結果理由不備の違法をおかしたものというべきである。されば、論旨は結局理由があり、原判決は破棄を免れない。」

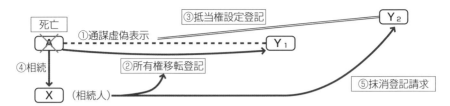

本判決の位置づけ・射程範囲

裁判所は、当事者が口頭弁論において主張しない限り、事実を認定できない（弁論主義の第1テーゼ）。その結果、当事者も、当該事実を主張しない限り、当該事実から導かれる自らに有利な法律効果の発生を導けない。これを主張責任という。

他方、事実に関する主張があっても、その十分な立証がなされず、真偽不明の状態が生じたときも、当事者は、当該事実から導かれる法律効果を裁判所により認めてもらえない。これを証明責任（立証責任）という。

本判決は、民法94条2項について、通謀虚偽表示を行ったとして契約の無効を主張する者が第三者の悪意について主張立証責任を負うのではなく、同項による保護を受けると主張する第三者が自己の善意について主張立証責任を負うとした上で、その主張がないことを理由に原判決を破棄したものである。本判決より前に、既に大判昭和17・9・8 関連判例 が同項の第三者において自己の善意につき主張責任があるとしていたが、本判決は、これを踏襲し、主張責任について同様の判示をするとともに、証明責任についても、第三者にある旨を判示した。

一般に、主張責任の所在は証明責任の所在によって定まると解されている。また、証明責任の分配に関しては、学説上、法律要件分類説と利益衡量説の対立があるが、前者に後者の観点を加味した修正法律要件分類説が比較的多数の支持を得ているとされる（各説の詳細は紙幅の関係上省略する）。

そして、民法94条2項の善意の主張立証責任については、虚偽の外観を作出した者より、当該外観を信頼して取引した第三者を保護すべきとする同項の趣旨に照らし、意思表示の無効を主張する者が第三者の悪意につき証明責任を負うべきとする考え方も有力である。しかし、本判決はそのような考え方にはよらず、「善意の第三者」であることを第三者側において主張立証すべきとしているものである。上記有力説に対しても、主張立証責任を第三者側に負わせても、実際上、登記を信頼した第三者の善意は事実上推定されるとすれば、立証負担は不当なものとはならないという反論があるところであり、本判決の後、同項の善意の証明責任が問題となった事案でも、最一判昭和41・12・22 関連判例 は第三者が自己の善意について証明責任を負うことを改めて判示している。

さらに理解を深める

百選4版63事件〔大村雅彦〕　百選3版72事件〔伊東俊明〕、最判解民事篇昭和35年度10頁〔三淵乾太郎〕、アルマ2版287頁、伊藤4版補訂版356頁、高橋（上）2版補訂版547頁、コンメIV39頁　関連判例　大判昭和17・9・8新聞4799号10頁、最一判昭和41・12・22民集20巻10号2168頁

第8章　証　明　　　　　　　　　　　　　　　　　　　　　　　岩知道真吾

125　証明責任の分配
　　　（背信行為と認めるに足りない特段の事情）

最高裁昭和41年1月27日第一小法廷判決
　事件名等：昭和40年（オ）第163号建物収去土地明渡請求事件
　掲載誌：民集20巻1号136頁、判時440号32頁、判タ188号114頁

概要　本判決は、民法612条2項による解除の成否が争われた事案において、賃貸人に対する背信行為と認めるに足りない特段の事情の主張・証明責任が賃借人にあるとしたものである。

事実関係　XはYに対しX所有の土地（以下、「本件土地」という）を賃貸し、Yは本件土地上の一部に建物（以下、「本件建物」という）を所有している。Yは本件土地の残りの部分の一部（以下、「A部分」という）をZに転貸し、ZはA部分上に建物を所有するに至った。そこで、XはYに対し、Zに対する無断転貸を理由としてXY間の賃貸借契約を解除する旨の意思表示を行い、本件建物の収去・本件土地の明渡しを求めて提訴した。第1審、第2審ともに、YはZに対する転貸に関してはXの承諾を得ていたとの抗弁を主張・立証したが、第1審、第2審ともYの主張を採用することはなく、Xの請求が認容された。そこで、Yは、仮に無断転貸であったとしても、「右無断転貸が他に何らかの事由により真実の信義則違反となるや否やにつき原審としては当然極めなければならない」にもかかわらず、これを怠った点において、原審の判断には釈明権の不行使による審理不尽の違法があることを理由に上告した。

判決要旨　上告棄却。「土地の賃借人が賃貸人の承諾を得ることなくその賃借地を他に転貸した場合においても、賃借人の右行為を賃貸人に対する背信行為と認めるに足りない特段の事情があるときは、賃貸人は民法612条2項による解除権を行使し得ない」。「しかしながら、かかる特段の事情の存在は土地の賃借人において主張、立証すべきものと解するを相当とするから、本件において土地の賃借人たる上告人が右事情について何等の主張、立証をなしたことが認められない以上、原審がこの点について釈明権を行使しなかったとしても、原判決に所論の違法は認められない。」

本判決の位置づけ・射程範囲

1　本判決の意義

民法612条2項は、「賃借人が前項の規定に違反して第三者に賃借物の使用又は収益をさせたときは、賃貸人は、契約の

解除をすることができる。」と定め、そのほかに解除権を制約する規定を設けていない。しかしながら、最高裁判例は、戦後の住宅不足と賃借人保護の考え方を背景として、無断転貸がなされた場合であっても「背信的行為と認めるに足りない特段の事情」（以下、「特段の事情」という）がある場合には、民法612条2項所定の解除権を制約するとの判例法理を提示した。最高裁が最初にこの法理を示したのが最二判昭和28・9・25 関連判例 であるが、この時点では上記の「特段の事情」の証明責任が賃貸人・賃借人のいずれにあるのかは明示されていなかった。

そのような中、本判決は、「特段の事情」の証明責任が賃借人にあることを明示した点に意義がある。本判決は後の最高裁判例によっても踏襲されている確定した判例法理を示すものである。

2　証明責任の分配

証明責任の分配に関しては、法規の立法趣旨と当事者間の公平の観点とによって決するとの有力説（利益衡量説）もあるが、現在の通説は法律要件分類説である。法律要件分類説とは、法規の適用によって得られる法律効果を権利発生、権利障害、権利消滅又は権利阻止に大別し、訴訟物たる権利関係を基礎として、それぞれの法律効果が自己に有利に働く当事者がその法律効果を基礎付ける要件事実について証明責任を負うという考え方である。

法律要件分類説の立場によれば、「特段の事情」の証明責任の分配は、「特段の事情」の不存在を解除権の発生要件と位置付けるか、それとも「特段の事情」の存在を解除権の障害要件と位置付けるかという実体法の解釈論の問題に帰属する。上告人Yの主張は前者の立場に立っており、本判決は後者の立場を採用したものとそれぞれ評価できる。

3　規範的要件と主要事実

「特段の事情」に関する証明責任を賃借人に分配するとしても、「特段の事情」における主要事実を何と見るかにつき議論がある。

過失や正当事由、権利の濫用そして本判決で示された「特段の事情」などは、それぞれの規範的評価の成立が所定の法律効果の発生要件となっている。このような要件を一般に規範的評価要件という。

規範的評価要件に関しては、規範的評価の成立を根拠付ける具体的な事実を主要事実と解する考え方と規範的評価要件そのものを主要事実と解し、これを基礎付ける事実を間接事実と位置付ける考え方がある。前者が現在の通説であり、この立場からは、「特段の事情」を基礎付ける事実が主要事実となる。なお、「特段の事情」の具体例としては、①転借人と賃借人が同一の事業を営んでおり、形式的に法人格の変更があったに過ぎない場合、②一時的に譲渡・転貸がなされたが、既に原状に復している場合などが挙げられている。

さらに理解を深める　百選4版64事件〔栗田隆〕、百選3版73事件〔大村雅彦〕、最判解民事篇昭和41年度39頁〔川嵜義徳〕、条解2版1019頁〔松浦馨＝加藤新太郎〕、高橋（上）2版補訂版553頁、司法研修所編『増補民事訴訟における要件事実(1)』（法曹会、1998年）30頁、幾代通＝広中俊雄編『新版注釈民法(15)』（有斐閣、1996年）279頁　関連判例　最二判昭和28・9・25民集7巻9号979頁

第8章 証明

神原千郷

126 証明責任の分配
——債務不履行責任

最高裁昭和34年9月17日第一小法廷判決
　事件名等：昭和32年（オ）第571号売買代金返還請求事件
　掲載誌：民集13巻11号1412頁、判時204号21頁

概要　本判決は、債務が履行不能の場合に、債務者がその責任を免れるためには、当該履行不能が債務者の責めに帰すべからざる事由によって生じたことを証明しなければならない旨判示したものである。

事実関係　Y_1 はAから家屋の一部を賃借し、店舗として食堂を経営していた（❶）。その後、Aの承諾を得ないまま、Y_1 の代理人 Y_2 は、Xに対してこの食堂の営業権、家屋賃借権、営業用什器を売り渡す契約を締結し、Xより代金の支払いを受け、Y_1 は店舗及び営業用什器を引き渡した（❷）。しかし、賃貸人Aの妻が当該店舗を含む建物全部を取り壊し（❸）、当該店舗の使用は不能になった（❹）。Xは、Y_1・Y_2 を売主であると考え、両名に対し、店舗の使用不能を理由に契約を解除したとして支払った代金の返還を求めて訴えを提起した。第1審は請求を棄却したため、Xは控訴した。控訴審は、Y_1 は賃借権譲渡に関してAの承諾を得ていないため、債務の本旨に従った履行がなく、Xは Y_1 に対し相当期間内での履行を催告し、承諾が得られない場合には契約を解除できるが、Xは、当該催告、解除の意思表示、履行不能に関する Y_1 の帰責事由について主張立証がないなどとした。また、Y_2 は Y_1 の代理人であり、同人を売主であることを前提にした Y_2 に対する請求は失当であるとし、いずれの請求も控訴が棄却されたため、Xが上告した。Y_2 に対する部分は、本件テーマと関係がないため省略し、以下では Y_1 に対する上告のみを対象とする。

判決要旨　一部破棄差戻し、一部棄却。「前記事実関係によれば、被上告人 Y_1 は賃借権の譲渡につき賃貸人Aの承諾をえる義務があるにかかわらず、これをえることができないでいるうちに、本件家屋は取りこわされてしまったのであるから、本件売買契約のうち家屋賃借権の譲渡に関する部分についての同被上告人の債務は履行不能となったものというべく、少くとも右部分に関する限り、債務者である被上告人 Y_1 としては、右履行不能が債務者の責に帰すべからざる事由によって生じたことを証明するのでなければ、債務不履行の責を免れることはできないと解さなくてはならない（大審院大正13年（オ）第569号、同14年2月27日判決、民集4巻97頁参照）。しかるに、原審は、『履行不能となった

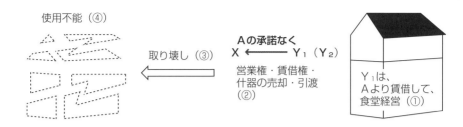

ことが債務者であるY₁の責に帰すべき事由によることについては主張も立証もない』旨判示し、かかる主張及び立証の責任を債権者たる上告人に負わしめ、同人の売買代金返還の請求を排斥したものであって、この違法は原判決に影響を及ぼすことが明らかである。」

本判決の位置づけ・射程範囲

同趣旨の判例は引用されている大審院判例などがあったものの、本判決は、履行不能時の帰責事由の立証責任に関する最初の最高裁判例としての意義がある。

判示内容については、確定判例であり、学説上も異論はないとされている。

立証責任の分配については、法律効果の発生要件を定める実体法規の解釈によってその分配を考え、実体法規の解釈に当たっては、条文の定め方や構造の他、分配の公平性や妥当性も考慮するという、修正された法律要件分類説などと呼ばれる見解が裁判実務や通説的見解である。

民法415条後段の文言のみからすれば、履行不能に基づく損害賠償請求権の発生要件として、他の要件と同様、「債務者の責めに帰すべき事由」も債権者が証明責任を負担するかのように思われる。

本判決が引用する大審院判例は、①損害賠償請求権は本来の請求権と同一の権利であり、給付の不能自体は給付義務を免れさせるものではないこと、②履行不能と履行遅滞は同様に解釈されるべきであるが、民法419条3項の反対解釈により非金銭債務の履行遅滞では不可抗力を抗弁として主張できるため、義務を免れるためには債務者が不可抗力に基づくことを立証する必要があること等を理由としている。

上記①の点は立証責任の分配に当たっての公平性等を意識しているように思われる。

本判決は、修正された法律要件分類説と呼ばれる説からも支持されている。

さらに理解を深める **百選2版82事件〔賀集唱〕** 最判解民事篇昭和34年度217頁〔三淵乾太郎〕、伊藤4版補訂版359頁、村田渉＝山野目章夫編著・後藤巻則ほか著『要件事実30講〔第3版〕』（弘文堂、2012年）13頁、司法研修所編『増補民事訴訟における要件事実(1)』（法曹会、1998年）9頁、倉田卓次監修『要件事実の証明責任（債権総論）』（西神田編集室、1986年）46頁、我妻栄『新訂債権総論（民法講義Ⅳ）』（岩波書店、1964年）146・100頁、内田貴『民法Ⅲ〔第3版〕債権総論・担保物権』（東京大学出版会、2005年）140頁、中田裕康『債権総論〔第3版〕』（岩波書店、2013年）136頁、奥田昌道編『新版注釈民法(10)Ⅱ』（有斐閣、2011年）175頁　**関連判例** 大判大正14・2・27民集4巻97頁、大判大正10・5・27民録27輯963頁

第8章 証明

佐々木英人

127 認知の訴えにおける父子関係の証明

最高裁昭和32年12月3日第三小法廷判決
　事件名等：昭和29年（オ）第91号子の認知請求事件
　掲載誌：民集11巻13号2009頁

概要　本判決は、認知の訴えにおける父子関係の証明に関し、非嫡出子の母が父とされる男性以外の男性と受胎可能期間中に情交関係を結んだ事実がないことの立証責任につき、非嫡出子がこれを負わないとしたものである。

事実関係　Xの母Aは、女学校を卒業して数年ののち、いわゆる特殊飲食店の店番をしていた。母Aは、昭和23年10月ころから、同店の客Yと情交関係を結ぶようになり、その後にXを妊娠し、昭和24年8月31日、Xを出生した。しかし、YがXを認知しなかったため、XはYを相手方として認知請求の訴えを提起した。これに対し、Yは、Aと情交関係を結んだことを認めたが、他方、Aが受胎可能期間中にBと情交関係を結んでいたことや、その他の男とも関係していたことを主張し（いわゆる不貞の抗弁または多数当事者の抗弁）、Xの認知請求を争った。第1、第2審とも、Xの請求を認容したので、Yが上告した。

判決要旨　上告棄却。「原審は、㈠被上告人の母Aが昭和23年10月頃から引続いて上告人と情交関係を継続しているうち妊娠し、同24年8月31日被上告人を成熟児として分娩したこと、㈡右Aが情交関係を結んでいたと主張される男たちのうち、訴外Bは情交関係継続の時期及び血液型からみて被上告人の父であることを否定しなければならず、その他の男たちとAとの関係は単なる噂や推測にすぎないものであって、Aが被上告人を妊娠し得べき期間に上告人以外の男と情交した事実は認められないこと、㈢上告人は昭和24年夏頃人を介してAの母Cに対しAを妻に迎えたい旨申入れた事実があること、㈣血液型からすると上告人は被上告人の父であり得ること、等を綜合して被上告人は上告人の子であると認定したものであることは、原判文上了解に難くない。

　而して、右㈠ないし㈣のような事情があれば、他に特段の事由のない限り被上告人は上告人の子であると推認するを妨げないから……、原判決には所論の違法はなく、論旨は理由がない。」

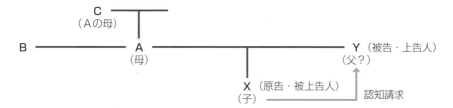

本判決の位置づけ・射程範囲

　認知の訴え（民法787条）において請求が認容されるためには、非嫡出子である原告と父とされる被告との間に生物学的な意味での父子関係が証明されなければならず、その立証責任は非嫡出子である原告が負うことになる（なお、内縁関係から懐胎した子は、民法772条によって父性が推定される〔最一判昭和29・1・21 関連判例〕）。

　この点、分娩という事実によって証明可能な母子関係とは異なり、父子関係は、これを100％確実に証明する科学的な手法が必ずしも確立されているわけではなく、間接事実による事実上の推定を積み重ねることによって証明するしかない。ここで、いかなる間接事実の積み重ねが必要かに関し、かつて大審院判例は、非嫡出子である原告の母が受胎した当時、父とされる被告以外の男性と情交関係を結んだ事実がないことを、非嫡出子である原告において証明しなければならないとしていた。しかし、最高裁は、大審院判例を変更し、①非嫡出子の母が受胎可能期間中に父とされる被告と情交を通じたこと、②血液型鑑定の分析結果が非嫡出子および父とされる被告との間の父子関係と矛盾しないこと、③父とされる被告が非嫡出子に対して父親らしい振舞いを示していたこと等が認められる場合には、非嫡出子の受胎当時に母が父とされる被告以外の男性と情交関係があったなど特段の事情のない限り、非嫡出子が父とされる被告の子であるとの事実は証明されたものというべきであるとした（最一判昭和31・9・13 関連判例）。

　本判決は、上記最高裁判例の流れを受け継ぎ、非嫡出子の母が父とされる男性以外の男性と受胎可能期間中に情交関係を結んだ事実がないことの立証責任を非嫡出子である原告が負わないことを前提としつつ、前掲判決要旨(三)記載のような父親らしい振舞いも父性推定の間接事実となることを示したものである。

　本判決後、認知訴訟におけるDNA鑑定等の科学的手法の重要性は高まっているが（広島高判平成7・6・29 関連判例 等）、現在でも父子関係を100％確実に証明する科学的手法が必ずしも確立されたわけではないから、本判決は、父子関係の証明に必要な間接事実とその立証責任の分配について、なお意義を有するものである。

さらに理解を深める

百選Ⅱ補正版252頁〔後藤勇〕　家族百選新版増補49事件〔田村五郎〕、50事件〔外岡茂十郎〕、山主政幸・自由と正義9巻12号39頁、梶村太市・ジュリ1099号84頁　関連判例　大判明治45・4・5民録18輯343頁、最一判昭和31・9・13民集10巻9号1135頁、最二判昭和32・6・21民集11巻6号1125頁、最三判昭和36・9・26家月14巻1号99頁、最二判昭和38・7・12集民67号59頁、最一判昭和29・1・21民集8巻1号87頁、広島高判平成7・6・29判夕893号251頁

第8章 証　明　　　　　　　　　　　　　　　　　　　　　　　上田　慎

128 反対尋問の保障

最高裁昭和32年2月8日第二小法廷判決
事件名等：昭和30年（オ）第249号建物明渡請求事件
掲載誌：民集11巻2号258頁、判タ71号52頁

概要　医師の勧告により、当事者本人に対する尋問が途中で打ち切られ、相手方が反対尋問を行うことができなかった場合において、反対尋問を行うことができなかったのがやむを得ない事由による場合には、当該本人尋問の結果を事実認定の資料とすることができ、合理的な自由心証により証拠力を決することができる旨判示したものである。

事実関係　上告人Xは、Y_1に対し、所有建物を賃貸していたが、Y_1がXの承諾なくY_2を同居させたことから、XはY_1、Y_2に対し、本件建物からの退去を求め、AとともにY_1を訪れ、協議を行った。Xは、この協議の際にY_1との間に、賃貸借契約の合意解除が成立したと主張し、この合意解除に基づく明渡期限までにY_1、Y_2が明け渡さなかったとして、Y_1に対しては上記合意解除に基づき、Y_2に対しては所有権（不法占拠）に基づき、それぞれ建物の明渡しを求める訴訟を提起した。Y_1は、XとAがY_1を訪れたことは認めたものの、賃貸借契約の合意解除は成立していないとしてこれを争った。

第1審において、寝たきりであったY_1につき臨床尋問が実施されたが、立会医師の勧告により、Y_1側の主尋問が終了した時点で打ち切られ、X側は反対尋問を行うことができなかった。

第1審は合意解除の成立を認めXの請求を認容したが、第2審はY_1の本人尋問の結果、及び、XとAがY_1を訪問した際に同席していたBの証人尋問の結果に基づき、合意解除の成立を否定し、1審判決を破棄してXの請求を棄却した。

Xは、第2審が、反対尋問の機会が与えられなかったY_1の本人尋問の結果を事実認定の資料としたことは違法である等として上告した。

判決要旨　上告棄却。「第1審における被告人Y_1（被上告人）に対する臨床訊問が途中で、立会の医師の勧告によって打ち切られ、上告人側に反対訊問の機会が与えられなかったことは、所論のとおりである。

しかし、右の場合、裁判所が本人訊問を打ち切った措置を違法と解し得ないことは、民訴260条〔現民訴181条1項〕の趣旨からして当然であり、その後、再訊問の措置を採らなかったのも、右本人の病状の経過に照らし、これを不相当と認

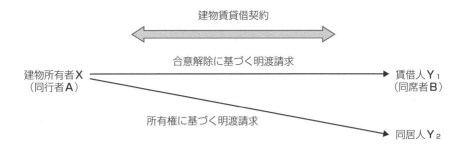

めたためであることが、記録上窺い得られるところである。従ってこのように、やむを得ない事由によって反対訊問ができなかった場合には、単に反対訊問の機会がなかったというだけの理由で、右本人訊問の結果を事実認定の資料とすることができないと解すべきではなく、結局、合理的な自由心証によりその証拠力を決し得ると解するのが相当である（なお、Xが第1、2審において異議を述べ、またはY₁本人の再訊問を申請したような事実は記録上認められない）。しからば、原判決には所論の違法はなく、論旨は採用し難い。」

本判決の位置づけ・射程範囲

民訴法202条（210条で原告本人尋問に準用）は、証人尋問を交互尋問の方法で行う旨を定め、当事者に反対尋問を行う機会を与えている。主尋問当事者による妨害行為等によって反対尋問の機会が与えられなかった場合は、責問権の放棄がない限り、違法な尋問手続に基づく供述として証拠能力が否定されると解されている。

反対尋問の機会が与えられなかったのが「やむを得ない事由」による場合でも、尋問結果の証拠能力が否定されるかについては争いがある。反対尋問権者において積極的にその尋問権を放棄したと認められる場合でない限り、裁判の資料となし得ないとする見解（本判決にかかる小谷勝重裁判官の少数意見）もあるが、通説は、①我が国においては反対尋問を行うことができない典型的な証拠である伝聞証拠の証拠能力が排除されていないこと、②主尋問の結果が唯一の証拠である場合等真実発見のために必要な場合があること、③陪審制をとらない我が国においては、証拠能力を広く認めた上で職業裁判官の自由心証による判断に委ねても支障がないこと等を理由として、尋問結果の証拠能力を認める。本判決はこの通説に従ったものである。

ただし、本判決の事案では、主尋問が3時間にわたって行われたこと等に鑑み、「やむを得ない事由」は認められないのではないかとの批判もなされている。

さらに理解を深める　**百選4版65事件〔石田秀博〕**　最判解民事篇昭和32年度37頁〔土井王明〕、中務俊昌＝鈴木正裕・民商36巻2号47頁、伊藤眞＝加藤新太郎編『［判例から学ぶ］民事事実認定』（有斐閣、2006年）86頁〔畑瑞穂〕、伊藤4版補訂版350頁、条解2版1122頁〔松浦馨＝加藤新太郎〕　**関連判例**　最二判昭和27・12・5民集6巻11号1117頁、東京高判昭和51・9・13判時837号44頁

第8章　証　明

名津井吉裕

129　窃取された文書の証拠能力

神戸地裁昭和59年5月18日判決
　　事件名等：昭和46年（ワ）第1180号損害賠償請求事件
　　掲　載　誌：判時1135号140頁

概　要　被告の保管する文書が何者かにより窃取された場合、その事情を知って当該文書を入手した原告は、これを書証として提出することができるか。

事実関係　Xらは、その使用者であるYが、日本共産党員またはその同調者と認めた従業員を職場内外で監視し、孤立させる等して思想・信条の自由を侵害し、職場における自由な人間形成の機会を阻害し、名誉を毀損した等と主張して、Yを被告として不法行為に基づく損害賠償を請求した。Xらは、上記一連の行為が、Yによる特殊な労務管理・職制を通じて行われた事実を証明するため、本件の重要証拠である「労務管理懇談会実施報告」と題する文書を含む、いくつかの書証を提出した。これに対し、Yは、上記各文書はY神戸支局労務課労務係から窃取されたものであり、Xらはかかる事情及び不法性を認識しながらこれを入手し、書証として提出したものであり、違法収集証拠に該当すると主張して証拠排除の申立てをした。

判決要旨　一部認容（控訴）。「民事訴訟においては、例えば、一方当事者が自ら若しくは第三者と共謀ないし第三者を教唆して他方当事者の所持する文書を窃取するなど、信義則上これを証拠とすることが許されないとするに足りる特段の事情がない限り、民事訴訟における真実発見の要請その他の諸原則に照らし、文書には原則として証拠能力を認めるのが相当であり、単に第三者の窃取にかかる文書であるという事由のみでは、なおその文書の証拠能力を否定するには足りないものと解すべきである。」「しかるに、証人Aの供述は、単に右甲号各証は、自己がY神戸支店の労務担当として勤務した昭和43年7月から昭和44年6月までの間に、保管中の施錠された専用キャビネットの中から紛失したものであるから、何人かにより窃取されたものに相違ないというにとどまり、それ自体何人かが窃取したのかさえなお不明であって、到底右の特段の事情を認めるに足らず、その他本件全証拠によっても右の特段の事情はこれを認めることができないから、右甲号各証につき証拠排除を求めるYの申立は失当というべきである。」

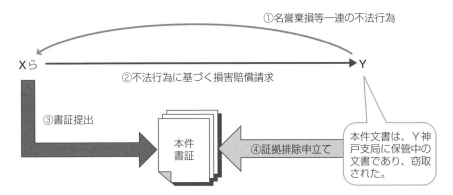

本判決の位置づけ・射程範囲

　民訴法には、事実認定に供すべき証拠の適格性あるいは証拠能力を定めた規定はなく、違法収集証拠を事実認定に用いてよいかどうかは、解釈に委ねられる。問題は、真実発見にとって有益な証拠であっても、入手の方法や経路に違法性のある証拠を事実認定に供すれば、当事者間の公平を害し、ひいては裁判に対する国民の信頼を損ないかねないという点にある。

　裁判例を見ると、古くは、机上に放置された被告の日記を原告が無断で使用した例で、証拠能力規定の不備を理由に証拠能力を肯定した大審院判決がある（関連判例①）。その後の下級審裁判例でも、会議室に残された個人の備忘録たる手帳の無断コピーが提出された例（関連判例②）や、離婚訴訟の相手方によって郵便受けから持ち出された信書が提出された例（関連判例③）で、証拠能力が肯定されている。しかし、夫が妻の不倫相手を被告とする損害賠償請求訴訟で、陳述書の原稿ないし手控えとして夫が作成した大学ノートが妻によって持ち出され、被告を通じて提出された例（関連判例④）では、証拠能力が否定されている。

　本判決は、被告の保管する「労務管理懇談会実施報告」等の文書の紛失を認めつつも、原告または原告と共謀した第三者による当該文書の窃取は不明として、信義則上証拠能力を否定すべき特段の事情はないと判断している。換言すれば、書証の申出のあった文書が、何者かにより窃取された文書であるというだけでは証拠能力は否定されないとした点に意義があり、事例判決として参考になろう。なお、無断録音テープについては、「著しく反社会的な手段を用いて、人の精神的肉体的自由を拘束する等の人格権侵害を伴う方法によって採取されたもの」であるときは、証拠能力が否定され得るとした裁判例がある（関連判例⑤）。

さらに理解を深める　　百選４版66事件〔林昭一〕　渡辺武文「証拠に関する当事者行為の規律」新堂幸司編『講座民事訴訟法(5)』（弘文堂、1983年）176頁、間淵清史・民商103巻３号453頁、同４号605頁等　関連判例　①大判昭和18・７・２民集22巻574頁、②名古屋高決昭和56・２・18判時1007号66頁、③名古屋地判平成３・８・９判時1408号105頁、④東京地判平成10・５・29判タ1004号260頁等。なお、相手方に無断で録音した会話の反訳文書を提出した例として、⑤東京地判昭和46・４・26判時641号81頁、⑥東京高判昭和52・７・15判時867号60頁等がある。

第8章　証　明

梶谷　篤

130　他に主張立証はない旨の当事者の陳述と唯一の証拠方法の取調の要否

最高裁昭和53年3月23日第一小法廷判決
　事件名等：昭和52年（オ）第591号建物収去土地明渡請求事件
　掲　載　誌：判時885号118頁

概　要　本判決は、口頭弁論終結にあたって当事者双方が「他に主張立証はない」旨を陳述した場合であっても、特段の事情がないかぎり、唯一の証拠方法を取り調べないで却下することは許されないことを判示した事案である。

事実関係　原告Xは、本件土地を競落によりY₃から取得したとして、同土地上のY₁ら5名（以下「Yら」）所有の建物につき建物収去土地明渡請求訴訟を提起した。Yらは、Xの土地所有権を争ったが、第1審では、なんら立証せず敗訴した。控訴審では、同土地は農地開放によりYらの先代Aが売渡しの処分を受け、登記手続未了のままAが死亡した後、国の売渡機関によりAの長男であるY₃に移転登記がなされたものであり、Aの相続人であるYらの共有であるから、Y₃から競落したXは本件土地の全部の所有権を取得できないと主張し、Yらは、この点を立証するため、Y₁について本人尋問の申出をしたが、裁判所は、この申出に対する証拠の採否を明らかにすることなく弁論を終結し、Yら敗訴の判決を言い渡した。なお、弁論終結の際の調書には、当事者双方が「他に主張立証はない」と陳述した旨の記載がある。これに対し、Yらのうち3名が、唯一の証拠を取り調べず審理を終結したことは審理不尽の違法があるとして上告した。

判決要旨　一部破棄差戻し。「記録によれば、所論の上告人Y₁本人尋問の申出は、本件土地につき被上告人Xが完全な所有権でなく共有持分を有するにすぎないとの上告人Y₁らの主張に関する唯一の証拠方法の申出であるから、特段の事情のないかぎりこれを取り調べることを要するところ、原審はこれに対する採否を明示することなく弁論を終結したことが明らかである。そうして本件において右特段の事情があったことは記録上窺われない。もっとも、原審の第8回口頭弁論調書の記載によれば、原審の口頭弁論終結にあたって当事者双方が『他に主張立証はない。』と述べたことが認められるが、このことを以て前記唯一の証拠方法を取り調べることを要しない特段の事情とすることはできない。」

```
                    〔Y₁の本人尋問が唯一の証拠方法〕
相続によるYらの土地共有を主張 ─────→ ←───── 建物収去土地明渡請求
                ┌ Y₁
                │ Y₂
A ＝ 相続 ＝ ┤ Y₃（登記上の単独所有者）─────────→ X（Y₃から競落）
                │ Y₄
                └ Y₅
```

本判決の位置づけ・射程範囲

　裁判所は、当事者の申し出た証拠のみ証拠調べを行うこととされる（弁論主義）が、当事者が申し出た証拠の採否は、裁判所の裁量に委ねられている（民訴181条1項）。これは、証拠の評価は裁判所の裁判所の自由な判断に委ねられているという自由心証主義（民訴247条）に基づくものである。ただし、裁判所は、恣意的に証拠の採否を決定できるわけではなく、申出が不適法（申出が時機に遅れている、立証趣旨が明らかではない等）、不必要（裁判所が十分な心証を得ている、争点に関係がない等）といった合理的な理由がある場合に、採用しないことが許される。

　他方、当事者の申し出た証拠が「唯一の証拠方法」である場合には、裁判所は、特段の事情のない限りこれを取り調べなければならない、との法原則が、大審院以来判例法として承継されてきた。これは、当該争点についてその証拠を取り調べない場合は、当事者にとって証明の途が閉ざされることになることから、証拠の採否についての裁判所の裁量は制約されるというものである。ただ、これまでに、取り調べる必要がない「特段の事情」の具体的場合については判例が積み重ねられており、現在では、この法原則は絶対的なものではないとされている。つまり、合理的な理由があれば採用しないことが許されることは、唯一の証拠方法であっても異なるものではない。

　また、本件では、当事者が証拠の申出をしたのに、裁判所はその採否を決しないで弁論を終結したことの評価も問題となる。一般的には、当事者が弁論終結に異議を述べない場合、当事者による証拠申出の放棄ないし裁判所による暗黙の却下を認め、申出の採否を決定することなく結審しても違法ではないとするのが判例である。

　本判決は、当事者の「他に主張立証はない」旨の陳述にかかわらず、唯一の証拠方法について申出の採否を明示することなく弁論を終結したことを違法と判示した。これは、唯一の証拠方法に関する法原則の観点からは、当事者の陳述だけでは「唯一の証拠方法」を取り調べることを要しない「特段の事情」にはあたらないと認定したものと考えられる。この判決の背景には、「他に主張立証はない」旨の当事者の陳述記載が、弁論調書の常套的記載用語として形式化していることへの顧慮が働いたものとみられ、さらには、唯一の証拠方法を却下した場合には、裁判所はその理由を判決文中に示すことが必要であるとの実務上の指針を示したものといえるものである。

さらに理解を深める　**百選Ⅱ補正版125事件〔小野寺忍〕**　昭和53年度主判解262頁〔大久保敏雄〕、伊藤4版補訂版372頁　**関連判例**　大判明治35・5・15民録8輯5巻62頁、最二判昭和39・4・3民集18巻4号513頁、最一判昭和45・5・21判時595号55頁

第8章 証 明　　　　　　　　　　　　　　　　　　佐藤　潤

131 企業秘密を理由とする証言拒絶権

大阪高裁昭和48年7月12日決定
　事件名等：昭和47年（ラ）516号証言拒絶許可決定に対する即時抗告申立事件
　掲載誌：下民集24巻5〜8号455頁、判時737号49頁

概要　本決定は、アメリカ合衆国が大阪地裁に嘱託した証人尋問事件において、同地裁が証人の企業の秘密を理由とする証言拒絶を許した決定に対し、アメリカ合衆国が即時抗告をしたところ、証言拒絶を認めた事案である。

事実関係　アメリカ合衆国関税裁判所は、同裁判所に係属している、原告A、被告Xの訴訟において、司法共助に基づいて、被告側証人Yの尋問を、大阪地方裁判所に嘱託した。大阪地方裁判所は、証人Yの尋問を行ったところ、Yは尋問事項の一部について、職業の秘密に関するものであるとして、証言の拒絶を申立て、同裁判所は、証言拒絶を許可する決定をした。これに対し、Yが即時抗告をした。

決定要旨　抗告棄却。「(1)特定商品の製造および販売原価を外部に知られることは、これにより競争関係に立つ同業者に競争の目標を与え（競争相手の製造および販売原価が自社のそれより低い場合には、自社の販売価格を競争相手の追随不能な線にまで下げることにより競争相手の市場を奪うことができ、逆の場合には自社の製造および販売原価を下げるための対策を考えることができる。）、販売先に値下げ要求の口実を与えることになるから、当該商品を製造販売する企業にとり大きな不利益となることはいうまでもない。ところで、商品の製造原価は、材料費、労務費、経費から成り、これに一般管理費、販売費、利益を加えたものを販売原価とするのが通常であるが、右各費目の数額を明らかにすることは、それ自体企業にとって不利益であるだけでなく（例えば、材料費の製造原価に占める割合が判明すれば、仕入先にとっては材料費値上げ要求の有力な資料となるし、労務費および販売費が判明すれば、これにより前者については労働生産性が分るだけでなく合理化機械化の程度を推知することができ、後者について販売生産性を知ることができるから、競争者にとって有力な対抗資料となる。）、右に述べた製造および販売原価算定の基礎資料を与えることになるから、その意味においても企業にとり大きな不利益をもたらすものというべきである。以上の点に鑑みれば、右各費目の数額が企業の秘密に属することは明らかである。
　(2)……いわゆる企業の秘密は、(1)に列挙した各事項を含めて無数に存在するが、

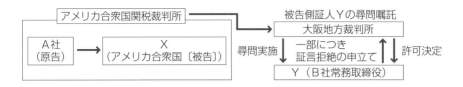

そのすべてが右条項の職業の秘密となるものではなく、証言拒絶を認めることにより保護するに価する秘密だけが右条項の職業の秘密として証言拒絶の対象となることはいうまでもない。そして右にいう保護に価する秘密とは、当該秘密が知れることにより、企業の受ける打撃が深刻重大で、裁判の公正を犠牲にしてもその結果を回避する必要があるものを指すものと解される。何がそのような秘密に当るかは、具体的事情に即して決するほかないが、製造および販売原価自体は勿論のこと製造および販売原価をかなり高度の正確性を以て推知させる資料もまた、特別の事情のない限り、右の秘密に当るものというべきである。

本件において、Yが拒絶する証言の内容は、Bが製造した受信用電子管の生産に要した直接労務費および販売に要した販売費の数額であるが、これらはいずれも(1)に列挙した費目の一に当り、それ自体企業の秘密に属するのみならず、……右電子管の製造個数、販売個数、販売金額、全材料費は既にYの証言により明らかとなっていることが認められ、且つ、……これら既知の資料と一般の経費率とを総合すれば、製造および販売原価をかなりの精度において推定しうることが認められるから、右各数額のもつ秘密性は極めて高く、この意味において右各数額は、前説示の保護に価する秘密に当るというべきである。」

本決定の位置づけ・射程範囲

本決定は、民訴法197条1項3号（旧民訴281条1項3号）によって証言を拒否し得る企業の秘密は、証言拒絶を認めることにより保護するに価する秘密に限定されるとした上で、製造販売業における製造及び販売原価自体の他、それらをかなり高度の正確性をもって推知させる資料も、特段の事情のない限り、保護に価する企業の秘密に該当すること、製品の生産に要した直接労務費及び販売に要した販売費の数額も、それ自体企業の秘密に属するのみならず、既知の資料と一般の経費率とを総合すれば、製品及び販売原価をかなりの精度において推定し得るので、保護に価する秘密に当ることを判示した。

本決定後、証言拒絶が認められる民訴法197条1項3号の「技術又は職業の秘密」の意義に関し、最一決平成12・3・10 本書133事件 や最三決平成18・10・3 本書132事件 が出されたが、本決定には現在でも企業秘密を理由とする証言拒絶を認めた事例として先例的な価値があるものと解される。

さらに理解を深める

百選Ⅱ補正版126事件〔町村泰貴〕　百選2版89事件〔遠藤功〕
関連判例　最一決平成12・3・10 本書133事件 、最三決平成18・10・3 本書132事件

第8章 証　明　　　　　　　　　　　　　　　　　　　　　　松田由貴

132　報道関係者の取材源に関する証言拒絶権

最高裁平成18年10月3日第三小法廷決定
　事件名等：平成18年（許）第19号証拠調べ共助事件における証人の証言拒絶についての決定に対する抗告棄却決定に対する許可抗告事件
　掲載誌：民集60巻8号2647頁、判時1954号34頁、判タ1228号114頁

概要　本決定は、民事事件における報道関係者の取材源に係る証言拒絶につき、拒絶の許否の判断基準及び同基準に照らし拒絶が許される場合について、最高裁が初めて判断を示したものである。

事実関係　Xら（法人やその役員等）は、アメリカ合衆国の国税当局の職員が日本の国税庁の税務官に情報を開示し（❶）、さらに、税務官が報道関係者であるYに当該情報を漏えいしたことにより（❷）、Xらが所得隠しを理由に日本の国税当局から追徴課税を受けるとともに、かかる所得隠しに伴う利益が合衆国に送金され、合衆国の国税当局からも追徴課税を受けた旨の報道がなされ（❸）、その結果、Xらが株価の下落や配当の減少等の損害を被ったなどと主張して、アリゾナ州地区連邦地方裁判所において合衆国に対し損害賠償請求訴訟を提起した（❹）。かかる訴訟の開示（ディスカバリー）手続において、同裁判所が日本の裁判所にYへの証人尋問を嘱託し、当該証人尋問が国際司法共助事件としてYの住所地を管轄する地方裁判所にて行われたものの（❺）、Yは取材源の特定に係る質問事項につき、職業の秘密に該当することを理由に証言を拒絶し、原々審及び抗告審である原審が当該証言拒絶を許容する決定を行ったことから、Xらが抗告許可を申し立て、原審がこれを許可した。

決定要旨　抗告棄却。民事事件において証人となった報道関係者が民訴法197条1項3号に基づき取材源に係る証言を拒絶できる、保護に値するような職業の「秘密であるかどうかは、当該報道の内容、性質、その持つ社会的な意義・価値、当該取材の態様、将来における同種の取材活動が妨げられることによって生ずる不利益の内容、程度等と、当該民事事件の内容、性質、その持つ社会的な意義・価値、当該民事事件において当該証言を必要とする程度、代替証拠の有無等の諸事情を比較衡量して決すべきことになる。」
　「当該報道が公共の利益に関するものであって、その取材の手段、方法が一般の刑罰法令に触れるとか、取材源となった者が取材源の秘密の開示を承諾しているなどの事情がなく、しかも、当該民事事件が社会的意義や影響のある重大な民

事事件であるため、当該取材源の秘密の社会的価値を考慮してもなお公正な裁判を実現すべき必要性が高く、そのために当該証言を得ることが必要不可欠であるといった事情が認められない場合には、当該取材源の秘密は保護に値すると解すべきであり、証人は、原則として、当該取材源に係る証言を拒絶することができると解するのが相当である。」

本決定の位置づけ・射程範囲

民訴法197条1項3号にいう「職業の秘密」とは、その事項が公開されると、当該職業に深刻な影響を与え以後その遂行が困難になるものをいうと解される（最一決平成12・3・10 本書133事件）。本決定は、この平成12年決定を引用し、一般に、報道関係者の取材源が「職業の秘密」に該当するとしつつも、無条件には証言拒絶を許容せず、証言拒絶の許否の判断基準につき、秘密の客観的性質を考慮して判断する（伊藤4版補訂版382頁等）のではなく、裁判例（札幌高決昭和54・8・31 関連判例）や通説（「民事証拠法体系(3)」77頁等）と同じく、比較衡量によるべき旨を示した。そして、比較衡量の際の判断要素として、報道側に関する各事情及び民事事件に関する各事情を挙げて判断基準を示した上で、報道の自由（憲法21条）に配慮し、報道の公共性、取材手段の適正、取材源による承諾、民事事件の社会的意義や重大性、公正な裁判実現の必要性、証言の必要不可欠性などが認められない限り、原則として取材源に係る証言拒絶は可能である旨説示した。

ただし、本決定は、報道関係者の取材源に係る証言拒絶権に関するものであり、その射程が、報道関係者の取材源以外の職業の秘密全般に及ぶのか、また民訴法197条1項3号を引用する民訴法220条4号ハ該当文書の検討時にも及ぶのかについては必ずしも明らかではない。そのような中、最三決平成19・12・11 本書141事件 や最三決平成20・11・25 本書140③事件 等が射程を広げる役割を果たしている。

さらに理解を深める

百選4版68事件〔岡田幸宏〕 平成18年度重判民訴2事件〔松本博之〕、基本判例2版補訂153頁、最解解民事篇平成18年度1006頁〔戸田久〕、大工強・金判1266号2頁、進士肇・金判1311号214頁、河野正憲・判タ1317号57頁、注釈(6)293頁〔坂田宏〕 関連判例 最大決昭和44・11・26刑集23巻11号1490頁、最一決昭和53・5・31刑集32巻3号457頁、最三決平成19・12・11 本書141事件、最三決平成20・11・25 本書140③事件、大阪高決平成23・1・20判時2113号107頁

第8章 証明

高木洋平

133 「技術又は職業の秘密」の意義

最高裁平成12年3月10日第一小法廷決定
　事件名等：平成11年（許）第20号文書提出命令申立て却下決定に対する許可抗告事件
　掲載誌：民集54巻3号1073頁、判時1708号115頁、判タ1027号103頁、金法1589号47頁、金判1098号7頁

概要　本決定は、民訴法220条4号ハの引用する同法197条1項3号所定の「技術又は職業の秘密」の意義を明らかにしたものである。

事実関係　電話機器類（以下、「本件機器」という）を購入し利用していたXは、本件機器にしばしば通話不能になる瑕疵があると主張して、Yに対し、瑕疵担保責任等に基づく損害賠償を請求し、第1審判決はXの請求を棄却した。Xは控訴審において、本件機器の瑕疵を立証するため、本件機器の回路図及び信号流れ図（以下、「本件文書」という）等を対象文書として文書提出命令を申立てた。これに対し、Yは、本件文書は民訴法220条4号ロ（現行ハ）所定の「第197条第1項……第3号に規定する事項で、黙秘の義務が免除されていないものが記載されている文書」に当たり文書提出義務を負わないとして争った。

原審は、本件文書は、本件機器を製造したメーカーが持つノウハウなどの技術上の情報が記載されたものであって、これが明らかにされると右メーカーが著しく不利益を受けることが予想されるから4号ロ（現行ハ）所定の文書に当たるとして本件申立てを却下した。Xが、原決定の理由は抽象的であり、本件文書にどのような技術情報が存在し、どのように当該メーカーに著しい不利益を与えることになるのかについて全く検証していないなどと主張して抗告許可申立てをしたところ、原審は抗告を許可した。

決定要旨　一部破棄差戻し、一部却下。「民訴法197条1項3号所定の『技術又は職業の秘密』とは、その事項が公開されると、当該技術の有する社会的価値が下落しこれによる活動が困難になるもの又は当該職業に深刻な影響を与え以後その遂行が困難になるものをいうと解するのが相当である。

本件において、相手方〔Y〕は、本件文書が公表されると本件機器のメーカーが著しい不利益を受けると主張するが、本件文書に本件機器のメーカーが有する技術上の情報が記載されているとしても、相手方〔Y〕は、情報の種類、性質及び開示することによる不利益の具体的内容を主張しておらず、原決定も、これらを具体的に認定していない。したがって、本件文書に右技術上の情報が記載され

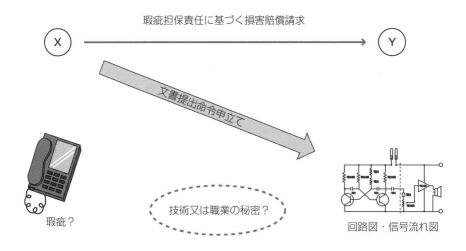

ていることから直ちにこれが『技術又は職業の秘密』を記載した文書に当たるということはできない。」

本決定の位置づけ・射程範囲

本決定は、「技術又は職業の秘密」（民訴197条1項3号）の意義について、最高裁として初めて判断を示したものである。本決定は前記のとおり判示し、最高裁が従来の通説・下級審裁判例と同旨の立場に立つことを明らかにした。

なお、上記の意味での「技術又は職業の秘密」に該当すれば、直ちに証言を拒絶でき、若しくは、文書提出義務の除外事由になるというわけではない。本決定は言及していないが、本決定後の判例は、「保護に値する秘密」のみが保護の対象とされ、当該情報が「保護に値する秘密」であるかどうかは、秘密の公表によって生ずる不利益と、証言拒絶ないし文書の不提出によって犠牲になる真実発見及び裁判の公正との比較衡量により決すべきであるとしている（いわゆる比較衡量論。最三決平成18・10・3 本書132事件、最三決平成20・11・25 本書140③事件）。

さらに理解を深める

百選4版A24事件〔田村陽子〕 百選3版76事件〔田頭章一〕、最判解民事篇平成12年度（上）291頁〔長沢幸男〕、平成12年度重判民訴3事件〔田邊誠〕、伊藤4版補訂版382頁、コンメⅣ195頁、403頁、条解2版1102頁〔松浦馨＝加藤新太郎〕、1206頁〔加藤新太郎〕、高橋（下）2版補訂版170、183頁 関連判例 最三決平成18・10・3 本書132事件、最二決平成19・8・23判時1985号63頁、最三決平成20・11・25 本書140③事件

第8章 証　明

福田修久

134　磁気テープの証拠調べ

大阪高裁昭和53年3月6日決定
　事件名等：昭和52年（ラ）第120号文書提出命令に対する即時抗告事件
　掲載誌：高民集31巻1号38頁、判時883号9頁、判タ359号194頁、
　　　　　　金法855号28頁、金判547号33頁

概要　本決定は、コンピュータの磁気テープは、準文書に該当する旨判示したものである。また、これと併せて、このような磁気テープにデータを入力した者が当該テープの提出命令を受けた場合には、単に当該磁気テープを提出するだけでなく、見読可能な状態にできるような措置を講じる義務を負うとも判示している。

事実関係　基本事件は、火力発電所から排出された大気汚染物質により健康被害が生じているなどとして、周辺住民である原告が、電力会社である被告に対し、発電所の運転差止め及び損害賠償を求めたものである。その中で、相手方（基本事件原告）は、抗告人（基本事件被告）に対し、その保管する降下するばいじんの量を測定した磁気テープについて、文書提出命令の申立てをした。原決定は、同磁気テープが準文書に該当するとして、抗告人に対してその提出を命じた。これに対して、抗告人が、磁気テープが準文書に該当するかどうかの点などを争い、即時抗告を申し立てた。本件は、その抗告審における判断である。論点は他にもあるが、本稿では、磁気テープの点に限って述べる。

決定要旨　一部取消し、その余の抗告棄却。文書提出命令の対象となる文書とは、文字その他の記号を使用して人間の思想、判断、認識、感情等の思想的意味を可視的状態に表示した有形物をいう。磁気テープは、通常の文字による文書とはいえないが、その内容は、プリントアウトされれば紙面上に可視的状態となるから、文書に準ずるものと解すべきである。
　また、コンピュータの磁気テープについて、入力データを見読不可能の状態で保存することだけが目的なのではなく、必要に応じて見読可能な状態に顕出することを目的とするものであるから、データをインプットした者が裁判所から磁気テープの提出を命じられた場合には、単に磁気テープを提出するだけでは足りず、少なくともその内容を紙面にアウトプットするのに必要なプログラムを作成し、併せて提出すべき義務を負う。

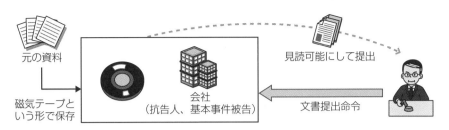

本決定の位置づけ・射程範囲

　磁気テープは、文書の要件のうち、文字その他の記号の組合せが使用されていること、人の思想を表現していることについては問題がないが、外見上見読可能とは言い難い。この点、旧民訴法332条においては、文書の要件を欠くものであっても後に証拠とするために作成された物件であれば準文書とする旨規定され、写真や図面は、これに当たると考えられてきた。さらに科学技術の進歩に伴い、情報保存の手段として、磁気テープや、磁気ディスク等の記憶媒体が登場するに至った。相当高度な装置を介しなければ見読可能とならないものまで準文書といえるかどうか、旧民訴法下でも議論があった。

　また、その証拠調べの方法についても、思想の表現であることを重視する書証説からは、見読可能な状態にした上、書証として取り調べることとなり、これに対し、直ちには見読できず高度な装置を介する必要があることを重視する検証説からは、磁気テープ自体を装置を介して検証し、証拠調べとしてその記録内容を見分することとなる。さらに、磁気テープとプリントアウトした紙面の両方を文書の原本と考える見解、磁気テープ自体を検証しつつプリントアウトした紙面を書証として取り調べるべきであるとする見解もある。

　これらについて、本決定は、上記のとおり判示し、磁気テープを準文書とし、証拠調べの方法は、書証説によるべきことを明らかにしたものである。なお、本決定は、直接的には、データをインプットした者が文書提出命令を受けた場合についての判示であるが、磁気データの証拠調べ一般について妥当すると解されており、磁気データを証拠として申し出る場合も、同様である（実際は、プリントアウトした紙面だけを証拠として申し出ることも多いであろう。）。

　現在の民訴法231条は、準文書に当たるものとして、写真等については明示したものの、磁気テープ等までは明示しなかったため、現在も準文書に当たるかどうかは解釈に委ねられている。また、民訴法231条も、準文書の取調方法までは定めていない。したがって、本決定の意義は、現行民訴法においても失われていないといえる。なお、最三決平成25・4・19 関連判例 においても、電磁的媒体（磁気テープ又はCD-ROM）に記録される形式で保管される全国消費実態調査の調査票情報について、民訴法231条の適用があることを前提とする判示がされている。

さらに理解を深める　福田剛久ほか編『民事証拠法大系(4)』（青林書院、2003年）250頁、夏井高人・判夕653号48頁、654号39頁、655号34頁、657号29頁

関連判例　最三決平成25・4・19判時2194号13頁

第8章 証　明

松本卓也

135　文書の真正の推定

最高裁昭和39年5月12日第三小法廷判決
　事件名等：昭和39年（オ）第71号求償債権等請求事件
　掲載誌：民集18巻4号597頁、判時376号27頁、判タ163号74頁、
　　　　　金判529号234頁

概要　本判決は、文書中の印影が本人又は代理人の印章によって顕出された事実が確定された場合には、反証がない限り、当該印影は本人又は代理人の意思に基づいて成立したものと推定するのが相当であり、この推定がなされる結果、当該文書は、旧民訴法326条（現民訴228条4項）にいう「本人又ハ其ノ代理人ノ（中略）捺印アルトキ」の要件を充たし、その全体が真正に成立したものと推定されることとなるとして、いわゆる二段の推定を判示した。

事実関係　Xは、YがF信用金庫から金20万円を借り受けるにつき、Yの委託に基づき保証し、Aは、YのXに対して負担すべき債務につき連帯保証した。その後、YがF信用金庫に対する借受金の弁済を怠ったため、XはF信用金庫に対して借受金の元利金を代位弁済した。これによりXはYに対する求償債権を取得したものの、その後に一部の弁済を受けるにとどまった。そこで、XはY及びAに対し求償債権に対する支払いを求めて訴えを提起した。これに対し、YはAがYの印鑑を盗用してXの主張する借受け及び保証委託の各行為をなしたものであると反論した。なお、Xより証拠として提出された保証委託契約書等のY名下の印影がYの印章をもって顕出されたことは、XとYとの間に争いはない。第1審、原審ともXの請求を認めたことから、Yが控訴・上告した。

判決要旨　上告棄却。「民訴326条に『本人又ハ其ノ代理人ノ署名又ハ捺印アルトキ』というのは、該署名または捺印が、本人またはその代理人の意思に基づいて、真正に成立したときの謂であるが、文書中の印影が本人または代理人の印章によって顕出された事実が確定された場合には、反証がない限り、該印影は本人または代理人の意思に基づいて成立したものと推定するのが相当であり、右推定がなされる結果、当該文書は、民訴326条にいう『本人又ハ其ノ代理人ノ……捺印アルトキ』の要件を充たし、その全体が真正に成立したものと推定されることとなるのである。原判決が、甲第1号証の1（保証委託契約書）、甲第3号証の1（委任状）、同2（調書）、甲第4号証の1（手形割引約定書）、同2（約束手形）について、右各証中Y名下の印影が同人の印をもって顕出され

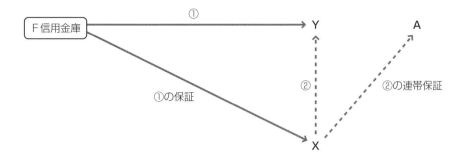

たことは当事者間に争いがないので、右各証は民訴326条により真正なものと推定されると判示したのは、右各証中Y名下の印影が同人の印章によって顕出された以上、該印影はYの意思に基づいて、真正に成立したものと推定することができ、したがって、民訴326条により文書全体が真正に成立したものと推定されるとの趣旨に出でたものと解せられるのであり、右判断は、前説示に徴し、正当として是認できる。」「原審の証拠関係に照らすと、証人A、控訴本人の各供述は上叙推定を妨げる反証たりえず、訴外AがYの印章を盗用した事実も認められないとした原審の事実上の判断もまた首肯できなくはない。」

本判決の位置づけ・射程範囲

　本判決は、まず民訴法228条4項（旧民訴328条）の「本人又はその代理人の署名又は押印があるとき」とは、当該署名又は押印が本人又はその代理人の意思に基づいて、真正に成立したときをいうと述べた。そのうえで文書中の印影が本人又は代理人の印章によって顕出された事実が確定された場合には、反証がない限り、当該印影は本人又は代理人の意思に基づいて成立したものと推定するのが相当であり、この推定がなされる結果、当該文書は、旧民訴法326条（現民訴228条4項）にいう「本人又ハ其ノ代理人ノ……捺印アルトキ」の要件を充たし、その全体が真正に成立したものと推定されると判示した（いわゆる2段の推定）。我が国において印章は非常に慎重に取り扱われており、文書中の印影が本人又は代理人の印章によって顕出されているときは、経験則上、その印影は本人又は代理人の意思に基づいて検出されたという事実上の推定が働く。2段の推定のうち、本判決が示した前段の推定は、このような経験則に基づく事実上の推定である。本判決は、印章が実印の場合に限られるかという点について触れていないが、この点について最一判昭和50・6・12 関連判例 は、本判決を引用しつつ、印章は印鑑登録をされている実印のみをさすものではないが、当該名義人の印章であることを要するとの判断を示している。

さらに理解を深める　百選4版71事件〔近藤隆司〕　最判解民事篇昭和39年度111頁〔蕪山厳〕、伊藤4版補訂版404頁、上田7版408頁、コンメIV512頁、条解2版1267頁〔松浦馨＝加藤新太郎〕　関連判例　最一判昭和50・6・12判時783号106頁

第8章 証 明

江尻琴美

136 模索的証明

大阪地裁昭和61年5月28日決定
　事件名等：昭和61年（行ク）第1号文書提出命令申立事件
　掲　載　誌：判時1209号16頁①事件、判タ601号85頁①事件

概　要　本決定は、文書提出命令の申立において、相手方が、申立人は「証スヘキ事実」として具体的な事実を示していないと主張したのに対し、「証スヘキ事実」を明示することが要求されているのは、「文書ノ趣旨」とあいまって当該文書の証拠としての必要性の判断を可能にさせること等にあるとした上で、申立人による「証スヘキ事実」の表示に欠けるところはないと判示したものである。

事実関係　税務署長Y（被告・相手方）は、X（原告・申立人）の所得税について更正処分をするにあたり、Y税務署管内外の同業者の売上金額と所得金額とから算出した所得率を用いて原告の所得を算出（いわゆる推計課税）したところ、Xは、当該更正処分の取消を求めて提訴した。Xは、Yの所持する当該同業者の青色申告決算書の文書提出命令を申し立て、その際、「証スヘキ事実」として「右各事業者が原告に対する推計課税の基礎となしうる程度の同業者性を有しないこと」と示した。これに対し、Yは、上記「証すべき事実」に示された事項は一定の法的評価にすぎず、民訴法313条4号の「証スヘキ事実」（現民訴221条1項4号の「証明すべき事実」）を明らかにしたとは言えないから、本件文書提出命令の申立は不適法なものであると主張した。

決定要旨　一部認容、一部却下。民訴法313条4号〔現民訴221条1項4号〕が「『証スヘキ事実』を明らかにすることを要するとするのは、『文書ノ趣旨』と相まって当該文書の証拠としての必要性の判断を可能にさせるとともに、文書の所持者である相手方が文書提出命令に従わないときに、同法316条を適用して、文書に関する申立人の主張を認定、判断する資料として役立たせることにあると解される。
　これを本件についてみると……『証スヘキ事実』についての原告の主張は……〔原告が提出を求めている文書の〕性質、内容と相まって当該文書の証拠としての必要性を判断するのに十分な立証趣旨の表示で……あって、『証スヘキ事実』の表示に欠けるところはないというべきである。」
　「同法316条の適用による実益が十分に生じないからといって、『文書ノ趣旨』及び『証スヘキ事実』の表示が不適法なものとまでいうことはできない。……

> 『文書ノ趣旨』及び『証スヘキ事実』として……概略的な主張を超えて文書の内容について具体的な金額を含む個々の記載事項を示さなければならないとすることは、文書を閲覧したことのない原告に不可能を強いる結果となり、ひいては文書提出の申立それ自体を一般的に事実上封ずることになって相当ではないと考えられる」。

本決定の位置づけ・射程範囲

一般に、挙証者が、事実関係の詳細を知ることができないため、「証明すべき事実」（民訴180条1項・221条1項4号）の記載を概略的・抽象的なものにとどめて証拠の申出を行い、証拠調べを通じて具体的な主張・立証の基礎資料を得ようとすることを「模索的証明」という。

文書提出命令において「証明すべき事実」の記載が要求される理由は、「文書の趣旨」の記載と相まって裁判所による当該文書の証拠としての必要性の判断を可能にさせ、相手方の防御権の範囲を画すること等にあるから、できる限り具体的に記載すべきであって、上記のような模索的証明は許されないとも考えられる。

もっとも、公害訴訟、医療過誤訴訟、労働関係訴訟、行政訴訟等、構造的な証拠偏在がみられる類型の訴訟においては、「証明すべき事実」の記載について余りに厳格に具体性を要求すると、当該文書の内容の詳細を知り得ない当事者にとって酷な場合があり、そのような場合には、ある程度、抽象的・概括的な記載であってもやむを得ないとの見解もある。

本決定も、明示的に「模索的証明」の許容性については触れていないものの、原告による「証明すべき事実」の記載によって該当の文書の証拠としての必要性の判断は可能であることを指摘した上で、申立人による「証明すべき事実」の表示に欠けるところはないと判示した。また、具体的な文書の記載事項を示さなければならないとすることは申立人（原告）に不可能を強いる、としてある程度概略的な記載でも許容される旨も述べている。

さらに理解を深める 百選4版72事件〔平野哲郎〕 伊藤4版補訂版369頁、注釈(6)147頁〔佐上善和〕、コンメIV72頁 関連判例 東京高決昭和47・5・22高民集25巻3号209頁、高松高決昭和50・7・17判時786号3頁、大阪高決昭和53・3・6 本書134事件

第8章 証明

梶谷　陽

137 文書の一部についての提出命令

最高裁平成13年2月22日第一小法廷決定
　事件名等：平成12年（許）第10号文書提出命令に対する原決定変更決定に対する許可抗告事件
　掲載誌：判時1742号89頁、判タ1057号144頁、金法1610号89頁、金判1117号3頁

概要　本決定は、監査調書として整理された記録又は資料のうち、貸付先の一部の氏名、会社名等の部分を除いて文書提出命令を発することを適法とし、文書中の特定の単語や事項を削除する方法による文書の一部についての提出命令も原則として許容されることを、最高裁として初めて判示したものである。

事実関係　①住宅金融専門会社（いわゆる住専）であるA社の株式を購入したXら（相手方）は、A社がその有価証券報告書に虚偽の記載をしたことにより、株式を本来より高価格で購入させられたなどとして、A社の当時の役員とともに、監査証明をした監査法人であるYら（抗告人）に対し、損害賠償請求訴訟を提起した。②Xらは、有価証券報告書の虚偽記載の事実を証明するため、財務諸表等の監査証明に関する省令6条に基づきYらがA社の会計監査及び中間監査に際して作成した監査調書等につき、文書提出命令を申し立てた。③原々審（大阪地決平成11・7・23 **関連判例**）が、返済が滞っていることが明らかでないA社の貸付先に関する書面について氏名、会社名、住所等を除くとしたほかは、その余のすべての監査調書の提出を命じたため、Yらが抗告。④原審（大阪高決平成12・1・17 **関連判例**）も、債務者目録の一部を変更した以外は、原々審と同様の判断を示したため、Yらが許可抗告を申し立てた（原審が許可）。

決定要旨　抗告棄却。「1通の文書の記載中に提出の義務があると認めることができない部分があるときは、特段の事情のない限り、当該部分を除いて提出を命ずることができると解するのが相当である。そうすると、原審が、本件監査調書として整理された記録又は資料のうち、A社の貸付先の一部の氏名、会社名、住所、職業、電話番号及びファックス番号部分を除いて提出を命じたことは正当として是認することができる。」

```
A社株式を購入                                A社の監査証明をした
                                              監査法人

   ┌─┐  ←──────①損害賠償請求訴訟──────  ┌─┐
   │X│  ──②X　監査調書等につき文書提出命令申立て→ │Y│
   └─┘                                         └─┘
        ③原々審　一部氏名等を除き文書提出命令　→Y抗告
        ④原　審　原々審と同様　→Y許可抗告、原審許可
```

本決定の位置づけ・射程範囲

　現行民訴法231条1項後段は、文書中の「取り調べる必要がないと認める部分」又は「提出の義務があると認めることができない部分」を除いて文書提出命令を発することができる旨規定している。これは、旧民訴法下で争いのあった文書の一部についての提出命令を明文化したものであり、これにより、複数の独立した文書が一つの文書として綴じられている場合において個々の文書を提出命令の対象とすることや、文書中の特定の頁又は特定の項目について、ほかの部分からの独立性が認められる限り、独立して提出命令の対象とすることについては、許されることに疑いがなくなった。

　他方、現行民訴法を前提としても、どこまで文書を区分し小刻みにすることが許されるかについては、依然として論点が残されていた。すなわち、本件のように1通の文書中の特定の単語や事項を（黒塗りによる削除等の方法により）除いた提出命令を出すことができるかどうかについては、秘密やプライバシーの保護と、事案解明の要請の調和という観点から、削除によって文書の意味内容が変わってしまったり、文書として意味をなさなくなるときを除いて、このような方法による提出命令も認められるとする積極説と、文書として虫食いとなり、一体としての文書について文書提出義務を考えることから大きく離れるとしてこれに反対する消極説とが対立していたのである。

　本決定は、特段の事情のない限り、こうした方法による文書の一部についての提出命令も許容されると判示した。ここでいう「特段の事情」とは、積極説がいう一部の削除によって文書の意味内容が変わってしまう場合や、文書として意味をなさなくなる場合といった事情を指すものと考えられ、最高裁として積極説の立場に立つことを明らかにしたものと理解されている。

　なお、本決定は、上記論点のほか、文書提出命令申立てにおいて要求される対象文書の特定の程度についても、個々の文書の表示及び趣旨の明示はなくとも、特定の会計監査に関する監査調書との記載をもって対象文書の特定に不足するところはない旨判示している。

さらに理解を深める　百選3版A27事件〔吉田元子〕　平成13年度重判商法2事件〔西山芳喜〕、平成13年度主判解170頁〔山田知司〕、松本博之・判評515号21頁（判時1764号）、伊藤4版補訂版422頁、高橋（下）2版補訂版203頁
関連判例　大阪地決平成11・7・23判時1715号42頁（原々審）、大阪高決平成12・1・17判時1715号39頁（原審）、大阪高決昭和61・9・10判時1222号35頁

第8章　証　明　　　　　　　　　　　　　　　　　　　　　　　壽原友樹

138　貸出稟議書の提出義務

①最高裁平成11年11月12日第二小法廷決定
　事件名等：平成11年（許）第2号文書提出命令に対する許可抗告事件
　掲載誌：民集53巻8号1787頁、判時1695号49頁、判タ1017号102頁、
　　　　　金法1567号23頁、金判1081号41頁

②最高裁平成12年12月14日第一小法廷決定
　事件名等：平成11年（許）第35号文書提出命令申立て却下決定に対する抗
　　　　　　告審の取消決定に対する許可抗告事件
　掲載誌：民集54巻9号2709頁、判時1737号28頁、判タ1053号95頁、
　　　　　金法1605号32頁、金判1109号6頁

③最高裁平成13年12月7日第二小法廷決定
　事件名等：平成13年（許）第15号文書提出命令に対する抗告棄却決定に対
　　　　　　する許可抗告事件
　掲載誌：民集55巻7号1411頁、判時1771号86頁、判タ1080号91頁、
　　　　　金法1636号51頁、金判1141号26頁

概要　いずれの事件も金融機関の貸出稟議書が、民訴法220条4号ハ（現民訴同条4号ニ）所定の「専ら文書の所持者の利用に供するための文書」（以下、「自己利用文書」という）に該当するか否かが争われた事案である。

事実関係　①事件：亡Aの承継人であるXはY銀行に対して、Yの支店長がリスクの高い証券投資をAに勧め、過剰な融資を実行し、金融機関が負う顧客の資金運用計画についての安全配慮義務に違反したとして、生前AがYから6億5000万円の融資を受けて有価証券取引に投資した結果生じた多額の損害について損害賠償を求め、訴えを提起した。Xは、第2審において、有価証券取引によって貸付金の利息を上回る利益をあげることができるとの前提でYの貸出稟議が行われたこと等を立証するため、Yの貸出稟議書について、文書提出命令を申し立てた。Xは、上記貸出稟議書は、民訴法220条3号後段所定の法律関係文書に該当し、また、同条4号ハ（現民訴

同条4号ニ）所定の自己利用文書に該当しないと主張した。第2審は、民訴法220条4号による提出義務を認め、Yに対して文書の提出を命じた。これに対して、Yが許可抗告を申し立てた。

②事件：A信用金庫の会員であるXは、Aの理事であったYらに対して理事としての善管注意義務ないし忠実義務に違反し、十分な担保を徴しないで融資を行い、Aに損害を与えたと主張し、信用金庫法39条（現信用金庫法39条の4）、商法267条（現会社847条）に基づいて損害賠償を求める会員代表訴訟を提起した。XはYらの善管注意義務違反ないし忠実義務違反を立証するために、Aが所持する上記各融資の際に作成された稟議書及びこれらに添付された意見書について、文書

提出命令を申し立てた。第1審は、Xの申立てを却下したが、これに対してXが即時抗告した。第2審は、上記稟議書等について信用金庫が会員代表訴訟を提起した会員に対して稟議書が内部文書である旨を主張することは許されないとして、第1審の却下決定を取り消して第1審に差し戻した。Yはこの原決定に対して許可抗告を申し立てた。

③事件：Xは、経営が破綻したA信用組合から営業の全部を譲り受け、Yらに対して貸金債権の支払等を求めて訴えを提起した。Yらは、AがY$_1$及びY$_2$の不動産売却を妨害し、Y$_1$及びY$_2$の貸付残高を増大させた上、いわゆる「利貸し」をしたとして、これらの不法行為に基づく損害賠償請求権とXの上記貸金債権とを対当額で相殺する旨の抗弁を主張した。Yらは、上記抗弁に係る事実を立証するため、Xが所持する貸出稟議書について、文書提出命令を申し立てた。原審は、上記貸出稟議書は、その開示によってXに看過し難い不利益が生ずるおそれがあるとは認められないとして、文書提出命令を発すべきとした。これに対して、Xが許可抗告を申し立てた。

決定要旨

①事件：原決定破棄。「ある文書が、その作成目的、記載内容、これを現在の所持者が所持するに至るまでの経緯、その他の事情から判断して、専ら内部の者の利用に供する目的で作成され、外部の者に開示することが予定されていない文書であって、開示されると個人のプライバシーが侵害されたり個人ないし団体の自由な意思形成が阻害されたりするなど、開示によって所持者の側に看過し難い不利益が生ずるおそれがあると認められる場合には、特段の事情がない限り、当該文書は民訴法220条4号ハ〔現民訴220条4号ニ〕所定の『専ら文書の所持者の利用に供するための文書』に当たると解するのが相当である。」

「貸出稟議書は、専ら銀行内部の利用に供する目的で作成され、外部に開示することが予定されていない文書であって、開示されると銀行内部における自由な意見の表明に支障を来し銀行の自由な意思形成が阻害されるおそれがあるものとして、特段の事情がない限り、『専ら文書の所持者の利用に供するための文書』に当たると解すべきである。」

②事件：原決定破棄。「〔信用金庫の貸出稟議書は、特段の事情がない限り、自己利用文書に当たると解すべきとした上で〕右にいう特段の事情とは、文書提出命令の申立人がその対象である貸出稟議書の利用関係において所持者である信用金庫と同一視することができる立場に立つ場合をいうものと解される。信用金庫の会員は、理事に対し、定款、会員名簿、総会議事録、理事会議事録、業務報告書、貸借対照表、損益計算書、剰余金処分案、損失処理案、附属明細書及び監査報告書の閲覧又は謄写を求めることができるが（法36条4項、37条9項〔現信用金庫法24条9項、34条2項、37条の2第4項、38条11項、48条の6第6項、48条の7第4項〕）、会計の帳簿・書類の閲覧又は謄写を求めることはできないのであり、会員に対する信用金庫の書類の開示範囲は限定されている。そして、信用金庫の

会員は、所定の要件を満たし所定の手続を経たときは、会員代表訴訟を提起することができるが〔法39条〔現信用金庫法39条の4〕、商法267条〔現会社法847条〕〕、会員代表訴訟は、会員が会員としての地位に基づいて理事の信用金庫に対する責任を追及することを許容するものにすぎず、会員として閲覧、謄写することができない書類を信用金庫と同一の立場で利用する地位を付与するものではないから、会員代表訴訟を提起した会員は、信用金庫が所持する文書の利用関係において信用金庫と同一視することができる立場に立つものではない。そうすると、会員代表訴訟において会員から信用金庫の所持する貸出稟議書につき文書提出命令の申立てがされたからといって、特段の事情があるということはできないものと解するのが相当である。したがって、本件各文書は、『専ら文書の所持者の利用に供するための文書』に当たるというべきであり、本件各文書につき、Yに対し民訴法220条4号に基づく提出義務を認めることはできない。」
③事件：抗告棄却。「〔信用組合の貸出稟議書は、特段の事情がない限り、自己利用文書に当たると解すべきとした上で〕本件文書について、上記の特段の事情があるかどうかについて検討すると、記録により認められる事実関係等は、次のとおりである。

(1)本件文書の所持者であるXは、預金保険法1条に定める目的を達成するために同法によって設立された預金保険機構から委託を受け、同機構に代わって、破たんした金融機関等からその資産を買い取り、その管理及び処分を行うことを主な業務とする株式会社である。

(2)Xは、Aの経営が破たんしたため、その営業の全部を譲り受けたことに伴い、Aの貸付債権等に係る本件文書を所持するに至った。

(3)本件文書の作成者であるAは、営業の全部をXに譲り渡し、清算中であって、将来においても、貸付業務等を自ら行うことはない。

(4)Xは、前記のとおり、法律の規定に基づいてAの貸し付けた債権等の回収に当たっているものであって、本件文書の提出を命じられることにより、Xにおいて、自由な意見の表明に支障を来しその自由な意思形成が阻害されるおそれがあるものとは考えられない。……上記の事実関係等の下では、本件文書につき、上記の特段の事情があることを肯定すべきである。」

本決定の位置づけ・射程範囲

本件は、銀行等の金融機関が融資する際に作成する貸出稟議書が民訴法220条4号ニ所定の自己利用文書に該当するか否かが争われた事案である。

①事件は、最高裁が自己利用文書の一般的基準に関して初めて判断を示したものである。最高裁は、銀行の貸出稟議書は、決裁限度を超える融資案件について本部の決裁を求めるために作成されるものであり、融資の内容に加えて、銀行にとっての収益の見込み、融資の相手方の信用状況、融資の相手方に対する評価、融資についての担当者の意見、審査を行った決裁権者が表明した意見等が記載

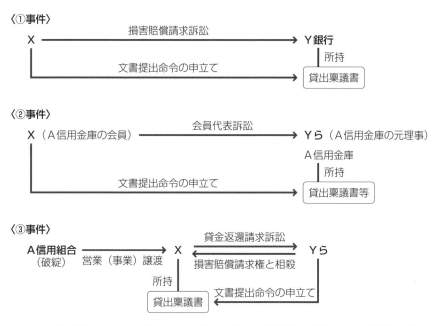

されている文書であることを述べて、特段の事情がない限り自己利用文書に該当するとの判断を示している。

②事件は、最高裁が会員代表訴訟における特段の事情の有無について初めて判断を示したものである。最高裁は、上記特段の事情について、文書提出命令の申立人がその対象である貸出稟議書の利用関係において所持者である信用金庫と同一視することができる立場に立つ場合をいうとした上で、会員代表訴訟を提起した会員は信用金庫が所持する文書の利用関係において信用金庫と同一視することができる立場に立つものではないとして、特段の事情を認めなかった。なお、本決定は、②事件の事案を離れて特段の事情の一般的な意義を定義づけたものではないと解されている。

③事件は、最高裁が信用組合の貸出稟議書について特段の事情を認めたものである。最高裁は、貸出稟議書を所持していたのが、破綻した金融機関から債権を買い取り、国庫等から搬出された出資金によって債権を回収することを業務とする株式会社整理回収機構であったこと、文書の作成者である信用組合は現在清算手続中であり、今後金融機関としての活動をする見込みがないこと等の事情を考慮の上、特段の事情を認めた。

さらに理解を深める　**百選4版69事件〔上野恭男〕**　百選3版79事件〔中島弘雅〕、①事件：平成11年度重判民訴2事件〔大村雅彦〕、基本判例2版補訂159事件　②事件：平成12年度重判民訴4事件〔三木浩一〕、基本判例2版補訂160事件　③事件：平成13年度重判民訴1事件〔山本和彦〕、基本判例2版補訂161事件　全事件：伊藤4版補訂418頁、上田7版412頁、梅本4版830頁、岡2版339頁、高橋（下）2版補訂版170頁、中野ほか2版補訂2版337頁、松本＝上野7版487頁、三木＝山本4版227頁　**関連判例**　最一決平成12・3・10**本書133事件**、最二決平成19・11・30**本書140②事件**

第8章　証明　　　　　　　　　　　　　　　　　　　　　　　岡　伸浩

139　文書提出命令——調査報告書

最高裁平成16年11月26日第二小法廷決定
　事件名等：平成16年（許）第14号文書提出命令申立て一部認容決定に対する許可抗告事件
　掲載誌：民集58巻8号2393頁、判時1880号50頁、判タ1169号138頁、金法1762号48頁、金判1241号24頁

概要　本決定は、破綻した保険会社につき選任された保険管理人が設置した調査委員会が作成した調査報告書は民訴法220条4号ニ所定の自己利用文書に該当しないと判断し、さらに民訴法197条1項2号所定の「黙秘すべきもの」の意義を示した上で民訴法220条4号ハ所定の文書に該当しないと判断したものである。

事実関係　生命保険会社Xは損害保険会社Yに対して、基金として300億円を拠出したが、Yは保険業法に基づき業務の一部停止命令及び保険管理人による管理命令を受けた後、保険業法152条3項1号に基づいて解散した。
　Xは、Yとの業務及び資本の提携交渉の際、Yが故意又は過失により虚偽の会計情報を提供したこと等により上記基金の拠出をさせられ損害を被ったと主張し、Yに対して300億円の損害賠償を求めて訴えを提起した。原審で、XはYが所持する内部調査報告書（本件文書）について文書提出命令を申し立て、原審は本件文書の提出を命じた。これに対してYが許可抗告を申し立てた。

決定要旨　抗告棄却。「本件文書は、本件調査委員会が……調査の結果を記載して本件保険管理人に提出したものであり、法令上の根拠を有する命令に基づく調査の結果を記載した文書であって、専らYの内部で利用するために作成されたものではない。また、本件文書は、調査の目的からみて、Yの旧役員等の経営責任とは無関係な個人のプライバシー等に関する事項が記載されるものではない。」「保険管理人は、保険業の公共性にかんがみ、保険契約者等の保護という公益のためにその職務を行うものであるということができる。また、本件調査委員会は、本件保険管理人が、金融監督庁長官の上記命令に基づいて設置したものであり、保険契約者等の保護という公益のために調査を行うものということができる。
　……以上の点に照らすと、本件文書は、民訴法220条4号ニ所定の『専ら文書の所持者の利用に供するための文書』には当たらないというべきである。」
「民訴法197条1項2号所定の『黙秘すべきもの』とは、一般に知られていない事

実のうち、弁護士等に事務を行うこと等を依頼した本人が、これを秘匿することについて、単に主観的利益だけではなく、客観的にみて保護に値するような利益を有するものをいうと解するのが相当である。前記のとおり、本件文書は、法令上の根拠を有する命令に基づく調査の結果を記載した文書であり、Yの旧役員等の経営責任とは無関係なプライバシー等に関する事項が記載されるものではないこと、本件文書の作成を命じ、その提出を受けた本件保険管理人は公益のためにその職務を行い、本件文書を作成した本件調査委員会も公益のために調査を行うものであること、本件調査委員会に加わった弁護士及び公認会計士は、その委員として公益のための調査に加わったにすぎないことにかんがみると、本件文書に記載されている事実は、客観的にみてこれを秘匿することについて保護に値するような利益を有するものとはいえず、同号所定の『黙秘すべきもの』には当たらないと解するのが相当である。……したがって、本件文書は、同法220条4号ハ所定の『第197条第1項第2号に規定する事実で黙秘の義務が免除されていないものが記載されている文書』には当たらないというべきである。」

本決定の位置づけ・射程範囲

本決定は、民訴法220条4号ニ所定の自己利用文書の判断枠組みを示した最二決平成11・11・12 本書138事件 を引用した上で、本件文書の作成目的、記載の内容、作成者並びにその作成及び提出を命じた者の性格等について検討を加えて自己利用文書該当性を否定した。

また、本決定は、民訴法197条1項2号所定の「黙秘すべきもの」について、「一般に知られていない事実のうち、弁護士等に事務を行うこと等を依頼した本人が、これを秘匿することについて、単に主観的利益だけではなく、客観的にみて保護に値するような利益を有するもの」という一般的基準を示した。その上で、本件文書は、法令上の根拠を有する命令に基づく調査の結果を記載した文書であり、Yの旧役員等の経営責任とは無関係なプライバシー等に関する事項が記載されるものではないこと等から、本件文書に記載された事実は客観的にみて保護に値する利益を有するとはいえず「黙秘すべきもの」に該当しないと解し、本件文書は民訴法220条4号ハ所定の文書に該当しないと判断した。

さらに理解を深める　最判解民事篇平成16年度（下）750頁〔中村也寸志〕、伊藤4版補訂版379頁、新堂5版400頁、松本＝上野7版492頁、中野ほか2版補訂2版313頁、高橋（下）2版補訂版195頁、三木ほか291頁、和田356頁

関連判例　最二決平成19・11・30 本書140②事件 、最一決平成17・11・10民集59巻9号2503頁

第8章　証　明

勝亦康文

140 文書提出命令
── 社内通達文書・自己査定資料①②③

①最高裁平成18年2月17日第二小法廷決定
　事件名等：平成17年（許）第39号文書提出命令に対する抗告棄却決定に対する許可抗告事件
　掲載誌：民集60巻2号496頁、判時1930号96頁、判タ1208号95頁

②最高裁平成19年11月30日第二小法廷決定
　事件名等：平成19年（許）第5号文書提出命令に対する抗告審の変更決定に対する許可抗告事件
　掲載誌：民集61巻8号3186頁、判時1991号72頁、判タ1258号111頁、金法1826号46頁、金判1284号39頁

③最高裁平成20年11月25日第三小法廷決定
　事件名等：平成20年（許）第18号文書提出命令に対する抗告審の変更決定に対する許可抗告事件
　掲載誌：民集62巻10号2507頁、判時2027号14頁、判タ1285号74頁、金法1857号44頁、金判1310号64頁

概要　①事件：本決定は、銀行の本部の担当部署から各営業店長等にあてて発出されたいわゆる社内通達文書で一般的な業務遂行上の指針等が記載されたものは、民訴法220条4号ニ所定の「専ら文書の所持者の利用に供するための文書」に該当しないとしたものである。

②事件：本決定は、銀行が取引先の経営状況の把握、取引先に対する貸出金の管理及び取引先の債務者区分の決定等を行う目的で作成された自己査定資料の一部について、民訴法220条4号ニ所定の「専ら文書の所持者の利用に供するための文書」に該当しないとしたものである。

③事件：本決定は、銀行が取引先の経営状況の把握、取引先に対する貸出金の管理及び取引先の債務者区分の決定等を行う目的で作成された自己査定資料の一部について、民訴法220条4号ハ、197条1項3号所定の「職業の秘密」に該当しないとしたものである。

事実関係　①事件：X銀行は、Yらに対して消費貸借契約及び連帯保証契約に基づき、貸金の支払を求めて訴えを提起した。Yらは、融資一体型変額保険に係る融資契約は錯誤により無効であると主張し、Xが訴外保険会社と一体となって、融資一体型変額保険の勧誘を行っていた事実を立証するため、Xが所有する社内通達文書（本件各文書）について、文書提出命令を申し立てた。第1審、第2審ともに、Yの申立てを認容した。これに対して、Xが許可抗告を申し立てた。

②事件：Xらは、取引先であるAが破綻して民事再生手続開始決定を受けたことによりAからの売掛金回収が困難となっ

たため、AのメインバンクであるY銀行に対して、Aの経営状況についてXらを欺罔した、あるいはAの経営状態について正確な情報を提供すべき義務を怠ったことを理由として、不法行為に基づく損害賠償請求の訴えを提起した。Xらは、Yの上記欺罔行為及び注意義務違反を立証するため、YがAの経営状況の把握等を行う目的で作成し、保管していた自己査定資料等（本件文書）について文書提出命令を申し立てた。Yは、本件文書は民訴法220条4号ハ又はニ所定の文書に該当する旨を主張した。
③事件：本件は②事件の差戻し後の上告審である。

最高裁は、上記②事件の本件文書について、民訴法220条4号ニ所定の文書に該当しないと判断した上で、同号ハ所定の文書に該当するか審理させるため差し戻した。差戻審（東京高判平成20・4・2金法1834号102頁）は、(ⅰ)YがAより提供を受けたAの財務情報（本件非公開財務情報）、(ⅱ)Aの財務情報等を基礎としてYが行った分析・評価した情報（本件分析評価情報）のうち、Aの取引先等の第三者に関する記載以外の部分は、同号ハ所定の文書に該当しないとして提出を命じた。これに対して、Yは、(ⅰ)及び(ⅱ)の全てについて提出義務はないとして、許可抗告を申し立てた。

決定要旨 ①事件：抗告棄却。「文書の作成目的や記載内容等からすると、本件各文書は、基本的にはXの内部の者の利用に供する目的で作成されたものということができる。しかしながら、本件各文書は、Xの業務の執行に関する意思決定の内容等をその各営業店長等に周知伝達するために作成され、法人内部で組織的に用いられる社内通達文書であって、Xの内部の意思が形成される過程で作成される文書ではなく、その開示により直ちにXの自由な意思形成が阻害される性質のものではない。さらに、本件各文書は、個人のプライバシーに関する情報やXの営業秘密に関する事項が記載されているものでもない。そうすると、本件各文書が開示されることにより個人のプライバシーが侵害されたりXの自由な意思形成が阻害されたりするなど、開示によってXに看過し難い不利益が生ずるおそれがあるということはできない。
……以上のとおりであるから、本件各文書は、民訴法220条4号ニ所定の『専ら文書の所持者の利用に供するための文書』には当たらないというべきである。」
②事件：破棄差戻し。「Yは、法令により資産査定が義務付けられているところ、本件文書は、Yが、融資先であるAについて、前記検査マニュアルに沿って、同社に対して有する債権の資産査定を行う前提となる債務者区分を行うために作成し、事後的検証に備える目的もあって保存した資料であり、このことからすると、本件文書は、前記資産査定のために必要な資料であり、監督官庁による資産査定に関する前記検査において、資産査定の正確性を裏付ける資料として必要とされているものであるから、Y自身による利用にとどまらず、Y以外の者による利用が予定されているものということができる。そうすると、本件文書は、専ら内部の者の利用に供する目的で作成され、外部の者に開示することが予定されていな

い文書であるということはできず、民訴法220条４号ニ所定の『専ら文書の所持者の利用に供するための文書』に当たらないというべきである。」
③事件：抗告棄却。((ⅰ)について)「本件非公開財務情報についてＡが本案訴訟の受訴裁判所からその開示を求められた場合にこれを拒絶できるかをみると、Ａは民事再生手続開始決定を受けているところ、本件非公開財務情報は同決定以前のＡの信用状態を対象とする情報にすぎないから、これが開示されても同社の受ける不利益は通常は軽微なものと考えられること、ＸらはＡの再生債権者であって、民事再生手続の中で本件非公開財務情報に接することも可能であることなどに照らせば、本件非公開財務情報は、それが開示されても、Ａの業務に深刻な影響を与え以後その遂行が困難になるとはいえないから、職業の秘密には当たらないというべきである。したがって、Ａは、民訴法220条４号ハに基づいて本件非公開財務情報部分の提出を拒絶することはできない。また、本件非公開財務情報部分は、少なくともＹ等の金融機関に提出することを想定して作成されたものと解されるので、専ら内部の者の利用に供する目的で作成され、外部の者に開示することが予定されていない文書とはいえない」。((ⅱ)について)「一般に、金融機関が顧客の財務状況、業務状況等について分析、評価した情報は、これが開示されれば当該顧客が重大な不利益を被り、当該顧客の金融機関に対する信頼が損なわれるなど金融機関の業務に深刻な影響を与え、以後その遂行が困難になるものといえるから、金融機関の職業の秘密に当たると解され、本件分析評価情報もＹの職業の秘密に当たると解される。しかし、本件分析評価情報は、前記のとおり民事再生手続開始決定前の財務状況、業務状況等に関するものであるから、これが開示されてもＡが受ける不利益は小さく、Ｙの業務に対する影響も通常は軽微なものであると考えられる。一方、本案訴訟は必ずしも軽微な事件であるとはいえず、本件分析評価情報部分は、本案訴訟の争点を立証する書証としての証拠価値は高く、これに代わる中立的・客観的な証拠の存在はうかがわれない。そうすると、本件分析評価情報は、Ｙの職業の秘密には当たるが、保護に値する秘密には当たらないというべきであり、Ｙは、本件分析評価情報部分の提出を拒絶することはできない。」

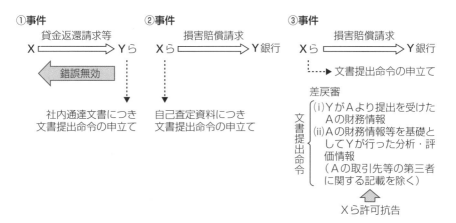

本決定の位置づけ・射程範囲

①事件は、民訴法220条4号ニ所定の「専ら文書の所持者の利用に供するための文書」（自己利用文書）の意義を一般的に示した最二決平成11・11・12 本書138 ①事件 を引用した上で、社内通達文書である本件各文書について、開示によって所持者の側に看過し難い不利益が生ずるおそれがあることという要件を満たすとはいえないとして、具体的な事情の下で自己利用文書該当性を否定した。

②事件は、金融機関は資産の査定を行うことを法令上義務づけられているところ、自己査定資料は、資産査定の前提として作成されその正確性を裏付ける資料として必要とされるものであり、監督官庁による検査にあらかじめ備える目的で保存されているものであることから、金融機関自身による利用にとどまらず、第三者による利用が予定されているものということができるとして、自己査定資料の自己利用文書該当性を否定したもの

である。

③事件は、(i)非公開財務情報について、顧客が開示義務を負う顧客情報については、金融機関は、訴訟手続上、顧客に対し守秘義務を負うことを理由としてその開示を拒絶することはできないとした。(ii)分析評価情報について、民訴法220条4号ハ、197条1項3号に基づいて文書の提出を拒絶することができるのは、対象文書に記載された職業の秘密が保護に値する秘密に当たる場合に限られるとした上で、具体的な事情を考慮し、分析評価情報に記載された職業の秘密は保護に値する秘密には当たらないとした。本決定は、金融機関の顧客が訴訟当事者であり、顧客が開示義務を負う情報について、訴外第三者の金融機関が保有する顧客情報については職業上の秘密に該当しないとした最三決平成19・12・11 関連判例 の準則を金融機関が訴訟当事者、顧客情報の記載された顧客が訴外第三者である事案に及ぼした点に意義がある。

さらに理解を深める 伊藤4版補訂版381頁、382頁、高橋（下）2版補訂版175頁、松本＝上野7版491頁、494頁、三木＝山本4版227頁、山本和彦ほか編『文書提出命令の理論と実務』（民事法研究会、2010年）10〜31頁 関連判例 最三決平成19・12・11 本書141事件

第8章　証　明

牧　恭弘

[141] 文書提出命令
——金融機関の顧客情報

最高裁平成19年12月11日第三小法廷決定

事件名等：平成19年（許）第23号 文書提出命令に対する抗告審の取消決定に対する許可抗告事件

掲載誌：民集61巻9号3364頁、判時1993号9頁、判タ1260号126頁、金法1828号46頁、金判1289号57頁

［概要］ 本決定は、金融機関が訴訟外の第三者として開示を求められた顧客情報について、民訴法220条4号ハ、197条1項3号に該当するとして、同情報の開示を拒否することができるかについて判示した事案である。

［事実関係］ Aの相続人であるBは、Aの生前にAの預貯金口座（以下、「A口座」という）を管理していた（❶）。Aが死亡し、B及びXらがAを相続した後（❷）、Xらは、Aの遺言がXらの遺留分を侵害する等として、Bを被告とし提訴した（❸、以下、「基本事件」という）。

Xらは、基本事件において、A口座の使途不明の出金は、Aの生前にA口座を管理していたBが出金したものであると主張し、BとY銀行との間の取引履歴が記載された取引明細表をインプットした電磁的記録等のデータをアウトプットした結果を記載した書面（以下、「本件明細表」という）について、Y銀行を文書の所持者とし、文書提出命令の申立てをした（❹）。

［決定要旨］ 破棄自判。「金融機関は、顧客との取引内容に関する情報や顧客との取引に関して得た顧客の信用にかかわる情報などの顧客情報につき、商慣習上又は契約上、当該顧客との関係において守秘義務を負〔う〕。しかしながら、金融機関が有する上記守秘義務は、上記の根拠に基づき個々の顧客との関係において認められるにすぎないものであるから、金融機関が民事訴訟において訴訟外の第三者として開示を求められた顧客情報について、当該顧客自身が当該民事訴訟の当事者として開示義務を負う場合には、当該顧客は上記顧客情報につき金融機関の守秘義務により保護されるべき正当な利益を有さず、金融機関は、訴訟手続において上記顧客情報を開示しても守秘義務には違反しない……。そうすると、金融機関は、訴訟手続上、顧客に対し守秘義務を負うことを理由として上記顧客情報の開示を拒否することはできず、同情報は、金融機関がこれにつき職業の秘密として保護に値する独自の利益を有する場合は別として、民訴法197条1項3号にいう職業の秘密として保護されない……。

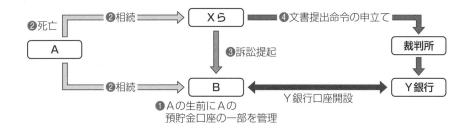

〔本件明細表につき〕、Y銀行は、同取引履歴を秘匿する独自の利益を有するものとはいえず、……Bがこれを所持しているとすれば……提出義務の認められる文書であるから、Bは本件明細表に記載された取引履歴についてY銀行の守秘義務によって保護されるべき正当な利益を有さず、Y銀行が本案訴訟において本件明細表を提出しても、守秘義務に違反〔しないので、提出を拒否できない〕。」

本決定の位置づけ・射程範囲

文書提出命令の申立てにかかる文書の所持者が、民訴法220条4号ハ、197条1項3号に基づいて文書提出の拒否をできる要件は、①職業の秘密に関する事項であること（民訴197条1項3号。最一決平成12・3・10 本書133事件）、②その職業の秘密が保護に値する秘密であること（最三決平成18・10・3 本書132事件、最二決平成19・8・23 関連判例、最三決平成20・11・25 本書140③事件）、③黙秘の義務が免除されていないものが記載されている文書であること（民訴220条4号ハ）である。

本決定は、金融機関が訴訟外の第三者として開示を求められた顧客情報について、商慣習上又は契約上、金融機関は当該顧客との間で守秘義務を負うことを確認するとともに、当該顧客自身が当該民事訴訟の当事者として開示義務を負う場合には、金融機関がこれにつき職業の秘密として保護に値する独自の利益を有する場合を除いて、民訴法197条1項3号にいう職業の秘密として保護されないと判示したものである。

本決定の射程は、金融機関が民事訴訟の当事者ではない顧客の情報の開示を求められた場合や、金融機関が顧客情報につき保護に値する独自の利益を有する場合には及ばない。もっとも、前者については、本決定と同様の理屈で、職業の秘密の要保護性について判示した最高裁の決定がある（前掲最三決平成20・11・25 本書140③事件）。後者については、金融機関が保有する顧客情報を性質ごとに分類する本決定の田原補足意見が参考になる。

さらに理解を深める

百選4版A23事件〔佐瀬裕史〕　平成20年度重判民訴3事件〔平野哲郎〕、最判解民事篇平成19年度（下）902頁〔髙橋譲〕、伊藤4版補訂版381頁、高橋（下）2版補訂版198頁、松本＝上野7版494頁、藤田・解析2版294頁、山本和彦ほか編『文書提出命令の理論と実務』（民事法研究会、2010年）16頁〔山本和彦〕、中村也寸志・金法1845号36頁　関連判例　最一決平成12・3・10 本書133事件、最三決平成18・10・3 本書132事件、最二決平成19・8・23判時1985号63頁、最三決平成20・11・25 本書140③事件

第8章 証明　　　　　　　　　　　　　　　　　　　　　　谷貝彰紀

142 文書提出命令——刑事訴訟記録等

①最高裁平成16年5月25日第三小法廷決定
　事件名等：平成15年（許）第40号文書提出命令申立て却下決定に対する抗告審の取消決定に対する許可抗告事件
　掲載誌：民集58巻5号1135頁、判時1868号56頁、判タ1159号143頁

②最高裁平成19年12月12日第二小法廷決定
　事件名等：平成19年（許）第22号文書提出命令に対する抗告審の変更決定に対する許可抗告事件
　掲載誌：民集61巻9号3400頁、判時1995号82頁、判タ1261号155頁

概要
①事件：本決定は、刑事訴訟記録等が刑訴法47条所定の「訴訟に関する書類」に該当し非公開とされる場合でも、裁判所は民訴法220条3号後段に基づきその提出を命ずることができるとして、その場合の判断枠組みを示したものである。

②事件：本決定は、刑事訴訟記録等について、①事件の判断枠組みに従って、民訴法220条3号後段に基づき文書の提出を命じたものである。

事実関係
①事件：保険会社AはXに対して、共犯者らと共謀して交通事故を装い保険金を詐取したとして損害賠償請求訴訟を提起した。Xは、共謀の不存在を立証するため、Y（地検検事正）が保管するXの詐欺被告事件の公判で提出されなかった共犯者らの供述調書（本件文書）につき文書提出命令を申し立てた。第2審は、民訴法220条3号後段に基づき本件文書の提出を命じた。Yが許可抗告を申し立てた。

②事件：X_1社及びその代表者X_2が、X_2のAに対する強姦被疑事件（準抗告により勾留が取り消された後、不起訴処分となった）における勾留請求の違法等を主張して、Y（国）に対して国家賠償請求訴訟を提起した。Xらは、Aの告訴状及び供述調書（本件文書）につき文書提出命令を申し立てた。なお、本訴訟の前に、AはX$_2$に対して不法行為に基づく損害賠償請求訴訟（別件第1訴訟）を提起したが、X$_2$がAに対して虚偽告訴を理由とする損害賠償請求訴訟（別件第2訴訟）を提起した後に、Aが別件第1訴訟の請求を放棄したという事情が存在する。第1審、第2審はともに、本件文書の提出を命じた。Yが許可抗告を申し立てた。

決定要旨
①事件：破棄自判。本決定は、本件文書が刑訴法47条所定の「訴訟に関する書類」に該当することを前提として、「民訴法220条3号後段の規定に基づき、刑訴法47条所定の『訴訟に関する書類』に該当する文書の提

第8章 証明

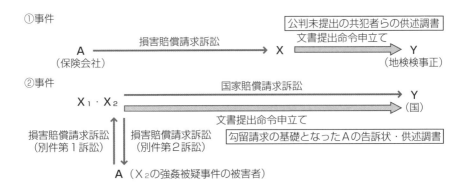

出を求める場合においても、当該文書の保管者の……〔『訴訟に関する書類』を開示するか否かについての〕裁量的判断は尊重されるべきであるが、当該文書が法律関係文書に該当する場合であって、その保管者が提出を拒否したことが、民事訴訟における当該文書を取り調べる必要性の有無、程度、当該文書が開示されることによる……弊害発生のおそれの有無等の諸般の事情に照らし、その裁量権の範囲を逸脱し、又は濫用するものであると認められるときは、裁判所は、当該文書の提出を命ずることができるものと解するのが相当である。」(ただし、本決定は結論としては申立てを却下した。)

②事件：一部破棄自判、一部抗告棄却。「〔X_2の〕勾留の裁判は、準抗告審において取り消されており、……検察官がX_2には罪を犯したことを疑うに足りる相当な理由があると判断するに際し、最も基本的な資料となった本件各文書については、取調べの必要性がある」。「Aは、X_2に対して別件第1訴訟を提起しており、その審理に必要とされる範囲において本件被疑事実にかかわるAのプライバシーが訴訟関係人や傍聴人等に明らかにされることをやむを得ないものとして容認していた」。既にYから提出されているAの陳述書には、「Aの司法警察員に対する供述内容として、本件被疑事実の態様が極めて詳細かつ具体的に記載されている。」

本決定の位置づけ・射程範囲

①事件は、刑事訴訟記録等について捜査機関が刑訴法47条に基づき非開示とするという判断をした場合でも、裁判所は民訴法220条3号後段に基づき当該文書の提出を命ずることができるとし、その場合の判断枠組みを明らかにした初めての最高裁判例である。②事件では、裁判所は刑事訴訟記録等について、①事件決定の判断枠組みに従い、具体的事情の下で同号後段に基づき文書の提出を命じた。

さらに理解を深める

①事件：**百選4版70事件〔遠藤賢治〕** 最判解民事篇平成16年度（上）337頁〔加藤正男〕、平成16年度重判民訴2事件〔町村泰貴〕
②事件：**平成20年度重判民訴5事件〔町村泰貴〕** 最判解民事篇平成19年度（下）921頁〔絹川泰毅〕　①、②共通：伊藤4版補訂版432頁、新堂5版408頁、松本＝上野7版497頁、三木ほか327頁　**関連判例** 最二決平成17・7・22民集59巻6号1837頁

第8章　証　明　　　　　　　　　　　　　　　　　　　　岡　伸浩

143　労災事故の災害調査復命書

最高裁平成17年10月14日第三小法廷決定
　事件名等：平成17年（許）第11号文書提出命令に対する抗告審の変更決定
　　　　　　に対する許可抗告事件
　掲載誌：民集59巻8号2265頁、判時1914号84頁、判タ1195号111頁

概要　本決定は、災害調査復命書のうち行政内部の意思形成過程に関する情報に係る部分は、民訴法220条4号ロ所定の公務秘密文書に該当するが、労働基準監督官等の調査担当者が職務上知ることができた事業者にとっての私的な情報に係る部分は、同号ロ所定の公務秘密文書に該当しないとしたものである。

事実関係　Xらの子はA社に工具として勤務していたところ、A社工場における就業中に労災事故に遭い死亡した。そこで、XらはA社に対して安全配慮義務違反等に基づき損害賠償を求めて訴えを提起した。

　Xらは、本件労災事故の事実関係を具体的に明らかにするため、調査担当の労働基準監督官が労働安全衛生法等に基づいて事故当日の事故現場で行った事情聴取による調査結果をまとめ、事業所の安全管理体制、災害発生状況、災害発生原因及び再発防止策等を記載した災害調査復命書（本件文書）について、Y（国）に対して文書提出命令を申し立てた。第1審は、Xらの申立てを認容した。第2審は、民訴法220条4号ロの要件に該当するとして第1審決定を取り消し、Xらの申立てを却下した。これに対して、Xらが許可抗告を申し立てた。

決定要旨　破棄差戻し。「民訴法220条4号ロにいう『公務員の職務上の秘密』とは、公務員が職務上知り得た非公知の事項であって、実質的にもそれを秘密として保護するに値すると認められるものをいうと解すべきである……上記『公務員の職務上の秘密』には、公務員の所掌事務に属する秘密だけでなく、公務員が職務を遂行する上で知ることができた私人の秘密であって、それが本案事件において公にされることにより、私人との信頼関係が損なわれ、公務の公正かつ円滑な運営に支障を来すこととなるものも含まれると解すべきである。」「本件文書は、①本件調査担当者が職務上知ることができた本件事業場の安全管理体制、本件労災事故の発生状況、発生原因等の被告会社にとっての私的な情報……と、②再発防止策、行政上の措置についての本件調査担当者の意見、署長判決及び意見等の行政内部の意思形成過程に関する情報……が記載されているものであり、かつ、厚生労働省内において組織的に利用される内部文書であって、

第8章 証明

公表を予定していないものと認められ……いずれも、民訴法220条4号ロにいう『公務員の職務上の秘密に関する文書』に当たるものと認められる。」

「民訴法220条4号ロにいう『その提出により公共の利益を害し、又は公務の遂行に著しい支障を生ずるおそれがある』とは、単に文書の性格から公共の利益を害し、又は公務の遂行に著しい支障を生ずる抽象的なおそれがあることが認められるだけでは足りず、その文書の記載内容からみてそのおそれの存在することが具体的に認められることが必要であると解すべきである」。

本決定の位置づけ・射程範囲

民訴法は、「公務員の職務上の秘密に関する文書でその提出により公共の利益を害し、又は公務の遂行に著しい支障を生ずるおそれがある」文書（公務秘密文書）を文書提出命令の対象から除外する（民訴220条4号ロ）。本件では、労働基準監督官の作成した災害調査復命書が同号ロ所定の公務秘密文書に該当するかが争われた。本決定は、同号ロの「公務員の職務上の秘密」には、公務員の所掌事務に属する秘密だけでなく、公務員が職務を遂行する上で知ることができた私人の秘密であって、それが本案事件で公にされることにより、私人との信頼関係が損なわれ、公務の公正かつ円滑な運営に支障を来すこととなるものも含まれるとし、本件文書中の①及び②の情報に係る部分（判旨参照）はいずれも「公務員の職務上の秘密」に該当すると判断した。

次に、同号ロの「公務の遂行に著しい支障を生ずるおそれ」とは、「単に文書の性格から公共の利益を害し、又は公務の遂行に著しい支障を生ずる抽象的なおそれがあることが認められるだけでは足りず、その文書の記載内容からみてそのおそれの存在することが具体的に認められることが必要であると解すべきである」として、その意義を明確にした。その上で、本件文書のうち、②の情報に係る部分は、その提出によって公務の遂行に著しい支障を生ずるおそれが具体的に存在することが明らかであるとして、同号ロ所定の公務秘密文書に該当すると判断した。他方、①の情報に係る部分は、その提出によって公務の遂行に著しい支障が生ずるおそれが具体的に存在するとはいえないとし、同号ロ所定の公務秘密文書に該当しないと判断した。

さらに理解を深める 百選4版67事件〔高見進〕 最判解民事篇平成17年度（下）696頁〔松並重雄〕、伊藤4版補訂版427頁、新堂5版407頁、松本＝上野7版483・484頁、中野ほか2版補訂2版341頁、高橋（下）2版補訂版182頁、三木ほか319頁、和田354頁 **関連判例** 最二決平成16・2・20判時1862号154頁

第8章　証　明　　　　　　　　　　　　　　　　　　　　　藤原めぐみ

144　文書提出命令に対する即時抗告権者

最高裁平成12年12月14日第一小法廷決定
　事件名等：平成11年（許）第36号文書提出命令申立て却下決定に対する抗
　　　　　　告審の取消決定に対する許可抗告事件
　掲　載　誌：民集54巻9号2743頁、判時1737号34頁、判タ1053号100頁、
　　　　　　金法1605号36頁、金判1109号13頁

概　要　本決定は、文書提出命令の申立てについての決定に対しては、文書の提出を命じられた所持者及び申立てを却下された申立人以外の者は、抗告の利益を有しないとしたものである。

事実関係　A信用金庫の会員であるXは、Aの元理事Yらに対して、理事としての善管注意義務・忠実義務に違反し、十分な担保を徴しないで融資を行った結果、Aに損害を与えたとして、損害賠償請求訴訟（会員代表訴訟）を提起した（❶）。Xは、Yらの善管注意義務・忠実義務違反を立証するため、Aに対して、問題とされている融資に関する稟議書及びこれらに添付された意見書について、文書提出命令を申し立てた（❷）。第1審は、Xの申立てを却下した（❸）が、第2審は、第1審の決定を取り消し、差し戻した（❹）。これに対して、Yが許可抗告を申し立てた。

決定要旨　抗告却下。「民訴法223条4項〔現民訴223条7項〕は、文書提出命令の申立てについての決定に対しては、申立人とその名あて人である所持者との間で文書提出義務の存否について争う機会を付与したものと解される。また、文書提出命令は、文書の所持者に対してその提出を命ずるとともに、当該文書の証拠申出を採用する証拠決定の性質を併せ持つものであるが、文書提出命令に対し証拠調べの必要性がないことを理由として即時抗告をすることは許されない（最高裁平成11年（許）第20号同12年3月10日第一小法廷決定・民集54巻3号1073頁参照）。そうすると、文書提出命令の申立てについての決定に対しては、文書の提出を命じられた所持者及び申立てを却下された申立人以外の者は、抗告の利益を有せず、本案事件の当事者であっても、即時抗告をすることができないと解するのが相当である。」

第8章 証明 293

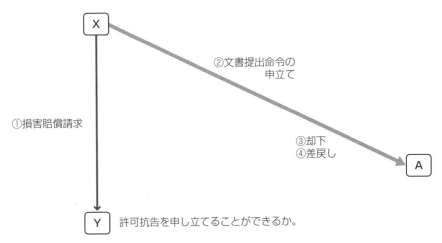

本決定の位置づけ・射程範囲

文書提出命令の申立てについての決定に対しては、即時抗告をすることができる（民訴223条7項）。ただし、即時抗告をすることができる主体については、条文上規定はない。

文書提出命令により、申立人は当該文書の所持者に文書を提出させるという訴訟法上の利益を有し、また、文書の所持者については、それが本案の当事者である場合は不利益認定（民訴224条）、それが第三者である場合は過料（民訴225条）という制裁により文書の提出を義務付けられるものであるから、これらの申立人及び文書の所持者に即時抗告が認められることには争いはない。

他方、申立人又は所持者ではない本案の当事者に即時抗告が認められるかについては従前より争いがあった。第三者が所持する文書について本案の当事者が利害関係を有する場合もある等の理由でこれを肯定する説と、本案の当事者の利害関係は事実上のものに過ぎないとの理由でこれを否定する説が存在し、下級審の判断も分かれていた（肯定するものに大阪高決昭和53・5・17 関連判例、否定するものに大阪高決昭和54・12・7 関連判例）。本決定は、説の分かれていた即時抗告し得る者の範囲について最上級審として初めて立場を明確にした点に意義がある。もっとも、本決定が示す理由は即時抗告に関する一般論に留まっており、本案の当事者になぜ即時抗告が認められないのかの理由を必ずしも明確にしたものとはいえない。

なお、即時抗告を行うことができる時期については、文書提出命令申立てにつき却下決定がなされ、口頭弁論が終結した後になされた即時抗告は不適法とされている（最一決平成13・4・26 関連判例）。

さらに理解を深める

百選3版A28事件〔吉田元子〕 最判解民事篇平成12年度（下）940頁〔福井章代〕、伊藤4版補訂版422頁、新堂5版412頁、松本＝上野7版823頁、高橋（下）2版補訂版207頁 関連判例 大阪高決昭和53・5・17高民集31巻2号187頁、大阪高決昭和54・12・7ジュリ716号7頁、最一決平成13・4・26判時1750号101頁

第8章　証　明　　　　　　　　　　　　　　　　　　　　　　岸野俊一

145　文書提出命令の不遵守

東京高裁昭和54年10月18日判決
　事件名等：昭和52年（ネ）第1356号損害賠償請求控訴事件
　掲載誌：下民集33巻5～8号1031頁、判時942号17頁、判タ397号52頁

概要　本判決は、控訴審が被控訴人に対して文書提出命令を命じたにもかかわらず、被控訴人が同命令に違反して文書を提出しなかったことをもって、旧民訴法316条（現民訴224条1項）により、同文書をもって控訴人が立証しようとする事実を真実と認めたものである。

事実関係　昭和38年4月10日、航空自衛隊に所属していたAは、ジェット戦闘機の飛行訓練中、搭乗機の墜落により死亡した。Aの遺族であるXらはY（国）に対して、墜落の原因が搭乗機の整備不良等にあると主張して、国賠法1条1項及び2条1項に基づき国家賠償請求の訴えを提起した。原審が請求棄却としたのに対して、Xらが控訴。Xらは、控訴審において、本件墜落事故が事故機の整備不完全のため惹起されたとの事実を立証するため、Yが所有する航空事故調査委員会の作成した「航空事故調査報告書」につき文書提出命令を申し立てた。裁判所はこれを認めたが、Yは控訴審の最終口頭弁論期日に至っても文書提出命令を命じられた同文書を提出しなかった。

判決要旨　原判決取消、請求認容。「ところで、当審においてXらは、右主張事実中本件事故が本件事故機の整備不完全のため惹起された事実を立証するため必要があるとして、本件事故について航空事故調査委員会が作成し防衛庁航空幕僚監部が保管する『航空事故調査報告書』の提出をYに命ずることの申立をなしたので、当裁判所は、本件争点の特殊性を考え、右調査報告書が〔旧〕民事訴訟法312条3号〔現民訴220条3号〕にいう挙証者の利益のために作成され、挙証者と文書の所持者との間の法律関係につき作成されたものに該当し、本件訴訟に必要な証拠方法となるものと判断し、……右調査報告書の提出をYに命じた。同提出命令は同年4月7日Yに送達告知されたが、Yは、……当審最終口頭弁論期日に至ってもこれを提出しないから、当裁判所は、〔旧〕民事訴訟法316条〔現民訴224条1項〕により、右調査報告書をもってXらが立証しようとする事実、すなわち本件事故が本件事故機の整備不完全のため惹起された事実を真実と認めることとする。」

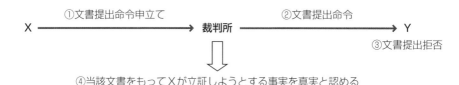

本判決の位置づけ・射程範囲

　旧民訴法316条（現民訴224条1項）は、当事者が文書提出命令に従わない場合について、「裁判所ハ文書ニ関スル相手方ノ主張ヲ真実ト認ムルコトヲ得」と定めていた。ここにいう「文書ニ関スル相手方ノ主張」の意義について争いがあり、かつての通説的見解は、当該文書によって相手方（挙証者）が立証しようとする事実を真実として認めるか否かは、裁判官の自由心証の問題であるとして、「文書ニ関スル相手方ノ主張」とは、当該文書の性質・記載内容に関する相手方の主張であると解していた。しかし、かかる見解に対して、相手方が文書の具体的記載内容を知り得ないような場合には、具体的記載内容が明らかでないままになされた具体性を欠く主張が真実と認められるのみであり、文書提出命令を遵守しなかった者に対する制裁として不十分であるといった批判があった。このような批判を踏まえて学説では、当事者が文書提出義務を負い、相手方が文書の具体的記載内容を知ることができず、又は合理的に推測しえない場合には、当該文書によって相手方が立証しようとする事実を真実と認めるべきであるという見解が有力に主張されていた。

　本判決は、文書提出命令が遵守されなかった事案で、当該文書によって相手方が立証しようとする事実を真実と認めたものであり、「文書ニ関スル相手方ノ主張」に文書の性質・記載内容に関する主張だけでなく、文書によって立証しようとする事実に関する主張が含まれる場合もあることを示した点に意義があるといえる。

　現行民訴法224条3項は、当事者が文書提出命令に従わず、相手方が当該文書の記載に関して具体的な主張をすること及び当該文書により証明すべき事実を他の証拠により証明することが著しく困難であるときは、裁判所は、その事実に関する相手方の主張を真実として認めることができると定めている。この趣旨は、本判決や有力説の指摘を踏まえ、当事者が文書提出命令に従わない場合に、裁判所が相手方の主張を真実と認めることができるようにすることにより文書提出命令の実効性の強化を図った点にある。なお、特許権侵害訴訟において、当事者が文書提出命令に従わなかった場合に、現行民訴法224条3項により、文書提出命令申立人である特許権者の損害額に係る主張（販売台数）を真実であると認めた裁判例として知財高判平成21・1・28〔関連判例〕がある。

さらに理解を深める

百選Ⅱ補正版131事件〔野村秀敏〕　伊藤眞＝加藤新太郎編『［判例から学ぶ］民事事実認定』（有斐閣、2006年）21頁〔山本和彦〕、基本判例2版補訂169事件、昭和54年度主判解267頁〔竹下守夫〕、伊藤4版補訂版423頁、上田7版414頁、梅本4版788頁、高橋（下）2版補訂版211頁、松本＝上野7版324頁

〔関連判例〕　知財高判平成21・1・28判時2045号134頁

第8章　証　明　　　　　　　　　　　　　　　　　　　　　　　　　　　島岡大雄

146　文書提出命令──医療事故報告書

東京高裁平成23年5月17日決定
　事件名等：平成23年（ラ）第445号一部文書提出命令に対する抗告事件
　掲載誌：判時2141号36頁、判タ1370号239頁

概要　本決定は、独立行政法人国立病院機構の運営する病院内で発生した医療事故に関し、同機構の運営する各病院の院長等で構成する全国国立病院院長協議会に置かれた医療事故評価委員会から付託を受けた評価専門医が作成した医療事故報告書が、民事訴訟法220条4号ロ所定の文書に該当するとされた事例である。

事実関係　AはYの運営する甲病院に緊急搬送され入院したが（❶）、低酸素脳症に陥って死亡した（❷）。Yの運営する各病院の院長等で構成する全国国立病院院長協議会に置かれた医療事故評価委員会は、甲病院の依頼を受けて（❸）評価専門医に委嘱し（❹）、同専門医は医療事故報告書（本件報告書）を作成し（❺）、評価委員会と甲病院に送付した（❻）。Aの相続人であるXらは、甲病院の医師や看護師の呼吸管理上の注意義務違反によりAが死亡した旨主張して、Yに対する損害賠償請求訴訟を提起し（❼）、本件報告書の文書提出命令の申立てをした（❽）。原審は、本件報告書は民訴法220条4号ロの除外文書に該当しないと判断して一部の文書の提出を命じたため、Yが抗告した。

決定要旨　取消自判。「民訴法220条4号ロにいう『公務員の職業上の秘密』とは、公務員が職務上知り得た非公知の事項であって、実質的にもそれを秘密として保護するに値すると認められるものをいう……。……本件報告書は、Yの内部において、将来の医療紛争が予想される相手方らへの対応の方針を決定するための基礎資料として使用することを主たる目的とし、併せて今後の医療事故防止対策に資することも目的として作成されたものと推認することができる。かかる目的からすれば、本件報告書は、Y内部において組織的に利用される内部文書であって、公表を予定していないものと認められ、……評価委員会から委嘱を受けた1年任期の評価専門医の立場から自らの専門的意見を表明したものであり、公務員の所掌事務に属する秘密が記載されたものである。」
　「民訴法220条4号ロにいう『その提出により公務の遂行に著しい支障を生ずるおそれがある』とは、単に文書の性格から公務の遂行に著しい支障を生ずる抽象的なおそれがあることが認められるだけでは足りず、その文書の記載内容からみてそのおそれの存在することが具体的に認められることが必要である」。「これ

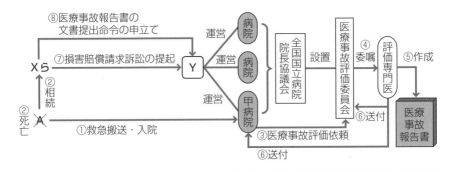

が本案事件に提出されると、今後医療事故の評価依頼を受けた評価専門医は、もはや評価委員会及び依頼病院以外には公表されないことを前提として、評価報告書による意見の表明を行うことはできなくなり、……自由かつ率直な意見の表明に支障を来すこととなるおそれが十分に考えられる……。このような結果となっては、医療事故発生の早期の段階で、Y内部において、可能な限り、厳正で公正な、客観的な資料に基づく専門的意見を自由かつ率直に交換し、Yなりの医療事故の責任について見解を形成して、患者やその家族との対応、紛議の解決に当たろうとする上記のシステムは、十分に機能しなくなることは明らかであり、公務の遂行に著しい支障を生ずるおそれが具体的に存在する」。

本決定の位置づけ・射程範囲

Yのような独立行政法人の役員及び職員は国家公務員であり（独立行政法人通則法51条）、職務上知り得た秘密の守秘義務を負う（国家公務員法100条1項）。民訴法220条4号ロの公務秘密文書該当性の要件については、最三決平成17・10・14 本書143事件 が一般的な判断枠組みを示している。本件報告書については、同号ロの特に「その提出により公務の遂行に著しい支障を生ずるおそれがある」ことの該当性が問題となったが、本決定は、上記判例の判断枠組みに従って具体的な当てはめを行い、本件報告書の文書提出義務を否定したものである。

医療事故報告書の提出義務の有無や範囲は、医療過誤訴訟で時として争いとなる問題であるが、本決定の考え方は、地方公共団体の運営する公立病院や国立大学法人の医学部附属病院における医療事故報告書についても、基本的に妥当すると考えられる（最一決平成25・12・19 関連判例 は、「国立大学法人の役員及び職員の地位等に関する国立大学法人法の規定に照らすと、民訴法220条4号ロにいう『公務員』には上記役員及び職員も含まれる」旨判示している。）。

さらに理解を深める　平成24年度重判民訴1事件〔安西明子〕　最判解民事篇平成17年度（下）696頁〔松並重雄〕、西野喜一・判評644号177頁（判時2157号）、伊藤4版補訂版428頁、中野ほか2版補訂2版340頁、条解2版1201頁〔加藤新太郎〕

関連判例　最三決平成17・10・14 本書143事件 、最一決平成25・12・19民集67巻9号1938頁、広島高岡山支決平成16・4・6判タ1199号287頁、東京高決平成15・7・15判タ1145号298頁

第8章　証　明

下田敦史

147　弁護士会綱紀委員会議事録と自己利用文書

最高裁平成23年10月11日第三小法廷決定
　事件名等：平成23年（行ト）第42号、平成23年（行フ）第2号文書提出命令申立て却下決定に対する特別抗告及び許可抗告事件
　掲　載　誌：判時2136号9頁、判タ1362号68頁

概　要　本決定は、弁護士会の綱紀委員会の議事録のうち「重要な発言の要旨」に当たる部分が民訴法220条4号ニ所定の「専ら文書の所持者の利用に供するための文書」（自己利用文書）に該当する旨判示したものである。

事実関係　本件の本案訴訟は、東京弁護士会（東弁）に所属する弁護士であるXが、東弁から戒告の懲戒処分を受け、Y（日本弁護士連合会）に対して審査請求をしたがこれを棄却する裁決を受けたため、上記懲戒処分は、懲戒事由がないのに不当な目的で行われたなどと主張して、弁護士法61条に基づき、Yに対し上記裁決の取消し等を求める事案である。Xは、懲戒処分が不当な目的で行われたとの主張との関係で、東弁の綱紀委員会における議論の経過を立証するために必要であるとして、東弁の所持する綱紀委員会の特定の日の議事録（本件議事録）のうち上記懲戒処分の議事に関する部分及びその議事に関して委員に配布された議案書（本件議案書）について、民訴法220条3号所定の法律関係文書に当たり、同条4号イないしホ所定の文書に当たらないとして文書提出命令の申立てをした。原審は、本件申立てを却下したため、Xが特別抗告とともに抗告許可の申立てをしてこれが許可された。

決定要旨　抗告棄却。「弁護士法は、……綱紀委員会の議事録の作成及び保存を義務付ける規定を置いていない。これは、弁護士会の自主性や自律性を尊重し、その議事録の作成及び保存に関する規律を弁護士会に委ねる趣旨であると解される。……以上のような弁護士法の委任を受けて定められた相手方〔東京弁護士会〕の内部規則の規定の内容等に鑑みると、本件議事録は、専ら相手方の内部の利用に供する目的で作成され、外部に開示することが予定されていない文書であると解するのが相当であり、……本件議案書も、同様の目的及び性格を有する文書であると解するのが相当である。……本件議事録のうち審議の内容である『重要な発言の要旨』に当たる部分は、相手方の綱紀委員会内部における意思形成過程に関する情報が記載されているものであり、その記載内容に照らして、これが開示されると、綱紀委員会における自由な意見の表明に支障を来し、

第8章 証明　299

自己利用文書の要件
①内部文書性（専ら内部の者の利用に供する目的で作成され，外部の者に開示することが予定されていないこと）

②不利益性（開示によって所持者の側に看過し難い不利益が生ずるおそれがあること）

③特段の事情の不存在

> その自由な意思形成が阻害されるおそれがあることは明らかである。綱紀委員会の審議の内容と密接な関連を有する本件議案書についても，これと別異に解すべき理由はない。……以上によれば，前記の特段の事情〔自己利用文書性を否定する特段の事情〕の存在のうかがわれない本件各文書は，民訴法220条4号ニ所定の『専ら文書の所持者の利用に供するための文書』に当たるというべきである。……本件各文書が，『専ら文書の所持者の利用に供するための文書』に当たると解される以上，法律関係文書に該当しないことはいうまでもない。……なお，文書の所持者が訴訟当事者以外の第三者である文書提出命令申立て事件において申立ての相手方となるのは，当該第三者であり，訴訟の相手方当事者ではない。」

本決定の位置づけ・射程範囲

本決定は，弁護士会の綱紀委員会の議事録のうち「重要な発言の要旨」に当たる部分が民訴法220条4号ニ所定の「専ら文書の所持者の利用に供するための文書」（自己利用文書）に当たると判示した。文書の所持者は，提出を求められた文書が自己利用文書に当たれば，その提出を拒むことができるところ，自己利用文書に該当するための要件について，最二決平成11・11・12 本書138①事件 以来の判例は，①内部文書性，②不利益性，③特段の事情の不存在を挙げている。本決定も，①については相手方の内部規則の規定の内容等から内部文書性を肯定し，②については文書が開示されると自由な意思形成が阻害されるおそれがあるとして不利益性を肯定し，③について特段の事情の存在もうかがわれないとして，自己利用文書に当たると判示したものである。本決定は，自己利用文書の肯定例としての事例的意義を有するものであるが，本件議事録のうち「重要な発言の要旨」に当たる部分について自己利用文書性を肯定しており，文書の記載事項を切り分けてそれぞれの部分ごとに自己利用文書性を検討している点に特色がある。なお，文書の所持者が第三者である場合，文書提出命令申立ての相手方となるのは当該第三者であることを注意的に判示して，実務に対して注意を促している。

さらに理解を深める

平成23年度重判民訴3事件〔濱﨑録〕
本書138①事件 に記載の判例

第8章 証　明

影浦直人

148　調査嘱託の結果を証拠とする方法

最高裁昭和45年3月26日第一小法廷判決
　事件名等：昭和44年（オ）第1156号証拠金等返還請求事件
　掲載誌：民集24巻3号165頁、判時591号66頁、判タ248号114頁

概要　本判決は民訴法186条（旧民訴262条）に基づく調査嘱託の結果を証拠とするためには当事者に意見陳述の機会を与えれば足り、当事者の援用を要しないものと解すべきである旨判示したものである。

事実関係　Xは、商品仲買人であるYに東京繊維商品取引所及び東京穀物商品取引所における商品（人絹糸及び小豆）の先物取引を委託し、証拠金及びその代用の株券をYに預託していたところ、Yの使用人がXの委託に基づかずに商品（人絹糸）を処分したことから、XがYとの委託契約を解約し、証拠金の返還、既済取引から生じた利益金の支払、株券の不当処分による得べかりし利益喪失の損害賠償、並びに株券の引渡し及びその執行不能の場合における価格相当額の支払を請求した。原審は、Yが処分した商品（人絹糸）のうち、Xが受渡も売渡の委託もしなかった部分については、その商品についての限月の納会値段（委託契約上の履行期における取引所での取引価格）で反対売買をしたものとみなし、その損益を委託者に帰せしめるべきであるとし、東京繊維商品取引所に対する調査嘱託の結果により、右商品の限月の納会値段を認定して損益計算をした。これに対し、Yは、上告し、上告理由の一部として、上記調査嘱託の結果は、訴訟において証拠として援用の手続がとられておらず、かつ口頭弁論において意見陳述の機会すら与えられていなかったとして、かかる資料を証拠としたことは訴訟手続を誤った法令の違反があると主張した。

判決要旨　上告棄却。「民訴法262条に基づく調査の嘱託によって得られた回答書等調査の結果を証拠とするには、裁判所がこれを口頭弁論において提示して当事者に意見陳述の機会を与えれば足り、当事者の援用を要しないものと解すべきところ、所論の東京繊維商品取引所に対する照会の回答は原審の第32回口頭弁論期日において弁論に顕出されていることが記録上明らかであるから、原判決が、右回答に基づいて所論の取引の受渡期限における同取引所の取引価格を認定したことも、正当ということができる。」

第8章 証明

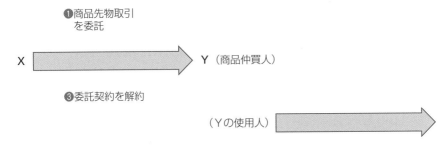

本判決の位置づけ・射程範囲

　本判決は、調査嘱託の証拠法上の位置付けについて、調査嘱託の規定は簡易かつ特殊な証拠調べ手続を定めたものであり、調査嘱託の結果を改めて書証として提出する必要はなく、その書類が口頭弁論に顕出されて、当事者に意見を陳述する機会を与えれば足りるという見解を採用したものである。これに対し、調査嘱託の規定は、独立の証拠調べ手続を定めたものではなく、証拠調べの前段階での準備行為として証拠方法を獲得する1つの手段を定めたものにすぎないとして、改めて書証の取調べ等の手続が必要であるという見解がある（細野長良『民事訴訟法要義(3)』（巌松堂書店、1932年）379頁）。本判決が採用した前者の見解が通説である（条解2版1069頁〔松浦馨＝加藤新太郎〕、三ケ月章『民事訴訟法』（有斐閣、1959年）426頁等）。

　調査嘱託は、当事者の申立てによらずに職権をもって行うことができるとされていることから、職権をもって調査嘱託が採用されたときには弁論主義の要請を充足するため、当事者の援用を要するのではないかとの問題がある。一般に調査嘱託は弁論主義の例外として職権証拠調べを認めるものであると理解されており、職権で調査嘱託を採用する場合にも調査嘱託の結果についての援用は不要とすべきである。ただし、調査嘱託の結果をそのまま証拠資料として認める実質的な根拠は、報告者の公正さ、報告作成過程における確実性を期待し得るということにあると考えられるところからすれば、調査嘱託は、報告者が主観を混じえるおそれのない客観的な事項であって、報告者の手元にある資料から容易に結果の得られるものに限ってなし得るものとすべきであり、相当の研究・調査を要する事項や、高度の判断意見を求める場合には、鑑定の嘱託（民訴218条）によるべきであり、当事者の反対尋問権に配慮する必要がある場合には証人尋問を採用すべきであろう。

さらに理解を深める

続百選67事件〔佐々木吉男〕　最判解民事篇昭和45年度（上）23頁〔野田宏〕、門口正人編代・福田剛久＝金井康雄＝難波孝一編『民事証拠法大系(5)』（青林書院、2005年）127頁以下〔小海隆則〕、加藤新太郎編『民事事実認定と立証活動(1)』（判例タイムズ社、2009年）273頁、村松俊夫・民商63巻5号104頁

第8章 証明　　　　　　　　　　　　　　　　　　　　　岡　伸浩

149 主張・立証の必要性——事案解明義務

最高裁平成4年10月29日第一小法廷判決
　事件名等：昭和60年（行ツ）第133号伊方発電所原子炉設置許可処分取消請求事件
　掲載誌：民集46巻7号1174頁、判時1441号37頁、判タ804号51頁、金判912号37頁

概要　本判決は、原子炉施設の安全性が問われた原子炉設置許可処分の取消訴訟では、被告行政庁において、まずその判断に不合理な点のないことを相当の根拠、資料に基づき主張立証する必要があり、被告行政庁が主張立証を尽くさない場合には、その判断に不合理な点があることが事実上推認されるとしたものである。

事実関係　Y（内閣総理大臣）はA電力会社の申請を受けて、原子炉施設の設置許可処分をした。伊方町及びその周辺に居住する住民Xらは、Yを被告として、当該処分の取消しを求めて訴えを提起した。第1審は、Xらの請求を棄却した。第2審は、「原子炉設置の安全性に関する司法審査は、その安全性いかんという問題について裁判所が全面的、積極的に審理判断するのではなく、安全性を肯定する行政庁の判断に、現在の科学的見地からして当該原子炉の安全性に本質的にかかわるような不合理があるか否か、という限度で行うのが相当であり、ただ、その点の主張立証については、公平の見地から、安全性を争う側において行政庁の判断に不合理があるとする点を指摘し、行政庁においてその指摘をも踏まえ自己の判断が不合理でないことを主張立証すべきものとするのが妥当である」と判示し、Xらの請求を棄却した。Xらが上告。

判決要旨　上告棄却。「原子炉施設の安全性に関する判断の適否が争われる原子炉設置許可処分の取消訴訟における裁判所の審理、判断は、原子力委員会若しくは原子炉安全専門審査会の専門技術的な調査審議及び判断を基にしてされた被告行政庁の判断に不合理な点があるか否かという観点から行われるべきであって、現在の科学技術水準に照らし、右調査審議において用いられた具体的審査基準に不合理な点があり、あるいは当該原子炉施設が右の具体的審査基準に適合するとした原子力委員会若しくは原子炉安全専門審査会の調査審議及び判断の過程に看過し難い過誤、欠落があり、被告行政庁の判断がこれに依拠してされたと認められる場合には、被告行政庁の右判断に不合理な点があるものとして、右判断に基づく原子炉設置許可処分は違法と解すべきである。」「原子炉設置許可

```
Xら ─────原子炉設置許可処分取消訴訟─────▶ Y（内閣総理大臣）
(住民)                                            │設置許可処分
                                                  ▼
                                                  A電力会社
```

> 処分についての右取消訴訟においては、右処分が前記のような性質を有することにかんがみると、被告行政庁がした右判断に不合理な点があることの主張、立証責任は、本来、原告が負うべきものと解されるが、当該原子炉施設の安全審査に関する資料をすべて被告行政庁の側が保持していることなどの点を考慮すると、被告行政庁の側において、まず、その依拠した前記の具体的審査基準並びに調査審議及び判断の過程等、被告行政庁の判断に不合理な点のないことを相当の根拠、資料に基づき主張、立証する必要があり、被告行政庁が右主張、立証を尽くさない場合には、被告行政庁がした右判断に不合理な点があることが事実上推認される」。

本判決の位置づけ・射程範囲

一般に、行政庁の裁量に任された行政処分の違法性を基礎づける事実は、違法性の存在を主張する原告が主張立証責任を負うと解されている（最二判昭和42・4・7 関連判例 参照）。本判決は、これを前提とした上で、原子炉設置許可処分の取消訴訟では、原子炉施設の安全審査に関する資料を全て被告行政庁側が有し、証拠が偏在すること等を考慮して、被告行政庁はその判断に不合理な点のないことを相当の根拠、資料に基づいて主張立証する必要があり、被告行政庁が主張立証を尽くさない場合には、その判断に不合理な点があることが事実上推認されると判示した。

本判決について、被告に事案解明義務を課したものと評価する立場がある。事案解明義務とは、証明責任を負わない当事者が事案解決にとって重要な情報を独占しているため相手方が自己の権利を根拠づける事実を具体的に主張立証することが困難である場合に、当事者間の公平の観点から一定の要件の下で証明責任を負わない当事者に課せられる、具体的な事実を陳述し、証拠を提出すべき義務をいう。このような事案解明義務を肯定する立場は、当事者が事案解明義務を果たさない場合には、証明責任を負う当事者の主張が真実であると擬制されると主張する。この立場に対しては、事案解明義務を負う者がどの程度具体的に事実の陳述及び証拠の提出をする必要があるかが曖昧であるとの批判がある。このような立場からは、本判決は訴訟上の信義則（民訴2条）に基づいて、証明責任を負わない当事者に対して具体的な事実陳述＝証拠提出義務を認めたものと位置づけられている（松本＝上野7版323頁）。

さらに理解を深める 百選4版62事件〔垣内秀介〕 最判解民事篇平成4年度399頁〔高橋利文〕、伊藤4版補訂版362頁、新堂5版487頁、松本＝上野7版323頁、中野ほか2版補訂2版279頁、高橋（上）2版補訂版576頁、三木ほか276頁、和田309頁、藤田・解析2版107頁 関連判例 最二判昭和42・4・7民集21巻3号572頁、仙台地判平成6・1・31判時1482号3頁

第8章　証　明　　　　　　　　　　　　　　　　　　　　　　　　　　　　　　　木村匡彦

150　診療録の証拠保全の要件

広島地裁昭和61年11月21日決定
　事件名等：昭和61年（ソ）第11号証拠保全申立却下決定に対する抗告申立事件
　掲載誌：判時1224号76頁、判タ633号221頁

概要　本決定は、診療録等の改ざんのおそれを証拠保全の事由とする証拠保全の申立てにつき、抽象的な改ざんのおそれで足りる旨の抗告人の主張を採用せず、具体的な改ざんのおそれを一応推認させるに足る事実を疎明することを要するとした上、本件事実関係によれば疎明があると認め、申立てを認容したものである。

事実関係　X（申立人・抗告人）は、子どもの頃からけいれん発作を起こすことがあり、通院治療を受けてきたところ、Y_1（相手方）が院長、Y_2（相手方）が副院長を務めるA病院を受診し、同日入院したが、それまで元気に畑仕事などができていたのに、入院後約2週間で、歩行もままならず、言葉もほとんど分からない状態になった。Xの母親らは、Y_1に退院の依頼をしたが、「まだ連れて帰っては駄目だ」と言われ、Y_2に病状悪化の理由を尋ねたら、大きな声で叱り付けられたり、「障害者手帳が3級になったんだからいいじゃないか」と言われたりした。その後、別の病院において、Xには著明な小脳萎縮がみられ、それが原因で歩行障害及び構音（発語）障害がみられると診断された。Xは、歩行障害及び構音障害は、A病院に入院後、多量の精神安定剤、抗てんかん剤が使用され、その副作用として生じたものと考え、Y_1及びY_2に過失があったとして損害賠償請求訴訟を提起する予定であり、これに先立ち、Y_1及びY_2が保管している診療録等についての証拠保全を申し立てた。同申立ては、原審で却下され（東広島簡決昭和61・7・30判時1224号80頁）、抗告も棄却された。そこで、Xは、主張、疎明を追加して改めて申立てをしたところ、原審は、抽象的に改ざん等のおそれがあるというだけでは足りず、客観的に改ざん等のおそれがあると認められる具体的事実の主張、疎明を要するとした上で、追加された主張、疎明を含め検討しても、保全の必要性について疎明十分と解することはできないなどとして、再び申立てを却下したため、Xが抗告した。

決定要旨　原決定取消し・自判（申立認容）。「〔証拠保全の〕事由の疎明は当該事案に即して具体的に主張され、かつ疎明されることを要すると解するのが相当であり、右の理は診療録等の改ざんのおそれを証拠保全の事由と

する場合でも同様である。……これを敷衍するに、……抽象的な改ざんのおそれでは足りず、当該医師に改ざんの前歴があるとか、当該医師が、患者側から診療上の問題点について説明を求められたにもかかわらず相当な理由なくこれを拒絶したとか、或いは前後矛盾ないし虚偽の説明をしたとか、その他ことさらに不誠実又は責任回避的な態度に終始したことなど、具体的な改ざんのおそれを一応推認させるに足る事実を疎明することを要する」「相手方らは、抗告人の家族から診療上の問題点について説明を求められたのに相当な理由なくこれを拒絶し、不誠実かつ責任回避的な態度に終始しており、……相手方らが抗告人に関する診療録等を改ざんするおそれがあると一応推認することができるから、証拠保全の事由について疎明があったものといえる。」

本決定の位置づけ・射程範囲

民訴法234条によれば、証拠保全をするためには、「あらかじめ証拠調べをしておかなければその証拠を使用することが困難となる事情」（証拠保全の事由）が必要とされている。そして、文書・帳簿などが改ざんされるおそれのある場合は、一旦改ざんされると、それは本来不可逆的なものであるから、当然、証拠保全の事由がある（コンメⅣ557頁）。

いかなる場合に改ざんのおそれがあると認められるかについて、改ざんのおそれは一般的抽象的なもので足りるとの見解もあり、本件のXの主位的主張でもある。

本決定は、抽象的な改ざんのおそれでは足りず、具体的な改ざんのおそれを一応推認させるに足る事実を疎明することを要すると判示しているが、その論拠は、証拠保全の事由の疎明は当該事案に即して具体的に主張され、かつ疎明されることを要すると解され、その理は診療録等の改ざんのおそれを証拠保全の事由とする場合でも同様である、ということであり、証拠保全の事由の疎明一般につき、「当該事案に即して具体的に」疎明されることを要すると解しているところである。そのように解すべき理由は本決定では示されていないが、証拠保全の申立ての濫用の防止の観点から、いわば当然のことであるという趣旨ではないかと思われる。

本決定は、通説の考え方でもあるとされるが、通説が妥当であるとしつつ、弾力的に運用することが必要であるとの見解（コンメⅣ558頁）や、予想される争点との関係で証拠としての重要性が認められ、一般的経験則に照らして改竄が容易であり、かつ、他の事例などの経験によれば、改竄の蓋然性が相当程度存すると認められれば、相手方自身についての具体的事情を問題とするまでもなく、保全事由の存在を認めてよいとの見解（伊藤4版補訂版441頁）もある。

さらに理解を深める　百選4版73事件〔畑宏樹〕　本文掲記の文献

第8章　証　明

石井芳明

151　情報の収集──弁護士法23条の2の照会

最高裁昭和56年4月14日第三小法廷判決
　事件名等：昭和52年（オ）第323号損害賠償等請求事件
　掲載誌：民集35巻3号620頁、判時1001号3頁、判タ422号55頁、
　　　　　　金法962号37頁

概　要　本判決は、弁護士法23条の2の照会制度（弁護士会照会制度）と照会先の前科に関するプライバシー保護義務とをどのように調整すべきかという問題について、最高裁が先例的判断を示した事例である。

事実関係　Xは、A会社から解雇され、その効力を中央労働委員会及び京都地方裁判所で争っていたところ、A会社の代理人であるB弁護士は、弁護士法23条の2に基づいて、所属弁護士会にXの前科等につき照会の申出をした。所属弁護士会はB弁護士の申出を認め、照会を必要とする事由として「中央労働委員会、京都地方裁判所に提出するため」とだけ記載された申出書を添付し、京都市（Y）に対して照会をしたところ、Yは照会に応じ、Xには道路交通法違反11犯、業務上過失傷害1犯、暴行1犯の前科があることを回答した。B弁護士を通じてXの前科を知ったA会社は、事件関係者や裁判傍聴のために集まっていた者らの前でXの前科を摘示し、また、Xが前科を秘匿して入社したのは経歴詐称に当たるとして予備的解雇をした。Xは、Yが上記照会に応じたのはプライバシーの権利を侵害するものであり、違法な公権力の行使に当たるとして、Yに対して損害賠償等を求めた。第1審は、弁護士会照会制度は、個人のプライバシーに対するある程度の侵害を許容したもので、照会を受けた公務所等は原則として照会に応じる義務があり、Yが報告したことに違法性はないとしてXの請求を棄却した。これに対して原審は、照会を受けた公務所等は原則として照会に応じる義務があるが、市町村が犯罪人名簿を使用してよいのは行政庁が法令の適用又は法律上の資格調査のために照会した場合等に限られるなどとした上、本件のような前科照会に回答するのは違法であるとして、Xの請求を一部認容した。Yより上告。

判決要旨　上告棄却。「前科及び犯罪経歴（以下『前科等』という。）は人の名誉、信用に直接にかかわる事項であり、前科等のある者もこれをみだりに公開されないという法律上の保護に値する利益を有するのであって、市区町村長が、……前科等をみだりに漏えいしてはならないことはいうまでもないところである。前科等の有無が訴訟等の重要な争点となっていて、市区町村長に照

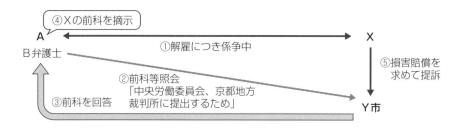

> 会して回答を得るのでなければ他に立証方法がないような場合には、裁判所から前科等の照会を受けた市区町村長は、これに応じて前科等につき回答をすることができるのであり、同様な場合に弁護士法23条の２に基づく照会に応じて報告することも許されないわけのものではないが、その取扱いには格別の慎重さが要求されるものといわなければならない。……Ｘの前科等の照会文書には、照会を必要とする事由としては、……『中央労働委員会、京都地方裁判所に提出するため』とあったにすぎないというのであり、このような場合に、市区町村長が漫然と弁護士会の照会に応じ、犯罪の種類、軽重を問わず、前科等のすべてを報告することは、公権力の違法な行使にあたると解するのが相当である。」

本判決の位置づけ・射程範囲

　弁護士法23条の２は、弁護士が受任している事件について、所属弁護士会に対し、公務所又は公私の団体に照会して必要な事項の報告を求め、訴訟資料等を収集することができることを定めている。弁護士会照会を受けた相手方には、強制力はないものの報告義務があると一般に解されているが、他方において、対象となる情報について照会先は守秘義務やプライバシー保護義務を負っていることも多く、両者をどのように調整するかが問題となる。本判決は、一定の場合には市区町村長は前科等について照会に応ずることができるとしつつも、前科等のプライバシーとしての重要性からその取扱いには格別の慎重さが要求されるとして、判示のような事情の下で漫然と前科等を報告したことに過失があるとしたものである。本判決の立場によると、前科等については特に厳格な審査をすべきことになるため、回答を得ることは現実的には難しいと考えられる一方、プライバシー性の高くない情報については、照会の必要性によっては回答を得られるということになろう。弁護士会照会制度は、日本弁護士連合会HPによれば平成23年には全国で約12万件が受け付けられるなど活用がされているが、近年は預金や通信に関連する情報について照会先の守秘義務等との関係が問題となることが多く、本判決はこのような問題について考える上でも重要な先例となるものである。

さらに理解を深める　百選４版74事件〔椎橋邦雄〕　最判解民事編昭和56年度252頁〔平田浩〕、昭和56年度重判憲法４事件〔平松毅〕、日本弁護士会連合会調査室『条解弁護士法〔第２版補正版〕』（弘文堂、1998年）155頁　**関連判例**　大阪高判平成19・１・30判時1962号78頁、東京高判平成22・９・29判夕1356号227頁

第9章 当事者の行為による訴訟の終了　　　　小原将照

152　訴訟上の和解と錯誤

最高裁昭和33年6月14日第一小法廷判決
　事件名等：昭和32年（オ）第1171号商品代金請求事件
　掲載誌：民集12巻9号1492頁

概要　本判決は、仮差押の対象物が一定の品質を有していることを前提として訴訟上の和解が成立したところ、当該対象物が粗悪品であるため要素の錯誤があるとして、当該訴訟上の和解の無効を主張し期日指定を申し立て、これが認められ、あらためて審理・判決がなされた原判決を維持したものである。

事実関係　X会社（原告・被控訴人・被上告人）は、Y会社（被告・控訴人・上告人）を相手方として、XがYに売り渡した水飴の代金等62万円余りの支払いを求めて訴えを提起したところ、第1審の口頭弁論期日において、以下を内容とする訴訟上の和解が成立した。(1)Yが上記代金の支払義務があることを認め、内金40万円の支払いに代えてXが仮差押をしていたY所有の苺ジャム（1箱4打入、5号缶、特選、金菊印）150箱を同日譲渡すること。(2)XはYに対して(1)の物件の引き取りと引換に金5万円を支払うこと。(3)Yが代物弁済物件を引き渡したときは残額22万円余りの支払いを免除すること。

　Xが、これら仮差押物件を引き取りに行ったところ、差押品は上記苺ジャムとは相違する林檎ジャムに変わっており、これは下等の品質でほとんど市場価値のないものであった。そこで、Xは、本件訴訟上の和解は要素の錯誤により無効であると主張して、期日指定の申立てをしたところ、第1審は和解の錯誤無効を認めて審理を重ねた上で、Xの請求を認容した。Yは控訴し、訴訟上の和解に何ら錯誤はなく、仮差押物件を引き渡したのですでに債務は消滅している旨主張したが、控訴審も本件訴訟上の和解は、要素の錯誤により無効であるとして、第1審判決を正当であるとした。そこでYは上告し、上告理由として、本件訴訟上の和解を無効としたのは和解契約の解釈を誤っていること、和解には瑕疵担保責任の規定の適用があり民法95条は適用されないこと、民訴法203条（現267条）の定めにより和解は実質的確定力を有するので、同一の請求をすることは許されないこと、などを主張した。

判決要旨　上告棄却。「原判決の適法に確定したところによれば、本件和解は、本件請求金額62万9777円50銭の支払義務あるか否かが争の目的であって、当事者であるX、Yが原判示のごとく互に譲歩をして右争を止めるため

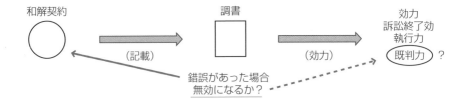

に仮差押にかかる本件ジャムを市場で一般に通用している特選金菊印苺ジャムであることを前提とし、これを1箱当り3000円（1缶平均62円50銭相当）と見込んでYからXに代物弁済として引渡すことを約したものであるところ、本件ジャムは、原判示のごとき粗悪品であったから、本件和解に関与したXの訴訟代理人の意思表示にはその重要な部分に錯誤があったというのであるから、原判決には所論のごとき法令の解釈に誤りがあるとは認められない。」

「原判決は、本件代物弁済の目的物である金菊印苺ジャムに所論のごとき瑕疵があったが故に契約の要素に錯誤を来しているとの趣旨を判示しているのであり、このような場合には、民法瑕疵担保の規定は排除されるのであるから……所論は採るを得ない。」

「原判決は、本件和解は要素の錯誤により無効である旨判示しているから、所論のごとき実質的確定力を有しないこと論をまたない。それ故、所論は、その前提において採るを得ない。」

本判決の位置づけ・射程範囲

本判決の判示事項及び判旨を素直に読めば、本判決は、主に実体法上の重要な解釈に関する判例であると理解できる。しかしながら、その傍論において無効な和解は実質的確定力を有しない旨を述べていることから、訴訟法上の重要な議論に関して、最高裁が一定の理解を前提としていることを示す判例としても捉えられている。訴訟上の和解の効力（民訴267条参照）について、訴訟終了効と執行力を有することについては異論がない。議論があるのは、これらに加え既判力を有するか否かという点である。既判力を有するとするなら、訴訟上の和解について錯誤による無効を認めない方向になるだろうし、既判力を有さないとするなら、訴訟上の和解について錯誤による無効を認める方向になるであろう。それゆえ直接言及はしていないものの、本判決が訴訟上の和解と錯誤無効に関する重要判例と位置付けられているのである。今日の学説上の理解では、本判例及び関連判例から考えると、最高裁は訴訟上の和解の効力について無制限に既判力を認めた立場（いわゆる既判力肯定説）を採っていない、と見るのが一般的であろう。

さらに理解を深める

百選4版94事件〔高田裕成〕　最判解民事篇昭和33年度160頁〔三淵乾太郎〕、三木ほか480頁以下、高橋（上）2版補訂版769頁以下　関連判例　最大判昭和33・3・5民集12巻3号381頁、最大決昭和35・7・6民集14巻9号1657頁

第9章 当事者の行為による訴訟の終了　　小原将照

153 訴訟上の和解と解除

最高裁昭和43年2月15日第一小法廷判決
　事件名等：昭和41年（オ）第630号家屋収去土地明渡請求本訴並びに所有権移転登記手続請求反訴事件
　掲載誌：民集22巻2号184頁、判時513号36号、判タ219号81頁、金判102号14頁

概要　本判決は、訴訟上の和解が有効に成立し、いったん当該訴訟手続が終了した後に、当事者の一方が和解条項を履行しなかったとして、相手方当事者が成立した和解契約の解除を主張した場合に、従来の大審院判例の見解を変更して、当該解除が終了した訴訟手続について影響を及ぼさない旨を判示したものである。

事実関係　X（原告・反訴被告、被控訴人、被上告人）は、Y（被告・反訴原告、控訴人、上告人）に所有宅地（75坪）の一部（30坪）を賃貸し、Yは宅地上に家屋を所有していた（残りは他数名に賃貸）。その後、Xの所有宅地は特別都市計画法に基づき換地処分となり、従前地の換地予定地として別の土地（52坪余）の指定を受けた。Yは、この換地予定地発表後、上記所有家屋を換地予定地に移築し、さらに改築して当該予定地のうち33坪余を占有するに至った。そこでXはYに対して、換地による宅地面積の減歩率によって敷地を縮小してXが指定する箇所に移転するよう求めたものの、Yがこれに応じなかったため、昭和23年、Yに対して家屋収去土地明渡を求める訴えを提起した。この訴訟の第1審係属中の昭和26年11月、XとYの間で以下の内容の訴訟上の和解が成立した。①XはYの占有する宅地33坪余を30万円でYに売り渡す。②Yは代金30万円を3回に分けて10万円ずつ支払う。③代金完済と同時に、XはYに宅地の所有権移転登記手続をする。

Yは第1回の支払期限である昭和27年2月末日までに10万円を支払わなかったため、XはYに対して履行催告の上、売買契約を解除する旨の意思表示をなし、昭和33年10月、あらためて家屋収去土地明渡を求める訴えを提起した。これに対して、Yは、本案前の抗弁として、前訴の終了原因である訴訟上の和解の内容たる本件宅地の売買契約が解除されたというのであれば、和解による前訴終了の効果も遡って消滅し、前訴は現在でも係属しているというべきであるから、本訴の提起は二重起訴になり、不適法な訴えとして却下されるべきであると主張した。さらに、Yは反訴を提起し、Xの解除の意思表示の無効と売買代金30万円を供託したとして、売買契約に基づく本件土地の所有権移転登記を求めた。

第1審は、Yの本案前の抗弁を斥け、Xの請求を認容し、Yの反訴請求を棄却した。Yは控訴したが、同控訴も棄却された。そこで、Yが上告したのが本件である。

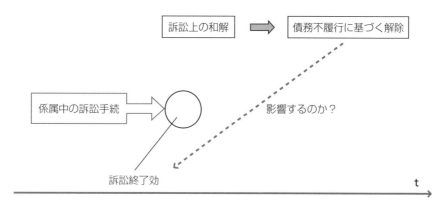

判決要旨 上告棄却。「訴訟が訴訟上の和解によって終了した場合においては、その後その和解の内容たる私法上の契約が債務不履行のため解除されるに至ったとしても、そのことによっては、単にその契約に基づく私法上の権利関係が消滅するのみであって、和解によって一旦終了した訴訟が復活するものではないと解するのが相当である。従って右と異なる見解に立って、本件の訴提起が二重起訴に該当するとの所論は採用し得ない。」

本判決の位置づけ・射程範囲

訴訟上の和解が有効に成立し、調書に記載されたことで当該訴訟は終了したが、その後、当事者の一方が和解条項を履行しなかった場合に、相手方当事者は、当該和解契約を解除することができるのか。できるとした場合、訴訟上の和解により終了した従前の訴訟についてどのような影響があり、また、訴訟手続上その主張方法はどうなるのか、という点について議論がある。従来の判例は、契約上の瑕疵を理由に取り消された場合と同様、訴訟上の和解による訴訟終了効も遡及的に消滅すると解していた。しかしながら、学説においては、確定判決後に、その判決によって確定された法律関係に変動が生じても、当該判決による訴訟終了の効果には影響を及ぼさないのと同様、訴訟上の和解が一旦有効に成立し当該訴訟が終了した後に、その和解契約が債務不履行を理由に解除されるに至ったとしても、当該和解による訴訟終了効には影響を及ぼさないとするのが多数説であった。本判決は、従来の判例を変更し、学説の多数説に従い、訴訟終了効に何ら影響しないと判示したものである。なお、和解契約解除の主張方法についても諸説有り、本判決に従えば、別訴を提起することになろうが、期日指定の申立てを認めるべきとする見解もある。

さらに理解を深める 百選4版95事件〔中山幸二〕 最判解民事篇昭和43年度183頁〔奥村長生〕、百選3版100事件〔原強〕、百選Ⅱ補正版159事件〔田頭章一〕 関連判例 大判昭和8・2・18法学2巻10号1243頁、大阪高判昭和49・7・11判時767号51頁、青森地判昭和50・7・8判時807号80頁

第9章 当事者の行為による訴訟の終了　　　　　　　　　　　田村陽子

154　選定当事者の権限

最高裁昭和43年8月27日第三小法廷判決
　事件名等：昭和40年（オ）第903号所有権移転登記手続請求事件
　掲載誌：判時534号48頁

概要　本件は、選定当事者は、自ら当事者となることのできる複数の者の中から、1人又は数名の者が選ばれてなるのであるから、訴訟「代理人」ではなく、「当事者」である。それゆえ、訴訟代理人の場合と異なり、選定当事者は、他の選定者から訴訟上の権限を何ら制限される者に当たらず、また特別な授権なくして訴訟上の和解を含む一切の訴訟行為を行うことができるとされた事例である。

事実関係　本件は、農地所有者5名が、農地買収処分の無効を主張して、売渡しの相手方であるYに対し、所有権移転登記手続を求める訴えを提起したものであるが、そのうちXら2名が選定当事者となった。当該訴訟中にXら選定当事者とYとは、示談金の支払いと請求の放棄とを内容とする和解を締結した。しかしその後、選定当事者であるXら2名は、本件訴訟上の和解に際し、他の農地所有者たる3名の選定者から和解の権限を与えられていなかった等を理由に当該和解は無効であったと主張して、期日指定の申立てをした。第1審、第2審とも、訴訟上の和解が有効に成立しているとしたのに対し、Xらが上告。

判決要旨　上告棄却。「選定当事者は、訴訟代理人ではなく、当事者であるから〔下線筆者〕、その権限については民訴法81条2項〔現民訴55条2項〕の適用を受けず、訴訟上の和解を含むいっさいの訴訟行為を特別の委任なしに行なうことができるものであり、かつ、選定行為においてもその権限を制限することのできないものであって、たとい和解を禁ずる等権限の制限を付した選定をしても、その選定は、制限部分が無効であり、無制限の選定としての効力を生ずるものと解するのが相当である。……その選定において、特に和解の権限が授与されず、かえって所論のようにその権限を与えない旨の留保が示されていたとしても、Xらが訴訟上の和解をすることは当然にその訴訟上の権限に属するところであって、それが選定者に対する受任義務に反するかどうかは別として、そのために和解の効力が妨げられるものではないというべきである。
　したがって、本件和解が有効に成立したものと認めた原判決の結論は正当であって、その判断に所論の違法はな」いとした。

第9章 当事者の行為による訴訟の終了

本判決の位置づけ・射程範囲

共同の利益を有する多数者は、その「中」からある者を選定し、その者をいわば代表者として訴訟を行うことができる。選定された者が、選定した者に代わって訴訟上の当事者となる（民訴30条）。多数者の「外」の第三者を選定当事者にすることはできない。訴訟代理人を弁護士に限定した規律が潜脱されるおそれがあるからである。訴訟代理人は、このように弁護士に限定され、民訴法55条により権限の範囲が定められ、かつ訴えの取下げ、請求の放棄・認諾、和解などは、民訴法55条2項により特別授権が必要である。

これに対し、選定当事者については、特にその権限を制限する規定はなく、選定は無条件でなければならないことから、本判決では、選定者の特別授権がなくとも、選定当事者は訴訟法上当然に訴えの取下げ等の行為をすることができるとされた。

なお、選定当事者が、選定者の特別の授権なしに上告を取り下げることができるとした東京高判昭和61・7・23 関連判例（選定当事者が選定者の同意を得て連署してもらうことは不要で無意味であり、同意の有無は内部問題に過ぎず、一部の反対選定者が取下げを撤回する旨の書面を提出しても無効とした）もある。

訴訟代理人は自分自身の請求を有する者ではないためその意味で第三者であるが、選定当事者は、自分自身がまず請求を有していて、その上で選定者の請求と共に訴えを提起しているため、選定者の利益を裏切る弊害は考えにくいということが理由としていわれている。また、選定者は、いつでも選定を取り消すことができるので、たとえ選定当事者に濫用行為があったとしても自らの利益を守ることができる上、選定当事者との内部関係では和解等の権限を制限することもでき（選定当事者のした和解等は相手方との外部関係では有効となるが）、その制限に違反した選定当事者に対しては損害賠償を請求し得ることも、選定当事者の権限が対外的には無制限でよいことの理由として挙げられている。

ただし、現制度が選定者の権利保護に十分であるかは、疑問が残る。そのため、裁判所による選定当事者の訴訟遂行の監督の必要性を説く見解や、受託者の忠実義務の活用を説く学説もある。訴訟代理人が訴訟遂行している場合でも、和解の際には、依頼人本人の真意を裁判所は改めて確認すべきであるとの運用論が説かれるが、選定当事者が訴訟遂行している場合にも、裁判所は当該和解が選定者の意思に基づいているかを確認するといった運用が少なくとも望ましいだろう。

さらに理解を深める 百選4版A5事件〔和田直人〕 村松俊夫・判評122号140頁（判時544号）、高橋（下）2版補訂版414頁以下 関連判例 東京高判昭和61・7・23判時1202号54頁、最一判昭和52・9・22判時873号31頁

第9章 当事者の行為による訴訟の終了 ━━━━━━━━━ 松村和徳

155 訴えの取下げと時効中断効

最高裁昭和50年11月28日第三小法廷判決
　事件名等：昭和49年（オ）第197号所有権移転登記抹消登記及び建物収去土地明渡請求事件
　掲載誌：民集29巻10号1797頁、判時801号12頁、判タ332号199頁、金判491号6頁

概要　本判決は、二重訴訟を解消するために前訴が取り下げられても、前訴の請求がそのまま後訴においても維持されている場合は、前訴の提起により生じた時効中断の効力は消滅しない旨を判示したものである。

事実関係　X所有の本件土地について、昭和23年7月2日付で自作農創設特別措置法に基づく買収処分及びAへの売渡処分がされ、同25年4月4日右Aのための所有権取得登記がされ、更にAは右土地をBに贈与し、同29年11月30日、Bのための所有権取得登記がされた。そこで、Xは、昭和33年4月7日大阪府知事Yを相手方として、大阪地方裁判所に訴えを提起し、右買収処分、売渡処分の無効確認等を求めるとともに、この訴えにおいて、A、Bを相手方として、その各所有権取得登記の抹消登記手続を求めた（以下「前訴」という）。旧訴提起当時Aが死亡していたので、Xは、昭和39年3月27日、Aの相続人らを相手方として、Aの右所有権取得登記の抹消登記手続を求めるとともに、B以降の本件土地の譲受人らを相手方として、各その所有権取得登記の抹消登記手続を求める訴えを大阪地方裁判所に提起した（以下「後訴」という）。前訴と後訴は、別個に審理されていたが、のちに併合され、Bに対する訴えが重複していることが明らかとなり、Xは、そのうちの一方を取り下げることとなった。その際、前訴中の買収処分、売渡処分の無効確認を求める部分等がすでにその必要がなくなったなどしたので、手続の便宜上、前訴を取り下げ、後訴を追行することとした。この事案では、裁決取消判決の効果が、主たる問題であったが、Yらが本件土地の時効取得を主張したので、本件での訴え取下げの時効中断効も問題となった。原審は時効中断効の存続を認め、Yらが上告。

判決要旨　上告棄却。「訴の提起が時効中断の効力を生ずるのは、訴の提起により権利主張がされ、かつ、権利について判決による公権的判断がされることになるからであり、訴が取り下げられたときに訴の提起による時効中断の効力が生じないのは、訴の取下は、通常、訴の提起による権利主張をやめ、かつ、権利についての判決による公権的判断を受ける機会を放棄することにほか

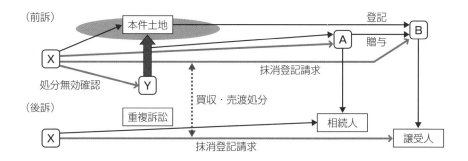

ならないからである。そうすると、訴の取下が、権利主張をやめたものでもなく、権利についての判決による公権的判断を受ける機会を放棄したものでもないような場合には、訴を取り下げても訴の提起による時効中断の効力は存続すると解するのを相当とする。」

本判決の位置づけ・射程範囲

訴えは、その取下げによりその部分については初めから係属しなかったものとみなされる（民訴262条1項）。この訴えの取下げの遡及的効力により、訴訟上生じた効果は失効する。また、訴え提起により生じた実体法上の効果もこの訴えの取下げにより原則的に消滅する。つまり、時効中断の効力（民147条）、出訴期間遵守の効果（民訴342条、民201条など）は、訴えの取下げにより消滅する。ただし、この訴えの取下げの本来的効果は権利行使の趣旨により解釈の余地が生じる。

本件では、旧訴（前訴）と本訴（後訴）が重複訴訟となったことから、旧訴を取り下げた場合に、旧訴の時効中断効は消滅しない旨を判示する。その理由づけとしては、本訴において旧訴請求がそのまま維持されている場合には、訴の提起による権利主張をやめ、かつ、権利についての判決による公権的判断を受ける機会を放棄することにならない点を挙げる。この点は、前後の訴訟において実質的に請求内容に変動ない場合には、時効中断効に変動が生じないとしたものであり、境界確定の訴えを同一土地の所有権確認の訴えと交換的に変更しても、旧訴による時効中断効は存続するとした最高裁判決（最二判昭和38・1・18民集17巻1号1頁）と整合性を有してくる。他面で、判例・通説は、私法上の意思表示の効果として、訴えを取り下げても裁判上の催告としての効果は残るとする（最大判昭和38・10・30民集17巻9号1252号など参照）。この立場に従えば、重複訴訟となった本件では、前訴の提起によって生じた裁判上の催告と後訴の提起によって、前訴提起時に時効中断効が生じているといえるのである。本件判決は、この点からも正当化される事案である。本件判決の射程は、前後の訴訟において実質的に請求内容に変動ない事例には及ぶものと思われる。

さらに理解を深める

最判解民事篇昭和50年度615頁〔田尾桃二〕など参照。

第9章 当事者の行為による訴訟の終了　　　　　　　　　松村和德

156 訴えの取下げと再訴禁止効

最高裁昭和52年7月19日第三小法廷判決
事件名等：昭和51年（オ）第1196号建物収去土地明渡請求事件
掲載誌：民集31巻4号693頁、判時865号49頁、判タ353号207頁、金法849号35頁、金判534号6頁

概要　本判決は、終局判決後に訴えを取り下げた場合に再訴を禁止する民訴法262条2項の趣旨として、取下げの濫用に対する制裁の趣旨と訴訟制度濫用の防止目的（再訴濫用防止）を挙げ、再訴が禁止される「同一の訴え」とは、単に当事者及び訴訟物を同じくするだけでなく、訴えの利益又は必要性の点について事情を一にする訴えである旨を判示したものである。

事実関係　Y_1は、Xの所有する甲土地に乙建物を所有していた。Y_1は、乙建物は数個に区分された平屋建長屋形式のものである。Y_1は、その区分された建物をY_2らに賃貸した（乙1建物を訴外B、その後Y_2に、乙2建物をY_3、Y_4に、乙3建物をY_5に賃貸）。Y_2らは、Y_1の承諾の下、それぞれ建物を増築し、2階建てとし（乙1建物に丙1建物を、乙2建物に丙2建物を、乙3建物に丙3建物をそれぞれ付加）、Y_1は、乙建物につき、Y_3は丙2建物につきそれぞれ自己名義の保存登記をし、Y_2、Y_5は自己の増設部分につき、自己名義で家屋補充課税台帳に登録した。Xは、Y_1に対して乙建物収去甲土地明渡訴訟を提起し、第1審で勝訴判決を得た。し

かし、控訴審で、Y_1が乙建物の現状が著しく変更され、実在しなくなった旨を主張し、Y_2らの登記・登録を知ったXは請求の維持が難しくなったと判断。Xは、訴えを敷地（甲土地）の賃借権不存在確認の訴えに変更し、勝訴、確定した。
　その後、Y_1がY_2らによる増築部分は自らの所有に属すると主張するに至った。そこで、Xは、再び、Y_1に対して増築部分を含めた建物収去土地明渡訴訟を、Y_2らには建物退去土地明渡請求訴訟を提起した。この訴訟で、Y_1らは、旧民訴法237条2項（現民訴262条2項）により、XはY_1らに対して本件請求をなしえないと主張した。第1審、控訴審いずれもX勝訴。Y_1を除き、Y_2らが上告。

判決要旨　上告棄却。「民訴法237条2項〔現民訴262条2項〕は、終局判決を得た後に訴を取下げることにより裁判を徒労に帰せしめたことに対する制裁的趣旨の規定であり、同一紛争をむし返して訴訟制度をもてあそぶような不当な事態の生起を防止する目的に出たものにほかならず、旧訴の取下者に対し、取下後に新たな訴の利益又は必要性が生じているにもかかわらず、一律絶

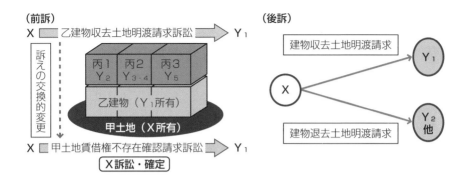

的に司法的救済の道を閉ざすことをまで意図しているものではないと解すべきである。したがって、同条項にいう『同一ノ訴』とは、単に当事者及び訴訟物を同じくするだけではなく、訴の利益又は必要性の点についても事情を一にする訴を意味し、たとえ新訴が旧訴とその訴訟物を同じくする場合であっても、再訴の提起を正当ならしめる新たな利益又は必要性が存するときは、同条項の規定はその適用がないものと解するのが、相当である。」

本判決の位置づけ・射程範囲

本件判決の第1の要点は、民訴法262条2項の趣旨に言及した点にある。従前の通説は、終局判決を得た後に訴えを取り下げ、裁判を徒労に帰せしめることを許さないとする「訴え取下げ濫用防止」をその制度趣旨とした。ゆえに、再訴禁止は正当な理由なく訴えを取り下げた場合に限定されることになる。これに対して、その趣旨を「訴訟制度濫用の防止」にあり、再訴が濫用的である場合に限り再訴が禁止されるとする見解が対立していた。本件判決は、取下げの濫用に対する制裁と訴訟制度濫用の防止（再訴濫用防止）という2つの観点を挙げた。この判例の立場は本条項の立法過程での議論と共通性を有した。判例は、その後最二判昭和55・1・18 関連判例 で同様の立場をとる。

本件判決の第2の要点は、上記の趣旨を前提に、民訴法262条2項の要件たる「同一の訴え」について、当事者と訴訟物の同一性の他に、訴えの利益の同一性を挙げる点である。そして、その同一性の判断要因として、原告の訴え取下げの事情（Xが建物の符合関係を誤認し、訴えを変更したのは無理からぬことであった点）、再訴提起に至る必要性・事情（Y_1の主張の変更⇒被告側の事情）を具体的に挙げ、総合的に判断した。本件判決は、この点に先例的意義がある。この判例以降、民訴法262条2項適用の基準としては、両当事者にどのような具体的事情があるかが重視されてくることになる。

さらに理解を深める　百選3版99事件〔青木哲〕、昭和52年度主判解77頁〔小野寺忍〕、三上威彦・法学研究（慶應義塾大学）52巻2号86頁、百選Ⅰ初版84事件〔角森正雄〕、百選2版58事件〔白川和雄〕、昭和52年度重判民訴7事件〔上田徹一郎〕、最判解民事篇昭和52年度240頁〔牧山市治〕、山本克己・法教301号63頁など　関連判例　最二判昭和55・1・18判時961号74頁

第9章 当事者の行為による訴訟の終了　　　　　　　　　松村和徳

157　固有必要的共同訴訟──訴えの取下げ

最高裁昭和46年10月7日第一小法廷判決
　事件名等：昭和42年（オ）第535号土地所有権確認等請求事件
　掲載誌：民集25巻7号885頁、判時651号72頁、判タ272号221頁

概要　本判決は、共有権を争う第三者に対する共有権確認及び移転登記手続を求める訴えについて、共有者全員の有する一個の所有権そのものが紛争の対象となっていることを理由に、固有必要的共同訴訟であると解したうえで、訴訟係属中に共同原告の一人のした訴えの取下げは効力を生じない旨を判示したものである。

事実関係　X_1、X_2夫婦は、甲土地を訴外Aから共同で買い受けた。その際、将来の相続のコストを慮って、当時12歳であった長男Y名義で所有権移転登記をした。その後、十数年を経て、Y夫婦とX_1らが不仲となり、Yが甲土地の真の所有者のように振る舞うようになった。そこで、X_1とX_2は、Yに対して、甲土地の共有権確認及び抹消登記に代わる移転登記手続を求める訴えを提起した。Yは、甲土地の贈与を主張したが、第1審はX_1らの勝訴判決を下した。その後、X_1が控訴審において訴えの取下げをなしたが、控訴審は取下げを無効とし、請求を認容した。Y上告。

判決要旨　上告棄却。「一個の物を共有する数名の者全員が、共同原告となり、いわゆる共有権（数人が共同して有する一個の所有権）に基づき、その共有権を争う第三者を相手方として、共有権の確認を求めているときは、その訴訟の形態はいわゆる固有必要的共同訴訟と解するのが相当である……。また、これと同様に、一個の不動産を共有する数名の者全員が、共同原告となって、共有権に基づき所有権移転登記手続を求めているときは、その訴訟の形態も固有必要的共同訴訟と解するのが相当であり……それゆえ、このような訴訟の係属中に共同原告の一人が訴の取下げをしても、その取下げは効力を生じないものというべきである。」

本判決の位置づけ・射程範囲

本件判決は、訴訟物たる権利関係について実体法上の管理処分権を基準として固有必要的共同訴訟の成否について判断してきた判例と方向を一にしたものである（詳細は、徳田和幸・中野古稀（上）457頁以下など参照。もっとも、近時は最三判平成元・3・28 本書192事件 以降、訴訟政策説に依拠する判例もあり（最三

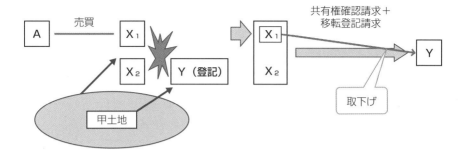

判平成16・7・6〔関連判例〕など参照)、その成否基準につき錯綜の様相を呈している)。本件訴訟が固有必要的共同訴訟であるのであれば、合一確定の要請が働く。つまり、共同訴訟人の一人のなした訴訟行為は全員について有利である限りで全員につき効力を生じ(民訴40条1項)、他方、共同訴訟人の一人に対する相手方の訴訟行為は、その有利、不利に関わらず全員に効力を生じるのである(民訴40条2項)。本件事案では、共同訴訟人の一人による訴えの取下げが問題となるので、民訴法40条1項の問題となる。しかし、この解説の対象である訴えの取下げは、訴訟係属が遡及的に消滅する効果を有することから、不利な行為であるとの解釈は必ずしも一致していない(条解2版221頁〔新堂幸司=高橋宏志=高田裕成〕など。不利な行為と解するのは松本=上野7版729頁、伊藤4版補訂版631頁など)。

通説・判例は、固有必要的共同訴訟については、訴訟共同の必要という要請か

ら訴えの取下げを認めれば、当事者適格を欠くことになることを根拠にこれを無効とする(訴えの取下げについての共同被告の一人がなす合意も、本案判決を得る機会を失うので無効とされる(大判昭和14・4・18〔関連判例〕))。本件判決は、この立場にそったものである。さらに、最三判平成6・1・25〔関連判例〕は共同被告の一部に対する訴えの取下げを無効とする。これに対して、紛争の実態を考慮して、訴えの取下げを無効とせずに、訴訟脱退を認め、判決効に服させるとする処理が主張されている(高橋(下)2版補訂版341頁注(27)など)。紛争解決の実質をみて合理的に解釈すべきとの動向も強く、今後も議論は継続するものと思われる。なお、類似必要的共同訴訟における訴えの取下げは、もともと訴訟共同の必要が要求されないことから適法とする点で一致している(伊藤4版補訂版631頁、松本=上野7版730頁、高橋(下)2版補訂版321頁など)。

さらに理解を深める **百選4版A32事件〔園田賢治〕** 百選2版29事件〔若林安雄〕、小山昇・判評160号130頁(判時664号)、石渡哲・法学研究(慶應義塾大学)45巻10号137頁、栗原良扶・判タ278号52頁、小島武司・民商66巻6号1116頁、最判解民事篇昭和46年度585頁〔小倉顕〕、昭和47年度重判民訴6事件〔林屋礼二〕、民法百選Ⅰ2版76事件〔五十部豊久〕など 〔関連判例〕 最三判平成元・3・28〔本書192事件〕、最三判平成16・7・16民集58巻5号1319頁、大判昭和14・4・18民集18巻460頁、最三判平成6・1・25民集48巻1号41頁

第10章　終局判決とその効力

川嶋隆憲

158　既判力の縮減

最高裁平成9年3月14日第二小法廷判決
　事件名等：平成5年（オ）第921号遺産確認等請求本訴、共有持分権不存在中間確認請求反訴事件
　掲載誌：判時1600号89頁、判タ937号104頁、金判1020号13頁

概要　本判決は、所有権確認請求訴訟で敗訴した原告が後訴において共有持分の取得を主張することは前訴確定判決の既判力に抵触して許されないとし、そのことは本件具体的事情の下でも異ならない旨を明らかにしたものである。

事実関係　X、Y、Zは亡Aの相続人である。Aの死後、Xは本件土地（訴外BからYに対して所有権移転登記がなされている）についてXの所有権確認及び所有権移転登記を求める訴え（前訴）を提起し、その所有権取得原因としてBからの買受け又は時効による取得を主張した（❶）。これに対してYは、本件土地はAがBから買い受けた後、Yに贈与したものであると主張した（❷）。前訴裁判所は、B・A間の売買の事実を認定した上で、A・Y間の贈与の事実は認められないとして、Xの請求を棄却した（❸）。

前訴判決確定後、Aの遺産分割調停事件においてYが再び本件土地の所有権を主張したため、X及びZは、本件土地はAがBから買い受けたものであってAの遺産に属しており、X及びZは相続によりその共有持分を取得したと主張して、Yに対して本件土地がAの遺産であることの確認及び各共有持分に基づく所有権一部移転登記を求める訴え（後訴）を提起した（❹）。原審は、Xが本件訴訟において相続による共有持分の取得を主張することは前訴判決の既判力に抵触して許されないとした。これに対してXが上告した。

判決要旨　上告棄却。「Xは、前訴において、本件土地につき売買及び取得時効による所有権の取得のみを主張し、事実審口頭弁論終結時以前に生じていたAの死亡による相続の事実を主張しないまま、Xの所有権確認請求を棄却する旨の前訴判決が確定したというのであるから、Xが本訴において相続による共有持分の取得を主張することは、前訴判決の既判力に抵触するものであり、前訴においてAの共同相続人であるX、Yの双方が本件土地の所有権の取得を主張して争っていたこと、前訴判決が、双方の所有権取得の主張をいずれも排斥し、本件土地がAの所有である旨判断したこと、前訴判決の確定後にYが本件土地の所有権を主張したため本訴の提起に至ったことなどの事情があるとしても、Xの

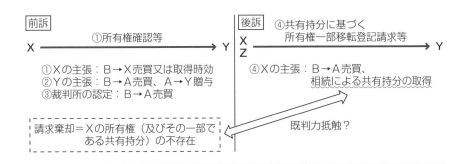

右主張は許されないものといわざるを得ない」（本判決には補足意見及び反対意見がある）。

本判決の位置づけ・射程範囲

既判力は判決の基準時（事実審の口頭弁論終結時）における訴訟物たる権利義務の存否について生じるのが原則であり（民訴114条1項参照）、基準時前に生じていた事由を主張して前訴判決を争うことは、当該事由についての当事者の知・不知や主張しなかったことについての過失の有無を問わず、既判力に抵触して許されないと解するのが通説的な理解である。

これに対しては、既判力の範囲は前訴の手続経過によっては訴訟物の範囲よりも縮小するとして、前訴において裁判所の審理・判断の対象とならず、また、当事者が主張することを期待できなかった法的観点や事実主張について既判力の遮断的作用を否定する見解が有力に主張される。本判決の反対意見も、前訴におけ

る紛争の態様、当事者の主張及び判決の内容、判決後の当事者の対応及び後訴が提起されるに至った経緯等の具体的事情によっては、既判力に抵触する主張であっても例外的にこれを許容すべき場合がありうるとしている。

しかしながら、本判決の多数意見は、前訴判決の既判力が所有権の不存在及び所有権の一部である共有持分の不存在について生じることを前提として、基準時前の事由である相続による共有持分の取得を主張することは前訴判決の既判力に抵触して許されないとし、このことは前訴の手続経過や後訴提起に至るまでの具体的事情によって異ならない旨を明らかにした。最高裁では、その後、本件類似の事案で原裁判所の釈明義務違反を認めて原判決を破棄した判決（最一判平成9・7・17 本書85①事件）が現れており、本判決との補完関係が指摘されている。

さらに理解を深める
百選4版A28事件〔倉部真由美〕 平成9年度重判民訴1事件〔池田辰夫〕、上田徹一郎・民商117巻6号905頁、山本和彦・判タ968号78頁、新堂幸司「既判力と訴訟物再論」原井龍一郎先生古稀祝賀『改革期の民事手続法』（法律文化社、2000年）247頁〔新堂幸司『権利実行法の基礎』（有斐閣、2001年）249頁所収〕、高橋（上）2版補訂版733頁　**関連判例**　最一判平成9・7・17 本書85①事件（請求の一部についての予備的請求原因となるべき事実を被告が主張した場合に原告がこれを自己の利益に援用しなくても裁判所はこの事実を斟酌すべきであるとされた事例）

第10章　終局判決とその効力

杉本和士

159　一部請求と既判力

①最高裁昭和37年8月10日第二小法廷判決
　事件名等：昭和35年（オ）第359号損害賠償請求事件
　掲載誌：民集16巻8号1720頁

②最高裁昭和32年6月7日第二小法廷判決
　事件名等：昭和28年（オ）第878号損害金請求事件
　掲載誌：民集11巻6号948頁、判時120号1頁、判タ76号24頁

概要　①判決は、1個の債権の数量的な一部についてのみ判決を求める旨を明示して訴えが提起された場合、その一部請求についての確定判決の既判力は残部請求に及ばない旨を判示したものである。また、②判決は、ある金額の支払を訴訟物の全部として訴求し勝訴の確定判決を得た後、前訴請求が訴訟物の一部である旨を主張しその残額を別訴で訴求することは許されない旨を判示したものである。

事実関係　①事件：Xは、所有する床板を倉庫業者Yに寄託したところ（❶）、Yが過失により寄託物を受領権限のないAに返還し（❷）、Aがこれを処分した（❸）。このため寄託物の返還を受けられなくなったXは、その価格相当30万円の損害を受けたとして、そのうち10万円をYに対し訴求したところ（❹）（前訴）、8万円の一部認容判決がなされ（過失相殺による）、これが確定した（❺）。その後、Xが改めて残額20万円分を訴求した（❻）（後訴）。第1審は訴えを却下、控訴審は原判決を取り消して差し戻したため、Yが上告。

②事件：Xは、Y₁・Y₂に対しダイヤモンド入り帯留1個を引き渡し、45万円での売却を委託したが（❶）、その後、これが合意解除された（❷）。そこでXはY₁・Y₂に対し損害45万円の支払いを訴求したところ（❸）（前訴）、「Y₁・Y₂はXに対し45万円を支払え」とする判決がなされ、これが確定し、Xは45万円の債権のうちY₁から22万5000円の支払を受けた（❹）。ところが、本件契約は商行為にあたり、45万円の支払債務は連帯債務であるとして、Y₁・Y₂に対して残額22万5000円を連帯して支払うように求めて訴えを提起した（❺）（後訴）。第1審は請求を棄却したが、控訴審は請求を認容。Y₁のみが上告。

判決要旨　①事件：上告棄却。「1個の債権の数量的な一部についてのみ判決を求める旨を明示して訴が提起された場合は、訴訟物となるのは右債権の一部の存否のみであって、全部の存否ではなく、従って右一部の請求についての確定判決の既判力は残部の請求に及ばないと解するのが相当である」。

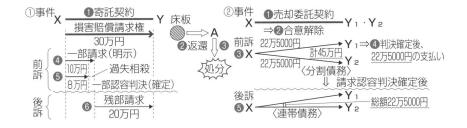

②事件：破棄自判。「債権者が数人の債務者に対して金銭債務の履行を訴求する場合、連帯債務たる事実関係を何ら主張しないときは、これを分割債務の主張と解すべきである。そして、債権者が分割債務を主張して一旦確定判決をえたときは、更に別訴をもって同一債権関係につきこれを連帯債務である旨主張することは、前訴判決の既判力に牴触し、許されない……」。「Xは、前訴において、分割債務たる45万円の債権を主張し、Y等に対し各自22万5000円の支払を求めたのであって、連帯債務たる45万円の債権を主張してその内の22万5000円の部分（連帯債務）につき履行を求めたものでないことは疑がないから、前訴請求をもって本訴の訴訟物たる45万円の連帯債務の一部請求と解することはできない。のみならず、……Xは、前訴において、Y等に対する前記45万円の請求を訴訟物の全部として訴求したものであることをうかがうに難くないから、その請求の全部につき勝訴の確定判決をえた後において、今さら右請求が訴訟物の一部の請求にすぎなかった旨を主張することは、とうてい許されないものと解すべきである。」

本判決の位置づけ・射程範囲

金銭債権の数量的一部請求に関する判例の立場は、本件両判決により、以下のような判断枠組として理解されるのが一般的である。まず、前訴において一部請求である旨の明示の有無によって場合分けがなされる。明示がなされた場合（①判決の場合）には、明示的一部請求部分のみが訴訟物となり、既判力は当該一部請求部分についてのみ生じ、残部請求部分には及ばず、原告は改めて後訴で残部請求をすることができる。ただし、少なくとも前訴一部請求訴訟で敗訴した原告が残部請求の訴えを提起することは、特段の事情がない限り、信義則に反して許されない旨を判示する後掲・最二判平成10・6・12 本書160事件 が登場したことで、明示的一部請求の場合にも一定の制約を受けることとなった。他方、明示がなされなかった場合（②判決の場合）には、債権全部が訴訟物とされるため、後訴での残部請求は認められない。

さらに理解を深める

①事件：百選4版81①事件〔河野正憲〕　②事件：百選4版A27事件〔佐瀬裕史〕　百選Ⅱ補正版148事件〔山本弘〕、高橋（上）2版補訂版97頁以下、争点120頁〔畑瑞穂〕　関連判例　最二判平成10・6・12 本書160事件 、最一判平成20・7・10 本書161事件 、最二判昭和34・2・20民集13巻2号209頁、最二判昭和45・7・24 本書162事件 、最一判平成25・6・6民集67巻5号1208頁

第10章　終局判決とその効力　　　　　　　　　　　　　　　　　杉本和士

160　一部請求と訴訟上の信義則

最高裁平成10年6月12日第二小法廷判決
　事件名等：平成9年（オ）第849号報酬金等請求事件
　掲載誌：民集52巻4号1147頁、判時1644号126頁、判タ980号90頁、
　　　　　金法1529号50頁、金判1051号40頁

概要　本判決は、金銭債権の数量的一部請求訴訟で敗訴した原告が残部請求の訴えを提起することは、特段の事情がない限り、信義則に反して許されない旨を判示したものである。

事実関係　Xは、Yから本件土地を買収すること及び同土地が市街化区域に編入されるよう行政当局に働きかけを行うこと等の業務の委託を受けた（❶）。XとYは、本件業務委託契約の報酬の一部として、Yが本件土地を宅地造成して販売するときには造成された宅地の1割をXに販売又は斡旋させる旨を合意した。しかし、Yは、本件土地の宅地造成を行わず、A市開発公社に本件土地を売却したため、Yは、Xの債務不履行を理由として本件業務委託契約を解除した（❷）。

Xは前訴において、本件業務委託契約に基づき12億円の報酬請求権を取得したと主張し、そのうち1億円の支払等を請求したが（❸）（前訴）、各請求をいずれも棄却する旨の判決がなされ、これが確定した（❹）。前訴の判決確定後、Xは本訴を提起し、本件合意に基づく報酬請求権のうち前訴で請求した1億円を除く残額が2億9830万円であると主張してその支払等を請求した（❺）（後訴）。第1審は訴えを却下したが、控訴審は第1審を取り消して第1審に差し戻した。Xが上告。

判決要旨　破棄自判。「一個の金銭債権の数量的一部請求は、当該債権が存在しその額は一定額を下回らないことを主張して右額の限度でこれを請求するものであり、債権の特定の一部を請求するものではないから、このような請求の当否を判断するためには、おのずから債権の全部について審理判断することが必要になる。すなわち、裁判所は、当該債権の全部について当事者の主張する発生、消滅の原因事実の存否を判断し、債権の一部の消滅が認められるときは債権の総額からこれを控除して口頭弁論終結時における債権の現存額を確定し（最高裁平成……6年11月22日第三小法廷判決・民集48巻7号1355頁参照）、現存額が一部請求の額以上であるときは右請求を認容し、現存額が請求額に満たないときは現存額の限度でこれを認容し、債権が全く現存しないときは右請求を棄却

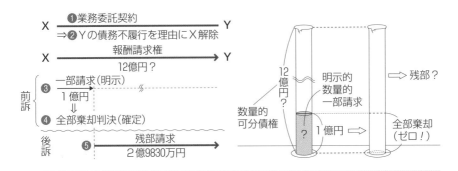

するのであって、当事者双方の主張立証の範囲、程度も、通常は債権の全部が請求されている場合と変わるところはない。数量的一部請求を全部又は一部棄却する旨の判決は、このように債権の全部について行われた審理の結果に基づいて、当該債権が全く現存しないか又は一部として請求された額に満たない額しか現存しないとの判断を示すものであって、言い換えれば、後に残部として請求し得る部分が存在しないとの判断を示すものにほかならない。したがって、右判決が確定した後に原告が残部請求の訴えを提起することは、実質的には前訴で認められなかった請求及び主張を蒸し返すものであり、前訴の確定判決によって当該債権の全部について紛争が解決されたとの被告の合理的期待に反し、被告に二重の応訴の負担を強いるものというべきである。以上の点に照らすと、金銭債権の数量的一部請求訴訟で敗訴した原告が残部請求の訴えを提起することは、特段の事情がない限り、信義則に反して許されないと解するのが相当である。……特段の事情の認められない本件においては、……右各訴えを不適法として却下すべきである。」

本判決の位置づけ・射程範囲

本判決は、一個の金銭債権の数量的一部請求の前訴で敗訴した原告による残部請求訴訟につき、特段の事情のない限り、信義則違反を理由に不適法却下とすべき旨を示した。これにより、前訴で数量的一部請求である旨の明示があったとしても（最二判昭和37・8・10 本書159①事件 参照）、前訴本案判決が少なくとも全部認容判決でない限り、残部請求は原則として許されない。なお、特段の事情につき、前訴において債権全部につき審理判断されておらず、前訴判決が残部不存在の判断を示すといえない場合（例えば、被害者による損害賠償請求につき一部認容・一部棄却判決の確定後、予想外の後遺症等が発症したような場合）や原告が損害の一部についてのみ主張立証をしたため棄却判決を受けた場合等が考えられるが、数量的一部請求に関しては極めて例外的な場合に限定されよう。

さらに理解を深める 百選4版81②事件〔河野正憲〕 最判解民事篇平成10年度（下）602頁〔山下郁夫〕、山本和彦・民商120巻6号1025頁

関連判例 最二判昭和37・8・10 本書159①事件、最二判昭和32・6・7 本書159②事件、最三判平成6・11・22 本書233事件

第10章　終局判決とその効力　　　　　　　　　　　　　杉本和士

161　一部請求と既判力──明示があるとされた事例

最高裁平成20年7月10日第一小法廷判決
　事件名等：平成19年（受）第1985号損害賠償請求事件
　掲　載　誌：判時2020号71頁、判タ1280号121頁、金法1856号26頁

概　要　本判決は、前訴において1個の債権のうちのある特定の一部分についてのみ判決を求める旨が明示されていたとして、前訴の確定判決の既判力が当該債権の他の部分を請求する後訴に及ばない旨を判示した事例判断である。

事実関係　Yは、Xら所有の本件土地を賃借する旨の賃貸借契約をXらとの間で締結し（❶）、当時、本件土地は高速道路の取付道路用地として鹿児島県による買収が予定されていたが、Yは、本件土地上に樹木を植栽した（❷）。その後、XらのYに対する土地明渡請求訴訟において、本件賃貸借契約は無効であるが、本件樹木は本件土地に付合（民242条本文）し、本件土地の所有者であるXらに帰属すると判断され、土地明渡請求を認容し、樹木撤去請求を棄却する判決がなされ、これが確定した（❸）。そこでYは、上記付合による償金請求権（民248条）を被保全権利として、本件樹木についてXらを債務者とする仮差押命令を得て、その執行をした（❹）。Xらの申立てに基づく本案の起訴命令により、Yは、本件償金請求権に基づき、Xらに対して、償金の支払を求める訴訟（前事件本訴）を提起した（❺）。これに対し、Xらは、Yに対し、不法行為に基づく損害賠償として、本案の起訴命令の申立て及び前事件本訴の応訴に要した弁護士費用相当額及びこれに対する遅延損害金の支払いを求める反訴（前事件反訴）を提起した（❻）。前事件について控訴審判決は、Yの本訴請求を棄却し、Xらの反訴請求については、弁護士費用相当額の損害額の一部及びこれに対する遅延損害金の支払いを求める限度で認容した（❼）。Yはこれに対して上告（後に上告棄却）。Xらは、本件仮差押執行のために本件買収金の支払が遅れたことによる遅延損害金相当の損害賠償を求める訴訟（本件訴訟）を提起した（❽）。第1審はXらの請求を認容、控訴審はこれを取り消して請求棄却。Xらが上告受理申立て。

判決要旨　破棄差戻し。本件訴訟と前事件反訴の賠償請求権は、「いずれも本件仮差押命令の申立てが違法であることを理由とする不法行為に基づく損害賠償請求権という1個の債権の一部を構成する」が、「Xらは、前事件反訴において、上記不法行為に基づく損害賠償として本件弁護士費用損害という費目を特定の上請求していたものであるところ、……Xらは、既に前事件反訴に

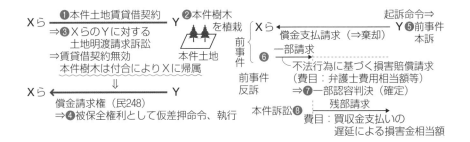

おいて、違法な本件仮差押命令の申立てによって本件弁護士費用損害のほかに本件買収金の受領が妨害されることによる損害が発生していることをも主張していたものということができる。そして、本件弁護士費用損害と本件遅延金損害とは、実質的な発生事由を異にする別種の損害というべきものである上、……前事件の係属中は本件仮差押命令及びこれに基づく本件仮差押執行が維持されていて、本件仮差押命令の申立ての違法性の有無が争われていた前事件それ自体の帰すうのみならず、本件遅延金損害の額もいまだ確定していなかったことが明らかであるから、Xらが、前事件反訴において、本件遅延金損害の賠償を併せて請求することは期待し難いものであったというべきである。さらに、前事件反訴が提起された時点において、Yが、Xらには本件弁護士費用損害以外に本件遅延金損害が発生していること、その損害は本件仮差押執行が継続することによって拡大する可能性があることを認識していた」。「以上によれば、前事件反訴においては、本件仮差押命令の申立ての違法を理由とする損害賠償請求権の一部である本件弁護士費用損害についての賠償請求権についてのみ判決を求める旨が明示されていたものと解すべきであり、本件遅延金損害について賠償を請求する本件訴訟には前事件の確定判決の既判力は及ばないものというべきである（最高裁昭和……37年8月10日第二小法廷判決・民集16巻8号1720頁参照）。」

本判決の位置づけ・射程範囲

数量的一部請求後の残部請求の可否につき、前訴において一部請求である旨の明示がなされた場合には、一部請求部分のみが訴訟物となり、既判力は残部請求部分には及ばず、原告は改めて後訴で残部請求をすることができるというのが判例法理である（後掲・最二判昭和37・8・10 本書159①事件）。本判決は、1個の損害賠償債権のうち特定の損害費目部分のみを訴求する特定一部請求の場合についても上記法理が妥当すること、さらに、明示の有無が、訴状等の記載のみならず、当事者双方の具体的諸事情の総合評価で判断されることを明らかにした。

さらに理解を深める

平成20年度重判民訴7事件〔佐瀬裕史〕 堤薗弥・リマークス2009（下）118頁、渡部美由紀・判評608号14頁（判時2048号）

関連判例　最一判昭和48・4・5 本書23事件、最二判昭和37・8・10 本書159①事件、最二判昭和32・6・7 本書159②事件

第10章 終局判決とその効力　　　　　　　　　　　岡　伸浩

162 時効の中断

最高裁昭和45年7月24日第二小法廷判決
　事件名等：昭和44年（オ）第882号損害賠償請求事件
　掲載誌：民集24巻7号1177頁、判時607号43頁、判タ253号162頁

概要　本判決は、一部請求の趣旨が明示されずに訴えが提起された場合、訴え提起による時効中断の効力は債権の同一性が認められる範囲内でその全部に及ぶとしたものである。

事実関係　昭和35年4月22日、Xは道路を歩行中、Y₁が運転するY₂所有の軽二輪自動車に衝突される交通事故に遭った。XはY₁及びY₂に対して、一部請求であることを明示することなく、当該事故により被った治療費、逸失利益及び慰謝料の支払いを求めて訴えを提起した。本訴訟において、Xが昭和37年12月1日から昭和41年9月24日までの治療費（本訴訟提起後の昭和41年9月26日に支出されたもの）について、昭和41年10月5日に請求を拡張したところ、Y₁及びY₂は請求拡張時より3年前（昭和38年10月4日）までに支出した費用の損害賠償請求権は時効により消滅していると主張した。原審は、一部請求であることを明示せずに訴訟の進行中に請求を拡張した場合、一個の不法行為から生じこれと相当因果関係のある損害賠償債権全部につき時効は中断する旨を判示し、Xの請求を一部認容した。Y₁及びY₂が上告。

判決要旨　上告棄却。「一個の債権の一部についてのみ判決を求める趣旨を明らかにして訴を提起した場合、訴提起による消滅時効中断の効力は、その一部についてのみ生じ、残部には及ばないが、右趣旨が明示されていないときは、請求額を訴訟物たる債権の全部として訴求したものと解すべく、この場合には、訴の提起により、右債権の同一性の範囲内において、その全部につき時効中断の効力を生ずるものと解するのが相当である。」
　「これを本件訴状の記載について見るに、Xの本訴損害賠償請求をもって、本件事故によって被った損害のうちの一部についてのみ判決を求める趣旨であることを明示したものとはなしがたいから、所論の治療費金5万0198円の支出額相当分は、当初の請求にかかる損害額算定根拠とされた治療費中には包含されておらず、昭和41年10月5日の第1審口頭弁論期日においてされた請求の拡張によってはじめて具体的に損害額算定の根拠とされたものであるとはいえ、本訴提起による時効中断の効力は、右損害部分をも含めて生じているものというべきである。」

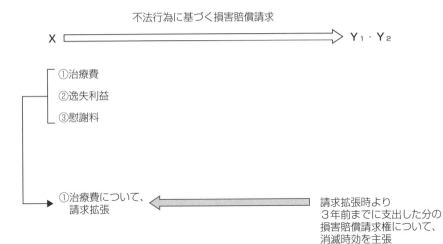

本判決の位置づけ・射程範囲

　本件では、一部請求であるとの趣旨、すなわち当該請求において一個の債権の一部についてのみ判決を求める趣旨が明示されずに訴えが提起された場合、どの範囲で時効中断の効力が生ずるかが問題となった。本判決は、本来、一部請求である旨が明示されていた場合は、時効中断の効力は当該一部のみに生じ残部には及ばないとしつつも、一部請求である旨が明示されていない場合は、請求額を訴訟物たる債権の全部として請求したものと解し、訴えの提起により当該債権の同一性の範囲内において、その全部について時効中断の効力が及ぶと判断した。

　本判決に先立つ最二判昭和34・2・20〔関連判例〕は、一個の債権の数量的な一部であることを明示して訴えを提起すれば、当該一部のみが訴訟物となると解した上で、時効中断の効力の及ぶ範囲を訴訟物の範囲と一致させてとらえ、明示された債権の範囲で時効中断の効力が生ずるという基本的な枠組みを提示した。本判決は、かかる従来の基本的枠組みを一応維持しつつも、原告が一部請求であることを明示していない場合は、請求額を訴訟物たる債権全額として訴求したものと位置づけて、訴え提起により債権の同一性の範囲内でその全部について消滅時効の中断効を認めた。

　学説では、一部請求の場合は、一部であることが明示されたか否かにかかわらず常に債権全体が訴訟物となり、時効中断の効力も債権全体について認めるべきであるとする立場も有力に主張されている。

さらに理解を深める　百選3版44②事件〔早田尚貴〕　最判解民事篇昭和45年度（下）786頁〔横山長〕、伊藤4版補訂版225頁、新堂5版232頁、松本＝上野7版223頁・689頁、中野ほか2版補訂2版172頁、三木ほか438頁、藤田・解析2版45頁
〔関連判例〕最二判昭和34・2・20民集13巻2号209頁

第10章 終局判決とその効力

内海博俊

163 民事調停成立後の拡大損害

最高裁昭和43年4月11日第一小法廷判決
　事件名等：昭和39年（オ）第538号損害賠償慰藉料請求事件
　掲　載　誌：民集22巻4号862頁、判時513号3頁、判タ219号225頁

概　要　本件は、交通事故被害者及びその子と加害者の間において、一旦民事調停（裁判上の和解と同一の効力がある。民調16条）が成立した後、被害者が死亡したとして、子が原告となって加害者に対しさらに損害賠償を求める民事訴訟を提起した事案である。

事実関係　昭和34年3月24日、Aは、Yの所用のためその被用者が運転していたオートバイに衝突され受傷した（❶、本件事故）。昭和36年5月、Aら（Aとその子X・B・C）は、本件事故に関し、Yを相手方として慰謝料及び損害賠償請求の民事調停を申し立て、昭和37年2月8日、YはAらに対し金5万円を支払い、Aらはその余の請求を放棄するという内容の調停（本件調停）が成立し、Yは同金額を支払った（❷）。昭和39年、XはYに対し、Aが昭和37年12月3日本件事故を原因として死亡（❸）したことを理由として、Xが本件事故のために要した帰郷費用・Aの治療費等3万1,000円の財産的損害と慰藉料30万円の賠償を求める訴えを提起した（❹）。原判決は、「本件事故による損害賠償請求事件につき、本訴当事者間において既に調停が有効に成立しているので、当事者は右調停の趣旨に反する主張ができず、裁判所もこれに反する判断ができない」等として請求を全部棄却した第1審判決を維持した。X上告。

判決要旨　原判決一部破棄・差戻し。「〔本件〕調停は、Aの受傷による損害賠償については有効に成立したものと認められ、従って、本訴においてXの請求する……財産上の損害賠償請求は、右調停において、既に解決済であり、……本訴において主張することはできない……。しかし、精神上の損害賠償請求の点については、AおよびXらはまず調停においてAの受傷による慰藉料請求をし、その後Aが死亡したため、本訴において、同人の死亡を原因として慰藉料を請求するもの……であり、かつ、右調停当時Aの死亡することは全く予想されなかったものとすれば、身体侵害を理由とする慰藉料請求権と生命侵害を理由とする慰藉料請求権とは、被侵害権利を異にするから、右のような関係にある場合においては、同一の原因事実に基づく場合であっても、受傷に基づく慰藉料請求と生命侵害を理由とする慰藉料請求とは同一性を有しないと解するを相当とす

る。」「〔本件〕調停が、……Ａの受傷による損害賠償のほか、その死亡による慰藉料も含めて、そのすべてにつき成立したと解し得るためには、……これを肯定し得るに足る特別の事情が存し、且つその調停の内容が公序良俗に反しないものであることが必要である……。けだし、Ａは老齢とはいえ、調停当時は生存中で……、右調停はＡ本人も申立人の一人となっており、調停においては申立人全員に対して賠償額が僅か５万円と合意された等の……事情に徴すれば、右調停においては、一般にはＡの死亡による慰藉料についても合意したものとは解されないのを相当とするところ、……なおＡの死亡による慰藉料についても合意されたものと解するためには、Ａの受傷が致命的不可回復的であって、死亡は殆んど必至であったため、当事者において同人が死亡することあるべきことを予想し、……死亡による損害賠償をも含めて、合意したというような……特別の事情等が存しなければならない」。

本判決の位置づけ・射程範囲

　前記のとおり調停には裁判上の和解と同一の効力が認められ、裁判上の和解には確定判決と同一の効力が認められる（民訴267条）。不法行為に基づく損害賠償請求は損害費目にかかわらず一の訴訟物を構成すると解する（最一判昭和48・4・5 本書23事件）なら、Ｘの請求はいずれも本件調停の既判力により遮断されるとの帰結も導かれうるが、本判決の結論は異なる。その論拠として、判旨前半における「請求」の分断という議論を重視すると、本訴の慰藉料請求は本件調停におけるそれとは訴訟物を異にするとされたのであり、（仮に本件調停が判決であったとしても）既判力による遮断はな

いとも解しうる。一方、当事者の意思を重視する判旨後半は、本件調停をいわゆる示談（最二判昭和43・3・15民集22巻3号587頁参照）に近づけて扱っている。こちらを重視すると、和解はともかく、確定判決に関しては、既判力の客観的範囲が前訴の具体的経過に応じて縮減する余地を判例は明示的には認めていない（最二判平成9・3・14 本書158事件 参照）ため、確定判決後の拡大損害請求に本判決の射程が及ぶとの理解は困難になる。ただ類似の帰結が一部請求論の応用によって認められる可能性（最一判昭和61・7・17 本書166事件・最三判昭和42・7・18 本書183事件 参照）も考慮すれば、調停と判決で扱いが大きく分かれているとまでは言い切れないのかもしれない。

さらに理解を深める　百選Ⅱ補正版149事件〔上村明広〕　最判解民事篇昭和43年度（上）550頁〔鈴木重信〕、星野英一・法協86巻8号969頁

関連判例　本文中に掲げたもの

第10章 終局判決とその効力

岡　伸浩

164　一部請求と残部債権による相殺の抗弁

最高裁平成10年6月30日第三小法廷判決
事件名等：平成6年（オ）第698号不当利得請求事件
掲載誌：民集52巻4号1225頁、判時1644号109頁、判タ979号97頁、
　　　　金法1526号44頁、金判1053号10頁

概要　本判決は、別訴で一部請求している債権の残部を本訴において自働債権として相殺の抗弁を主張することの可否について、相殺の抗弁は訴えの提起と異なるとして、債権の分割行使が訴訟上の権利の濫用に該当する等特段の事情のない限り許されるとしたものである。

事実関係　XとYは亡Aの相続人である。XはYに対して、Yに代わって立替払いした相続税等の不当利得返還を求めて訴えを提起した（本訴）。
　Yは、Xが申請した違法な仮処分により相続財産である土地建物の持分2分の1を通常の取引価格より低い価格で売却することを余儀なくされ、2億5260万円の損害を被ったと主張し、その内金4000万円の支払いを求めて訴えを提起した（別訴）。Yは、本訴の第1審において上記損害賠償請求権の残部を自働債権として相殺の意思表示をした（第2審では弁護士費用を自働債権に追加して主張した）。第2審は、Yの相殺の抗弁を認めず、Xの請求を一部認容した。Yが上告。

判決要旨　破棄差戻し。「自働債権の成立又は不成立の判断が相殺をもって対抗した額について既判力を有する相殺の抗弁についても、その〔民訴142条〕趣旨を及ぼすべきことは当然であって、既に係属中の別訴において訴訟物となっている債権を自働債権として他の訴訟において相殺の抗弁を主張することが許されない……〔最三判平成3・12・17 本書28事件〕参照）。」「しかしながら、他面、一個の債権の一部であっても、そのことを明示して訴えが提起された場合には、訴訟物となるのは右債権のうち当該一部のみに限られ、その確定判決の既判力も右一部のみについて生じ、残部の債権に及ばない……〔最二判昭和37・8・10 本書159①事件〕参照）。この理は相殺の抗弁についても同様に当てはまるところであって、一個の債権の一部をもってする相殺の主張も、それ自体は当然に許容されるところである。」「一個の債権が訴訟上分割して行使された場合には、実質的な争点が共通であるため、ある程度審理の重複が生ずることは避け難く、応訴を強いられる被告や裁判所に少なからぬ負担をかける上、債権の一部と残部とで異なる判決がされ、事実上の判断の抵触が生ずる可能性もないでは

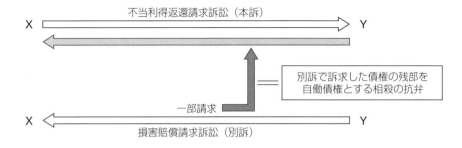

ない。……一個の債権の一部について訴えの提起ないし相殺の主張を許容した場合に、その残部について、訴えを提起し、あるいは、これをもって他の債権との相殺を主張することができるかについては、別途に検討を要するところであり、残部請求等が当然に許容されることになるものとはいえない。……しかし、こと相殺の抗弁に関しては、訴えの提起と異なり、相手方の提訴を契機として防御の手段として提出されるものであり、相手方の訴求する債権と簡易迅速かつ確実な決済を図るという機能を有するものであるから、一個の債権の残部をもって他の債権との相殺を主張することは、債権の発生事由、一部請求がされるに至った経緯、その後の審理経過等にかんがみ、債権の分割行使による相殺の主張が訴訟上の権利の濫用に当たるなど特段の事情の存する場合を除いて、正当な防御権の行使として許容されるものと解すべきである。……したがって、一個の債権の一部についてのみ判決を求める旨を明示して訴えが提起された場合において、当該債権の残部を自働債権として他の訴訟において相殺の抗弁を主張することは、債権の分割行使をすることが訴訟上の権利の濫用に当たるなど特段の事情の存しない限り、許されるものと解するのが相当である。」

本判決の位置づけ・射程範囲

本件では、別訴で一部請求であることを明示して訴求した債権につき、本訴でその残部を自働債権とする相殺の抗弁を提出することの可否が問題となった。

本判決は、相殺の抗弁と重複起訴の禁止の関係について判断した最三判平成3・12・17 本書28事件 と一部請求後の残部請求について判例理論を示した最二判昭和37・8・10 本書159①事件 を踏まえた上で、相殺の抗弁は訴えの提起と異なるとして、一部請求の残部債権を相殺の抗弁として主張することは、債権の分割行使をすることが訴訟上の権利の濫用に該当するなど特段の事情の存しない限り許されると判断した。

さらに理解を深める

百選4版38②事件〔本間靖規〕 最判解民事篇平成10年度（下）642頁〔河邉義典〕、伊藤4版補訂版222頁、新堂5版228頁、松本＝上野7版331頁、中野ほか2版補訂2版164頁、高橋（上）2版補訂版143頁、三木ほか522頁、和田58頁、藤田・解析2版149頁 **関連判例** 最三判平成3・12・17 本書28事件 、最判昭和37・8・10 本書159①事件 、最二判平成10・6・12 本書160事件

第10章　終局判決とその効力　　　　　　　　　　　　　　　　内海博俊

165　訴訟上の信義則と後訴遮断

最高裁昭和51年9月30日第一小法廷判決
　事件名等：昭和49年（オ）第331号所有権移転登記等請求事件
　掲載誌：民集30巻8号799頁、判時829号47頁、判タ341号161頁、
　　　　　金判518号12頁

概要　本件は、前訴判決確定後、これと訴訟物を異にする後訴が提起された場合に、信義則の適用によって当該後訴に対して却下判決をすべきであると最高裁が判断した著名な事例である。

事実関係　Aは、昭和23年、いわゆる農地改革のための自作農創設特別措置法に基づく買収処分によりその所有地（本件各土地）の買収処分を受け（❶）、本件各土地は翌年、Bに売り渡された（❷）。A・Bの死後、Aの相続人の一人であるX₁は、X₁がBから本件各土地を買い戻す売買契約が昭和32年5月に成立した（❸）と主張し、Bの妻C及び子Y₁・Y₂を被告として、本件各土地の所有権移転登記手続等を求める訴え（前訴）を提起（❹）した（Cは係属中に死亡）が、昭和41年12月2日X₁の上告が棄却され請求棄却判決が確定した。昭和42年4月、X₁及びAの他の相続人X₂〜X₄は本訴を提起し、Cをも相続したY₁・Y₂及び本件各土地の一部を譲り受けたY₃社に対し、❶の買収処分が無効である等と主張して、本件各土地につき所有権移転登記の抹消登記手続に代わる所有権移転登記手続等を求めた（❺）。第1審は請求を棄却。原審は、本訴の提起は信義則に反するとして、第1審判決を取り消した上、これを却下した。Xら上告。

判決要旨　上告棄却。「X₁は、前訴においても前記買収処分が無効であることを主張し、買収処分が無効であるため本件各土地は当然その返還を求めるべきものであるが、これを実現する方法として……実質は和解契約の性質をもつ……売買契約を締結し、これに基づき前訴を提起したものである旨を一貫して陳述していたこと、……X₁は、本訴における主張を前訴で請求原因として主張するにつきなんら支障はなかったことが、明らかである。右事実関係のもとにおいては、前訴と本訴は、訴訟物を異にするとはいえ、ひっきょう、Xらが、Yらに対し、本件各土地の買収処分の無効を前提としてその取戻を目的として提起したものであり、本訴は、実質的には、前訴のむし返しというべきものであり、前訴において本訴の請求をすることに支障もなかったのにかかわらず、さらにXらが本訴を提起することは、本訴提起時にすでに右買収処分後約20年も経過して

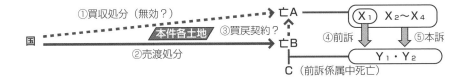

おり、右買収処分に基づき本件各土地の売渡をうけたB及びその承継人の地位を不当に長く不安定な状態におくことになることを考慮するときは、信義則に照らして許されないものと解するのが相当である」。

本判決の位置づけ・射程範囲

本件では前訴も本訴も所有権移転登記手続を求めるものであるため、訴訟物に関する考え方によっては、前訴当事者であるX_1に関しては既判力により本訴を遮断する余地もあり得たともいわれる。しかしX_1の請求をも信義則によって遮断している本判決は、前訴における売買契約に基づく所有権移転登記手続請求権と、本訴における買収処分の無効を理由とする所有権移転登記の抹消に代わる所有権移転登記手続請求権とでは訴訟物が異なると考えているようである。また前訴当事者でもX_1の承継人でもないX_2～X_4に関して本訴を遮断するには、いずれにせよ既判力とは別の論理が必要となる（ただし逆に言えば、前訴に関与していないX_2～X_4の請求を、X_1の請求と同様に信義則によって却下できるかという問題が残り得るということでもある）。本判決は、直接には以上のような事情から信義則により本訴を却下するという構成を用いたと考えられるが、最高裁がこの後も既判力によっては説明困難な後訴の遮断を試みる場合に信義則というツールを利用している（最一判昭和52・3・24金判548号39頁、最一判昭和59・1・19判時1105号48頁（結論は遮断せず）、最二判平成10・6・12 本書160事件 など）ことを考えれば、その意義は大きい。他方、当事者が前訴の時点で後訴に留保できる主張とそうでないものを分別できることに価値を見いだすならば、争点効（最三判昭和44・6・24 本書170事件 参照）等と呼ぶかどうかは別として、いかなる範囲の主張が遮断されるかの基準とその根拠をある程度具体化する作業が必要となるが、この作業のための有益な手がかりを本判決に多く求めることは難しい。まず本判決にいう「（実質的な）むし返し」との評価が、前訴においても提出可能であった主張すべてに妥当するものか明らかではない。他方長期の時的経過も却下の理由として挙げられているため、「（実質的な）むし返し」のすべてが信義則による却下を導くわけではない可能性も残されている。本判決は、既判力を超える範囲における「むし返し禁止」を巡る議論における出発点の一つにすぎないことに留意しなければならない。

さらに理解を深める　**百選4版80事件〔髙田昌宏〕**　最判解民事篇昭和51年度316頁〔岨野悌介〕、髙橋宏志・法協95巻4号788頁　関連判例　本文中に掲げたもの

第10章　終局判決とその効力　　　　　　　　内海博俊

166　確定判決後の事情変更

最高裁昭和61年7月17日第一小法廷判決
　事件名等：昭和56年（オ）第756号損害金請求事件
　掲載誌：民集40巻5号941頁、金法1157号30頁

概要　本判決は、土地の不法占拠者に対し土地明渡し済みまで賃料相当額の損害賠償を命じた前訴判決の確定後、地価高騰等により当該確定判決の定める賃料相当額が著しく不相当になったとして、前訴原告が後訴において地価高騰等の後における適切な賃料相当額との差額を追加的に請求することを最高裁が認めたものである。

事実関係　Yは大阪市内の本件土地上に建物（本件建物）を所有していた。昭和45年5月12日、本件土地をX所有地の仮換地に指定する行政処分がされた（❶）。XはYに対し訴え（前訴❷）を提起し、本件建物の収去・本件土地の明渡し及び月額4万8,700円の限度で本件土地明渡し済みまで賃料相当額の損害賠償請求を認容する判決がされ、同判決は昭和54年1月30日に確定した（前訴確定判決）。さらにXは後訴（❹）を提起し、原審（控訴審）における請求の変更を経て、XはYに対し、本件土地を駐車場として使用することによる逸失利益（構成α）又は前訴確定判決後に生じた経済的事情の変更（❸）を反映した適正賃料額（構成β）と、前訴確定判決における認容額との差額として、昭和54年2月1日以降明渡し済みまで月額8万7,242円の支払いを求めた。原審は、昭和54年2月1日から同55年3月31日まで構成αに基づき月額2万7,200円の限度で、同年4月1日以降につき構成βに基づき請求額どおり請求を認容した。

判決要旨　原判決一部破棄・自判。最高裁は、原判決の、構成αに基づき請求を一部認容した部分につき、前訴確定判決の既判力により請求は棄却されるべきであったとして破棄・自判した上で、構成βに関し以下のように判示した。「将来の給付の訴えにより、仮換地の明渡に至るまでの間、その使用収益を妨げられることによって生ずべき損害につき毎月一定の割合による損害金の支払を求め、その全部又は一部を認容する判決が確定した場合において、事実審口頭弁論の終結後に公租公課の増大、土地の価格の昂騰により、又は比隣の土地の地代に比較して、右判決の認容額が不相当となったときは、所有者は不法占拠者に対し、新たに訴えを提起して、前訴認容額と適正賃料額との差額に相当する損害金の支払を求めることができる……。けだし、……所有者の請求は……土地

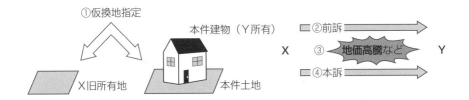

明渡が近い将来に履行されるであろうことを予定して、それに至るまでの右の割合による損害金の支払を求めるとともに、将来、不法占拠者の妨害等により明渡が長期にわたって実現されず、事実審口頭弁論終結後の前記のような諸事情により認容額が適正賃料額に比較して不相当となるに至った場合に生ずべきその差額に相当する損害金については、主張、立証することが不可能であり、これを請求から除外する趣旨のものであ……り、これに対する判決もまたそのような趣旨のもとに……判断をしたものというべきであって、その後前記のような事情によりその認容額が不相当となるに至った場合には、その請求は一部請求であったことに帰し、右判決の既判力は、右の差額に相当する損害金の請求には及ばず、所有者が不法占拠者に対し新たに訴えを提起してその支払を求めることを妨げ……ない」。「昭和54年2月1日から同55年3月31日までの間については、……前訴における認容額の始期とされた同52年1月1日からみても、その間の時間的経過に照らし未だ前訴認容額が不相当となったものとすることはできない」が、「昭和55年4月1日から本件建物部分を収去して本件土地を明け渡すに至るまでの間につき、前訴の事実審口頭弁論終結後の……事情により前訴確定判決の認容額が不相当となったものとして、右認容額と適正賃料額との差額の支払を求めるXの請求を認容した原審の判断は、……正当として是認することができ」る。

本判決の位置づけ・射程範囲

一の不法行為に基づく損害賠償請求における訴訟物の単一性（最一判昭和48・4・5 本書23事件 ）を前提とする限り、前訴判決確定後の事情変更によって賠償額が不適切になったとしても、適切な賠償額との差額を後訴において請求することは既判力によって妨げられそうであるが、本判決は明渡し済みまでの賃料相当額の損害賠償請求の特殊性に着目しつつ、最三判昭和42・7・18 本書183事件 に続き、前訴は一部請求であったとの構成により既判力の問題を回避し差額請求を認めた。しかし、一部請求に関する他の判例（最二判昭和32・6・7 本書159②事件 等）との整合性、なぜ前訴認容額が「不相当」となることを要件とするのか、同様の構成では被告からの減額請求を認めにくいなど問題が残り得ることから、仮に本判決の結論に賛成するとしても、民訴法117条の類推、将来給付の訴えの特殊性による説明の余地等、別の理論構成を模索する向きもあり、議論は必ずしも熟していない。

さらに理解を深める 百選4版83事件〔三上威彦〕 最判解民事篇昭和61年度320頁〔平田浩〕 関連判例 本文中に掲げたもの

第10章　終局判決とその効力　　　　　　　　　　　　　　　　工藤敏隆

167　基準時後の形成権行使──取消権

最高裁昭和55年10月23日第一小法廷判決
　事件名等：昭和55年（オ）第589号土地所有権確認請求事件
　掲載誌：民集34巻5号747頁、判時983号73頁、判タ427号77頁、
　　　　　金判614号42頁

概要　本判決は、土地所有権確認等の前訴において、事実審口頭弁論終結時（基準時）以前に詐欺による取消権が行使可能であったが行使されずに、売買契約による所有権移転を認定した請求認容判決が確定した場合、当該土地所有権移転登記の抹消登記請求の後訴において当該売買契約の詐欺取消を主張して土地所有権の存否を争うことは、前訴判決の既判力に抵触し許されない旨を判示した。

事実関係　Yは、Xとの間の土地売買契約（❶）に基づき、売主Xを被告として、土地所有権確認と所有権移転登記請求の訴え（前訴）（❷）を提起した。同訴訟ではY勝訴の判決が確定し、XからYへの所有権移転登記（❸）が行われた。ところがその後Xは、Yを被告とする前記移転登記の抹消登記請求の訴え（後訴）（❹）を提起し、前記土地売買契約をYの詐欺により取り消すとして（❺）、Xが土地所有権を有する旨を主張した。第1審、控訴審ともに、Xの取消権行使は前訴判決の既判力に抵触するとして排斥し、Yが勝訴した。これに対しXが上告した。

判決要旨　上告棄却。「売買契約による所有権の移転を請求原因とする所有権確認訴訟が係属した場合に、当事者が右売買契約の詐欺による取消権を行使することができたのにこれを行使しないで事実審の口頭弁論が終結され、右売買契約による所有権の移転を認める請求認容の判決があり同判決が確定したときは、もはやその後の訴訟において右取消権を行使して右売買契約により移転した所有権の存否を争うことは許されなくなるものと解するのが相当である。
　これを本件についてみるに、……YがXから本件売買契約により本件土地の所有権を取得したことを認めてYの所有権確認請求を認容する判決があり、右判決が確定したにもかかわらず、Xは、右売買契約は詐欺によるものであるとして、右判決確定後……これを取り消した旨主張するが、前訴においてXは、右取消権を行使し、その効果を主張することができたのにこれをしなかったのであるから、本訴におけるXの上記主張は、前訴確定判決の既判力に抵触し許されないものといわざるをえない。」

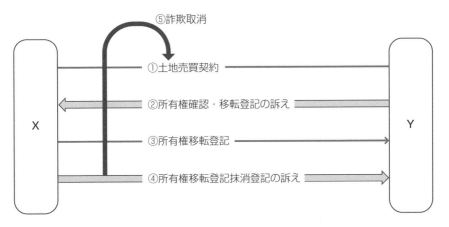

本判決の位置づけ・射程範囲

　本判決は、前訴の事実審口頭弁論終結時（基準時）以前に、詐欺による取消権（民96条1項）が行使可能であったが行使されずに前訴判決が確定した場合に、後訴での取消権行使は前訴判決の既判力によって遮断される旨を判示したものである。

　かつての判例は、前訴基準時以前に取消原因が発生していても、取消権行使が基準時後であれば、前訴判決の既判力によって遮断されないと解していた（大判明治42・5・28 関連判例 等）。しかし、最三判昭和36・12・12 関連判例 は、書面によらない贈与の取消権（民550条）について、前訴で行使されないまま贈与による権利の移転を認める判決が確定した場合は、「訴訟法上既判力の効果として最早取消権を行使して贈与による権利の存否を争うことは許されなくなるものと解するを相当とする。」と判示した。本判決は、詐欺による取消権につき大審院判例を変更し、前記最三判昭和36・12・12 関連判例 に追随した。

　多数説は遮断肯定説を採り本判決に賛成する。これに対し遮断否定説は、既判力は基準時における請求権の存在を確定するだけで、請求権が取消権の行使等により消滅する可能性がないことまで確定しないとの見解や、取消権は除斥期間（民126条）が経過するまでは行使が保障されるとの見解等を論拠とする。もっとも遮断否定説も、前訴で取消権が行使可能であったのに殊更に後訴で行使することは、信義則や法定追認（民125条）によって封じられる余地があるとしている。

　本判決が詐欺による取消権以外の形成権を射程とするか否かについては、その後の判例（最三判昭和57・3・30 本書169事件 は白地手形の補充権につき遮断肯定。最二判平成7・12・15 本書168事件 は建物買取請求権につき遮断否定。）や学説の大勢は、個別の形成権の性質に着目するアプローチを採っていることから、消極と解される。

さらに理解を深める

百選4版78事件〔小松良正〕　最判解民事篇昭和55年度319頁〔塩崎勤〕、伊藤4版補訂版517頁、高橋（上）2版補訂版614頁、三木ほか423頁、条解2版553頁〔竹下守夫〕、コンメⅡ2版389頁　関連判例　大判明治42・5・28民録15輯528頁、最三判昭和36・12・12民集15巻11号2778頁

第10章　終局判決とその効力　　　　　　　　　　　　　　　工藤敏隆

168 基準時後の形成権行使——建物買取請求権

最高裁平成7年12月15日第二小法廷判決
　事件名等：平成4年（オ）第991号請求異議事件
　掲載誌：民集49巻10号3051頁、判時1553号86頁、判タ897号247頁、
　　　　　金法1447号49頁、金判988号3頁

概要　本判決は、建物収去土地明渡請求の前訴において、事実審口頭弁論終結時（基準時）以前に建物買取請求権が行使可能であったが行使されずに請求認容判決が確定した後、同確定判決を債務名義とする強制執行の不許を求めて提起された請求異議訴訟の後訴において、建物買取請求権の基準時後における行使の効果を異議事由として主張できる旨を判示した。

事実関係　X₁は本件土地の賃借人であり（❶）、X₂は本件土地のX₁からの転借人で（❷）本件土地上に本件建物を所有していた。本件土地の所有者であるYは、X₁に対しては本件土地賃貸借契約の期間満了による終了に基づき、およびX₂に対しては本件土地所有権に基づき、本件建物収去土地明渡しと地代相当損害金の支払を求める訴え（前訴）（❸）を提起し、請求認容判決が確定した。その後、XらはYに対し、X₂が前訴確定判決の事実審口頭弁論終結時（基準時）後に借地法4条2項（現借地借家法13条1項・3項）の建物買取請求権を行使した上で（❹）本件土地・建物をYに明け渡したから、前訴確定判決を債務名義とする強制執行は許されない旨を主張して請求異議の訴え（❺）を提起した。第1審、控訴審ともにXらが勝訴し、Yが上告した。

判決要旨　上告棄却。「借地上に建物を所有する土地の賃借人が、賃貸人から提起された建物収去土地明渡請求訴訟の事実審口頭弁論終結時までに借地法4条2項所定の建物買取請求権を行使しないまま、賃貸人の右請求を認容する判決がされ、同判決が確定した場合であっても、賃借人は、その後に建物買取請求権を行使した上、賃貸人に対して右確定判決による強制執行の不許を求める請求異議の訴えを提起し、建物買取請求権行使の効果を異議の事由として主張することができるものと解するのが相当である。けだし、(1)建物買取請求権は、前訴確定判決によって確定された賃貸人の建物収去土地明渡請求権の発生原因に内在する瑕疵に基づく権利とは異なり、これとは別個の制度目的及び原因に基づいて発生する権利であって、賃借人がこれを行使することにより建物の所有権が法律上当然に賃貸人に移転し、その結果として賃貸人の建物収去義務が消滅する

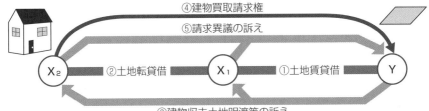

に至るのである、(2)したがって、賃借人が前訴の事実審口頭弁論終結時までに建物買取請求権を行使しなかったとしても、実体法上、その事実は同権利の消滅事由に当たるものではなく（最高裁昭和52年（オ）第268号同52年6月20日第二小法廷判決・裁判集民事121号63頁）、訴訟法上も、前訴確定判決の既判力によって同権利の主張が遮断されることはないと解すべきものである、(3)そうすると、賃借人が前訴の事実審口頭弁論終結時以後に建物買取請求権を行使したときは、それによって前訴確定判決により確定された賃借人の建物収去義務が消滅し、前訴確定判決はその限度で執行力を失うから、建物買取請求権行使の効果は、民事執行法35条2項所定の口頭弁論の終結後に生じた異議の事由に該当するものというべきであるからである。」

本判決の位置づけ・射程範囲

本判決は、最二判昭和52・6・20 関連判例 が、前訴の事実審口頭弁論終結時（基準時）以前に建物買取請求権の存在を知りながらそれを行使しなかったとしても、同請求権は実体法上消滅しないとしたことを前提に、後訴での建物買取請求権の行使についても、前訴判決の既判力によって遮断されない旨を判示したものである。多数説も遮断否定説に立つが、判旨が述べる理由のほか、相殺権との類似性や、借地人保護の政策的理由等を論拠とする。本判決は建物買取請求権以外の形成権を射程に含むものではない。

なお、本判決のように建物買取請求権行使が請求異議事由とされた場合、債務名義の執行力はどの範囲で排除されるのかという問題が生じる。通説及び下級審裁判例は、建物退去（引渡）土地明渡の限度を超える執行力のみが排除されると解した上で（福岡高判平成7・12・5 関連判例 、東京高判平成2・10・30 関連判例 ）、留置権や同時履行の抗弁権により建物代金支払まで建物退去（引渡）土地明渡を拒むことを認めている（札幌高判昭和40・9・27 関連判例 ）。

さらに理解を深める 百選4版79事件〔内山衛次〕 執行・保全百選2版15事件〔上野恭男〕、最判解民事篇平成7年度（下）1017頁〔井上繁規〕、伊藤4版補訂版520頁、高橋（上）2版補訂版625頁、三木ほか424頁、条解2版555頁〔竹下守夫〕、コンメⅡ2版391頁 関連判例 最二判昭和52・6・20集民121号63頁、福岡高判平成7・12・5判時1569号68頁、東京高判平成2・10・30判時1379号83頁、札幌高判昭和40・9・27高民集18巻6号441頁

第10章　終局判決とその効力　　　　　　　　　　　　　　　　　工藤敏隆

169　基準時後の形成権行使——白地補充権

最高裁昭和57年3月30日第三小法廷判決
　事件名等：昭和54年（オ）第110号約束手形金請求事件
　掲載誌：民集36巻3号501頁、判時1045号118頁、判タ471号116頁、
　　　　　金法1008号45頁、金判648号3頁

概要　本判決は、約束手形金請求の前訴において、事実審口頭弁論終結時（基準時）以前に白地手形の補充権が行使可能であったが行使されずに、請求を棄却する前訴判決が確定した場合、後訴において、手形所持人が白地補充権の行使により手形債権が存在する旨を主張することは、特段の事情がない限り前訴判決の既判力によって遮断される旨を判示した。

事実関係　振出日欄白地の約束手形の被裏書人・所持人であるXは、振出人Yに対し、白地未補充のまま手形訴訟（前訴）❶を提起したが、手形要件を欠くことを理由とする請求棄却判決を受けた。同判決に対しXは異議を申し立てたが、後に取り下げたため同判決は確定した。
　その後、XはYに対し、前記白地部分を補充した上で❷再度手形訴訟を提起した（後訴）❸。後訴ではYの欠席により請求認容の手形判決がされたため、Yが異議を申し立てたが、異議審は手形判決を認可したためYが控訴した。控訴審判決は、白地手形上の権利と補充後の手形上の権利との間に連続性ないし同質性があり、前訴確定判決の既判力が後訴に及ぶこと、及び、Xは白地補充権を前訴の口頭弁論終結時以前に行使できたのにしなかったため、その後に白地補充権を行使して手形債権の存在を主張できないことを理由に、手形判決を取り消して請求を棄却した。これに対しXが上告した。

判決要旨　上告棄却。「手形の所持人が、手形要件の一部を欠いたいわゆる白地手形に基づいて手形金請求の訴え（以下「前訴」という。）を提起したところ、右手形要件の欠缺を理由として請求棄却の判決を受け、右判決が確定するに至ったのち、その者が右白地部分を補充した手形に基づいて再度前訴の被告に対し手形金請求の訴え（以下「後訴」という。）を提起した場合においては、前訴と後訴とはその目的である権利または法律関係の存否を異にするものではないといわなければならない。そして、手形の所持人において、前訴の事実審の最終の口頭弁論期日以前既に白地補充権を有しており、これを行使したうえ手形金の請求をすることができたにもかかわらず右期日までにこれを行使しな

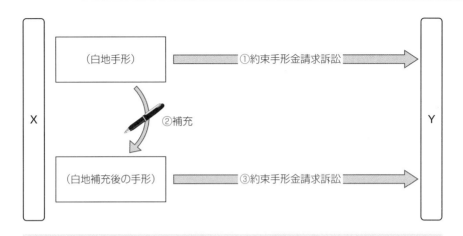

かった場合には、右期日ののちに該手形の白地部分を補充しこれに基づき後訴を提起して手形上の権利の存在を主張することは、特段の事情の存在が認められない限り前訴判決の既判力によって遮断され、許されないものと解するのが相当である。」

本判決の位置づけ・射程範囲

本判決は、前訴の約束手形金請求訴訟の事実審口頭弁論終結時（基準時）以前に、白地手形の補充権が行使可能であったが行使されずに請求棄却判決が確定した場合に、後訴において前訴基準時後の補充権行使に基づき手形債権の存在を主張することは、特段の事情のない限り前訴判決の既判力によって遮断される旨を判示したものである。

本判決の理由のうち、前訴と後訴の訴訟物の同一性を肯定した点は、白地手形は補充権及び補充を停止条件とする権利を表章しており、後者につき補充によって成立する手形債権との同一性を認める手形法学説の多数説と同旨である。また、白地未補充を理由に手形金請求を棄却した前訴判決の既判力によって、後訴において白地補充権行使に基づく手形債権の主張が遮断される点も、多数説は賛成する。反対説は、手形要件欠缺という形式面に由来する請求棄却判決は訴え却下判決と近似しており、相手方も補充後の再訴が予測可能であること等を論拠とする。

本判決は、書面によらない贈与の取消権に関する最三判昭和36・12・12 関連判例 や、詐欺取消権についての最一判昭和55・10・23 本書167事件 と同様に遮断肯定説を採るが、白地補充権以外の形成権を射程に含むものではない。

さらに理解を深める

百選４版A26事件〔倉部真由美〕　最判解民事篇昭和57年度300頁〔伊藤瑩子〕、手形小切手百選６版46事件〔永井和之〕、伊藤４版補訂版521頁、高橋（上）２版補訂版621頁、三木ほか423頁、条解２版521・557頁〔竹下守夫〕、コンメⅡ２版390頁　関連判例　最三判昭和36・12・12民集15巻11号2778頁、最一判昭和55・10・23 本書167事件

第10章　終局判決とその効力

菱田雄郷

170　争点効理論の否定

最高裁昭和44年6月24日第三小法廷判決
事件名等：昭和43年（オ）第1210号登記手続請求事件
掲載誌：判時569号48頁、判タ239号143頁

概要　本判決は、判決理由中の判断が争点効を有することを否定したものである。

事実関係　XはYとの間で本件建物及びその敷地（あわせて本件不動産）を売り渡す契約を締結し、Yに対する所有権移転登記手続も了した。しかし、その後、Xは、本件売買契約は錯誤または詐欺取消しにより無効であると主張し、Yを被告として所有権に基づく上記登記抹消登記請求訴訟を提起した（本件訴訟）。この訴えにやや遅れてYもXを相手に、本件建物の明渡し及び損害賠償請求訴訟を提起したところ（別件訴訟）、本件訴訟については請求棄却、別件訴訟については請求認容の判決がなされた。これに対し、Xが控訴を提起したところ、控訴審では本件訴訟と別件訴訟は別々の部に係属した。別件訴訟に関しては控訴棄却判決がなされ、Xの上告も棄却された結果、確定した。他方、本件訴訟については、別件訴訟の判決確定から3ヶ月後に、Yの詐欺を理由とし、第1審判決取消し、請求認容の控訴審判決がなされた。そこで、Yは、別件訴訟においてすでに詐欺のないことを認定する判決が確定していると主張し、上告。

判決要旨　上告棄却。「所論の別件訴訟についてY勝訴の確定判決があった事実は、当裁判所に顕著な事実である。しかし、右別件訴訟におけるYの請求原因は、…本件建物…およびその敷地…について、XとYとの間に売買契約が締結され、その旨の所有権移転登記を経由したが、Xが約定の明渡期日に至っても、本件建物を明け渡さないので、Yは、右契約の履行として本件建物の明渡および約定の明渡期日の翌日以降の右契約不履行による損害賠償としての金銭支払を求める、というのであり、右別件訴訟の確定判決は、X主張の右契約の詐欺による取消の抗弁を排斥して、Yの請求原因を全部認容したものである。されば、右確定判決は、その理由において、本件売買契約の詐欺による取消の抗弁を排斥し、右売買契約が有効であること、現在の法律関係に引き直していえば、本件不動産がYの所有であることを確認していても、訴訟物である本件建物の明渡請求権および右契約不履行による損害賠償としての金銭支払請求権の有無について既判力を有するにすぎず、本件建物の所有権の存否について、既判力および

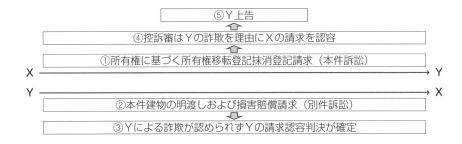

これに類似する効力（いわゆる争点効、以下同様とする。）を有するものではない。一方、本件訴訟におけるＸの請求原因は、右本件不動産の売買契約が詐欺によって取り消されたことを理由として、本件不動産の所有権に基づいて、すでに経由された前叙の所有権移転登記の抹消登記手続を求めるというにあるから、かりに、本件訴訟において、Ｘの右請求原因が認容され、Ｘ勝訴の判決が確定したとしても、訴訟物である右抹消登記請求権の有無について既判力を有するにすぎず、本件不動産の所有権の存否については、既判力およびこれに類似する効力を有するものではない。以上のように、別件訴訟の確定判決の既判力と本件訴訟においてＸ勝訴の判決が確定した場合に生ずる既判力とは牴触衝突するところがなく、両訴訟の確定判決は、ともに本件不動産の所有権の存否について既判力およびこれに類似する効力を有するものではないから、論旨は採るをえない。」

本判決の位置づけ・射程範囲

争点効とは判決理由中の判断が後訴において有する、当該判断に反する主張立証を許さず、これと矛盾する判断を禁止する効力をいう。要件としては、①前訴後訴の主要な争点について、②当事者が主張立証を尽くし、③裁判所が実質的な判断を示した場合であって、④前訴と後訴の係争利益がほぼ同等であることが挙げられる。

争点効は、既判力のみで効果的に蒸し返しを防止できるものではないという問題意識から学説上有力に主張されたものであるが、本判決は、かかる争点効を否定したものとしての意義を有する。もっとも、本判決は理由を述べておらず、また、本件訴訟と別件訴訟のいずれが先に確定するかは偶然の事情によるものであって、争点効の是非を論じるのに適した事案ではなかったということもあり、その射程の理解は容易ではない。なお、判例は、訴訟物以外の事項についての判断に既判力に準ずる効力を認める最二判昭和49・4・26 本書171事件、信義則による後訴の遮断を認める最一判昭和51・9・30 本書165事件、数量的一部請求棄却後の残部請求を信義則により遮断する最二判平成10・6・12 本書160事件により、争点効理論の問題意識を実質的には承継しているとも評価することができる。

さらに理解を深める

百選4版84事件〔松本博之〕　新堂幸司『訴訟物と争点効（上）』（有斐閣、1988年）269頁　関連判例　最二判昭和49・4・26 本書171事件、最一判昭和51・9・30 本書165事件、最二判平成10・6・12 本書160事件

第10章 終局判決とその効力　　　　　　　　　　　　　　　　菱田雄郷

171　既判力に準ずる効力

最高裁昭和49年4月26日第二小法廷判決
　事件名等：昭和46年（オ）第411号否認権行使による損害賠償請求事件
　掲　載　誌：民集28巻3号503頁、判時745号52頁、判タ310号148頁、
　　　　　　　金法722号31頁、金判421号6頁

概要　本判決は、被相続人の債務につき債権者より相続人に対し提起された給付訴訟において、当該債務の存在とともに限定承認の事実も認められた場合、裁判所は、判決主文において、相続人に対し相続財産の限度で当該債務の支払を命ずべきであるとすると同時に、このような判決が確定した場合、限定承認の存在および効力についての裁判所の判断には既判力に準ずる効力がある、としたものである。

事実関係　XがAに対して金銭債務の支払を求めて訴え（前訴）を提起したところ、Aが第1審係属中に死亡すると、共同相続人Y_1～Y_4は限定承認をし、相続財産管理人Y_1が訴訟を受継した。Xは自ら相続財産の限度での支払を求める旨の留保を付したところ、控訴審においてY_1に対して相続財産の限度で支払を命ずる旨の判決がなされ、上告棄却により、確定した。しかしXは、前訴が上告審係属中にY_1らは家庭裁判所への限定承認申述の際に相続財産の一部を隠匿し、悪意でこれを財産目録中に記載しなかったから、単純承認が擬制されると主張し、Y_1～Y_4に対して前訴で認められた額につき、相続財産の限度にかかわらず支払を求める訴えを提起した。第1審はXの訴えを却下し、控訴審もこの判断を維持したため、X上告。

判決要旨　上告棄却。「被相続人の債務につき債権者より相続人に対し給付の訴が提起され、右訴訟において該債務の存在とともに相続人の限定承認の事実も認められたときは、裁判所は、債務名義上相続人の限定責任を明らかにするため、判決主文において、相続人に対し相続財産の限度で右債務の支払を命ずべきである。
　ところで、右のように相続財産の限度で支払を命じた、いわゆる留保付判決が確定した後において、債権者が、右訴訟の第2審口頭弁論終結時以前に存在した限定承認と相容れない事実（たとえば民法921条の法定単純承認の事実）を主張して、右債権につき無留保の判決を得るため新たに訴を提起することは許されないものと解すべきである。けだし、前訴の訴訟物は、直接には、給付請求権即ち債権（相続債務）の存在及びその範囲であるが、限定承認の存在及び効力も、これに準ずるものとして審理判断されるのみならず、限定承認が認められたときは前述のように

第10章　終局判決とその効力　347

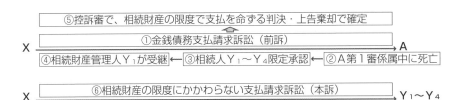

主文においてそのことが明示されるのであるから、限定承認の存在及び効力についての前訴の判断に関しては、既判力に準ずる効力があると考えるべきであるし、また民訴法545条2項〔民執法35条2項〕によると、確定判決に対する請求異議の訴は、異議を主張することを要する口頭弁論の終結後に生じた原因に基づいてのみ提起することができるとされているが、その法意は、権利関係の安定、訴訟経済及び訴訟上の信義則等の観点から、判決の基礎となる口頭弁論において主張することのできた事由に基づいて判決の効力をその確定後に、左右することは許されないとするにあると解すべきであり、右趣旨に照らすと、債権者が前訴において主張することのできた前述のごとき事実を主張して、前訴の確定判決が認めた限定承認の存在及び効力を争うことも同様に許されないものと考えられるからである。

そして、右のことは、債権者の給付請求に対し相続人から限定承認の主張が提出され、これが認められて留保付判決がされた場合であると、債権者がみずから留保付で請求をし留保付判決がされた場合であるとによって異なるところはないと解すべきである。」

本判決の位置づけ・射程範囲

本判決は、責任財産の範囲は訴訟物ではないとしつつも、限定承認の存在および効力は、訴訟物に準ずるものとして審理判断され、限定承認が認められた場合、判決主文においてそのことが明示される以上、限定承認の存在および効力についての裁判所の判断には既判力に準ずる効力がある、としたものである。訴訟物ではない事項についての判断に訴訟上の信義則をも理由の1つとして一定の拘束力が生じるとした点では、信義則による後訴の遮断を認めた最一判昭和51・9・30（本書165事件）にも通じる面がある。

なお、限定承認がなされた旨の主張がされず、責任財産に限定を付さない判決がなされた場合に、限定承認の事実の主張が既判力に準ずる効力によって遮断されるか、という点は本判決の射程外である。最一判平成5・11・11（関連判例）は、限定承認と同様、責任財産の範囲に関わる不執行の合意が主張されなかった場合、請求異議訴訟における当該合意の主張は遮断されないとするようであり、これとの平仄を考慮すると、限定承認についても同様に解するという方向に傾く可能性がある。

さらに理解を深める

百選4版85事件〔菱田雄郷〕　新堂幸司『訴訟物と争点効（下）』（有斐閣、1991年）8頁、最判解民事篇昭和49年度298頁〔田尾桃二〕

関連判例　最一判昭和51・9・30（本書165事件）、最一判平成5・11・11民集47巻9号5255頁

第10章　終局判決とその効力　　　　　　　　　　　　　　　　　工藤敏隆

172　基準時後の形成権行使──相殺権

最高裁昭和40年4月2日第二小法廷判決
　事件名等：昭和38年（オ）第1066号請求異議事件
　掲載誌：民集19巻3号539頁、判時414号25頁、判タ178号101頁

概要　本判決は、前訴の事実審口頭弁論終結時（基準時）以前に相殺適状となっていたが、相殺の抗弁が主張されずに請求認容判決が確定し、同確定判決を債務名義とする強制執行が申し立てられたため、その不許を求めて提起された請求異議訴訟の後訴において、相殺によって債務名義上の請求権が消滅したことを異議事由として主張できる旨を判示した。

事実関係　訴外AはXとの間で、(1)XはAに金100万円を贈与することとし、うち50万円を即金で、残金を後日の期限までに支払うこと、及び(2)Aは、訴外Bが所有する土地の所有権をXに速やかに移転することを合意した（❶）。Xは上記(1)の贈与契約のうち50万円は履行済みであったが、残金の支払を遅延していたところ、AはXに対する残金請求権をYに債権譲渡し（❷）、Xにその旨を通知した。YはXに対し、譲受債権50万円の支払を求める訴え（前訴）を提起し（❸）、Y勝訴判決が確定した。

Yが同確定判決を債務名義として申し立てた強制執行（❹）に対し、Xは、上記(2)の所有権移転が実現不能となり金80万円の損害を受けたため、Aに対し債務不履行に基づく損害賠償請求権を有しており（❺）、同債権による相殺（❻）を主張して請求異議の訴え（後訴）（❼）を提起した。Xは第1審、控訴審ともに勝訴したが、Yは、前訴でXが相殺を主張できたのにそれをせず、後訴で主張することは許されないこと等を主張して上告した。

判決要旨　上告棄却。「相殺は当事者双方の債務が相殺適状に達した時において当然その効力を生ずるものではなくて、その一方が相手方に対し相殺の意思表示をすることによってその効力を生ずるものであるから、当該債務名義たる判決の口頭弁論終結前には相殺適状にあるにすぎない場合、口頭弁論の終結後に至ってはじめて相殺の意思表示がなされたことにより債務消滅を原因として異議を主張するのは民訴法545条2項〔現行法では民執35条2項に相当〕の適用上許されるとする大審院民事連合部明治43年11月26日判決（民録16輯764頁）の判旨は、当裁判所もこれを改める必要を認めない。」

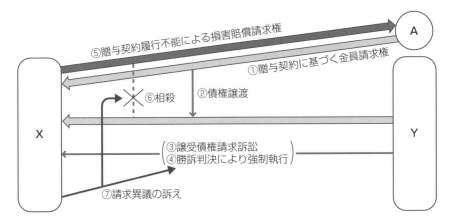

本判決の位置づけ・射程範囲

　本判決は、前訴の事実審口頭弁論終結時（基準時）以前に相殺適状にあったが相殺がされないまま前訴判決が確定した場合に、後訴での相殺の主張は前訴判決の既判力によって遮断されない旨を判示したものである。

　この問題は、前訴確定判決に基づく強制執行に対する請求異議の訴えにおいて、反対債権による相殺を異議事由（民執35条2項）とすることの可否として古くから議論がされている。かつては異議事由の発生時期を相殺適状時と解して相殺の主張を遮断する判例もあったが、大判明治42・4・17 関連判例 は、相殺の意思表示の時点とする立場に変更し、本判決も引用する大連判明治43・11・26 関連判例 が、請求異議訴訟における相殺権の行使は、前訴確定判決の既判力により遮断されない旨を判示した。その後、最三判昭和36・12・12 関連判例 は、書面によらない贈与の取消権につき、前訴基準時後の取消権行使が前訴判決の既判力により遮断される旨を判示したが、本判決は前記昭和36年最判は本件に適切でないとして区別し、相殺権については遮断を否定する旨を明確にした。

　判旨は、相殺権の行使が遮断されない実質的理由を述べていないが、判旨に賛成する多数説は、①相殺を行う時期は、相殺の担保的機能や簡易決済機能を尊重し、相殺権者の自由に委ねられるべきこと、②相殺は自己の債権を犠牲に供する抗弁であるため、敗訴判決確定後に行使することは必ずしも不当ではないこと等を理由に挙げている。本判決はこのような相殺権の特殊性を反映したものであり、他の形成権を射程とするものではないと解される。

　他方、判旨に反対する学説は、勝訴判決で獲得した強制執行ができる地位を容易に覆すべきでないこと、及び相殺権の行使が既判力で遮断されるとしても、反対債権自体が失われるわけではないこと等を論拠とする。

| さらに理解を深める | 最判解民事篇昭和40年度159頁〔安部正三〕、伊藤4版補訂版519頁、髙橋（上）2版補訂版622頁、三木ほか423頁、条解2版554頁〔竹下守夫〕、コンメⅡ2版391頁　関連判例　大判明治42・4・17民録15輯360頁、大連判明治43・11・26民録16輯764頁、最三判昭和36・12・12民集15巻11号2778頁

第10章 終局判決とその効力

林　昭一

173 請求の目的物の所持人

大阪高裁昭和46年4月8日判決
　事件名等：昭和43年（ネ）第605号登記手続請求控訴事件
　掲載誌：判時633号73頁、判タ263号229頁、金法618号61頁

概要　本判決は、所有権移転登記手続請求訴訟の係属中に被告から虚偽表示によって所有権移転登記を経由した者が、もっぱら被告のために登記名義人になっている場合には、民訴法115条1項4号の請求の目的物の所持者に準じて確定判決の既判力の拘束力を免れない、としたものである。

事実関係　Xは、A会社から本件土地を買い受けたことを理由にAに対して、売買を原因とする所有権移転登記手続請求訴訟を提起した（前訴）。第1審でXの請求を認容する判決がなされ、Aの控訴、上告を経て、同判決は確定した。しかし、第1審判決の言渡し直前に、Aは、本件土地について、A会社の社長の息子Yに贈与を原因とする所有権移転登記をした。Xは、Yに対して訴訟を提起し、AとYとの間で登記原因たる贈与契約がなく、あったとしても虚偽表示によって無効であると主張して、直接Xらに所有権登記を移転するように求めた（本訴）。Yは、贈与の効力についてのXの主張を争うとともに、AX間の本件土地の売買を争った。第1審はXの請求認容、Yが控訴。控訴審は、AY間の本件土地の贈与について、もっぱらAの資金調達の便宜のため外形上Y名義にしたにすぎず、Yもそのことを了承していたこと等を理由にそれが通謀虚偽表示にあたるとし、AX間の売買をYが争うことについて、それが同一の争いの蒸し返しに他ならないとした上で、次のように述べてYの控訴を棄却した。

判決要旨　控訴棄却。「わが民事訴訟法第201条第1項〔現民訴115条1項3号、4号〕は、確定判決の効力が当事者以外に生ずる場合の一つとして、『請求ノ目的物ヲ所持スル者』を掲げている。ところで、『登記』を『所持』または『占有』に対比して考えることは、しばしば行なわれているところであり、現に同条項にいう『口頭弁論終結後ノ承継人』の範囲を画するにあたっては、『登記名義の移転』を『占有の承継』と同列に扱うことにつき異論を見ないのである。そうすると、本件のYのように、たとい前訴の係属中に所有権移転登記が行なわれたにしても、単に前訴の当事者のために登記名義人になっているにすぎない者は、請求の目的物の所持者に準じ、これに既判力を及ぼす類推解釈が可能となる。これに対しては、本件のような移転登記請求の場合は、形式上の登記名義人を相

手として別訴を提起しなければならず、承継執行（民訴497条ノ2〔民執23条3項、27条2項、33条〕）の観念を容れる余地のないことから、逆に右類推解釈を否定する立場も考えられる。しかし、別訴を要することは登記手続の技術的要請にすぎず、このために右類推解釈をしりぞけることはできないと解すべきである。

当裁判所は、右の理由により形式上の登記名義人に対しても実質的当事者の受けた確定判決の効力を拡張する法解釈も許されるものと考える。してみると、YがAとXらとの売買を否定して本訴請求を拒んでいるのは、前訴の確定判決におけると異なった事実上および法律上の判断を求めることに帰着し、右判決の既判力に抵触するから、許さるべきでない。」

本判決の位置づけ・射程範囲

民訴法115条1項4号は、特定物給付請求の対象となる動産又は不動産を当事者のために所持する者に既判力を拡張する旨を定める。請求の目的物を所持することについて固有の利益を持たない者には手続保障を独自に与える意義が乏しく、この者を当事者と同一視しても差支えがないためである。本判決は、移転登記手続請求訴訟の係属中に登記の移転を受けたYについても、民訴法115条1項4号にいう所持者に準ずる者として、前訴判決に矛盾する主張を許さないとする。その理由として、Yに登記名義を保有する実質的利益が欠缺していることのほか、訴訟係属中に登記が移転されたという事情に照らして、口頭弁論終結後の承継人の地位との共通性があることが挙げられている。ここには、「承継側」の相手方が前訴判決によって得た地位を保障しようとする両当事者間の公平という視点が介在する。これに基づいて、本判決は、前訴判決によりYが所持者として争うことができない範囲について、Aが当事者としてXとの間で争えなくなったAに対する登記移転請求権の存在を超えて、AX間の売買が有効に成立したという前訴判決の理由中の判断も、実質的当事者であったYが争うことは同一の争いの蒸し返しにあたるとする。このような実質的当事者に対する既判力の拡張は、たとえば、法人格否認の事案において背後者に既判力を拡張する実定法上の基礎を提供するものである。さらに、所持者の争えなくなる範囲を判決理由中の判断にまで拡張することは、訴訟承継主義の限界を補い、かつ、訴訟承継主義のもとでの紛争解決の実効性を高めるという意義がある。

さらに理解を深める　百選4版A29事件〔吉垣実〕　百選Ⅱ補正版153事件〔長谷部由起子〕、続百選82事件〔新堂幸司〕、高橋（上）2版補訂版705頁

関連判例　最一判昭和48・6・21　本書174事件

第10章 終局判決とその効力

林　昭一

174 口頭弁論終結後の承継人

最高裁昭和48年6月21日第一小法廷判決
　事件名等：昭和47年（オ）第198号所有権確認等請求事件
　掲載誌：民集27巻6号712頁、判時722号61頁、金法694号26頁

概要　本判決は、通謀による虚偽の登記名義を真正なものに回復するための所有権移転登記手続請求訴訟における被告敗訴の確定判決の既判力は、口頭弁論終結後に被告から善意で当該不動産を譲り受けた第三者に対して効力を生じない、としたものである。

事実関係　Yは、所有していた本件土地について、Aと通謀の上でA名義で登記をしていた。その後、Yは、破産宣告を受けて、破産管財人が選任された。Yは、Aに対して、通謀虚偽表示を理由として所有権移転登記を求めて訴訟を提起した（以下、「前訴」という）。Yの請求を認容する判決が確定した後、本件土地についてAを執行債務者とする強制競売が開始された。Xは、これらの事情を知らずに本件土地を競落し、所有権移転登記を経由した。これに対して、Yの破産管財人は、Xが前訴の口頭弁論終結後の承継人にあたるとして、承継執行文の付与を受けて所有権移転登記を経由した。Xは、Yに対して本件土地所有権確認と所有権移転登記手続を求めて訴訟を提起し、承継執行文付与の適法性について争った（以下、「本件訴訟」という）。第1審は、Xの請求を認容、控訴審は、Yによる控訴を棄却した。Yが上告。

判決要旨　上告棄却。「Yは、本件土地につきA名義でなされた前記所有権取得登記が、通謀虚偽表示によるもので無効であることを、善意の第三者であるXに対抗することはできないものであるから、Xは本件土地の所有権を取得するに至ったものであるというべきである。このことはYと訴外Aとの間の前記確定判決の存在によって左右されない。そして、XはAのYに対する本件土地所有権移転登記義務を承継するものではないから、Yが、右確定判決につき、Aの承継人としてXに対する承継執行文の付与を受けて執行することは許されないといわなければならない。」

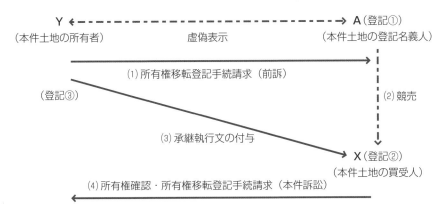

本判決の位置づけ・射程範囲

　民訴法115条1項3号は、当事者又は訴訟担当の被担当者の口頭弁論終結後の承継人に対しても前訴判決の既判力が及ぶ旨を定める。これを認めないと、承継の相手側の当事者の勝訴判決に基づく既得的地位が損なわれる、承継人は前主による訴訟手続の結果に服さざるを得ない法的地位にあることから独自の手続保障を与えることを要しない、などの理由によるものである。承継人の範囲をめぐっては実質説と形式説の対立があり、実質説は、民法94条2項の善意の第三者であるという第三者に固有の抗弁が成立する場合には、前主の法的地位を承継した第三者は本号にいう承継人には該当しないとする考え方であり、形式説は、前主の法的地位の承継を主張する第三者は承継人に該当するが、固有の抗弁として民法94条2項の善意の第三者であるという主張、立証をすることは妨げられないとするものである。本判決は、Yは虚偽表示による無効を善意の第三者であるXに対抗することはできないため、Xの所有権取得はYとAとの間の前訴確定判決によって左右されず、これに反してなされた承継執行文の付与は違法であるとして、執行力の拡張（民執23条1項3号）の是非について述べたにとどまり、既判力の拡張における実質説によるか形式説によるかは明らかではない。両説の違いは説明上の差異にとどまるとされるが、実質説によれば、Xは、AがYに対して移転登記義務を負うということを争うことができる一方で、形式説によれば、承継人たるXは、AがYに対して移転登記義務を負うということを争うことができなくなる。なお、承継人が後訴において争えなくなる範囲については、承継人への既判力の作用という観点から、前主が相手方に対して争えなくなった訴訟物たる権利義務の存否の判断を超えて、権利義務の存否について展開された攻撃防御方法についての判決理由中の判断をも含むとする考え方が有力である。

さらに理解を深める　百選4版87事件〔山本克己〕　執行・保全百選2版6事件〔鶴田滋〕、長谷部由起子ほか編著『基礎演習民事訴訟法〔第2版〕』（弘文堂、2013年）174頁、高橋（上）2版補訂版690頁、新堂幸司監修・高橋宏志＝加藤新太郎編『実務民事訴訟講座（第3期）第3巻』（日本評論社、2013年）301頁〔越山和広〕
関連判例　最二判昭和26・4・13民集5巻5号242頁、最一判昭和41・6・2判時464号25頁

第10章　終局判決とその効力　　　　　　　　　　　　山木戸勇一郎

175 債権者代位と訴訟担当

大阪地裁昭和45年5月28日判決
　事件名等：昭和44年（ワ）第4784号、昭和44年（カ）第6号執行文付与に対する異議の訴、家屋明渡再審併合事件
　掲載誌：下民集21巻5・6号720頁、判タ253号292頁

概要　債権者代位訴訟の代位債権者は訴訟担当者であるから、民訴115条1項2号によって、その判決の効力は債務者（＝被保全債権の債務者・被代位債権の債権者）に及ぶものの、代位訴訟の係属中に代位債権者が当事者適格を喪失したことを看過してなされた判決の効力は、少なくとも債務者には及ばない。

事実関係　Yから本件家屋を賃借したAは、同家屋を占有するXに対して、賃借権保全のためにYに代位して同家屋の明渡請求訴訟を提起し、勝訴判決を得て同判決は確定した。そこで、Yはこの確定判決に執行文の付与を受けたところ、XはYに対して、①債権者代位訴訟の代位債権者は民訴法115条1項2号（旧民訴201条2項）に該当しないからYには判決効が及ばない、②仮に及ぶとしても、AY間の賃貸借契約は代位訴訟の係属中に解除されているから、Aは当事者適格を失っていたためYに判決効が及ぶことはない、と主張して執行文付与に対する異議の訴えを提起した。

判決要旨　請求認容。「債権者代位訴訟の場合、当該債権者が民訴法201条2項にいう他人のため原告となった者に該るか否か、換言すれば右判決の効力は代位債務者に当然及ぶと考うべきか否かは、沿革上理論上種々問題の存するところであるけれども、右訴訟のもついわゆる訴訟担当的性格を前提とし、これに、代位債務者についても実際上は訴訟参加の機会が充分にあり、最悪の場合でも代位債権者に対する損害賠償請求の途は残されていること、民事訴訟制度の目的・本質が必ずしも紛争の相対的解決のみにとどまらないこと等の諸見地を考慮すると、代位債権者は前記法条にいう訴訟担当者に該当し、従って当該代位訴訟の判決の効力は当然に代位債務者に及ぶものと解するのが相当である。」「Aは右解除とともに代位訴訟における当該代位債権を失うことによって民訴法201条2項にいう他人のための訴訟担当者たるの適格を喪失し、右判示後段による本件確定判決はこれを看過して為された判決という外ないところ、右訴訟の当事者であったXとAの間においてはさておき、代位債務者であったYとの関係においては、右当事者適格看過の判決はその効力をこれに及ぼすに由なきものと解す

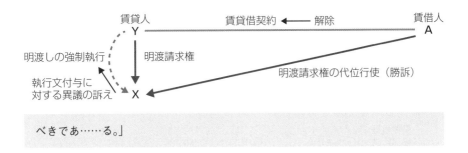

べきであ……る。」

本判決の位置づけ・射程範囲

　訴訟担当とは、第三者に帰属する権利・義務を訴訟物とする訴訟について、当事者として訴訟追行をする権限が認められる（＝当事者適格が認められる）場合のことである。民訴法115条1項2号〔旧民訴201条2項〕はこのような場合を想定して、訴訟担当者（当事者）が受けた判決の効力を、本来の実体法上の権利義務の主体（実質的利益帰属主体）にも及ぼす旨を規定している。本判決は、債権者代位訴訟の訴訟法的構造は訴訟担当であり、かつ、訴訟担当者である代位債権者の受けた判決効は、民訴法115条1項2号によって常に本来の権利主体である債務者に拡張されるという理解を前提に、訴訟係属中に代位債権者が訴訟追行権を喪失していた場合——債権者代位訴訟の訴訟追行権の基礎をなす被保全権利（本判決の事案では賃借権）が口頭弁論終結時に存在していない場合——には、同規定の適用はないとしたものである。

　債権者代位訴訟の訴訟法的構造については、学説上も本判決と同様の理解をするのが古典的な通説である。もっとも、このような理解によれば、代位債権者が債務者に帰属する財産関係に介入して、実質的にその処分を認める結果となるため、本来の権利主体の関与なくしてこのような結果を正当化できるかという観点から、訴訟担当者の受けた判決（特に敗訴判決）の効力の拡張を無条件に認めてよいか、という点が古くから議論されてきている（例えば、①債権者代位訴訟のように訴訟担当者と本来の権利義務の主体の利害が対立する場合（対立型）には、有利な判決のみ判決効の拡張を認める見解、②債権者代位訴訟を訴訟担当と構成すること自体を否定する見解、③債務者に対して訴訟告知ないし権利行使催告がなされた場合に限って判決効の拡張を認める見解、などが提唱されている）。

　訴訟担当者が訴訟追行権を喪失した場合、本来は訴訟要件欠缺により却下判決をすべきものであるが、これが看過されて違法に本案判決がなされて確定したとしても、訴訟追行権の存在を前提とした民訴法115条1項2号の適用はないと理解されている。本判決もこのような理解に沿ったものである。もっとも、本件の事案のように、相手方（自己の義務の有無を十分に争うことができていた代位訴訟の被告）の側から判決効の拡張を否定する主張をすることを常に許すべきであるかについては、一考の余地があろう。

さらに理解を深める

百選4版88事件〔安達栄司〕、百選3版94事件〔小松良正〕、百選Ⅱ補正版154事件〔坂原正夫〕、新堂5版305-306頁注3

第10章　終局判決とその効力　　　　　　　　　　　　　柳沢雄二

176　既判力の主観的範囲——法人格否認の法理

最高裁昭和53年9月14日第一小法廷判決
　事件名等：昭和50年（オ）第745号　執行文付与請求事件
　掲載誌：判時906号88頁、金法880号59頁、金判558号3頁

概要　本判決は、新会社の設立が旧会社の債務の支払いを免れる意図の下にされたものであり、法人格の濫用として法人格否認の法理が適用される場合であっても、旧会社に対する確定判決の既判力及び執行力の範囲を新会社にまで拡張することは許されないとしたものである。

事実関係　Xは、A会社（株式会社上田養豚）の従業員が運転するA会社所有の自動車に追突されて傷害を受けたとして、A会社に対して損害賠償請求訴訟（前訴）を提起した（❶）。第1審ではXが勝訴し、A会社は控訴した（❷）が、その頃にはA会社は経営困難に陥っていた。そこで、A会社の代表取締役Bは、債務の履行を事実上免れる意図の下に、Bの義兄Cらから融資を得てY会社（上田養豚株式会社）を設立した（❸）。Y会社は、A会社から営業や資産を無償で譲り受け、A会社の従業員や事業場をそのまま引き継いだため、A会社は有名無実の存在となった。また、Y会社の役員は、Cの他はBの親族でA会社の役員であった者であったが、Y会社の経営は事実上これらの者に委ねられていた。その後、前訴はX勝訴で確定し（❹）、Xは、強制執行をするためにY会社に対して執行文付与の訴えを提起した（❺）。第1審はXの請求を棄却したため、Xが控訴した。原審は、債務の支払いを免れる意図の下に新会社を設立した場合には旧会社と新会社は実質において同一であり、新会社は設立されていないと解すべきであるとして、Xの請求を認容した。これに対してY会社が上告した。

判決要旨　破棄差戻し。最高裁は、Y会社とA会社は別個の法人として設立されている以上、設立無効の訴え（旧商428条、会社828条1項1号）によらずに両会社を全く同一の法人格であると解することはできないとした上で、次のように判示した。
　「Y会社の設立がA会社の債務の支払を免れる意図の下にされたものであり、法人格の濫用と認められる場合には、いわゆる法人格否認の法理によりXは自己とA会社間の前記確定判決の内容である損害賠償請求をY会社に対しすることができるものと解するのが相当である。しかし、この場合においても、権利関係の公権的な確定及びその迅速確実な実現をはかるために手続の明確、安定を重んず

第10章 終局判決とその効力

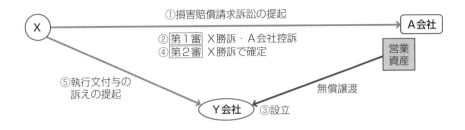

　る訴訟手続ないし強制執行手続においては、その手続の性格上Ａ会社に対する判決の既判力及び執行力の範囲をＹ会社にまで拡張することは許されないものというべきである（最高裁昭和43年（オ）第877号同44年2月27日第一小法廷判決・民集23巻2号511頁参照）。」
　なお、差戻審において、Ｘは執行文付与の訴えを取り下げ、損害賠償請求訴訟に訴えを交換的に変更した。差戻審は、法人格否認の法理により、ＸのＹ会社に対する請求を認容した（大阪高判昭和54・11・20判時960号52頁）。

本判決の位置づけ・射程範囲

　本判決も引用する最一判昭和44・2・27〔関連判例〕は、実体法上の法人格否認の法理を認めた最初の最高裁判例として有名であるが、同判例は括弧書で既判力については別個の考察を要すると述べており、本判決も法人格否認の法理に基づいて既判力及び執行力を拡張することは許されないと判示した。学説でも、法人格否認の法理に基づく判決効の拡張を否定する説が従来の多数説であるとされる。
　もっとも、その根拠として本判決が挙げる「手続の明確、安定」という理由付けに対しては、それ自体が不明確であるとの批判が強い。また、訴訟法律関係に法人格否認の法理が適用されないとすると判決の紛争解決機能が著しく損なわれるとして、本判決に反対する見解が近時は有力である。反対説には、法人格否認の法理に基づく判決効の拡張を全面的に肯定する説と、形骸事例と濫用事例に分けて前者については判決効の拡張を肯定するが後者については否定する説がある。
　ただし、仮に法人格否認の法理による判決効の拡張を認めるとしても、法人格否認の法理が適用されるか否かは最終的には訴訟手続で判断する必要があり、かつ債権者は同法理の適用の要件として同法理の適用が肯定される時点（本件でいえばＹ会社の設立の時点）で元の債務者に対して債権を有していたことを証明しなければならないとすれば、判決効の拡張を肯定する実益は、実はほとんどないと言わざるを得ないのではなかろうか。

さらに理解を深める

百選4版89事件〔三木浩一〕　昭和53年度重判民訴8事件〔鈴木正裕〕、上田徹一郎・判評245号173頁（判時925号）、昭和53年度主判解248頁〔竹下守夫〕、執行・保全百選2版9事件〔高橋宏志〕　〔関連判例〕　最一判昭和44・2・27民集23巻2号511頁、最二判昭和48・10・26〔本書44事件〕、最二判平成17・7・15民集59巻6号1742頁

第10章　終局判決とその効力　　　　　　　　　柳沢雄二

177　訴え却下判決の既判力

最高裁平成22年7月16日第二小法廷判決
　事件名等：平成20年（行ヒ）第304号　不当利得返還等請求、共同訴訟参加事件
　掲載誌：民集64巻5号1450頁、判時2098号42頁、判タ1337号119頁

概要　本判決は、確定した訴え却下判決（訴訟判決）に既判力が生ずることを理由として、共同訴訟参加の申出を不適法として却下したものである。

事実関係　大阪市は、市職員を組合員とする4つの互助組合に対して、組合員の保険料に充てるための補給金を支出した（❶）。大阪市の住民であるAらは、平成17年3月18日、補給金の支出が違法な財務会計行為であると主張して住民監査請求をした（❷）。大阪市監査委員は、同年5月16日、消滅時効（自治236条1項）に係っていない部分については返還請求を勧告し、それ以前の部分は棄却した。Aらは、同年6月14日、大阪市の補給金の支出が違法であると主張して、Y（大阪市長）らに対し、4互助組合らに対して損害賠償請求ないし不当利得返還請求をするように求める住民訴訟（本件訴訟）を提起した（❸）。同年10月11日、Aらは、4互助組合が補給金を法の趣旨に反して使用したことが違法であるとの主張を追加した（❺）。

　大阪市の住民であるXらは、同年9月29日、4互助組合から構成される大阪市職員互助組合連合会の理事らが違法な給付金の支出をしたと主張して住民監査請求をした（❹）。大阪市監査委員は、同年10月24日、Xらの監査請求はAらの監査請求と対象が同じであると理解して、Aらの監査請求に対する監査結果をXらに通知した。Xらは、同年11月23日、Yらに対して補給金の支出に関与した連合会理事らに対する損害賠償をするように求める住民訴訟（別件訴訟）を提起するとともに、本件訴訟において、別件訴訟と請求の趣旨及び原因を同じくする共同訴訟参加の申出（本件申出）をした（❻）。

　本件訴訟・本件申出と別件訴訟は、第1審では同一の裁判体により審理され、同日に判決がなされた。本件訴訟については、追加主張を主位的請求・当初の主張を予備的請求と構成した上で、主位的請求の追加は訴えの追加的変更になるが、この時点では出訴期間（自治242条の2第2項1号）を経過しているとして、また予備的請求には監査請求期間（同242条2項）の制限が及ぶが、Aらは適法な住民監査請求を前置していないとして、訴えを却下した。本件申出についても、Xらは適法な住民監査請求を前置していないとして、これを却下した。さらに別件訴訟についても、Xらは適法な住民監査請求を前置していないとして、訴えを却下した（❼）。Aらの一部及びXらが控訴したところ、控訴審では本件訴訟・

第10章　終局判決とその効力

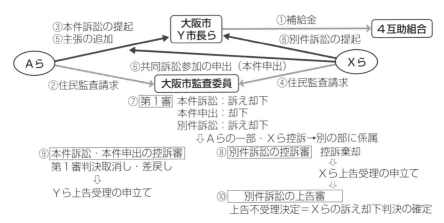

本件申出と別件訴訟とは別の部に係属した。別件訴訟について、平成20年1月31日に控訴棄却判決がなされ、Xらが上告受理の申立てをした（❽）。他方で、本件訴訟・本件申出について、控訴審は同年5月22日、一部の請求を除き第1審判決を取り消して事件を第1審に差し戻したため、Yらが上告受理の申立てをした（❾）。なお、同年6月24日、別件訴訟について上告不受理決定がなされ、Xらの訴えを却下する判決が確定した（❿）。

| 判決要旨 | 破棄自判。「上記事実によれば、本件申出に係る当事者、請求の趣旨及び原因は、Xらに関する限り、別件訴訟と同一であるところ、別件訴訟において適法な住民監査請求を前置していないことを理由に訴えを却下する判決が確定しているから、本件申出はその既判力により不適法な申出として却下されるべきものである。」

| 本判決の位置づけ・射程範囲 |

　複数の住民が提起した住民訴訟は類似必要的共同訴訟となる（最大判平成9・4・2 本書193事件）から、ある住民が提起した住民訴訟に他の住民が訴訟参加する場合には、共同訴訟参加（民訴52条）によることになる。共同訴訟参加の申出の要件として、参加人には当事者適格がなければならず（最二判昭和36・11・24 本書189事件）、住民訴訟では適法な住民監査請求を前置していること（自治242条の2第1項柱書）も必要となる。

　別件訴訟では、適法な住民監査請求の前置がないことを理由に訴え却下判決が確定している。通説は、訴訟判決の既判力を肯定し、却下の理由とされた訴訟要件の不存在の判断に既判力が生ずるとする。本判決も、同様の見解に立つ。

| さらに理解を深める | 平成22年度重判民訴4事件〔畑宏樹〕　中山雅之・ジュリ1424号110頁、越山和広・民商144巻3号371頁、高橋（上）2版補訂版730頁　関連判例　最大判平成9・4・2 本書193事件、最二判昭和36・11・24 本書189事件

第10章　終局判決とその効力　　　　　　　　　　　　　　　　　　田村陽子

178 既判力の主観的範囲(1)——反射効

最高裁昭和53年3月23日第一小法廷判決
　事件名等：昭和51年（オ）第348号損害賠償請求事件
　掲載誌：判時886号35頁、金法864号30頁、金判548号16頁

概要　本件は、不真正連帯債務者中の一人と債権者との間の訴訟において相殺を認めた確定判決につき、他の不真正連帯債務者に対する効力を否定した事案。反射効や既判力の拡張が否定されたものである。

事実関係　国道上の車両衝突による被害者の一方の遺族Aが、他方の被害者Bと国道を管理する国を共同被告として損害賠償を請求したところ、Bは自己の損害賠償債権を主張して相殺の抗弁を提出しこれが採用された結果、AB間の訴訟ではその分だけ損害額が控除されて認容され、その判決は控訴がなく確定して訴訟が終了した。他方で、右相殺の主張のなかったAと国との間の訴訟では相殺額分だけ高く損害額が認容された。そこで、国だけが控訴し、その控訴審で、国はBとは不真正連帯債務関係にあることを理由に、Bの相殺により債務の一部が消滅したことを主張した。控訴審は、本件事故につき、AとBとの間で前記のような判決が確定したことを認定したのみで、相殺の自働債権とされたBの損害賠償請求権の存在を認定することなく、右確定判決の存在から直ちに国の損害賠償義務が同判決で認められた相殺額の限度で消滅したものと判断した。Aが上告。

判決要旨　破棄差戻し。「不真正連帯債務者中の一人と債権者との間の確定判決は、他の債務者にその効力を及ぼすものではなく、このことは、民訴法199条2項〔現民訴114条2項〕により確定判決の既判力が相殺のために主張された反対債権の存否について生ずる場合においても同様であると解すべきである。もとより、不真正連帯債務者の一人と債権者との間で実体法上有効な相殺がなされれば、これによって債権の消滅した限度で他の債務者の債務も消滅するが、他の債務者と債権者との間の訴訟においてこの債務消滅を認めて判決の基礎とするためには、右相殺が実体法上有効であることを認定判断することを要し、相殺の当事者たる債務者と債権者との間にその相殺の効力を肯定した確定判決が存在する場合であっても、この判決の効力は他の債務者と債権者との間の訴訟に及ぶものではないと解すべきであるから、右認定判断はこれを省略することはできない。」

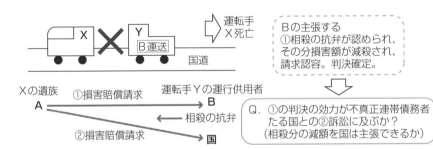

本判決の位置づけ・射程範囲

　既判力の主観的範囲（既判力が及ぶ人の範囲）は、当事者に限られるのが原則である（民訴115条1項1号）。なぜなら、民事訴訟は当事者間の私的紛争を解決するものであり、かつ手続保障の機会が与えられているのは当事者に限られるため、判決の効力も当事者のみに及べば紛争解決に原則足りるからである。ただし、手続保障が代替されていると言える者、あるいは手続保障を与えるべき固有の利益がない者に対しても、紛争解決に必要であれば当該判決効は及ぶ場合がある（民訴115条1項2号～4号）。

　問題は、そのような明文の例外を超えて、前訴の当事者と実体法上密接な関係（依存関係あるいは従属的関係）を持つ者にも判決効が反射的に及ぶか否かは争いがある。これが反射効理論の問題であり、学説は認めるものも多い。とりわけ既判力に関し権利実在説（既判力に実体法上の効力も生じるとする説）を採る兼子説以来、実体法上の依存関係がある場合に反射効が生じると主張されてきた。

　本件で反射効が問題となるのは、連帯債務については、実体法すなわち民法436条1項により「連帯債務者の一人が債権者に対して債権を有する場合において、その連帯債務者が相殺を援用したときは、債権は、すべての連帯債務者の利益のために消滅する。」と規定され、民法上相殺は絶対効を有するため、連帯債務者間には実体法上の依存関係が認められるからである。

　しかし、既判力に関し近時では訴訟法説（既判力には訴訟上の効力しかないとする説）が主流となってきたこともあり、判例の傾向としては、実体法上の依存関係に基づく反射効を認めることを否定的に捉えている。本判決でも、不真正連帯債務における相殺の絶対効を実体法上認めた上で、訴訟上の反射効は否定している（ただし、判決文では「反射効」という文言を用いていない点に注意）。

　なお、反射効を認める兼子説は、民訴法114条2項の相殺の既判力の範囲につき、結論としての反対債権の存否に及ぶだけではなく、両債務が存在して相殺により消滅したことにも及ぶと考えているので、この点にも留意が必要である。

　したがって、判例・実務では、反射効理論は受け入れられにくいと思われる。

さらに理解を深める　百選4版90事件〔畑瑞穂〕、百選Ⅱ補正版157事件〔本間靖規〕、百選2版109事件〔鈴木俊光〕、兼子一『新修民事訴訟法体系〔増訂版〕』（酒井書店、1965年）352頁、小山昇・判評237号41頁（判時900号）、昭和53年度重判民訴5事件〔鈴木重勝〕、鈴木正裕・判タ391号4頁

関連判例　最二判昭和31・7・20 **本書179事件**、最一判昭和51・10・21 **本書180事件**

第10章 終局判決とその効力　　　　　　　　　　　　　　　　　　田村陽子

179 既判力の主観的範囲(2)

最高裁昭和31年7月20日第二小法廷判決
　事件名等：昭和29年（オ）第110号建物収去土地明渡請求事件
　掲載誌：民集10巻8号965頁

概要　本判決は、土地の賃貸借契約の合意解除が認められた確定判決の効力は、土地の転借人と建物の賃借人が被告となった訴訟に及ばないとされた事案である。

事実関係　本件土地はかつてAの所有であったが、AはこれをBに賃貸し、BはAの承認を得てその借地全部をC及びDに転貸し、CDはそれぞれその転借地上に建物を所有していた。その後XはAから本件土地の所有権を譲り受け、Bとの間の賃貸借関係を承継したが、Bが地代を滞納したので、右の貸借を解除して、Bに対しては土地明渡し、Cに対しては建物収去土地明渡しの訴えを提起し、昭和25年7月13日全部勝訴の判決を受け、判決は確定した。

ところがDの建物はその前にY_1が所有権を譲り受けており、他方Y_2らはC及びY_1からそれぞれ地上建物の一部を賃借して居住していた。そこで、XはさらにY_1 Y_2らを相手どって本訴に及び、前訴と同一の理由で、Y_1に対しては建物収去土地明渡しを、Y_2らに対しては建物退去敷地明渡しを請求した。

第1審は、XB間の賃貸借はBの地代不払いによって解除されたもので、この解除は両者の通謀によって故意に転借人や建物賃借人の利益を害するためにされたものとは認められないとしてXの請求を認容した。控訴審もY_1らの控訴を棄却したが、その理由は第1審のようにXB間の賃貸借の解除の効力を実質的に判断したのではなしに、右BCに対するX勝訴の確定判決の反射効によってY_1 Y_2はもはやXに対しBの賃借権の消滅を争うことができない点にあるとして、以下のとおり判示した。

「第三者の法律的地位が訴訟当事者の有する法律的地位を基礎とし、これに附随してのみ成立し、その成立が専らこれに依存する関係に置かれているような場合には、該当事者間における基本たる法律関係の終了が判決を以て確定された以上、その反射的効果としてこれに依存する第三者も自ら右基本関係消滅を承認せざるを得ない結果となり、かかる基本関係について為された確定判決に拘りなく、附随的な法律関係のみが依然存続すると主張することは許されないものと解すべく、本件は正にこれに該当する一事例に外ならない。即ち土地の賃貸借契約が終了すればその基礎の上に築かれた転貸借関係も亦従って終了すべく、又建物の賃借人が敷地を占有するのは、建物所有者の有する敷地使用権の範囲においてするものであり、これと独立して土地使用の

第10章　終局判決とその効力

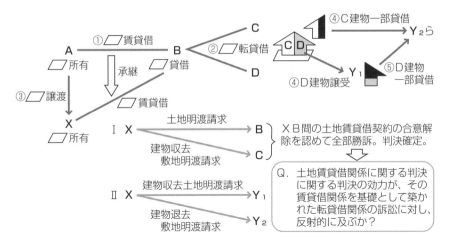

権限を有するものではないから、転貸人又は建物所有者の土地使用権を否定する趣旨の判決確定するときは、転借人又は借家人は該判決の反射的効力を受け、その結果転借権又は借家権に基く土地使用の権限を主張し得ないこととなる」。

Y₁等が上告。原審判決は本件が反射的効力の及ぶべき場合ではないのにこれを認めて、被告側の抗弁を実質的に判断しなかったのは違法であると主張した。

判決要旨　破棄差戻し。「原審認定の如き事実関係の下にあるY₁等が原審認定にかかる確定判決によって当然に原判示の如き法律上の拘束を受けると解すべき法理上の根拠に乏しく、此の点に関する原審の解釈適用は妥当でない。」

本判決の位置づけ・射程範囲

本件のように賃貸借関係の変動の効力が転貸借関係に及ぶかが問題となる事案において、実体法上は、賃貸人と賃借人が合意解除しても転借人には対抗することができず（大判昭和9・3・7 関連判例）、転借人は賃借人に実体法上の依存関係を持たない（敷地の利用権との関係での建物賃借人についても、同様。最一判昭和38・2・21 関連判例 参照）と解されている。

すなわち、賃借人に対する明渡判決は、その理由のいかんにかかわらず、賃借人が判決基準時に賃貸借を任意解約した場合以上の影響を転借人に与えないのである。

そうだとすると、本件は、反射効理論を肯定する立場によっても、前提となる実体法上の依存関係がないため、本来的に反射効が認められる場合ではないと考えるのが素直であろう。そのため、本判決からは、一般論として判決の反射効を否定したものかは一応不明である。

さらに理解を深める　百選76事件〔吉村徳重〕 関連判例　大判昭和9・3・7民集13巻278頁、最一判昭和38・2・21民集17巻1号219頁、最一判昭和53・3・23 本書178事件、最一判昭和51・10・21 本書180事件

第10章 終局判決とその効力

田村陽子

180 既判力の主観的範囲(3)

最高裁昭和51年10月21日第一小法廷判決
　事件名等：昭和49年（オ）第937号請求異議事件
　掲載誌：民集30巻9号903頁、判時836号49頁、判タ344号181頁、
　　　　　金法808号35頁、金判513号8頁

概要　本件は、保証人敗訴の判決が確定した後に主債務者勝訴の判決が確定した場合に、保証人が自己の敗訴の確定判決に対し請求異議を申し立て、主債務者勝訴確定判決は事実審口頭弁論終結時後の事由であるとして、これを援用して主債務の不存在を理由に争えるかが問題となったが、主債務者勝訴判決が保証人敗訴判決の基準時前の事由と同様の事由にのみ基づいてなされているときは、実質的には再び債権者の権利を争うことを容認することになるので許されないとされた事例である。

事実関係　債権者が主債務者と保証人を共同被告として履行請求訴訟を提起したところ、主債務者は事実関係を争ったが、保証人はこれを認めたので、弁論が分離され、まず保証人敗訴の判決（A判決）が下されて確定した。しかし、その後主債務者との関係では、証拠調べの結果、主債務の成立が否定されて主債務者勝訴の判決（B判決）が下され確定した。そこで、保証人が、B確定判決を異議事由としてA確定判決に対する請求異議の訴えを提起した。

第1審は、B確定判決はA判決の事実審口頭弁論終結後に生じた事由（現民執35条2項）であるとし、その上で、保証人は保証債務の附従性によりA確定判決の執行力の排除を求め得るとして請求を認容したが、第2審は、保証人は、A確定判決のない場合はB確定判決を援用して自己の債務を免れ得るが、A確定判決がある場合にはB確定判決の援用は許されないとした。保証人より上告。

判決要旨　上告棄却。「一般に保証人が、債権者からの保証債務履行請求訴訟において、主債務者勝訴の確定判決を援用することにより保証人勝訴の判決を導きうると解せられるにしても、保証人がすでに保証人敗訴の確定判決を受けているときは、保証人敗訴の判決確定後に主債務者勝訴の判決が確定しても、同判決が保証人敗訴の確定判決の基礎となった事実審口頭弁論終結の時までに生じた事実を理由としてされている以上、保証人は右主債務者勝訴の確定判決を保証人敗訴の確定判決に対する請求異議の事由にする余地はないものと解すべきである。けだし、保証人が主債務者勝訴の確定判決を援用することが許されるにしても、これは、右確定判決の既判力が保証人に拡張されることに基づくものではないと解すべきであり、また、保証人は、保証人敗訴の確定判決の効力と

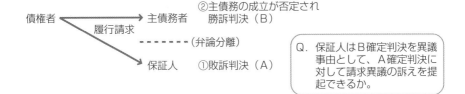

して、その判決の基礎となった事実審口頭弁論終結の時までに提出できたにもかかわらず提出しなかった事実に基づいてはもはや債権者の権利を争うことは許されないと解すべきところ、保証人敗訴判決の確定後において主債務者勝訴の確定判決があっても、その勝訴の理由が保証人敗訴判決の基礎となった事実審口頭弁論の終結後に生じた事由に基づくものでない限り、この主債務者勝訴判決を援用して、保証人敗訴の確定判決に対する請求異議事由とするのを認めることは、実質的には前記保証人敗訴の確定判決の効力により保証人が主張することのできない事実に基づいて再び債権者の権利を争うことを容認するのとなんら異なるところがないといえるからである。」

本判決の位置づけ・射程範囲

本件では、実体法上の保証債務の附従性という法的性質を、債権者・主債務者間の訴訟及び債権者・保証人間の訴訟に関連させるか（反射効を認めるか）否かが問題となった。本判決では、一見すると反射効理論に肯定的な表現も見られなくはないものの、結論としては反射効は認められていない。

これに対し、反射効を認める学説からは、本件での中心的な論点は、実は反射効理論の是非についてではなく、保証人敗訴の判決確定後に主債務者勝訴の判決が確定したことが請求異議事由になるか、にあったとの批判がある。その上で、本件に関する限りは、保証人が自己の訴訟を争わなかった動機がもし主債務者の訴訟追行に期待していたことにあれば、保証人に請求異議の訴えを認めるべき事情があったのではないかと指摘する。

また、本件においては、反射効理論の問題以前に、前訴で弁論を分離し、保証人についてのみ先に判断し敗訴判決を下したことが妥当であったか、あるいは、主債務者と保証人が共同被告となる場合には通常共同訴訟ではなく固有必要的共同訴訟として処理すべきだったのではないか、といった問題があるとの指摘もなされている。

本件での問題は、反射効理論の是非よりも、むしろ前提問題の方にあるようにも思われるので、注意が必要であろう。

さらに理解を深める 百選4版91事件〔山本弘〕　百選3版96事件〔長谷部由起子〕、百選2版108事件〔吉野正三郎〕、百選Ⅱ補正版156事件〔松浦馨〕、最判解民事篇昭和51年度378頁〔川口冨男〕、吉村徳重・評判221号136頁（判時850号）、倉田卓次・金法834号17頁、昭和51年度重判民訴8事件〔高橋宏志〕　**関連判例**　最一判昭和53・3・23 **本書178事件** 、最二判昭和31・7・20 **本書179事件** 。

第10章　終局判決とその効力　　　　　　　　　　　　　　　　　　　　佐藤優希

181　確定判決の騙取（不当取得）

①最高裁昭和44年7月8日第三小法廷判決
　事件名等：昭和43年（オ）第906号債務不存在確認等請求事件
　掲載誌：民集23巻8号1407頁、判時565号55頁、判タ239号145頁、金判176号2頁

②最高裁平成22年4月13日第三小法廷判決
　事件名等：平成21年（受）第1216号損害賠償等請求事件
　掲載誌：集民234号31頁

概要　①事件：本件は、不当取得された前訴確定判決による強制執行に対し再審を経ることなく損害賠償請求を認めた事案である。②事件：本件は、前訴確定判決の成立過程における不当取得に対する損害賠償請求を否定した事案である。

事実関係　①事件：前訴において、訴えを取り下げる旨の裁判外の和解を成立させたYは、訴えを取り下げず訴訟を追行し、X欠席のまま勝訴判決を取得し、判決を確定させ執行に及んだ。Xは請求異議訴訟を提起したが敗訴したため、請求認容額を支払い、控訴して、不法行為による損害賠償請求に訴えを変更した。原審は既判力等を理由にXの請求棄却。X上告。
②事件：前訴において、Yの購入した土地建物の建築制限について説明義務違反をしたXに対する損害賠償請求を認容する判決に基づき、Yは債権執行した。しかし、後訴においてXはYのこのような行為は不法行為に該当するとして提訴し、第1審はXの請求棄却、原審では一部認容。Y上告、上告受理申立て。

判決要旨　①事件：破棄差戻し。「訴訟当事者が、相手方の権利を害する意図のもとに、作為または不作為によって相手方が訴訟手続に関与することを妨げ、あるいは虚偽の事実を主張して裁判所を欺罔する等の不正な行為を行ない、その結果本来ありうべからざる内容の確定判決を取得し、かつこれを執行した場合においては、右判決が確定したからといって、そのような当事者の不正が直ちに問責しえなくなるいわれなく、これによって損害を被った相手方は、かりにそれが右確定判決に対する再審事由を構成し、別に再審の訴を提起しうる場合であっても、なお独立の訴によって、右不法行為による損害の賠償を請求することを妨げられないものと解すべきである。」
②事件：破棄自判。「本件訴訟は、前訴判決の既判力ある判断と実質的に矛盾する損害賠償請求をするものであるが、当事者間に確定判決が存在する場合に、その判決の成立過程における相手方の不法行為を理由として、その判決の既判力あ

る判断と実質的に矛盾する損害賠償請求をすることは、確定判決の既判力による法的安定を著しく害する結果となるから、原則として許されるべきではなく、当事者の一方が、相手方の権利を害する意図の下に、作為又は不作為によって相手方が訴訟手続に関与することを妨げ、あるいは虚偽の事実を主張して裁判所を欺罔するなどの不正な行為を行い、その結果本来あり得べからざる内容の確定判決を取得し、かつ、これを執行したなど、その行為が著しく正義に反し、確定判決の既判力による法的安定の要請を考慮してもなお容認し得ないような特別の事情がある場合に限って、許されるものと解するのが相当である」。

「原審の上記判断は、前訴において当事者が攻撃防御を尽くした事実認定上の争点やその周辺事情について、前訴判決と異なる事実を認定し、これを前提にＹが虚偽の事実を主張して裁判所を欺罔したなどとして不法行為の成立を認めるものであるが、原判決の挙示する証拠やその説示するところによれば、原審は、前訴判決と基本的には同一の証拠関係の下における信用性判断その他の証拠の評価が異なった結果、前訴判決と異なる事実を認定するに至ったにすぎない。しかし、前訴におけるＹの主張や供述が上記のような原審の認定事実に反するというだけでは、Ｙが前訴において虚偽の事実を主張して裁判所を欺罔したというには足りない。他に、Ｙの前訴における行為が著しく正義に反し、前訴の確定判決の既判力による法的安定の要請を考慮してもなお容認し得ないような特別の事情があることはうかがわれず、Ｘが上記損害賠償請求をすることは、前訴判決の既判力による法的安定性を著しく害するものであって、許されないものというべきである。」

本判決の位置づけ・射程範囲

確定判決の騙取（不当取得）があった場合、再審を経ないで、不当取得者に対して損害賠償請求をすることができるか。これについて、①事件判決は、相手方の権利を害する意図のもと、相手方の訴訟手続関与の妨害又は虚偽事実の主張による裁判所の欺罔などで、本来あり得べからざる内容の確定判決を取得し執行した場合に許容し得るとの一般的な要件を明らかにした。②事件判決は、①事件判決を引用しつつも、最一判平成10・9・10 本書20事件 が加えた要件（「特段の事情がある」場合に限る）を適用して、損害賠償請求を棄却している。再審法理を損害賠償請求訴訟における違法性審理に導入し法的安定の回復を図ろうとする判例及び学説の流れの中で、最高裁の慎重な姿勢が示されている。

さらに理解を深める ①事件：**百選４版86事件〔加波眞一〕** 百選３版Ａ35事件〔北村賢哲〕、続百選80事件〔伊藤乾〕、百選Ⅱ補正版151事件〔住吉博〕、民執百選４事件〔上田徹一郎〕、最判解民事篇昭和44年度（下）736頁〔千種秀夫〕 ②事件：**平成22年度重判民訴３事件〔坂田宏〕** 岡田幸宏・速報判例解説９号133頁、越山和広・リマークス2011（上）118頁 関連判例 最一判平成10・9・10 本書20事件

第10章 終局判決とその効力　　　　　　　　　　芳賀雅顯

182 訴え却下判決の既判力と基準時後の判例変更

東京地裁平成23年10月28日判決
　事件名等：平成21年（ワ）第14156号社債償還請求事件
　掲 載 誌：判時2157号60頁

概　要　本判決は、外国国家に対する訴えについて主権免除を理由に訴えを却下する判決が確定したのちに、主権免除の範囲に関する判例が変更された場合、同一訴訟物について請求することは、前訴の既判力によって遮断されないとしたものである。

事実関係　外A社は、ナウル共和国金融公社が発行した円貨債権を保証したY（ナウル共和国）に、元金及び遅延損害金の支払を求める訴訟を平成7年及び平成11年に提起した。しかし、裁判所は、主権免除に関する絶対免除主義を採用した大審院昭和3年決定に依拠して、Yは主権免除享有主体であり、Yには日本の民事裁判権が及ばないとの判断の下、訴えを却下した。ところが、その後、最高裁は平成18年判決において判例変更を行い、絶対免除主義から制限免除主義に移行した。そこで、Aの承継人であるXが、Yに対して、前訴の口頭弁論終結後に主権免除の範囲に関する判例が変更されたことを理由に、再び保証債務の履行を求めて訴えを提起したところ、この訴えが前訴判決の既判力に抵触するか否かが争われた。

判決要旨　一部認容、一部棄却。「平成7年訴訟及び平成11年訴訟の判決確定後、上記……の事情、すなわち、国家の活動範囲の拡大等に伴って、多くの国において、外国国家に対する民事裁判権免除の範囲を制限する考え方が広まってきていること、平成16年12月2日の……国際連合総会での条約〔国家及び国家財産の裁判権免除に関する国際連合条約〕の採択がされたこと等の事実関係の変動があり、これを前提として、最高裁判所は、平成18年判決において、主権免除に関する解釈の変更を行ったものということができるのであって、このような事実関係の変動を受けた平成18年判決の言渡しは、平成7年訴訟及び平成11年訴訟の判決との関係では、口頭弁論終結後に生じた事由に当たるというべきである。」「本件における被告による……保証は、私人の経済活動において行われる保証と何ら異なるものでないから、法定保証に基づくものか、保証の要項に従った保証契約に基づくものであるかにかかわらず、外国国家による私法的な行為に該当することは明らかである。そして、我が国による民事裁判権の行使が被告

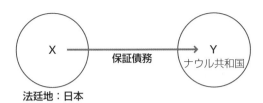

①大決昭和3年（絶対免除主義）
②前訴：主権免除により訴えを却下
③最判平成18年が①の判例を変更し、制限免除主義を採用
④本件訴え

主権を侵害するおそれがあるなどの特段の事情の存在を認めることもできない。」
「以上によれば、Xは、平成7年訴訟及び平成11年訴訟の口頭弁論終結後に生じた事由を主張しているから、Xの主張は、上記各訴訟の確定判決の既判力と抵触するものではなく、再審を経なければ上記請求の適法性を主張できないというものでもない。」

本判決の位置づけ・射程範囲

主権免除については、昭和3年大審院決定（大決昭和3・12・28 関連判例 ）が絶対免除主義を採用して以来、長い間、この立場が実務を支配してきた。この考えによると、我が国の裁判所は、我が国に所在する不動産に関する訴訟、及び外国国家が自ら免除を放棄して応訴した場合に限って、外国国家に民事裁判権を及ぼすことができた。これに対して、平成18年最高裁判決（最二判平成18・7・21 本書33事件 ）は、昭和3年決定を変更し制限免除主義を採用した。この考えによると、外国国家は、主権的行為以外の私法的ないし業務管理的行為については、我が国による民事裁判権の行使が当該外国国家の主権を侵害するおそれがあるなどの特段の事情がない限り、我が国の民事裁判権に服するというものである。

Aは、判例変更がなされる前にY（ナウル共和国）に対して保証債務などの履行を求めて訴えを提起したが、裁判所は絶対免除主義の立場から訴えを却下した。その後、平成18年に判例変更がなされたことを理由に、Aの承継人であるXが、同一訴訟物について後訴を提起したのが本件訴訟である。本判決は、主権免除を理由とする訴え却下判決にも既判力が生じるとした上で、平成18年最高裁判決による判例変更は、先行する訴訟の最終口頭弁論終結時に生じた事由に該当するとした。

口頭弁論終結後の事情として後訴で提出可能な事実は、いわゆる法的三段論法における小前提をなす事実である（例えば弁済。民執24条2項参照）。他方、本件で問題となったのは、主権免除の範囲に関する法解釈であり法的三段論法の大前提となる部分であるといえる。この点、裁判所は、主権免除の判例変更を認めるに至った固有の事情に鑑みて、平成18年最高裁判決を新たな事由として認めているが理論的には検討の余地があり、本判決を一般化することには問題があると考えられる。

さらに理解を深める　平成24年度重判民訴4事件〔福本知行〕　藪口康夫・判時2181号180頁　関連判例　大決昭和3・12・28民集7巻12号1128頁、最二判平成18・7・21 本書33事件

第11章 既判力の時的範囲・客観的範囲　　　　　　　　名津井吉裕

183 基準時後の事情変更——後遺症

最高裁昭和42年7月18日第三小法廷判決
　事件名等：昭和40年（オ）第1232号損害賠償請求事件
　掲載誌：民集21巻6号1559頁、判時493号22頁、判タ210号148頁

概要　不法行為に基づく損害賠償請求を認容した確定判決の基準時後に後遺症が発生し、または、既存の後遺症が悪化した場合、後訴でその後遺症の損害の賠償を請求できるか。

事実関係　Xは、Yの子と遊戯中にYが保管していた硫酸入りの甕に衝突して破損させ、流出した硫酸を浴びて足部等に火傷を負った。Xは種々の治療を受けたが、後遺症として右足関節部の硬直（内反足）が残った。そこでXは、Yに対し、治療費20万円、慰謝料30万円、逸失利益50万円の損害賠償を請求したところ、慰謝料合計30万円を認容する判決があり、同判決は確定した。その後Xの後遺症は悪化して歩行も困難となったため、前訴確定判決の口頭弁論終結後に2回にわたり皮膚移植手術を受けたが、完治しなかった。そこでXは、Yに対し、入院手術に要した約32万円の治療費等の損害賠償を求めて提訴した。第1審以来、本訴請求が前訴確定判決の既判力に抵触するかどうかが争われ、第1審は請求を棄却した。しかし原審は、第1審判決を取り消してXの請求を認容し、Yに約32万円の支払を命じた。Y上告。

判決要旨　上告棄却。「一個の債権の一部についてのみ判決を求める旨を明示して訴が提起された場合には、訴訟物は、右債権の一部の存否のみであって全部の存否ではなく、従って、右一部の請求についての確定判決の既判力は残部の請求に及ばないと解するのが相当である（当裁判所昭和35年（オ）第359号、同37年8月10日言渡第二小法廷判決、民集16巻8号1720頁参照）。ところで、記録によれば、所論の前訴（東京地方裁判所昭和31年（ワ）第9504号、東京高等裁判所同33年（ネ）第2559号、第2623号）におけるXの請求は、X主張の本件不法行為により惹起された損害のうち、右前訴の最終口頭弁論期日たる同35年5月25日までに支出された治療費を損害として主張しその賠償を求めるものであるところ、本件訴訟におけるXの請求は、前記の口頭弁論期日後にその主張のような経緯で再手術を受けることを余儀なくされるにいたったと主張し、右治療に要した費用を損害としてその賠償を請求するものであることが明らかである。右の事実によれば、所論の前訴と本件訴訟とはそれぞれ訴訟物を異にするから、前訴の確定判決の既判力は本件訴訟に及ばないというべきであり、原判決に所論の違法は存しない。」

前訴 X ──────────────────────────────────→ Y
　　　　　後遺症の治療費等100万円の損害賠償請求
　　　　　　（判決：慰謝料30万円のみ認容、確定）
後訴 X ──────────────────────────────────→ Y
　　　　　後遺症悪化（皮膚移植手術）にかかる治療費等32万円の損害賠償請求

本判決の位置づけ・射程範囲

　不法行為に基づく損害は、加害行為時に相当因果関係の範囲ですべて発生したことを前提にすると、訴求額が全損害の賠償額に満たないとき、それは一部請求である。判例上、明示された一部請求は、訴求された一部が訴訟物であるところ（関連判例①）、明示的一部請求の全部又は一部を棄却した確定判決後の残額請求は、信義則上許されない（関連判例②）のに対し、前訴判決が全部認容である限り、残額請求も許される。よって、加害行為時に生じた損害の全部を被害者が把握できない場合は、無自覚的な一部請求になるところ、上記判例によれば、明示のない一部請求は全部請求でしかないため、残額請求は許されない（本件第１審判決も同旨）。つまり、後遺症は前訴確定判決の基準時前に生じた損害の一部に過ぎない以上、基準時後の後遺症の発覚ないし悪化は、既判力により遮断されることになる。ところが、本判決は、不法行為に基づく損害のうち、事実審の口頭弁論終結時までに生じた治療費等を請求する限り、それは一個の債権の一部を明示的に請求したものと把握できるため、悪化した後遺症（皮膚移植手術）にかかる治療費に関する本訴請求には、前訴確定判決の既判力は及ばないと判断して、残額請求を許容している。

　本判決と同様、後訴請求を許容する学説としては、(イ)後遺症の悪化を基準時後の新事由とする見解、(ロ)事実関係をも基準として訴訟物の単複異同を画する見地から前訴の損害（後遺症の当初治療費）と後訴の損害（後遺症悪化後の皮膚移植手術の費用）は事実関係を異にするとみる見解（いわゆる二分肢説）、(ハ)期待可能性により前訴判決の既判力の範囲を縮減する見解がある。後遺症の悪化は、(イ)及び(ロ)の見解では新たな損害だが、本判決及び(ハ)の見解では加害行為時に生じた一個の損害の一部である。後者のうち、(ハ)の見解は既判力を相対化する議論であるのに対し、本判決は一部請求の構造を借用して前訴と後訴の訴訟物を別物とすることにより、既判力自体の相対化を回避している（関連判例①）。ただし、本件のように前訴で請求されなかった損害（医学的理由で当初回避された皮膚移植手術の費用）の賠償を前訴判決の基準時後に（別の医学的助言に基づいて実施した皮膚移植手術に要した治療費として改めて）請求した事案でも、前訴で当該損害を主張する期待可能性という観点からの分析は有益である（後掲・山本弘）。

さらに理解を深める
百選４版82事件〔高地茂世〕　山本弘・民訴42号25頁、河野正憲「確定判決と事情変更」木川統一郎博士古稀祝賀『民事裁判の充実と促進（上）』（判例タイムズ社、1994年）770頁、飯塚重男「判決の既判力と後遺症」鈴木忠一監修・三ケ月章著『新・実務民事訴訟講座(4)』（日本評論社、1982年）137頁等

関連判例　①最二判昭和37・8・10[本書159①事件]、②最二判平10・6・12[本書160事件]、③最一判昭和61・7・17[本書166事件]

第12章 請求の複数——複数請求訴訟　　　　　　　　　　　　岡　伸浩

184 訴えの変更と相手方の同意

最高裁昭和39年7月10日第二小法廷判決
　事件名等：昭和38年（オ）第1211号家屋明渡請求事件
　掲載誌：民集18巻6号1093頁、判時378号18頁、判タ165号72頁

概要　本判決は、相手方の提出した防御方法を是認した上で、その相手方の主張事実を請求の原因とする場合は、仮に新請求が請求の基礎を変更する訴えの変更であっても、相手方はこれに異議をとなえて訴えの変更が許されないと主張できず、相手方の同意の有無にかかわらず、訴えの変更は許されるとしたものである。

事実関係　AはX所有の本件土地上に甲家屋を建築し、Yに賃貸していた。Xは、Aから甲家屋を譲り受けるとともにAの賃貸人たる地位を承継した。その後、Xは甲家屋の賃借人であるYに対して延滞賃料の支払いを催告したが、Yはこれを支払わなかった。そこで、Xは賃貸借契約を解除し、Yに対して甲家屋の明渡しと延滞賃料及び賃料相当損害金の支払いを求めて訴えを提起した（❶）。Yは、自分はA所有時に甲家屋を取り壊し、現在の乙家屋を建築したものであり、乙家屋の所有権はYに帰属するため、X主張の甲家屋は存在しないと主張した（❷）。第1審では、Xは予備的請求として、仮にY主張のとおり乙家屋がY所有であるとすれば、本件土地の所有者としてYに対して建物収去及び土地明渡しを求める旨の請求を追加した（❸）。第1審及び第2審はともに、Xの主位的請求を棄却し、予備的請求を認容した。Yが上告。

判決要旨　上告棄却。「相手方の提出した防禦方法を是認したうえその相手方の主張事実に立脚して新たに請求をする場合、すなわち相手方の陳述した事実をとってもって新請求の原因とする場合においては、かりにその新請求が請求の基礎を変更する訴の変更であっても、相手方はこれに対し異議をとなえその訴の変更の許されないことを主張することはできず、相手方が右の訴の変更に対し現実に同意したかどうかにかかわらず、右の訴の変更は許されると解するのが相当である（大審判昭和9年3月13日〔関連判例〕参照）。そして、右の場合において、相手方の陳述した事実は、かならずしも、狭義の抗弁、再々抗弁などの防禦方法にかぎられず、相手方において請求の原因を否認して附加陳述するところのいわゆる積極否認の内容となる重要なる間接事実も含まれると解すべきである。」

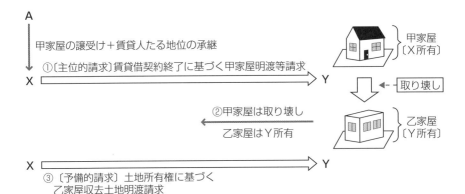

本判決の位置づけ・射程範囲

　訴えの変更とは、訴訟係属後に請求の内容を変更する原告の申立てをいう（民訴143条）。訴えの変更が認められるためには、請求の基礎に変更がないこと（請求の基礎の同一性）が必要となる。この要件は被告の利益保護を目的として要求されたものであるから、請求の基礎の同一性が欠ける場合でも被告の同意があれば訴えの変更は許されると解されている。

　本件では、Xは、甲家屋の所有権に基づく建物明渡請求訴訟において、Yが積極否認に際し、甲家屋を取り壊し、乙家屋を建築して所有している旨を主張したため、Xが予備的請求として本件土地の所有権に基づく建物収去土地明渡請求を追加する訴えの変更をした。Xの両請求は、根拠とする所有権が異なること（甲家屋と本件土地）、建物明渡請求と建物収去土地明渡請求は質的に異なり、後者は前者を拡張するものであることから、請求の基礎の同一性が認められないのではないかが問題となる。第1審及び第2審はともに請求の基礎が異なると判断した。

　本判決は、「かりにその新請求が請求の基礎を変更する訴えの変更であっても」と判示し、この点を明確にしておらず、本件において請求の基礎に同一性があると積極的に判断したものではないと解される。もっとも、請求の基礎の同一性が認められない場合、被告の同意がない限り、訴えの変更は認められないのではないかという点について、本判決は相手方の提出した防御方法を是認した上で、その相手方の主張事実に立脚して、これに基づいて新たに請求をする場合は、仮に当該新請求が請求の基礎の同一性を欠く訴えの変更であっても、相手方が同意したかどうかにかかわらず当該訴えの変更は認められること、この場合の相手方の陳述した事実は、必ずしも抗弁や再々抗弁等の攻撃防御方法に限られず、積極否認の内容となる重要な間接事実も含まれることを明らかにした。

さらに理解を深める　**百選Ⅰ補正版75事件〔我妻学〕**　最判解民事篇昭和39年度260頁〔奈良次郎〕、伊藤4版補訂版602頁、新堂5版758頁、松本＝上野7版685頁、中野ほか2版補訂2版515頁、三木ほか505頁、和田494頁、藤田・講義3版425頁、藤田・解析2版438頁　**関連判例**　大判昭和9・3・13民集13巻4号287頁、大判昭和11・3・13民集15巻453頁、最三判昭和29・6・8民集8巻6号1037頁

第12章 請求の複数──複数請求訴訟　　　　　　　　　　岡　伸浩

185 控訴審における訴えの交換的変更

最高裁昭和32年2月28日第一小法廷判決
事件名等：昭和29年（オ）第444号貸金請求事件
掲載誌：民集11巻2号374頁、判時107号7頁、判タ70号58頁

概要　本判決は、第2審において訴えの変更により新請求が係属した場合、新請求については第2審で初めて主張されたものであり実質的に第1審として新請求の存否を確定する旨の判決をすべきであり、新請求に対する結論が旧訴に対する第1審判決の主文の文言と合致する場合でも、控訴棄却の判決をすべきではないとしたものである。

事実関係　X（国）は、昭和25年12月12日にAのYに対する貸金債権を国税滞納処分として差し押さえ、Aに代位してYに対して当該債権の支払いを求めて訴えを提起した。第1審はXの請求を認容し、Yが控訴。第2審において、Xは、昭和28年10月29日にXが差し押さえたAのYに対する求償債権（上記貸金債権と同金額）について、Aに代位してYに対して支払いを求めるとの請求内容に変更するとともに、従前の貸金債権の主張を撤回した。第2審は、Xの請求を認容し、Yが上告。

判決要旨　破棄自判。「第1審判決が訴訟物として判断の対象としたものは……貸金債権であり、原審の認容した求償債権ではない。この両個の債権はその権利関係の当事者と金額とが同一であるというだけでその発生原因を異にし全然別異の存在たることは多言を要しない。そして本件控訴はいうまでもなく第一審判決に対してなされたものであり、原審の認容した求償債権は控訴審ではじめて主張されたものであって第1審判決には何等の係りもない。原審が本件訴の変更を許すべきものとし、また求償債権に基づく新訴請求を認容すべしとの見解に到達したからとて、それは実質上初審としてなす裁判に外ならないのであるから第1審判決の当否、従って本件控訴の理由の有無を解決するものではない。それ故原審は本件控訴を理由なきものとなすべきいわれはなく、単に新請求たる求償債権の存在を確定し『YはXに対し金713,626円を支払わなければならない』旨の判決をなすべかりしものなのである。」「元来、請求の原因を変更するというのは、旧訴の繋属中原告が新たな権利関係を訴訟物とする新訴を追加的に併合提起することを指称するのであり、この場合原告はなお旧訴を維持し、新訴と併存的にその審判を求めることがあり、また旧訴の維持し難きことを自認し

新訴のみの審判を求めんとすることがある。しかし、この後者の場合においても訴の変更そのものが許さるべきものであるというだけでは、これによって当然に旧訴の訴訟繋属が消滅するものではない。けだし訴の変更の許否ということは旧訴の繋属中新訴を追加的に提起することが許されるか否かの問題であり、一旦繋属した旧訴の訴訟繋属が消滅するか否かの問題とは係りないところだからである。もし原告がその一方的意思に基づいて旧訴の訴訟繋属を消滅せしめんとするならば、法律の定めるところに従いその取下をなすか、或はその請求の放棄をしなければならない。」

本判決の位置づけ・射程範囲

本判決は、①第２審において訴えの変更により新請求が係属した場合、第２審は新請求について実質的に第１審としての裁判をすべきであり、たとえ新請求に対する結論が旧訴に対する第１審判決の主文の文言と合致する場合でも控訴棄却の裁判をすべきでないこと、また、②訴えの変更により新訴の提起がなされた場合でも、旧訴について適法な訴えの取下げ又は請求の放棄がない限り旧訴の訴訟係属は消滅しないことを明らかにした。

①について、第２審で訴えの変更がなされた場合、これにより新たな訴訟物が定立されたのであるから、第２審は、新請求を認容すべきであるときは判決主文が原判決と同じになるとしても控訴棄却の判決をすべきではなく、再度、新請求を認容する判決をすべきと解される（最一判昭和31・12・20 関連判例 ）。

②は、訴えの交換的変更の法的性質論に関わる問題と位置づけることができる。訴えの交換的変更を訴えの追加的変更と訴えの取下げが組み合わされた行為であるとすれば、訴えの取下げに被告の同意が必要となること（民訴261条２項）との関係上、訴えの交換的変更にも被告の同意が必要であると解することになると考えられる。これに対して、訴えの交換的変更は、訴えの取下げとは別個の独立した訴訟行為であるととらえれば、被告の同意は不要であると理解することになると考えられる。

さらに理解を深める 百選４版33事件〔渡部美由紀〕 最判解民事篇昭和32年度61頁〔長谷部茂吉〕、伊藤４版補訂版600頁、新堂５版351頁、松本＝上野７版681頁、高橋（下）２版補訂版660頁、三木ほか507頁、和田492頁、藤田・講義３版543頁 関連判例 最一判昭和31・12・20民集10巻12号1573頁

第12章　請求の複数──複数請求訴訟　　　　　　　　　高田賢治

186　訴えの変更と移送

最高裁平成5年2月18日第一小法廷判決
　事件名等：平成3年（オ）第131号請求異議事件
　掲載誌：民集47巻2号632頁、判時1477号55頁、判タ833号155頁、
　　　　　金法1387号116頁

概要　本最高裁判例は、家庭裁判所において請求異議の訴えが適法に損害賠償請求の訴えに交換的に変更された場合には、民事訴訟法30条1項（現民訴16条1項）により、新訴を管轄裁判所に移送すべきであることを明らかにしたものである。

事実関係　夫であるX（原告・控訴人・上告人）と妻であるY（被告・被控訴人・被上告人）との間の婚姻費用分担申立事件について、神戸家裁尼崎支部の家事審判が確定していた。Yは、この家事審判の執行力のある正本に基づいて9回にわたり強制執行を申し立てた。Yの申立てにより債権差押命令が発令された。

Xは、Yがすでに家事審判によって認められた債権額を超える強制執行を終了しており、上記のうち最後の債権差押命令に基づく取立権を有しないと主張して、具体的な債権差押命令の執行の不許を求めて、同支部に請求異議の訴えを提起した。

ところが、その後、第1回口頭弁論期日前に、Yの取立てが了して債権執行手続が終了したため、Xは、請求異議の訴えを不法行為に基づく損害賠償請求の訴えに交換的に変更した（本件訴えの変更）。なお、Yは、本件訴えの変更に同意し、損害賠償請求の訴えにつき異議なく応訴した。

第1審は、本件訴えの変更を不適法とした上で、請求異議の訴えを家庭裁判所の管轄に属さない不適法な訴えであるとして却下した。

原審は、次の理由によりXの訴えを却下した。請求異議の訴えは、神戸家裁尼崎支部の管轄に属する適法な訴えである（したがって、第1審はこの点で取り消すべきである）。本件訴えの変更によって提起された損害賠償請求の訴えは神戸地裁尼崎支部の管轄に属する事件であるから、家裁での請求異議の訴えの審理中に、上記のような新訴に訴えの変更をすることは、Yの同意の有無にかかわらず不適法として許されない。そうすると請求異議の訴えが依然として審判対象であるところ、執行手続はすでに終了しているから、請求異議の訴えは、訴えの利益を欠く不適法な訴えとなる。

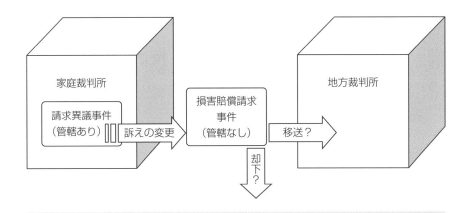

判決要旨 原判決破棄。第１審判決取消し。本件を神戸地方裁判所に移送。
「家庭裁判所における請求異議の訴えの審理は民事訴訟法によってされるのであるから、右請求異議の訴えの審理中に民訴法232条〔現民訴143条〕により訴えの交換的変更の申立てがされた場合には、家庭裁判所は受訴裁判所としてその拒否を決める権限を有し、訴えの変更の要件に欠けるところがなければ、これを許した上、新訴が家庭裁判所の管轄に属さない訴えであるときは、同法30条１項〔現民訴16条１項〕により、新訴を管轄裁判所に移送すべきものと解するのが相当である。」

本判決の位置づけ・射程範囲

金銭の支払い等給付を命ずる家事審判は、確定すると執行力のある債務名義と同一の効力を有するため（家事75条）、これに基づいて強制執行することができる。家事審判に対する請求異議の訴えの管轄裁判所は、第１審裁判所（家事審判をした家庭裁判所）の専属管轄となる（民執35条3項・33条2項1号・19条）。ところが、訴えの変更後の損害賠償請求の訴えは、地方裁判所の管轄に属する（裁33条1項1号・24条1号）。そこで、訴えの交換的変更後の新訴が他の裁判所の専属管轄に属する場合の訴えの変更の適法性が問題となる。

訴えの交換的変更は、旧訴の取下げと新訴の提起の実質をもつことから、新訴の管轄のない裁判所は、新訴を管轄裁判所へ移送すべきである。本件と異なり、家事審判事件が誤って訴訟事件として地方裁判所に提起された場合は、民訴法30条1項〔現民訴16条1項〕による家事審判事件の地方裁判所から家庭裁判所への移送を否定するのが判例の立場である（最二判昭和38・11・15 関連判例 、最一判昭和44・2・20 関連判例 ）。

さらに理解を深める 平成５年度重判民訴３事件〔宮里節子〕 最判解民事篇平成５年度（上）257頁〔井上繁規〕、松下淳一・判評429号233頁（判時1505号）、畑瑞穂・民商110巻3号120頁 関連判例 最二判昭和38・11・15民集17巻11号1364頁、最一判昭和44・2・20民集23巻2号399頁

第12章 請求の複数——複数請求訴訟　　　　　　　　　　　岡　伸浩

187 占有訴訟における本権に基づく反訴

最高裁昭和40年3月4日第一小法廷判決
　事件名等：昭和38年（オ）第654号占有保持請求本訴ならびに建物収去土地明渡請求反訴事件
　掲載誌：民集19巻2号197頁、判時406号50頁、判タ175号104頁

概　要　本判決は、民法202条2項の解釈に関して、占有の訴えに対し防御方法として本権の主張をなすことは許されないが、占有の訴えに対し本権に基づく反訴を提起することは許されるとしたものである。

事実関係　Xは、Aから本件土地を買い受け、X所有の本件建物を本件土地上に移築して補修工事をしていたところ、Yが本件土地に侵入して工事の施工を阻止したと主張し、Yに対して占有権に基づき妨害の停止を求めて訴えを提起した。Yは、本件土地はAからB、BからYに順次売却され、中間省略登記によりAからYに直接所有権移転登記がなされたものであり、Xは権原なくして本件土地上に本件建物を移築して本件土地を不法に占拠していると主張して、所有権に基づき本件建物の収去及び本件土地の明渡しを求めて反訴を提起した。

　原審は、Xの本訴請求は将来受けるおそれのある占有の妨害の予防を求めるものであるから、占有保持の訴えではなく占有保全の訴えであると解した上で、YがXの本件土地の占有を妨害するおそれが認められるとしてXの請求を認容した。また、Yの反訴については、本件土地はAからX及びYに二重譲渡された関係にあり、登記を有するYが優先するとした第1審判決を引用してYの請求を認容した。Xが上告し、占有の訴えに対して本権に基づく反訴を提起することは許されないと主張した。

判決要旨　上告棄却。「民法202条2項は、占有の訴において本権に関する理由に基づいて裁判することを禁ずるものであり、従って、占有の訴に対し防禦方法として本権の主張をなすことは許されないけれども、これに対し本権に基づく反訴を提起することは、右法条の禁ずるところではない。そして、本件反訴請求を本訴たる占有の訴における請求と対比すれば、牽連性がないとはいえない。」

第12章　請求の複数——複数請求訴訟　379

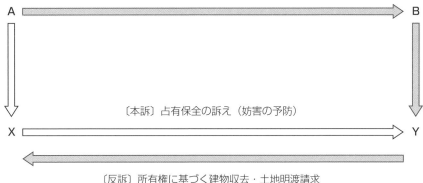

〔本訴〕占有保全の訴え（妨害の予防）

〔反訴〕所有権に基づく建物収去・土地明渡請求

民法202条2項によって本権に基づく反訴は禁止されるか。

本判決の位置づけ・射程範囲

民法は、占有の訴えと本権の訴えの関係について「占有の訴えについては、本権に関する理由に基づいて裁判をすることができない」と規定する（民202条2項）。この規定によれば、原告の占有権に基づく請求に対して、被告は同一の訴えの中で本権を抗弁として主張できないこととなる。

本件では、目的物の占有を保持する原告が占有保全の訴え（民199条）を提起した場合、被告が本権に基づく反訴を提起することが認められるかが問題となった。本判決は、民法202条2項は占有の訴えの当否を判断するにあたって本権を理由とすることを禁じているのであって、本権を占有訴権に対する防御方法として主張するのではなく、本権に基づく反訴を提起することは同条項の禁止するところではなく許されると判断した。

本権に基づく反訴を認めると、占有の訴えによる迅速な紛争の解決が妨げられるとして、本権に基づく反訴も認めるべきでないとする見解が存在するが、占有の訴えと本権の訴えの併合が認められること、独立の訴えである反訴は防御方法である抗弁とは異なるものであることから、学説の多くは本判決と同様の立場に立つものといえよう。

なお、反訴（民訴146条）は、要件として本訴請求と反訴請求の関連性を必要としていることから、本件でもこの要件を充足するかが問題となる。Xの占有保全の本訴請求とYの所有権に基づく建物収去土地明渡しの反訴請求は同一の土地の占有権限をめぐる争いであり、請求自体を基礎づける主要な事実に共通性が認められることから、かかる要件を充足するものと考えられる。

さらに理解を深める　**百選4版34事件〔西澤宗英〕**　最判解民事篇昭和40年度68頁〔森綱郎〕、伊藤4版補訂版205頁、新堂5版319頁、松本＝上野7版342頁、中野ほか2版補訂2版522頁、高橋（上）2版補訂版49頁、三木ほか509頁、和田497頁、藤田・講義3版430頁　**関連判例**　東京地判昭和45・4・16下民集21巻3・4号596号

第12章 請求の複数──複数請求訴訟　　　　　　　　　垣内秀介

188 控訴審における反訴に対する相手方の同意の要否

最高裁昭和38年2月21日第一小法廷判決
　事件名等：昭和34年（オ）第975号建物収去土地明渡並びに反訴事件
　掲載誌：民集17巻1号198頁

概要　本判決は、控訴審における反訴提起が相手方に一審級を失わせる不利益を与えるものとはいえず、その同意を要しない場合があることを明らかにしたものである。

事実関係　Xは、Yに対して、本件土地の所有権に基づいて建物収去土地明渡請求訴訟を提起したところ、Yは、Xの叔父Aを介して本件土地の賃借権を取得したと主張した。第1審は、賃借権に関するYの主張を認めてXの請求を棄却し、Xが控訴した。控訴審においてYは反訴を提起し、YとXとの間に、本件土地につき、賃貸人をX、賃借人をYとする賃料1ヶ月407円余、毎月28日持参支払いの約定のある期間の定めのない建物所有目的賃貸借関係が存在することの確認を求めた。Xは反訴に同意しない一方、訴えを交換的に変更して、Yが本件土地について建物所有を目的とする賃借権を有しないことの確認と損害金の支払いを求めた。控訴審は、Xの新請求を棄却し、Yの請求を認容した。Xが上告。

判決要旨　上告棄却。「本件記録に徴するに、……昭和32年5月10日の口頭弁論期日においてY代理人は、同年3月30日附反訴状と題する書面に基いて反訴の趣旨を陳述し、これに対しX代理人は右反訴に同意しない旨を述べた後、同年5月10日附控訴状訂正申立書に基いて控訴の趣旨並びに事実および理由を陳述し、Y代理人は右訂正に異議はない旨陳述したことが明らかである。このような訴訟経過を辿っている本件にあっては、たとえ右反訴と右訂正後の本訴とが同一訴訟にあたるとしても、前述のように反訴が右訂正後の本訴より以前に提起されている以上、右反訴は適法に原審に係属している……。そして右反訴の提起についてX代理人が同意しなかったことは前述のとおりであるが、1審においてX（控訴人・上告人）の本件土地明渡しの請求に対し、Y（被控訴人・被上告人）は同土地について賃借権を有する旨主張し、Xはこれを争ったところ、1審はこれを容認してXの請求を排斥したものであること、Y（被上告人）は原審において反訴として右賃借権の存在を主張し、その確認の訴を提起するに至ったものであることは記録上明らかであるから、このような本件における反訴提起に

第12章　請求の複数——複数請求訴訟　381

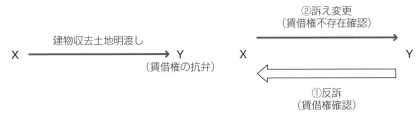

ついては、Xをして1審を失う不利益を与えるものとは解されず、従って、右反訴提起については同人の同意を要しないものと解するのが相当である。」

本判決の位置づけ・射程範囲

　民訴法300条1項によれば、控訴審においては、反訴の提起は、相手方の同意がある場合に限ってすることができる。これは、反訴被告（本訴原告）の審級の利益を考慮したものである。これに対して、原告側の訴えの変更（民訴143条）に関しては、控訴審においてする場合にも、被告の同意を要する旨の規定はない。これは、形式的には新たな請求の審判が求められる場合であっても、請求の基礎に変更がないという訴え変更の要件を満たす限り、実質的には第1審においてすでに攻撃防御の機会が与えられており、原則として審級の利益を問題とする必要はないとの判断に基づく。このことを前提とすると、①訴えの変更よりも緩やかな要件の下で認められる反訴（民訴146条1項参照）の場合においても、訴えの変更と同等の範囲では、反訴を認めても相手方の審級の利益を実質的に害しない場合があると考えられ、その場合には、

相手方の同意は不要と解されるし、②反訴について相手方の審級の利益を凌駕するような必要性が認められる場合にも、同様と考えられる（明文の例外として、人訴18条・25条2項参照）。

　本判決は、主として上記①の観点から、すでに第1審において主張され、判断の対象となった賃借権の存否については、控訴審においてそれが初めて既判力の対象とされるとしても、相手方の同意は必要ないとされたものである。同様の例としては、中間確認の反訴（本件もこれに当たると見る余地もある）のほか、債務不存在確認に対する給付の反訴のように、本訴と訴訟物を同じくする反訴などがあげられる。

　なお、本件では、Yの賃借権確認の反訴提起後、Xの本訴が賃借権不存在確認等に変更されているが、両訴えはその具体性の程度が異なることから（事実関係参照）、その訴訟物の異同や訴えの利益の有無についても、議論がある。

さらに理解を深める
百選初版93事件〔新堂幸司〕　上田徹一郎・民商49巻4号571頁、伊東乾・法学研究37巻7号828頁、条解2版1573頁〔松浦馨＝加藤新太郎〕　関連判例　最二判昭和29・2・26民集8巻2号630頁、最二判昭和50・6・27判時785号61頁、最二判昭和52・10・14判時870号67頁

第13章 当事者の複数──多数当事者訴訟　　　　　中島弘雅

189　共同訴訟参加と当事者適格

最高裁昭和36年11月24日第二小法廷判決
　事件名等：昭和34年（オ）第250号株主総会決議取消請求事件
　掲載誌：民集15巻10号2583頁

概要　本判決は、Y会社の株主XがZらを取締役・監査役に選任する旨の株主総会決議の取消しを求める訴訟における被告適格者はY会社であり、取締役Zらは同訴訟の被告適格を有しておらず、Y会社の共同訴訟人となり得ない旨を明らかにした裁判例である。

事実関係　Y会社の株主Xらは、Y会社を被告として、Zらを取締役・監査役に選任する旨の株主総会決議について、招集手続の瑕疵を理由に、その取消しを求めて訴えを提起した。しかし、Y会社（Zら取締役につき取締役職務執行停止・代行者選任仮処分命令が発令され、職務代行者AがY会社を代表していた）は、請求棄却の申立てはしているものの、Xの主張事実を全て認めて争わない。そこで、Zが旧民訴法（現民訴52条）に基づきY会社の共同訴訟人として参加の申出をした。第1審及び原審ともに、Zの申出を却下するとともに、Xの請求を認容して決議を取り消す判決をした。そこで、Z上告。

判決要旨　上告棄却。「Zの本件参加の申出が許されるためには、Zは本件訴訟の被告となりうる適格を有しなければならないのである。ところが、本件訴訟の被告となりうる者は、その性質上、Y会社に限られると解するのが相当であるから、Zが本件訴訟の被告となる適格を有しないことは自明の理である。」

本判決の位置づけ・射程範囲

　会社法は、取締役等の選任決議を含む株主総会決議の効力を争う訴訟の被告適格者を会社とする旨の規定を置いている（会社834条16号・17号）。しかし、商法旧規定時代には明文の規定がなく、誰を被告適格者と解するにつき争いがあった。判例・通説は、会社が被告適格者であると解していたが、本判決は、その理由につき、訴えの性質上、会社が被告であると述べたものである。しかし、これでは何ら実質的な根拠が示されたとはいえない。そのため、通説が好んで用いてきた理由づけとして、株主総会決議は会社の意思決定だから、それについて処分権をもつ会社が被告になるべきであるという理由づけがある（たとえば、広島高岡山

```
                Zらを取締役等に選任する旨の
                 株主総会決議取消訴訟
  Xら ─────────────────────────────→ Y会社（職務代行者Aが訴訟追行）
 （株主）                              ↑
                                      │ 共同訴訟参加の申出
                                      │
                                      Z
```

支判昭和33・12・26高民集11巻10号743頁〔本件原審〕）。しかし、決議は会社の内部的意思決定にすぎず、この意思表示を変更・撤回できるのは株主自身であり、むしろかかる意味での処分権は会社にはないと解される。そこで、通説が会社被告説の根拠として述べる処分権云々の真意は、会社は決議の効力について最も密接な利害を感ずるはずだから、会社を除外した訴訟では会社を拘束できないし、他方、会社さえ被告にすれば判決効は第三者に及ぶから、会社以外の者に被告適格を認める必要はないという意味であると解する見解が有力となっている。

しかし、かかる理由づけに対して谷口安平教授は、次のように批判される。すなわち、かかる理由づけは、この種の紛争が法人自身の紛争であり、従ってまた、訴訟の結果に対して最も強い利害関係を有しているのも法人自身であるとの認識に立っているが、当該紛争はいわば法人というコップの中の嵐であって、法人自身は紛争の主体ではないから、紛争主体でもない者に当該紛争の解決のための訴訟において当事者適格を認めるのは意味がない、と。そして、谷口教授は、むしろこの種の訴訟において訴訟の結果に最も密接な利害関係を有し、最も充実した防御活動の規定ができるのは当該取締役であるから、その者をもって被告とするのが合理的であるとされる。もっとも、谷口説に対しては、会社自身が被告になっているときは、確かに、会社代表者が訴訟追行にあたる場合であっても、一般株主等判決効の拡張を受ける第三者の意見を調整・集約したところに従って訴訟追行することが原理的に期待できるから、その者の受けた判決効を第三者に拡張できるといいうるが、取締役が被告であるときは、かかる保障がないから、第三者の手続保障に欠けるのではないかとの批判がある。

かくして取締役選任決議の効力を争う訴訟では、会社をもって被告適格者と解する見解が通説のままであり、会社法もかかる理解を前提としている。しかし、民事訴訟法学の立場からは、会社に被告適格を認めるとしても、当該取締役のような、一般株主としての地位を超える特に重大な利害関係を持つ者には、会社とは別個に被告適格を認めるべきである（共同訴訟的補助参加を認めるだけでは足りない）とする見解が、会社法下においてもなお有力に主張されている。

さらに理解を深める　百選3版111事件〔井上治典〕　新堂5版301-302頁、高橋（上）2版補訂版310頁以下、谷口安平『民事手続法論集(2)』（信山社、2013年）236頁以下、中島弘雅・民訴55号127頁、川嶋四郎＝中東正文編『会社事件手続法の現代的展開』（日本評論社、2013年）161頁以下〔松原弘信〕　**関連判例**　最一判昭和44・7・10　**本書1事件**

第13章 当事者の複数──多数当事者訴訟　　　　　　　　　佐藤優希

190 通常共同訴訟
　──共同相続事案

最高裁昭和43年3月15日第二小法廷判決
　事件名等：昭和41年（オ）第162号建物収去土地明渡請求事件
　掲載誌：民集22巻3号607頁、判時513号5頁、判タ221号114頁

概要　本件は、土地所有者がその所有権に基づいて、地上建物所有者の共同相続人に対して提起する建物収去土地明渡請求訴訟は、当該義務が不可分債務であるために固有必要的共同訴訟ではないとした事案である。

事実関係　Xは、X所有の土地上に建物を所有するYに対して、所有権に基づき建物収去土地明渡請求訴訟を提起した（❶）。第1審、X勝訴。ところが、Yは第1審口頭弁論終結前に死亡し（❷）、又、Yの訴訟代理人は弁論終結後、判決言渡し前に辞任していたので、判決言渡し後にYの相続人Y_1～Y_3が受継して控訴した（❸）。その口頭弁論終結後判決言渡し直前にY_4がYの相続人の1人であるとして受継を申し立てたが、原審は弁論を再開することなく、Y_1～Y_3に敗訴の判決を下した（❹）。そこで、Y_1～Y_3は、必要的共同訴訟である本件でY_4を脱落したままなされた原判決は違法であるとして、上告した（❺）。

判決要旨　上告棄却。「土地の所有者がその所有権に基づいて地上の建物の所有者である共同相続人を相手方とし、建物収去土地明渡を請求する訴訟は、いわゆる固有必要的共同訴訟ではないと解すべきである。けだし、右の場合、共同相続人らの義務はいわゆる不可分債務であるから、その請求において理由があるときは、同人らは土地所有者に対する関係では、各自係争物件の全部についてその侵害行為の全部を除去すべき義務を負うのであって、土地所有者は共同相続人ら各自に対し、順次その義務の履行を訴求することができ、必ずしも全員に対して同時に訴を提起し、同時に判決を得ることを要しないからである。もし論旨のいうごとくこれを固有必要的共同訴訟であると解するならば、共同相続人の全部を共同の被告としなければ被告たる当事者適格を有しないことになるのであるが、そうだとすると、原告は、建物収去土地明渡の義務あることについて争う意思を全く有しない共同相続人をも被告としなければならないわけであり、また被告たる共同相続人のうちで訴訟進行中に原告の主張を認めるにいたった者がある場合でも、当該被告がこれを認諾し、または原告がこれに対する訴を取り下げる等の手段に出ることができず、いたずらに無用の手続を重ねなければならないことになるのである。のみならず、相続登記のない家屋を数人の共同相続人

第13章　当事者の複数——多数当事者訴訟　　385

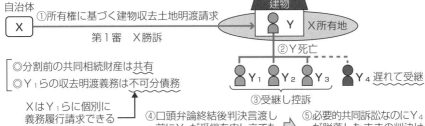

が所有してその敷地を不法に占拠しているような場合には、その所有者が果して何びとであるかを明らかにしえないことで〔ママ〕稀ではない。そのような場合は、その一部の者を手続に加えなかったために、既になされた訴訟手続ないし判決が無効に帰するおそれもあるのである。以上のように、これを必要的共同訴訟と解するならば、手続上の不経済と不安定を招来するおそれなしとしないのであって、これらの障碍を避けるためにも、これを必要的共同訴訟と解しないのが相当である。また、他面、これを通常の共同訴訟であると解したとしても、一般に、土地所有者は、共同相続人各自に対して債務名義を取得するか、あるいはその同意をえたうえでなければ、その強制執行をすることが許されないのであるから、かく解することが、直ちに、被告の権利保護に欠けるものとはいえないのである。そうであれば、本件において、所論の如く、他に同被告の承継人が存する場合であっても、受継手続を了した者のみについて手続を進行し、その者との関係においてのみ審理判決することを妨げる理由はない」。

本判決の位置づけ・射程範囲

共同所有関係訴訟における必要的共同訴訟の成否については、従来から判例・学説ともに対立があった。本判決は、共同所有者が被告となる場合（受働訴訟）において、共同所有者全員を被告にする必要はないと示した最初の最高裁判決である。その理由として本判決は、分割前の共同相続財産が共有に属すると解し、相続人らの建物収去土地明渡義務が不可分債務であるから各自に対して履行を請求することができるとする従来の実体法的観点に加えて、相続財産に対して強制執行をするために全員に対する１つの債務名義を必要とするわけではないことなどの訴訟政策的観点を決め手としたもので、多数説と一致する。本判決は、固定的な枠組みにとらわれない柔軟な思考及び弾力的処理の必要に応じたものといえる。

さらに理解を深める　百選４版100事件〔間渕清史〕　百選３版103事件〔髙地茂世〕、百選２版31事件〔上田徹一郎〕、百選Ⅱ補正版163事件〔荒木隆男〕、家族百選新版増補97事件〔小島武司〕、最判解民事篇昭和43年度（上）325頁〔千種秀夫〕、争点70頁〔鶴田滋〕、基本判例２版補訂207頁、高橋（下）２版補訂版332頁、福永有利・民商59巻５号102頁　**関連判例**　最三判昭和43・５・28判時522号32頁

第13章 当事者の複数──多数当事者訴訟　　　　　　　　　　　　鶴田　滋

191 固有必要的共同訴訟の成否
──共同相続人の1人による訴え

最高裁昭和31年5月10日第一小法廷判決
事件名等：昭和29年（オ）第4号不動産所有権移転登記抹消登記手続請求事件
掲載誌：民集10巻5号487頁、判タ60号48頁

概要　本判決は、ある不動産を共有する者の1人が、その持分に基づき、当該不動産に対する保存行為として、当該不動産について登記簿上所有名義者となっている者に対してその登記の抹消を求める訴訟を単独で提起することは適法であることを明らかにしたものである。

事実関係　AはBより本件不動産を買い受け所有権を取得したが、税金対策の理由からY（Aの実弟）に対して売買を原因とする所有権移転登記を行った。その後、Aが死亡したため、X（Aの妻）とC（Aの実母）が共同相続人となった。そこで、XはYに対し、前記所有権移転登記は登記原因を欠く無効なものであるとして、その抹消登記手続を求める訴えを提起した。第1審は、Xの請求を認容した。Yは控訴し、XはCと本件不動産を共同相続により取得したのであるから、Xは他の共有者であるCと共同で訴えを提起すべきであり、それゆえ本件訴えは不適法であると主張した。これに対して、控訴審は、本件のような登記の抹消は保存行為に属するものというべきであるから、X単独での本件訴えを適法とし、Yの控訴を棄却した。Yは、「所有権移転登記抹消登記手続の訴における権利関係は、共同相続人全員に合一にのみ確定すべきものであって、共同相続人の一員により単独で提起しうるものではない」、「かつて大審院は、訴は処分行為であって保存行為ではないという判旨さえ与えていたほどであり……保存行為の範囲は厳重に解釈すべきである」などと主張して上告した。

判決要旨　上告棄却。「ある不動産の共有権者の1人がその持分に基き当該不動産につき登記簿上所有名義者たるものに対してその登記の抹消を求めることは、妨害排除の請求に外ならずいわゆる保存行為に属するものというべく、従って、共同相続人の1人が単独で本件不動産に対する所有権移転登記の全部の抹消を求めうる旨の原判示は正当であると認められる」。

本判決の位置づけ・射程範囲

固有必要的共同訴訟とは、共同訴訟人となるべき者全員が共同訴訟人とならない限り、訴えが当事者適格（訴訟追行権）を欠くとして却下される訴訟形態である。

第13章 当事者の複数——多数当事者訴訟　387

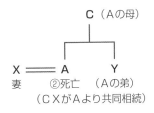

本判決は、各共有者は、自己の持分に基づき、共有物全体の保存行為として、共有物全体に対する妨害排除請求権を訴訟上主張することができると判示し、この事件においては、共有者全員が共同原告となるべき固有必要的共同訴訟は成立しないことを明らかにした点に意義がある。

本判決は、固有必要的共同訴訟の成否を、訴訟物たる実体法上の権利関係について各共有者がそれを訴訟上主張する権能を有するかどうかにより判断する点に特徴がある。しかし、本判決がどのような実体法上の根拠により各共有者による単独提訴を適法としたのかについては、議論の余地がある。

まず、各共有者は自己の持分権に基づく共有物全体に対する妨害排除請求権を有し、これを訴訟上主張していると捉えることが考えられる（この考え方を貫いたと思われる判例として、最一判平成15・7・11 関連判例 がある）。しかし、給付訴訟において自己に給付請求権が帰属すると主張する者に当事者適格が付与されるという考え方は、給付請求権の帰属主体に当該権利についての処分権能が認められていることを前提としている。ところが、各共有者は、他の共有者全員の同意がない限り、共有物全体を処分することができない（民251条）。そこで、共有物全体について処分権能を持たない共有者が単独でその持分に基づいて当該給付訴訟における訴訟追行権を得ることができるのか、という問題が残る。

次に、各共有者は、共有者全員の共有権に基づく共有物全体に対する妨害排除請求権を、それが保存行為（民252条ただし書）であることを理由に訴訟上主張し、それゆえ彼は、共有者全員のための訴訟担当者として、自己の名で単独で訴訟追行している、と捉えることもありうる。しかし、第三者の訴訟担当としての各共有者による訴訟追行は、とりわけ民訴法115条1項3号により、実質的に共有者全員の権利の処分を生じさせる以上、保存行為を理由に正当化されうるのか、という問題が残る。

なお、本判決の射程は、共有権確認訴訟・共有権に基づく所有権移転登記請求訴訟（最一判昭和46・10・7 本書157事件 ）、共有地とその隣接地との境界確定訴訟（最一判46・12・9 本書197事件 ）などには及ばない。これらの判例と本判決との関係をどのように整合的に説明するかについても、困難な問題がある。

さらに理解を深める　百選4版99事件〔佐野裕志〕　最判解民事篇昭和31年度68頁〔長谷部茂吉〕、最判解民事篇平成15年度（下）383頁〔尾島明〕、民法百選Ⅰ6版75事件〔七戸克彦〕、古積健三郎・法時85巻9号4頁、鶴田滋・法時85巻9号10頁

関連判例　最一判平成15・7・11民集57巻7号787頁、最一判昭和46・10・7 本書157事件 、最一判46・12・9 本書197事件

第13章　当事者の複数——多数当事者訴訟　　　　　　　　　　鶴田　滋

192　固有必要的共同訴訟——遺産確認訴訟事案

最高裁平成元年3月28日第三小法廷判決
　事件名等：昭和60年（オ）第727号建物収去土地明渡、遺産確認並持分所有権移転登記手続請求事件
　掲載誌：民集43巻3号167頁、判時1313号129頁、判タ698号202頁、金法1227号31頁、金判824号3頁

概要　本判決は、遺産分割審判の手続及びその審判の確定後において、当該財産の遺産帰属性を争うことを許さないとすることによって共同相続人間の紛争の解決に資するという遺産確認の訴えの目的から、当該訴えが、共同相続人全員が当事者として関与すべき固有必要的共同訴訟であるとしたものである。

事実関係　被相続人Aは昭和34年6月27日に死亡し、Aの妻Yと長男B、長女C、三女D、養女Eが相続した。Bは昭和42年11月17日に死亡し、Bの妻X_1及び子X_2〜X_9が、Aの遺産も含めてBを相続した。本件土地については、昭和38年1月21日付でY名義の所有権保存登記がされている。Xらは、昭和19年に土地を国に買収された代替地として、本件土地は昭和38年1月にAに売り渡されたのであるが、当時Aは既に死亡していたために便宜上Y名義で所有権保存登記がなされたにすぎず、Aの遺産に属すると主張して、Yに対して、本件土地がAの遺産に属することの確認を求める訴えを提起した。第1審は、Xらの請求を棄却したが、控訴審は、遺産確認の訴えは共同相続人全員につき合一に確定すべき固有必要的共同訴訟であるとして、原判決を取り消し、訴えを却下した。これに対して、Xらは、CらがXらに同調することは期待できずやむなく提訴しており、当該訴えは保存行為にあたると主張して上告した。

判決要旨　上告棄却。「遺産確認の訴えは、当該財産が現に共同相続人による遺産分割前の共有関係にあることの確認を求める訴えであり、その原告勝訴の確定判決は、当該財産が遺産分割の対象である財産であることを既判力をもって確定し、これに続く遺産分割審判の手続及び右審判の確定後において、当該財産の遺産帰属性を争うことを許さないとすることによって共同相続人間の紛争の解決に資することができるのであって、この点に右訴えの適法性を肯定する実質的根拠があるのであるから（最高裁昭和57年（オ）第184号同61年3月13日第一小法廷判決・民集40巻2号389頁参照）、右訴えは、共同相続人全員が当事者として関与し、その間で合一にのみ確定することを要するいわゆる固有必要的

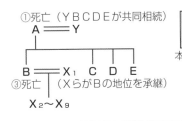

共同訴訟と解するのが相当である。」

本判決の位置づけ・射程範囲

本判決は、遺産確認の訴えが、共同相続人全員が当事者として関与し、その間で合一にのみ確定することを要する固有必要的共同訴訟であることを明らかにしたものである。

判例によれば、遺産分割審判の「性質は本質的に非訟事件である」ため、当該審判の前提として判断される「相続権、相続財産等の存在」は「いずれも実体法上の権利関係であるから、その存否を終局的に確定するには、訴訟事項として対審公開の判決手続によらなければならない」（最大決昭和41・3・2 関連判例）。そこで、遺産分割審判の前提問題について争う当事者は、遺産分割審判に先立って、前提問題に関する訴訟を提起する必要がある。このことから、遺産確認の訴えが適法とされる（最三判昭和61・3・13 本書73事件）。

ところで、判例によれば、遺産分割審判は「相続人の全員について合一にのみ確定すべきものである」とされ、遺産共有関係の解消を命ずる同審判は、共同相続人全員が当事者として関与することを要するものであることが前提とされている（最一決平成15・11・13 本書223②事件）。遺産確認の訴えが、遺産分割審判の前提問題についての紛争を解決するために存在する以上、遺産分割審判と同様に、共同相続人全員が関与しかつ合一に確定すべき固有必要的共同訴訟でなければ、当該訴訟の目的を達成することはできない。この点に、遺産確認訴訟が固有必要的共同訴訟であることの実質的根拠がある。

本判決の射程は、遺産分割審判の前提問題である相続権、相続財産等の存否をめぐる確認訴訟に及ぶ。判例は「被相続人の遺産につき特定の共同相続人が相続人の地位を有」しないことの確認請求も、共同相続人全員が関与すべき固有必要的共同訴訟であるとし（最三判平成16・7・6 関連判例）、さらに、XYZ3名の共同相続人のうち、XがYとZを被告としてYの相続権不存在確認請求を提起することも適法とする（最三判平成22・3・16 本書198事件）。

さらに理解を深める 百選4版101事件〔越山和広〕 最判解民事篇平成元年度96頁〔田中壯太〕、平成元年度重判民訴2事件〔髙田昌宏〕、松下淳一・法教108号90頁、最判解民事篇平成16年度（下）421頁〔太田晃詳〕、鶴田滋・民商143巻2号211頁 関連判例 最大決昭和41・3・2民集20巻3号360頁、最一判昭和61・3・13 本書73事件、最一決平成15・11・13 本書223②事件、最三判平成16・7・6民集58巻5号1319頁、最三判平成22・3・16 本書198事件

第13章 当事者の複数──多数当事者訴訟　　　　　　　　　青木　哲

193　類似必要的共同訴訟──住民訴訟事案

最高裁裁平成9年4月2日大法廷判決
　事件名等：平成4年（行ツ）第156号損害賠償代位請求事件
　掲載誌：民集51巻4号1673頁、判時1601号47頁、判タ940号98頁

概　要　本判決は、複数の住民が提起した住民訴訟において、共同原告の一部の者が上訴をした場合に、自ら上訴をしなかった共同原告は上訴人にならないとしたものである。

事実関係　A県が宗教上の祭祀に県の公金から支出したことについて、住民X_1ら（原告・控訴人・被控訴人）は当時の県知事Yら（被告・被控訴人・控訴人・被上告人）に対し、地方自治法242条の2第1項4号（平成14年法律第4号による改正前のもの）に基づき、県に代位して損害賠償を求める住民訴訟を提起した。第1審はX_1らの請求を一部認容。控訴審は請求を全部棄却。X_1らは上告したが、そのうちX_2は上告を取り下げる旨の書面を提出した。

判決要旨　一部破棄自判（Yの控訴棄却）、一部上告棄却。「同条〔自治242条の2〕は、普通地方公共団体の財務行政の適正な運営を確保して住民全体の利益を守るために、……構成員である住民に対し、いわば公益の代表者として同条1項各号所定の訴えを提起する権能を与えたものであ〔る。〕……住民訴訟の判決の効力は……当該地方公共団体の全住民に及〔び〕……、複数の住民の提起した住民訴訟は……類似必要的共同訴訟と解する……。
　……上訴は、上訴審に対して原判決の敗訴部分の是正を求める行為であるから、類似必要的共同訴訟において共同訴訟人の一部の者が上訴すれば、それによって原判決の確定が妨げられ、当該訴訟は全体として上訴審に移審し、上訴審の判決の効力は上訴をしなかった共同訴訟人にも及ぶ……。しかしながら、合一確定のためには右の限度で上訴が効力を生ずれば足りるものである上、住民訴訟の前記のような性質にかんがみると、公益の代表者となる意思を失った者に対し、その意思に反してまで上訴人の地位に就き続けることを求めることは、相当でないだけでなく、住民訴訟においては、……公益の代表者としての共同訴訟人らにより同一の違法な財務会計上の行為又は怠る事実の予防又は是正を求める公益上の請求がされているのであり、元来提訴者各人が自己の個別的な利益を有しているものではないから、提訴後に共同訴訟人の数が減少しても、その審判の範囲、審理の態様、判決の効力等には何ら影響がない。そうであれば、住民訴訟については、

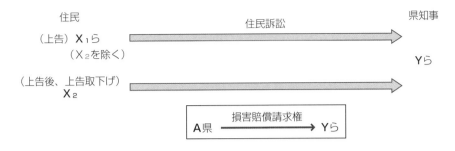

　……自ら上訴をしなかった共同訴訟人は、上訴人にはならない……。この理は、……上訴……を取り下げた共同訴訟人についても当てはまるから、上訴をした共同訴訟人のうちの一部の者が上訴を取り下げても、その者に対する関係において原判決が確定することにはならないが、その者は上訴人ではなくなる……。〔最二判昭58・4・1 関連判例〕は、右と抵触する限度において、変更すべきものである。
　したがって、X₂は、……上訴人ではなくなったものとして、本判決をする……。」

本判決の位置づけ・射程範囲

　地方自治法242条の2第1項4号（平成14年法律第4号による改正前）は、住民が普通地方公共団体に代位して、違法な財務会計行為を行った職員やその相手方を被告として提起する損害賠償・不当利得返還請求の訴訟を定めていた（旧4号住民訴訟）。

　合一確定を要する必要的共同訴訟においては、共同訴訟人の一部が上訴を提起した場合、自ら上訴をしなかった者の請求についても確定遮断効と移審効が生じる（民訴40条1項）。最二判昭58・4・1 関連判例は、旧4号住民訴訟が類似必要的共同訴訟であることから、共同原告の一部の者が控訴をした場合、自ら控訴をしなかった者をも判決の名宛人として判決をすべきであると判示したが、木下忠良裁判官は、自ら上訴をしなかった者はいわば脱退して、上訴審の判決の効力を受ける地位にあるにすぎないとの反対意見を述べていた。本判決は、この昭和58年判決を変更し、公益の代表者としての共同原告により公益上の請求がされているという住民訴訟の性質から、自ら上訴をしなかった共同原告は上訴人にならないとした。

　平成14年の法改正により旧4号住民訴訟は、当該職員やその相手方に対して損害賠償・不当利得の返還を請求することを当該普通地方公共団体の執行機関または職員に対して求める訴訟に改められたが、本判決の射程は住民訴訟一般に及び、改正後の4号訴訟にも妥当するとされる。株主代表訴訟について、本書194事件。

さらに理解を深める

平成9年度重判民訴3事件〔伊藤眞〕 最判解民事篇平成9年度561頁〔大橋寛明〕、徳田和幸「複雑訴訟の基礎理論」（信山社、2008年）68頁・85頁・452頁、地方自治百選4版96事件〔芝池義一〕 関連判例 最二判昭和58・4・1民集37巻3号201頁、最二判平成12・7・7 本書194事件

第13章 当事者の複数──多数当事者訴訟　　　　　　　　　　　　青木　哲

194 類似必要的共同訴訟と上訴──株主代表訴訟事案

最高裁平成12年7月7日第二小法廷判決
　　事件名等：平成8年（オ）第270号取締役損失補填責任追及請求控訴及び共
　　　　　　　同訴訟参加事件
　　掲　載　誌：民集54巻6号1767頁、判時1729号28頁、判タ1046号92頁、
　　　　　　　金法1597号75頁、金判1105号3頁

概要　本判決は、複数の株主が提起した株主代表訴訟おいて、共同原告の一部の者が上訴をした場合に、自ら上訴をしなかった共同原告は上訴人にならないとしたものである。

事実関係　本件は、証券会社であるA株式会社における株主代表訴訟である。A社の株主であるX₁（原告、控訴人）は、A社が大口顧客に対して損失補填を行ったことにより、A社に補填相当額の損害が生じたとして、その決定・実施に関わった当時のA社代表取締役Y（被告、被控訴人、被上告人）らに対し、損害の一部1億円の連帯支払いを求めて訴えを提起した。請求を棄却する第1審判決に対してX₁が控訴を提起し、控訴審においてX₂〜X₄（参加人）が共同訴訟参加をした。控訴裁判所が、X₁の控訴を棄却し、X₂〜X₄の参加請求を棄却したのに対して、X₃及びX₄が上告を提起した。

判決要旨　上告棄却。「類似必要的共同訴訟において共同訴訟人の一部の者が上訴すれば、それによって原判決の確定が妨げられ、当該訴訟は全体として上訴審に移審し、上訴審の判決の効力は上訴をしなかった共同訴訟人にも及ぶと解される。しかしながら、合一確定のためには右の限度で上訴が効力を生ずれば足りるものである上、取締役の会社に対する責任を追及する株主代表訴訟においては、既に訴訟を追行する意思を失った者に対し、その意思に反してまで上訴人の地位に就くことを求めることは相当でないし、複数の株主によって株主代表訴訟が追行されている場合であっても、株主各人の個別的な利益が直接問題となっているものではないから、提訴後に共同訴訟人たる株主の数が減少しても、その審判の範囲、審理の態様、判決の効力等には影響がない。そうすると、株主代表訴訟については、自ら上訴をしなかった共同訴訟人を上訴人の地位に就かせる効力までが民訴法40条1項によって生ずると解するのは相当でなく、自ら上訴をしなかった共同訴訟人たる株主は、上訴人にはならないものと解すべきである〔最大判平成9・4・2 本書193事件 参照〕。

　したがって、本件において自ら上告を申し立てなかったX₁及びX₂は上告人

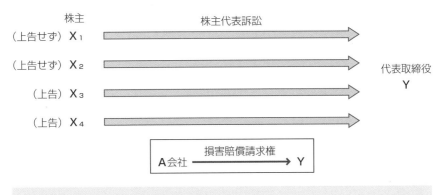

ではないものとして、本判決をする。」

本判決の位置づけ・射程範囲

株主代表訴訟は、株主が会社のために（法定訴訟担当）、取締役等の役員に対して提起する責任追及等の訴えであり（会社847条）、複数の株主が追行する場合、合一確定の必要のある類似必要的共同訴訟と解されている。

必要的共同訴訟において、共同訴訟人の一部の者が上訴をした場合、上訴をしなかった共同訴訟人との関係でも、確定遮断効と移審効が生じる（民訴40条1項）。住民訴訟や株主代表訴訟における上訴をしなかった共同原告の地位について、上訴人になるとする従来の通説に対して、審判対象と上訴人の地位を切り離し、上訴人にはならないとする見解が主張された。本判決は、住民訴訟について判例を変更した最大判平成9・4・2 本書193事件 に続き、株主代表訴訟について上訴をしなかった共同原告が上訴人にならないことを明らかにした。

上訴をしなかった共同原告を上訴人として扱うと、期日の呼出状等の送達が必要となり、実務の実情に合わないとされる。しかし、原判決が一部認容である場合、訴えの取下げや請求の放棄、訴訟上の和解との関係では、上訴をしなかった者の利益を考慮する必要がある。また、上訴をしなかった共同原告との関係で、移審効を認めつつ上訴人にならないことの法律関係は、本判決から明らかでない（審級限りの訴訟担当と構成する見解がある）。

前掲最大判平成9・4・2は住民訴訟について、本判決は株主代表訴訟について、原告各人の個別的な利益が直接問題となっていないことを理由とするものであり、その射程は限定的である。複数人の提起する養子縁組無効訴訟は類似必要的共同訴訟であると解されるが、最一決平成23・2・17 本書242事件 においては、共同原告の一部の者が上訴をした場合に他の共同原告も上訴人になることが前提とされている。

さらに理解を深める 百選4版102事件〔大渕真喜子〕 井上治典『多数当事者訴訟の法理』（弘文堂、1981年）201頁以下、高橋（下）2版補訂版322頁以下 **関連判例** 最大判平成9・4・2 本書193事件 、最一決平成23・2・17 本書242事件

第13章　当事者の複数——多数当事者訴訟　　　　　　　　　　　　　　　　鶴田　滋

195　固有必要的共同訴訟——入会権訴訟事案

最高裁昭和41年11月25日第二小法廷判決
　事件名等：昭和34年（オ）第650号所有権移転登記手続請求事件
　掲 載 誌：民集20巻9号1921頁、判時468号39頁、判タ200号95頁

概　要　本判決は、入会権者が第三者に対して提起する入会権確認訴訟が、入会権は権利者である一定の部落民に総有的に帰属するものであるために、権利者全員が共同してのみ提起しうる固有必要的共同訴訟であり、入会権に基づく所有権取得登記の抹消請求訴訟についても同様であることを明らかにしたものである。

事実関係　Xほか329名は、A部落の住民である。昭和16年、本件原野はA部落の所有で保存登記がなされ、同日受付で承継を原因としてY村への所有権移転登記がなされた。Xら（316名）は、Yを被告として、本件原野がXらの総有財産であることに基づく、Yの所有権移転登記の抹消を求める訴えを提起した（第2次請求）。第1審は、Xら（訴えの取下げにより265名）の請求を棄却した。Xらは控訴し、本件原野につきXらの共有の性質を有する入会権の確認請求（第4次請求）、Xらの共有の性質を有しない入会権の確認の予備的請求（第5次請求）を追加した。控訴審では、Xらのうち、控訴提起前に死亡した6名の控訴は却下され、その他のXら（216名）の控訴は棄却された。第4次および第5次請求については、入会権が認められないという理由から棄却された。これに対して、Xらが上告した（なお、Xら128名が上告審判決を受けている）。

判決要旨　破棄自判、訴え却下。「職権をもって調査するに、入会権は権利者である一定の部落民に総有的に帰属するものであるから、入会権の確認を求める訴は、権利者全員が共同してのみ提起しうる固有必要的共同訴訟というべきである（明治39年2月5日大審院判決・民録12輯165頁参照）。この理は、入会権が共有の性質を有するものであると、共有の性質を有しないものであるとで異なるところがない。したがって、Xらが原審において訴の変更により訴求した『本件土地につき共有の性質を有する入会権を有することを確認する。若し右請求が理由がないときは、共有の性質を有しない入会権を有することを確認する』旨の第4、5次請求は、入会権者全員によってのみ訴求できる固有必要的共同訴訟であるというべきところ、本件右請求が入会権者と主張されている部落民全員によって提起されたものでなく、その一部の者によって提起されていることは弁論の全趣旨によって明らかであるから、右請求は当事者適格を欠く不適法な

第13章　当事者の複数——多数当事者訴訟　395

```
                    うち
A部落民
＝（Xほか329名）→Xら316名 ────────────→ Y
  の総有（Xらの主張）
```

入会地（Y名義の所有権保存登記有り）

入会権確認請求
入会権に基づく登記抹消請求
※入会権者の一部による訴えは適法か？

ものである。本件土地をXらが総有することを請求原因としてYに対しその所有権取得登記の抹消を求める第2次請求もまた同断である。」

本判決の位置づけ・射程範囲

　本判決は、入会権は権利者である一定の部落民に総有的に帰属するものであることを理由に、入会権者が第三者に対して提起する入会権確認訴訟及び入会権に基づく所有権取得登記の抹消請求訴訟が、入会権者全員が共同原告となるべき固有必要的共同訴訟であることを明らかにしたことに意義がある。ただし、入会地が入会権者全員の総有にあることが、なぜこれらの事件において固有必要的共同訴訟となることの理由となるのかについては検討の余地がある。

　ここで問題となっている入会権は、「入会部落の構成員が入会権の対象である山林原野において入会権の内容である使用収益を行う権能」とは異なり、入会権者全員が地盤所有権を共同所有すなわち総有する「入会権そのもの」である（最二判昭和57・7・1 本書199事件 ）。さらに判例は、「入会部落の構成員は、入会部落の総有に属する入会地につき共有持分権またはこれに類する管理処分権

を有するものではない」とする（最二判昭和48・10・5 関連判例 ）。

　以上から、判例は、入会地が入会部落構成員全員の総有に属するために、入会部落構成員各人が入会地全体についての管理処分権を有せず、全員が共同してのみ入会地全体または「入会権そのもの」を処分することができることから、第三者を被告とする入会権確認訴訟や入会権に基づく登記抹消請求訴訟を入会権者全員が共同原告となるべき固有必要的共同訴訟であると解していると思われる。

　これに対して、判例は、自らがある山林の入会権者であると主張する者が、他の入会団体構成員たる入会権者に対して提起した入会権確認訴訟は、「入会団体の構成員に総有的に帰属する入会権そのものの存否を確定するものではなく、右主張者が入会団体の構成員たる地位若しくはこれに基づく入会権の内容である当該山林に対する使用収益権を有するかどうかを確定するにとどまる」ため、固有必要的共同訴訟ではないとする（最三判昭和58・2・8 関連判例 ）。

さらに理解を深める

続百選17事件〔小島武司〕最判解民事篇昭和41年度509頁〔瀬戸正二〕、小山昇・ジュリ398号391頁　関連判例　最一判昭和57・7・1 本書199事件 、最二判昭和48・10・5民集27巻9号1110頁、最三判昭和58・2・8判時1092号62頁、最三判平成6・5・31 本書51事件 、最一判平成20・7・17 本書196②事件

第13章　当事者の複数──多数当事者訴訟　　　　　　　　　　　八田卓也

196　固有必要的共同訴訟における非同調者の扱い

①最高裁平成11年11月9日第三小法廷判決
　事件名等：平成9年（オ）第873号土地境界確定請求事件
　掲載誌：民集53巻8号1421頁、判時1699号79頁、判タ1021号128頁、
　　　　　金法1572号149頁

②最高裁平成20年7月17日第一小法廷判決
　事件名等：平成18年（受）第1818号入会権確認請求事件
　掲載誌：民集62巻7号1994頁、判時2019号22頁、判タ1279号115頁、
　　　　　金法1855号123頁

概要　原告側で固有必要的共同訴訟の関係が成立し、そのうちの一部が提訴に同調しない場合、残りの者だけで訴えを提起しても不適法となるという問題がある。①事件判決は境界確定訴訟について、②事件判決は入会権確認訴訟について、かかる場合に非同調者を本来の被告と合わせ被告として訴えることで訴えが適法になることを認めたものである。

事実関係　①**事件**：A死亡によりその所有地をXら3名及びY_2が共同相続した。Xらは同土地の遺産分割が隣接地との境界が不確定なために進行しないとして、その所有者Y_1（国）を被告として両土地間の境界確定訴訟を提起したが、その際Y_2が提訴に同調しなかったのでY_2をY_1と並んで被告とした。

②**事件**：本件土地1〜4につき、現所有者としてY_1名義の登記がなされており、元所有者としてY_2〜Y_5の登記がある。Xらは、本件土地1〜4は、Xら及びY_2〜Y_5及びY_6〜Y_{36}により構成される入会集団に帰属する入会地であると主張し、Y_1を被告として入会権確認の訴えを提起した。その際Y_2〜Y_{36}が提訴に同調しなかったので、Y_1に加えてY_2〜Y_{36}を被告として訴えを提起した。

判決要旨　①**事件**：上告棄却。「共有者のうちに〔境界の確定を求める訴え〕を提起することに同調しない者があるときには、その余の共有者は、隣接する土地の所有者と共に右の訴えを提起することに同調しない者を被告にして訴えを提起することができる」。「けだし、……共有者のうちに右の訴えを提起することに同調しない者がいる場合であっても、隣接する土地との境界に争いがあるときにはこれを確定する必要があることを否定することはできないところ、右の訴えにおいては、裁判所は、当事者の主張に拘束されないで、自らその正当と認めるところに従って境界を定めるべきであって、当事者の主張しない境界線を確定しても民訴法246条の規定に違反するものではないのである〔最判昭和38年10

月15日第三小法廷判決・民集17巻9号1220頁参照〕。このような右の訴えの特質に照らせば、共有者全員が必ず共同歩調をとることを要するとまで解する必要はなく、共有者の全員が原告又は被告いずれかの立場で当事者として訴訟に関与していれば足りると解すべきであり、このように解しても訴訟手続に支障を来すこともないからである。」②事件：破棄差戻し。「入会集団の構成員のうちに入会権の確認を求める訴えを提起することに同調しない者がいる場合であっても、入会権の存否について争いのあるときは、民事訴訟を通じてこれを確定する必要があることは否定することができず、入会権の存在を主張する構成員の訴権は保護されなければならない。そこで、入会集団の構成員のうちに入会権確認の訴えを提起することに同調しない者がいる場合には、入会権の存在を主張する構成員が原告となり、同訴えを提起することに同調しない者を被告に加えて、同訴えを提起することも許されるものと解するのが相当である。このような訴えの提起を認めて、判決の効力を入会集団の構成員全員に及ぼしても、構成員全員が訴訟の当事者として関与するのであるから、構成員の利益が害されることはないというべきである。」

本判決の位置づけ・射程範囲

提訴への非同調者を被告に回すことにより原告側固有必要的共同訴訟を適法とするという扱いは従前から有力学説が主張してきたものであるが、(1)訴訟物との関係で提訴非同調者の被告適格をどう基礎付けるか、(2)提訴非同調者と本来的被告との間の既判力を（どう）認めるか、(3)提訴非同調者を被告に回した訴訟の審判規律はどうなるか、(4)提訴非同調者の処分権限の侵害にならないか、という問題が提起されていた。①事件判決は(1)～(4)の問題が生じない特殊な訴訟形態である境界確定訴訟についてその特殊性を強調しつつ（この点を明示する補足意見がある）提訴への非同調者を被告に回すという扱いを認めたが、②事件判決は(1)～(4)の問題が生じ得る通常の訴訟形態である入会権確認訴訟についてこの扱いを認めた。ただし、②事件は、被告に回された $Y_2 \sim Y_{36}$ は入会権の存在を争っており、(1)の問題が生じない事案であった。従って提訴拒絶者が訴訟物たる権利関係を積極的に争わない類型の確認訴訟や、給付訴訟に②事件判決の射程が及ぶか、という問題があり、理解は分れている。さらに(2)～(4)の問題は②事件判決も未解決のまま残している。

さらに理解を深める 百選4版98事件〔山本弘〕 平成20年度重判民訴2事件〔鶴田滋〕、名津井吉裕・速報判例解説4号127頁、八田卓也・リマークス2009(下)106頁、高橋(下)2版補訂版336頁、山本克己「固有必要的共同訴訟」長谷部由起子ほか編著『基礎演習民事訴訟法〔第2版〕』（弘文堂、2013年）224頁 関連判例 最一判昭46・12・9 本書197事件、最二判昭41・11・25 本書195事件、最三判平成6・5・31 本書51事件

第13章 当事者の複数——多数当事者訴訟　　　　　　　　　　　八田卓也

197 固有必要的共同訴訟
——訴訟告知による補完の可否

最高裁昭和46年12月9日第一小法廷判決
　事件名等：昭和44年（オ）第279号境界確認請求事件
　掲載誌：民集25巻9号1457頁、判時667号27頁、判タ277号151頁

概要　原告側で固有必要的共同訴訟が成立するが提訴に同調しない者がいる場合には、残りの提訴同調者のみで訴えを提起しても不適法になるという問題がある（本書196事件参照）。判例は本書196②事件において非同調者を被告に回すことにより残者による提訴を適法とする扱いを認めたが、学説において提訴同調者のみによる訴えを適法とするためのさまざまな扱いが主張されてきた。本判決は、そのうちの一つである、非同調者に対し訴訟告知をすることにより残者による提訴を適法化するという扱いを否定したものである。

事実関係　XらとZは甲土地を共有していたが、隣接土地である乙地との境界について、乙地所有者Yと争いが生じた。そこで、XらはYを被告として境界確定の訴えを提起した。その際、共有者の一人であるZの所在が不明であったため、Zを除いて原告として訴えを提起した。第1審係属中にXらは公示送達によりZに対し訴訟告知をしたがZによる現実の訴訟参加はなかった。第1審は本案判決をしたがこれに対しYが控訴した。第2審は、共有者による境界確定訴訟は原告側の固有必要的共同訴訟になるとした上、訴訟告知は被告知者に参加の機会を与えるとともに告知者・被告知者間に参加的効力を及ぼす制度でありこれにより被告知者が実際に訴訟に参加したことになるものではないとし、Zを欠くXらの提訴における当事者適格欠缺の瑕疵がZに対する訴訟告知により治癒されることはないとして、原判決を取り消して訴えを却下した。Xら上告。

判決要旨　上告棄却。「土地の……境界の確定を求める訴は、隣接する土地の一方または双方が数名の共有に属する場合には、共有者全員が共同してのみ訴えまたは訴えられることを要する固有必要的共同訴訟と解するのが相当である。」本件では原告側共有者の一人であるZが本件訴訟の当事者となっていないから本件訴は当事者適格を欠く不適法なものといわなければならない。「訴訟告知を受けた者は、告知によって当然当事者または補助参加人となるものではない。」

本判決の位置づけ・射程範囲

繰り返しになるが、原告側で固有必要的共同訴訟の関係が成立する場合において提訴に同調しない者がいる場合には、提訴に同調する残りの者のみによる訴えはそのままでは不適法になるという問題がある。これは提訴をしたい者の裁判を受ける権利の侵害にもつながり得る。他方で、提訴同調者のみによる提訴を適法にしてしまうと、被告の紛争解決に対する利益の侵害が生じる。非同調者との間で自己に有利な既判力を受けられなくなるからである。では提訴同調者のみによる判決の既判力を提訴非同調者にも及ぼせばよいかというと、今度は非同調者が手続保障を受けないまま被告との間に自己に不利な既判力を受けるという問題が生じる。そこで、有力学説は、非同調者に対する手続保障を担保しつつ提訴に同調する者のみによる訴えを適法とするための解釈論を模索し、主張してきた。そのうちの一つが、非同調者に対して訴訟告知をして参加の機会を与えるというものであり、また一つが、本書196②事件が認めた、非同調者を被告とするというものである。

本書196②事件に至るまでの過渡期においてこのうちの訴訟告知という解釈論的手法を否定したのが本判決である。したがって本判決は、原告側固有必要的共同訴訟において提訴非同調者がいる場合の扱い如何という問題を未解決に残した。その後、平成8年民事訴訟法改正の過程で4分の3以上の多数者が提訴した場合には非同調者に対して裁判所が参加命令をすることにより提訴を適法とするという立法論的解決が検討されたが、提訴同調者のみによる実体法上の処分権限が肯定できるかという疑念が主たるネックとなり見送られた。最三判平成6・5・31 本書51事件 が入会団体による入会権確認訴訟を認めたことが立法に対する熱意を冷めさせたという経緯もあると言われている。

最終的に最一判平成11・11・9 本書196①事件 を経て最三判平成20・7・17 本書196②事件 において判例が認めたのが、提訴非同調者を被告に回すという扱いである。その射程と残された問題については、本書196事件 を参照されたい。

さらに理解を深める 　百選Ⅱ補正版162事件〔林淳〕　高橋（下）2版補訂版336頁
関連判例　最三判平成6・5・31 本書51事件、最三判平成11・11・9 本書196①事件、最二判平成20・7・17 本書196②事件

第13章　当事者の複数──多数当事者訴訟　　　　　　　　　　八田卓也

198　固有必要的共同訴訟と不利益変更禁止

最高裁平成22年3月16日第三小法廷判決
　事件名等：平成20年（オ）第999号遺言無効確認等請求事件
　掲載誌：民集64巻2号498頁、判時2081号12頁、判タ1325号82頁、
　　　　　　金法1908号77頁

概要　本判決は、固有必要的共同訴訟における合一確定の要請により、本来不利益変更禁止原則により許されないはずの上訴人に対する原判決の不利益変更が許されるとしたものである。

事実関係　Aが死亡し、これをX・Y_1・Y_2が相続した（いずれもAの子である）。Aが所有する一切の財産をY_2に相続させる旨のA名義の遺言が存在したが、XはこれはY_2が偽造したものだとして、Y_1・Y_2を被告としてY_2の相続権不存在確認を求めて訴えを提起した。第1審は請求棄却。これに対しXが控訴。控訴審はXの主張を認めつつもY_1は被告適格を欠くとして、Y_1との関係では控訴却下、Y_2との関係では原判決取消・請求認容の判決を出した。Y_2上告。Xは上告も付帯上告も提起していない。なお、Y_1は上告をしていないが、民訴法40条1項により最高裁により上告人として扱われている。

判決要旨　原判決破棄・自判。Y_1・Y_2の上告が上告理由を主張するものではないとしてこれを排斥した上で職権で以下のように判断。「本件請求に係る訴えは、固有必要的共同訴訟と解するのが相当である……ところ、原審は、本件請求を棄却した第1審判決を上告人Y_2に対する関係でのみ取り消した上、同Y_2に対する本件請求を認容する一方、同Y_1に対する控訴を却下した結果、同Y_1に対する関係では、本件請求を棄却した第1審判決を維持したものといわざるを得ない。このような原審の判断は、固有必要的共同訴訟における合一確定の要請に反するものである。」「そして、原告甲の被告乙及び丙に対する訴えが固有必要的共同訴訟であるにもかかわらず、甲の乙に対する請求を認容し、甲の丙に対する請求を棄却するという趣旨の判決がされた場合には、上訴審は、甲が上訴又は附帯上訴をしていないときであっても、合一確定に必要な限度で、上記判決のうち丙に関する部分を、丙に不利益に変更することができると解するのが相当である〔最二判昭和48・7・20民集27巻7号863頁参照〕。そうすると、当裁判所は、原判決のうち上告人Y_2に関する部分のみならず、同Y_1に関する部分も破棄することができるというべきである。」「以上によれば、上記各点に係る原審の

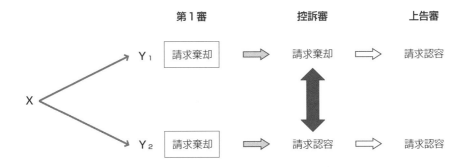

　判断には、判決に影響を及ぼすことが明らかな法令の違反があり、原判決は、全部破棄を免れない。そして、上記事実関係によれば、上告人Y₂は民法891条5号所定の相続欠格者に当たるというべきところ、記録によれば、同Y₂及び同Y₁は、第1審及び原審を通じて共通の訴訟代理人を選任し、本件請求の当否につき、全く同一の主張立証活動をしてきたことが明らかであって、本件請求については、同Y₂のみならず、同Y₁の関係においても、既に十分な審理が尽くされているということができるから、第1審判決のうち同Y₂及び同Y₁に対する関係で本件請求を棄却した部分を取り消した上、これらの請求を認容すべきである。」

本判決の位置づけ・射程範囲

　本件で、最高裁が控訴審判決をY₁との関係で請求認容に変更することは、上訴人Y₁に対する不利益変更となり、本来不利益変更禁止原則に抵触する。しかしこれをY₁の上告棄却に留めることは、最高裁がY₂との関係で原判決（X請求認容判決）を維持しようとしている以上、X・Y₁間では請求棄却判決（Y₂相続権存在）、X・Y₂間では請求認容判決（Y₂相続権不存在）の既判力を妥当させることになり、相続権の存否確認の訴えを固有必要的共同訴訟とすることによる（最三判平成16・7・6 関連判例 参照）合一確定の要請に反する。本判決は、後者の要請が上回るとして、上訴人に対する不利益変更を認めたものである。その際先例として、独立当事者参加において合一確定の要請により不利益変更が許されるとした最二判昭和48・7・20 本書206事件 を参照している点に特徴がある。

　しかし、本判決がここまでして守ろうとした合一確定の要請は、Y₂がY₁を被告としてY₂の相続権の存在を前提として相続財産帰属財産に対する持分権確認訴訟を提起すればY₂が勝訴する可能性があり、それにより堀り崩される危険が存在することに注意が必要である。通常の民事訴訟法の枠組みに従って考えた場合、Y₁・Y₂間には本判決の既判力が生じないからである。

さらに理解を深める

平成22年度重判民訴5事件〔堀野出〕　名津井吉裕・速報判例解説7号149頁、鶴田滋・民商143巻2号211頁、畑瑞穂・リマークス2011（上）106頁、田中一彦・ジュリ1422号119頁、宇野聡・判例セレクト2010(Ⅱ)30頁

関連判例　最三判平成16・7・6民集58巻5号1319頁、最二判昭和48・7・20 本書206事件

第13章 当事者の複数――多数当事者訴訟　　　　　　　　佐藤優希

199 通常共同訴訟
――入会権訴訟事案

最高裁昭和57年7月1日第一小法廷判決
　事件名等：昭和51年（オ）第424号地上権存在確認、地上権設定登記手続、土地引渡請求事件
　掲載誌：民集36巻6号891頁、判時1054号69頁、判タ478号159頁、金判668号43頁

概要　本件は、入会権の内容である使用収益権の確認、又はそれに基づく妨害排除の請求については、入会部落の各構成員が当事者適格を有し、各自単独で訴訟を提起することができるとした事案である。

事実関係　Xは観光施設の設置等を目的として、A地区の氏神であるY神社の所有する土地について地上権設定契約を締結し、その旨の仮登記を経由した（❶）。これに対して、本件土地に入会関係を有しているA地区の住民らが異議を唱えたため、Yは本件土地の引渡しや本登記に応じなかった（❷）。そこで、XはYに対して、地上権存在確認、本登記手続、本件土地の引渡しを求めて提訴した（❸）。第1審係属中、A地区の住民5名を除く284名がZらとして独立当事者参加し、X及びYに対して本件土地についての使用収益権の確認を、Xに対してのみ使用収益行為に対する妨害予防ならびに地上権設定仮登記の抹消を求めた（❹）。第1審・第2審とも、Zらが入会権（使用収益権）を有することを認めたうえ、ZらのXに対する地上権設定仮登記の抹消を求める請求を認容した。X上告。Zらの使用収益権確認請求は、その前提となる入会権確認請求と同視し得る固有必要的共同訴訟というべきであり、入会権者全員が当事者となっていない本訴は当事者適格を欠き不適法なものであると主張した。

判決要旨　破棄自判。「入会部落の構成員が入会権の対象である山林原野において入会権の内容である使用収益を行う権能は、入会部落の構成員たる資格に基づいて個別的に認められる権能であって、入会権そのものについての管理処分の権能とは異なり、部落内で定められた規律に従わなければならないという拘束を受けるものであるとはいえ、本来、各自が単独で行使することができるものであるから、右使用収益権を争い又はその行使を妨害する者がある場合には、その者が入会部落の構成員であるかどうかを問わず、各自が単独で、その者を相手方として自己の使用収益権の確認又は妨害の排除を請求することができるものと解するのが相当である。」

「Zらが入会部落の構成員として入会権の内容である使用収益を行う権能は、

第13章　当事者の複数——多数当事者訴訟

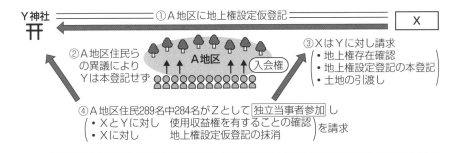

　　本件山林に立ち入って採枝、採草等の収益行為を行うことのできる権能にとどまることが明らかであるところ、かかる権能の行使自体は、特段の事情のない限り、単に本件山林につき地上権設定に関する登記が存在することのみによっては格別の妨害を受けることはないと考えられるからである。もっとも、かかる地上権設定に関する登記の存在は、入会権自体に対しては侵害的性質をもつといえるから、入会権自体に基づいて右登記の抹消請求をすることは可能であるが、かかる妨害排除請求権の訴訟上の主張、行使は、入会権そのものの管理処分に関する事項であって、入会部落の個々の構成員は、右の管理処分については入会部落の一員として参与しうる資格を有するだけで、共有におけるような持分権又はこれに類する権限を有するものではないから、構成員各自においてかかる入会権自体に対する妨害排除としての抹消登記を請求することはできないのである。」

本判決の位置づけ・射程範囲

　共同所有形態のうち、構成員の持分権の行使も持分の処分及び分割請求も許されない総有においては、入会権が訴訟の目的となる場合に問題となり、判例は錯綜した様相を呈している。最二判昭和41・11・25〔本書195事件〕に対する学説の評価は分かれたが、最二判昭和55・2・8〔関連判例〕で示されたように、入会権そのものの対外的主張を伴う訴訟が固有必要的共同訴訟であるとする判例理論は定着しつつあった。本判決は、入会地に付された地上権設定仮登記の抹消登記請求は総有の目的物の処分と同様、入会権者全員が訴訟当事者にならなければならないが、入会権の支分権ともいうべき使用収益権を管理処分権と切り離し、各入会権者に帰属し得ることを前提として、かかる使用収益権の確認を各入会権者が単独で求めることができると正面から認めた初めての最高裁判決である。先例との調和を保ちながら、入会団体の存在自体に関わる提訴困難な事態に対応する新たな方向を示したものといえる。

さらに理解を深める　**百選II補正版161事件〔富樫貞夫〕**　最判解民事篇昭和57年度486頁〔太田豊〕、昭和57年度主判解40頁〔中村忠〕、昭和57年度重判民法1事件〔中尾英俊〕、林修三・時の法令1169号56頁、争点70頁〔鶴田滋〕、五十部豊久・民訴12号165頁、甲斐道太郎＝上谷均・民商88巻5号83頁、基本判例2版補訂版215頁

関連判例　最二判昭和41・11・25〔本書195事件〕、最二判昭和55・2・8判時961号69頁

第13章 当事者の複数──多数当事者訴訟　　　　　　　　西川佳代

200 訴えの主観的予備的併合の許否

最高裁昭和43年3月8日第二小法廷判決
事件名等：昭和42年（オ）第1088号所有権移転登記手続等請求事件
掲載誌：民集22巻3号551頁、判時518号52頁、判タ221号122頁

概要　本判決は、原告が主位的被告への請求認容を解除条件として予備的被告への請求の審判を求める共同訴訟形態である「訴えの主観的予備的併合」を認めないとしたものである。

事実関係　Xは、Y_1に350万円を借り受ける際、担保としてX所有土地（本件土地）の所有権をY_1に移転登記したのであり、真実所有権を移転する意思はなかったと主張し、Y_1に対して本件土地所有権移転登記請求訴訟を提起した。第1審係属中、Y_1は本件土地をY_2に譲渡し、所有権を移転したため、XはY_2に訴訟引受を申し立て、所有権移転登記を請求するとともに、Y_1については、仮にXのY_2に対する請求が認められなかった場合、Xが所有権を回復できなくなったことにより被る損害賠償として1400万円（本件土地評価額からY_1に対する元利金債務額を控除した額）を求める旨に訴えを変更した。原審は、Y_1に対する訴え変更後の請求は、Y_2に対する請求が理由のないことを前提としてなすものであって、いわゆる主観的予備的併合にあたり、予備的被告にとってはその請求の当否につき裁判がなされるか否かは他人間の訴訟の結果にかかることになるため、応訴上著しく不安定、不利益な地位におかれることになり、原告の保護に偏するものであるから許されないと解するとして却下した。X上告。

判決要旨　上告棄却。「訴の主観的予備的併合は不適法であって許されないとする原審の判断は正当であり、原判決に所論の違法は存しない。」

本判決の位置づけ・射程範囲

各共同訴訟人と相手方との間のそれぞれの請求が両立し得ない関係にある場合に、それらの請求に順位を付けて、主位請求が認容されることを解除条件として他の請求の審判を求める訴えを主観的予備的併合という。請求の客観的併合（民訴136条）の場合に予備的併合が認められるが、これを異なる当事者との関係でも認められるかが問題となる。

例えば、代理人Y_2と売買契約を結んだXが、本人Y_1に売買契約の履行請求をし、同時に仮にY_2に代理権がないとされた場合にはY_2に損害賠償請求をする（民117条）という形での共同訴訟で

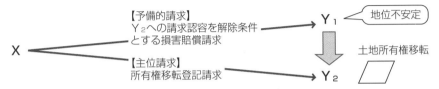

ある（債権の譲受人と譲渡人が債務者を訴える場合のように、複数原告が被告に提起する形態もある）。

もちろん、それぞれ別個に訴訟を提起することもできるが、共同訴訟とすることによって時間、労力、費用を節約できるだけでなく、前述の例で言えばXとしてはY_1とY_2の双方に敗訴する危険を回避できる点にメリットがある。

しかし、この主観的予備的併合については否定説が有力である。その理由としては、①予備的被告とされる者は応訴を強いられつつも主位請求認容の場合には判決を受けられず、また、主位請求の審理中は何もできないにもかかわらず、主位請求の審理の展開には注意を払わなければならないという不安定な立場に置かれること、②たとえ第1審では統一的審判がなされたとしても、通常訴訟であるかぎり共同訴訟人独立の原則（民訴39条）が働くのであり、上訴不可分の原則が働かない結果、上訴審では不統一な結果となる可能性が残っていることがあげられる。

この点、主観的予備的併合を肯定する見解では、①については、原告と主位被告間の請求と原告と予備的被告間の請求は、択一的関係（前述の例では代理権の存否）にあるのだから審理は一体として

なされるべきであり、予備的被告としても原告と主位被告間の訴訟において独立の当事者として訴訟活動ができると解してよいし、主位請求認容の場合は予備的請求につき請求棄却とすべきとする。また、②については、当然の補助参加理論や、必要的共同訴訟における手続進行・裁判資料の統一を規定する民訴法40条を主観的予備的併合にも準用することなどが主張されている。これにより上訴審での統一が図られるのである。

本判決は旧法下のものであるが、主観的予備的併合を否定したものである。現行民事訴訟制定の折には、主観的予備的併合の立法化について議論はあったものの見送られ、その代わりに新たな併合形態として、同時審判申出共同訴訟（民訴41条）が制定された。主観的予備的併合のメリットの多くが同時審判申出により達成されると考えられる。

しかし、同時審判申出訴訟では、弁論及び判決の分離が禁じられるのみである。結局は、共同訴訟人独立の原則が妥当するので統一的判断が保障されるわけではない。また、同時審判申出訴訟では法律上の併存不能のみが要件となっているのであり、事実上の併存不能は入らない。これらから、現行法の下でも、主観的予備的併合の必要性は残ると考えられる。

さらに理解を深める 百選4版A31事件〔吉田元子〕、最判解民事篇43年度286頁〔栗山忍〕、伊藤4版補訂版620頁、578頁、高橋（下）2版補訂版395頁、長谷部309頁、山本弘・法教373号128頁、井上治典「訴えの主観的選択的併合の適否」同『多数当事者訴訟の法理』（弘文堂、1981年）181頁　関連判例　大阪高判平成12・2・23訟月47巻7号1892頁〔消極〕、東京地判平成22・12・28金法1948号119頁〔積極〕

第13章　当事者の複数──多数当事者訴訟　　　　　　　西川佳代

201　訴えの主観的追加的併合の許否

最高裁昭和62年7月17日第三小法廷判決
　事件名等：昭和59年（オ）第1382号損害賠償請求事件
　掲載誌：民集41巻5号1402頁、判時1249号57頁、判タ647号109頁、
　　　　　金判1194号33頁

概要　本判決は、訴訟係属中に第三者を新たに被告に追加して旧訴訟と併合して一個の判決を得ようとする場合は、別訴を提起して弁論の併合を裁判所に求めるべきであって、いわゆる訴えの主観的追加的併合（旧訴訟に新被告を追加する申立て）は認められないとしたものである。

事実関係　本件に先立つA・Y₁間の甲土地の移転登記手続請求訴訟（①）において、Aが9000万を完済するときに本件土地所有権はAに移転し、その旨移転登記手続を行う旨の和解が成立した。この和解金算定はY₂が土地を宅地と評価鑑定したことに基づくものであった。Aは完済し本件土地の登記はAに移転した（②）。しかしその後、甲土地は宅地開発が困難であることが判明したため、Aの債権者XはAを代位してY₁に対して甲土地の瑕疵担保による損害賠償請求訴訟を提起した（③）。第1審係属中、XはY₂の鑑定が本件土地の瑕疵を不法に隠蔽したなどとして、「訴ならびに当事者変更申立書」と題する書面を提出してY₂を被告に追加し、Y₁・Y₂連帯の金員支払いを求めた（④）。

　第1審はこれを新たな訴えの提起とみて印紙貼用を命ずる補正命令を発したがXが従わなかったため、訴えを不適法却下する旨の判決をした。Xは旧民訴法59条（現民訴38条）の要件を具備する場合は、同時に提訴せずとも第1審の口頭弁論終結前には共同訴訟人たる者を追加的に併合することが許されるべきであると主張したが、控訴審はそれを認めず控訴を棄却した。X上告。

判決要旨　上告棄却。「甲が、乙を被告として提起した訴訟（以下「旧訴訟」という。）の係属後に丙を被告とする請求を旧訴訟に追加して一個の判決を得ようとする場合は、甲は、丙に対する別訴（以下「新訴」という。）を提起したうえで、法132条〔現民訴152条1項〕の規定による口頭弁論の併合を裁判所に促し、併合につき裁判所の判断を受けるべきであり、仮に新旧両訴訟の目的たる権利又は義務につき法59条〔現民訴38条〕所定の共同訴訟の要件が具備する場合であっても、新訴が法132条〔現民訴152条1項〕の適用をまたずに当然に旧訴訟に併合されるとの効果を認めることはできないというべきである。」

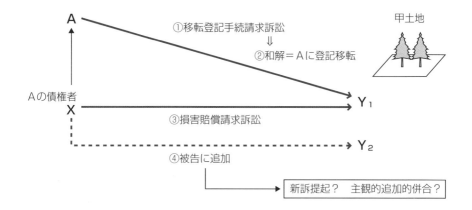

本判決の位置づけ・射程範囲

訴訟の係属中に、原告が訴えの変更の一態様として、第三者を新たな被告として追加しこれに対する併合審判を求めるといういわゆる主観的追加的併合が認められるかについては、民事訴訟法上に明文の規定がないため議論がある。

そもそも主観的追加的併合と新訴提起の差異としては、手数料の二重納付が必要か否か、また、当然併合か、裁判所の併合決定による併合かという点がある。

本件においては手数料が具体的問題となっているが、最高裁は、明文の不存在という形式的理由の他、(a)必ずしも訴訟経済に適うとはいえないこと、(b)訴訟の複雑化のおそれ、(c)軽率な提訴・濫訴のおそれ、(d)訴訟遅延を招くことなどを挙げて主観的追加的併合を否定した。

学説においても本判決と同様に主観的追加的併合に消極的な見解は、たとえ独立の別訴提起を強いたとしても裁判所が適当と認めれば弁論の併合ができるので支障はないこと、共同訴訟の要件を充足すれば訴訟の途中からでも常に追加的に併合できるとするのはゆるやかに過ぎること、訴え提起の際に原告が相手方を特定する責任を曖昧にするおそれがあるなどの点を指摘する。他方、積極的な見解は、弁論の併合が裁判所の裁量に委ねられていることから、常に併合審判がもたらされる保障がないため当事者に併合審判の申立権を与え、一定の場合に併合訴訟を保障するのが妥当であるという考慮に基づく。

本判決は、別訴提起及び弁論の併合によるべきものとしてきたそれまでの判例・実務を最高裁としてはじめて認めたものである。しかしながら軽率な提訴ではなく、訴訟遅延を招かない場合で、新被告に対する訴訟を併合する必要がある紛争についてもなおこの併合形態が認められないとするのは妥当かという問題が残る。

さらに理解を深める 百選４版97事件〔小野寺忍〕 高橋宏志・法協106巻１号150頁、井上治典・判タ677号282頁、福永有利・ジュリ899号68頁、最判解民事篇昭和62年度522頁〔中田昭孝〕、高橋（下）２版補正版422頁、伊藤４版補訂版636頁、河野727頁 **関連判例** 東京高判昭和59・８・16判時1152号140頁（本件控訴審）、札幌高判昭和53・11・15判タ377号88頁

第13章 当事者の複数——多数当事者訴訟

酒井博行

202 独立当事者参加の要件

最高裁平成6年9月27日第三小法廷判決
　事件名等：平成3年（オ）第1170号土地所有権移転登記手続等請求、同当事者参加事件
　掲載誌：判時1513号111頁、判タ867号175頁、金判962号15頁

概要　本判決は、不動産の二重譲渡の事案で、買主の売主に対する所有権移転登記請求訴訟において、他の買主が売主に対する所有権移転登記請求を定立して民訴法47条1項後段の権利主張参加をすることを認めないとしたものである。

事実関係　X有限会社はYに対し、売買契約に基づく本件土地(1)、(2)の所有権移転登記手続を求める訴えを提起した（❶）。第1審はXの請求を認容し、これに対してYが控訴した。控訴審係属中にZが、Yに対して本件土地(1)、(2)の所有権移転請求権保全の仮登記に基づく本登記手続（❷）を、Xに対して前記本登記手続の承諾（❸）をそれぞれ求めて、独立当事者参加の申出をした。Zの主張の骨子は、(a)A信用組合がYに貸付をした際に、担保として本件土地(1)につき代物弁済予約をし、所有権移転請求権保全の仮登記を経由した（❹）、(b)ZはAに対し、Yの残債務相当額を支払い、Aから貸金債権及び仮登記担保権の譲渡を受け、前記仮登記の移転付記登記を経由した（❺）、(c)ZはYとの間で、本件土地(1)、(2)につき売買の一方の予約をし、本件土地(2)につき所有権移転請求権保全の仮登記を経由した（❻）、(d)ZはYに対し、本件土地(1)につき代物弁済の予約完結の意思表示をし、本件土地(2)につき売買の予約完結の意思表示をし、また、本件参加申出書により本件土地(1)につき清算金がない旨の通知をした、(e)Xは本件土地(1)、(2)につき処分禁止の仮処分登記を経由した、というものである。

原審はZの独立当事者参加を許し、Zの請求をいずれも認容し、さらに本件土地の所有権をめぐる紛争をX・Y間、Z・X間、Z・Y間で同時に矛盾なく解決すべく、Xの請求を棄却すべきものであるとした。これに対し、Xより上告。

判決要旨　原判決破棄、Xの本訴請求は差戻し、Zの参加請求は新訴として地方裁判所に移送。「XのYに対する売買契約に基づく所有権移転登記手続を求める本訴につき、Zが、Yに対し代物弁済の予約又は売買の一方の予約による各予約完結の意思表示をしたことを理由とする所有権移転請求権保全の仮登記に基づく本登記手続を求め、かつ、右仮登記後にされた処分禁止の仮処分登記の名義人であるXに対し右本登記手続の承諾を求めてした本件参加の申出は、

第13章 当事者の複数——多数当事者訴訟　409

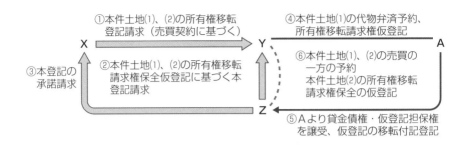

　民訴法71条〔現47条〕の要件を満たすものと解することはできない。けだし、同条の参加の制度は、同一の権利関係について、原告、被告及び参加人の三者が互いに相争う紛争を一の訴訟手続によって、一挙に矛盾なく解決しようとする訴訟形態であって、一の判決により訴訟の目的となった権利関係を全員につき合一に確定することを目的とするものであるところ……、Ｚの本件参加の申出は、本件土地(1)、(2)の所有権の所在の確定を求める申立てを含むものではないので、Ｘ、Ｙ及びＺの間において右各所有権の帰属が一の判決によって合一に確定されることはなく、また、他に合一に確定されるべき権利関係が訴訟の目的とはなっていないからである。」

本判決の位置づけ・射程範囲

　民訴法47条1項後段の権利主張参加に関する、「訴訟の目的……が自己の権利であること」という要件については、参加請求が本訴請求と請求の趣旨のレベルで論理的に両立しない関係にあることを指すというのが伝統的な理解である。

　不動産の二重譲渡事案における所有権移転登記請求訴訟につき、他の買主が所有権移転登記請求を掲げて権利主張参加ができるか否かについては、学説上は伝統的に肯定説が通説とされており、下級審裁判例も多くは参加を肯定する立場を採っていた（ただし、他の買主が本訴請求の買主に対する所有権確認請求を立てることを条件とする）。本判決は、Ｙに対する参加請求が仮登記に基づく本登記請求であるため、従来の学説・裁判例が念頭に置いていた事例との違いに留意が必要であるが、不動産の二重譲渡事案における権利主張参加を否定した初めての最高裁判例である。本判決は、Ｘの本訴請求とＺのＹに対する参加請求とが合一に確定されるべき関係にないことを理由として挙げるが、本判決以降、学説において、実体法上は本訴請求と参加請求のいずれの買主も売主に対する移転登記請求権を有し、両者は論理的に両立するとして、権利主張参加を否定する見解も有力となっている。

さらに理解を深める　百選4版106事件〔髙橋宏志〕　百選3版109事件〔宮川聡〕、中野ほか2版補訂2版573頁、新堂5版829頁、伊藤4版補訂版657頁、高橋（下）2版補訂版505頁、争点86頁〔三木浩一〕　**関連判例**　福岡高判昭和30・10・10下民集6巻10号2102頁、大阪高判昭和43・5・16判時554号47頁

第13章　当事者の複数──多数当事者訴訟　　　　　　　　　　　　岡　伸浩

203　法定訴訟担当──債権者代位権

大審院昭和14年5月16日第二民事部判決
　事件名等：昭和13年（オ）第1901号妨害排除請求事件
　掲　載　誌：民集18巻557頁

概　要　本判決は、民法423条1項の債権者代位権に基づき債権者が第三債務者に訴えを提起した場合、債権者が債務者に訴訟提起した旨を通知し又は債務者がこれを了知したときは、債務者は自ら権利を消滅させることや権利行使することはできないとしたものである。

事実関係　XはA村との契約により、Aの所有地内において石材を採取する権利を取得した。Xが石材の採取に着手したところ、Y₁及びY₂がXの石材採取行為を妨害した。Xは、AがY₁及びY₂の妨害を排除する措置をとらないため、自己の採取権を保全すべくAに代位してY₁及びY₂に対してAの所有権に基づく妨害排除請求としての土地明渡し及び石材採取行為の禁止を求めて訴えを提起した。本訴訟の口頭弁論開始後、AはY₁及びBに対して、土地所有権確認及び土地明渡しを求めて別訴を提起した。第2審は、債務者であるAが自ら権利を行使した以上、債権者であるXは債権者代位権を行使できないというY₁及びY₂の主張を認めて、Xの訴えを却下した。Xが上告。

判決要旨　破棄差戻し。「債権者カ民法第423条第1項ニ依リ適法ニ代位権ノ行使ニ着手シタルトキハ債務者ハ其ノ権利ヲ処分スルコトヲ得サルモノニシテ従テ債権者ノ代位後ハ債務者ニ於テ其ノ代位セラレタル権利ヲ消滅セシムヘキ一切ノ行為ヲ為スヲ得サルハ勿論自ラ其ノ権利ヲ行使スルコトヲ得サルモノト解スルヲ相当トス蓋裁判上ノ代位ニ関スル非訟事件手続法第76条第2項〔現非訟88条3項〕ニ依レハ債権ノ履行期到来前ニ於テ債権者カ代位ヲ為ス場合ニ於テモ債務者ハ其ノ権利ノ処分権ヲ失フモノナルヲ以テ履行期到来後ナルニ拘ラス其ノ到来前ノ場合ニ比シ代位ノ効力薄弱ナルヲ得サルハ当然ノコトナリト謂フヘク若シ然ラストセハ債権者ハ代位ノ目的ヲ達スルコト能ハサルニ至ルヘキノミナラス一旦代位権ヲ行使シタル債権者ノ行為ヲ徒労ニ帰セシムル虞アレハナリ故ニ債権者カ訴ヲ以テ代位権ヲ行使シタル後ニ在リテ債務者ハ第三債務者ニ対シ処分行為ト目スヘキ訴ヲ提起スルコトヲ得サルト同時ニ之カ為ニ先ニ債権者ノ提起シタル訴カ理由ナキニ帰スルモノニ非ス尤モ債権者カ代位権ヲ行使シタル後如何ナル時期ヨリ債務者ニ於テ其ノ権利ヲ処分スルコトヲ得サルニ至ルヤニ付テハ法文

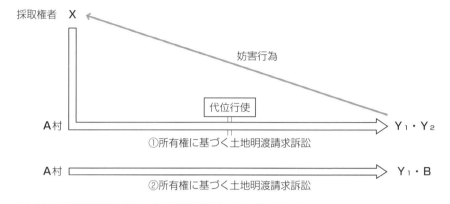

上之ヲ明定スルトコロナキモ前示非訟事件手続法第76条第1項ノ法意ニ準拠シ債権者ハ債務者ヲシテ其ノ権利ニ付処分権ヲ失ハシメントセハ其ノ者ニ対シ代位権ノ行使ニ着手シタルコトヲ通知スルカ又ハ債務者ニ於テ既ニ債権者カ代位権ノ行使ニ着手シタルコトヲ了知シ居レルカ如キ事実ノ存在セサルヘカラサルモノト謂フヘク債務者ハ右通知ヲ受ケタル時ヨリ又ハ右了知ノ時ヨリ其ノ権利ヲ処分スルコトヲ得サルニ至ルモノト解セサルヘカラス是債務者不知ノ間ニ其ノ権利ノ処分権ヲ制限スルハ不当ナルヲ以テ債権者ノ通知ヲ要スルモ既ニ債務者ニ付通知ヲ受ケタルト同視シ得ヘキ事実即チ債務者カ了知セル以上特ニ通知ナキモ債務者保護ニ欠クルトコロナキヲ以テナリ」

本判決の位置づけ・射程範囲

債権者Xが債務者Aに代位して、第三債務者Yに対して債権者代位訴訟を提起した後、債務者Aが第三債務者Yに対して同一の請求権を権利行使できるかが問題となる。本判決は、債権者が債務者代位権を行使した場合、債権者が債務者に訴訟提起した旨を通知し又は債務者がこれを了知したときは、債務者は第三債務者に対して有する債権について処分権を失うことになり、その権利を行使することができなくなると判示した。本判決は、その根拠として、旧非訟事件訴訟法76条2項〔現非訟88条3項〕によれば、履行期到来前でさえ債権者が裁判上の代位を行うことによって債務者が処分権を失う以上、履行期到来後の場合はもちろん債務者は処分権を失うと解すべきこと、いったん債権者代位権を行使した債権者の行為が徒労に帰してしまうおそれがあることを挙げている。債務者は処分権を失う結果、第三債務者に対する債権についての訴訟追行権を失い、当事者適格を否定されることとなる（最三判昭和48・4・24 本書204事件 ）。

さらに理解を深める

百選Ⅰ補正版47事件〔本間靖規〕 伊藤4版補訂版554頁、新堂5版229頁、松本＝上野7版741頁、中野ほか2版補訂2版163・493頁、高橋（上）2版補訂版265頁、三木ほか521・568頁、和田172頁、藤田・解析2版227頁

関連判例 最三判昭和48・4・24 本書204事件 、最三判昭和45・6・2民集24巻6号447頁

第13章 当事者の複数――多数当事者訴訟　　　　　　　　垣内秀介

204 債権者代位訴訟における債務者の独立当事者参加の可否

最高裁昭和48年4月24日第三小法廷判決
　事件名等：昭和47年（オ）第908号建物明渡等請求事件
　掲　載　誌：民集27巻3号596頁、判時704号52頁、判タ295号254頁、
　　　　　　　金判370号2頁

概　要　本判決は、①債権者代位訴訟に債務者が独立当事者参加して自ら第三債務者に対して被代位債権にかかる債務の履行を請求することが、重複起訴の禁止に触れるか、②この場合、債務者に被代位債権にかかる債務の履行請求についての原告適格がなお認められるかについて、判示したものである。

事実関係　本件土地の賃借人であるXは、本件土地上に建物を所有するYを被告として、自己の土地賃借権を保全するため、土地所有者・賃貸人であるZ（被保全債権である賃借権の債務者）に代位して、建物収去土地明渡しを求める訴えを提起した。これに対してZは、本件土地賃貸借契約を解除したと主張し、Xに対しては賃借権不存在の確認、Yに対しては所有権に基づく建物収去土地明渡しを求めて、この訴訟に独立当事者参加（旧民訴71条、現民訴47条）した。第1審判決及び控訴審判決は、いずれもZの参加を適法とし、Zの各請求を認容した。Yが上告。

判決要旨　上告棄却。「債権者が民法423条1項の規定により代位権を行使して第三債務者に対し訴を提起した場合であっても、債務者が民訴法71条〔現民訴47条〕により右代位訴訟に参加し第三債務者に対し右代位訴訟と訴訟物を同じくする訴を提起することは、民訴法231条〔現民訴142条〕の重複起訴禁止にふれるものではない……。けだし、この場合は、同一訴訟物を目的とする訴訟の係属にかかわらず債務者の利益擁護のため訴を提起する特別の必要を認めることができるのであり、また、債務者の提起した訴と右代位訴訟とは併合審理が強制され、訴訟の目的は合一に確定されるのであるから、重複起訴禁止の理由である審判の重複による不経済、既判力抵触の可能性および被告の応訴の煩という弊害がないからである。したがって、債務者の右訴は、債権者の代位訴訟が係属しているというだけでただちに不適法として排斥されるべきものと解すべきではない。もっとも、債権者が適法に代位権行使に着手した場合において、債務者に対しその事実を通知するかまたは債務者がこれを了知したときは、債務者は代位の目的となった権利につき債権者の代位権行使を妨げるような処分をする権能を

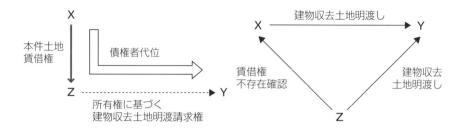

失い、したがって、右処分行為と目される訴を提起することができなくなる〔大判昭和14・5・16 本書203事件 参照〕のであって、この理は、債務者の訴提起が前記参加による場合であっても異なるものではない。したがって、審理の結果債権者の代位権行使が適法であること、すなわち、債権者が代位の目的となった権利につき訴訟追行権を有していることが判明したときは、債務者は右権利につき訴訟追行権を有せず、当事者適格を欠くものとして、その訴は不適法といわざるをえない反面、債権者が右訴訟追行権を有しないことが判明したときは、債務者はその訴訟追行権を失っていないものとして、その訴は適法ということができる。」

本判決の位置づけ・射程範囲

通説は、債権者代位訴訟は、債務者の権利を訴訟物とし、代位債権者が債務者の法定訴訟担当者として追行するものであり、その判決は、有利・不利を問わず、債務者に及ぶ（民訴115条1項2号）、また、適法な代位権行使とその通知ないし了知に伴い、債務者が代位の目的たる権利の処分権能を失う、とする。本判決も、そうした通説の立場を前提としたものであり、その限りでは、重複起訴の禁止及び当事者適格に関する判示は、自然な帰結といえる。もっとも、こうした理解に対しては、債務者への判決効拡張の有無及び処分権能喪失のいずれについても有力な異論が存在すること、また、現在検討されている債権法の改正に伴い、これらに関する従来の通説の前提が改められる可能性が高いことに留意を要する。

他方で、本件のような参加が独立当事者参加の要件を満たすかどうかについては、権利主張参加における請求の非両立性要件や詐害防止参加における詐害性の判断基準との関係で議論があり、この場合には原告又は参加人の請求のいずれかは訴え却下となり、本案判決のレベルで合一確定が図られるわけではないことから、独立当事者参加が本来想定する場面ではなく、その特殊型ないし流用にすぎないとする見解も有力である。

さらに理解を深める 百選4版A34事件〔手賀寛〕　高橋（上）2版補訂版251〜266頁、高橋（下）2版補訂版558〜559頁、三木浩一＝山本和彦編『民事訴訟法の改正課題』（有斐閣、2012年）44〜45頁、「民法（債権関係）の改正に関する要綱仮案」15〜16頁　**関連判例**　大判昭和14・5・16 本書203事件、最一判昭和28・12・14民集7巻12号1386頁、最二判昭和29・9・24民集8巻9号1658頁

第13章　当事者の複数——多数当事者訴訟　　　　　　　　　　垣内秀介

205 独立当事者参加訴訟における訴えの取下げ

最高裁昭和60年３月15日第二小法廷判決
事件名等：昭和58年（オ）第749号土地所有権確認等請求事件
掲載誌：判時1168号66頁、判タ569号49頁、金判732号42頁

概要　本判決は、独立当事者参加がされた訴訟の原告は、被告及び参加人の双方の同意を得て訴えを取り下げることができ、その場合、訴訟は参加人を原告とし、従前の訴訟の原告及び被告を被告とする単純な二当事者対立訴訟に転化する、としたものである。

事実関係　Xは、Yらを被告として、甲土地及び乙土地の所有権確認を提起し、第１審の請求認容判決に対してYらが控訴した。控訴審において、Xは、乙土地にかかる訴えを取り下げる趣旨を含む準備書面を陳述したが、Yらはこれに対して同意も異議も述べなかったため、取下げの効果は直ちには生じなかった。これと同日、Zらは、Xから乙土地を買い受けたとして、X及びYを相手方として、乙土地の所有権確認を求めて独立当事者参加の申立てをした。その後、裁判官の交代に伴う弁論の更新に際して、上記準備書面を含む従前の口頭弁論の結果が改めて陳述されたが、Zらは、Xの訴え取下げについて異議を述べなかった。以上の結果、Yらとの関係でも、Zらとの関係でも、訴え取下げに対する異議が述べられることなく民訴旧236条６項（現民訴261条５項）所定の３ヶ月（現行法では２週間）の期間が経過した。そこで、控訴審判決は、Xの乙土地所有権確認の訴えについては取下げの効果が生じたものとして、Xの甲土地所有権確認請求を棄却、ZのXに対する乙土地所有権確認請求を認容、ZのYらに対する同請求を棄却した。Zが、X及びYらをともに被上告人として上告。

判決要旨　ZのXに対する上告を却下、Yらに対する上告を棄却。「民訴法71条〔現民訴47条〕に基づく当事者参加の申立があった場合、当該訴訟の原告は、同法72条〔現民訴48条〕に従って当該訴訟から脱退することができるほか、被告及び参加人の双方の同意を得て訴えを取り下げることができ、これによって、当該訴訟は右申立によって生じた三面訴訟関係を消失し、参加人と原告との間及び参加人と被告との間の単純な二当事者対立訴訟関係に転化するものというべきであり、かつ、三面訴訟において原告が訴えを取り下げた場合、参加人との関係でも民訴法236条６項〔現民訴261条５項〕の規定の適用がある……。」
「そうすると、被上告人X、被上告人Yら及び上告人Zについていったん生じ

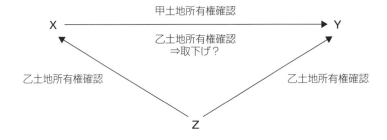

> た乙請求に係る訴訟の三面訴訟関係は、乙請求に係る訴えの取下によって消滅し、以後上告人Ｚらと被上告人Ｘとの間及び上告人Ｚらと被上告人Ｙらとの間の各二当事者対立訴訟関係に転化したのであるから、上告人Ｚらが被上告人Ｘに対してした上告は、上告人Ｚらが被上告人Ｘに対し全部勝訴の判決を受けている以上、上告する利益を欠き、不適法であって却下を免れない。」

本判決の位置づけ・射程範囲

　独立当事者参加がされた結果、訴訟追行の意欲を失った既存当事者が手続から離脱するための制度としては、当該当事者に対する判決効の拡張により合一確定の実質が維持される訴訟脱退の制度（民訴48条）が存在するが、それとは別に、従前の原告による訴えの取下げ（民訴261条）が許されるか、とりわけ、取下げの要件として被告の同意を要する場合（同条2項本文）に、被告のみの同意で足りるか、それとも参加人の同意をも要するかが問題となる。

　この問題については、従来下級審裁判例の立場が分れていたところ、本判決は、被告及び参加人双方の同意があれば取下げが許されるとしたものである。その背景には、取下げが効果を生じると、独立当事者参加訴訟は、参加人を原告とし、従前の両当事者を被告とする合一確定を要しない訴訟（通常共同訴訟）に転化する、との理解が存在する（本判決がＺらのＸに対する上告を却下したのは、この理解を前提とする）。参加人としては、本来三者間の訴訟の合一確定を求めている以上、取下げによりその利益を失わせるためには、被告だけでなく参加人の同意も必要だと考えるわけである。

　もっとも、独立当事者参加における合一確定（民訴47条4項・40条1〜3項）の趣旨については議論があり、単に原被告間における参加人に不利な判決の確定を防ぐ点にその意義があるのだとすれば、取下げに対する参加人の同意を不要とする立場も考えられる。これに対して、本判決は、合一確定という規律の目的として、自己に有利な原被告間の判決を積極的に求めるという参加人の利益の保護をも含めて考える立場に親和的なものといえる。

> さらに理解を深める　　奈良次郎・判評246号2頁（判時928号）、花村治郎・判評326号45頁（判時1180号）、高橋（下）2版補訂版495〜500頁、521〜540頁　関連判例　最一判昭和50・3・13 本書207事件

第13章　当事者の複数——多数当事者訴訟　　　　　濱田陽子

206　独立当事者参加——不利益変更禁止の原則

最高裁昭和48年7月20日第二小法廷判決
　事件名等：昭和44年（オ）第316号工事代金請求等事件
　掲載誌：民集27巻7号863頁、判時715号51頁、判タ299号294頁、金法697号23頁

概要　本判決は、独立当事者参加訴訟において敗訴当事者の一方のみが控訴した場合に、控訴審は、合一確定に必要な限度で、自ら上訴しない者に係る判決部分についても変更することができるとしたものである。

事実関係　Xは、訴外Aより譲渡された請負代金債権150万円について、Yに対する支払請求訴訟を提起した（❶）。Yは、同一債権の譲渡についてZからも通知があったため、債権者不確知を理由に請負代金82万4,600円を供託した（❷）。Zは、XY間の訴訟に独立当事者参加を申し立て、Yに対して150万円から供託額を控除した額の金銭の支払いを、XとY双方に対してZの供託金還付請求権の確認を求めた（❸）。

　第1審は、Aの債権は82万9,800円であり、XとZに二重に譲渡されたが、対抗関係ではZがXに優先するとして、X→Y請求を棄却、Z→X及びZ→Yの確認請求を認容、Z→Y請求のうち供託額を超える5,200円を認容した（❹）。これに対して、XがY及びZを被控訴人として控訴し、Yに対する請求の認容、Zからの請求の棄却を求めた（❺）。

　控訴審は、Aの債権は150万円で、Xに優先して譲渡されたが、Yのした供託は金額が少なすぎて無効であるとして、第1審判決の一部を取り消し、X→Y請求を認容、Z→X及びZ→Y請求を棄却した（❻）。その際、Xの控訴によりZ→Y請求についても控訴審の審判対象とすることについて、「当事者の一が他の二者を相手に控訴した時も、他の二者は常に被控訴人に止まるのではなく、ある点においては控訴人の利害を同じくして他の一に対し対立する関係にあるものは、これに対しては被控訴人の地位に立つ。そして、実際に控訴した者、利害を同じくすることによって控訴人の地位に立った者の不服の範囲が控訴審における審判の対象となる」とした。

判決要旨　上告棄却。「本件は、訴訟の目的が原告、被告および参加人の三者間において合一にのみ確定すべき場合（民訴法71条〔現民訴47条1項・4項〕、62条〔現民訴40条1項～3項〕）に当たることが明らかであるから、1審判決中参加人の被告に対する請求を認容した部分は、原告のみの控訴によっ

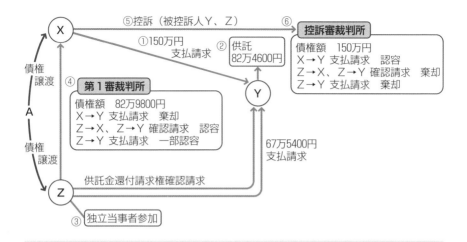

ても確定を遮断され、かつ、控訴審においては、被告の控訴または附帯控訴の有無にかかわらず、合一確定のため必要な限度で1審判決中前記部分を参加人に不利に変更することができると解するのが相当である」。

本判決の位置づけ・射程範囲

判例は、独立当事者参加訴訟の構造は三面訴訟であり（最大判昭和42・9・27 関連判例）、1人の上訴によって全請求につき確定が遮断され、上訴審に移審する（最二判昭和43・4・12 関連判例）とする。この場合に、不服申立てのない部分（本件ではZ→Y請求）も上訴審の審判対象とし、原審判断を参加人Zの不利益に（敗訴当事者Yの有利に）変更することができるかが問題になる。

この問題につき本判決は、上訴審においては、独立当事者参加訴訟における合一確定に必要な範囲で、不利益（利益）変更禁止の原則が修正されると判示した。ただし原審判決の変更は、上訴当事者の不服の限度でかつ合一確定を損なわない範囲でのみ認められる（例えばX請求棄却・Z請求棄却の判決に対してZのみ控訴した場合に、控訴審がXの請求を認容することは認められない）。

なお、現行法で認められた片面的参加（民訴47条1項）においても、民訴法40条の準用により、両面参加の場合と同様に合一確定が要請されるならば、本判決は妥当すると考えられる。

さらに理解を深める

百選4版107事件〔山本和彦〕 百選3版110事件〔徳田和幸〕、最判解民事篇昭和48年度132頁〔川口冨男〕、昭和48年度重判民訴7事件〔林屋礼二〕、小山昇・判評181号139頁（判時727号）、コンメⅠ2版追補版479頁、条解2版257頁〔新堂幸司＝高橋宏志＝高田裕成〕、高橋（下）2版補訂版534頁、三木ほか572頁、アルマ2版385頁、伊藤4版補訂版660頁、新堂5版838頁、松本＝上野7版746頁、中野ほか2版補訂2版577頁 関連判例 最大判昭和42・9・27民集21巻7号1925頁、最二判昭和43・4・12民集22巻4号877頁、最一判昭和50・3・13 本書207事件、東京高判平成13・5・30判時1797号131頁、福岡高判平成19・4・17判タ1263号339頁、最三判平成22・3・16 本書198事件

第13章 当事者の複数──多数当事者訴訟　　濵田陽子

207　独立当事者参加──上訴審における地位

最高裁昭和50年3月13日第一小法廷判決
　事件名等：昭和48年（オ）第699号土地所有権移転登記手続、土地所有権確認反訴、土地所有権確認等当事者参加、土地所有権確認反訴請求事件
　掲載誌：民集29巻3号233頁、判時785号63頁、判タ323号145頁

概要　本判決は、独立当事者参加訴訟において敗訴当事者の一方のみが上訴した場合に、自ら上訴せずかつ上訴の相手方とされなかった者は、上訴審において被上訴人の地位に立つとしたものである。

事実関係　Xは、本件溜池の登記名義人であるYに対して所有権移転登記請求訴訟を提起した（❶）。その第1審係属中に、Zは、本件溜池をXより買い受けたとして、Xに対して所有権移転登記手続を、Yに対して所有権の確認を求めて、民訴法71条（現民訴47条）により独立当事者参加した（❷）。そこでYは、本件溜池の所有者は自分であるとして、XとZそれぞれに対して、所有権確認と明渡請求の反訴を提起した（❸）。

第1審は、Z→X、Y→X、Y→Zの各請求を認容し、X→Y、Z→Yの各請求を棄却する判決を下した（❹）。これに対してZがYのみを被控訴人として控訴した（❺）。控訴審は、Zの控訴によって原判決の全部が移審し、Xも控訴審の当事者になるところ、本件においてXはZと事実上利害を共通にするので、Zと同様にYに対して控訴人の地位につくと判示し、本案については原判決を全面的に支持した（❻）。これに対してZがYを被上告人として上告した（❼）。

判決要旨　上告棄却。「民訴法71条〔現民訴47条〕による参加のなされた訴訟においては、原告、被告及び参加人の三者間にそれぞれ対立関係が生じ、かつ、その1人の上訴により全当事者につき移審の効果が生ずるものであるところ、かかる三当事者間の訴訟において、そのうちの一当事者が他の二当事者のうちの一当事者のみを相手方として上訴した場合には、この上訴の提起は同法62条2項〔現民訴40条2項〕の準用により残る一当事者に対しても効力を生じ、この当事者は被上訴人としての地位に立つものと解するのを相当とする。そしてこの場合、上訴審は、上訴提起の相手方とされなかった右当事者の上訴又は附帯上訴がなくても、当該訴訟の合一確定に必要な限度においては、その当事者の利益に原審判決を変更することができるものと解すべきであるから〔最二判昭和48・7・20 本書206事件〕、上訴を提起した当事者とその上訴の相手方とされな

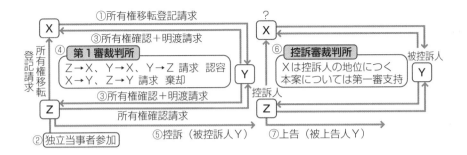

かった当事者との利害が実質的に共通である場合であっても、そのことは後者を上訴人として取扱うべきであるとする理由とはならない。したがって、Xは、当審においては被上告人の地位に立つものである」。

本判決の位置づけ・射程範囲

判例は、独立当事者参加訴訟は三面訴訟であって、参加人には原被告双方を相手方とした双面的参加のみが許され（最大判昭和42・9・27 関連判例 ）、敗訴当事者のうち一方のみが上訴した場合には、全請求について確定遮断効と移審効が生じ（最二判昭和43・4・12 関連判例 ）、上訴審では、合一確定に必要な限度において、自ら上訴しない者に係る判決部分についても変更できるとする（最二判昭和48・7・20 本書206事件 ）。

この場合に、上訴の相手方とされなかった者の上訴審での地位については、民訴法40条1項を準用して上訴人とする説、同2項を準用して被上訴人とする説、上訴人と被上訴人の地位の双方の側面を有するとする説（両面説、兼備説、上訴人兼被上訴人説）、原則として被上訴人であるが上訴した者と利害を共通にする場合には上訴人とする説（折衷説、利害共同説）に分かれていた。本判決は、これらの考え方のうち、被上訴人説に立つことを明言したものである。

しかし本件のような事案では、全面敗訴のXが被上訴人の地位につくことになり、上訴には形式的不服が必要だとする通常の上訴理論に反することになる。そもそも三当事者が対立牽制関係にあり、かつ合一確定の要請のある独立当事者参加訴訟を、二当事者対立構造を前提とする上訴理論によって説明することには限界がある。その意味で本判決は、積極的に上訴しない敗訴当事者は上訴人にはならないことを明らかにしたと解するのが妥当である。

さらに理解を深める

昭和50年度重判民訴4事件〔井上治典〕 最判解民事篇昭和50年度103頁〔大和勇美〕、小室直人・判評203号142頁（判時795号）、徳田和幸・判夕326号66頁、コンメI 2版追補版479頁、条解2版257頁〔新堂幸司＝高橋宏志＝高田裕成〕、高橋（下）2版補訂版537頁、三木ほか573頁、伊藤4版補訂版660頁、新堂5版838頁、松本＝上野7版746頁、中野ほか2版補訂2版578頁 関連判例 最大判昭和42・9・27民集21巻7号1925頁、最二判昭和43・4・12民集22巻4号877頁、最二判昭和48・7・20 本書206事件 、最大判平成9・4・2 本書193事件 、最二判平成12・7・7 本書194事件

第13章 当事者の複数——多数当事者訴訟　　　　　　　　　　濵田陽子

208 独立当事者参加における二当事者間での和解

仙台高裁昭和55年5月30日判決
　事件名等：昭和52年（ネ）第165号鉱泉地所有権確認等請求参加控訴事件
　掲載誌：下民集33巻9号1546頁、判タ419号112頁

概要　本判決は、独立当事者参加訴訟において二当事者間でなされた訴訟上の和解は、他の当事者の同意がない限り、合一確定の制度目的に反して許されないとしたものである。

事実関係　事案を単純化して紹介すると次のようになる。

Xは、所有権移転の仮登記を有する甲土地について、その後に所有権移転登記を得たYに対して、本登記の承諾と所有権移転登記の抹消を求めて訴えを提起した（❶）。Zは、XとYに対し、甲土地につき自己の所有権確認を求めて独立当事者参加した（❷）。その後、XとYの間で、甲土地はXの所有であり、Xの本登記をYが承諾する旨の訴訟上の和解が成立した（❸）。裁判所はこれによりXY間の訴訟は終了したとし、Zの参加請求についてのみ判決した。

判決要旨　原判決取消し、差戻し。〔本件〕訴訟の目的は、本訴においてはXのYに対する本件土地所有権移転登記抹消登記手続請求権の存否……であるが、その前提たる権利関係としてXの本件土地に対する所有権の存否が争いとなっていることが明らかである。Xは右前提たる権利関係の存否につき中間確認の訴を提起しなかったが、前記訴訟上の和解において本件土地の所有権がXに属することが確認されたのであるから、右中間確認の訴が提起された場合と同等である。

右の前提たる権利関係の如何によって本訴の勝敗の帰すうが決せられるのであるから、本件土地の所有権の帰属も前記訴訟の目的たるものといわなければならない。しかしてZは、本件土地の所有権がZに属することの確認を求めて前記訴訟に当事者参加したのであるから、右の権利関係はX、Y、Zの間において合一にのみ確定されなければならないことが明らかである（民事訴訟法第71条、第62条〔現民訴47条、40条〕）。

すなわち当事者参加がなされたのちは、既存訴訟の二当事者間で訴訟の目的を処分する訴訟行為（請求の認諾、放棄もしくは訴訟上の和解）をしても、当事者参加人に対して効力を生じないものである。もとより、当該請求の放棄、認諾もしくは訴訟上の和解の内容が、必ずしも当事者参加人にとって不利益とはいえな

第13章　当事者の複数——多数当事者訴訟　421

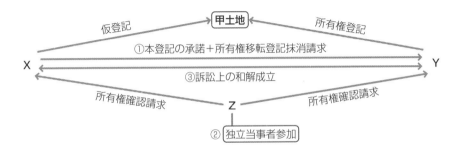

い場合もありえようが、請求の放棄、認諾もしくは訴訟上の和解が調書に記載されれば、その限度で当該訴訟は終了するとともに、その記載は確定判決と同一の効力を有することになり、三当事者間の紛争を矛盾なく解決すべき当事者参加訴訟の構造を無に帰せしめるからである。ただ、当事者参加の申立があったのちでも、本訴被告および当事者参加人の同意あるときは本訴の取下をすることは許されるものというべく、この場合には参加訴訟は参加人と本訴原告および参加人と本訴被告間の通常共同訴訟として残存することになる。

　Zは前記既存訴訟の二当事者間での訴訟上の和解成立に同意していないのであるから、右訴訟上の和解は訴訟の目的に関する部分について効力を生ぜず、これについて訴訟終了の効力も生じえないものといわなければならない。したがって原審がZの既存訴訟のXおよびYに対する参加請求についてのみ判決したことは、判決の手続が法律に違背したことになる。」

本判決の位置づけ・射程範囲

　旧法下の判例は、独立当事者参加制度は三面訴訟であって、原告・被告・参加人を「互にてい立、牽制しあう関係に置き、一の判決により訴訟の目的を全員につき合一にのみ確定することを目的とするもの」としていた（最大判昭和42・9・27 関連判例）。本判決は、この大法廷判決を前提として、これと矛盾する二当事者間での和解による訴訟の終了を否定したものである。これに対して学説では、民訴法40条（旧民訴62条）準用の趣旨から、他の1人に不利益が及ばない限り、二当事者間での和解は有効であるとの見解が主張されていた。

　平成8年改正により認められた片面的参加（現民訴47条）には三当事者間の鼎立関係が存在せず、したがって現行法下では二当事者間での訴訟上の和解が認められる余地は考えられる。また最近では、合一確定の要求という前提そのものを疑問視し、他の当事者の有利不利にかかわらず和解を肯定する見解もある。

さらに理解を深める　百選4版108事件〔山本克己〕　中野貞一郎『民事訴訟法の論点(1)』（判例タイムズ社、1994年）172頁、高橋（下）2版補訂版521頁、三木ほか571頁、アルマ2版384頁、新堂5版837頁、中野ほか2版補訂2版576頁
関連判例　最大判昭和42・9・27民集21巻7号1925頁、東京高判平成3・12・17判時1413号62頁

第13章 当事者の複数──多数当事者訴訟　　　　　　　　　村上正子

209 共同訴訟人の1人の相手方への補助参加

最高裁昭和51年3月30日第三小法廷判決
　事件名等：昭和46年（オ）第1057号損害賠償請求事件
　掲載誌：判時814号112頁、判タ336号216頁

概要　本判決は、共同不法行為に基づいて損害賠償請求の共同被告とされ敗訴した一方が、その他方に対する損害賠償請求の棄却判決が確定することを阻止しようとして被害者（原告）側に補助参加をした場合に、参加の利益を認めたものである。

事実関係　Xは、Y_1が保有してY_2が運転する自動車と、Zが保有し運転する自動車が交差点で衝突した反動により傷害を受けたとして、Y_1・Y_2（以下Yら）及びZを共同被告として、各自金154万円の支払いを求める損害賠償請求訴訟を提起した。第1審は、当該事故がもっぱらZの一方的な過失によって引き起こされたものであるとして、XのZに対する請求はほぼ全額認容したのに対して、Yらに対する請求は棄却した。XZ間の判決はそのまま確定したが、Zは、本件事故はY_2にも過失があるとして、Xを補助するため参加の申出をすると共に、XとYら間の判決に対して控訴を提起した。原審は参加の利益を肯定したうえで、本案についてもY_2の過失を認め、請求を棄却した第1審判決を取り消して、XのYらに対する請求をほぼ全部認容した。これに対してYらが上告。

判決要旨　上告棄却。「XとYらの間の本件訴訟の結果いかんによってZのXに対する損害賠償責任に消長をきたすものではないが、本件訴訟においてYらのXに対する損害賠償責任が認められれば、ZはXに対しYらと各自損害を賠償すれば足りることとなり、みずから損害を賠償したときはYらに対し求償し得ることになるのであるから、Zは、本件訴訟において、Xの敗訴を防ぎ、YらのXに対する損害賠償責任が認められる結果を得ることに利益を有するということができ、そのために自己に対する第1審判決について控訴しないときは第1審において相手方であったXに補助参加することも許されると解するのが、相当である。」

本判決の位置づけ・射程範囲

本判決は、共同不法行為に基づいて不法行為者を共同被告として提起された損害賠償請求が、被告ごとに認容と棄却の判決に分かれた場合に、認容判決を受け

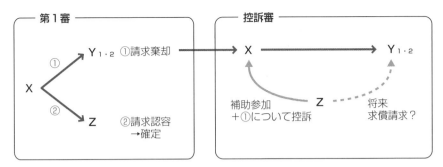

た一方の被告が、その相手方である被害者（原告）側に補助参加して、他方にも過失があることを認めさせて相手方の他方に対する損害賠償請求が棄却されることを阻止し、他方に対する将来の求償請求にそなえようとすることについて、補助参加の利益を認めたものである。

補助参加は他人間の訴訟に対してするものであるから、自分が当事者となっている訴訟の相手方に参加することはできないが、本件のような共同訴訟の場合には、原告の各共同被告に対する請求はそれぞれ別個のものであるから、共同訴訟人の1人が他の共同訴訟人に対する請求について、その相手方に補助参加することは可能である。本判決はそれを前提として、参加の利益が認められるかどうかを問題としている。

伝統的な見解によれば、被参加人が敗訴すれば参加人が求償または損害賠償の責任を負わされる実体法上の関係にあるというように、参加人の権利義務その他法律上の地位が論理上訴訟物である権利関係の存否を前提にして決せられる場合にしか参加の利益は認められない。この考え方によると、本件においてXとYら

間の訴訟の結果いかんがZのXに対する損害賠償責任に消長をきたす関係にはなく、Yの損害賠償義務の存否は、YZ間の求償訴訟に対しては、判決理由中で示される判断による事実上の影響があるにすぎず、Zには参加の利益は認められないことになる。これに対しては、前訴判決の理由中の事実認定や権利関係についての法律判断が後訴の判断に対して有する事実上の証明効に補助参加の利益の根拠を見出し、より広く補助参加を認める学説が有力に主張されている。本判決もそのような立場から、Yにも過失があることを認めさせ、ZのYに対する将来の求償請求を容易にするためにXの側に補助参加するZに、参加の利益を肯定するものである。補助参加は、他人間の訴訟に関与することで、参加人の法的地位への危険や不安を除去し、法的利益の安定を図る制度であり、紛争の予防または簡明化を図るという機能を重視して、参加許否について、当該紛争全体の解決にとって参加を認めることが有用かどうかを弾力的に判断する本判決は、補助参加の許容範囲を拡大するその後の動きの契機になったと評価できるものといえる。

さらに理解を深める 百選4版A33事件〔河野憲一郎〕　百選Ⅱ補正版170事件〔春日偉知郎〕、井上治典・判タ338号66頁、昭和51年度重判民訴3事件〔上北武男〕、住吉博・判評215号146頁（判時832号）、争点80頁〔松下淳一〕

関連判例 最一決平成13・1・30 **本書212事件**

第13章 当事者の複数──多数当事者訴訟　　　　　　　伊東俊明

210　「当然の補助参加」論

最高裁昭和43年9月12日第一小法廷判決
　事件名等：昭和42年（オ）第890号建物収去土地明渡請求事件
　掲載誌：民集22巻9号1896頁、判時534号50頁、判タ227号140頁、
　　　　　金判132号2頁

概要　本判決は、通常共同訴訟における共同訴訟人の一人のする訴訟行為は、共同訴訟人間に補助参加の利益を基礎づけうる共通の利害関係が存するときであっても、補助参加の申出がないかぎり、他の共同訴訟人のために効力が生じることはないとしたものである。

事実関係　Y_1は、Xから本件土地を賃貸し、その上に自己所有の本件建物を建築した。本件建物は強制競売に付され、Y_3が競落した。その後、Y_2（Y_1の子）が、本件建物をY_3から買い戻した。その間、Y_1とY_2は、本件建物に居住し続けていた。Xは、Y_1・Y_2・Y_3を共同被告とし、所有権に基づき、Y_1・Y_2に対しては、本件建物退去又は収去・本件土地明渡しを求め、Y_3に対しては、本件建物がY_3の所有であった期間について、本件土地の不法占有を理由とする賃料相当分の損害賠償を求める訴えを提起した。Y_1とY_2は、土地賃借権の抗弁を提出したが、Y_3は、Xの訴えは信義に反するとだけ主張し、それ以外は何も主張しなかった。

第1審はXの請求を全部棄却したため、Xは全ての請求について控訴を提起した。原審は、Y_1・Y_2に対する請求についての控訴を棄却し、Y_3に対する請求についても、Y_3は自己が所有する期間における占有権限を主張・立証しないのであるから、当該期間における占有は不法占有となり、Xの損害賠償請求が認められることになるが、Y_1・Y_2がした当該期間における賃料支払いの事実の主張は、Y_3に対しても効力が及ぶとしたうえで、Xが賃料支払いの事実を争っていないため、Y_3の不法占有によって生じた損害はY_1・Y_2の支払った賃料によって補塡されたと認定し、控訴を棄却した。Xは、原審の判断は違法であるとして、上告した。

判決要旨　破棄差戻し。「通常の共同訴訟においては、共同訴訟人の一人のする訴訟行為は他の共同訴訟人のため効力を生じないのであって、たとえ共同訴訟人間に共通の利害関係が存するときでも同様である。したがって、共同訴訟人が相互に補助しようとするときは、補助参加の申出をすることを要するのである。もしなんらかかる申出をしないのにかかわらず、共同訴訟人とその

相手方との間の関係から見て、その共同訴訟人の訴訟行為が、他の共同訴訟人のため当然に補助参加がされたと同一の効果を認めるものとするときは、果していかなる関係があるときこのような効果を認めるかに関して明確な基準を欠き、徒らに訴訟を混乱せしめることなきを保しえない。

されば、本件記録上、なんら被上告人 Y_1、同 Y_2 から補助参加の申出がされた事実がないのにかかわらず、Y_1、Y_2 の主張をもって被上告人 Y_3 のための補助参加人の主張としてその効力を認めた原判決の判断は失当であり、右の誤りは判決の結論に影響を及ぼすことが明らかであるから、……原判決は右請求に関する部分についても破棄を免れない。」

本判決の位置づけ・射程範囲

個別訴訟の束を共同訴訟とすることの狙いは、共同訴訟人間の請求を同一の期日において併合審理することによって、審理の効率化と統一的な紛争解決の実現を図ることにある。通常共同訴訟では、各共同訴訟人は、他の共同訴訟人からの牽制を受けることなく、事実主張をするか、事実主張につき要証性を生じさせるか、裁判によらずに訴訟を完結させるか、上訴を提起するか等を自由に決定できる（民訴39条）。

本判決が基準の不明確性を理由に否定した「当然の補助参加論」は、共同訴訟人間に補助参加を基礎づける利害関係（民訴42条）が存する通常共同訴訟において、統一的な紛争解決の実現を目的とするものである（同様の方向性を有する理論として、共同訴訟人間の主張共通を認める見解がある）。当然の補助参加論は、基準の不明確性の他にも、統一的な紛争解決の実現という目的によって、当事者の参加意思を認定することが正当化できるか（民訴法40条の規律が当事者の意思に基づかないこととの関係も問題となろう）、補助参加の許容性に関する審理の機会が相手方に保障されるべきではないか等という点が問題となる。

本件は、共同被告間に補助参加の利益を基礎づける関係が存するといえるかは微妙であり、当然の補助参加論が適用されるのに適した事案ではなかったといえる。なお、主張共通を認める見解に立ったとしても、原審のように、Y_3 との関係で、X の擬制自白の成立までも認める帰結は、X の行動選択の自由を害することになり、当該理論の守備範囲を逸脱するものであろう。

さらに理解を深める

百選4版96事件〔鶴田滋〕、百選3版101事件〔堀野出〕、昭和43年度重判民訴6事件〔井上治典〕、最判解民事篇昭和43年度（上）666頁以下〔吉井直昭〕、髙橋（下）2版補訂版370頁以下、伊藤4版補訂版616頁以下、新堂幸司『訴訟物と争点効（下）』（有斐閣、1991年）33頁以下

第13章 当事者の複数──多数当事者訴訟　　　　　　　　　　　　　伊東俊明

211 補助参加の要件

東京高裁昭和49年4月17日決定
事件名等：昭和49年（ラ）第75号補助参加申立却下決定に対する即時抗告申立事件
掲載誌：下民集25巻1～4号309頁、判時748号61頁

概要　本決定は、当事者の一方と同様の地位・境遇にある者がした補助参加の申出について、同一の原告から訴えられている立場にあるということだけでは、補助参加の要件を充足しないとしたものである。

事実関係　スモン病の患者らが原告となり、キノホルム剤がスモン病の原因であるとし、同剤を製造・販売した製薬会社と製造承認をした国を被告として、損害賠償を求める訴訟（以下、「本訴」という）を提起し、キノホルム剤を原告に投与した医師であるZ（参加申出人）が、被告側に補助参加の申出をした。参加申出の理由は、Zは、別訴で原告及び別のスモン患者から、同剤を投与した点に違法があるとし、損害賠償を求められているため、本訴におけるキノホルム剤とスモン病との間の因果関係の判断について利害関係を有するということである。第1審は補助参加の申出を却下したため、Zは高等裁判所に即時抗告の申立てをした。

決定要旨　抗告棄却。「民事訴訟法64条〔現民訴42条〕にいう『訴訟ノ結果ニ付利害関係ヲ有スル』場合とは、本案判決の主文に包含される訴訟物たる権利関係の存否についてだけではなく、その判決理由中で判断される事実や法律関係の存否について法律上の利害関係を有する場合も含まれるといえるが、当該他人間の訴訟の当事者の一方（被参加人）の敗訴によってその当事者（被参加人）から第三者（参加申出人）が一定の請求をうける蓋然性がある場合及びその当事者の一方（被参加人）と第三者（参加申出人）を当事者とする第二の訴訟で当事者の一方（被参加人）の敗訴の判断に基づいて第三者（参加申出人）が責任を分担させられる蓋然性のある場合でなければならず、第一の訴訟で当事者の一方（被参加人）が相手方から訴えられているのと同じ事実上又は法律上の原因に基づき第二の訴訟で第三者が右相手方から訴えられる立場にあるというだけでは、補助参加の要件を充足しないというべきである。……判決の正確性を高め利害関係者の便宜をはかるためには、広く補助参加を認め証人尋問等の機会を与えるのがよいように思われるが、他方、訴訟が遅延し、複雑化するのを避ける必要

があるので、これらの両者の関係を合理的に調整するには、民事訴訟法64条〔現民訴42条〕所定の右要件を前述のとおり解するのを相当と考える。……ところで、一件記録によると、……Ｚは別訴……で、右相手方たる原告らからキノホルム剤がスモン病の原因であることを前提として、キノホルム剤を投与した点を違法として損害賠償を求められているものである。そして、Ｚは、要するに、本訴におけるキノホルム剤がスモン病の原因であるかどうかという因果関係の判断は、別訴のＺに利害関係があるというのである。……しかし、キノホルム剤がスモン病の原因であるかどうかという因果関係についての判断が本訴と別訴とを通じて共通の前提問題となっているというのは、所詮本訴と別訴が同一の事実上の原因に基づいているというものにすぎず、本件において本訴の被告ら（被参加人）の敗訴によってＺが右被告ら（被参加人）から請求をうけ責任を分担させられる蓋然性がうかがえないばかりか、本訴における判決中の右因果関係の存否についての判断は、Ｚの補助参加を認めても、いわゆる参加的効力は、別訴における原告らとＺの間に及ぶものではないので、前述のとおりＺが補助参加の要件を充足するとは認めがたい。」

本決定の位置づけ・射程範囲

通説的な理解によると、補助参加の利益（民訴42条）は、①他人間の訴訟の結果が、②参加申出人の法的地位・利益に対して、③事実上の影響（論理的関係ないし牽連性）を有する場合に肯定されることになる。

本決定では、当事者の一方と同様の地位・境遇にある者がした補助参加の許容性が問題となった（肯定した裁判例として、大決昭和8・9・9民集12巻2294頁、福岡地決平成6・2・22判時1518号102頁等、否定した裁判例として、大決昭和7・2・12民集11巻119頁、東京高決平成20・4・30判時2005号16頁等参照）。本決定は、②は充足することを前提に、①について、訴訟物非限定説に依拠した上で、③について、参加人に参加的効力が及ぶ関係にあることを要するという理解に立ち、Ｚの補助参加の利益を否定した。

被参加人の敗訴判決が先行することを阻止する機会をＺに認めるべきであるかが検討されるべきであろう（本訴と別訴とは同一の合議体で審理され、本訴の判決は別訴の中間判決として機能する関係にあったことを重視すべきであるとする見解もある）。

さらに理解を深める

百選Ⅱ補正版169事件〔新堂幸司〕 高橋（下）2版補訂版437頁以下、伊藤4版補訂版638頁以下、高田裕成・リマークス1992（上）148頁 **関連判例** 東京高決平成20・4・30**本書214事件**、名古屋高決昭和43・9・30高民集21巻4号460頁

第13章 当事者の複数——多数当事者訴訟　　　　　　　　　　　　　伊東俊明

212　補助参加肯定例——株主代表訴訟事案

最高裁平成13年1月30日第一小法廷決定
　事件名等：平成12年（許）第17号補助参加申立て却下決定に対する抗告棄
　　　　　却決定に対する許可抗告事件
　掲載誌：民集55巻1号30頁、判時1740号3頁、判タ1054号106頁

概要　本決定は、取締役会の意思決定が違法であるとして提起された株主代表訴訟において、株式会社は、特段の事情がない限り、被告取締役側に補助参加することが許容されるとしたものである。

事実関係　本件の基本事件は、Z株式会社の株主であるXが、Zの第48期・49期の決算は粉飾決算であり、当時の取締役であったYらは、粉飾決算を指示し又はこれを見逃し、その結果、法人税等を過払いし、検査役報酬の支払いを余儀なくされる等の損害をZに生じさせたとして主張し、Yらを被告として、Zへの損害賠償を求める株主代表訴訟である。本案訴訟に、ZがYら側に補助参加する旨の申出をしたところ、Xが異議を述べた。原々決定および原決定とも、Zの補助参加の申出を却下した。原決定に対し、Zが抗告許可の申立てをし、抗告が許可された。

決定要旨　破棄自判。「民訴法42条所定の補助参加が認められるのは、専ら訴訟の結果につき法律上の利害関係を有する場合に限られ、単に事実上の利害関係を有するにとどまる場合は補助参加は許されない（最高裁昭和38年（オ）第722号同39年1月23日第一小法廷判決・裁判集民事71号271頁参照）。そして、法律上の利害関係を有する場合とは、当該訴訟の判決が参加人の私法上又は公法上の法的地位又は法的利益に影響を及ぼすおそれがある場合をいうものと解される。
　……取締役会の意思決定が違法であるとして取締役に対し提起された株主代表訴訟において、株式会社は、特段の事情がない限り、取締役を補助するため訴訟に参加することが許されると解するのが相当である。……本件は、抗告人の第48期及び第49期の各決算において取締役らが忠実義務に違反して粉飾決算を指示し又は粉飾の存在を見逃したことを原因とする抗告人の取締役らに対する損害賠償請求権を訴訟物とするものであるところ、決算に関する計算書類は取締役会の承認を受ける必要があるから（商法281条）、本件請求は、取締役会の意思決定が違法であるとして提起された株主代表訴訟である。そして、上記損害賠償請求権が

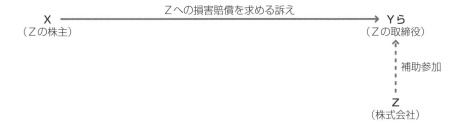

認められて取締役らが敗訴した場合には、抗告人の第48期以降の各期の計算関係に影響を及ぼし、現在又は将来の取引関係にも影響を及ぼすおそれがあることが推認されるのであって、抗告人の補助参加を否定すべき特段の事情はうかがわれない。」（反対意見がある。）

本決定の位置づけ・射程範囲

本決定は、Ｚの私法上・公法上の地位・利益が補助参加の利益を基礎づける法的利益となることを前提に、本案訴訟の訴訟物である取締役会の意思決定の違法を原因とする損害賠償請求権についての判断が、会社の法的利益に影響を及ぼす関係にあるとして、Ｚの補助参加の利益を肯定した。

本決定は、下級審・学説において議論があった問題につき、最高裁としての考え方を明らかにした点で意義があるが、本決定の判断枠組みに関しては、本決定の判断を訴訟物限定説に依拠して説明できるか（最一決平成13・2・22 関連判例 との関係も検討を要する）、取締役会の意思決定の適法性それ自体が会社の補助参加を基礎づける法的利益となるか（株主代表訴訟で問題となるのは、取締役会の意思決定の違法性ではなく、取締役の行為の違法性ではないか）、補助参加を否定すべき「特段の事情」とは、どのような事情であるか等、検討されるべき問題が存する。

会社法（平成17年法86号）の制定により、株式会社が被告取締役を補助するため、責任追及等の訴えに係る訴訟に参加できるとする制度（会社849条）が導入された。もっとも、会社法849条による参加において、補助参加の利益（民訴42条）が必要となるかは、本決定の射程範囲（取締役会の意思決定の違法性を理由としない株主代表訴訟にも妥当するか、取締役会の意思決定の無効を導くという意味での違法性が問題となる株主代表訴訟に限定して適用されるか等が問題となる）との関係で検討されるべき課題として残されている。

さらに理解を深める 平成13年度重判民訴２事件〔山本克己〕 最判解民事篇平成13年度（上）55頁以下〔髙部眞規子〕、高橋（下）２版補訂版453頁注(37)、伊藤４版補訂版638頁注(59)、髙田裕成・リマークス1997（上）126頁、伊藤眞・民訴41号１頁以下、笠井正俊「補助参加の利益に関する覚書」井上治典先生追悼論文集『民事紛争と手続理論の現在』（法律文化社、2008年）215頁以下、八田卓也・法時84巻４号31頁以下

関連判例 最一決平成13・2・22判時1745号144頁

第13章 当事者の複数──多数当事者訴訟　　　　　　　　　　　酒井博行

213　補助参加の効力──参加的効力

最高裁昭和45年10月22日第一小法廷判決
事件名等：昭和45年（オ）第166号家賃金等本訴並びに反訴請求事件
掲載誌：民集24巻11号1583頁、判時613号52頁、判タ255号153頁

概要　本判決は、民訴法46条の定める補助参加に係る判決の効力につき、既判力とは異なる特殊な効力（参加的効力）であるとしたものである。

事実関係　Y₁株式会社はX株式会社から本件建物の一室（本件貸室）を賃借した。A株式会社がY₁に対し、本件建物の所有権を主張して本件貸室の明渡しおよび賃料相当損害金の支払いを求める前訴を提起した（❶）。Y₁から訴訟告知（❷）を受けたXはY₁側に補助参加し（❸）、本件建物の所有権がXに属する旨主張したが、本件建物の所有権が賃貸当時からAに属していたとして、Y₁が全部敗訴した。

Xは前訴の控訴審係属中にY₁・Y₂（Y₁の連帯保証人）に対し、本件貸室の賃貸借契約解除による未払賃料・約定損害金の支払いを求める本訴を提起した（❹）。Yらは、前訴判決の確定によりXは本件建物の所有権を主張できないなどと主張し、Y₁は賃貸借契約締結時に支払った建設協力保証金相当額の支払いを求める反訴を提起した（❺）。第1審は旧民訴法70条（現民訴46条）の趣旨を既判力の主観的範囲の拡張にあるとし、Xが本件建物の所有権を主張できない旨のYらの抗弁を排斥したが、本件賃貸借契約の錯誤無効に関する主張を容れ、本訴請求棄却・反訴請求認容。控訴審は同条の趣旨を補助参加人・被参加人間での訴訟の結果についての共同責任を負担させるものとし、その効力の客観的範囲も訴訟物の前提たる認定事実や判断にも及ぶとして、Xが本件建物の所有権を主張できない旨のYらの主張をも容れ、控訴棄却。Xより上告。

判決要旨　上告棄却。「民訴法70条の定める判決の補助参加人に対する効力……は、いわゆる既判力ではなく、それとは異なる特殊な効力、すなわち、判決の確定後補助参加人が被参加人に対してその判決が不当であると主張することを禁ずる効力であって、判決の主文に包含された訴訟物たる権利関係の存否についての判断だけではなく、その前提として判決の理由中でなされた事実の認定や先決的権利関係の存否についての判断などにも及ぶものと解するのが相当である。けだし、補助参加の制度は、他人間に係属する訴訟の結果について利害関係を有する第三者、すなわち、補助参加人がその訴訟の当事者の一方、すなわち、被参加人を勝訴させることにより自己の利益を守るため、被参加人に協力し

て訴訟を追行することを認めた制度であるから、補助参加人が被参加人の訴訟の追行に現実に協力し、または、これに協力しえたにもかかわらず、被参加人が敗訴の確定判決を受けるに至ったときには、その敗訴の責任はあらゆる点で補助参加人にも分担させるのが衡平にかなうというべきであるし、また、民訴法70条が判決の補助参加人に対する効力につき種々の制約を付しており、同法78条〔現民訴53条4項〕が単に訴訟告知を受けたにすぎない者についても右と同一の効力の発生を認めていることからすれば、民訴法70条は補助参加人につき既判力とは異なる特殊な効力の生じることを定めたものと解するのが合理的であるからである。

　そこで、本件についてみるに、……右別件訴訟の確定判決の効力は、その訴訟の被参加人たるY_1と補助参加人たるXとの間においては、その判決の理由中でなされた判断である本件建物の所有権が右賃貸当時Xには属していなかったとの判断にも及ぶものというべきであり、したがって、Xは、右判決の効力により、本訴においても、Y_1に対し、本件建物の所有権が右賃貸当時Xに属していたと主張することは許されないものと解すべきである。」

本判決の位置づけ・射程範囲

　補助参加人に対する判決の効力については、既判力が補助参加人・被参加人間だけでなく補助参加人・相手方間にも拡張されたものとする既判力拡張説がかつて有力であり、大審院判例もこの立場であった。これに対しては、既判力の本質に反する等の批判がなされ、既判力とは異質の特殊な効力であるとする参加的効力説が次第に通説となっていった。本判決は、民訴法46条の判決の効力につき参加的効力説に立った初めての最高裁判例である。参加的効力は、補助参加人が被参加人と協力して訴訟追行したが被参加人敗訴に終わった場合にその責任を負担すべきであるという衡平の原則の表れとされ、被参加人敗訴の場合に補助参加人・被参加人間でのみ効力が生じる点、判決理由中の判断にも効力が及ぶ点などが既判力と異なる。

　なお、学説では、補助参加人・被参加人・相手方の三者間に参加的効力・既判力・争点効が及ぶとの見解なども有力である。ただ、民訴法46条所定の判決の効力が相手方との間でも及ぶか、被参加人勝訴の場合でも生じるかといった点については、本判決の射程外である。

さらに理解を深める

百選4版104事件〔福本知行〕　百選3版107事件〔山本研〕、最判解民事篇昭和45年度（上）418頁〔奥村長生〕、中野ほか2版補訂2版562頁、新堂5版810頁、伊藤4版補訂版644頁、高橋（下）2版補訂版460頁、争点84頁〔佐野裕志〕　関連判例　大判昭和15・7・26民集19巻1395頁

第13章 当事者の複数──多数当事者訴訟　　　　　　　酒井博行

214 補助参加の利益

東京高裁平成20年4月30日決定
　事件名等：平成20年（ラ）第577号補助参加許可決定に対する抗告事件
　掲載誌：判時2005号16頁、判タ1301号302頁

概要　本決定は、当事者の一方と同一の地位・境遇にある者に補助参加の利益がないとして、補助参加を認めないとしたものである。

事実関係　AはY株式会社と、同社を保険者、B株式会社を保険契約者、Aを被保険者とする搭乗者傷害保険契約（基本事件保険契約）を締結した（❶）。AはC運転のレンタカーに同乗中、同車の海中への転落水没により溺死した。Xら（亡Aの相続人）はYに対し、基本事件保険契約に基づく保険金の支払いを求める訴えを提起したが（基本事件）（❷）、Yは前記事故の経緯につき、Cの意思でAともども海中に突っ込んだと考えられるとして、保険金請求権の発生要件たる「被保険者が急激かつ偶然な外来の事故により死亡したこと」への該当性を争っている。

　Yは、Aを被保険者とする普通傷害保険契約・交通傷害保険契約（本件保険契約）（❸）の保険者であるZ株式会社に訴訟告知をし（❹）、Zは補助参加の申出をした（❺）。Yの訴訟告知およびZの補助参加の理由は、本件保険契約でも死亡保険受取人にXが指定され、基本事件保険契約と同様、「被保険者が急激かつ偶然な外来の事故により死亡したこと」が保険金支払義務の発生要件であるため、基本事件でYのXらに対する保険金支払義務が認められると、ZはXらから本件保険契約に基づく保険金の支払請求を受ける可能性があり、基本事件と同一の争点につき判断が求められ、Zの本件保険契約上の法的地位または法的利益に影響するというものである。Xらは異議を述べたが、原決定はZの補助参加を許可。Xらが即時抗告。

決定要旨　原決定取消し。「民事訴訟法42条の補助参加申出に対し補助参加が許されるのは、申出人が訴訟の結果につき法律上の利害関係を有する場合に限られ、法律上の利害関係を有する場合とは、当該訴訟の判決が参加申出人の私法上又は公法上の法的地位又は法的利益に影響を及ぼすおそれがある場合をいうものと解される。」

「しかし、YとXらとの間の基本事件保険契約による法律関係と、ZとXらとの間の本件保険契約による法律関係とは、同一被保険者につき死亡を原因とする保険金を給付する同種の保険契約関係というにすぎないものであり、相互に損害

を補填し合う関係にある旨の主張立証はないから、何ら法的関連や関係がない。基本事件において、争点である被保険者であるAに生じた本件事故が偶然な外来の事故に当たるか否かが決められたとしても、ZとXとの間で、本件事故によるAの死亡についての保険金支払義務の存否につき法律上何ら影響するものではなく、Zの私法上又は公法上の法的地位又は法的利益に何ら影響することはない。ただ、同一の争点に対する判断として、これが参考にされ、事実上影響することがあるというにすぎないのであり、このような影響を与える関係を法律上の利害関係ということはできない。

　基本事件において、ZにYへの補助参加を認めても、上記事実上の影響以外には何ら法律的な関係がない以上、両者間に参加的効力を観念する余地はなく、Xらとの間でも何らかの法的効果を考える余地はなく、Zには補助参加制度が前提とする法律上の利害関係がないことは、このことからも明らかというべきである。また、補助参加を認めることによる紛争解決の一回性を考えるとしても、それは事実上のものにすぎず、Zに対し何ら法的拘束力が生じない以上、法的な拘束力等によってもたらされる紛争解決効は存しないのであるから、紛争解決の一回性を理由に補助参加の是非を考えることもできない。」

本決定の位置づけ・射程範囲

　民訴法42条は補助参加の要件として、「訴訟の結果について利害関係を有する」ことを挙げるが、ここでの「利害関係」は法律上の利害関係でなければならない。また、「訴訟の結果」が何を指すかにつき、学説上、かつては判決主文での判断のみを指すとする訴訟物限定説が通説であったが、現在では判決理由中の判断も含むとする訴訟物非限定説が多数説である。最上級審の判例はいずれの立場を採るかを明言していないが、下級審裁判例の多くは訴訟物非限定説を採り、とりわけ東京高決平成2・1・16 関連判例 は、参加申出人主張の（判決理由中の判断に係る）利害関係の性質・内容等を検討の上で参加の許否を決すべき旨を明言する。

　本決定では、当事者の一方と同一の地位・境遇にある者に補助参加の利益が認められるか否かが問題となったが、従来の裁判例は結論が分かれる。本決定は、この問題に関する否定例を加えるものとして評価できる。

さらに理解を深める

百選4版103事件〔勅使川原和彦〕　上田竹志・法セミ653号122頁、福本知行・リマークス2010（下）114頁、中野ほか2版補訂2版551頁、新堂5版804頁、伊藤4版補訂版638頁、高橋（下）2版補訂版437頁、争点80頁〔松下淳一〕　関連判例　大決昭和7・2・12民集11巻119頁、大決昭和8・9・9民集12巻2294頁、東京高決昭和49・4・17 本書211事件、東京高決平成2・1・16判夕754号220頁

第13章 当事者の複数——多数当事者訴訟

酒井博行

215 参加的効力の客観的範囲

最高裁平成14年1月22日第三小法廷判決
　事件名等：平成10年（オ）第512号商品代金請求事件
　掲載誌：判時1776号67頁、判タ1085号194頁、金法1645号49頁

概要　本判決は、訴訟告知を受けた者が補助参加の利益を有する場合に裁判の効力が及び、かつ、その効力は前訴判決の主文の判断を導き出すために必要な主要事実に係る認定および法律判断などについてのみ及ぶとしたものである。

事実関係　Y会社はAとの間で本件店舗新築工事請負契約を締結した。X会社は、Aに対し本件店舗用の家具等を納入したとして、代金の支払いを求める前訴を提起した（❶）。Aは、Xが納入した本件商品（家具等）を含む商品につき、Yが買い受けたものである旨主張したので、XはYに訴訟告知をしたが（❷）、Yは補助参加しなかった（❸）。前訴では、本件商品に係る代金請求部分につき請求棄却判決が言い渡され確定したが、その理由中に、本件商品はYが買い受けたことが認められる旨の記載がある。

XはYに対し、本件商品の売買代金の支払いを求める本訴を提起した（❹）。原審は、旧民訴法78条（現民訴53条4項）、70条（同46条）所定の判決の効力により、Yは本件商品を買い受けていない旨主張できないとして、請求認容。Yより上告。

判決要旨　破棄差戻し。「旧民訴法78条、70条の規定により裁判が訴訟告知を受けたが参加しなかった者に対しても効力を有するのは、訴訟告知を受けた者が同法64条〔現民訴42条〕にいう訴訟の結果につき法律上の利害関係を有する場合に限られるところ、ここにいう法律上の利害関係を有する場合とは、当該訴訟の判決が参加人の私法上又は公法上の法的地位又は法的利益に影響を及ぼすおそれがある場合をいうものと解される……。

また、旧民訴法70条所定の効力は、判決の主文に包含された訴訟物たる権利関係の存否についての判断だけではなく、その前提として判決の理由中でされた事実の認定や先決的権利関係の存否についての判断などにも及ぶものであるが……、この判決の理由中でされた事実の認定や先決的権利関係の存否についての判断とは、判決の主文を導き出すために必要な主要事実に係る認定及び法律判断などをいうものであって、これに当たらない事実又は論点について示された認定や法律判断を含むものではないと解される。けだし、ここでいう判決の理由とは、判決の主文に掲げる結論を導き出した判断過程を明らかにする部分をいい、これは主

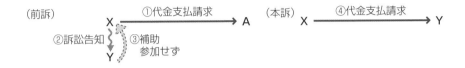

要事実に係る認定と法律判断などをもって必要にして十分なものと解されるからである。そして、その他、旧民訴法70条所定の効力が、判決の結論に影響のない傍論において示された事実の認定や法律判断に及ぶものと解すべき理由はない。」

「……これを本件についてみるに、前訴におけるＸのＡに対する本件商品売買代金請求訴訟の結果によって、ＹのＸに対する本件商品の売買代金支払義務の有無が決せられる関係にあるものではなく、前訴の判決はＹの法的地位又は法的利益に影響を及ぼすものではないから、Ｙは、前訴の訴訟の結果につき法律上の利害関係を有していたとはいえない。したがって、Ｙが前訴の訴訟告知を受けたからといってＹに前訴の判決の効力が及ぶものではない。しかも、前訴の判決理由中、Ａが本件商品を買受けたものとは認められない旨の記載は主要事実に係る認定に当たるが、Ｙが本件商品を買い受けたことが認められる旨の記載は、前訴判決の主文を導き出すために必要な判断ではない傍論において示された事実の認定にすぎないものであるから、同記載をもって、本訴において、Ｙは、Ｘに対し、本件商品の買主がＹではないと主張することが許されないと解すべき理由もない。」

本判決の位置づけ・射程範囲

民訴法53条4項は、訴訟告知を受けた者が参加しなかった場合にも同法46条の適用により参加的効力が及ぶ旨を規定するが、①いかなる場合に参加しなかった被告知者に参加的効力が及ぶか、②前訴判決のどの部分の判断に参加的効力が生じるかが問題となる。本判決は①につき、被告知者に補助参加の利益（民訴法42条）がある場合に限り、参加しなかった被告知者に参加的効力が及ぶとしたうえで、補助参加の利益の要件たる「法律上の利害関係」に関する一般論を展開するが、学説上は、補助参加の利益に加えて告知者・被告知者間に告知者敗訴による求償または賠償関係が成立する実体関係がある場合に限定する見解が多数説である。

②につき本判決は、参加的効力の客観的範囲につき判示した最一判昭和45・10・22 本書213事件 の判示をより具体化し、判決主文の判断を導き出すために必要な主要事実に係る認定などにのみ参加的効力が及び、傍論で示された事実認定などには及ばないとする。学説上は本判決に賛成する見解が多いが、重要性を有する間接事実ないし主要な間接事実にも効力が及ぶべきであるとの見解なども有力である。

さらに理解を深める

百選4版105事件〔和田吉弘〕　百選3版108事件〔堤龍弥〕、中野ほか2版補訂2版568頁、新堂5版821頁、伊藤4版補訂版652頁、高橋（下）2版補訂版477頁、争点84頁〔佐野裕志〕　関連判例　最一決平成13・1・30 本書212事件、仙台高判昭和55・1・28 本書217事件、東京高判昭和60・6・25 本書218事件

第13章 当事者の複数──多数当事者訴訟　　　　　　　　　　　　福本知行

216 通常の補助参加か共同訴訟的補助参加か

最高裁昭和63年2月25日第一小法廷判決
　事件名等：昭和61年（行ツ）第178号損害賠償請求事件
　掲載誌：民集42巻2号120頁、判時1301号92頁、判タ690号113頁、
　　　　　金判795号36頁

概要　本判決は、住民代位請求訴訟（地方自治法旧242条の2第1項4号）において、適法な監査請求手続を経て共同訴訟参加をすることのできる住民が、出訴期間内にした補助参加につき、共同訴訟的補助参加の効力を否定したものである。

事実関係　Xらは、監査委員に対する監査請求を経て、Y（坂出市長）らを被告として、工業用地造成事業の施行に伴い関係漁業団体に支出した漁業補償金は違法、不当であるとして、坂出市が被った損害の賠償を求める本件住民代位訴訟を提起した。他方、Zも、同趣旨の監査請求を経て、Xらに補助参加する旨の申出をした。第1審がXらの請求を棄却したのに対し、Zが控訴したところ、Xらが、控訴の取下げ書を提出したので、原審は、Xらの控訴取下げにより、本件訴訟は終了した旨の訴訟終了宣言をした。これに対してZが上告し、本件補助参加は共同訴訟的補助参加の効力があり、Xらの控訴取下げは、Zには効力を有しないと主張した。

判決要旨　上告棄却。「〔地方自治〕法〔旧〕242条の2第4項は、……住民訴訟が係属している場合に、当該住民訴訟の対象と同一の財務会計上の行為又は怠る事実を対象とする適法な監査請求手続を経た他の住民が、同条2項所定の出訴期間内に民訴法75条〔現民訴52条〕の規定に基づき共同訴訟人として右住民訴訟の原告側に参加することを禁ずるものではなく、右出訴期間は監査請求をした住民ごとに個別に定められているものと解するのが相当であるから、共同訴訟参加申出についての期間は、参加の申出をした住民がした監査請求及びこれに対する監査結果の通知があった日等を基準として計算すべきである。そして、右期間内において、前記の適法な監査請求手続を経た住民が住民訴訟の原告側に補助参加の申出をしたときは、当該住民は右住民訴訟に共同訴訟参加をすることが可能であるところ補助参加の途を選択したものというべく、右補助参加をいわゆる共同訴訟的補助参加と解し、民訴法62条1項〔現民訴40条1項〕の類推適用など、共同訴訟参加をしたのと同様の効力を認めることは相当ではないというべきである。」

第13章　当事者の複数——多数当事者訴訟　437

第1審　請求棄却（Z：控訴提起）
控訴審　Xの控訴取下げにより訴訟終了宣言
　　　　Z：上告（控訴取下げの効力及ばずと主張）

> 　本件についてこれをみるに、……Zは、本件訴訟の対象と同一の財務会計上の行為を対象とする適法な監査請求手続を経たうえ、〔地方自治〕法〔旧〕242条の2第2項所定の出訴期間内に、本件訴訟につき、原告であるXら外2名を補助するため本件補助参加の申出をしたのであり、本件補助参加の申出は、共同訴訟参加をすることが可能である場合に行われたものであることが明らかであるから、本件補助参加をいわゆる共同訴訟的補助参加と解することはできない。
> 　そうすると、Zがした本件補助参加は通常の補助参加と解するのが相当であるから、Zがした本件控訴は、Xらの控訴の取下げによってその効力を失い（民訴法69条2項〔現民訴45条2項〕）、本件訴訟は右控訴の取下げにより終了したものというべきである。」

本判決の位置づけ・射程範囲

　本判決は、共同訴訟参加をなし得る者がした補助参加に、共同訴訟的補助参加の効力を否定し、共同訴訟的補助参加の成立要件に、「共同訴訟参加をなしうる場合でないこと」を追加するとともに、第三者には、参加申出の時点で、共同訴訟参加と補助参加との明確な選択を要求するものである。元来、共同訴訟的補助参加は、判決効の拡張を受けるが当事者適格を有しないために共同訴訟参加をなし得ない第三者の訴訟上の地位を強化するために、解釈上認められるものと位置付けられてきたので、共同訴訟参加をなし得る者があえて補助参加をした場合にまで、訴訟上の地位を強化する必要はないという理解を背景にしている。もっとも、一般論はともかく、事案との関係では、本件の背後には、住民代位訴訟の出訴期間の起算点をめぐる理解の対立があり、Zが「あえて」補助参加をしたものといえるかは、問題がなくはない。また、他の参加類型、ことに独立当事者参加及び行訴法22条による第三者の訴訟参加との関係でも本判決の一般論が妥当するかは明らかではない。

さらに理解を深める　百選3版A41事件〔垣内秀介〕　最判解民事篇昭和63年度73頁〔高橋利文〕、山本克己・法教299号89頁　関連判例　最一判昭和45・1・22民集24巻1号1頁、最一判昭和40・6・24民集19巻4号1001頁、仙台高判平成25・1・24判時2186号21頁

第13章 当事者の複数──多数当事者訴訟　　　　　　　　　福本知行

217　訴訟告知と補助参加(1)

仙台高裁昭和55年1月28日判決
事件名等：昭和50年（ネ）第162号損害賠償請求事件
掲載誌：高民集33巻1号1頁、判時963号55頁、判タ409号115頁

概要　本判決は、前訴において適法な訴訟告知を受けた被告知者が、告知者の相手方に補助参加をし、相手方が勝訴した場合でも、告知者の被告知者に対する後訴において、前訴における訴訟告知による判決の効力が及ぶ旨を判示した。訴訟告知の効力についての議論を深める契機となった重要な裁判例である。

事実関係　甲土地につき、AからB、Yに順次、所有権移転登記がなされている。Aの相続人Xらは、Aの死亡により甲土地を共同相続したと主張し、Yに対し共有持分権確認、共有持分移転登記手続請求の訴えを提起した。Yは抗弁として、A代理人ZとB間の甲土地の売買によるAの所有権喪失、仮にZに代理権がなかったとしても、表見代理が成立する、と主張した。Xらは、Zに訴訟告知をしたが、Zは、Y側に補助参加をした。裁判所は、Yの表見代理の主張を容れ、Xら敗訴の判決をした（確定）。その後、Zの無権代理行為につき、XらがZに対し損害賠償請求の訴えを提起した（本件）。原審は、訴訟告知の効力につき、被告知者が告知者と協同して相手方に対し攻撃防御を尽くすことにつき利害が一致し、そうすることを期待できる立場にあることが前提となり、そのような争点に限り、被告知者に効力が及ぶとして、前訴における訴訟告知の効力を否定し、Xらの請求を棄却した。Xらが控訴を提起した。

判決要旨　原判決変更。「訴訟告知の制度は、告知者が被告知者に訴訟参加をする機会を与えることにより、被告知者との間に告知の効果（民事訴訟法78条〔現民訴53条4項〕）を取得することを目的とする制度であり、告知者に対し、同人が係属中の訴訟において敗訴した場合には、後日被告知者との間に提起される訴訟において同一争点につき別異の認定判断がなされないことを保障するものである。したがって、同法76条〔現民訴53条1項〕にいう『参加をなしうる第三者』に該当する者であるか否かは、当該第三者の利益を基準として判定されるべきではなく、告知者の主観的利益を基準として判定されるべきである。」「……右の主観が客観的に理由あるものであれば、当該訴訟告知は有効であって、被告知者の主観上告知者のために参加すべき場合であることを要しない」。「被告知者は必ず告知者のために参加すべき法律上の義務を負うものではなく、被告知者の主観による利害が告知者の主観による利害と反するときは、敢て

第13章 当事者の複数——多数当事者訴訟　439

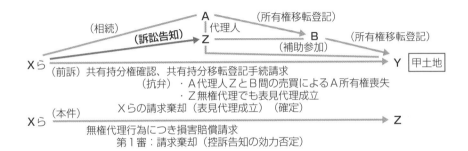

　告知者の相手方たる当事者のために補助参加し、又は民事訴訟法71条〔現民訴47条〕、73条〔現民訴49条〕もしくは75条〔現民訴52条〕による参加をすることによって、自己に有利な主張、立証を尽くすことができるのである。したがって、被告知者は、かような参加が可能であるにもかかわらず参加を怠った場合には、訴訟告知により参加の機会を与えられながらその権利を行使しないことによる不利益を受けても衡平に反するとは言えないものといわなければならない。」「Ｘらは本件訴訟告知によりＺの代理権及び代理行為の存否につきＺに参加的効力を及ぼす主観的、客観的な利益を有し、かつ、Ｚは右の各争点につき前訴において補助参加をすることが可能であったのであるから、右各争点に関する前訴判決理由中の認定判断は、本件訴訟においてＺを拘束するものといわなければならない。したがって、Ｚは、本訴において、代理行為の不存在（転売人である旨の主張）及び代理権の存在を主張することは許されないものというべきであ」る。

本判決の位置づけ・射程範囲

　本判決は、訴訟告知制度を、告知者が被告知者との関係で参加的効力を取得するためのものとの理解を前提として、訴訟告知の効力は、告知者と被告知者との利害が一致せず、被告知者が告知者と協同して攻撃防御を尽くすことが期待し得ないような争点についても及び、しかも被告知者が告知者の相手方に補助参加し、これを勝訴させた場合であっても同様とする。制度趣旨の理解は、伝統的理解に沿うものであるが、第三者に訴訟係属を了知させ、その手続保障を果たすための制度と位置づける理解も有力である。訴訟告知の効力範囲については、学説上はむしろ本判決に反対し、何らかの基準によって訴訟告知の効力範囲を制限する方向が志向されている。

さらに理解を深める

百選2版111事件〔伊藤眞〕　新堂幸司編代『講座民事訴訟(3)当事者』（弘文堂、1984年）275頁〔佐野裕志〕、新堂幸司ほか『民事紛争過程の実態研究』（弘文堂、1983年）、吉村徳重『民事判決効の理論（下）』（信山社、2010年）283頁、松本博之『証明責任の分配〔新版〕』（信山社、1996年）286頁、注釈(2)274頁〔上原敏夫〕、徳田和幸『複雑訴訟の基礎理論』（信山社、2008年）244頁　**関連判例**　仙台高判昭和58・1・28下民集33巻9＝12号1586頁、東京高判昭和60・6・25**本書218事件**、最三判平成14・1・22**本書215事件**

第13章 当事者の複数──多数当事者訴訟　　　　　　　　　　　福本知行

218　訴訟告知と補助参加(2)

東京高裁昭和60年6月25日判決
　事件名等：昭和54年（ネ）第1293号求償金請求控訴事件
　掲載誌：判時1160号93頁、判タ566号152頁

概要　本判決は、前訴における訴訟告知の効力の範囲を限定するとともに、被告知者が告知者の相手方に補助参加をした場合に、告知者との間で補助参加による参加的効力が生じることも否定した。

事実関係　Xは、亡Aの遺族Bから、交通事故に基づく損害賠償請求訴訟を提起されたので、Y病院に訴訟告知をしたところ、Yは、Bの側に補助参加をした。この訴訟における唯一の争点は、Aの死因となった尿毒症が交通事故に基づくものか、交通事故とYの医療過誤との競合に基づくものかであり、裁判所は交通事故と医療過誤の競合（異時的共同不法行為）を認定し、Xが敗訴した（前訴）。そこでXが、Yを被告として、求償金請求訴訟を提起したが、原審はXの請求を棄却した。Xは、控訴を提起し、①前訴における訴訟告知により、判決の参加的効力がYに及ぶから、Yは本件訴訟において医療過誤がなかったことを主張することができない、仮にそうでなくても、②前訴判決の拘束力は、Yにも及び、Yが前訴判決の判断に反する主張をすることは許されない、と主張した。

判決要旨　控訴棄却。「訴訟告知がされた場合に生ずる判決の参加的効力は、判決の論理的前提となった事実関係又は法律関係に対する判断について告知者と被告知者との間に認められるものであるところ、……別件訴訟の判決においてYの被用者たる医師の診療上の過失が認定されているものの、そのような過失があっても右医師と交通事故発生について過失のあった者とは異時的共同不法行為者として各自全損害について賠償義務を負うべきものとされているのであるから、結局右診療上の過失の有無に関する判断部分は傍論にすぎないものである（このように全部賠償義務が認められた場合には、判決中で賠償義務者間での分担割合等を確定する必要はないのであるから、訴訟告知自体実益のないものであったことになるのみならず、Yが右訴訟告知に応じて右訴訟に参加するとすれば相手方当事者たるBの側に補助参加するほかないが、後述のように判決の参加的効力は補助参加人と被参加人との間に生ずるものと解されるから、右のような訴訟告知自体が矛盾をはらむものである。）。したがって、右訴訟告知に基づ

第13章　当事者の複数——多数当事者訴訟

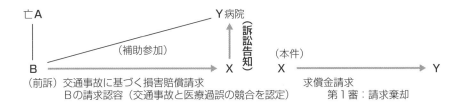

き、医療過誤の有無に関する別件訴訟の判決の参加的効力を認めることはできない。」

「別件訴訟においてはYが訴訟告知をしたXの側ではなく相手方当事者たるBの側に補助参加したので、訴訟告知による参加的効力とは別個に右補助参加による参加的効力が本件訴訟に影響を及ぼすかどうかも検討する必要があるが、これについても、訴訟告知による参加的効力について前述したのと同様の理由により右医療過誤の存否の判断についての参加的効力を否定すべきものと解されるのみならず、一般に参加的効力は補助参加人と被参加人との間における敗訴の責任の共同負担の問題と解されるから、この点からいっても右判断についての参加的効力を否定せざるを得ない。」

「Xは、補助参加人と相手方当事者との間に後訴が予想され、右両者間についても判決の拘束力を認めないと二重敗訴の事態を生ずる危険がある場合には、補助参加人がその訴訟活動を十分に行いえたこと等を要件として前訴の判決の判断内容につき後訴への拘束力を認めるべきだと主張する。しかし、訴訟上の信義則に基づく一般的な制約とは別に、特に補助参加人と相手方当事者との間についてそのような拘束力を認めるべき理論的根拠は明らかとはいい難いのみならず、前記のような判決の傍論的部分の判示について右のような拘束力を認めることが妥当でないことは明らかである」。

本判決の位置づけ・射程範囲

本判決はまず、訴訟告知による参加的効力は、判決の論理的前提となった事実上及び法律上の判断に生じ、傍論にすぎない判断には生じないことを明らかにした。これは、仙台高判昭和55・1・28 本書217事件 とは逆に参加的効力の客観的範囲を限定するものであり、後に最高裁も同様の判断を示している（最三判平成14・1・22 本書215事件）。次に、参加的効力は被告知者（補助参加人）と告知者（被参加人）との間での敗訴責任の分担を目的とするとして、被告知者（補助参加人）と告知者（被参加人）の相手方との関係では生じないとする。この点は、有力な学説とは異なり、従来の通説的見解を維持した。

さらに理解を深める

百選II補正版172事件〔田中豊〕　新堂幸司『訴訟物と争点効（上）』（有斐閣、1988年）227頁、井上治典『多数当事者訴訟の法理』（弘文堂、1981年）376頁、注釈(2)155頁〔本間靖規〕　関連判例　仙台高判昭和55・1・28 本書217事件、最三判平成14・1・22 本書215事件

第13章 当事者の複数——多数当事者訴訟　　　　　横路俊一

219 当事者の死亡と訴訟の終了

①最高裁昭和51年7月27日第三小法廷判決
　事件名等：昭和50年（オ）第732号養子縁組取消、参加請求事件
　掲載誌：民集30巻7号724頁、判時827号49頁、判タ340号160頁

②最高裁昭和45年7月15日大法廷判決
　事件名等：昭和42年（オ）第1466号会社解散、社員総会決議取消等請求事件
　掲載誌：民集24巻7号804頁、判時597号70頁、判タ251号152頁、金判224号6頁

概要　①事件：本判決は、年長養子の禁止（民793条）に違反する養子縁組取消請求訴訟は、原告の死亡と同時に終了すると判示したものである。
②事件：本判決は、有限会社の解散並びに同社の臨時社員総会における決議取消し及び無効確認請求訴訟は、原告が訴訟係属中に死亡した場合であっても、その相続人が原告たる地位を承継し、その訴訟手続を受け継ぐことになり、同訴訟は終了したものとすることはできないと判示したものである。

事実関係　①事件：養母Xが、養子夫婦Yらのうちの夫よりも年少であるとして、Yらを被告として養子縁組取消請求訴訟を提起したところ、第1審は請求認容となった。Yらが控訴したところ、控訴審係属中にXは死亡した。Xの兄弟姉妹であるZらが、同訴訟に共同訴訟参加を申し立てたが、控訴審は、同訴訟は終了しており、これを不適法であるとした。Zらが上告。
②事件：Y有限会社の資本の10分の1以上の持分を有する社員であったXが、Yの解散並びに同社の臨時社員総会における決議取消し、及び予備的に決議無効確認を求めて訴訟提起したところ、第1審係属中にXは死亡した。遺産分割によりXの持分全部を取得したZが、Xの原告たる地位を承継したと主張したが、第1審及び控訴審は、同訴訟における請求権が共益権であって、社員の一身専属権であるとして、Xの死亡により同訴訟は終了したものとした。Zが上告。

判決要旨　①事件：上告棄却。「年長養子の禁止に違反する養子縁組の取消請求権は、各取消請求権者の一身に専属する権利であって、相続の対象となりうるものではないと解すべく、かつ、養親が養子を相手方として年長養子の禁止に違反した縁組の取消請求訴訟を提起した後原告である養親が死亡した場合には、相手方が死亡した場合におけるように検察官にその訴訟を承継させるものと解される趣旨の規定（人事訴訟手続法26条によって準用される同法2条3

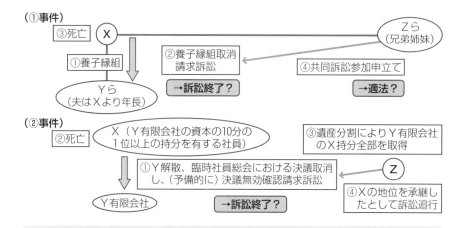

項参照）がないこと等の法意にかんがみると、当該訴訟は原告の死亡と同時に終了するものと解するのを相当とする。」〔被参加訴訟の終了後にされたかかる参加の申出は不適法。〕

②事件：破棄差戻し。「〔有限会社において〕持分の移転が認められる以上（有限会社法19条）、共益権もまたこれによって移転するものと解するのが相当であ……る。」「本件における会社解散請求権、社員総会決議取消請求権、同無効確認請求権のごときも、持分の譲渡または相続により譲受人または相続人に移転するものと認められる。」「相続の場合においては、相続人は被相続人の法律上の地位を包括的に承継するのであるから、持分の取得により社員たる地位にともなう前記のごとき諸権利はもとより、被相続人の提起した訴訟の原告たる地位をも承継し、その訴訟手続を受け継ぐこととなるのである。」「してみれば……Ｚにおいて原告たる地位をも当然に承継したものというべきであり、Ｘの死亡により本件訴訟が終了したものとすることはできない。」（松田・岩田両裁判官の反対意見がある。）

本判決の位置づけ・射程範囲

民事訴訟において当事者が死亡した場合、訴訟物たる実体法上の権利の性質に着目し、それが一身専属権である場合には訴訟は当然終了し、そうでない場合には当然承継が生じるとするのが判例上確立した立場であるとされる。①事件及び②事件についても、かかる判断手法により、訴訟が終了するかどうかが決せられている。かかる判断手法に対しては、紛争の一挙解決の視点から当事者適格や紛争主体たる地位の移転性といった基準を重視して決するべきであるとの見解が示されている。

さらに理解を深める

①事件：**百選Ⅱ補正版180事件**〔鈴木正裕〕　最判解民事篇昭和51年度285頁〔吉井直昭〕　②事件：**百選4版A37事件**〔濱田陽子〕　最判解民事篇昭和45年度（上）249頁〔宇野栄一郎〕、百選3版112事件〔佐野裕志〕

関連判例　最大判昭和42・5・24民集21巻5号1043頁、最三判平成16・2・24判時1854号41頁

第13章　当事者の複数——多数当事者訴訟　　　　　　　　　　　　中島弘雅

220　訴訟承継の承継原因

最高裁昭和41年3月22日第三小法廷判決
　事件名等：昭和39年（オ）第620号家屋収去土地明渡請求事件
　掲載誌：民集20巻3号484頁、判時450号22頁

概要　本判決は、土地の賃貸人Xが、土地の賃貸借契約終了を理由に、賃借人Yを被告として提起した建物収去土地明渡請求訴訟係属中に、係争建物の所有者である賃借人Yが第三者Zに係争建物の一部を賃貸した事案において、最高裁が、原告XのZに対する訴訟引受の申立てを認めたものである。

事実関係　Xは、Yに土地を賃貸し、Yはその土地の上に建物を所有している。その後、X・Y間に争いが生じ、Xは、Yに対し、土地の賃貸借契約終了を理由とする、建物収去土地明渡請求訴訟を提起した。その訴訟係属中に、YがZに前記建物の一部を賃貸し引き渡したので、XがZに対し、建物からの退去を求めて、旧民訴法74条（現民訴50条に相当）による訴訟引受の申立てをしたところ、裁判所がこれを認めた。これに対しZは、XのYに対する請求は債権的請求であり、他方、XのZに対する請求は物権的請求であって、両請求は別個異質のものであるから、Zは旧民訴法74条の承継人にはあたらないと主張した。しかし、第1審裁判所・原審ともに、訴訟引受けを認めた。そこで、Y・Z上告。

判決要旨　上告棄却。「賃貸人が、土地賃貸借契約の終了を理由に、賃借人に対して地上建物の収去、土地の明渡を求める訴訟が係属中に、土地賃借人からその所有の前記建物の一部を賃借し、これに基づき当該建物部分および建物敷地の占有を承継した者は、民訴法74条にいう『其ノ訴訟ノ目的タル債務ヲ承継シタル』者に該当すると解するのが相当である。けだし、土地賃借人が契約の終了に基づいて土地賃貸人に対して負担する地上建物の収去義務は、右建物から立ち退く義務を包含するものであり、当該建物収去義務の存否に関する紛争のうち建物からの退去にかかる部分は、第三者が土地賃借人から係争建物の一部および建物敷地の占有を承継することによって、第三者の土地賃貸人に対する退去義務の存否に関する紛争という型態をとって、右両者間に移行し、第三者は当該紛争の主体たる地位を土地賃借人から承継したものと解されるからである。これを実質的に考察しても、第三者の占有の適否ないし土地賃貸人に対する退去義務の存否は、帰するところ、土地賃貸借契約が終了していないとする土地賃借人の主張とこれを支える証拠関係（訴訟資料）に依存するとともに、他面において、土地賃貸人側の反対の訴訟資料によって否定されうる関係にあるのが通常である

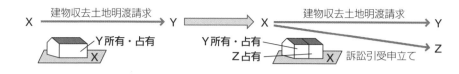

から、かかる場合、土地賃貸人が、第三者を相手どって新たに訴訟を提起する代わりに、土地賃借人との間の既存の訴訟を第三者に承継させて、従前の訴訟資料を利用し、争いの実効的な解決を計ろうとする要請は、民訴法74条の法意に鑑み、正当なものとしてこれを是認すべきであるし、これにより第三者の利益を損うものとは考えられないのである。そして、たとえ、土地賃貸人の第三者に対する請求が土地所有権に基づく物上請求であり、土地賃借人に対する請求が債権的請求であって、前者と後者とが権利としての性質を異にするからといって、叙上の理は左右されないというべきである。」

本判決の位置づけ・射程範囲

兼子一博士は、かつて、訴訟係属中に訴訟物たる権利義務が第三者に移転した場合には、訴訟参加（旧民訴73条、現民訴49条・51条）あるいは訴訟引受（旧民訴74条、現民訴50条・51条）によって、従前の当事者間で積み重ねられてきた訴訟手続の効果（従前の弁論・証拠調べの結果など）すなわち「生成中の既判力」を承継人と相手方当事者との間でも通用させるべきことを主張されたが、この場合には、訴訟物たる権利義務についての当事者適格が承継人に移転すると説明された。そして、かかる見解（適格承継説）が、学説上、長く通説を形成した。

しかし、本件のような派生的権利関係（訴訟物の基礎たる権利や訴訟物から派生する権利関係）の移転の場合には、原告Xの被告Yに対する訴訟の訴訟物（土地賃貸借契約の終了を理由とする債権的請求権）と承継人Zに対する訴訟のそれ（土地所有権に基づく物権的請求権）とが異なるため、訴訟物の内容と連動して承継許容要件を考察する適格承継説の立場からは、引受承継を認める理由をうまく説明できないおそれがある（もっとも、適格承継説に立つ学説も、本件事案では当事者適格の移転をもたらすとして、適格の承継を認めるようである）。

そこで、本判決は、派生的権利関係の承継の場合に引受承継を認めるにあたり、①「紛争主体たる地位」の移転をもって引受承継許容の要件とするとともに、②それを判断する場合には、実体法的観点からだけでなく、訴訟法的観点から「実質的に考察」するとの立場を明らかにした。そして、実質的考察として、本判決は、訴訟引受を許した場合の原告Xと第三者Zのそれぞれの地位・立場を具体的に正面から検討して、引受承継を認めたものである。

さらに理解を深める

百選4版109事件〔中島弘雅〕 百選2版39事件〔高見進〕、最判解民事篇昭和41年度590頁〔蕪山厳〕、兼子一『民事法研究(1)』（弘文堂書房、1940年）1頁、新堂幸司『判例民事手続法』（弘文堂、1994年）226頁、高橋（下）2版補訂版477頁

第13章 当事者の複数――多数当事者訴訟　　　　　　青木　哲

221 権利承継――権利譲渡人からの引受申立て

東京高裁昭和54年9月28日決定
　事件名等：昭和54年（ラ）第742号訴訟引受申立却下決定に対する抗告事件
　掲載誌：下民集30巻9～12号443頁、判時948号59頁、判タ406号124頁

概要　本決定は、権利の譲渡人が譲受人に訴訟を承継させるために訴訟引受けの申立てをすることはできないとしたものである。

事実関係　Xは、Yに対する損害賠償請求訴訟（本件訴訟）の係属中に、訴訟の目的たる593万余円の損害賠償債権等をZに譲渡した。Xは訴訟引受けの申立てをし、本件訴訟をZに引き受けさせる旨の決定を求めた。原審は、被承継人には引受申立ての利益がないから旧民訴法74条（現民訴50条・51条）の「当事者」には該当しないとしてXの申立てを却下した。Xが抗告した。

決定要旨　抗告棄却。「権利の譲受人が当該権利についての既存の訴訟状態を承継することを欲する場合には、いつでもみずから民事訴訟法73条、71条〔現民訴49条、47条〕に基づき訴訟参加の申出をすることによってそれが可能であるから、譲受人に既存の訴訟状態を承継させるため訴訟引受の申立をすることが譲渡人の義務であると解することはできない。そして、このことは、譲受人が譲渡人の訴訟引受の申立により訴訟を承継することに同意し又はこれを望んでいる場合であっても異なるところはない。それゆえ、Xに右のような訴訟引受の申立をする義務のあることを前提として右申立をする利益があるということはできない。

　もっとも、譲渡人に右のような訴訟引受の申立を許すことにすれば、譲渡人としては、相手方の承諾を得られる限り、訴訟より脱退することにより、敗訴判決を免れることができるわけであるが、右脱退についての相手方の承諾は必ず得られるとは限らないのであるから、この関係から前段の判断を動かすことはできない。

　……譲受人としては、みずから訴訟参加の申出をするよりは、譲渡人からの訴訟引受の申立により訴訟を承継したほうが手数料の面で有利であることは否めない。しかしながら、このことをもって、譲渡人に前記のような訴訟引受申立の利益があるとすることはできないし、また、前記のような訴訟引受の申立を許さないことが訴訟経済に反するということもできない。」

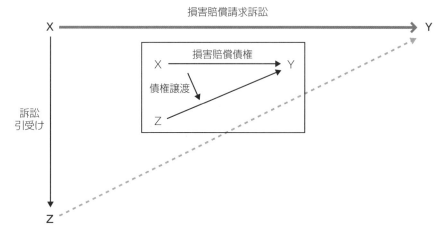

本決定の位置づけ・射程範囲

　訴訟の係属中に権利の承継が生じた場合、譲受人は参加承継の申出（民訴49条・47条）により訴訟を承継することができる。訴訟引受けの申立ては、義務承継の場合（民訴50条）だけでなく、権利承継の場合（民訴51条）にも許され（民訴51条に相当する規定を欠いていた旧法において、最三判昭和32・9・17民集11巻9号1540頁〔義務承継人の参加承継を肯定〕、最二判昭和52・3・18 関連判例 ））、相手方当事者による訴訟引受けの申立てが認められることには問題がない。

　最二判昭和52・3・18 関連判例 は、権利の譲渡人による申立ての事案において、訴訟引受けを肯定していたが、その根拠は明らかでなかった。これに対し、本決定は、訴訟状態の承継が譲渡人の義務ではないこと、脱退により敗訴判決を免れるには相手方の同意を要すること、手数料の面で有利であるからといって譲渡人に引受申立ての利益があることにはならないことなどから、譲渡人による申立てを否定した。

　譲渡した債権について譲受人が別訴を提起して敗訴すると、譲渡人が担保責任を負うおそれがあるから、譲渡人は有利な訴訟状態を譲受人に承継させることについて利益を有する。しかし、訴訟を承継するかどうかについては、譲渡後に紛争の主体たる地位にある譲受人と相手方の判断に委ねられるべきである。

　訴訟引受けにおける譲受人と相手方の間の請求の定立について、引受けの申立てにより譲受人の請求が定立されるとする見解と、引受申立てと請求の定立を分離する見解がある。譲渡人による引受申立てを認めると、前者の見解からは、譲受人と相手方の請求が譲渡人により定立されることになる点に、後者の見解からは、譲受人が承継を望まない場合に譲受人の請求が定立されないことになる点に、問題がある。

さらに理解を深める　百選4版A38事件〔濱田陽子〕　上田徹一郎・判評259号169頁（判時969号）、昭和55年重判民訴6事件〔吉村徳重〕、注釈(2)255頁以下〔池田辰夫〕、山本和彦・判タ1071号60頁、高橋（下）2版補訂版587頁　関連判例 　東京高決昭和34・12・22下民集10巻12号2691頁、最二判昭和52・3・18金法837号34頁

第13章 当事者の複数——多数当事者訴訟　　　　　　　　　　　名津井吉裕

222 仮処分の当事者恒定効

最高裁昭和46年1月21日第一小法廷判決
　事件名等：昭和43年（オ）第20号室明渡請求事件
　掲載誌：民集25巻1号25頁、判時621号36頁

概要　占有移転禁止仮処分の債務者が同仮処分に違反して建物の占有を移転した場合、債務者に対する建物明渡請求訴訟で、被告の占有喪失を顧慮せずに原告の請求の当否を判断してよいか。

事実関係　訴外AはXから本件建物を賃借し営業していたところ、Yが当該営業と建物賃借権をAから譲り受けて占有を開始した。Xは賃借権譲渡を承諾せず、Aに対して賃借権の無断譲渡を理由に契約解除の意思表示をし、Yを被告として本件建物の明渡請求訴訟を提起した。第1審の係属中、Xは建物明渡しの強制執行を保全するため、Yの占有を解いて執行吏（現在、「執行官」）に保管させる占有移転禁止（債務者使用型）の仮処分決定を得てこれを執行した。ところがYは、賃借権譲渡契約を解除し、本件建物をAに引き渡し、占有を失った（Xはその後、Aを債務者とする執行吏保管・債権者使用〔明渡断行〕の仮処分を執行し、本件建物を占有している）。第1審（東京地判昭和41・10・28判時474号27頁）は、Xの請求を認容し、Yが控訴したものの、原審（東京高判昭和42・10・19高民集20巻5号435頁）はこれを棄却した。Y上告。

判決要旨　上告棄却。「本件のような不動産に対するいわゆる占有移転禁止の仮処分決定は、仮処分債務者が不動産の占有を他に移転することを禁止し、もって本案訴訟の確定判決に基づく当該不動産の引渡または明渡の執行を保全することを目的とするものであるから、右仮処分決定に基づく執行を受けた仮処分債務者が、右決定に違反して第三者に当該不動産の占有を移転しても、仮処分債務者は、仮処分債権者に対してその占有喪失を主張することは許されないものというべく、したがって、仮処分債権者は、仮処分債務者の占有喪失につきなんら顧慮することなく、右仮処分債務者を被告としたままで、本案訴訟を追行することができるものと解するのが相当である。前記確定の事実関係のもとにおいては、Yのした本件建物の引渡は、本件仮処分決定に違反したものであるから、仮処分債務者であるYは、仮処分債権者であるXに対しその占有を喪失したことを主張することは許されず、したがって、原審がYを本件建物の占有者としてYに対し本件建物の明渡を命じた判断は、正当として是認することができる。」

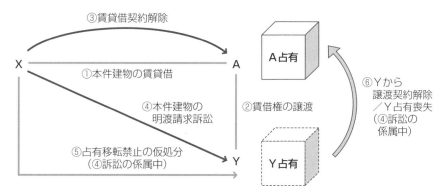

本判決の位置づけ・射程範囲

　訴訟承継主義（民訴49〜51条）は、訴訟係属中に係争物譲渡を禁止しない一方で譲受人に訴訟を承継させる建前であるが、この場合には譲受人が訴訟を承継しない限り、譲受人には既判力は及ばない（民訴115条1項1号）。そこで、旧法以来、仮処分の活用が検討されてきた。とりわけ占有移転禁止仮処分については、(イ)仮処分債務者を被告とする本案訴訟において、同仮処分が被告適格を恒定する機能（当事者恒定効）、(ロ)同仮処分に違反した占有移転があった場合に、同仮処分が占有取得者に対して有する効力、が議論とされてきた。判例は当初、処分禁止仮処分において当事者恒定効を認めていたところ（関連判例①・関連判例②）、本判決は、占有移転禁止仮処分についても(イ)を肯定した最初の最高裁判決である。これにより、仮処分の執行後に仮処分債務者が第三者に目的物の占有を移転しても、明渡請求の本案訴訟で被告たる仮処分債務者は占有喪失を主張できない結果、占有喪失を顧慮しないで訴訟及び判決をすることができる。民事保全法における占有移転禁止仮処分（民保25条の2第1項括弧内・同項1号・2号）は、本判決を前提に制定され、しかも実効性を高めるべく、主観的範囲については民執法23条の認めた範囲を超えて、悪意の非承継占有者を加えたほか（民保62条1項）、債権者による悪意証明の負担軽減のために仮処分執行後の占有取得者につき悪意を推定している（民保62条2項。なお、第三者による執行文付与に対する異議の事由につき、民保63条）。一方、本判決は(ロ)に言及しないが、占有移転禁止仮処分の効力は、主文に掲げられた不作為命令に基づくものと解され、債権者は、本案の請求認容判決の確定により、仮処分執行後に占有を取得した第三者を債務者とする執行文（承継執行文）の付与を受けて明渡執行をすることができる。

さらに理解を深める

執行・保全百選2版100事件〔畑瑞穂〕　最判解民事篇昭和46年度549頁〔小倉顕〕、原井龍一郎「占有移転禁止の仮処分」中野貞一郎＝原井龍一郎＝鈴木正裕編『民事保全講座(2)』（法律文化社、1996年）461頁、瀬木比呂志「占有移転禁止仮処分」三宅弘人ほか編『民事保全法の理論と実務（下）』（ぎょうせい、1990年）503頁、加藤新太郎＝山本和彦編『裁判例コンメンタール民事保全法』（立花書房、2012年）552頁〔野村秀敏〕等　**関連判例**　①大決昭和12・7・23判決全集4輯14号27頁、②最三判昭和45・9・8民集24巻10号1359頁

第13章 当事者の複数──多数当事者訴訟　　　　　　　　　　　　　杉本純子

223 多数当事者訴訟と上訴期間

①最高裁昭和37年1月19日第二小法廷判決
　事件名等：昭和36年（オ）第469号認知請求事件
　掲　載　誌：民集16巻1号106頁、判時286号19頁

②最高裁平成15年11月13日第一小法廷決定
　事件名等：平成15年（許）第21号遺産分割審判等に対する抗告却下決定に対する許可抗告事件
　掲　載　誌：民集57巻10号1531頁、判時1841号102頁、判タ1138号316頁、金法1701号55頁、金判1210号48頁

概要　①判決は、補助参加人の上訴期間について、補助参加の性質上、被参加人のなしえない行為は補助参加人にはできないとして、補助参加人は被参加人の上訴期間内に限って上訴することができるとした判決である。
　②決定は、共同相続人間の遺産分割審判に対する即時抗告期間について、各相続人への審判の告知日が異なる場合における即時抗告期間については、相続人ごとに各自が審判の告知を受けた日から進行するとした決定である。

事実関係　①事件：X（原告）はY（検察官・被告）に対して、原告が亡甲の子であることの認知の訴えを提起し、Z（甲の家督相続人）が補助参加した。X勝訴の第一審判決の正本は、被参加人であるYに対しては昭和35年11月1日に送達されたが、Zにはそれより10日遅れて同月11日に送達された。Yから控訴はなされず、Zの控訴状は、Yの控訴期間経過後3日目の同月18日に提出された。原審はZの控訴は控訴期間経過とになされた不適法なものとして控訴を却下し、これに対してZが上告した。

②事件：Xら7名の共同相続人間で遺産分割について争いがあり、原々審ではX（相手方＝申立人）とYら（申立人＝相手方）を当事者として、遺産分割審判が行われた。本件審判は平成14年4月2日にXに告知されたが、当事者全員への告知が完了したのは同月8日であった。Xは同月22日に本件審判に対する即時抗告をしたが、原審は、Xの即時抗告はXが本件審判の告知を受けた日から2週間の即時抗告期間を経過した後にされたことが明らかであるから不適法であるとして、即時抗告を却下した。そこで、Xは許可抗告をした。

判決／決定要旨　①事件：上告棄却。「補助参加人は、独立して上訴の提起その他一切の訴訟行為をなしうるが、補助参加の性質上、当該訴訟状態に照らし被参加人のなしえないような行為はもはやできないもので

あるから、被参加人……のために定められた控訴申立期間内に限って控訴の申立をなしうるものと解するを相当とする」。
②事件：破棄差戻し。「相続人は、各自が単独で即時抗告をすることができるが、遺産の分割の審判は、相続人の全員について合一にのみ確定すべきものであるから、相続人の１人がした即時抗告の効果は、他の相続人にも及ぶものであり、相続人ごとに審判の告知を受けた日が異なるときは、そのうちの最も遅い日から２週間が経過するまでの間は、当該審判は確定しないものと解される。そして、遺産の分割の審判の合一確定のためには、当該審判の確定について上記のように解すれば足りること、各相続人は、それぞれ告知を受けることによって当該審判の内容を了知し、各自の即時抗告期間内において即時抗告をするかどうかの判断をすることができること等にかんがみると、各相続人への審判の告知の日が異なる場合における遺産の分割の審判に対する即時抗告期間については、相続人ごとに各自が審判の告知を受けた日から進行すると解するのが相当である。」

本判決／決定の位置づけ・射程範囲

①判決・②決定ともに、合一確定訴訟形態における上訴期間の起算点及び終期について、従来の通説的見解や実務を否定し、これまで解釈上不明確であった点について最高裁として明確な判断を示した裁判例として重要な意義を有する。

①判決における補助参加は共同訴訟的補助参加であり、従来は補助参加人独自に上訴期間が計算されると解するのが通説とされていたところ、最高裁はこれを否定し、補助参加人は被参加人に定められた上訴期間内においてのみ上訴できると判断した。

②決定は家事審判法の解釈を問題としたものであるが、その趣旨は訴訟手続にも妥当するとされるため、必要的共同訴訟における上訴期間においても、上訴期間の起算点は当事者ごとに個別に計算することを最高裁が明示したと解することができる。従来から、共同訴訟人間の上訴期間については、共同進行説（最後に判決の送達がなされた日を基準にして全員について上訴期間が進行する）と個別進行説（共同訴訟人各自について別々に上訴期間は進行する）とで学説が対立しており、通説及び実務としては共同進行説が採られていたが、下級審裁判例においては個別進行説を採用した判例もあった。そのような中、②決定は最高裁としてはじめて、個別進行説を明確に採用した裁判例である。

さらに理解を深める　百選４版Ａ36事件〔佐瀬裕史〕　最判解民事篇昭和37年度15頁〔高津環〕、越山和広・民商131巻１号25頁等、高橋宏志「必要的共同訴訟と上訴」小室直人・小山昇先生還暦記念『裁判と上訴（中）』（有斐閣、1980年）43頁
関連判例　最二判昭和25・９・８民集４巻９号359頁、名古屋高金沢支判昭和63・10・31高民集41巻３号139頁

第13章 当事者の複数——多数当事者訴訟　　　　　　　　　　　伊東俊明

224　民訴法38条後段の共同訴訟と同法9条の適用

最高裁平成23年5月18日第二小法廷決定
　事件名等：平成23年（許）第4号移送決定に対する抗告棄却決定に対する
　　　　　　許可抗告事件
　掲　載　誌：民集65巻4号1755頁、判時2120号3頁、判タ1352号152頁

概要　本決定は、訴額の合算に関する民訴法9条が、民訴法38条後段に基づく共同訴訟における事物管轄の決定に際しても適用されるとしたものである。

事実関係　Yを含む消費者金融業者3社（以下、「Yら」という）との間で、継続的な金銭消費貸借取引を行っていたXは、Yらを共同被告とする過払金返還請求訴訟を提起した。Xの各被告に対する訴求額は、いずれも単独では140万円を超えないものであるが、それらを合算すると140万円を超えることになるため、Xは、民訴法9条1項に基づき、本件訴えを、地方裁判所の事物管轄に属するとして、義務履行地であるXの住所地を管轄する地方裁判所に提訴した。これに対し、Yは、本件の共同被告間の関係は、民訴法38条後段の要件に該当し、その場合には、民訴法9条を適用する余地はないため、本件訴えは簡易裁判所の事物管轄に属すると主張して、民訴法16条1項に基づき、Yに係る事件を簡裁に移送する旨の申立てをした。

　第1審は、Yらの関係は民訴法38条前段の要件には該当せず、民訴法7条の併合請求の要件を欠くため、民訴法9条は適用されない、また、Yには簡裁での許可代理の規定の適用を受ける利益があるため、民訴法16条2項による自庁処理は相当ではないとして、Yの移送申立てを認めた。Xは即時抗告をしたが、原審は、第1審とほぼ同様の理由により、抗告を棄却した。そこで、Xは最高裁への抗告許可の申立てをした。

決定要旨　破棄自判。「法38条後段の共同訴訟であって、いずれの共同訴訟人に係る部分も受訴裁判所が土地管轄権を有しているものについて、法7条ただし書により法9条の適用が排除されることはないというべきである。……なぜなら、法7条は、法4条から法6条の2までを受けている文理及び条文が置かれた位置に照らし、土地管轄について規定するものであって事物管轄について規定するものではないことが明らかであり、また、法7条ただし書の趣旨は、法38条後段の共同訴訟において、一の請求の裁判籍によって他の請求についても土地管轄が認められると遠隔地での応訴を余儀なくされる他の請求の被告の不利益に配慮するものであると解されるのであり、簡易裁判所ではなく当該簡易裁判

所を管轄区域内に置く地方裁判所において審理及び裁判を受けることにより被告が不利益を被ることがあり得るとしても、上記と同様の配慮を要するとはいえないからである。……相手方は本件訴訟が法38条後段の共同訴訟に当たることを自認するところ、いずれの被告に係る部分も受訴裁判所である名古屋地方裁判所が土地管轄権を有しているから、相手方に係る訴訟を含む本件訴訟は、訴訟の目的の価額が法9条1項本文により140万円を超えることになり、同裁判所の事物管轄に属するものというべきである。……これと異なる原審の判断には、裁判に影響を及ぼすことが明らかな法令の違反があり、論旨は理由がある。」

本決定の位置づけ・射程範囲

　訴額の算定に関する民訴法9条によると、併合請求の場合には、各請求の価額を合算したものが訴額となる。したがって、他の請求との合算によって訴額が140万円を超える場合には、単独では簡裁の事物管轄に属する事件であっても、地裁の事物管轄に属する場合がありうることになる（裁33条1項1号・24条1号）。請求相互間の関係が希薄な場合に、併合請求の裁判籍によってのみ管轄が認められることになる被告の不利益を回避する、という民訴法7条ただし書の趣旨に鑑みると、民訴法38条後段の共同訴訟の場合に、民訴法9条の訴額の合算によってのみ地裁に管轄が肯定される被告の不利益を回避すべきであるかが問題となる。

　本決定は、各請求につき受訴裁判所が土地管轄権を有することを前提に、民訴法38条後段の共同訴訟についても、同法9条の適用は排除されないことを明らかにした（最二決平成23・5・30 関連判例 も参照）。

　本決定は、事物管轄の判断は応訴地の点で、被告に不利益を生じさせないことを前提とするようであるが、この前提が普遍的なものであるかは、検討を要する（地裁と簡裁の役割分担も問題となろう）。また、民訴法9条を適用した結果、管轄に関して被告に不利益が生じる場合には、同条の適用範囲の制限という対処ではなく、裁量移送等による対処がなされるべきであろう（最二決平成20・7・18 本書34事件 参照）。なお、本件とは異なり、被告が共同訴訟の成立要件を争い、これが否定された場合には、民訴法9条の適用は否定されることになろう。

さらに理解を深める

平成23年度重判民訴1事件〔芳賀雅顯〕　垣内秀介・判タ1375号38頁、鶴田滋・リマークス2012（上）106頁、金子宏直・民商146巻1号70頁、安達栄司・金判1382号7頁、渡部美由紀・判評639号163頁以下（判時2142号）、川嶋四郎・法セミ685号120頁以下　関連判例 　最二決平成23・5・30判時2120号5頁、最二決平成20・7・18 本書34事件

第14章　上　訴　　　　　　　　　　　　　　　　　　　　　　　　　　菱田雄郷

225　違式の裁判に対する上訴と上訴審の審判の範囲

最高裁平成7年2月23日第一小法廷判決
　事件名等：平成4年（行ツ）第119号不当労働行為救済命令取消請求、補助
　　　　　参加申立事件
　掲載誌：判時1524号134頁、判タ875号95頁

概要　本判決は、本来決定の形式で裁判すべき事項について判決の形式で裁判をした場合について、①違式であるというだけで原裁判を取り消すべきではない、②不服申立ての形式および不服申立期間の遵守の適否に関しては、原裁判の形式を基準とする、③上訴審において審理判断できる事項については、本来の形式の裁判を基準とする、との判断を示したものである。

事実関係　Y（北海道地方労働委員会）が、Xの労働組合A、同組合支部Bの不当労働行為救済申立てに基づき、Xに対して救済命令を発したところ、XはYに対して同命令の取消訴訟を提起した。そこで、Bと同名のZがY側に補助参加を申し出たところ、Xが異議を述べ、第1審裁判所は、ZはBと別個の組織であり、補助参加の利益は認められないとして、判決主文でZの申立てを却下した。これに対するZの不服申立ては控訴と扱われ、控訴棄却の判決がなされた。そこで、Zが上告を提起。

判決要旨　上告却下。「補助参加の許容の裁判は決定をもってすべきものであり、その決定に対しては即時抗告が認められているところ（行政事件訴訟法7条、民訴法66条）、記録によれば、第1審は、Zの補助参加の申立てを却下する判断を終局判決の中でしており、原審はこれに対する不服申立てを控訴として扱った上、控訴棄却の判決をしている。そうすると、原審は、本来決定で裁判すべき事項につき判決で裁判したものであるが、本来の手続である決定よりも慎重な手続である判決により判断を示したことによって当事者に不利益を与えるような事情は認められないのであるから、この点だけをとらえて原判決を破棄すべきものとはいえない。また、右控訴棄却の判決に対して法定の上告期間内にされた上告は、原審の採った判決という裁判の形式に応じてされたものであるから、不服申立ての形式や不服申立期間の遵守に関しては適法というべきである。しかし、原審が判決という形式を採って判断したからといって、本来当審の審理の対象とならない事項についてまで当審が審理判断すべきこととなると解すべき理由はない。そうすると、結局、右上告についての当審の審理の対象は、補助参

```
X ──①救済命令取消訴訟──────→ Y（北海道地方労働委員会）
   ──②補助参加の申出──────→  ↑
   ──③却下判決────────      Z
   ──④Zの控訴棄却判決─────
   ──⑤Z上告──────────
```

加の申立てを却下すべきであるとした原審の判断について本来当審として審理判断し得る事項である民訴法419条ノ2〔現民訴336条〕所定の抗告理由の有無の範囲にとどまるものと解すべきである。

　よって、この範囲において検討すると、所論は、違憲をいうが、その実質は原裁判の単なる法令違反を主張するものにすぎず、同条所定の場合に当たらないと認められるから、Zの上告は不適法として却下すべきである。」

本判決の位置づけ・射程範囲

　①決定または命令の形式で裁判すべき事項について判決の形式により裁判すること、および、②判決の形式により裁判すべき事項について決定または命令の形式により裁判することを違式の裁判という。②については、民訴法328条2項が一定の定めを置いているが、①については明文規定がなく、その扱いは解釈に委ねられている。本判決は、①について最上級審として一定の判断を示したものであるが、その考え方は、次の3点にまとめることができる。

　第1に、本来決定の形式をもって裁判をすべきところを判決の形式をもって裁判をしたというだけでは原裁判を取り消すことはできない。判決という、決定より慎重な手続で裁判がなされている以上、当事者に不利益はなく、破棄するにはあたらない、ということである。②の場合、抗告裁判所は、原裁判を取り消し、事件を差し戻すべきものと解されているが、これとは取扱いが大きく異なる。

　第2に、不服申立ての形式、不服申立期間は原審の裁判の形式に従っていれば適法である。当事者に裁判所以上の法律知識を求めるのは相当ではないので、原審の（本来は形式を間違えている）裁判の形式に依拠することを認めたものであり、②についての民訴法328条2項と同様の考え方に基づくものと理解することができる。

　第3に、上訴審において審理判断できる事項については、本来の形式の裁判を基準とする。この事件は、平成8年民事訴訟法改正前の事件であり、決定または命令に対する最高裁判所への不服申立ては、その判断に憲法の解釈の誤りがあること、その他憲法の違反があることを理由とするときに限り認められていた。そこで、最高裁判所は、上告という形式での不服申立てが許されるとしても、本来最高裁判所で審理判断できない事項についてまで審理判断すべきことになるわけではない、としたのである。

| さらに理解を深める | **百選4版A43事件〔吉垣実〕**　鈴木正裕・リマークス1996（上）124頁、佐野裕志・判評441号216頁（判時1540号） |

第14章 上 訴

倉部真由美

226 一部請求と上訴の利益

名古屋高裁金沢支部平成元年1月30日判決
　事件名等：昭和63年（ネ）第111号貸金請求控訴事件
　掲載誌：判時1308号125頁、判タ704号264頁

概要　請求について全部勝訴判決を受けた原告には、原則として控訴の利益はないというのが判例・通説の見解（形式的不服説）である。しかし、本判決は、黙示の一部請求で全部勝訴した原告については、後日残部請求を否定されるおそれがあることから、残部請求を可能とするために、例外的に控訴の利益が認められる場合があることを明らかにした。

事実関係　Xは訴外Aに400万円を貸していた。Aの死亡後、XはAの相続人の1人Yに対して、法定相続分である12分の1にあたる約33万円と利息損害金の支払いを訴求した。第1審係属中に他の相続人により相続放棄がなされ、Yの法定相続分は4分の1になった。Xはこのことを知っていたが、請求の拡張がなされないまま、Xの前記請求を全部認容する判決がなされた。そこで、Xは控訴し、請求を100万円と利息損害金支払請求に拡張した。これに対しYは、①第1審で全部勝訴したXには控訴の利益がない、②Xは、Yの法定相続分が増加したことを知っており、第1審でいつでも請求の拡張をすることが可能であったのに、それをせず、控訴審で請求を拡張することは、訴訟の完結を遅延させる時機に後れた主張であると争った。本判決は、Yのこれらの主張を退け、①Xの控訴の利益を認め、また、②Xは法定相続分を12分の1から4分の1に変更しただけで、新たな攻撃防御方法を提出したわけではなく、訴訟手続を著しく遅滞させるとはいえないとして、Xの拡張後の請求を全部認容した。以下では、①についての判決要旨のみを紹介する。

判決要旨　請求認容。「全部勝訴の判決を受けた当事者は、原則として控訴の利益がなく、訴えの変更又は反訴の提起をなすためのものであっても同様であるが、人事訴訟手続法9条2項（別訴の禁止）〔現人事訴訟法25条2項に相当する〕、民事執行法34条2項（異議事由の同時主張）等の如く、特別の政策的理由から別訴の提起が禁止されている場合には、別訴で主張できるものも、同一訴訟手続内で主張しておかないと、訴訟上主張する機会を奪われてしまうという不利益を受けるので、それらの請求については、同一訴訟手続内での主張の機会をできるだけ多く与える必要があり、また、この不利益は、全部勝訴の1審

判決後は控訴という形で判決の確定を妨げることによってしか排除し得ないので、例外として、これらの場合には、訴えの変更又は反訴の提起をなすために控訴をする利益を認めるべきである。

　そして、その理を進めていくと、いわゆる一部請求の場合につき、1個の債権の一部についてのみ判決を求める趣旨が明示されていないときは、請求額を訴訟物たる債権の全部として訴求したものと解すべく、ある金額の支払を請求権の全部として訴求し勝訴の確定判決を得た後、別訴において、右請求を請求権の一部である旨主張しその残額を訴求することは、許されないと解されるので〔後掲最二判昭和32・6・7 本書159②事件 参照〕、この場合には、一部請求についての確定判決は残額の請求を遮断し、債権者はもはや残額を訴求する機会を失ってしまうことになり、前述の別訴禁止が法律上規定されている場合と同一となる。したがって、黙示の一部請求につき全部勝訴の判決を受けた当事者についても、例外として請求拡張のための控訴の利益を認めるのが相当ということになる。」

本判決の位置づけ・射程範囲

　数量的に可分な債権について債権者が最初にその一部だけを訴求し、その点に関する判決確定後に、改めて残部請求ができるか否かについては、判例・学説上争いがある。判例は一部請求であることの明示の有無によって場合を分け、黙示の一部請求の場合には、債権全額が前訴の訴訟物となっていたため、残部請求は、前訴確定判決の既判力に抵触し許されないが（後掲最二判昭和32・6・7 本書159②事件）、明示の一部請求の場合には、その一部のみが訴訟物となり、確定判決の既判力は残部請求に及ばないとして、残部請求を許してきた（後掲最二判昭和37・8・10 本書159①事件）。したがって、本件のような黙示の一部請求の場合に、第1審で全部勝訴した原告Xに控訴の利益が認められないとすると、Xは、残部請求をする機会を失ってしまうおそれがある。そこで、形式的不服説に立つ判例・通説も、本件のような場合には、例外的に控訴の利益が認められると解している。もっとも、不服の有無を判決の効力によって決定し、当該判決を取消しておかないと判決効が不利に作用してくる場合にのみ控訴の利益を肯定する新実体的不服説によると、本件の場合にも、例外というような取扱いをすることなく、正面から控訴の利益を肯定できる。

さらに理解を深める　百選4版A39事件〔倉部真由美〕　松本＝上野7版780頁、高橋（下）2版補訂版602頁、三木ほか594頁　関連判例　最二判昭和32・6・7 本書159②事件、最二判昭和37・8・10 本書159①事件

第14章 上　訴　　　　　　　　　　　　　　　　　　　　小原将照

227　予備的請求認容判決に対する被告の控訴と審判の対象

最高裁昭和58年3月22日第三小法廷判決
　事件名等：昭和57年（オ）第1068号貸金等請求事件
　掲載誌：判時1074号55頁、判タ494号62頁、金判682号44頁

概要　本判決は、主位的請求を棄却し予備的請求を認容した第1審判決に対して、被告のみが控訴した場合、控訴審での審判対象は不服申立てのあった予備的請求に限定され、主位的請求は審判対象にならない旨を判示したものである。

事実関係　X（原告・被控訴人・上告人）と訴外Aは夫婦であり、Y（被告・控訴人・被上告人）はAの母である。Xは、Aと婚約後まもなく、将来の婚姻費用に充てる趣旨で、現金100万円及びX名義の預金額300万円の普通預金通帳（以下、「本件預託金等」という）をAに預けていた。Yはスナック店を所有・経営しており、将来的には同店の経営をAに譲るつもりである旨を述べていた。XはAと夫婦になれば同店の経営ができると考え、Yにこの店の改装を勧めた。Yはこの勧めを受けて同店を改装することにし、請負業者等との交渉は全てAに任せていた。Aは昭和50年7月頃、同店の改装にかかる請負工事代金211万円を本件預託金等から支払った。しかし、昭和50年7月下旬にAとXが婚姻した後も同人らにスナック店の経営を任せなかった。そこで、翌昭和51年、XはYに対して211万円の支払いを求める訴えを提起したが、その請求原因には複数のものが併記されていた。すなわち、(1)AはXの無権代理人としてYに211万円を貸し付けたか立替払いをしたが、Xはこの無権代理行為を追認したので、Xは消費

貸借契約又は立替契約の本人として、Yに対してこれら契約上の債権を有している。(2)仮にXが(1)で主張する契約の当事者でなく、Aがこれらの契約の当事者であるとすれば、XはAに対し不法行為に基づく損害賠償請求権を有しているので、債権者代位によりYに対してこれら貸金の返還または立替金の支払を求める。(3)仮に(1)及び(2)の請求が認められないとすれば、YはXの損失により請負工事代金債務を免れて利益を得たのであるから不当利得としてその返還を求める。

　第1審は、Aが本件預託金等から請負工事代金をYのために支出したことは認めたが、(1)及び(2)の請求は棄却した。しかし、(3)の請求についてはこれを全部認容し、Yに211万円及び遅延損害金の支払を命じた。Yのみ控訴。控訴審は、(1)及び(2)については、「Xが控訴ないし附帯控訴の申立てをしていないので、右部分に関する当事者の主張の当否は、当審における審判の対象になっていない」と述べ、(3)の請求についてのみ判断し、本件の事実関係から、スナック店改装のための請負工事代金について、Aが本件預託金等から支出することをあらかじめ黙

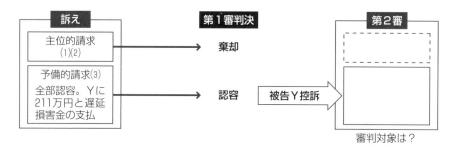

示的に承諾していたものと認めざるを得ないとして不当利得の成立を否定し、第1審判決中Y敗訴部分を取り消し、Xの請求を棄却した。Xが上告。上告理由において、Xは次のことを主張した。第1審判決は211万円の請求に対して211万円を認容しているからXに控訴の利益はなく控訴できなかったのであるから、控訴又は附帯控訴がなくても主位的請求を控訴審の審判対象とすべきである。

判決要旨 上告棄却。「主位的請求を棄却し予備的請求を認容した第1審判決に対し、第1審被告のみが控訴し、第1審原告が控訴も附帯控訴もしない場合には、主位的請求に対する第1審の判断の当否は控訴審の審判の対象となるものではないと解するのが相当である……。」

本判決の位置づけ・射程範囲

原告が一の訴えで複数の請求について審判を求める訴えの客観的併合の態様として、実体法上両立しえない関係にある数個の請求について、あるものについて無条件に審判を求め、他のものについて前者の認容を解除条件として審判を申し立てる予備的併合という併合形態が存在する。無条件に審判を求める請求を主位的請求と呼び、主位的請求の認容を解除条件とするものを予備的請求と呼ぶ。本件で問題となったのは、主位的請求について棄却され予備的請求について認容された第1審判決に対して、被告のみが控訴した場合に、原告の控訴または附帯控訴がなくとも主位的請求が控訴審の審判対象になるか否か、という点である。控訴審の審判対象については、控訴人の申立ての範囲に限定されるのが原則である（民訴296条・304条）。したがって、本件のような場合も、被告のみが控訴を申し立てている以上、予備的請求のみが審判対象になる、と解するのが当然のようにも思えるが、学説は、原告からの控訴がなくとも主位的請求を審判対象にすべきとする見解も有力に主張されている。本判決は、学説上の有力説を採用せず、控訴を必要とする見解を採用したものである。

さらに理解を深める **百選4版111事件〔岡庭幹司〕** 石渡哲「不服申立ての限度」小島武司先生古稀祝賀『民事司法の法理と政策（上）』（商事法務、2008年）21頁、新堂幸司『訴訟物と争点効（下）』（有斐閣、1991年）227頁、最判解民事篇昭和54年度133頁〔吉井直昭〕 **関連判例** 最二判昭54・3・16民集33巻2号270頁

第14章　上　訴　　　　　　　　　　　　　　　　　　　　　　　　　小原将照

228　判決理由への不満と上訴の利益

最高裁昭和31年4月3日第三小法廷判決
　事件名等：昭和29年（オ）第431号土地所有権移転登記手続等請求事件
　掲載誌：民集10巻4号297頁、判タ58号68頁

概要　本判決は、勝訴判決を受けた当事者が理由中の判断に不服ありとして上訴することは、上訴の利益を欠くと判示したものである。

事実関係　X（原告・被控訴人・被上告人）は、Y（被告・控訴人・上告人）に負っていた債務の担保として、大正14年に自身が有する土地㈠の一部と、XとZ（参加人・被控訴人・被上告人）の子である訴外A所有の土地㈡㈢について抵当権を設定し、登記を経由した。その後、昭和4年に土地㈠について抵当権の登記が抹消され、改めて土地㈠の全部について売買を原因とするYへの所有権移転登記がなされた。土地㈡㈢は、昭和19年にAの死亡により、XとZが共同で相続した。その後、XはYに対して本件訴訟を提起し、㈤土地㈠についてXへの所有権移転登記を、㈺土地㈡㈢について抵当権の抹消を求めた。その理由として、昭和4年の土地㈠の所有権移転登記は、Xの債務に比べ担保が過大であったため抵当権を売渡担保に切り替え たものであり、その際、土地㈡㈢の抵当権設定登記は抹消されるはずであったが、抹消し忘れていたところ、その後に債務を完済したと主張した。これに対しYは、土地㈠については、売渡担保ではなく、YがXの別の債務を代位弁済したことにより買い受けたものであり、土地㈡㈢の被担保債権は完済されていないと主張した。第1審は、Xの㈤及び㈺の請求を共に認容したため、Yが控訴。控訴審は、㈤の請求について所有権移転登記は売渡担保としてなされたが、被担保債権はまだ完済されていないとして、原判決を取り消し、請求を棄却し、㈺の請求については控訴を棄却した。これに対してYが上告。Yの不服は、勝訴した㈤の請求について売渡担保を認定された判決理由中の判断に対してである。

判決要旨　上告棄却。「本件上告理由を見るに、すべてYが勝訴したXの㈤の請求につき、原審がなした判決理由中の判断を攻撃するにとどまり、Yが敗訴した㈺……の請求に対する不服でないことが明らかである。そして所有権に基く登記請求の訴についてなされた判決の既判力は、その事件で訴訟物とされた登記請求権の有無を確定するにとどまり、判決の理由となった所有権の帰属についての判断をも確定するものではないから……、Yは本件において㈤の請求

第14章　上訴　461

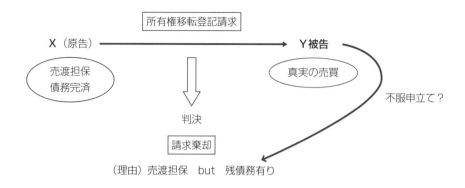

につき敗訴しても、なお、自ら訴を提起し又は相手方の請求に応訴することによって、(一)の不動産の所有権が自己に存することを主張して争うことができるのであるから、所論は結局上告の前提たる利益を欠くものと云わなければならない。」

本判決の位置づけ・射程範囲

本件は、請求について全面勝訴した当事者（被告）が、判決理由中の判断について不服があるとして上訴した場合に、当該上訴を提起することが許されるのか。すなわち、上訴が適法とされるための要件の一つである上訴の利益の有無が問題となったものである。上訴の利益に関する判断基準は、明文の規定がないため古くからその基準が議論されており、次の3つの見解が存在する。旧実体的不服説は、実体法的に原裁判よりも有利な判決が期待できるときには上訴の利益があるとする見解である。形式的不服説は、原審における当事者の申立てと比べて、原裁判が質的又は量的に小さい場合に上訴の利益があるとする見解である。この見解が、大審院からの判例の立場であり、かつ現在の通説でもある。新実体的不服説は、裁判をそのまま確定させたのでは、既判力や執行力などが生じる結果、後訴では救済されないような場合に上訴の利益があるとする見解である。本判決は、最高裁として上訴の利益に直接言及した判決であり、大審院時代から続く、形式的不服説の立場に立った判断を示しており、今日のリーディングケースと位置付けられるものであろう。ただ、次のような視点も忘れるべきではない。確かに、Yは全面勝訴しているが、自身の主張する真実の売買は認定されておらず、売渡担保であることと残債務の存在することが認定されている。したがって、Xが残債務の支払いと共に再度登記の抹消を求める可能性が十分に予想される。Yが今後の紛争を回避したいのであれば、真実の売買の認定を欲するのも理由があり、控訴審の判決理由中の判断に不満を持つことも当然であろう。

さらに理解を深める

百選4版110事件〔芳賀雅顯〕　百選3版114事件〔高橋宏志〕、百選Ⅱ補正版185事件〔上野泰男〕、最判解民事篇昭和31年度41頁〔三淵乾太郎〕　**関連判例**　大判昭和18・12・23民集22巻1254頁、最一判昭和30・12・1民集9巻13号1903頁、最一判昭和45・1・22民集24巻1号1頁

第14章 上 訴

上江洲純子

229 全部勝訴した当事者と附帯控訴

最高裁昭和58年3月10日第一小法廷判決
事件名等：昭和56年(オ)第1087号離婚請求事件
掲載誌：判時1075号113頁、判タ495号77頁、金判682号43頁

概要 本判決は、第1審において離婚請求につき全部勝訴の判決を受けた当事者であっても、控訴審において附帯控訴の方式により新たに財産分与の申立をすることが認められる旨判示した事案である。

事実関係 夫Xが妻Yに対し、離婚と慰謝料300万円の支払いを求める本訴を提起したところ(❶)、YもXに対し、離婚と慰謝料300万円の支払いを求める反訴を提起した(❷)。第1審は、婚姻関係破たんの責任は専らXにあるとして、Xの本訴請求を棄却し、Yの反訴請求を全部認容した(❸)。これに対してXが控訴したところ(❹)、Yは附帯控訴を提起し、新たに財産分与を求める申立を追加した(❺)。原審は、Xの控訴を棄却する一方、Yの附帯控訴については、第1審判決を変更して、Yの請求の一部を認容した。そこでXは上告し、第1審でその反訴請求が全部認容されているYが、附帯控訴の方式により新たに財産分与の申立をすることは許されないと主張した。

判決要旨 上告棄却。「第1審において離婚請求について全部勝訴の判決を受けた当事者も、控訴審において、附帯控訴の方式により新たに財産分与の申立をすることができるものと解するのが相当である。これと同旨の原判決は正当であり、原判決に所論の違法はない。」

本判決の位置づけ・射程範囲

本判決は、全部勝訴した当事者が控訴審において附帯控訴の方式で新たに財産分与の申立ができる旨判示した初の最高裁判決である。

従来から判例は、第1審で全部勝訴した当事者が請求の拡張又は反訴の提起のために附帯控訴をなす利益を有することを認めており（最二判昭和32・12・13

関連判例）、学説もこれを支持している。これに対して、財産分与請求については人事訴訟に附帯して申し立てることが可能とされているものの（人訴32条1項）、これが控訴審においても認められるかについては旧法上特段の定めがなかったため問題となった。従来の学説は、理由付けはやや異なるものの、結論としては一致して附帯申立が控訴審でもなし得ることを認め、裁判例も、札幌高判昭和51・

10・27〔関連判例〕が控訴審での財産分与の申立を認めていた。

本判決は、従来の判例や学説の見解を踏襲し、離婚訴訟の控訴審でも新たに財産分与の申立ができること、附帯控訴の申立は全部勝訴の当事者でも可能であることを明らかにした点で意義がある。そして、その解釈は現行の人事訴訟法にも引き継がれている。

ところで、民訴法においては、控訴審で反訴を提起する場合、相手方の同意を要するとしている（民訴300条1項）。これは相手方の審級の利益を保護するためである。他方、人事訴訟の反訴については相手方の同意を要しないと解されているため（人訴18条）、旧法下では、控訴審での財産分与申立に相手方の同意を要するかどうかが議論となった。財産分与の申立を訴えの併合又は反訴とみて旧法8条の適用を認める見解、訴えの併合には当たらないとして旧法8条を類推適用する見解、旧法15条に基づき当事者の便宜と訴訟経済の見地から同意を不要とする見解などがあったが、いずれも相手方の同意を要しないとする点では変わるところはなく、本判決もこれらと同様に同意不要説に立つものと言える。

これに対して、現行の人事訴訟法の制定過程においては、控訴審における附帯申立は、相手方の審級の利益を侵害するものであるから、少なくとも相手方の同意を要するとすべきであるとの議論も有力に展開されていた。しかしながら、旧法下でも控訴審段階で附帯申立を認める取扱いで特段問題を生じておらず、逆に相手方の同意を得られない場合に別途家事審判の申立を求めるのは当事者にとって不便であること、高等裁判所でも家庭裁判所調査官による調査を可能にしたことで控訴審でも審理の充実が図られること、差戻しによる訴訟遅延を防止できるため訴訟経済にも資することなどの理由から、結局、同意を要するという規律を設けるには至らなかった。これにより、人事訴訟法は、附帯申立についての審級の利益よりも、同時解決の要請に応えることを優先させたと解されている。

さらに理解を深める　上野泰男・民商89巻5号725頁、右近健夫・判タ507号124頁、梶村太市＝徳田和幸編『家事事件手続法〔第2版〕』（有斐閣、2007年）278頁〔若林昌子〕、松本博之『人事訴訟法〔第3版〕』（弘文堂、2012年）332頁　〔関連判例〕　最二判昭和32・12・13民集11巻13号2143頁、札幌高判昭和51・10・27家月29巻10号136頁

第14章　上　訴　　　　　　　　　　　　　　　　　上江洲純子

230 公示送達と控訴の追完

最高裁平成4年4月28日第三小法廷判決
事件名等：平成2年（オ）第1228号所有権移転登記手続請求事件
掲載誌：判時1455号92頁、判タ815号144頁、金法1362号36頁、金判923号14頁

概要　本判決は、第1審の訴訟手続が公示送達で行われていた場合において、敗訴判決を受けた被告から控訴期間経過後になされた控訴につき、控訴の追完が認められた事案である。

事実関係　Xは、かつて内妻であったYに対し、税務対策でY名義にした土地について、真正な登記名義の回復を理由とする所有権移転登記を求める訴えを提起した（❶）。Yの所在が不明だったことから公示送達によって訴訟手続が進められ（❷）、第1審は、Y欠席のままXが勝訴した（❸）。Yは、転居していながら住民登録の変更を行っておらず、Xにも居所を伝えていなかったが、和解交渉は継続していた。交渉の過程で、YはXに海外渡航の予定を知らせていたにもかかわらず、本件訴訟は、その期間中に提起されたものであった。その後、第1審判決が公示送達によってなされていることを知ったYは、控訴期間の経過後に控訴を申し立て、その追完を主張した（❹）。控訴審は、Yの責めに帰すべからざる事由により控訴期間を遵守できなかったとはいえないとして控訴の追完を認めず、控訴を却下した。Yが上告。

判決要旨　原判決破棄差戻し。「1審判決正本の送達に至るまでのすべての書類の送達が公示送達によって行われた場合において、被告が、控訴期間の経過後に控訴を申し立てるとともにその追完を主張したときは、控訴期間を遵守することができなかったことについて〔旧〕民訴法159条〔現行法97条〕にいう『其ノ責ニ帰スヘカラサル事由』の存否を判断するに当たり、被告側の事情だけではなく、公示送達手続によらざるを得なかったことについての原告側の事情をも総合的に考慮すべきであると解するのが相当である。

　これを本件についてみるのに、……Xやその代理人は、本訴提起の直前である平成元年3月に至るまでYと本件について継続的に和解の交渉をしており、Xの譲歩を内容とする和解成立も予想できる状況にありながら、しかも、Yが同年8、9月ころまで外国に行くとの連絡を受けていたにもかかわらず、その海外渡航による不在期間中に当たる同年4月25日本訴を提起し、Yがその住民登録をした甲

第14章　上訴　465

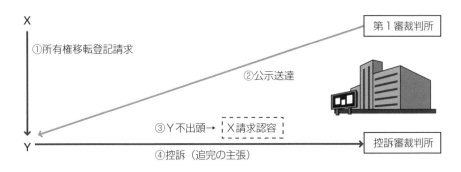

に居住していないことを承知しながら、その旨を確認した上、その転居先不明として、同年7月3日裁判所から公示送達の許可を受け……、Y不出頭のまま勝訴判決を得たのであり、Yとしても、……このような経緯で本訴が提起されることは予測し得なかったものというべきであり、Xの側には、公示送達制度を悪用したとの非難を免れない事情があるといわなければならない。そして、これらの事情をも総合考慮すると、……Yは、その責めに帰すべからざる事由により控訴期間を遵守することができなかったものというべきである。」

本判決の位置づけ・射程範囲

訴訟手続が公示送達によってなされ、被告の知らないうちに控訴期間が経過し判決が確定した場合に、民訴法97条の要件を満たせば控訴の追完が認められることについては争いがない。従来の判例は比較的緩やかに控訴の追完を許してきた（最二判昭和36・5・26 関連判例）。

確かに公示送達というのは、これを受けた当事者が公示送達の事実を知ることは実際上困難であるが、それによって控訴の追完を原則的に認めるとすると、公示送達制度そのものの意義が失われることにもなりかねない。したがって、具体的にいかなる事情を考慮して「責めに帰することができない事由」の存否を判断すべきかが重要となる。公示送達を申し立てた原告側の事情も考慮すべきことについては、本判決以前に、最二判昭和42・2・24 本書94事件 で既に肯定されている。

本判決は、こうした判例の流れを受けて、控訴の追完の是非を判断するには、公示送達の名宛人である被告側の事情だけでなく、公示送達制度を利用する原告側の事情も考慮して総合的に判断すべきであることを明示した点で意義を有する。かつては、公示送達の申立人の事情は再審事由としては問題となるが、追完の許否に際しては考慮すべきではないという見解もみられたものの、現在では、本判決のように公示送達を申し立てた側の事情も斟酌できると解するのが一般的である。

さらに理解を深める　平成4年度重判民訴1事件〔松本幸一〕　平成5年度主判解216頁〔内藤正之〕、コンメⅡ2版328頁、笠井＝越山2版384頁〔岡田幸宏〕、1011頁〔笠井正俊〕　関連判例　最二判昭和36・5・26民集15巻5号1425頁、最二判昭和42・2・24 本書94事件

第14章 上 訴

上江洲 純子

231 弁論の更新と第1審で主張されなかった事実

最高裁昭和61年12月11日第一小法廷判決
事件名等：昭和60年（オ）第1454号求償金請求事件
掲載誌：判時1225号60頁、判タ631号135頁、金判765号3頁

概要　本判決は、第1審で主張されなかった事実であっても、第1審判決事実摘示に記載され、控訴審において「第1審判決事実摘示のとおり陳述する」旨弁論した場合は、当該事実は控訴審の口頭弁論で陳述されたことになると判示した事案である。

事実関係　連帯保証人Xが、訴外Aの主債務を代位弁済したとして、もう1人の連帯保証人Yに対して、代位弁済金の2分の1を求償請求した（❶）。第1審はXの請求を棄却したが、Yは第1審の口頭弁論において何ら抗弁を主張しなかったにもかかわらず、第1審判決の事実摘示には、Yから「Yが主債務者の依頼で連帯保証契約を締結する際、主債務者の妻であるXはYに求償権を行使しない旨を約束した」との主張があった旨記載された（❷）。これに対してXが控訴した（❸）。控訴審の第1回口頭弁論期日においては、当事者双方が第1審の口頭弁論の結果を陳述するに際し「第1審判決事実摘示のとおり陳述する」旨弁論したところ（❹）、控訴審は当該主張を判断することなく第1審判決を取り消してXの請求を認容した。Yが上告。

判決要旨　原判決破棄差戻し。「第1審で主張されなかった事実であっても、第1審判決事実摘示に右の事実が主張された旨記載され、控訴審での口頭弁論期日において第1審の口頭弁論の結果を陳述するに際し『第1審判決事実摘示のとおり陳述する』旨弁論したときは、右の事実は控訴審の口頭弁論で陳述されたことになるものと解すべきである（最高裁昭和39年（オ）第651号同41年11月10日第1小法廷判決・裁判集民事第85号43頁参照）から、原審は、Yの前記主張につき判断すべきであったものといわなければならない。」

本判決の位置づけ・射程範囲

日本の民事訴訟では続審制がとられている。続審制とは、控訴審において、第1審の訴訟資料を基礎としながら、新たな資料も加えて第1審判決の当否が判断され、控訴審の口頭弁論は第1審の口頭弁論の続行として行われるという方式である。続審制の下では、第1審の訴訟資料が控訴審でも用いられることになるが、

第14章　上　訴　467

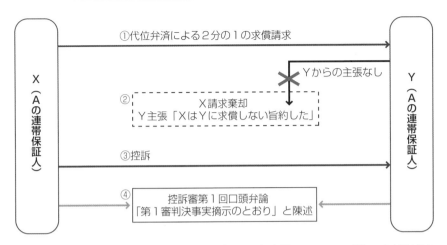

　第1審と控訴審は独立の裁判体であることから、訴訟を担当する裁判官も異なることになるため、直接主義の原則を貫くには、第1審の訴訟資料を控訴審の訴訟資料とするために、これを上程する行為が必要となる。そのため当事者は第1審の口頭弁論の結果を陳述しなくてはならない（民訴296条2項）。これがいわゆる「弁論の更新」であり、同一審級において裁判官が交代した場合になされる弁論の更新（民訴249条2項）と同趣旨とされている。

　口頭弁論の結果の陳述の方式については、実務上は、当事者が「第1審口頭弁論調書記載のとおり陳述する。」「原判決事実摘示のとおり陳述する。」と述べる等の簡便な方法が用いられているとされ、その形骸化が指摘されている。このような簡略化した方式を採る場合に、時として当事者による口頭弁論の結果の陳述と第1審でした当事者の主張との間に食い違いが生じることがある。判例は、第1審で主張した事実であっても、控訴審の口頭弁論期日において「第1審判決事実摘示のとおり」と陳述した場合、第1審判決の事実摘示にその主張が記載されていなかったときは、控訴審の訴訟資料とすることはできないとしている（最一判昭和38・6・20 関連判例）。逆に、第1審で主張されない事実が第1審判決に記載されていた場合に、「第1審判決事実摘示のとおり陳述する」との結果陳述がなされたときは、第1審で主張されていなかった事実であっても、控訴審では主張があったものとして取り扱われるべきであるとされている（最一判昭和41・11・10 関連判例）。これらは、第1審口頭弁論の結果の陳述の際に、第1審の訴訟資料の上程とともに、原判決の事実摘示のとおりに主張を撤回あるいは追加したものと理解されている。本判決は後者の例に当たり、従来の判例・学説の流れに沿った判断を示したものといえる。

　もっとも、このような場合には、裁判所が釈明権を行使して、当事者の意思を明確にする必要があろう。

さらに理解を深める　百選Ⅱ補正版189事件〔鈴木重勝〕　笠井＝越山2版1028頁〔笠井正俊〕、条解2版1567頁〔松浦馨＝加藤新太郎〕

関連判例　最一判昭和38・6・20集民66号591頁、最一判昭和41・11・10集民85号43頁

第14章 上訴　　　　　　　　　　　　　　　　　　　渡部美由紀

232 相殺の抗弁と不利益変更禁止原則

最高裁昭和61年9月4日第一小法廷判決
　事件名等：昭和60年（オ）第1563号貸金請求事件
　掲載誌：判時1215号47頁、判タ624号138頁、金判759号23頁

概要　本判決は、相殺の抗弁を認めて原告の請求を棄却した第1審判決に対し、原告のみが控訴し、被告が控訴も附帯控訴もしていない場合において、控訴審が訴求債権の有効な成立を否定したときに、控訴審としては、不利益変更禁止の原則から、第1審判決を取り消して改めて請求棄却判決することは許されず、原告の控訴を棄却するにとどめなければならないことを判示したものである。

事実関係　XはYに対して貸金の支払いを求める訴えを提起したところ、Yは、①本件貸金は賭博開帳資金であることを告げて借り受けたものであるから不法原因給付（民708条）に当たるとの抗弁、及び②反対債権（Xに対する土地売買代金返還請求債権）で相殺するとの予備的抗弁を主張した。第1審は、①の抗弁を排斥して貸金債権の発生及びその効力を認めたが、②の予備的抗弁を容れて、請求を棄却した。Xのみが控訴。控訴審は、第1審同様、①の抗弁を排斥したが、②の抗弁につき、反対債権不存在としてこれを排斥し、原判決を取り消してXの請求を認容した。Y上告。

判決要旨　破棄自判。「本件金銭消費貸借契約は公序良俗に違反し無効である」から、「原審の判断には、民法90条の解釈適用を誤った違法があり、この違法は原判決に影響を及ぼすことが明らかであるから、……原判決は、……破棄を免れ」ず、Xの請求はYの主張する相殺の抗弁につき判断するまでもなく棄却すべきであるが、「本件のように、訴求債権が有効に成立したことを認めながら、被告の主張する相殺の抗弁を採用して原告の請求を棄却した第1審判決に対し、原告のみが控訴し被告が控訴も附帯控訴もしなかった場合において、控訴審が訴求債権の有効な成立を否定したときに、第1審判決を取り消して改めて請求棄却の判決をすることは、民訴法199条2項〔現民訴114条2項〕に徴すると、控訴した原告に不利益であることが明らかであるから、不利益変更禁止の原則に違反して許されないものというべきであり、控訴審としては被告の主張した相殺の抗弁を採用した第1審判決を維持し、原告の控訴を棄却するにとどめなければならないものと解するのが相当である。そうすると、本件では、第1審判決を右の趣旨において維持することとし、Xの本件控訴を棄却」することになる。

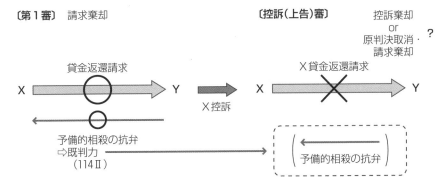

本判決の位置づけ・射程範囲

　原告の貸金返還請求に対して、第1審が訴求債権と反対債権の存在を認め、予備的相殺の抗弁を容れて請求棄却判決をした場合、訴求債権不存在及び反対債権の不存在の判断には既判力が生じる（民訴114条1項・2項）。この判決に対して、原告のみが控訴し、被告が控訴も附帯控訴もしていない場合、①控訴審は相殺の抗弁のみならず訴求債権の存否を審理することができるのか、また、②審理できるとして、控訴裁判所が訴求債権の存在を認めない場合、原判決を取り消して改めて請求棄却判決をすることができるのかが問題となる。

　①について、学説は、理由についての審理判断の範囲に限定はなく、訴求債権の存否も対象となるという積極説（多数説）と、訴求債権と反対債権は独立の判断対象であり、控訴した原告は訴求債権の存在を認めた部分に不服を持たないこと等を理由として審判対象にならないとする消極説とに分かれる。本判決は積極

説を前提とするものと思われる。

　②について、本判決は、原判決を破棄したため控訴裁判所の立場で判決することになった上告裁判所（最高裁）が、賭博の用に供される金銭消費貸借契約は公序良俗に反して無効（民90条）という自らの判断に従って、原判決を取り消して改めて請求棄却判決をするとすれば、訴求債権の不存在という判断にだけ既判力が生じることになり（民訴114条1項）、控訴をした原告にとって第1審判決よりも不利益な変更になってしまうことを考慮し、不利益変更禁止の原則から、第1審判決を維持し控訴棄却にとどめなければならないことを判示する。

　本件の事案と異なり、相殺の抗弁を容れて請求棄却した第1審判決に対して、被告のみが控訴し、原告が控訴も附帯控訴もしていない場合にも、控訴審が反対債権の存否を審理判断できるかが問題となる。積極説をとれば、この場合も、反対債権は審判対象になり、不利益変更禁止の原則により具体的処理を判断することになろう。

さらに理解を深める　百選4版112事件〔青木哲〕　昭和61年度重判民訴6事件〔住吉博〕、山本克己・法教297号79頁以下、同・ジュリ879号59頁以下、高橋（下）2版補訂版631頁、松本博之『訴訟における相殺』（商事法務、2008年）262頁以下、注釈⑻175頁以下〔宇野聡〕　**関連判例**　最三判昭和47・4・25判時669号60頁、最三判平成6・11・22**本書233事件**

第14章 上訴　　　　　　　　　　　　　　　　　　　　　渡部美由紀

233　一部請求に係る判決と不利益変更禁止原則

最高裁平成6年11月22日第三小法廷判決
事件名等：平成2年（オ）第1146号損害賠償請求事件
掲載誌：民集48巻7号1355頁

概要　本判決は、①一部請求訴訟において相殺の抗弁が理由がある場合は、当該債権の総額を確定し、その額から反対債権額を控除した残存額を算定した上、請求額が残存額の範囲内であるときは請求の全額を、残存額を超えるときは残存額のこれを認容すべきであること、②一部請求の場合には、既判力は訴求されなかった残部の存否には及ばず、自働債権の存否について既判力が生じるのは「相殺ヲ以テ対抗シタル額」に限られるから、一部請求額を超える範囲の自働債権の存否については既判力が生じないこと、③一部請求を認容した第1審判決に対し、被告のみが控訴し、控訴審において、訴求債権の総額から自働債権額を控除した残存額が第1審で認容された一部請求の額を超えるとして控訴を棄却しても、不利益変更禁止の原則に反しないことを判示する。

事実関係　注文者Xは、請負人Yとの間でX所有の家屋の増改築工事及び店舗建物の新築工事について請負契約を締結したが、その工事に瑕疵があった。そこで、Xは、履行不能及び履行遅滞を理由に契約を解除し、Yに対し、損害金710万円、支払済請負代金250万円の総額960万円のうち380万円を請求した。Yは、Xの主張を争うとともに、未収工事代金190万円による予備的相殺を主張した（相殺①）。第1審は、契約解除を認め、損害額の総額を150万円、相殺①の自働債権額を100万円と認定し、損害額に支払済請負代金額を加えた400万円から100万円を控除した300万円の限度でXの請求を認容した。Yのみが控訴。控訴審において、Yは、新たに別の請負契約に基づく損害賠償請求債権490万円との相殺の抗弁を主張した（相殺②）。控訴審は、損害額の総額を240万円、相殺②の自働債権額を60万円と認定し、損害額の総額に支払済請負代金額を加えた490万円から相殺①と相殺②の自働債権額を控除した330万円の限度で認容すべきものとした上で、不利益変更禁止を理由として控訴を棄却した。Yは、相殺②の不存在を既判力で確定された点で不利益変更に当たるとして上告した。

判決要旨　上告棄却。「一部請求の事件において、被告から相殺の抗弁が提出されてそれが理由がある場合には、まず、当該債権の総額を確定し、その額から自働債権の額を控除した残存額を算定した上、原告の請求に係る一部

第14章 上訴 471

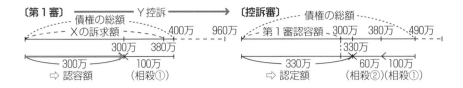

　請求の額が残存額の範囲内であるときはそのまま認容し、残存額を超えるときはその残存額の限度でこれを認容すべきである。」「一部請求において、確定判決の既判力は、当該債権の訴訟上請求されなかった残部の存否には及ばないとすること判例であり…、相殺の抗弁により自働債権の存否について既判力が生ずるのは、請求の範囲に対して『相殺ヲ以テ対抗シタル額』に限られるから、当該債権の総額から自働債権の額を控除した結果残存額が一部請求の額を超えるときは、一部請求の額を超える範囲の自働債権の存否については既判力を生じない。したがって、一部請求を認容した第1審判決に対し、被告のみが控訴し、控訴審において新たに主張された相殺の抗弁が理由がある場合に、控訴審において、まず当該債権の総額を確定し、その額から自働債権の額を控除した残存額が第1審で認容された一部請求の額を超えるとして控訴を棄却しても、不利益変更禁止の原則に反するものではない。」

本判決の位置づけ・射程範囲

　本判決は、①一部請求訴訟において相殺の抗弁が提出された場合の処理としていわゆる外側説によること、②外側説に立って訴求債権の全額から自働債権額を控除した残額が一部請求の額を超える場合、一部請求の額を超える範囲には既判力が生じないことを明らかにしたものであり、③②を根拠として本件控訴審判決は不利益変更禁止の原則に反しないとする。①は、過失相殺に関して外側説を採用した判例（最一判昭和48・4・5 本書23事件）の流れに沿うものであり、その趣旨は弁済等の消滅事由にも妥当する。②は、外側説に立った場合の既判力の範囲につき、明示的な一部請求の場合その判決の既判力は訴求部分についてだけ生じるとする判例（後掲最二判昭和37・8・10 本書159①事件）に対応して、一部請求額を超える自働債権の存否については既判力を生じないとする（本件で既判力が生じるのは、訴求額の380万円から認容額300万円を控除した80万円の部分）。③について、本件では相殺の抗弁として斟酌された額が1審判決よりも多いため不利益変更禁止の原則との関係が問題となるが、本判決は②の処理を前提として、一審判決と控訴審判決で既判力が生じる範囲は変わらないことから、不利益変更ではないと判断していると思われる。

さらに理解を深める

百選4版113事件〔八田卓也〕　平成6年度重判民訴2事件〔梅本吉彦〕、中野貞一郎・民商113巻6号921頁、最判解民事篇平成6年度574頁〔水上敏〕、山本克己・法教297号79頁　関連判例　最二判昭和37・8・10 本書159①事件、最一判昭和48・4・5 本書23事件、最一判昭和61・9・4 本書232事件

第14章　上　訴　　　　　　　　　　　　　　　　　　　　渡部美由紀

234　財産分与の裁判と不利益変更禁止の原則

最高裁平成2年7月20日第二小法廷判決
　事件名等：平成2年（オ）第695号離婚等請求事件
　掲　載　誌：民集44巻5号975頁、判時1403号29頁、金判869号39頁

概　要　本判決は、離婚訴訟において、財産分与を命ずる判決に対して控訴の申立てがなされた場合において、財産分与に関する裁判については、不利益変更禁止の原則が適用されない旨判示したものである。

事実関係　X（妻）は、Y（夫）に対し、①XとYを離婚する、②X・Yの長男Aの親権者をXと定める、③慰謝料500万円の支払い、及び④財産分与を求める訴えを提起した。他方、Yも、Xに対し、離婚とAの親権者をYと定めることを求める訴えを提起し、両者の請求は併合された（本件離婚事件）。第1審（高知地裁安芸支部）は、①XとYを離婚する、②Xのその余の請求を棄却する、③Aの親権者をXと定める、④YからXに対し、建物及びその敷地（評価額の合計350万円）ならびに250万円を財産分与することを命じた。これに対して、Yは控訴し、親権者のYへの変更及び財産分与の棄却を求めたが、Xは控訴も附帯控訴もしなかった。控訴審（高松高裁）は、第1審判決の財産分与に関する部分を取り消し、Yに対し800万円の支払いを命じた。これに対してYは、Xからの不服の申立てがないのに、第1審の判決をYの不利益に変更したのは不利益変更禁止の原則に反して違法である等と主張して上告した。

判決要旨　上告棄却。「人事訴訟手続法15条1項の規定により離婚の訴えにおいてする財産分与の申立については、裁判所は申立人の主張に拘束されることなく自らその正当と認めるところに従って分与の有無、その額及び方法を定めるべきものであって、裁判所が申立人の主張を超えて有利に分与の額等を認定しても民訴法186条〔現民訴246条〕の規定に違反するものではない。したがって、第1審判決が一定の分与の額等を定めたのに対し、申立人の相手方のみが控訴の申立をした場合においても、控訴裁判所が第1審の定めた分与の額等が正当でないと認めたときは、第1審判決を変更して、控訴裁判所の正当とする額等を定めるべきものであり、この場合には、いわゆる不利益変更禁止の原則の適用はないものと解するのが相当である。」

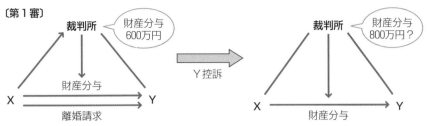

本判決の位置づけ・射程範囲

　離婚訴訟には、当事者の便宜及び訴訟経済の見地から、附帯して財産分与等の申立てをすることができる（人訴17条1項）。もっとも、財産分与は本来家事審判事項であり、附帯申立てにより人事訴訟手続による場合でもその性格は非訟事件であると解されている。そのため、その申立てについては、「訴訟事件における請求の趣旨のように、分与を求める額および方法を特定して申立をすることを要するものではなく、単に抽象的に財産の分与の申立をすれば足りる」とされる（最二判昭和41・7・15 関連判例 ）。

　本判決は、財産分与の附帯申立事件においては、民訴法186条〔現民訴246条〕の適用がなく、したがって、控訴審における不利益変更禁止の原則（民訴385条〔現民訴304条〕）の適用がないことを明らかにした最初の最高裁判決である。不利益変更禁止の原則を上訴審における処分権主義の発現であると捉え、処分権主義が妥当しない財産分与事件では不利益変更禁止の原則は適用されないとする本判決の判示は、多数説に従うものであり、従来の最高裁判例の延長線上にあるといえる。

　これに対しては、本来当事者の協議事項である財産分与の性格に鑑みて不利益変更禁止の原則の適用ないし準用を肯定する見解が対立する。その理論構成としては、不利益変更禁止の原則を処分権主義の発現であると理解しつつも、①非訟事件において公益性や後見性の要請の低いものについては、その適用ないし準用を肯定する、②附帯請求事件における財産分与の申立ては民訴法上の請求に準ずるものであるとして不利益変更禁止の原則の適用を肯定する、③財産分与の裁判の性質や相手方当事者への不意打ち等を考慮して、財産分与事件にも処分権主義（民訴186条〔現民訴246条〕）や当事者の申立拘束力を認めるものがある。他方、④不利益変更禁止の原則を処分権主義から切断して上訴人の利益保護に基礎を置く原則であると理解すれば、上訴人の利益保護の必要性とその他の諸要請との利益考量から不利益変更禁止の原則の適用があるかどうかが判断される。財産分与事件では、上訴人保護の必要性と裁判所の後見性要請が比較考量される結果、上訴人の利益保護が優先されるべきことになり、不利益変更禁止の原則の適用が認められる。

さらに理解を深める　**家族百選5版21事件〔大津千明〕**　最判解民事篇平成2年度306頁〔河野信夫〕、平成2年度重判民訴1事件〔飯塚重男〕、山本克己・民商105巻2号208頁、宇野聡・リマークス1993（上）136頁　 関連判例 　最三判昭和61・1・21家月38巻8号48頁、最二判昭和41・7・15民集20巻6号1197頁、最三判昭和38・10・15　 本書15事件

第14章 上　訴　　　　　　　　　　　　　　　　　　　　　　　　　　杉山悦子

235　経験則違反と上告・上告受理申立て

最高裁昭和36年8月8日第三小法廷判決
　事件名等：昭和35年（オ）第686号建物所有権移転登記抹消等請求事件
　掲載誌：民集15巻7号2005頁

概　要　本判決は、上告受理申立て制度のない旧民事訴訟法の下で、経験則違反を理由とする上告、これを理由とした原判決の破棄を認めた判決である。上告受理申立て制度が採用されている現行法のもとでも、経験則違背を理由とする受理申立ては認めうる。

事実関係　Xは訴外Aから土地を賃借し、その上に本件家屋を建築所有していたが、本件家屋については昭和25年6月に売買を原因としてYに対して所有権移転登記がなされ、YがXに賃貸していた。本件家屋の売買代金は10万円であった。Xは、昭和24年10月にB区から租税滞納処分により本件家屋の差押えを受けたため、公売処分を避けるためにYと通謀して仮装の登記をしたのであり、建物の真実の所有者はXであると主張して、Yに対して建物の所有権取得登記抹消請求及び所有権確認請求の訴えを提起した。これに対してYは、Xの賃料不払いを理由に契約を解除したと主張して家屋明渡しを求める反訴を提起した。第1審判決は、本件家屋の売買代金は不当に低い価格とはいえず、仮装売買はなかったとしてXの請求を棄却し、Yの反訴を認容した。Xが控訴したところ、控訴審は、鑑定の結果、家屋と借地権の価格は合計164万1,700円であるが、XYが旧知の関係であり買戻しの話があったこと、滞納税額が31万円ほか加算税もあったことを考慮すると売買価格が低いのは取引通念上当然であるとして、Xの控訴を棄却した。Xは、仮装売買を否定した原判決には理由欠缺及び齟齬があり、かつ著しく経験則に反する等主張して上告した。

判決要旨　上告認容・原判決破棄、原審に差戻し。「しかし、原審……口頭弁論においてX代理人の援用した……B税務署長の回答書の記載、……また原審……口頭弁論においてY代理人の援用した……B税務署長の回答書の記載によると、……本件家屋の売買のあった昭和25年6月27日当時の滞納税額は金13万2千余円であったこととなる。そこで、原審鑑定人の鑑定の結果のとおり昭和25年6月当時の本件家屋とその敷地の借地権の時価の合算額は金165万1,700円であるとすれば、右合算額から右滞納税額を差引くとしても時価151万9千余円のものがわずか金10万円で売買されたこととなる。このように時価と

第14章　上訴　475

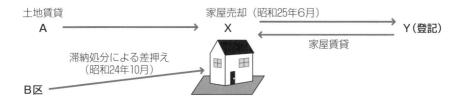

代金が著しく懸絶している売買は、一般取引通念上首肯できる特段の事情のない限りは経験則上是認できない事柄である。そして、原判決判示の事情および原判決の引用する１審判決判示の事情だけでは、ＹはＸから本件家屋を金10万円で買受けた旨の原判示を、一般取引通念上たやすく首肯することはできない。原判決は、よろしく、右鑑定の結果ならびに右回答書の記載を措信できるか否か、および買戻の特約があるために特に代金を低廉に定めたものであるか否かなど一般取引通念上是認できる特段の事情について審理判断を加うべきであるにかかわらず、原判決は上記事情を認定しただけで、たやすく、本件家屋の売買は代金が低廉に過ぎ仮装のものであるとのＸの主張を排斥したのは、審理不尽、理由不備の違法があるといわなければならない」。

本判決の位置づけ・射程範囲

本判決は、時価と代金が著しく異なる売買契約が仮装のものであるという経験則違背を理由とした上告を認めたものである。経験則とは、経験から帰納された事物に関する知識や法則であり、法律行為の解釈等にも用いられるが、多くは事実認定の場面で用いられる。事実認定の場面で用いられた経験則に誤りがある場合の上告を常に求めると、上告審を法律審とした制度趣旨に反する可能性もある。しかしながら、法規との類似性から法令違反とするか、自由心証主義（民訴247条）違反を理由として上告を認める見解があった。本判決は、理由付けは明らかではないものの、経験則違反を理由とした上告及び原判決の破棄を認めている。

現行法では、法令違反を理由とする最高裁判所に対する不服申立てには上告受理申立ての手続を経る必要がある。経験則違反を理由とする上告受理申立ては全面的に排除されるわけではないが、この制度が法律審としての最高裁の役割を重視する者であることを考えると、その限界は画すべきであり、例えば、高度の蓋然性のある経験則違反や専門的経験則違反の場合に限って受理すべきである。

なお、本判決が破棄理由としては、経験則違反のみならず、審理不尽、理由不備も合わせて挙げている点にも注意を要する。これにより、下級審に対して、経験則に沿った事実認定のみならず、事実認定を基礎づける事情の説示を要求しているともいえるからである。

さらに理解を深める　**百選４版114事件〔杉山悦子〕**　最判解民事篇昭和36年度300頁〔坂井芳雄〕、伊藤眞＝加藤新太郎編『［判例から学ぶ］民事事実認定』（有斐閣、2006年）40事件〔手嶋あさみ〕

第14章　上　訴　　　　　　　　　　　　　　　　　　　　　　　杉山悦子

236 審理不尽という上告理由

最高裁昭和35年6月9日第一小法廷判決
　事件名等：昭和32年（オ）第254号紙代金請求事件
　掲　載　誌：民集14巻7号1304頁、判タ107号47頁

概　要　本判決は、原審が民法第110条の基本代理権の存否又は同法第715条の業務執行の内容を判断するに当たり、本人や使用者の事業の機構、制度の建前の審理に終始し、その運営の実状に即して審理判断をしなかった点に、審理不尽・理由不備の違法あるとして、原判決を破棄したものである。

事実関係　Xは紙類販売業者であり、Y大学の出版局総務課長と称するAとの間で売買契約を締結して目的物を引き渡したが、AにはYを代理する権限がなかったとしてYが代金の支払いを拒んだ。そこで、Xは主位的請求として、民法110条に基づく表見代理の成立を主張した上で売買代金の支払いを、予備的請求として民法715条に基づく損害賠償を求めた。第1審は主位的請求を認容したが、控訴審は、Yの出版局総務課は、専ら庶務的な事務を扱い、印刷局の業務として外部と契約締結その他の法律行為をすることを事業内容としていない以上、総務課長心得であるAには基本代理権がないという理由で主位的請求を退け、また、紙類の購入はY出版局の担当業務に属さないという理由で予備的請求も退けた。Xが上告した。

判決要旨　原判決破棄差戻し。「民法110条適用の前提たる代理権については、事業内容とその機構につき、単に制度上のたてまえからのみ、その有無を判断すべきものではなく、その事業の実際の運営状況の実体に即して判断すべきものといわなければならない。然るに原判決は出版局の機構からも、また具体的事項についてもAにYを代理する権限は全くなかったと判示するに止まり、実際上用紙買入以外の事項についてYを代理するがごときことも全くなかったかどうか等運営の実際に即して十分な審理を尽した形跡が認められない。（第1審における証人Aは書籍買入の権限は右Aにあったと証言しており、また原判決が挙示する証人B、C、Dは、出版局の総務課および業務課はいずれも課長一人、課員一人で、一の事務室において執務していた旨証言しているので、実際上果して事務分担が確然と分離されていたかどうか大いに疑わしいのみならず、他の証人の証言中には、本件取引が右事務室において行われながら、他の人々がこれを怪しまなかったことを窺わせるような陳述もあるのであって、これらの証拠関

第14章　上訴　477

係からすれば運営状況の実体においては、Aに何らかYを代理することがあり、Yもこれを黙認していたごとく窺われないではない。)原審の認定は、この点について、審理不尽、理由不備の違法ありといわなければならない。」

本判決の位置づけ・射程範囲

　本判決は、「審理不尽」、すなわち裁判所が十分に審理をしなかったことを理由とした上告及び破棄を認めたものである。審理不尽という上告、破棄理由は、明文上は規定がないが、実際には頻繁に用いられてきた。このような実務に対しては、法律審である上告審が、審理不尽という名目で事実審の事実認定に干渉することになり好ましくないという批判があった。加えて、審理不尽は、実際には法令解釈の誤りや理由不備、理由の食違い、釈明義務違反などと並んで用いられていることが多く、これらの理由や釈明権不行使という破棄理由に吸収されるため、単独で上告理由、破棄理由とする必要もない

という批判も見られた。これに対して、審理不尽概念は、必要な事実審理を尽くしてから判決すべきという訴訟法規違反として位置付けられ、差戻審に対して将来の審理の指針を示すものであるので、少なくとも破棄理由としては、他の上告理由とは異なる独自の意義があるという見方もあった。

　現行法の下では、「審理不尽の結果、判決に影響を及ぼすことが明らかな法令の違反がある」などと述べて原判決を破棄する判決が多くみられる。これは、上記学説のように審理不尽を法令違反の1つとして位置付けているものといえる。それと共に、審理不尽を上告受理申立て理由とすることも許容するものといえよう。

さらに理解を深める

百選3版A46事件〔杉山悦子〕 百選Ⅱ補正版193事件〔宇野聡〕、百選94事件〔中村英郎〕、最判解民事篇昭和35年度207頁〔川添利起〕、我妻榮・法協79巻1号117頁、田中実・民商43巻6号953頁

第14章　上　訴　　　　　　　　　　　　　　　　　　　　　杉本純子

237　弁論に関与しない裁判官の判決関与と上告理由、理由不備と上告理由

①最高裁昭和32年10月4日第二小法廷判決
　事件名等：昭和32年（オ）第212号損害賠償請求事件
　掲 載 誌：民集11巻10号1703頁、判タ76号31頁

②最高裁平成11年6月29日第三小法廷判決
　事件名等：平成10年（オ）第2189号約束手形金請求事件
　掲 載 誌：判時1684号59頁、判タ1009号93頁、金法1565号87頁、
　　　　　　金判1076号9頁

【概　要】①事件：基本たる口頭弁論に関与しない裁判官の関与した判決は、旧民訴395条1項1号（現民訴312条2項1号）に該当し違法であるとした事件である。

②事件：上告理由としての理由不備とは、主文を導き出すための理由の全部又は一部が欠けていることをいうものであるところ、原判決に再抗弁に対する判断の遺脱があることは、上告理由としての理由不備に当たるものではないとされた事件である。

【事実関係】①事件：判決理由の記載によれば、原判決の基本たる口頭弁論に関与した裁判官4名と、原判決の判決をした裁判所2名は異なっており、基本たる口頭弁論に関与していない裁判官が関与した判決の違法性が問われた事件である。

②事件：甲会社は原告Xの系列下にあった訴外乙会社を買収することとし、買収資金は甲において環境事業団からの融資を得て支払うこととし、当該融資がされなかったときは契約を白紙にするとの合意の下に、Xらから乙の工場の敷地及び乙への出資持分を買い取る旨の売買契約を締結し、その手付金の支払いのため、甲が振り出しYらが裏書した本件約束手形をXに交付した。しかし、甲は融資の申込みができなかったため手形を決済することができず、その後手形の支払いを求めてXが訴訟を提起し、第1審はXが勝訴した。原審においてYらは、本件売買契約には、甲が環境事業団から融資を受けることが停止条件となっていたこと（停止条件の不成就）及び当該融資を受けないことが解除条件であればこれが成就していること（解除条件の成就）を抗弁として主張し、これに対して、Xは、甲が故意に停止条件の成就を妨げたか、又は解除条件を成就させたものであるとの再抗弁を提出した。原審は、Yらの各抗弁は摘示しながら解除条件の成就を認める一方、Xの再抗弁においてはこれを認めず請求を棄却した。そこで、Xは自らの主張を摘示せず判断しなかったことは判断遺脱に当たるため理由不備があるとして上告を申し立てた。

判決要旨

①事件：破棄差戻し。「職権によって調査するに、原判決の基本たる口頭弁論に関与している裁判官は、……であることは記録上明らかである。然るに原判決には、判決をなした裁判官として、……の署名捺印がなされていることが明らかであるから、原判決は民訴187条1項〔現民訴249条1項〕に違反し判決の基本たる口頭弁論に関与しない裁判官によってなされたものに外ならず、同法395条1項1号〔現民訴312条2項1号〕に該当するものとして、論旨についての判断をするまでもなく破棄を免れないものといわなければならない。」

②事件：破棄差戻し。「いわゆる上告理由としての理由不備とは、主文を導き出すための理由の全部又は一部が欠けていることをいうものであるところ、原判決自体はその理由において論理的に完結しており、主文を導き出すための理由の全部又は一部が欠けているとはいえない……したがって、原判決に所論の指摘する判断の遺脱があることは、上告の理由としての理由不備に当たるものではないから、論旨を直ちに採用することはできない。」

本判決の位置づけ・射程範囲

①判決は、旧民訴187条1項（現民訴249条1項）につき、判決はその基本たる口頭弁論に関与した裁判官によって構成された裁判所が行わなければならないとの理解の下、本件原審の判決に関与した裁判官が口頭弁論に関与した裁判官と異なっていたため同項に該当し、これは、一定の重大な手続法違反について、判決との関係を問題にすることなく上告理由として認める絶対的上告理由（民訴312条2項1号）になることを示したものである。

②判決は、新民訴法において上告制度が大きく変化した中で、民訴法312条2項6号が認める権利上告理由としてのいわゆる理由不備及び民訴法325条2項にいう「判決に影響を及ぼすことが明らかな法令違背」について新たな解釈を示した判例として意義がある。民訴法325条2項6号は旧民訴法395条2項6号とほぼ同じ文言であるため、旧法下での理由不備についての解釈が参考となるが、旧法下では理由不備について、「全然理由を欠く場合だけでなく、判決に影響を及ぼすべき重要な事項について判断を遺脱していると認められるときも含まれる」と解されており、この解釈によれば本件事案も重要な事項について判断を遺脱した場合に当たり、旧法下であれば理由不備として上告が認められたと評価できる。そのような中、これを理由不備に当たらないとした本件は、従来の判断とは異なり、理由不備をより制限的に解釈したものと言えよう。

さらに理解を深める ①事件：伊藤4版補訂版703頁、最判解民事篇昭和32年度221頁〔大場茂行〕、山口友吉・民商37巻4号532頁 ②事件：伊藤4版補訂版705頁、高見進・判評497号37頁（判時1709号） **関連判例** ①事件：最二判昭和25・9・15民集4巻9号395頁 ②事件：最三判昭和37・11・27判時321号17頁

第14章 上 訴

杉本純子

238 上告受理の要件と原審の審査の範囲

最高裁平成11年3月9日第一小法廷決定
事件名等：平成11年（許）第8号上告受理申立て却下決定に対する許可抗告事件
掲載誌：判時1672号67頁、判タ1000号256頁

概要　本件は、上告受理の申立てについて、上告受理の申立てに係る事件が民訴法318条1項の「法令の解釈に関する重要な事項を含むものと認められる事件」に当たらないことを理由として、原裁判所は、同条5項、同法316条1項により上告受理の申立てを却下することはできないと判断した決定である。

事実関係　退職金請求控訴事件において敗訴した当事者Xが、当該控訴審判決に対して上告受理の申立てをしたが、原裁判所は、当該事件は民訴法318条1項の事件に当たらないとして、その申立てを却下する決定をした。そこで、Xが抗告許可の申立てをしたところ、抗告裁判所である最高裁判所がその判断を示した。

決定要旨　原決定破棄。「上告受理の申立てに係る事件が同項〔民訴318条1項〕の事件に当たるか否かは、上告裁判所である最高裁判所のみが判断し得る事項であり、原裁判所は、当該事件が同項の事件に当たらないことを理由として、同条〔民訴318条〕5項、同法316条1項により、決定で当該上告受理の申立てを却下することはできないと解すべきである」。

本決定の位置づけ・射程範囲

新民訴法は、最高裁に対する上告について、上告理由を憲法違反及び絶対的上告理由に限定し（民訴312条）、法令違反に関しては、原判決に法令の解釈に関する重要な事項が含まれる場合には、申立てにより最高裁判所は決定で上告審として事件を受理することができるとする上告受理の制度を創設した（民訴318条）。上告受理の申立ての手続については上告の規定（民訴316条1項）が準用されており（民訴318条5項）、上告受理の申立てが不適法でその不備を補正することができないとき（民訴316条1項1号）、または民訴法315条1項の規定に違反して上告受理申立て理由書を提出せず、または上告受理申立て理由の記載が同条2項の規定に違反しているとき（民訴316条1項2号）のいずれかに該当することが明らかであるときは、原裁判所は、決定で、上告受理の申立てを却下しなければ

第14章　上訴　481

```
X ─────退職金請求控訴事件（X敗訴）─────→ Y
            │
            ↓
      X：上告受理申立て
            │
            ↓
   原裁判所却下（理由：民訴318条1項該当性なし）
            │
            ↓
      X：抗告許可申立て
            │
            ↓
         最高裁
```

ならない（原審却下）。本件では、この原審却下の規定（民訴316条1項）に関連して、上告受理の申立てについて、当該事件が民訴法318条1項の規定する「法令の解釈に関する重要な事項を含むものと認められる事件」に当たらないことが明らかであることを理由に、原裁判所が当該上告受理の申立てを却下することができるかが問題とされたものであり、最高裁はこれを否定した。

本件は、新設された上告受理の申立てに関する判例であるため、それまでの直接の先例はないが、民訴法316条1項の規定は、旧民訴法399条をそのまま受け継ぐものであることから、当該規定の理解が参考となる。旧民訴法399条は、上告が不適法であることが明らかな場合に限って原裁判所が決定で上告を却下することを要するとしたものであり、上告が内容的に理由がないか否かは必ず上告裁判所に判断させ、原裁判所には判断させない趣旨のものであり、したがって、原裁判所が決定でもって上告を却下できるのは、同条1項1号ないし2号に該当することが明らかである場合に限られ、形式的にせよ、憲法又は法令の違背あるいは訴訟手続の法令違背が主張されていれば、それが主張自体から理由のないこと、または架空であることが明らかである場合でも、原裁判所は上告を却下することができないと解されていた。さらに、上告受理制度導入の経緯においても、許可上告制度と裁量上告制度の二案が提案され審議された結果、上告裁判所である最高裁判所が当該事件が法令の解釈に関する重要な事項を含むか否かについて判断して上訴を許可する裁量上告制度が採用されている（許可上告制度は許可抗告制度において採用）。

上記の解釈及び立法経緯を鑑みると、「法令の解釈に関する重要な事項を含むものと認められる事件」の判断は、上告裁判所である最高裁判所に専属するものと解されるべきであり、たとえ当該事件たる要件を具備しないことが「明らかであるとき」であったとしても、原裁判所である高等裁判所においてこれを判断することは、上告受理制度の趣旨に反すると言うべきであろう。

さらに理解を深める　伊藤4版補訂版710頁、条解2版1629頁〔松本馨＝加藤新太郎〕、注釈(8)313頁〔塩崎勤〕、櫻井孝一・リマークス2000（上）136頁

関連判例　大阪高決昭和35・9・30下民集11巻9号2059頁、福岡高宮崎支決昭和40・5・26下民集16巻5号917頁

第14章　上　訴　　　　　　　　　　　　　　　　　　　　　西川佳代

239　口頭弁論を経ない破棄判決

①最高裁平成14年12月17日第三小法廷判決
　事件名等：平成13年（行ツ）第205号、同（行ヒ）第202号特別土地保有税
　　　　　　に関する更正請求否認処分取消請求事件
　掲載誌：判時1812号76頁、判タ1115号162頁

②最高裁平成18年9月4日第二小法廷判決
　事件名等：平成17年（オ）第1451号臨時総会招集請求事件
　掲載誌：判時1948号81頁、判タ1223号122頁

③最高裁平成19年1月16日第三小法廷判決
　事件名等：平成18年（オ）第1598号損害賠償等請求事件
　掲載誌：判時1959号29頁、判タ1233号167頁

概要　①～③の判決は、上告を認容し原判決を破棄する場合であっても、口頭弁論を開く必要がない場合があるとした事例である。

事実関係　①②③のいずれも、以下のような事実関係のもと、最高裁は口頭弁論を経ずに判断することができるとした。

①事件：X_1はY₁（京都市長）に対して、土地売買契約が詐害行為として取り消され、土地の取得及び所有が遡及的に失われたとして、地方税法20条の9の3第2項1号に基づき平成4年度から平成10年度の特別土地保有税の各税額を零円とする更正請求を行った。第1審で請求棄却後、X_1は控訴し、平成7年度から平成10年度までの部分の各処分の取消を予備的に追加請求した。控訴審は、予備的請求を含めてX_1の請求を全部棄却したが、最高裁は予備的請求が主位請求と民訴法142条の重複訴訟の関係にあるとして口頭弁論を経ずに却下した。

②事件：地方自治法260条の2の認可を受けた町内会の会員のうち119名は、町内会規約に基づき総代Y_2に対して臨時総会の招集を求めて訴えを提起した。原審口頭弁論終結後、119名のうち1名（X_2）が死亡し、規約によれば死亡により会員資格を喪失したが、Y_2は119名全員を相手方とし上告及び上告受理の申立てをしている。裁判所はこの訴訟のうちX_2に対する部分につき口頭弁論を経る必要はないとして職権で破棄し、X_2の死亡により訴訟が終了したことを宣言した。

③事件：X_3はY_3及びY_4に対し、名誉毀損を理由に、不法行為に基づく損害賠償等を請求。1、2審とも敗訴し、上告した。職権調査によれば、原判決には口頭弁論に関与していない裁判官が判決をした裁判官として署名捺印していたことが判明した。これは、民訴法249条1項に違反し、同法312条2項1号に規定する事由に該当するため、口頭弁論を経ずに原判決を破棄し差し戻した。

判決要旨

①事件：破棄自判（訴え却下）。「Y₁の予備的請求に係る訴えは、……不適法でその不備を補正することができないものである。このような訴えについては、民訴法140条が第1審において口頭弁論を経ないで判決で訴えを却下することができるものと規定しており、この規定は上告審にも準用されている（民訴法313条、297条）。したがって、当裁判所は、口頭弁論を経ないでY₁の予備的請求に係る訴えを却下する判決をすることができる。そして、これらの規定の趣旨に照らせば、このような場合には、訴えを却下する前提として原判決を破棄する判決も、口頭弁論を経ないですることができると解するのが相当である。」

②事件：破棄、訴訟終了宣言。「訴訟の終了の宣言は、既に訴訟が終了していることを裁判の形式を採って手続上明確にするものにすぎないから、民訴法319条及び140条（同法313条及び297条により上告審に準用）の規定の趣旨に照らし、上告審において判決で訴訟の終了を宣言するに当たり、その前提として原判決を破棄するについては、必ずしも口頭弁論を経る必要はないと解するのが相当である。」

③事件：破棄差戻し。「民訴法319条及び140条（同法313条及び297条により上告審に準用）の規定の趣旨に照らせば、上告裁判所は、判決の基本となる口頭弁論に関与していない裁判官が判決をした裁判官として署名押印していることを理由として原判決を破棄し、事件を原審に差し戻す旨の判決をする場合には、必ずしも口頭弁論を経ることを要しないと解するのが相当である。」

本判決の位置づけ・射程範囲

①～③の判決はいずれも、上告裁判所が原判決を破棄する場合に、口頭弁論を経ることを要しないとしたものである。

民事訴訟においては、裁判所が判決をするためには、原則として口頭弁論を経なければならない（民訴87条1項。必要的口頭弁論）。これは上告審であっても変わりはないはずである。とはいえ、上告審が事後審かつ法律審であることや、訴訟経済及び最高裁判所の負担軽減という観点から、その審理には口頭主義だけでなく書面主義を取り入れられているのであり、必要的口頭弁論の原則の例外が認められている。

上告審の審理においては、まず、上告の提起又は上告受理申立てに伴い、上告人により理由書が提出され、それが被上告人に送達され、被上告人には答弁書の提出が命じられる。審判対象は、不服申立ての対象である原判決が破棄されるべきものであるかどうかであり、その審理の範囲は上告理由として主張されたものに限定される（民訴320条）。ただし、職権調査事項についてはこの限りではない（民訴322条）。また、新たな事実主張もなされないため（民訴321条1項）、第1審以来の事件記録及び上告状、上告理由書その他の書面によって審理することになる。

このような書面審理によって上告を理由なしと認めるときには、口頭弁論を経ることなく、判決によって上告を棄却す

ることができる（民訴319条）。これは必要的口頭弁論の原則の例外であり（民訴87条3項）、審理の促進、及び、上告審の負担軽減の観点によるものである。

　上告に理由があり上告を認容するとき（つまり、原判決を破棄するとき）には、この民訴法319条の反対解釈からは、口頭弁論を開くことが必要ということになる。これは、原判決破棄という裁判の重大性を考慮して、口頭主義によって当事者に対する手続保障を図る趣旨であると考えられている。

　しかし、①〜③の最高裁判例は、上告を認容し原判決を破棄する場合であっても、必ずしも口頭弁論を開く必要のないことを明らかにした。

　その理由として最高裁は、①判決においては民訴法140条（同法319条及び297条により上告審に準用）、②③判決においては同条に加えて民訴法319条をあげ、その「趣旨」に照らすとしている。同法140条は、本案に関しない訴訟要件に補正不能な不備があるような場合に、口頭弁論を開いてまで明白な却下理由を審理することは、訴訟の促進、手続の簡素化に反することを理由として認められた必要的口頭弁論の例外である。

　①事件では、控訴審において追加された予備的請求が主位的請求と重複するため（民訴142条）、予備的請求にかかる部分は不適法な訴えとなるはずであるが、控訴審がこの点を看過して予備的請求を棄却したため、最高裁は原判決の予備的請求に関する部分を破棄し、予備的請求を却下する判決をしなければならなかった。これは上告に理由があると認められるのであるから、民訴法319条によれば、原則として口頭弁論が必要となる。他方、この予備的請求にかかる訴えの不適法は補正不能であるので、同法140条からは口頭弁論を経ることなく訴えを却下することができることになる。そこで最高裁は同法140条、297条及び313条をあげ、これらの諸規定の趣旨に照らして、口頭弁論を経ないで原判決を破棄することができると判示した。

　②事件では、町内会の規約によれば、会員の死亡は会員資格の喪失事由であるから、原審口頭弁論終結後、原判決言渡し前に死亡した当事者X₂についての訴訟は当然に終了したことになるのだが、Y側はX₂を含む町内会全員を相手方として上告及び上告受理の申立てをしていた。そこで最高裁としては、原判決中X₂に関する部分を破棄し、X₂の死亡により訴訟が終了したことを判決で宣言する必要がある。この場合には訴訟終了宣言の前提として原判決を破棄することになるのであるが、民訴法319条によれば口頭弁論を経る必要がある。しかし、この訴訟終了宣言は手続を明確にするために既に訴訟が終了していることを確認する方法として裁判の形式を借用しているに過ぎない。そうであれば、原判決の破棄のためにあえて口頭弁論を開く必要に乏しいと考えられるのであり、最高裁は同条及び同法140条の趣旨に照らして、口頭弁論を経ずに原判決を破棄することができるとした。

　③事件では、原審の口頭弁論に関与していない裁判官が判決をした裁判官として署名押印していることから、原判決は直接主義を定める民訴法249条1項に違反している。また、このことは同法312条2項1号に規定する上告理由に該当する。そうであれば上告が適法なものであるので、同法319条の反対解釈によれば、口頭弁論を経て原判決を破棄しなければ

【上告審の審理構造】

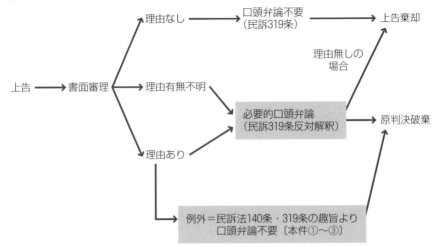

ならないことになる。しかし、本件で原判決を破棄せざるを得ないことは記録上明らかであり、上告審において口頭弁論を開く必要性に乏しい。よって最高裁は同条、同法140条の趣旨に照らし、口頭弁論を開くことなく原判決の破棄ができるとした。

以上のように、①〜③の事件は、いずれも口頭弁論を開いたところで判断が変わらないケースであると考えられる。上告審の負担軽減という要請からは、民訴法319条の反対解釈の例外を認める余地は今後も広がる可能性があり（後掲 関連判例 参照）、むしろ口頭弁論を開くこと自体が訴訟経済に反し、かえって当事者の利益を損なうとも考えられる。

とはいえ、実際に具体的事案において判断が変わる可能性がないかどうか、また、判断が変わる可能性がないと考えられる場合であっても、なお、当事者への手続保障が必要ではないかという問題が残る。当事者にとっては上告審における弁論及び裁判資料の提出の機会を喪失することになるのであって、例えば①事件では、原判決破棄の上、却下の自判がなされており、本案についての判断が逆転している。このような場合にまで当事者の口頭弁論の機会を奪って良いのかという問題が残るのである。また、①で問題となった重複訴訟に該当するか否か、あるいは②で問題となった訴訟終了の場合であっても、ケースによっては判断が微妙なものもある。そのような場合には、口頭弁論を不要とするには慎重でなければなるまい。

上告審における口頭弁論が、当事者にとってどのような意義を持つのか、また、そもそも上告審における口頭弁論の理論的位置づけについての検討が必要と考えられる。

さらに理解を深める　宇野聡・リマークス2004（上）（①事件）、笠井正俊・速報判例解説1号155頁（②事件）、勅使川原和彦・リマークス2008（上）130頁、高橋（下）2版補訂版732頁、伊藤4版補訂版711頁、和田596頁　関連判例　最三判平成19・3・27民集61巻2号711頁、最三判平成19・5・29判時1978号7頁

第14章 上　訴　　　　　　　　　　　　　　　　　　　西川佳代

240　破棄判決の拘束力──他の法的論点

最高裁昭和43年3月19日第三小法廷判決
　事件名等：昭和40年（オ）第856号所有権確認等請求事件
　掲載誌：民集22巻3号648頁、判時515号60頁、判タ221号124頁

概要　上告審判決が、一定の事実関係のもとで、ある法規の適用を否定した原判決の判断を違法としてこれを破棄差戻しした場合、差戻審が、同一事実関係について、他の法律上の見解による判断をして右法規を適用した場合と同一の結論に達した判決をすることは、上告審判決の破棄理由とした判断に抵触しない。

事実関係　本件は同一事件についての3回めの上告審判決である。本件宅地の登記名義はA→Y_1→Y_2→Y_3と移転し、XはAから自分が本件土地を買い受けたと主張し、Y_1は代理人であったのにY_1名義でAと契約して登記名義を取得したとして、Y_1〜Y_3に所有権確認、Y_1に移転登記、Y_2とY_3に移転登記の抹消を求めて訴えを提起した。以下、第1審、第1次控訴審でX敗訴、第1次上告審で破棄差戻し、第2次控訴審X勝訴、Yが上告した第2次上告審で破棄差戻し、第3次控訴審X敗訴という経過をたどった。Xは、第2次上告審判決がY_2・Y_3が民法94条2項の善意の第三者か否かを審理すべきとして差し戻したところ、第3次控訴審は民法100条をもちだし177条の対抗要件の問題としたことにつき、上告審の判断に差戻し後の控訴審判決が違反しているとして上告した。

判決要旨　上告棄却。「右上告審判決〔第2次上告審判決〕の判断が差戻を受けた原裁判所を拘束する効力は、右の破棄の理由となつた範囲でのみ、すなわち、同一の確定事実を前提とするかぎり、Y_2およびY_3が善意であることが認められるならば、民法94条2項の類推適用を否定することは許されないという限度でのみ、生ずるものと解すべきである。……さらに、右のとおり、上告審の破棄理由たる判断は、同一確定事実については民法94条2項の類推適用を否定しえないという限度でのみ拘束力を有するのであるから、差戻前の原判決と同一の認定事実を前提としても、右法条の適用のほかに、別個の法律的見解が成り立ちうる場合には、差戻後の原審が、……他の法律上の見解に立って、上告人の請求を棄却することも許されるものと解するのが相当である。」

本判決の位置づけ・射程範囲　民訴法325条3項後段は「上告裁判所が破棄の理由とした事実上及び法律上の

第14章　上訴　487

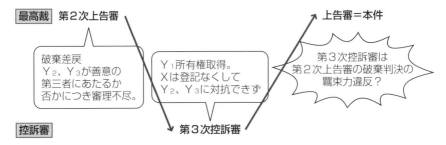

　判断は、差戻し又は移送を受けた裁判所を拘束する」と規定している。この拘束力は、控訴審と上告審の判断が異なる場合に、事件が何度も控訴審と上告審の間で往復することを防止し、審級制度を合理的に維持するための効力であるとするのが一般的である。破棄差戻しをした上告審自身も、先にした自らの判決に拘束される（最三判昭和46・10・19民集25巻7号952頁）。

　条文上、この破棄判決の拘束力（羈束力）は「事実上の判断」及び「法律上の判断」双方に及ぶとされているが、上告審は法律審であるので事実認定をすることはない。このため、「事実上の判断」とは、上告審が審理することのできる職権調査事項に関する事実についての判断をいう（本件判決が引用する最三判昭和36・11・28 関連判例 はこれを示す）。つまり、差戻審は新たな資料に基づいて新たな事実を認定することができるのである。

　「法律上の判断」の拘束力については、原判決は誤りであるという否定的判断に生ずるとするのが通説である。しかし、差戻審が新たな事実認定をした場合には、前提が異なることになるので法律上の拘束力が消滅することになる。本件では第2次控訴審がAはXの代理人でXが所有権を取得したとするが、第3次控訴審がAを代理人と認めつつも顕名要件を満たしていないのでAが所有権を取得したと認定している。この点が事実認定の問題であるとすれば、法律上の拘束力は及ばないと本件判決前半は示す。

　他方、本件判決後半部分は「さらに」として、同一確定事実を前提としても、拘束力は民法94条2項の類推適用を否定しえないという限度でのみ及ぶのであり、別の法律上の見解をとることを認める。前述の第2次控訴審と第3次控訴審の認定の違いが事実認定ではなく法的評価の問題であるとも考えられるので、このように判示していると考えられよう。

　ただ、通説は、審理不尽、理由不備等を破棄理由とするときは、原判決の不作為を破棄の直接の理由とするのであるから、一定の作為義務を認める指示的積極的な肯定方向で拘束力が生ずるとの例外を認める。この立場からは、本件では審理不尽・理由不備で破棄されたのであるから、指示的な拘束力が生じ、差戻審は民法94条2項の類推適用をしなければならないことになり、疑問が残る。

さらに理解を深める　百選4版115事件〔日渡紀夫〕　山本克己・法教303号84頁、伊藤4版補訂版714頁、高橋（下）2版補訂版754頁、長谷部由起子『民事訴訟法』（岩波書店、2014年）383頁　関連判例　最三判昭和36・11・28民集15巻10号2593頁、最二判平成3・4・19民集45巻4号367頁

第14章 上　訴

柳沢雄二

241 抗告審における手続保障と憲法32条

最高裁平成20年5月8日第三小法廷決定
事件名等：平成19年（ク）第1128号婚姻費用分担審判に対する抗告審の変更決定に対する特別抗告事件
掲載誌：判時2011号116頁、判タ1273号125頁

概要　本決定は、婚姻費用の分担に関する処分の審判に対する抗告審が、抗告の相手方に対し抗告状及び抗告理由書の副本を送達せず、反論の機会を与えることなく不利益な判断をしたことが、憲法32条所定の「裁判を受ける権利」を侵害したものとは言えないとしたものである。

事実関係　X（妻）は、平成17年4月にY（夫）と婚姻したが、平成18年5月にYと別居し、同年10月には家裁に夫婦関係調整の調停と婚姻費用の分担の調停を申し立てた（❶）。しかし、平成19年5月に各調停は不成立となり、婚姻費用の分担の調停が審判に移行した（❷）。原々審は、同年8月9日、YはXに対して婚姻費用の額として1か月12万円を支払うべき旨等を定める審判をした（❸）。Xが即時抗告したが、原審は、即時抗告がされていることをYに知らせず、また即時抗告の抗告状及び抗告理由書の副本をYに送達しないまま、同年10月11日、YはXに対して婚姻費用の額として1か月16万円を支払うべき旨等を定める決定をした（❹）。Yは、原審が即時抗告の抗告状及び抗告理由書の副本をYに送達しなかったことはYの裁判を受ける権利を侵害するものであり、原審の措置は憲法31条ないし32条に違反すると主張して、特別抗告をした。

決定要旨　抗告棄却。「憲法32条所定の裁判を受ける権利が性質上固有の司法作用の対象となるべき純然たる訴訟事件につき裁判所の判断を求めることができる権利をいうものであることは、当裁判所の判例の趣旨とするところである（最高裁昭和26年（ク）第109号同35年7月6日大法廷決定・民集14巻9号1657頁、最高裁昭和37年（ク）第243号同40年6月30日大法廷決定・民集19巻4号1114頁参照）。したがって、上記判例の趣旨に照らせば、本質的に非訟事件である婚姻費用の分担に関する処分の審判に対する抗告審において手続にかかわる機会を失う不利益は、同条所定の『裁判を受ける権利』とは直接の関係がないというべきであるから、原審が、Y（原審における相手方）に対し抗告状及び抗告理由書の副本を送達せず、反論の機会を与えることなく不利益な判断をしたことが同条所定の『裁判を受ける権利』を侵害したものであるということはでき

```
X（妻） ──────────────────────────────► Y（夫）
         ①｛夫婦関係調整の調停
            婚姻費用の分担の調停
                    ⇩
         ②婚姻費用の分担の調停が審判に移行
            ③原々審審判：1か月12万円の支払命令等
                    ⇩ X即時抗告（抗告状・抗告理由書の副本をYに送達せず）
            ④原　審決定：1か月16万円の支払命令等
```

ず、本件抗告理由のうち憲法32条違反の主張には理由がない。また、本件抗告理由のその余の部分については、原審の手続が憲法31条に違反する旨をいう点を含めて、その実質は原決定の単なる法令違反を主張するものであって、民訴法336条1項に規定する事由に該当しない。」
　なお、田原睦夫裁判官の補足意見及び那須弘平裁判官の反対意見がある。

本決定の位置づけ・射程範囲

　本決定も引用する昭和35年の大法廷決定以降、最高裁は、「憲82条（公開・対審・判決による裁判）＝憲32条（裁判を受ける権利）＝純然たる訴訟事件」という判例理論を確立させた。これにより、「訴訟の非訟化」にも一定の限界があることが明らかにされたといえる反面、本決定の多数意見が示すように「非訟事件」と判断された場合には憲法82条や同32条の保障は全く及ばないことになる。このことはすなわち、非訟手続に関する規律内容は専ら立法政策に委ねられ、当不当の問題は別として、およそ同82条や同32条の問題は生じないということを意味する。
　このような訴訟・非訟二分論に対して、学説は主に区分基準の不明確性について厳しく批判してきた。また、非訟事件における当事者（関係人）の手続保障に関する議論が、ドイツ基本法103条1項の「法的審尋（審問）請求権」を参考にして展開され、日本ではその根拠規定として憲法32条が援用された。那須裁判官の反対意見はまさにこの議論に依拠しており、この場合には同条は訴訟・非訟の区別なく保障が及ぶと解する必要があるため、判例変更は不可避となる。
　ところで、平成23年に制定された家事事件手続法88条1項により、審判に対する即時抗告があった場合には、一定の例外を除いて、抗告裁判所は、原審における当事者及び利害関係人（抗告人を除く）に対し、抗告状の写しを送付しなければならないことになった（抗告理由書の写しの送付も同様。家事規58条）。したがって、本件のような事態は、基本的にはもはや発生しないものと思われる。

さらに理解を深める　百選4版A1事件〔佐瀬裕史〕　山田文・速報判例解説3号153頁、本間靖規・リマークス2009（上）126頁、平成20年度重判民訴8事件〔垣内秀介〕、争点12頁〔高田裕成〕、德田和幸・法時83巻11号11頁　関連判例　最大決昭和40・6・30 本書7事件、最三決平成21・12・1家月62巻3号47頁

第14章 上訴　　　　　　　　　　　　　　　　　　　　柳沢雄二

242 類似必要的共同訴訟における二重上告

最高裁平成23年2月17日第一小法廷決定
　事件名等：平成21年（オ）第1022号、同（受）第1194号養子縁組無効確認
　　　　　　請求事件
　掲載誌：判時2120号6頁、判タ1352号159頁

概要　本件は、数人の提起する養子縁組無効の訴えにおいて、共同訴訟人の1人が上告又は上告受理の申立てをした後に他の共同訴訟人が行った上告又は上告受理の申立てを、二重上告又は二重上告受理の申立てであり不適法であるとして、却下したものである。

事実関係　亡Aの実子であるX_1は、Aを養母・Yを養子とするAY間の養子縁組が無効であると主張して、Yに対して養子縁組無効確認の訴えを提起した（❶）。その後、Aの別の実子であるX_2が、XY間の訴訟に共同訴訟参加した（❷）。第1審は、上記養子縁組はAの意思に基づかないものであるから無効であるとして、Xらの請求を認容した（❸）。Yが控訴したところ、原審は、上記養子縁組はAの縁組意思及び届出意思に基づくものであるから有効であるとして、Xらの請求を棄却した（❹）。これに対して、X_1が単独で上告及び上告受理の申立てをした（❺）。その後、X_2も上告及び上告受理の申立てをした（❻）。

決定要旨　X_2の上告却下・上告不受理。「数人の提起する養子縁組無効の訴えは、いわゆる類似必要的共同訴訟と解すべきであるところ（最高裁昭和43年（オ）第723号同年12月20日第二小法廷判決・裁判集民事93号747頁）、記録によれば、上告人兼申立人〔X_2〕が本件上告を提起するとともに、本件上告受理の申立てをした時には、既に共同訴訟人であるX_1が本件養子縁組無効の訴えにつき上告を提起し、上告受理の申立てをしていたことが明らかであるから、上告人〔X_2〕の本件上告は、二重上告であり、申立人〔X_2〕の本件上告受理の申立ては、二重上告受理の申立てであって、いずれも不適法である。」

本決定の位置づけ・射程範囲

必要的共同訴訟では、共同訴訟人の1人の訴訟行為は、全員の利益においてのみその効力を生ずる（民訴40条1項）。従来の通説は、上訴は不利な原判決の確定を妨げるという点で共同訴訟人の全員の利益になる訴訟行為であるから、一部

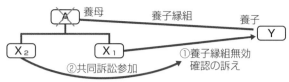

③ 第1審 Xらの請求認容→Y控訴
④ 原　審 Xらの請求棄却→⑤ X_1 が単独で上告・上告受理の申立て
　　　　　　　　　　　　⑥ 後に X_2 が上告・上告受理の申立て

の共同訴訟人が上訴すれば、すべての共同訴訟人について原判決の確定が遮断され、請求全体が上訴審に移審し、さらには上訴しなかった共同訴訟人も上訴人になると解してきた。そのため、必要的共同訴訟において一部の共同訴訟人が上訴した場合には、他の共同訴訟人にもその効力が及び、他の共同訴訟人も上訴人になるから、その後に他の共同訴訟人が上訴したときは、後行の上訴は二重上訴（二重控訴、二重上告又は二重上告受理の申立て）として不適法であり、却下されるものと考えられる。これは、二重起訴の禁止に関する民訴142条が上訴審でも準用されている（同297条・313条・318条5項）ことに基づく。最高裁は、固有必要的共同訴訟において1人の共同訴訟人が上訴した後に他の共同訴訟人が上訴した事案について、後行の上告を二重上告として却下している（最二判昭和60・4・12 関連判例 ）。また、補助参加人が上告した（同45条1項）後に被参加人が上告した事案についても、最高裁は、被参加人の上告を二重上告として却下している（最三判平成元・3・7 関連判例 、最一決平成23・11・10 関連判例 等）。

本件のような数人の提起する養子縁組無効の訴えは類似必要的共同訴訟と解されている（本決定も引用する最二判昭和43・12・20 関連判例 参照）が、類似必要的共同訴訟において一部の共同訴訟人が上訴した場合につき、最大判平成9・4・2 本書193事件 は住民訴訟（自治242条の2）に関して、また最二判平成12・7・7 本書194事件 は株主代表訴訟（旧商267条、会社847条）に関して、自ら上訴しなかった共同訴訟人は上訴人にはならないと判示した。ただし、両判例とも、その理由付けとしてそれぞれの訴訟の特質、すなわち訴訟では各共同訴訟人の個別的な利益は問題とされず、提訴後に共同訴訟人の数が減少しても審判の範囲、審理の態様や判決の効力等に影響がないという点を強調している。とすれば、このような特質を有さない他の類似必要的共同訴訟の場合にまで判例の射程が及ぶわけではないと解される。本決定は、明示していないものの、X_1 が上告又は上告受理の申立てをした段階で X_2 も上訴人になることを前提として、X_2 の上告又は上告受理の申立てを二重上告又は二重上告受理の申立てと判断したものといえよう。

さらに理解を深める　**平成23年度重判民訴4事件〔岡田幸宏〕**　福本知行・判評638号173頁（判時2139号）、春日偉知郎・判タ1375号44頁、高橋（下）2版補訂版328頁・597頁　 関連判例 　最二判昭和43・12・20判時546号69頁、最二判昭和60・4・12金判729号38頁、最三判平成元・3・7判時1315号63頁、最一決平成23・11・10中労時1142号47頁、最大判平成9・4・2 本書193事件 、最二判平成12・7・7 本書194事件

第14章 上訴

山木戸勇一郎

243 仮執行宣言付判決に基づく強制執行と控訴審の判断

最高裁平成24年4月6日第二小法廷判決
　事件名等：平成22年（受）第754号建物明渡請求事件
　掲載誌：民集66巻6号2535頁、判時2155号53頁、判タ1374号103頁、
　　　　　金法1962号76頁

概要　第1審判決の仮執行宣言に基づく強制執行によって建物が明け渡された場合、控訴審は、当該建物の明渡し請求と併合されている賃料相当損害金の支払請求の当否についても、当該明渡しの事実を考慮せずに判断すべきである。

事実関係　Xは自己所有の建物をYに賃貸していたが、賃料不払いを理由に賃貸借契約を解除し、Yに対して、当該建物の明渡しを請求するとともに、本件建物の明渡し済みまでの賃料相当損害金の支払を求めた。第1審判決は仮執行宣言付きで当該建物の明渡しを命じ、当該明渡しは完了したところ、控訴審判決は、建物の明渡しの事実を考慮せずに明渡し済みまでの賃料相当損害金の支払いを命じたため、Yが上告。

判決要旨　上告棄却。「仮執行宣言付きの第1審判決に対して控訴があったときは、控訴審は、当該仮執行宣言に基づく強制執行によって給付がされた事実を考慮することなく、請求の当否を判断すべきである（最高裁昭和……36年2月9日第一小法廷判決・民集15巻2号209頁参照）。このことは、第1審判決の仮執行宣言に基づく強制執行によって建物が明け渡されているときに、当該建物の明渡請求の当否を判断する場合はもちろん、これと併合されている賃料相当損害金等の支払請求の当否や同請求に対する抗弁において主張されている敷金返還請求権の存否を判断する場合でも、異なるところはない。上記の給付がされた事実を控訴審が考慮しなかった結果第1審判決が確定したとしても、上記の給付がされたことにより生じた実体法上の効果は、仮執行宣言が効力を失わないことを条件とするものであり、当該確定判決に基づく強制執行の手続において考慮されるべきことであるから、上記の給付をした者の権利が害されるとはいえない。」

本判決の位置づけ・射程範囲

仮執行宣言付きの第1審判決に基づく強制執行によって、第1審判決で命じられた給付が履行された場合であっても、控訴審は当該給付の履行の事実を考慮せ

```
建物明渡請求
X ─────────────────────────────────→ Y
    明渡済みまでの賃料相当額の支払請求
```

 第1審敗訴後
明渡し

ずに当該給付に係る請求の当否について判断すべきである（最一判昭和36・2・9民集15巻2号209頁）、というテーゼ自体については、格別の争いはないところである。このように解されているのは、仮に仮執行宣言に基づく強制執行によって給付が履行済みであるという事実を考慮して、控訴審が当該給付に係る請求を棄却する（＝第1審判決を変更する）ものとすると、①仮執行宣言が付された第1審判決の主文が変更されれば、当該仮執行宣言は失効することになるが、仮執行宣言に基づく強制執行による給付の履行の効果は、仮執行宣言の失効を解除条件とするものであるため、第1審で勝訴した原告は、当該仮執行宣言に基づいてなされた給付について、その請求の当否に関わらず常に被告に返還しなければならないことになる（民訴260条1項）、②第1審判決で仮執行宣言が付された主文条項に係る請求の当否について、控訴審において審理・判断をすることができなくなる、という問題が生じるからである。

本判決は、前記のテーゼを、仮執行宣言に基づく強制執行によって履行された給付に係る請求以外の併合請求にも及ぼしたものである。本判決の事案を例にとると、建物明渡請求を認容する主文条項に仮執行宣言が付され、当該明渡しが完了した場合、建物明渡請求に加えて明渡し済みまでの賃料相当額の支払請求についても、控訴審は明渡しの未了を前提にその当否を判断するということになる。

しかし、控訴審が当該給付の履行の事実を考慮して第1審判決を変更してはならないのは、第1審判決の主文のうち当該給付を命じる条項に係る仮執行宣言が失効してしまうということによるものであり、当該仮執行宣言とは関係のない主文条項について第1審判決を変更したとしても、前述①のような問題は生じないはずである。また、明渡し済みまでの賃料相当額の支払請求権が明渡しによって実体法的に消滅しているという点を考慮することが可能であるとしても、控訴審は建物明渡請求の当否について審理・判断することが可能であるから、前述②のような問題は生じないはずである。判旨の「強制執行の手続において考慮されるべき」という説示は、被告側からの請求異議の訴えによる事後的な調整を意味しているものと考えられるものの、このような手続的負担を被告に負わせてまで、上記のテーゼを併合請求についても貫徹する必要性は見当たらないように思われる。

さらに理解を深める 平成24年度重判民訴3事件〔佐瀬裕史〕 松下淳一・判タ1386号103頁、田中壯太・NBL989号96頁、内海博俊・判評650号128頁（判時2175号）、本間靖規・民商147巻3号320頁、安達栄司・法の支配168号34頁、北村賢哲・判例セレクト2012(Ⅱ)28頁、笠井正俊・金融判例研究23号48頁（金法1977号）、川嶋四郎・法セミ703号146頁、酒井博行・リマークス2013（下）118頁 **関連判例** 最一判昭和36・2・9民集15巻2号209頁

第15章　特別上訴と再審　　　　菅原郁夫

244　再審の補充性

最高裁平成4年9月10日第一小法廷判決
　事件名等：平成3年（オ）第589号立替金請求再審事件
　掲載誌：民集46巻6号553頁、判時1437号56頁、判タ800号106頁、
　　　　　金法1342号109頁

概要　本判決は、訴状の送達が無効であるときは、民訴法338条1項3号の再審事由にあたるが、当該再審事由を有する判決が有効に送達され、控訴がなされなかった場合でも、その再審事由を了知することができなかった場合には、民訴法338条1項のただし書にはあたらず、再審が可能な旨を判断したものである。

事実関係　Xの妻Aは、Xの名でYの特約店から商品を買い、代金の立替払いをYに委託し、Yは、これに応じて右代金を立て替えて支払った。しかし、Xが分割払いを怠ったことから、YはXに対して立替金等の支払いを求めて訴えを提起した。訴状及び第1回口頭弁論期日の呼出状は、X方においてXの子B（当時7歳9月の女子）に交付されたが、BはXに対しこれらを交付しなかった。そのため、Xは訴え提起の事実を知らないまま、第1回口頭弁論期日に欠席し、口頭弁論は終結され、Yの請求を認容する判決がなされることとなった。その後、右判決の言渡期日の呼出状及び判決正本がX方に送達され、いずれもAがその同居者として交付を受けたが、この事実をXに知らせなかったため、Xは右判決に対して控訴することなく、右判決が確定した。Xは、その後前訴の確定判決の存在を知り、Xに対する訴状の送達がなかったことが民訴法420条1項3号（現民訴338条1項3号）の事由に該当するとして再審を申し立てた。

判決要旨　破棄差戻し。「民訴法420条1項〔現民訴338条1項〕ただし書は、再審事由を知って上訴をしなかった場合には再審の訴えを提起することが許されない旨規定するが、再審事由を現実に了知することができなかった場合は同項ただし書に当たらないものと解すべきである。けだし、同項ただし書の趣旨は、再審の訴えが上訴をすることができなくなった後の非常の不服申立方法であることから、上訴が可能であったにもかかわらずそれをしなかった者について再審の訴えによる不服申立てを否定するものであるからである。」

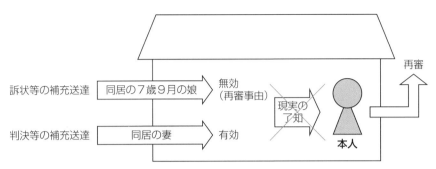

本判決の位置づけ・射程範囲

　本判決は、当時7歳9月の女子への訴状等の補充送達は無効だが、その後判決正本は同居の妻Aへの補充送達により有効に送達され、判決は確定したとの判断の下、前記訴状等の補充送達の無効は再審事由にあたるとの判断を示し、その再審事由を現実に了知できなかった場合には、民訴法338条1項ただし書に該当しないとの判断を示している。

　補充送達時の同居人等の書類受領権限は一種の法定代理であり、この権限を欠いたものが書類を受取名宛人に交付しなかった場合には、受送達の代理権の欠缺であり、民訴法338条1項3号に該当するとの下級審判例が存在したが、この点は、本判決もほぼ同じ結論（「別異に解する理由がない」）を採っている（ただし、理論構成に関しては、代理権の欠缺ではなく、「訴訟に関与する機会が与えられないまま判決が下された場合」を要件としているとの見解もある）。

　そして、いわゆる再審の補充性に関する判断に関しては、すでに最二判昭和39・6・26 関連判例 が、「民訴法420条1項但書〔現民訴338条1項ただし書〕後段の『知りて主張せざり』とは、その法意にかんがみ、前訴訟において上訴審よる判断を受け得る時期に再審事由を知ったにもかかわらず、これを主張しなかった場合をいう」との判断を示していたが、この判断を前提にすれば、本件の場合は、妻Aに対する判決の補充送達が有効と判断されたことから、この送達を以て、Xは再審事由の存在を知ったものとみなされ、控訴は可能であったと判断される可能性もあった（原審はこれを肯定）。しかし、本判決は、「再審事由を現実に了知すること」が必要であるとして、再審を肯定した。本判決は、民訴法338条1項ただし書のいわゆる失権効の根拠として「現実の了知」を必要とするとの立場を示したものであり、補充送達による再審事由の了知の擬制を認めなかった。この点において、再審の余地を広げるものと解される。なお、本件に関しては、訴状の送達無効により判決も無効とすべきといった説や本件では妻Aへの送達は有効とされたが、利害対立のある妻への補充送達自体を再審事由とすべきとの主張もある（後掲文献を参照のこと）。

さらに理解を深める

百選4版116事件〔坂本恵三〕　最判解民事篇平成4年度318頁〔田中豊〕、中山幸二・NBL506号14頁、高橋宏志・リマークス1994（上）148頁　関連判例　最二判昭和39・6・26民集18巻5号901頁、札幌簡判平成2・1・25NBL454号43頁

第15章　特別上訴と再審　　　　　　　　　　　　　　　菅原郁夫

245　再審事由と有罪判決の確定

①最高裁昭和43年8月29日第一小法廷判決
　事件名等：昭和42年（オ）第215号損害賠償等請求再審事件
　掲載誌：民集22巻8号1740頁、判時535号59頁、判タ227号134頁

②最高裁平成11年11月30日第三小法廷判決
　事件名等：平成9年（オ）第2267号除権判決に対する不服申立て事件
　掲載誌：判時1697号55頁、判タ1019号90頁、金法1571号114頁

概要　①事件は、再審の訴えを却下した原審判決ののち偽証罪について有罪の判決が確定したことは同判決に対する上告の理由とはならないとの判断を下したものであり、②事件は、民訴法338条2項にいう有罪の確定判決を得ることができないときには、やむを得ない事由がないのに、公訴の手続をとらないまま公訴時効期間を経過させた場合を含まないとの判断を下したものである。

事実関係　①事件：Xは、前訴敗訴判決の証拠とされた証人Wの供述は偽証であることを理由に、Yに対し、再審の訴えを提起したが、原審は、偽証の有罪判決が確定していないとの理由で訴えを却下した。Xは上告したが、偽証の有罪判決が確定したのは上告理由書の提出期限を過ぎてからであった。そこで、Xはこの確定判決を上告理由補充書に添えて追加し、再審を求めた。

②事件：株式会社Yは、株券を紛失したとして虚偽の公示催告の申立てをした後に、Yの代表者Aが同株券をXに交付し1億2000万円を借り受けた。その後、Yは除権判決を受け、新株券の再発行を受け、これをZに譲渡した。後に、Xは上記除権判決の存在を知り、（旧）公示催告仲裁法774条2項6号（現非訟150条6項）に相当する事由があるとして上記除権判決に対する不服の申立てを行い、Aの詐欺により本件公示催告手続において攻撃防御方法の提出を妨げられたが、同行為は上記公示催告仲裁法が準用する民訴法338条1項5号に規定する事由にあたり、それに対する公訴時効が完成していることから同条2項後段の事由が存在すると主張した。

判決要旨　①事件：上告棄却。「所論検証の結果についていう上告人の判断遺脱の主張は、民訴法420条1項9号〔現民訴338条1項9号〕所定の再審事由に当らないとした原審の判断、ならびに証人Wの証言およびY本人の供述が虚偽である旨のXの主張は、同条1項7号、2項〔現民訴338条1項7号、2項〕所定の再審事由に当らない旨の原審の判断は、いずれも正当として是認でき、原判決には所論違法はない。……（なお、当審において、かりに所論Wに対する起訴事実について原審口頭弁論終結後である昭和42年3月2日有罪判決が確

定した旨主張されたとしても、右有罪判決確定の事実は、原判決に対する再審の訴の再審事由となるものではないから、右主張を本件上告の理由として採用する余地は存しない。）」

②事件：原判決破棄・自判。「右〔現民訴338条2項〕の有罪の確定判決等を得ることができないときとは、右事由の存在を知った時点では既に公訴時効期間が経過していた場合又は告訴等の手続を執ったとしても捜査機関が公訴の提起をするに足りる期間がない場合等をいい、公訴時効が完成するまでに相当の期間があり、かつ、やむを得ない事由がないのに、告訴等の手続を執らないまま公訴時効期間を経過させた場合は含まれないと解するのが相当である。……Xは、Aを告訴すれば信託金の返還を受けることに関して得策でないと判断して、同人を告訴しなかったと主張し、原審もこれを認めているが、これを含め、原審の確定した前記事実関係に照らしても、XがAに対する告訴等の手続を執らなかったことについてやむを得ない事由があったと認めることはできない。そうすると、本件は、有罪の確定判決等を得ることができないときには当たらないといわざるを得ない。」

本判決の位置づけ・射程範囲

①事件は、前訴で損害賠償請求が棄却され確定したが、その前訴判決の重要な証拠であった証人が偽証罪に問われたことを理由に提起された再審の訴えの上告である。上告理由と再審事由とは異なるが、通常、民訴法338条所定の再審事由が適法な上告理由となり得ることは、通説判例の認めるところである。その点においては、本件には問題がないものと思われるが、本件の場合、同法338条2項の要求する判決の確定が本件上告審係属後であり、判決確定証明書は上告理由書提出期間経過後に提出されている。本判決は、この場合、原審の口頭弁論終結後の事実は、再審事由とはならず、上告理由に当たらないとした。この多数意見に関しては反対意見があるほか、再審事由は職権調査事項であり、上告審でも事実審理ができることから、有罪の確定判決の存在を考慮すべきであったとの批判もある。

②事件は除権判決に対する不服の訴えであるが、これに準用される民訴法338条1項の5号及び同条2項の解釈は再審事件にも当てはまる。本判決は、同条2項後段の有罪判決を受けることができない場合として公訴時効の完成の場合をあげるが、公訴時効が完成した場合であっても、捜査機関に告訴等の手続をとることが可能であったのに、やむを得ない事由なくそれをせず、公訴時効期間を経過させた場合は、上記場合には当たらないとし、また、和解の可能性から告訴を控えた場合は、上記やむを得ない事由には当たらないとして、再審要件に一定の絞りをかけている。

さらに理解を深める

①事件：**百選Ⅱ補正版199事件〔波多野雅子〕** 最判解民事篇昭和43年度（下）888頁〔杉田洋一〕、新堂幸司・法協87巻3号395頁、高橋（下）2版補訂版804頁　②事件：平成12年度主判解254頁〔西田隆裕〕 **関連判例** ①事件：最一判昭和43・5・2民集22巻5号1110頁、最一判昭和45・10・1民集24巻11号1483頁

第15章　特別上訴と再審

上田竹志

246　再審事由と除斥期間

①最高裁昭和52年5月27日第二小法廷判決
　事件名等：昭和48年（オ）第1189号所有権移転登記手続再審請求事件
　掲載誌：民集31巻3号404頁、判時864号85頁、判タ350号268頁、
　　　　　金判548号41頁

②最高裁平成6年10月25日第三小法廷判決
　事件名等：平成6年（オ）第1095号株主権存在確認請求再審事件
　掲載誌：判時1516号74頁、判タ868号154頁

概要

①事件：本判決は、民訴法338条1項6号（証拠の偽造）に基づき再審の訴えを提起する場合、同法342条2項の除斥期間は、(a)被疑者死亡等の事実が前訴判決確定前に生じたときは判決確定時から、(b)上記事実が前訴判決確定後に生じたときは死亡時から起算すると判示したものである。

②事件：本判決は、民訴法338条1項6号に基づき再審の訴えを提起する場合、文書の偽造等につき有罪の確定判決を得ることを可能とする証拠が再審の訴えの対象となった判決の確定後に収集されたものであるときは、同条1項ただし書（再審の補充性）には抵触しないと判示したものである。

事実関係

①事件：Yは、「Yの先代B（昭和14年に死亡）がAから本件土地を買い受け、その後Bの死亡によりYが家督相続をした」と主張し、Aに対して本件土地の所有権移転登記手続請求訴訟を提起した（前訴）。前訴は昭和42年9月22日に上告棄却され、請求認容判決が確定した。その後Aが死亡し、Aの相続人Xらは昭和47年9月27日、本件再審を提起した。Xらは、原判決の基礎となった証拠（売券証）が偽造文書であり、それについて鑑定書という客観性の高い証拠を得られた時点（昭和47年11月）が、民訴法342条2項の起算点であると主張した。

②事件：Y₁、Y₂は昭和44年、X₁会社の株式をX₂に売却したが、後に上記売却が無効であると主張して、Xらに対し、株主地位確認の訴え、株券引渡請求の訴えを提起した（前訴）。前訴は、X₁に対する株主地位確認につき、昭和62年11月10日、請求認容判決が確定した。その後Xらは、前訴確定判決の証拠となった文書がY₁により昭和52年に偽造されたものであることが上記確定判決後に判明したと主張し、Yら（Y₁は前訴終了後に死亡したため、相続人）に対し、再審の訴えを提起した。

判決要旨

①事件：上告棄却。「〔民訴法420条1項6号（現民訴338条1項6号）に基づく再審の訴えを提起する場合、〕被疑者の死亡等の事実

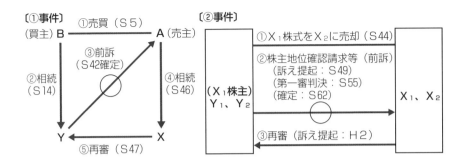

だけではなく、有罪の確定判決を得る可能性があることについてもこれを立証しなければならない……有罪の確定判決を得る可能性そのものは被疑者の死亡等の時に既に存在すべきものであるから、右再審の訴の除斥期間は、被疑者の死亡等の事実が前審判決確定前に生じたときは、同法424条3項〔現民訴342条2項本文〕により右判決確定の時から起算すべきであり、また、右事実が前審判決確定後に生じたときは、同条4項〔現民訴342条2項括弧書〕により右事実の生じた時から起算すべきである。」

②事件：上告棄却。「民訴法420条1項6号〔現民訴338条1項6号〕に該当する事由を再審事由とし、かつ、同条2項の適法要件を主張する再審の訴えにおいては、被疑者の死亡等の事実が再審の訴えの対象となった判決の確定前に生じた場合であっても、文書の偽造等につき有罪の確定判決を得ることを可能とする証拠が再審の訴えの対象となった判決の確定後に収集されたものであるときは、同条1項但書には該当せず、再審の訴えが排斥されることはないというべきである。」

本判決の位置づけ・射程範囲

再審時期の規律（民訴342条）はやや複雑であるが、過罰行為を再審事由とする場合（民訴338条1項4号～7号）については、有罪判決等の要件（民訴338条2項、特に後段）が充足する時点と、除斥期間の起算点（特に、民訴342条2項本文及び括弧書）との関係が問題となる。

①事件判決は、「(a)被疑者死亡──(b)前訴確定判決──(c)新証拠収集」という機序において、起算点を(b)時点に求め、再審原告の(c)の主張を退けた。前訴段階ですでに証拠の偽造が主張されており、(c)時点では鑑定書が作成されたに過ぎないという事情があるため、個別事案の解決としては首肯できるが、一般論としては、「過罰行為に気づいた時点で手遅れ」という場合に再審原告に酷となり得る。

②事件判決は、類似の機序において((a)は公訴の時効期間満了)、民訴法338条1項ただし書への抵触（再審の補充性）を判断するに当たり、(c)を重視する判断を行った。

さらに理解を深める

百選4版A42事件〔吉垣実〕　百選3版121事件〔波多野雅子〕、吉村徳重「判決効の基礎と再審事由」同『民事判決効の理論（上）』（信山社、2010年）17頁　関連判例　最三判昭和47・5・30民集26巻4号826頁

第15章　特別上訴と再審　　　　　　　　　　　　　　　　　　　　上田竹志

247　再審原告適格

①最高裁昭和46年6月3日第一小法廷判決
　事件名等：昭和42年（ヤ）第20号所有権確認等再審請求事件
　掲載誌：判時634号37頁、判タ264号196頁

②最高裁平成元年11月10日第二小法廷判決
　事件名等：昭和59年（オ）第1122号親子関係不存在確認等請求再審事件
　掲載誌：民集43巻10号1085頁、判時1331号55頁、判タ714号71頁、金判836号40頁

概要
①事件：本判決は、民訴法115条1項3号（旧民訴201条1項3号）によって既判力の拡張を受ける口頭弁論終結後の承継人は、一般承継人・特定承継人を問わず、再審原告適格を有すると判示したものである。
②事件：本判決は、人訴法24条1項（旧人事訴訟手続法32条1項、18条1項）によって既判力の拡張を受ける第三者は、本案について独立して訴訟行為をすることができる当事者適格を有しない限り、再審原告適格を有しないと判示したものである。

事実関係
①事件：訴外Aらは、Yに対して土地所有権確認等訴訟を提起した（前訴）。前訴控訴審口頭弁論終結後、XはAから本件土地を買い受けたが、前訴は請求棄却判決が確定した。そこでXは、前訴上告審判決につき、判断の遺脱（民訴338条1項9号（旧民訴420条1項9号））があると主張して、再審の訴えを提起した。

②事件：Yは訴外ABの子として戸籍に記載されていたが、検察官Dを被告に、ABとの間に親子関係が存在しないこと、訴外Cの子であることの認知を求めて訴えを提起した（前訴）。前訴請求認容判決が第1審で確定した後、前訴訴訟係属について何ら知らされていなかったCの子又は養子であるXらが、再審の訴えを提起した。

判決要旨
①事件：再審の訴え却下。（ただし、再審原告適格は肯定）。「再審の訴は、判決が確定したのちにその判決の効力を是認することができない欠缺がある場合に、具体的正義のため法的安定を犠牲にしても、これが取消を許容しようとする非常手段であるから、右判決の既判力を受ける者に対し、その不利益を免れしめるために、その訴の提起を許すものと解するのが相当であり、したがって、民訴法201条〔現民訴115条〕に規定する承継人は一般承継人たると特定承継人たるとを問わず、再審原告たり得るものといわなければならない。」
②事件：破棄自判。「民訴法に規定する再審の訴えは、確定判決の取消し及び右確定判決に係る請求の再審理を目的とする一連の手続であって……、再審の訴え

第15章　特別上訴と再審　501

〔①事件〕

①土地所有権確認等請求（前訴）
（確定：S39）

A ——✕—→ Y

②係争地売買（S39）

③再審

X

〔②事件〕

①Cの子であることの認知等（前訴）

Y ——○—→ D（検察官）

（前訴に関与できず）

②再審

Xら（Cの子又は養子）

の原告は確定判決の本案についても訴訟行為をなしうることが前提となるところ、認知を求められた父の子は認知の訴えの当事者適格を有せず（人事訴訟手続法32条2項、2条3項〔現人訴42条1項〕）、右訴えに補助参加をすることができるにすぎず、独立して訴訟行為をすることができないからである。なるほど、認知の訴えに関する判決の効力は認知を求められた父の子にも及ぶが（同法32条1項、18条1項〔現人訴24条1項〕）、父を相手方とする認知の訴えにおいて、その子が自己の責に帰することができない事由により訴訟に参加する機会を与えられなかったとしても、その故に認知請求を認容する判決が違法となり、又はその子が当然に再審の訴えの原告適格を有するものと解すべき理由はなく、この理は、父が死亡したために検察官が右訴えの相手方となる場合においても変わるものではない」。

本判決の位置づけ・射程範囲

　再審は、確定判決の既判力を覆滅させる非常の救済手段であるから、既判力が及ぶ者であればその取消しの利益を持ち得る。しかし他方で、再審の実質は前訴の復活戦であり、また再審制度は再審事由（民訴338条）の存否を審理した後、再審決定を経て本案審理を復活させる（民訴346条）二段階構造を持つが、少なくとも前者の局面では、前訴当事者が正当な当事者と言える。ここに、再審当事者適格の問題が生じる。

　学説上は諸説あるが、①事件判決は、前訴当事者の特定承継人につき、単独での原告適格を肯定し、②事件判決は人事訴訟判決の対世効が及ぶ第三者につき、これを否定した。もっとも②事件判決の後、人事訴訟法が新たに制定され、利害関係人には訴訟係属が通知され（人訴28条）、利害関係人を訴訟参加させることもできる（人訴15条1項。2項により、共同訴訟的補助参加となる）こととなったため、②事件判決の意義は低下したが、問題が解決したわけではない。

さらに理解を深める　①事件：**百選4版117事件〔森勇〕**　百選2版123事件〔新堂幸司〕、高橋（下）2版補訂版793頁、河本喜與之・法学志林40巻12号1442頁、第三者再審につき、三木浩一＝山本和彦編『民事訴訟法の改正課題』（有斐閣、2012年）176頁

第15章　特別上訴と再審　　　　　　　　　　　　　　　　　　　川嶋隆憲

248　再審事由と上告受理

最高裁平成15年10月31日第二小法廷判決
　事件名等：平成14年（行ヒ）第200号特許取消決定取消請求事件
　掲載誌：判時1841号143頁、判タ1138号76頁

概要　本判決は、上告受理申立ての理由として民訴法338条1項8号所定の再審事由が主張された事案において、当該再審事由がある場合には民訴法325条2項に規定する「判決に影響を及ぼすことが明らかな法令の違反」があるとして原判決を破棄したものである。

事実関係　Xらが出願・登録した特許につき特許異議の申立てがされ、特許庁において本件特許を取り消すべき旨の決定がされた（❶）。Xらは本件取消決定の取消しを求める訴えを東京高等裁判所に提起したが、同裁判所はXらの請求を棄却する判決を下した（❷）。原判決の言渡し後、Xらは最高裁判所に上告及び上告受理申立てをする一方（❸）、特許庁において本件特許につき特許請求の範囲の減縮を目的とする訂正審判を請求した（❹）。

その後、本件上告審の係属中に上記訂正をすべき旨の審決が確定した（これにより、本件特許は当初から訂正後の内容で特許がされたものとみなされる。特許128条参照）（❺）ことを受けて、Xらは民訴法338条1項8号に規定する再審事由（判決の基礎となった行政処分の変更）を生じた旨を主張して原判決の破棄を求めた（❻）。最高裁は、本件上告事件については上告理由に当たらないことは明らかであるとして上告棄却の決定をしたが（❼）、上告受理申立て事件については受理決定をした上で、次のように判示した。

判決要旨　破棄差戻し。「特許を取り消すべき旨の決定の取消請求を棄却した原判決に対して上告又は上告受理の申立てがされ、上告審係属中に当該特許について特許出願の願書に添付された明細書を訂正すべき旨の審決が確定し、特許請求の範囲が減縮された場合には、原判決の基礎となった行政処分が後の行政処分により変更されたものとして、原判決には民訴法338条1項8号に規定する再審の事由がある。そして、この場合には、原判決には判決に影響を及ぼすことが明らかな法令の違反があったものというべきである（最高裁昭和58年（行ツ）第124号同60年5月28日第三小法廷判決・裁判集民事145号73頁参照）。

そうすると、本件については、原判決を破棄し、更に審理を尽くさせるために事件を原審に差し戻すのが相当である。」

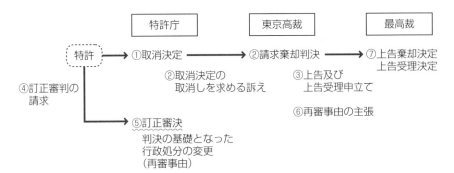

本判決の位置づけ・射程範囲

　現行民訴法は、最高裁判所の憲法判断及び法令解釈の統一という機能の充実を図ることを目的として、最高裁への上告理由を憲法違反（民訴312条1項）と絶対的上告理由（同2項）に限定し、その他の法令違反は最高裁への上告理由から除外した上で（同3項）、法令の解釈に関する重要な事項を含むと認められる事件について、当事者の申立てにより、最高裁が上告審として事件を受理できる扱いとしている（上告受理。同318条1項）。

　原判決に関して再審事由（民訴338条1項）が存在する場合、当該再審事由が絶対的上告理由と重なる範囲（同1号～3号）で上告理由に該当することは明らかであるが、その他の再審事由（同4号～10号）が上告理由又は上告受理申立て理由に該当するか否かについては議論がある。旧法下では、再審事由が存在する場合には「判決に影響を及ぼすことが明らかな法令の違反」があるとして、これを上告理由として扱うのが確立した判例であったが、法令違反を最高裁への上告理由としていない現行法の下で従来の解釈をそのまま維持することは困難である。学説は、再審事由は絶対的上告理由になるとする見解、法令違反として上告受理申立て理由になるとする見解、上告理由・上告受理申立て理由のいずれにも該当せず再審の訴えによってのみ主張できるとする見解などに分かれる。

　本判決は、民訴法338条1項8号所定の再審事由がある場合に「判決に影響を及ぼすことが明らかな法令の違反」があるとする点で従来の判例を踏襲するものであるが、現行法の下で、当該再審事由の主張を上告理由としてではなく、上告受理申立て理由として扱った点で意義を有する。ただし、本判決は8号の再審事由が主張された事案に関するものであり、再審事由の性格も一様ではないことから、再審事由によっては異なる扱いをする余地も残されている。

さらに理解を深める　**百選4版A41事件〔倉部真由美〕**　平成15年度重判知財4事件〔高林龍〕、岡田幸宏・民商130巻4・5号905頁、安達栄司・NBL805号87頁、伊藤4版補訂版703頁、高橋（下）2版補訂版710頁、山本弘・ジュリ1317号119頁、宇野聡「上告理由と上告受理申立ての理由」新堂幸司監修・高橋宏志＝加藤新太郎編『実務民事訴訟講座〔第3期〕第6巻』（日本評論社、2013年）91頁　**関連判例**　最三判平成11・6・29 **本書237②事件**（判断の遺脱に関して、上告理由としての理由不備に当たるものではないが、判決に影響を及ぼすことが明らかな法令の違反があるとして、原判決を職権で破棄した事例）

第15章 特別上訴と再審　　　　　　　　　　　　杉山悦子

249 詐害判決であることを再審事由とする第三者再審の可否

最高裁平成25年11月21日第一小法廷決定
　事件名等：平成24年（許）第43号再審請求棄却決定に対する抗告棄却決定
　　　　　　に対する許可抗告事件
　掲載誌：民集67巻8号1686頁、判時2218号31頁、判タ1400号110頁、
　　　　　金判1441号8頁

概要　本決定は、新株発行無効の訴えに係る請求を認容する確定判決が詐害判決である場合に、第三者は独立当事者参加の方式で再審の訴えを提起することができ、第三者に判決効を及ぼすことが、手続保障の観点から看過しがたい場合には、民訴法338条1項3号の再審事由があるとみる余地があるとしたものである。

事実関係　Y₂会社は、代表取締役であるXの新株予約権の行使により、平成23年2月7日、1500株の普通株式を発行した（以下、「本件株式発行」という）。Xはその後代表取締役を解任されたが、Y₂は、本件株式発行の効力を否定するようになったため、XはY₂に対し、内容証明郵便により、本件株式発行は有効であることなどを通知した。Y₂の株主であるY₁は、同年7月13日、Y₂に対して、主位的請求として本件株式発行不存在確認を求める訴えを、予備的請求として本件株式発行無効確認を求める訴え（以下「前訴」という）を提起し、同年9月27日に主位的請求棄却、予備的請求認容の判決が言い渡されて確定した（以下「前訴判決」という）。なおY₂は、前訴において、請求を認めるとともに、請求原因事実を全て認める旨の答弁をし、また、追加立証を求める受訴裁判所の訴訟指揮に対し、自ら請求原因事実を裏付ける書証の提出もしていた。

　Xは、前訴判決の確定後にその事実を知り、YらがY前訴の係属をXに知らせず前訴判決を確定させてXの権利を害したために、前訴判決には民訴法338条1項3号の代理権欠缺に準じた再審事由があると主張して、同年11月11日、独立当事者参加の申出をするとともに、Yらを被告として再審の訴えを提起した。

　第1審はXの請求を棄却し、抗告審も、Xは共同訴訟的補助参加ができるので原告適格を有するが、詐害判決であることは民訴法338条1項3号の代理権欠缺に準じた再審事由ではないとして抗告を棄却した。Xが最高裁に抗告をしたところ、これが許可された。

決定要旨　破棄差戻し。「新株発行の無効の訴えに係る請求を認容する確定判決の効力を受ける第三者は、上記確定判決に係る訴訟について独立当事者参加の申出をすることによって、上記確定判決に対する再審の訴えの原告

第15章　特別上訴と再審　505

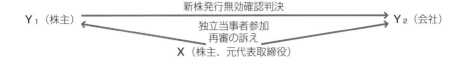

適格を有することになるというべきである。……上記株式会社の訴訟活動が著しく信義に反しており、上記第三者に上記確定判決の効力を及ぼすことが手続保障の観点から看過することができない場合には、上記確定判決には、民訴法338条1項3号の再審事由があるというべきである。……このような一連の経緯に鑑みると、前訴における相手方Y₁の訴訟活動は会社法により被告適格を与えられた者によるものとして著しく信義に反しており、Xに前訴判決の効力を及ぼすことは手続保障の観点から看過することができないものとして、前訴判決には民訴法338条1項3号の再審事由が存在するとみる余地があるというべきである。」

本決定の位置づけ・射程範囲

　会社の組織に関する訴えに係る請求を認容する確定判決は、第三者にもその効力が及ぶ（会社838条）。本件では、その一つである新株発行不存在確認判決の効力が及ぶ第三者が、自己の責めに帰することのできない事由により、当該訴訟に関与する機会がないままに、自己の権利を害する詐害判決が出された場合に、民訴法338条1項3号の代理権欠缺に準じた再審事由があるかが問題となった。

　特別法では、判決効が及ぶ第三者が、判決が詐害的なものであったことや参加の機会がなかったことを理由とする再審の訴えが認められているが（会社853条、特許172条1項、行訴34条）、民事訴訟法では、大正15年改正で詐害再審の制度が廃止され、現行法ではこれを認める直接の規定はない。ただし、判決効が及ぶ第三者が詐害判決の効力を争う例は少なく、下級審裁判例には、判決効が及ぶ第三者は独立当事者参加の方式で再審の訴えを提起することができ、かつ、判決が詐害的なものである場合には、民訴法338条1項3号に準ずる再審事由があるとするものがあった（大阪高決平成15・12・16 関連判例 ）。本件第1審もそのように解する余地を認めつつも結論としては再審の訴えを認めなかったのに対して、原審は、詐害再審は制定法によって認められた場合にのみ許容されるとして、このような解釈の余地を否定していた。

　そのため、この問題については立法による解決が望まれていたところ、本決定は、第三者に判決効を及ぼすことが手続保障の観点から看過できない場合には、民訴法338項1項3号の再審事由があると判示し、3号の適用範囲を拡張する形で、解釈論として詐害再審の余地を認めたものである。

さらに理解を深める

平成25年度重判民訴5事件〔加波眞一〕　伊藤眞・金判1434号1頁、岡田幸宏・リマークス2014（下）122頁。原審判決（東京高決平成24・8・23判時2158号43頁）につき、平成24年度重判民訴5事件〔杉山悦子〕、岡田幸宏・判時2181号184頁　関連判例　大阪高決平成15・12・16判タ1152号287頁

民事訴訟法判例インデックス　年月日順索引

＊本書に掲載した判例について年月日順に掲載する。
〔　〕内は本書の事件番号を示す。

大　　　判	大正 4・9・29	民録21輯1520頁〔115〕	･････････････････････････････････	230
大　　　判	大正 5・12・23	民録22輯2480頁〔84〕	･････････････････････････････････	168
大　　　判	大正12・6・2	民集 2 巻345頁〔16〕	･･････････････････････････････････	32
大　　　判	昭和10・10・28	民集14巻1785頁〔41〕	･････････････････････････････････	82
大　　　判	昭和11・3・11	民集15巻977頁〔42〕	･･････････････････････････････････	84
大　　　判	昭和14・5・16	民集18巻557頁〔203〕	････････････････････････････････	410
最 三 判	昭和25・7・11	民集 4 巻 7 号316頁〔117〕	･････････････････････････････	234
最 一 判	昭和27・11・27	民集 6 巻10号1062頁〔80〕	･････････････････････････････	160
最 一 判	昭和28・5・14	民集 7 巻 5 号565頁〔120〕	････････････････････････････	240
最 一 判	昭和29・2・11	民集 8 巻 2 号429頁〔99〕	･････････････････････････････	198
最 二 判	昭和29・6・11	民集 8 巻 6 号1055頁〔49〕	････････････････････････････	98
大阪地判	昭和29・6・26	下民集 5 巻 6 号949頁〔40〕	･･･････････････････････････	80
最 二 判	昭和30・1・28	民集 9 巻 1 号83頁〔38〕	･･････････････････････････････	76
最 三 判	昭和30・7・5	民集 9 巻 9 号985頁〔113〕	･･･････････････････････････	226
最 三 判	昭和30・12・26	民集 9 巻14号2082頁〔66〕	････････････････････････････	132
最 三 判	昭和31・4・3	民集10巻 4 号297頁〔228〕	････････････････････････････	460
最 一 判	昭和31・5・10	民集10巻 5 号487頁〔191〕	････････････････････････････	386
最 三 判	昭和31・6・19	民集10巻 6 号665頁〔99〕	･････････････････････････････	198
最 二 判	昭和31・7・20	民集10巻 8 号965頁〔179〕	････････････････････････････	362
最 二 判	昭和32・2・8	民集11巻 2 号258頁〔128〕	････････････････････････････	256
最 一 判	昭和32・2・28	民集11巻 2 号374頁〔185〕	････････････････････････････	374
最 二 判	昭和32・5・10	民集11巻 5 号715頁〔119〕	････････････････････････････	238
最 二 判	昭和32・6・7	民集11巻 6 号948頁〔159〕	････････････････････････････	322
最 三 判	昭和32・6・25	民集11巻 6 号1143頁〔105〕	･･･････････････････････････	210
最 大 判	昭和32・7・20	民集11巻 7 号1314頁〔67〕	････････････････････････････	134
最 二 判	昭和32・10・4	民集11巻10号1703頁〔237〕	･･･････････････････････････	478
最 三 判	昭和32・12・3	民集11巻13号2009頁〔127〕	･･･････････････････････････	254
最 一 判	昭和33・3・13	民集12巻 3 号524頁〔25〕	･････････････････････････････	50
最 一 判	昭和33・6・14	民集12巻 9 号1492頁〔152〕	･･････････････････････････	308
最 三 判	昭和33・7・8	民集12巻11号1740頁〔82〕	･････････････････････････････	164
最 二 判	昭和33・7・25	民集12巻12号1823頁〔56〕	･････････････････････････････	112
最 一 判	昭和34・9・17	民集13巻11号1412頁〔126〕	･･･････････････････････････	252
最 三 判	昭和35・2・2	民集14巻 1 号36頁〔124〕	･････････････････････････････	248

最 二 判	昭和35・2・12	民集14巻2号223頁〔112〕	224
最 一 判	昭和35・6・9	民集14巻7号1304頁〔236〕	476
最 一 判	昭和36・4・27	民集15巻4号901頁〔83〕	166
最 三 判	昭和36・8・8	民集15巻7号2005頁〔235〕	474
最 二 判	昭和36・11・24	民集15巻10号2583頁〔189〕	382
最 二 判	昭和37・1・19	民集16巻1号106頁〔223〕	450
最 二 判	昭和37・8・10	民集16巻8号1720頁〔159〕	322
最 三 判	昭和37・12・18	民集16巻12号2422頁〔46〕	92
最 一 判	昭和38・2・21	民集17巻1号182頁〔60〕	120
最 一 判	昭和38・2・21	民集17巻1号198頁〔188〕	380
最 三 判	昭和38・10・15	民集17巻9号1220頁〔15〕	30
最 大 判	昭和38・10・30	民集17巻9号1266頁〔59〕	118
最 三 判	昭和39・5・12	民集18巻4号597頁〔135〕	270
最 二 判	昭和39・6・26	民集18巻5号954頁〔89〕	178
最 二 判	昭和39・7・10	民集18巻6号1093頁〔184〕	372
最 三 判	昭和39・7・28	民集18巻6号1241頁〔109〕	218
最 三 判	昭和39・10・13	民集18巻8号1619頁〔37〕	74
最 一 判	昭和40・3・4	民集19巻2号197頁〔187〕	378
最 二 判	昭和40・4・2	民集19巻3号539頁〔172〕	348
最 大 決	昭和40・6・30	民集19巻4号1089頁〔7〕	14
最 二 判	昭和40・9・17	民集19巻6号1533頁〔22〕	44
最 一 判	昭和41・1・27	民集20巻1号136頁〔125〕	250
最 二 判	昭和41・3・18	民集20巻3号464頁〔64〕	128
最 三 判	昭和41・3・22	民集20巻3号484頁〔220〕	444
最 三 判	昭和41・4・12	民集20巻4号548頁〔92〕	184
最 三 判	昭和41・4・12	民集20巻4号560頁〔101〕	202
最 一 判	昭和41・7・14	民集20巻6号1173頁〔43〕	86
最 一 判	昭和41・9・8	民集20巻7号1314頁〔85〕	170
札幌高決	昭和41・9・19	高民集19巻5号428頁〔35〕	70
最 一 判	昭和41・9・22	民集20巻7号1392頁〔114〕	228
最 二 判	昭和41・11・25	民集20巻9号1921頁〔195〕	394
最 二 判	昭和42・2・24	民集21巻1号209頁〔94〕	188
東京地判	昭和42・3・28	判タ208号127頁〔103〕	206
最 二 判	昭和42・6・30	判時493号36頁〔63〕	126
最 三 判	昭和42・7・18	民集21巻6号1559頁〔183〕	370
最 大 判	昭和42・9・27	民集21巻7号1955頁〔58〕	116
最 一 判	昭和43・2・15	民集22巻2号184頁〔153〕	310
最 二 判	昭和43・2・16	民集22巻2号217頁〔121〕	242
最 一 判	昭和43・2・22	民集22巻2号270頁〔14〕	28
最 二 判	昭和43・3・8	民集22巻3号551頁〔200〕	404
最 二 判	昭和43・3・15	民集22巻3号607頁〔190〕	384
最 三 判	昭和43・3・19	民集22巻3号648頁〔240〕	486
最 一 判	昭和43・3・28	民集22巻3号707頁〔118〕	236

最 一 判	昭和43・4・11	民集22巻4号862頁〔163〕…………………………	330
最 三 判	昭和43・8・27	判時534号48頁〔154〕………………………………	312
最 一 判	昭和43・8・29	民集22巻8号1740頁〔245〕…………………………	496
最 一 判	昭和43・9・12	民集22巻9号1896頁〔210〕…………………………	424
最 大 判	昭和43・11・13	民集22巻12号2510頁〔30〕……………………………	60
最 三 判	昭和43・12・24	民集22巻13号3428頁〔110〕…………………………	220
最 三 判	昭和43・12・24	民集22巻13号3454頁〔87〕…………………………	174
最 一 判	昭和44・2・27	民集23巻2号441頁〔8〕………………………………	16
最 三 判	昭和44・6・24	民集23巻7号1156頁〔90〕…………………………	180
最 三 判	昭和44・6・24	判時569号48頁〔170〕………………………………	344
最 三 判	昭和44・7・8	民集23巻8号1407頁〔181〕…………………………	366
最 一 判	昭和44・7・10	民集23巻8号1423頁〔1〕……………………………	2
最 二 判	昭和44・10・17	民集23巻10号1825頁〔102〕………………………	204
最 一 判	昭和45・3・26	民集24巻3号165頁〔148〕…………………………	300
最 一 判	昭和45・4・2	民集24巻4号223頁〔76〕……………………………	152
大阪地判	昭和45・5・28	下民集21巻5・6号720頁〔175〕…………………	354
最 一 判	昭和45・6・11	民集24巻6号516頁〔88〕……………………………	176
最 大 判	昭和45・7・15	民集24巻7号804頁〔219〕…………………………	442
最 大 判	昭和45・7・15	民集24巻7号861頁〔75〕……………………………	150
最 二 判	昭和45・7・24	民集24巻7号1177頁〔162〕…………………………	328
最 一 判	昭和45・10・22	民集24巻11号1583頁〔213〕………………………	430
東京地判	昭和45・10・31	判時622号92頁〔97〕………………………………	194
最 大 判	昭和45・11・11	民集24巻12号1854頁〔55〕…………………………	110
最 三 判	昭和45・12・15	民集24巻13号2072頁〔57〕…………………………	114
最 一 判	昭和46・1・21	民集25巻1号25頁〔222〕……………………………	448
大阪高判	昭和46・4・8	判時633号73頁〔173〕………………………………	350
最 二 判	昭和46・4・23	判時631号55頁〔100〕………………………………	200
最 一 判	昭和46・6・3	判時634号37頁〔247〕………………………………	500
最 三 判	昭和46・6・22	判時639号77頁〔63〕………………………………	126
最 二 判	昭和46・6・25	民集25巻4号640頁〔104〕…………………………	208
最 一 判	昭和46・10・7	民集25巻7号885頁〔157〕…………………………	318
最 一 判	昭和46・11・25	民集25巻8号1343頁〔25〕…………………………	50
最 一 判	昭和46・12・9	民集25巻9号1457頁〔197〕…………………………	398
最 三 判	昭和47・2・15	民集26巻1号30頁〔68〕……………………………	136
最 二 判	昭和47・6・2	民集26巻5号957頁〔47〕……………………………	94
最 一 判	昭和47・11・9	民集26巻9号1513頁〔69〕…………………………	138
最 一 判	昭和47・11・9	民集26巻9号1566頁〔45〕…………………………	90
最 一 判	昭和48・4・5	民集27巻3号419頁〔23〕……………………………	46
最 三 判	昭和48・4・24	民集27巻3号596頁〔204〕…………………………	412
最 一 判	昭和48・6・21	民集27巻6号712頁〔174〕…………………………	352
大阪高決	昭和48・7・12	下民集24巻5〜8号455頁〔131〕…………………	262
最 二 判	昭和48・7・20	民集27巻7号863頁〔206〕…………………………	416
最 二 判	昭和48・10・26	民集27巻9号1240頁〔44〕…………………………	88

東京地判	昭和49・3・1	下民集25巻1〜4号129頁〔86〕	172
東京高決	昭和49・4・17	下民集25巻1〜4号309頁〔211〕	426
最二判	昭和49・4・26	民集28巻3号503頁〔171〕	346
最一判	昭和50・3・13	民集29巻3号233頁〔207〕	418
最二判	昭和50・10・24	民集29巻9号1417頁〔107〕	214
最三判	昭和50・11・28	民集29巻10号1797頁〔155〕	314
最三判	昭和51・3・23	判時816号48頁〔96〕	192
最三判	昭和51・3・30	判時814号112頁〔209〕	422
最二判	昭和51・7・19	民集30巻7号706頁〔52〕	104
最三判	昭和51・7・27	民集30巻7号724頁〔219〕	442
最一判	昭和51・9・30	民集30巻8号799頁〔165〕	334
最一判	昭和51・10・21	民集30巻9号903頁〔180〕	364
札幌高決	昭和51・11・12	判タ347号198頁〔39〕	78
最二判	昭和52・4・15	民集31巻3号371頁〔116〕	232
最二判	昭和52・5・27	民集31巻3号404頁〔246〕	498
東京高判	昭和52・7・15	判時867号60頁〔111〕	222
最三判	昭和52・7・19	民集31巻4号693頁〔156〕	316
大阪高決	昭和53・3・6	高民集31巻1号38頁〔134〕	268
最一判	昭和53・3・23	判時885号118頁〔130〕	260
最一判	昭和53・3・23	判時886号35頁〔178〕	360
最一判	昭和53・7・10	民集32巻5号888頁〔31〕	62
最一判	昭和53・9・14	判時906号88頁〔176〕	356
東京高決	昭和54・9・28	下民集30巻9〜12号443頁〔221〕	446
東京高判	昭和54・10・18	下民集33巻5〜8号1031頁〔145〕	294
最三判	昭和55・1・11	民集34巻1号1頁〔2〕	4
仙台高判	昭和55・1・28	高民集33巻1号1頁〔217〕	438
最一判	昭和55・2・7	民集34巻2号123頁〔81〕	162
仙台高判	昭和55・5・30	下民集33巻9号1546頁〔208〕	420
最二判	昭和55・9・26	判時985号76頁〔50〕	100
最二判	昭和55・10・23	民集34巻5号747頁〔167〕	338
最三判	昭和55・10・28	判時984号68頁〔93〕	186
最二判	昭和56・2・16	民集35巻1号56頁〔123〕	246
最三判	昭和56・4・7	民集35巻3号443頁〔4〕	8
最三判	昭和56・4・14	民集35巻3号620頁〔151〕	306
最一判	昭和56・9・24	民集35巻6号1088頁〔95〕	190
最大判	昭和56・12・16	民集35巻10号1369頁〔65〕	130
最三判	昭和57・3・30	民集36巻3号501頁〔169〕	342
最一判	昭和57・7・1	民集36巻6号891頁〔199〕	402
最一判	昭和58・3・10	判時1075号113頁〔229〕	462
最三判	昭和58・3・22	判時1074号55頁〔227〕	458
仙台高判	昭和59・1・20	下民集35巻1〜4号7頁〔61〕	122
神戸地判	昭和59・5・18	判時1135号140頁〔129〕	258
最二判	昭和60・3・15	判時1168号66頁〔205〕	414

名古屋高判	昭和60・4・12	下民集34巻1号～4号461頁〔18〕	36
東京高判	昭和60・6・25	判時1160号93頁〔218〕	440
最二判	昭和60・12・20	判時1181号77頁〔9〕	18
最一判	昭和61・3・13	民集40巻2号389頁〔73〕	146
大阪地決	昭和61・5・28	判時1209号16頁①事件〔136〕	272
最一判	昭和61・7・17	民集40巻5号941頁〔166〕	336
最一判	昭和61・9・4	判時1215号47頁〔232〕	468
広島地決	昭和61・11・21	判時1224号76頁〔150〕	304
最一判	昭和61・12・11	判時1225号60頁〔231〕	466
大阪高判	昭和62・7・16	判時1258号130頁〔13〕	26
最三判	昭和62・7・17	民集41巻5号1402頁〔201〕	406
最三判	昭和63・1・26	民集42巻1号1頁〔12〕	24
最一判	昭和63・2・25	民集42巻2号120頁〔216〕	436
名古屋高金沢支判	平成元・1・30	判時1308号125頁〔226〕	456
最二判	平成元・3・28	民集43巻3号167頁〔192〕	388
最二判	平成元・9・8	民集43巻8号889頁〔5〕	10
最二判	平成元・11・10	民集43巻10号1085頁〔247〕	500
最二判	平成元・11・20	民集43巻10号1160頁〔32〕	64
最二判	平成2・7・20	民集44巻5号975頁〔234〕	472
東京高判	平成3・1・30	判時1381号49頁〔122〕	244
最三判	平成3・12・17	民集45巻9号1435頁〔28〕	56
最三判	平成4・4・28	判時1455号92頁〔230〕	464
最一判	平成4・9・10	民集46巻6号553頁〔244〕	494
最一判	平成4・10・29	民集46巻7号1174頁〔149〕	302
最一判	平成5・2・18	民集47巻2号632頁〔186〕	376
最三判	平成5・9・7	民集47巻7号4667頁〔6〕	12
最三判	平成6・5・31	民集48巻4号1065頁〔51〕	102
最三判	平成6・9・27	判時1513号111頁〔202〕	408
最三判	平成6・10・25	判時1516号74頁〔246〕	498
最三判	平成6・11・22	民集48巻7号1355頁〔233〕	470
最三判	平成7・2・21	民集49巻2号231頁〔54〕	108
最一判	平成7・2・23	判時1524号134頁〔225〕	454
最三判	平成7・3・7	民集49巻3号919頁〔17〕	34
最三判	平成7・7・18	民集49巻7号2717頁〔3〕	6
最二判	平成7・12・15	民集49巻10号3051頁〔168〕	340
東京高判	平成8・4・8	判タ937号262頁〔27〕	54
最三判	平成8・5・28	判時1569号48頁〔19〕	38
最二判	平成8・6・24	民集50巻7号1451頁〔11〕	22
最二判	平成9・3・14	判時1600号89頁〔158〕	320
最大判	平成9・4・2	民集51巻4号1673頁〔193〕	390
最一判	平成9・7・17	判時1614号72頁〔85〕	170
最三判	平成9・11・11	民集51巻10号4055頁〔10〕	20
最二判	平成10・2・27	民集52巻1号299頁〔53〕	106

最 一 判	平成10・4・30	民集52巻3号930頁〔98〕	196
最 二 判	平成10・6・12	民集52巻4号1147頁〔160〕	324
最 三 判	平成10・6・30	民集52巻4号1225頁〔164〕	332
最 一 判	平成10・9・10	判時1661号81頁〔20〕	40
東京高決	平成10・10・19	判時1674号78頁〔36〕	72
最 一 判	平成11・1・21	民集53巻1号1頁〔70〕	140
最 一 決	平成11・3・9	判時1672号67頁〔238〕	480
最 一 判	平成11・3・25	民集53巻3号580頁〔77〕	154
最 二 判	平成11・6・11	家月52巻1号81頁〔72〕	144
最 三 判	平成11・6・29	判時1684号59頁〔237〕	478
最 三 判	平成11・11・9	民集53巻8号1421頁〔196〕	396
最 二 決	平成11・11・12	民集53巻8号1787頁〔138〕	276
最 三 判	平成11・11・30	判時1697号55頁〔245〕	496
最 一 決	平成12・3・10	民集54巻3号1073頁〔133〕	266
最 二 判	平成12・3・24	民集54巻3号1126頁〔60〕	120
最 二 判	平成12・7・7	民集54巻6号1767頁〔194〕	392
最 一 決	平成12・12・14	民集54巻9号2709頁〔138〕	276
最 一 決	平成12・12・14	民集54巻9号2743頁〔144〕	292
最 一 決	平成13・1・30	民集55巻1号30頁〔212〕	428
最 一 決	平成13・2・22	判時1742号89頁〔137〕	274
最 二 決	平成13・12・7	民集55巻7号1411頁〔138〕	276
最 三 判	平成14・1・22	判時1776号67頁〔215〕	434
最 二 判	平成14・6・7	民集56巻5号899頁〔48〕	96
最 三 判	平成14・12・17	判時1812号76頁〔239〕	482
東京高決	平成15・5・22	判タ1136号256頁〔36〕	72
東京高判	平成15・7・29	判時1838号69頁〔24〕	48
最 二 判	平成15・10・31	判時1841号143頁〔248〕	502
最 一 決	平成15・11・13	民集57巻10号1531頁〔223〕	450
最 一 判	平成16・3・25	民集58巻3号753頁〔26〕	52
最 三 決	平成16・5・25	民集58巻5号1135頁〔142〕	288
最 二 決	平成16・11・26	民集58巻8号2393頁〔139〕	280
最 三 決	平成17・10・14	民集59巻8号2265頁〔143〕	290
最 二 決	平成18・2・17	民集60巻2号496頁〔140〕	282
最 二 判	平成18・4・14	民集60巻4号1497頁〔29〕	58
東京地判	平成18・4・28	判時1944号86頁〔108〕	216
最 二 判	平成18・7・21	民集60巻6号2542頁〔33〕	66
最 二 判	平成18・9・4	判時1948号81頁〔239〕	482
最 三 決	平成18・10・3	民集60巻8号2647頁〔132〕	264
最 三 判	平成19・1・16	判時1959号29頁〔239〕	482
最 三 決	平成19・3・20	民集61巻2号586頁〔21〕	42
東京地判	平成19・3・26	判時1965号3頁〔71〕	142
最 二 決	平成19・11・30	民集61巻8号3186頁〔140〕	282
最 三 決	平成19・12・11	民集61巻9号3364頁〔141〕	286

最 二 決	平成19・12・12	民集61巻9号3400頁〔142〕······288
東京高決	平成20・4・30	判時2005号16頁〔214〕······432
最 三 決	平成20・5・8	判時2011号116頁〔241〕······488
最 三 判	平成20・6・10	判時2042号5頁〔106〕······212
最 一 判	平成20・7・10	判時2020号71頁〔161〕······326
最 一 判	平成20・7・17	民集62巻7号1994頁〔196〕······396
最 二 決	平成20・7・18	民集62巻7号2013頁〔34〕······68
最 三 決	平成20・11・25	民集62巻10号2507頁〔140〕······282
最 二 判	平成21・12・18	民集63巻10号2900頁〔78〕······156
最 三 判	平成22・3・16	民集64巻2号498頁〔198〕······400
最 三 判	平成22・4・13	集民234号31頁〔181〕······366
最 二 判	平成22・7・16	民集64巻5号1450頁〔177〕······358
最 二 判	平成22・10・8	民集64巻7号1719頁〔74〕······148
最 一 判	平成22・10・14	判時2098号55頁〔91〕······182
最 三 判	平成23・2・15	判時2110号40頁〔62〕······124
最 一 決	平成23・2・17	判時2120号6頁〔242〕······490
東京高決	平成23・5・17	判時2141号36頁〔146〕······296
最 二 決	平成23・5・18	民集65巻4号1755頁〔224〕······452
最 三 決	平成23・10・11	判時2136号9頁〔147〕······298
東京地判	平成23・10・28	判時2157号60頁〔182〕······368
最 三 判	平成24・1・31	集民239号659頁〔79〕······158
最 二 判	平成24・4・6	民集66巻6号2535頁〔243〕······492
最 一 決	平成25・11・21	民集67巻8号1686頁〔249〕······504

本書の執筆者一覧

＜編著者＞
中島　弘雅（慶應義塾大学教授）
岡　　伸浩（弁護士・慶應義塾大学教授）

＜執筆者＞（五十音順）
青木　　哲（神戸大学准教授）
安部　祐志（弁護士）
安西　明子（上智大学教授）
五十嵐章裕（東京地方裁判所判事）
石井　芳明（盛岡地方裁判所判事）
伊東　俊明（岡山大学教授）
岩知道真吾（弁護士）
上江洲純子（沖縄国際大学准教授）
上田　竹志（九州大学准教授）
上田　　慎（弁護士）
植村　京子（弁護士）
内海　博俊（立教大学准教授）
江尻　琴美（弁護士）
岡　　伸浩（弁護士・慶應義塾大学教授）
小畑　英一（弁護士）
小原　将照（南山大学教授）
垣内　秀介（東京大学教授）
影浦　直人（横浜地方裁判所判事）
梶谷　　篤（弁護士）
梶谷　　陽（弁護士）
片山　　健（熊本地方裁判所判事）
勝亦　康文（弁護士）
加藤　貴裕（弁護士）
川嶋　隆憲（熊本大学准教授）
河野憲一郎（熊本大学准教授）
神原　千郷（弁護士）
岸野　俊一（弁護士）
北村　治樹（大津地方裁判所判事）

木村　匡彦（盛岡地方裁判所判事）
工藤　敏隆（慶應義塾大学専任講師）
倉部真由美（法政大学教授）
近藤　猛司（岐阜地方裁判所判事）
酒井　博行（北海学園大学准教授）
坂田　　宏（東北大学教授）
佐々木英人（弁護士）
佐藤　三郎（弁護士）
佐藤　　潤（弁護士）
佐藤　優希（東北学院大学教授）
島岡　大雄（大阪高等裁判所判事）
下田　敦史（名古屋高等裁判所判事）
進士　　肇（弁護士）
菅原　郁夫（早稲田大学教授）
杉本　和士（千葉大学准教授）
杉本　純子（日本大学准教授）
杉山　悦子（一橋大学准教授）
壽原　友樹（弁護士）
住友　隆行（札幌地方裁判所判事）
高木　洋平（弁護士）
田頭　章一（上智大学教授）
高田　賢治（大阪市立大学教授）
髙山　崇彦（弁護士）
武井　洋一（弁護士）
田村　陽子（筑波大学教授）
鶴田　　滋（九州大学准教授）
中島　弘雅（慶應義塾大学教授）
中田　吉昭（弁護士）
永野　達也（弁護士）
名津井吉裕（大阪大学教授）
西尾　信員（宮崎地方裁判所判事補）
西岡　繁靖（大阪高等裁判所判事）
西川　佳代（横浜国立大学教授）
芳賀　雅顯（慶應義塾大学教授）
八田　卓也（神戸大学教授）
濵田　陽子（岡山大学准教授）
林　　昭一（同志社大学教授）
菱田　雄郷（東京大学教授）

福田　修久（高松地方裁判所判事）
福本　知行（金沢大学准教授）
藤原めぐみ（弁護士）
牧　　恭弘（弁護士）
町村　泰貴（北海道大学教授）
枌田　由貴（弁護士）
松村　和德（早稲田大学教授）
松本　卓也（弁護士）
三森　　仁（弁護士）
村上　正子（筑波大学准教授）
村田　典子（成蹊大学准教授）
森　　倫洋（弁護士）
谷貝　彰紀（弁護士）
柳沢　雄二（名城大学准教授）
山木戸勇一郎（北海道大学准教授）
横路　俊一（弁護士）
渡部美由紀（名古屋大学教授）

＊　所属・肩書きは平成26年10月末現在。

● 編著者紹介

中島弘雅（なかじま・ひろまさ）
慶應義塾大学大学院法務研究科教授
〈主な著作〉『民事手続法の比較法的・歴史的研究――河野正憲先生古稀祝賀』（共編著）（慈学社、2014年）、『会社裁判にかかる理論の到達点』（共編著）（商事法務、2014年）、『企業法の現在――青竹正一先生古稀記念』（共編著）（信山社出版、2014年）、「商事留置権の取扱い――最高裁平成23年12月15日第1小法廷判決を契機として」園尾隆司＝多比羅誠編『倒産法の判例・実務・改正提言』（弘文堂、2014年）、『現代倒産手続法』（共著）（有斐閣、2013年）

岡　伸浩（おか・のぶひろ）
弁護士・慶應義塾大学大学院法務研究科教授
〈主な著作〉「倒産債権」『実務に効く 事業再生判例精選』（分担執筆）（有斐閣、2014年）、『最新 企業活動と倒産法務』（共編）（清文社、2014年）、『平成25年会社法改正法案の解説――企業統治・親子会社法制等の見直しと実務対応』（編著）（中央経済社、2014年）、「破産管財人の情報提供努力義務」『詳説 倒産と労働』（分担執筆）（商事法務、2013年）、「役員責任追及訴訟」『倒産と訴訟』（共編著）（商事法務、2013年）、「再生債務者の法的地位と第三者性――公平誠実義務に基づく財産拘束の視点から」慶應法学26号・法科大学院開設10周年記念号（2013年）

民事訴訟法判例インデックス

2015年1月25日　初版第1刷発行

編著者	中島　弘雅
	岡　　伸浩
発行者	塚原　秀夫

発行所　㈱商事法務
〒103-0025 東京都中央区日本橋茅場町3-9-10
TEL 03-5614-5643・FAX 03-3664-8844〔営業部〕
TEL 03-5614-5649〔書籍出版部〕
http://www.shojihomu.co.jp/

落丁・乱丁本はお取り替えいたします。　印刷／そうめいコミュニケーションプリンティング
© 2015 Hiromasa Nakajima, Nobuhiro Oka　　Printed in Japan
Shojihomu Co., Ltd.
ISBN978-4-7857-2244-9
＊定価はカバーに表示してあります。